Elektronischer Pressespiegel
in der Informationsgesellschaft

Europäische Hochschulschriften

Publications Universitaires Européennes
European University Studies

Reihe II
Rechtswissenschaft

Série II Series II
Droit
Law

Bd./Vol. 4015

PETER LANG
Frankfurt am Main · Berlin · Bern · Bruxelles · New York · Oxford · Wien

Julia Vogtmeier

Elektronischer Pressespiegel in der Informationsgesellschaft

Einordnung und Beurteilung nach dem neuen Urheberrecht

PETER LANG
Europäischer Verlag der Wissenschaften

Bibliografische Information Der Deutschen Bibliothek
Die Deutsche Bibliothek verzeichnet diese Publikation in der Deutschen Nationalbibliografie; detaillierte bibliografische Daten sind im Internet über <http://dnb.ddb.de> abrufbar.

Zugl.: Münster (Westfalen), Univ., Diss., 2004

D 6
ISSN 0531-7312
ISBN 3-631-53029-3

www.peterlang.de

Vorwort

Die vorliegende Arbeit wurde im Wintersemester 2003/2004 von der Rechtswissenschaftlichen Fakultät der Westfälischen Wilhelms-Universität Münster als Dissertation angenommen. Rechtsprechung und Literatur konnten im Wesentlichen bis Ende April 2004 berücksichtigt werden.

Mein Dank gilt meinem Doktorvater Herrn Prof. Dr. Thomas Hoeren, der die Betreuung des Themas übernommen und die Entwicklung der Arbeit mit viel Interesse verfolgt hat. Herrn Prof. Dr. Bernd Holznagel, LL.M. danke ich für die Übernahme des Zweitgutachtens.

Ferner danke ich der Observer Argus Media GmbH, insbesondere ihrem Geschäftsführer Herrn Dr. Oliver Graßy und Herrn Rechtsanwalt Arne-Christoph Hutter, für die Gewährung eines Doktorandenstipendiums. Die großzügige finanzielle Unterstützung sowie die vielfältigen Möglichkeiten Einblicke in die Praxis der Presseauswertung zu bekommen, waren mir bei der Erstellung der Arbeit eine große Hilfe.

Besonders bedanken möchte ich mich zudem bei Dr. Michael Bohne, Wissenschaftlicher Assistent am Institut für Informations-, Telekommunikations- und Medienrecht (ITM), der mich im Rahmen seines Seminars zur Bearbeitung des Themas ermutigt hat und mir stets ein kompetenter Ansprechpartner war.

Weiterhin sei all denen gedankt, die mir ihre Zeit und Aufmerksamkeit während der Arbeit entgegenbrachten.

Vor allem danke ich meinen Eltern für ihre uneingeschränkte Unterstützung und stetige Anteilnahme. Ihnen widme ich diese Arbeit.

Düsseldorf, im Mai 2004 *Julia Vogtmeier*

Inhaltsverzeichnis

Abkürzungsverzeichnis

a.A.	anderer Ansicht
a.a.O.	am angegebenen Ort
a.F.	alte Fassung
Abl.	Amtsblatt
AfP	Archiv für Presserecht (Jahrgang und Seite)
AJP/PJA	Aktuelle Juristische Praxis (Jahrgang und Seite)
amtl.Begr.	amtliche Begründung
Anm.	Anmerkungen
Art.	Artikel
Aufl.	Auflage
AW	Auteurswet
Az.	Aktenzeichen
BayVGH	Bayrischer Verwaltungsgerichtshof
Bd.	Band
BDI	Bund Deutscher Industrie
BDZV	Bund Deutscher Zeitungsverleger e.V.
BGB	Bürgerliches Gesetzbuch
BGBL.	Bundesgesetzblatt
BGH	Bundesgerichtshof
BGHZ	Entscheidungen des Bundesgerichtshof in Zivilsachen
BMJ	Bundesministerium der Justiz
BR-Drucks.	Drucksache des deutschen Bundesrates
BT-Drucks.	Drucksache des deutschen Bundestages
BVerfG	Bundesverfassungsgericht
BVerfGE	Entscheidungen des Bundesverfassungsgericht
bzw.	beziehungsweise
CDPA	Copyright Design Patent Act
CFC	Centre Francais d`exploitation du droit de copie
CIP	Code de la Propriété Intellectuelle
CLA	Copyright Licensing Agency

CMMV	Clearingstelle Multimedia
CR	Computer und Recht (Jahrgang und Seite)
CRi	Computer und Recht international (Jahrgang und Seite)
CPC	Cartesian Peceptual Compression
ders.	derselbe
dies.	Dieselbe
DGB	Deutscher Gewerkschaft Bund
Diss.	Dissertation
DPMA	Deutsches Patent- und Markenamt
DuD	Datenschutz und Datensicherheit (Jahrgang und Seite)
EG	Europäische Gemeinschaft
EGMR	Europäischer Gerichtshof für Menschenrechte
EMRK	Konvention zum Schutz der Menschenrechte und Grundfreiheiten
endg.	endgültig
E.I.P.R.	European Intellectual Property Review (Jahrgang und Seite)
EWiR	Entscheidungen für das Wirtschaftsrecht (Jahrgang und Seite)
EuGRZ	Europäische Grundrechtezeitschrift (Jahrgang und Seite)
EuZW	Europäische Zeitschrift für Wirtschaftsrecht (Jahrgang und Seite)
f.; ff.	folgend(e)
FAZ	Frankfurter Allgemeine Zeitung
FIBEP	Federation Internationale des Bureaux d`Extraits de Presse
Fn.	Fußnote
FS	Festschrift
FTD	Financial Times Deutschland
FTP	File Transfer Protocol

GG	Grundgesetz für die Bundesrepublik Deutschland vom 23. Mai 1949
ggf.	gegebenenfalls
GmbH	Gesellschaft mit beschränkter Haftung
GRUR	Gewerblicher Rechtsschutz und Urheberrecht (Jahrgang und Seite)
GRUR Int.	Gewerblicher Rechtsschutz und Urheberrecht Internationaler Teil (Jahrgang und Seite)
GT	Gemeinsamer Tarif
h.L.	Herrschende Lehre
h.M.	Herrschende Meinung
Hrsg.	Herausgeber
Halbs.	Halbsatz
HTML	Hypertext Mark-up Language
HTTP	Hypertext Transfer Protocol
i.d.F.	in der Fassung
i.S.	im Sinne
i.S.d	im Sinne des
i.S.v.	im Sinne von
i.V.m.	in Verbindung mit
IVW	Informationsgemeinschaft zur Feststellung der Verbreitung von Werbeträgern e.V
IuKDG	Informations- und Kommunikationsdienste Gesetz vom 22. Juli 1997
Kap.	Kapitel
KG	Kammergericht
KOM	Kommission
K&R	Kommunikation und Recht (Jahrgang und Seite)
KUG	Gesetz betreffend das Urheberrecht an Werken der bildenden Künste und der Fotografie vom 9. Januar 1907
KUR	Kunst und Urheberrecht (Jahrgang und Seite)

LAN	Local Area Network
LG	Landgericht
LGZ	Entscheidung der Landgerichte in Zivilsachen
lit.	Buchstabe
LUG	Gesetz betreffend das Urheberrecht an Werken der Literatur und der Tonkunst vom 19. Juni 1901
m.E.	Meines Erachtens
m.w.N.	mit weiteren Nachweisen
MediaLex	Zeitschrift für Kommunikationsrecht (Jahrgang und Seite)
Mitt.	Mitteilung der deutschen Patentanwälte (Jahrgang und Seite)
MMR	Multimedia und Recht (Jahrgang und Seite)
MP	Media Perspektiven (Jahrgang und Seite)
MR	Medien und Recht (Jahrgang und Seite)
MTV	Manteltarifvertrag
NetPC	Network Personal Computer
n.F.	neue Fassung
NJW	Neue Juristische Wochenschrift (Jahrgang und Seite)
NJW-CoR	Computerreport der Neuen Juristischen Wochenschrift (Jahrgang und Seite)
NJW-RR	Rechtsprechungsreport der Neuen Juristischen Wochenschrift (Jahrgang und Seite)
NLA	Newspapers Licensing Agency
Nr.	Nummer
NZZ	Neue Züricher Zeitung
o.ä.	oder ähnliche
OCR	Optical Character Recognition
ÖBL	Österreichische Blätter für gewerblichen Rechtsschutz und Urheberrecht (Jahrgang und Seite)
ÖJZ	Österreichische Juristen-Zeitung (Jahrgang und Seite)

OGH	Österreichischer Oberster Gerichtshof
OLG	Oberlandesgericht
PC	Personal Computer
PDF	Portable Document Format
PMG	Presse Monitor Gesellschaft
PNG	Portable Network Graphics
P&K	Politik und Kommunikation
PR	Public Relations
PS	Post Script
RAM	Random Access Memory
RBÜ 67/71	Revidierte Berner Übereinkunft zum Schutz von Werken der Literatur und Kunst (Pariser Fassung)
Rdnr.	Randnummer
RG	Reichsgericht
RGSt	Entscheidungen des Reichgerichts in Strafsachen
rkr.	rechtskräftig
Rspr.	Rechtsprechung
RV-UrhG-Nov 2003	Regierungsvorlage eines Bundesgesetzes mit dem das Urheberrechtsgesetz geändert wird
S.	Seite
s.	siehe
sic!	Zeitschrift für Immaterialgüter-, Informations- und Wettbewerbsrecht (Jahrgang und Seite)
s.o.	siehe oben
s.u.	siehe unten
sog.	sogenannte/sogenannten
SZ	Süddeutsche Zeitung
TIF	Tagged Image File Format
TVG	Tarifvertragsgesetz in der Fassung vom 25. August 1969

u.a.	unter anderem
UFITA	Archiv für Urheber-, Film-, Funk- und Theaterrecht (Band, Jahrgang und Seite)
Unterabs.	Unterabsatz
UrhG	Gesetz über Urheberrecht und verwandte Schutzrechte vom 9. September 1965
UrhG-Schweiz	Bundesgesetz über das Urheberrecht und verwandte Schutzrecht vonm 9.Oktober 1992
UrhG-Österreich	Bundesgesetz über das Urheberrecht an Werken der Literatur und der Kunst und über verwandte Schutzrechte, BGBl. 1936/111 idF BGBl. I 1998/25 (UrhGNov 1997)
UrhG-Niederlande	Urheberrecht der Niederlande von 1912
UrhG-Nov 2002	Entwurf eines Bundesgesetzes mit dem das Urheberrecht geändert wird
UrhRL	Richtlinie 2001/29/EG des Europäischen Parlaments und des Rates vom 22. Mai 2001 zur Harmonisierung des Urheberrechs und der verwandten Schutzrechte in der Informationsgesellschaft
URL	Uniform Resource Locator
usw.	und so weiter
UrhWG	Gesetz über die Wahrnehmung von Urheberrechten und verwandten Schutzrechten (Wahrnehmungsgesetz) vom 9. September 1965
UWG	Gesetz gegen den unlauteren Wettbewerb vom 7. Juni 1909
VerlG	Gesetz über das Verlagsrecht vom 19. Juni 1901
VE-UrhG-Schweiz	Vorentwurf für das Bundesgesetz über das Urheberrecht und verwandte Schutzrechte in der Schweiz vom vom 14. Juli 2000
VG	Verwertungsgesellschaft
vgl.	Vergleiche
VÖZ	Verband österreichischer Zeitungen
Vorb.	Vorbemerkungen
vs.	versus

VwGO	Verwaltungsgerichtsordnung vom 21.01.196 in der seit 19.3.1991 geltenden Fassung
VZD	Verband Deutscher Zeitschriftenverleger e.V.
WIPO	World Intellectual Property Organisation
WN	Wet NaburigeRechten
WRP	Wettbewerb in Recht und Praxis (Jahrgang und Seite)
WWW	World Wide Web
z.B.	zum Beispiel
ZEuP	Zeitschrift für europäisches Privatrecht (Jahrgang und Seite)
ZG	Zivilgericht
Ziff.	Ziffer
ZIP	Zeitschrift für Wirtschaftsrecht und Insolvenzpraxis (Jahrgang und Seite)
ZP	Zusatzprotokoll
ZRP	Zeitschrift für Rechtspolitik (Jahrgang und Seite)
ZUM	Zeitschrift für Urheber- und Medienrecht (Jahrgang und Seite)
ZUM-RD	Rechtsprechungsdienst der Zeitschrift für Urheber- und Medienrecht (Jahrgang und Seite)

Für alle übrigen Abkürzungen wird auf *Kirchner, Hildebert/ Butz, Cornelie*, Abkürzungsverzeichnis der Rechtssprache, 5. Auflage, Berlin, New York 2002, verwiesen, soweit sie nicht aus sich selbst heraus verständlich sind.

Erstes Kapitel: Einleitende Überlegungen

§ 1 Ausgangssituation

Die mit der Digitalisierung einhergehenden Entwicklungen benutzerfreundlicher Techniken, das Zusammenwachsen von bisher klar abgrenzbaren Branchen und Produkten[1] und das mit dem ständig steigenden Datenfluss verbundene große Informationsbedürfnis der Allgemeinheit machen deutlich, dass nicht nur der reinen Information, sondern insbesondere auch der Mehrfach- bzw. Folgenutzung von Inhalten eine enorme Bedeutung und Wirtschaftskraft zukommt.[2] Die Wiederverwertung von Inhalten eröffnet zahlreiche Möglichkeiten eine Mehrwertdienstleistung zu erbringen. Ein Hauptbeispiel hierzu bildet die Erstellung von Pressespiegeln.[3]

In praktischer Hinsicht resultiert aus dieser Entwicklung, dass sich die traditionellen Rollen der an der Erstellung und Verwertung von Informationen Beteiligten verschieben oder gar neu verteilen.[4] Besonders im Bereich der Zeitungs- und Zeitschriftenverlage wird dies deutlich. Bisher haben die Herstellung materieller Vervielfältigungsstücke eines Werkes und deren Veröffentlichung im Primärmedium als Zeitung oder Zeitschrift etc. die Kerntätigkeit des Verlagsgeschäfts ausgemacht.[5] Eine Weiter- und Mehrfachverwertung erfolgte durch verlagsunabhängige Unternehmen im Wege vertraglicher Vereinbarungen, auf Grundlage freier Nutzungsmöglichkeiten oder auch gesetzlicher Lizenzen. Eine der klassischen Formen der Zweitverwertung bilden dabei vor allem Pressespiegel. Ein ernsthaftes Konkurrenzgeschäft zur Erstverwertungstätigkeit der Verlage hat sich durch diese Nutzungsart aber nicht herausgebildet.[6] Nun aber, bedingt durch die Möglichkeiten der Digitalisierung, wächst die Bedeutung der Sekundärnutzung von Inhalten. Entscheidend geworden sind

---

1 *Dreier*, Konvergenz und das Unbehagen des Urheberrechts, in: FS Erdmann, S. 73, 78; *Schmid*, Der Information Highway als Infrastruktur der Informationsgesellschaft, in: Hilty (Hrsg.), Information Highway, S. 74; *Hecker*, ZUM 1993, S. 400.

2 *Mayer-Schönberger/Wittmann*, Rechtsfragen der Nutzung von Zeitungen und Zeitschriften für Zwecke der Medienbeobachtung, S. 9; *Dreier*, Primär- und Folgemärkte, in: Schricker/Dreier/Kur (Hrsg.), Urheberrecht im Dienste der Innovation, S. 51, 64; *Rehbinder/Rohner*, UFITA 139 (1999), S. 123.

3 *Dreier*, Primär- und Folgemärkte, in: Schricker/Dreier/Kur (Hrsg.), Geistiges Eigentum im Dienst der Innovation, S. 51, 64; *ders.*, Konvergenz und das Unbehagen des Urheberrechts, in: FS Erdmann, S. 73, 81.

4 *Wandtke*, GRUR 2002, S. 1, 4; *Hecker*, ZUM 1993, S. 400, 404; *Wittweiler*, Die kollektive Verwertung im Zeitalter des Information Highway, in: Hilty (Hrsg.), Information Highway, S. 292.

5 *Neuberger*, Media Perspektiven, 2000/7, S. 313.

6 Vgl. *Dreier*, Primär- und Folgemärkte, in: Schricker/Dreier/Kur (Hrsg.), Geistiges Eigentum im Dienst der Innovation, S. 51, 56.

die Aufbereitung und die Qualität des Inhalts in digitaler Form. Eine Vielzahl kommerziell oder unternehmensintern arbeitender Medienbeobachter führen daher die Verwertung von Inhalten in Pressespiegeln auf elektronischem Weg durch. Genauso erschließen aber auch die Verlage selbst - angespornt durch die neuen technischen Möglichkeiten - den Bereich der elektronischen Mehrfachverwertung von Inhalten in Pressespiegeln als Neben- oder Folgeprodukt zur Erstverwertung.[7] Beide Gruppen kämpfen um das elektronische Geschäft.
Dieser Umstand wirft insbesondere die Frage auf, wie sich die geschilderte Entwicklung zu urheberrechtlichen Gesichtspunkten verhält. Die Reichweite der Pressespiegelfreiheit, die als Schranke des Urheberrechts eine Verwertung von urheberrechtlich geschützten Artikeln in Pressespiegeln ermöglichen kann, muss unter Berücksichtigung der technologischen Entwicklungen erneut überprüft werden. Wesentlich geprägt wird diese Frage durch das Konventionsrecht, die europäischen Vorgaben zur Harmonisierung der Schranken des Urheberrechts in der Richtlinie zur Harmonisierung bestimmter Aspekte des Urheberrechts und der verwandten Schutzrechte[8] und deren Umsetzung in nationales Recht[9].

§ 2 Gang der Arbeit

Zur Untersuchung der urheberechtlichen Beurteilung der digitalen Pressespiegelfreiheit wird zu Beginn ein Überblick zur historischen Entwicklung im Medienbeobachtungsbereich sowie eine Darstellung der gängigen Geschäftsmodelle zu Zwecken der digitalen Medienauswertung gegeben.

Nach diesen praktischen Ausführungen wird in den folgenden beiden Kapiteln der Frage nachgegangen, inwieweit die zu verwertenden Inhalte in den Schutzbereich des Urheberrechts fallen und welche Handlungen im Rahmen der Medienauswertungstätigkeit einen Eingriff in die Verwertungsrechte der Urheber darstellen. Weiterhin werden in diesem Teil auch datenbankschutzrechtliche Gesichtspunkte angesprochen. Insbesondere im Rahmen der Internetauswertung stellt sich die Frage, ob es sich bei Inhalten, die in Online-Publikationen zusammengestellt werden, um Datenbanken handelt und ein Eingriff in das Leistungsschutzrecht sui-generis gemäß §§ 87 a ff. UrhG gegeben sein könnte.

---

7 Vgl. *Wittweiler*, Die kollektive Verwertung im Zeitalter des Information Highway, in: Hilty (Hrsg.), Information Highway, S. 292; *Neuberger*, Media Perspektiven, 2000/7, S. 313; *Katzenberger*, Elektronische Printmedien und Urheberrecht, S. 2.

8 Richtlinie 2001/29/EG des Europäischen Parlaments und des Rates zur Harmonisierung bestimmter Aspekte des Urheberrechts und der Verwandten Schutzrechte in der Informationsgesellschaft vom 22. Mai 2001, ABl. Nr. 167 vom 22. Juni 2001, S. 10.

9 Gesetz zur Regelung des Urheberrechts in der Informationsgesellschaft vom 10. September 2003 (BGBl. Teil I/2003, Nr. 46 vom 12.10.2003, S. 1774 ff.).

Das vierte Kapitel widmet sich mit der Überprüfung der Reichweite der urheberrechtlichen Pressespiegelfreiheit der Kernfrage der Untersuchung. Im Zentrum steht dabei die Entscheidung des BGH zur Frage der Einordnung elektronischen Pressespiegels gemäß § 49 UrhG.[10] In diesem Zusammenhang wird zudem das Verhältnis der Informationsfreiheit zum Recht am geistigen Eigentum genauso wie auch die Frage relevant, ob der Maßstab der engen Auslegung der Schrankenregelung im Rahmen der elektronischen Nutzungsmöglichkeiten einen Anspruch auf Grundsätzlichkeit erheben kann. Daneben wird in diesem Kapitel weiterhin untersucht, inwieweit auch die im Zuge der Umsetzung der Urheberrechtsrichtlinie reformierte Schrankenregelung zur Vervielfältigung zum eigenen Gebrauch gemäß § 53 UrhG zur Begründung einer erlaubnisfreien Erstellung von Pressespiegeln herangezogen werden kann.

Im fünften Kapitel wird unter Beachtung der internationalen und europäischen Harmonisierungsbestrebungen gesondert auf das Pressespiegelprivileg gemäß § 49 UrhG eingegangen. Als Schwerpunkt wird dabei die Konformität der bestehenden nationalen Rechtslage mit den europäischen Vorgaben zu den Ausnahmen und Schranken gemäß Art. 5 UrhGRL[11] überprüft. In einem weiteren Schritt werden zu den de lege lata bestehenden ungeklärten und offenen Fragen bei der Einordnung elektronischer Pressespiegel Umsetzungs- und Lösungsmöglichkeiten dargestellt. Hierbei ist zu berücksichtigen, dass in der Gesetzesnovelle zur Umsetzung des Urheberrechts die Pressespiegelregelung bewusst unberücksichtigt gelassen worden ist. Als Anhaltspunkte und Orientierungshilfe für eine harmonische Lösung können daher die Regelungsvorschläge und Umsetzungsvorhaben anderer EU-Mitgliedstaaten herangezogen werden.

Die gefundene Regelungsmöglichkeit wird im sechsten Kapitel zusammenfassend dargestellt und eine abschließende Betrachtung vorgenommen.

§ 3 Entwicklung im Medienbeobachtungsbereich

Nicht erst die Digitalisierung hat zu einer strukturellen Veränderung der Pressespiegelnutzung geführt. Auch vor dieser Entwicklung hat die Auswertungstätigkeit verschiedene Phasen durchlaufen. Im Folgenden wird daher ein kurzer Überblick über die unterschiedlichen Stadien im Bereich der Sekundärnutzung von Presseartikeln gegeben.

---

10 BGH vom 11.7.2002, AfP 2002, S. 437-442 - Elektronischer Pressespiegel = ZUM 2002, S. 740 ff.; MDR 2003, S. 283 ff.; CR 2002, S. 827 ff.; GRUR 2002, S. 963 ff.; BGHReport 2002, S. 1098 ff.; WRP 2002, S. 1296 ff.

11 UrhRL = Richtlinie 2001/29/EG des Europäischen Parlaments und des Rates vom 22. Mai 2001 (Abl. EG L 167/10).

A. Phase des freien Abdrucks von Presseartikeln

Bis Ende des 19. Jahrhunderts konnten einzelne Artikel aus Zeitschriften und anderen öffentlichen Blättern frei abgedruckt werden. Einem Abdruckverbot unterlagen gemäß § 7 b ReichsG 1870[12] nur wissenschaftliche, novellistische oder andere umfangreiche Werke. Der größte Teil der Zeitungsinhalte wurde vom urheberrechtlichen Schutz ausgenommen. Dies entsprach auch dem damaligen Vorgehen in der Praxis. So war die Informationsbeschaffung schwierig und zudem auch vom Standort des Verlages abhängig. Sollte ein Informationsmonopol zu Gunsten großer städtischer Zeitungen vermieden und ein ausgeglichener Informationsfluss gewährleistet werden, mussten Presseartikel auch für kleine, lokale Verleger von Zeitungen oder sonstigen Blättern zum freien Abdruck zur Verfügung stehen.[13]
In dieser Phase bildete daher der Abdruck von Presseartikeln in anderen Zeitungen die einzige Form der Zweitverwertung. Eine Zusammenstellung von Artikeln zu Auswertungs- oder Beobachtungszwecken wurde nicht vorgenommen.

B. Erste Ansätze einer Medienauswertungstätigkeit

Bis zu Beginn des 20. Jahrhunderts hatte sich die Situation geändert. Einerseits spezialisierten sich eine Vielzahl von Verlegern darauf, ihre Existenzgrundlage nahezu ausschließlich auf dem Abdruck fremder Artikel zu basieren.[14] Andererseits etablierten sich Presseagenturen, und es wurde an neuen Möglichkeiten für leistungsfähige und preisgünstige Kommunikationsformen gearbeitet. Mit dieser Entwicklung konnten auch regionale und ländliche Gebiete mit in den Informationskreislauf eingebunden werden, so dass es nicht mehr gerechtfertigt war, annähernd den gesamten Inhalt aus Zeitschriften und anderen Blättern zum beliebigen Abdruck freizugeben.[15]

---

12 Gesetzes betreffend das Urheberrecht an Schriftwerken, Abbildungen, musikalischen Kompositionen und dramatischen Werken von 1870, abgedruckt, in: *Dambach*, Gesetzgebung des norddeutschen Bundes betreffend das Urheberrecht, S. 85; *Osterrieth*, GRUR 1897, S. 38.

13 *Osterrieth*, GRUR 1897, S. 36, 38; *Lehmann/Katzenberger*, Elektronischer Pressespiegel und Urheberrecht, S. 24; *Prantl*, Die journalistische Information zwischen Ausschlussrecht und Gemeinfreiheit, S. 10, 11; *Wild*, AfP 1989, S. 701; *Ekrutt*, GRUR 1975, S. 358, 359.

14 *Elster*, in: Voigtländer/Elster, Gesetz über das Urheberrecht (1942), § 18 LUG, S. 159; *Dambach*, Gesetzgebung des norddeutschen Bundes betreffend das Urheberrecht, S. 90; *Ekrutt*, GRUR 1975, S. 358, 359; *Rehbinder/Roche*, UFITA 139 (1999), S. 123, 124.

15 *Elster*, in: Voigtländer/Elster, Gesetz über das Urheberrecht (1942), § 18 LUG, S. 160; *Wild*, AfP 1989, S. 701; *Ekrutt*, GRUR 1975, S. 358, 359; *Lehman/Katzenberger*, Elektronischer Pressespiegel und Urheberrecht, S. 27, 28.

Mit Änderung des Urheberrechtsgesetzes im Jahre 1901 wurde daher die Nachdruckfreiheit für Artikel aus Zeitungen nur noch als zulässig erachtet, soweit kein Rechtevorbehalt existierte und eine Quellenangabe vorgenommen wurde.[16] Im Rahmen der folgenden Gesetzesnovelle im Jahre 1910 wurden zudem die Sekundärmedien für den Abdruck von Artikeln auf Zeitungen beschränkt.[17] Mit dieser legislativen Steuerung konnte daher die Praxis gestoppt werden, ausschließlich im Wege des Abdrucks fremder Presseartikel, Zeitungen oder sonstige Publikationen zu erstellen. Das Privileg, Artikel aus anderen Zeitungen in den eigenen Publikationen nachzudrucken, um der Öffentlichkeit eine Information und Orientierungsmöglichkeit über die Meinung in Konkurrenzblättern zu geben, wurde von den Zeitungsverlegern aber weiterhin genutzt. Gleichzeitig setzte nun erstmals die gezielte Auswertung von tagesaktuellen Informationen durch die Zusammenstellung von Presseartikeln ein.[18] Zunächst wurde es lediglich im unternehmensinternen Bereich für sinnvoll erachtet, eine Auswahl einzelner, für einen bestimmten Geschäftsbereich interessanter Artikel, zusammenzustellen. Mit der Zunahme der Anzahl von Publikationstiteln und den erhöhten Anforderungen an den Umfang und Auswahl der Artikel entstanden wenig später aber auch kommerziell tätige Ausschnittdienste.[19] Die Nutzung der Artikel erforderte dabei aber weder das Einverständnis des Urhebers, noch eine Rechtfertigung durch Schrankenregelungen. So schied schon eine Vervielfältigung aus, da bei der Zusammenstellung der Informationen die Originalartikel aus Zeitungen oder Zeitschriften ausgeschnitten wurden. Das Verbreitungsrecht der Autoren erschöpfte sich durch die vorausgehende Veräußerung der Artikel.[20] Festzuhalten bleibt letztlich, dass trotz dieser beginnenden Auswertungstätigkeit der einfache Abdruck von Artikeln in anderen Zeitungen weiterhin den Schwerpunkt der sekundären Nutzung von Presseartikeln bildet.

---

16 § 18 Abs. 1 Gesetz betreffend das Urheberrecht an Werken der Literatur und der Tonkunst (LUG) vom 19.06.1901.

17 § 18 Abs. 1 LUG vom 22.05.1910 in der Fassung des Gesetzes zur Ausführung der revidierten Berner Übereinkunft zum Schutz von Werken der Literatur und Kunst.

18 *Lehmann/Katzenberger*, Elektronischer Pressespiegel und Urheberrecht, S. 33; *Dittrich/-Öhlinger*, UFITA 135 (1997), S. 7; *Mayer-Schönberg/Wittmann*, Rechtsfragen der Nutzung von Zeitungen und Zeitschriften für Zwecke der Medienbeobachtung, S. 26.

19 *Dittrich/Öhlinger*, UFITA 135 (1997), S. 7.

20 *Kroitzsch*, in: Möhring/Nicolini, Urheberrechtsgesetz, § 17 UrhG Rdnr. 43, 44; *Krejci*, Urheberrechtliches zur Medienbeobachtung, in FS: Dittrich, S. 205; *Lehmann/Katzenberger*, Elektronischer Pressespiegel und Urheberrecht, S. 33; *Kruse*, Elektronische Pressespiegel, in: Haupt (Hrsg), Electronic Publishing, S. 106, Rdnr. 8.

C. Entwicklungsschub durch neue Reprographiemöglichkeiten

Diese Situation veränderte sich grundlegend mit der Entwicklung der Kopier- und Reprografietechnik ab den 50er Jahren.[21]

Zunächst war die Kopiertechnik allerdings sehr kostenintensiv, so dass sie nur zu gewerblichen Zwecken im Verlagsbereich eingesetzt wurde und sich noch nicht zu einer gängigen Praxis im Medienbeobachtungsbereich durchsetzte.[22] Aus diesem Grund konnte auch die Besserstellung der Urheber durch Einführung der Vergütungspflicht gemäß § 49 Abs. 1 S. 2 UrhG im Jahre 1965 nicht als Reaktion auf die starke Zunahme der Anwendung der Reprographietechnik im Pressespiegelbereich verstanden werden.[23]

Erst ab Anfang der 70er Jahre war die Entwicklung im Bereich der Kopiertechnik so weit fortgeschritten, dass sie prägenden Einfluss auf die Geschäftspraxis der Pressespiegelerstellung nehmen konnte. Von nun an war es technisch unproblematisch und kostengünstig möglich, die ausgeschnittenen und aufgeklebten Presseartikel zu kopieren. Gleichzeitig hatte die Vielfalt im Bereich der tagesaktuellen Primärmedien zugenommen, so dass keine größere Organisation ohne einen Pressespiegel auskommen konnte.[24] Mit dieser Entwicklung ging es einher, dass professionell erstellten und branchenspezifischen Pressespiegeln immer mehr Bedeutung zukam.[25] Aus diesem Grund hat auch die VG Wort 1972 erstmals einen Tarif für Pressespiegel aufgestellt und begonnen, die Vergütung durch Verträge mit einzelnen Pressespiegelherausgebern in Wahrnehmung der Rechte der einzelnen Autoren kollektiv einzuziehen.[26] Mit der Urheberrechtsnovelle vom 24.6.1985 wurde diese Vorgehensweise durch die Einführung der Verwertungsgesellschaftspflichtigkeit gemäß § 49 Abs. 1 S. 3 UrhG gesetzlich geregelt und die rechtliche Position der VG Wort bei der Geltendmachung der Ansprüche gestärkt. Parallel dazu wurde auch in den Manteltarifverträgen der Zeitungs- (§ 12 Abs. 1 a.E. MTV-Tageszeitungen) und Zeitschriftenverleger (§ 18 Abs. 1 a.E. MTV-Zeitschriften) den Redakteuren der Vergütungsanspruch für Pressespiegel zugestanden.

Diese Entwicklungen führten dazu, dass im Bereich der Sekundärnutzung von Presseerzeugnissen zwar weiterhin Artikel oder Auszüge aus Artikeln in

---

21 *Lehmann/Katzenberger*, Elektronischer Pressespiegel und Urheberrecht, S. 33; *Melichar*, Vom P-Pressespiegel zum E-Pressespiegel, in: FS Jäger, S. 60; *Loewenheim*, in: Schricker, Urheberrecht, § 53 UrhG Rdnr. 7; *Kleinke*, Pressedatenbanken und Urheberrecht, S. 24.

22 *Melichar*, in: Schricker, Urheberrecht, § 49 UrhG Rdnr. 12; *Lehmann/Katzenberger*, Elektronischer Pressespiegel und Urheberrecht, S. 33.

23 *Melichar*, in: Schricker, Urheberrecht, § 49 UrhG Rdnr. 12; *Lehmann/Katzenberger*, Elektronischer Pressespiegel und Urheberrecht, S. 33.

24 *Melichar*, Vom P-Pressespiegel zum E-Pressespiegel, in: FS Jäger, S. 60.

25 *Wild*, AfP 1989, S. 701; *Fischer*, ZUM 1995, S. 117.

26 *Melichar*, in: Schricker, Urheberrecht, § 49 UrhG Rdnr. 12; *Ekrutt*, GRUR 1975, S. 354.

anderen Zeitungen als Presseschauen nachgedruckt wurden, die Erstellung von Pressespiegeln aber nunmehr den Schwerpunkt der Sekundärnutzung ausmachte. § 49 UrhG bzw. § 18 LUG als dessen Vorgänger wandelt sich vom „Zeitungsparagraph“ zum „Pressespiegelparagraph“.[27] Dennoch etabliert sich der Papier-Pressespiegel aber nicht als ein Konkurrenzprodukt zum Primärmarkt. Vielmehr schien die Behandlung und rechtliche Einordnung der Pressespiegel zwischen den verschiedenen Interessengruppen durch die Regelung des § 49 Abs. 1 UrhG weitgehend einvernehmlich geklärt.

D. Strukturwandel durch Digitalisierung

Eine neue Dimension im Bereich der Sekundärnutzung von Artikeln in Pressespiegeln tritt in den 90er Jahren mit dem Fortschritt der Digitaltechnik und der Weiterentwicklung der Möglichkeiten des elektronischen Publizierens auf. Mit diesem technologischen Fortschritt wird es möglich, die Artikel einzuscannen und am Bildschirm elektronisch zusammenzustellen. Die Verteilung der fertigen Pressespiegel erfolgt dabei wie bisher durch Ausdruck auf analogem Weg. Der Ausbau der Vernetzung und die Verbesserung der Online Verteilungs- und Kommunikationssysteme ermöglichen es aber auch, die Verteilung als Faksimile oder als einfache Textdatei digital vorzunehmen.[28]

Mit diesen Veränderungen im Produktions- und Verteilungsablauf können elektronische Pressespiegel damit schneller, kostengünstiger und mit weitreichenderen Nutzungsmöglichkeiten angeboten werden.[29] Gleichzeitig bewirken aber auch Zeit- und Personalaufwand, technische Ausrüstung und das erforderliche Know-how eine zunehmende Verlagerung der Pressespiegelerstellung auf kommerziell tätige Anbieter.[30] Als bedeutende Anbieter in Deutschland sind die Observer Argus Media GmbH, die Deutsche Medienbeobachtungsagentur GmbH, die Metropol Gesellschaft E.Matthes & Co.mbH, die PressWatch AG und die Pressrelations GmbH zu nennen.[31] Aber auch die

---

27 *Melichar*, in: Schricker, Urheberrecht, § 49 UrhG Rdnr. 1; *Melichar*, Vom P-Pressespiegel zum E-Pressespiegel, in: FS Jäger, S. 62; *Ekrutt*, GRUR 1977, S. 358.

28 *Loewenheim*, Urheberrechtliche Verwendung geschützter Dokumente in Datenbanken, S. 5; *ders.*, GRUR 1996, S. 637; *Flechsig/Fischer*, ZUM 1996, S. 833; *Melichar*, Vom P-Pressespiegel zum E-Pressspiegel, in: FS Jäger, S. 61.

29 OLG Hamburg, AfP 2000, S. 299, 303 - Elektronischer Pressespiegel; *Berger/Degenhart*, AfP 2002, Beilage Heft 6, S. 557.

30 *Krejci*, Urheberrechtliches zur Medienbeobachtung, in: FS Dittrich, S. 201, 202; *Hoeren*, GRUR 2002, S. 1022, 1023; *Berger/Degenhart*, AfP 2002, Beilage Heft 6, S. 557; *Schöhl/Vocke-Schöhl*, Public Relations Forum 2000, S. 36; *Loewenheim*, GRUR 1996, S. 636, 637; *Fischer*, ZUM 1995, S. 117.

31 Zur Vertretung ihrer Interessen haben diese Unternehmen im März 2003 eine deutsche Landesgruppe des Internationalen Verbandes der Medienbeobachter FIBEP (Federation

Verlage, deren traditionelle Haupttätigkeit in der Erstverwertung von Presseartikeln liegt, reagieren auf die neuen Möglichkeiten. Seit 1998 wird daher in der Verlagsbranche über die Möglichkeit eines Geschäftsmodells zur Erstellung von digitalen Pressespiegeln nachgedacht.[32] Mit der Gründung der Presse-Monitor GmbH & Co. KG, die am 2. April 2001 in das operative Geschäft eingestiegen ist, haben die führenden deutschen Verlagshäuser gemeinsam ein Angebot zur Vermarktung der Rechte an elektronischen Pressespiegel geschaffen.[33] Zu berücksichtigen ist weiterhin, dass mit der technologischen Weiterentwicklung auch die Auswertung von online publizierten Informationen immer mehr an Bedeutung gewinnt.[34] Von Anfang bis Mitte der 90er Jahre etablierten verschiedene Verlagshäuser online verfügbare Ableger ihrer primären Print-Publikationen.[35] Die Struktur des Online-Marktes entwickelte sich bis 1995 von einer Plattform für Fachinformationen zu einem breiten Publikumsmarkt.[36] Nicht nur große Verlagshäuser, sondern auch kleinere Medienunternehmen, Institutionen oder Gesellschaften nutzten die Möglichkeiten, Inhalte im Netz anzubieten.[37] Soweit daher ein Pressespiegel dem Anspruch gerecht werden soll, einen umfassenden Überblick vom tagesaktuellen Geschehen zu geben, ist es erforderlich auch Online-Medien als Auswertungsgrundlage heranzuziehen. Auf diese Entwicklung reagieren die Medienauswerter und durchsuchen zunehmend auch die Online-Versionen von Presseerzeugnissen und Online-Datenbanken. Einige Unternehmen, wie Paperboy, Net-Clipping oder Newscan haben sich sogar auf das Angebot internetbasierter Nachrichtensuchmaschinen spezialisiert.[38]

§ 4 Geschäftsmodelle bei digitaler Medienbeobachtung

Der nun erreichte Stand der technologischen Entwicklung bietet komfortable und nutzerorientierte Möglichkeiten der Medienbeobachtung. Die praktischen

---

Internationale des Bureaux d`Extraits de Presse) gegründet. Siehe dazu auch www.fibep-deutschland.de.

32 *Horvath*, nfd (52) 2001, S.441; *Semar*, Password 1998, S. 29, 30; *Rübenach*, Presse Monitor- Elektronischer Pressespiegel aus einer Hand, Zeitungen 99, S. 208, 209.

33 *Presse Monitor GmbH*, Auf legalem Weg zum elektronischen Pressespiegel, in: FAZ, 27.03.2001, S. 25; *Geisenhanslücke*, Lesen und Lesen lassen, in: Die Zeit, 03.05.2001.

34 *Schöhl*, PR-Magazin 6/1996, S. 47, 55; *Schöhl/Vocke-Schöhl*, PR-Magazin 11/1998, S. 31, 33; *Lehmann/Katzenberger*, Elektronischer Pressespiegel und Urheberrecht, S. 12.

35 *Zahrt*, Urheberrechtlicher Schutz elektronischer Printmedien, S. 5; *Katzenberger*, Elektronisches Publizieren und Urheberrecht, S. 7.

36 *Zahrt*, Urheberrechtlicher Schutz elektronischer Printmedien, S. 14.

37 *Schöhl*, PR-Magazin 6/1996, S. 47, 48.

38 *Comtesse*, iBusiness Executive Summary, 9/2001, S. 15; *Fallenböck/Nitzl*, MR 2/2003, S. 102, 103; vgl. als Nachrichtenausschnittdienste: www.paperboy.de; www.newscan-online.de, www.nzine.de; www.net-clipping.de.

Vorgehensweisen bei der Erstellung von Pressespiegeln werden im Folgenden beschrieben.

A. Herstellungsphase

Zu unterscheiden ist, ob Print- oder Online-Medien als Auswertungsgrundlage herangezogen werden.

I. Print-Publikationen

Grundlage jeder tagesaktuellen Auswertung sind - auch im Zeitalter des Internets - die gedruckten Medien.

1. Recherche

Den ersten Arbeitsschritt bildet die Recherche der relevanten Artikel anhand von vorgegebenen Themenschwerpunkten und individualisierten Suchprofilen. Während dazu im unternehmensinternen Bereich durch die Mitarbeiter der Presse- oder Öffentlichkeitsabteilungen meist nur einzelne branchenspezifische Medien herangezogen werden, berücksichtigen professionelle Auswerter täglich bis zu 4000 verschiedene Print-Publikationen wie Tageszeitungen, Zeitschriften oder Anzeigenblätter und eine große Anzahl von Agenturmeldungen.[39]
Alternativ zur klassischen Lektoratstätigkeit kann die Artikelrecherche durch das vorherige Digitalisieren aller auszuwertenden Publikationen elektronisch vorgenommen werden. Auch die PMG bietet im Rahmen der Auswertung von Print-Publikationen die Möglichkeit der digitalen Recherche. So werden von den Verlagen tagesaktuelle Artikel in digitaler Form in das System der PMG eingespeist. Auf diesen Datenpool können die Kunden zugreifen und anhand ihres persönlichen Suchprofils in dem gesamten Quellenportfolio online recherchieren.

2. Erstellen digitaler Pressespiegel/Abstracts

Soweit nicht auf digitalisierte Artikel zurückgegriffen werden kann, müssen die recherchierten Print-Artikel in einem weiteren Arbeitsschritt in ein digitales Format überführt werden. Dazu werden die Text-, Bild- oder Grafikvorlagen durch einen Scanner punktuell abgetastet, elektronisch zerlegt, in eine Bilddatei umgewandelt und in den Arbeitsspeicher des Computers eingelesen. Verkleinerungen, Vergrößerungen oder Veränderungen des Kontrasts an der vorliegenden Grafikdatei sind daher möglich, nicht dagegen aber Textkorrekturen.[40]
Sollen Veränderungen im Text vorgenommen werden, muss der als Bild vorliegende Presseartikel im Wege der optischen Zeichenerkennung in ein für den

---

[39] Vgl. *Schöhl/Vocke-Schöhl*, Public Relations Forum 1/2000, S. 36, 38; *Brockmann*, Politik & Kommunikation, Dez 02/Jan 03, S. 52, 54.

[40] *Zahrt*, Der urheberrechtliche Schutz elektronischer Printmedien, S. 19.

Computer lesbares Textformat übersetzt werden.[41] Aus den dann vorliegenden Daten kann der eigentliche Pressespiegel zusammengestellt werden. Dazu werden die einzelnen Artikel oder Artikelbestandteile im Cut and Past-Verfahren aus der Quellseite entnommen, auf die Zielseite projiziert und in ein optimales Layout gebracht. Bei der Zusammenstellung des Pressespiegels können die Artikel im Originalschriftbild als Faksimile genutzt werden. Daneben ist es aber auch möglich, mit dem Textformat zu arbeiten, so dass der Nutzer alle Artikel als einheitlichen Fließtext empfängt.[42] Als Kompromisslösung besteht die Möglichkeit, die Artikel im Pressespiegel im Quasi-Original-Layout zu gestalten. Bei dieser Methode werden Titel, Vorspann, Text und der Volltext in verschiedenen Schrifttypen und -größen dargestellt, so dass für den Pressespiegelnutzer der Eindruck des Originalbildes entsteht.[43]
Wird mit dem System der PMG der Pressespiegel erstellt, entfallen nicht nur das Scannen und die Bearbeitung mit einer Cut and Past-Software, sondern auch das Texterkennungsverfahren. Die Daten werden den Nutzern vielmehr zur direkten Aufarbeitungsmöglichkeit im XML-, HTML- oder PDF-Format komprimiert als ZIP-Datei zugeleitet.
Als Alternative zur Übernahme vollständiger Artikel in Pressespiegeln besteht auch die Möglichkeit, den Mitarbeitern in Unternehmen aufbereitete Zusammenfassungen ggf. mit publikationsspezifischen Daten der Artikel zu liefern.

II. Online-Publikationen

Bei der Nutzung von Online-Quellen als Auswertungsgrundlage wird auf kostenfrei im Netz zur Verfügung stehende Online-Versionen der Print-Publikationen, auf Webportale, Newsgroups, Newsletter und auch auf kostenpflichtige Pressedatenbanken von Tageszeitungen oder Zeitschriften zugegriffen.

1. Recherche

Zur Auswertung werden dabei spezielle Nachrichtensuchmaschinen eingesetzt, die anders als allgemeine Suchprogramme nicht weitflächig in Zeitabständen von mehreren Tagen oder Wochen recherchieren, sondern nur einen vorab

---

41 *Schöhl*, PR-Magazin 6/1996, S. 47, 52, 53; *Schöhl/Vocke-Schöhl*, PR-Magazin 11/1998, S. 31, 32; *Nippe*, Urheber und Datenbank, S. 22; *Rogge*, Elektronischer Pressespiegel in urheber- und wettbewerbsrechtlicher Beurteilung, S. 7, 8.

42 *Kleinke*, Pressedatenbanken und Urheberrecht, S. 12, 74; *Melichar*, Vom P-Pressespiegel zum E-Pressespiegel, in: FS Jäger, S. 61; *Flechsig/Fischer*, ZUM 1996, S. 833; *Schöhl*, PR-Magazin 6/1996, S. 47, 53.

43 *Schöhl*, PR-Magazin 6/1996, S. 47, 53.

definierten Bereich in kurzen Zeitintervallen auslesen.[44] Durch speziell programmierte Suchsoftwaresysteme wie Robots, Spider, Bots oder sonstige Agent-Software[45] wird bei der Suche der gesamte Volltext der Publikationen sowie auch die für den Leser nicht sichtbaren Meta-Tags[46] berücksichtigt. Gesteuert und im Zugriff beschränkt wird die internetspezifische Suche allerdings durch den Einsatz von robots.txt.[47] Hierbei wird im Hauptverzeichnis des Webservers eine Datei abgelegt, die genau definiert, welche Verzeichnisse und Dateien einer Webseite durchsucht werden dürfen. Meta-Suchmaschinen, die die durch mehrere „Level–one Suchmaschinen" erzielten Resultate aufgreifen, neu organisieren und als Ergebnisse anzeigen, können dagegen lediglich einen Überblick über ein Suchthema geben. Überwiegend werden Meta-Suchmaschinen daher nur zur privaten Suche, so z.B. zur Navigation in Schlagzeilensammlungen oder Anzeigenangeboten, nicht aber bei professioneller Medienbeobachtung eingesetzt.

2. Erstellen von Internet-Pressespiegeln

Bei der Erstellung eines Pressespiegels aus Online-Quellen ist es möglich, die Artikel mit Hilfe von Importprogrammen automatisch einzulesen und in die Zielseite einzustellen.[48] Zu berücksichtigen ist, dass bei der Onlineauswertung häufig auf die Wiedergabe des vollständigen Artikels verzichtet und alternativ eine Ergebnisliste angeboten wird, die Referenzdaten der einzelnen Artikel ausweist und in einem Textauszug Hinweise zum Inhalt der recherchierten Beiträge gibt. Die Ausgestaltung der einzelnen Angebote variiert hierbei. In der Presseinformation werden Daten wie die Überschrift des Artikels, die Fundstellenangaben, die Autoren- und Publikationsbezeichnung, das Ressort und ggf. die Zeichenanzahl oder die Menge der Anschläge aufgeführt.[49] Auch bei der Erstellung der Abstracts ergeben sich Unterschiede. Zum Teil werden nur einige Schlagworte aus dem Inhalt des Artikels wiedergegeben. Angebote anderer Auswertungsdienste übernehmen Satzfragmente oder alternativ einen ganzen Satz aus dem Fließtext, in dem das Suchwort vorkommt. Die Anzahl der übernommenen Zeichen für die Erstellung eines Abstracts liegt im Regelfall

---

44 Vgl. *Ott*, JurPC Web-Dok. 14/2003, Abs. 13.

45 *Kreuzer*, Urheberrecht im Internet, in: Schwerdtfeger (Hrsg.), Cyberlaw, S. 249; *Koch*, GRUR 1997, S. 417, 422; *Ernst*, K&R 1998, S. 536, 540.

46 *Kochinke/Tröndle*, CR 1999, S. 190, 192; *Höhne*, MR 2/2001, S. 109; *Kur*, CR 2000, S. 448; *Ernst*, K&R 1998, S. 536, 540.

47 *Comtesse*, iBusiness Executive Summary, 2001/9, S. 18 oder www.robots.com.

48 *Schöhl*, PR-Magazin 6/1996, S. 47, 52.

49 Vgl. OLG Köln, AfP 2001, S. 81, 82 - Paperboy; LG München I, K&R 2002, S. 258, 259 - Online-Pressespiegel; LG München I, K&R 2002, S. 261 - Schlagzeilensammlung.

zwischen 150 und 250 Zeichen bzw. bis zu ca. drei Zeilen.[50] Der Abstract sowie auch die Angaben zu den Referenzinformationen des recherchierten Artikels werden anschließend durch einen Deep Link mit dem Originaltext des Beitrages verknüpft. Damit kann der Nutzer direkt auf einzelne Angebote zugreifen, die sich auf einer tiefer liegenden Seite befinden, ohne wie beim Hyperlink über die Eingangsseite gehen zu müssen.[51]

B. Übermittlungsphase

Wesentlich für die Aktualität und Nutzbarkeit der Pressespiegel ist der Arbeitsschritt der Übermittlung. Im einfachsten Fall erfolgt diese durch die direkte Verteilung an die Mitarbeiter. Müssen, wie bei der Zustellung durch externe Pressespiegelanbieter, Distanzen überwunden werden, erfolgt die Versendung auf dem Postweg oder wird per Fax vorgenommen.

Zur Vermeidung zeitaufwendiger Zustellungswege kommt dem Einsatz elektronischer Übermittlungstechniken entscheidende Bedeutung zu. Im internen Bereich können die Pressespiegel dazu in unternehmenseigene Netzwerke zur Intranetnutzung eingestellt werden. Möglich ist es auch, über ein internes Verteilungssystem den Mitarbeitern die Pressespiegel direkt in die Mailbox zu legen. Auch kommerzielle Medienbeobachter nutzen zur Zustellung der Pressespiegel E-Mail-Verteilsysteme. Üblicher ist es allerdings, dass kommerzielle Anbieter die Ergebnislisten auf dem eigenen Server ablegen. Der Nutzer hat dann die Möglichkeit, die Informationen einmalig abzurufen, über HTML- oder XML-Schnittstellen ins unternehmensinterne Netzwerk zu integrieren und auf diese Weise den Mitarbeitern zur Verfügung zu stellen. Verschiedene Online-Auswerter bieten zudem Clientprogramme oder Linköffner an, mit deren Hilfe die recherchierten Informationen automatisiert abgerufen werden können.

Festzuhalten bleibt demnach, dass über die digitale Zurverfügungstellung von Pressespiegeln das höchste Maß an Aktualität erreicht wird und gleichzeitig durch vielfältige und benutzerfreundliche Übermittlungstechniken auf die individuellen und speziellen Nutzerwünsche eingegangen werden kann.

---

[50] Vgl. *Comtesse*, iBusiness, Executive Summary, 9/2001, S. 14, 15.

[51] *Schack*, MMR 2001, S. 9, 13; *Sosnitza*, CR 2001, S. 693, 694; *Ernst/Wiebe*, MMR-Beilage 8/2001, S. 20, 21; *Leister/Bettinger*, CR Beilage, 12/1999, S. 1, 8; *Ernst*, CR 1999, S. 190; *Dittrich*, JurPCWeb-Dok. 72/2002, Abs. 4; *Kochinke/Tröndle*, CR 1999, S. 191.

Zweites Kapitel: Schutzfähigkeit auszuwertender Medien

Urheberrechtliche Bedeutung erlangen die zu Zwecken der Medienauswertung vorgenommenen Handlungen nur, soweit auf geschützte Inhalte zugegriffen wird. Neben dem urheberrechtlichen Einzelwerkschutz der genutzten Artikel gemäß § 2 UrhG kommt für die ausgewerteten Publikationen der Schutz als Gesamtwerk i.S.d. § 4 UrhG in Betracht. Bei Fehlen einer persönlichen geistigen Schöpfung kann auch der Bereich des Datenbankschutzes gemäß §§ 87 a ff. UrhG eröffnet sein.

§ 1 Urheberrechtsschutz

Zu Zwecken der Pressespiegelerstellung wird auf Publikationen aus dem Print- und Online-Bereich zugegriffen. Übernommen werden dabei sowohl Wort- als auch Bildbeiträge.

A. Schutz einzelner Werke

Der Schutz einzelner Werke richtet sich nach den Maßgaben gemäß §§ 2, 1 UrhG. Entscheidend für die Feststellung der Urheberrechtsschutzfähigkeit ist die Voraussetzung der persönlichen geistigen Schöpfung gemäß § 2 Abs. 2 UrhG. Darüber hinaus werden eine wahrnehmbare Form, ein individueller Ausdruck und ein gewisses Maß an Gestaltungshöhe gefordert.[52]

Eine persönliche Schöpfung i.S.d. § 2 Abs. 2 UrhG setzt das gestalterische Tätigwerden eines Menschen voraus.[53] Im Hinblick auf Presseartikel kann dieses Merkmal unproblematisch bejaht werden, da nicht nur ein ausführlicher Artikel, sondern auch die kürzeste Nachrichteninformation der Recherche und der schriftlichen Fixierung bedarf. Auch wird dem Inhalt eines Pressebeitrages durch die sprachliche Gestaltung wie kritischen Anmerkungen oder Stellungnahmen ein geistiger Gehalt zugeführt. Da in Pressespiegeln Beiträge verwendet werden, die in schriftlicher, bildlicher oder grafischer Form fixiert worden sind, bestehen schließlich auch an dem Erfordernis, dass die Formgebung den menschlichen Sinnen wahrnehmbar sein muss, keine Zweifel.

Neben den genannten Merkmalen ist die Individualität bzw. nach anderer Terminologie[54] die schöpferische Eigentümlichkeit oder die eigenschöpferische

---

52 *Loewenheim*, in: Schricker, Urheberrecht, § 2 UrhG Rdnr. 9; *Bullinger*, in: Wandtke/-Bullinger, Praxiskommentar zum Urheberrecht, § 2 UrhG Rdnr. 15 ff.; *Ahlberg*, in: Möhring/Nicolini, Urheberrechtsgesetz, § 2 UrhG Rdnr. 43-48; *Erdmann*, CuR 1986, S. 249, 254.

53 *Loewenheim*, in: Schricker, Urheberrecht, § 2 UrhG Rdnr. 11; *Vinck*, in: Fromm/Nordemann, Urheberrechtsgesetz-Kommentar, § 2 UrhG Rdnr. 11; *Ahlberg*, in: Möhring/-Nicolini, Urheberrechtsgesetz, § 2 UrhG Rdnr. 65.

54 Vgl. *Loewenheim*, in: Schricker, Urheberrecht, § 2 UrhG Rdnr. 23, *Schulze*, in: Dreier/-Schulze, Urheberrechtsgesetz, § 2 UrhG Rdnr. 20; *Ahlberg*, in: Möhring/Nicolini, Urheberrechtsgesetz, § 2 UrhG Rdnr. 74.

Prägung zur Feststellung der urheberrechtlichen Schutzfähigkeit zu prüfen. Nach diesem Kernkriterium der urheberrechtlichen Schutzfähigkeit muss ein Werk das Ergebnis eines individuellen Schaffens sein.[55] Der Urheber hat hierbei die Möglichkeit, dem Werk durch die Formgestaltung, durch den Inhalt oder auch durch eine Kombination von Inhalt und Form eine individuelle Handschrift zu verleihen.[56] Hinsichtlich der zur Medienbeobachtung verwendeten Presseerzeugnissen kann durch die Auswahl der Themen, durch die Ausführung von persönlichen Meinungen und Ansichten ebenso wie durch den eigenen Schreib- und Darstellungsstil eines Autors, die individuelle Prägung eines Schrift- oder Bildwerkes zum Ausdruck kommen.

Um im Einzelfall aber nachweisen zu können, ob ein Werk tatsächlich die für die Schutzfähigkeit erforderliche Individualität aufzeigt, ist letztlich allein die Gestaltungshöhe ausschlaggebend. Hierfür reicht nicht jeder eigenschöpferische Anteil aus. Vielmehr muss ein Werk ein Mindestmaß an individueller Prägung erreichen.[57] Nach dem Grundsatz des Urheberrechtsschutzes der kleinen Münze werden auch Werke mit geringer Gestaltungshöhe und bescheidener schöpferischer Originalität urheberrechtlich geschützt.[58] Anders als nach dem von der Rechtsprechung durchzuführenden Gesamtvergleich, ob dem geschaffenen Werk gegenüber dem schon vorhandenen Werk eine individuelle Eigentümlichkeit zukommt, die eine Durchschnittsgestaltung übertrifft[59], kommt es dabei für die schöpferische Eigentümlichkeit nicht auf ein Überragen des Durchschnittswerkes an.

Festhalten lässt sich somit zunächst, dass es sich bei den zur Medienauswertung verwendeten Wort- und Bildbeiträgen unproblematisch um menschliche Schöpfungen handelt, die einen geistigen Gehalt aufweisen und auch durch ihre

---

55 BGH, GRUR 1995, S. 673, 675 - Mauerbilder; BGHZ 9, S. 262, 268 - Lied der Wildbahn; *Loewenheim*, in: Schricker, Urheberrecht, § 2 UrhG Rdnr. 23; *Ahlberg*, in: Möhring/Nicolini, Urheberrechtsgesetz, § 2 UrhG Rdnr. 74; *Kleinke*, Pressedatenbanken und Urheberrecht, S. 79; *Zahrt*, K&R 2001, S. 66, 67.

56 *Ahlberg*, in: Möhring/Nicolini, Urheberrechtsgesetz, § 2 UrhG Rdnr. 52; *Loewenheim*, in: Schricker, Urheberrecht, § 2 UrhG Rdnr. 55; *Vinck*, in: Fromm/Nordemann, Urheberrechtsgesetz-Kommentar, § 2 UrhG Rdnr. 24.

57 *Ahlberg*, in: Möhring/Nicolini, Urheberrechtsgesetz, § 2 UrhG Rdnr. 75; *Schulze*, in: Dreier/Schulze, Urheberrechtsgesetz, § 2 UrhG Rdnr. 20, 21; *Vinck*, in: Fromm/Nordemann, Urheberrechtsgesetz-Kommentar, § 2 UrhG Rdnr. 14, 17; *Kleinke*, Pressedatenbanken und Urheberrecht, S. 81; *Zahrt*, Urheberrechtlicher Schutz elektronischer Printmedien, S. 30, 31.

58 *Ahlberg*, in: Möhring/Nicolini, Urheberrechtsgesetz, § 2 UrhG Rdnr. 78; *Loewenheim*, in: Schricker, Urheberrecht, § 2 UrhG Rdnr. 24, 38; *Vinck*, in: Fromm/Nordemann, Urheberrechtsgesetz-Kommentar, § 2 UrhG Rdnr. 20; *Zahrt*, Urheberrechtlicher Schutz elektronischer Printmedien, S. 31.

59 BGH, GRUR 1993, S. 354, 355 - Bedienungsanweisung; BGH, GRUR 1985, S. 1041, 1047 - Inkasso-Programm; BGH, GRUR 1987, S. 704, 706 - Anwaltsschriftsatz.

Publikation eine wahrnehmbare Form gefunden haben. Bei der Beurteilung der erforderlichen Eigentümlichkeit und des Mindestmaßes an Gestaltungshöhe ist dagegen eine differenziertere Betrachtung erforderlich.

I. Sprachwerke gemäß § 2 Abs. 1 Nr. 1, Abs. 2 UrhG

Ein Pressespiegel besteht überwiegend aus Werken in Textform. Für diese eröffnet § 2 Abs. 1 Nr. 1 Alt. 1, Abs. 2 UrhG die Möglichkeit des urheberrechtlichen Schutzes als Schriftwerk.

1. Artikel und andere journalistische Beiträge

Wird allerdings die Masse von Beiträgen betrachtet, die täglich in den verschiedensten Pressemedien abgedruckt ist, ergeben sich Zweifel an der individuellen Gestaltung eines jeden dieser Beiträge. Auf Grund dieser Überlegung wird daher vertreten, Urheberrechtsschutz immer nur zuzusprechen, wenn der Inhalt eines Artikels bekannt ist und die urheberrechtliche Schutzfähigkeit im Einzelfall untersucht wird.[60] Zu Recht ist aber entgegen dieser Zweifel anzunehmen, dass jedenfalls Artikel aus Zeitungen und Zeitschriften eine persönliche geistige Schöpfung aufweisen und urheberrechtlichen Schutz genießen.[61] Zur Begründung ist nicht nur auf den Grundsatz der kleinen Münze zu verweisen. Es kann vielmehr auch angeführt werden, dass bei Sprachwerken die Möglichkeiten, einem Inhalt oder einem Thema durch die Gedankenformung oder -führung Ausdruck zu verleihen, so vielfältig und unerschöpflich sind, dass ein Wortbeitrag nahezu unweigerlich eine individuelle Prägung des Autors aufweist.[62] Diese Annahme gilt zudem nicht nur für Artikel wie Kommentare,

---

60 LG München, K&R 2002, S. 258 - Online-Pressespiegel; LG Berlin vom 30.01.2001, Az.: 16 O 792/00, JurPC Web-Dok., Abs. 14 - Schlagzeilensammlung.

61 BGH, AfP 1997, S. 624, 625 - CB-Infobank I; OLG Köln, AfP 2001, S. 81, 83 – Paperboy; KG Berlin vom 23.11.2001, Az.: 5 U 188/01, S. 5 - E-Mail Pressespiegel, LG Berlin, AfP 2001, S. 339 - E-Mail Pressespiegel; LG Frankfurt/Main, AfP 2001, S. 526, 527 - Pressespiegelversand; OGH Wien, MR 6/2001, S. 385, 387 - Nachrichten-Internet-Agentur II; ZG Basel Stadt, Sic! 3/2003, S. 217 - Elektronischer Pressespiegel II; *Loewenheim*, in: Schricker, Urheberrecht, § 2 UrhG Rdnr. 116; *Ahlberg*, in: Möhring/-Nicolini, Urheberrechtsgesetz, § 2 UrhG Rdnr. 6; *Bullinger*, in: Wandtke/Bullinger, Praxiskommentar zum Urheberrecht, § 2 UrhG Rdnr. 53; *Schricker*, in: Schricker (Hrsg.), Urheberrecht auf dem Weg in die Informationsgesellschaft, S. 33; *Erdmann*, Urheberrechtliche Grenzen der Informationsvermittlung in Form von abstracts, in: FS Tilmann, S. 21, 25; *Zahrt*, Urheberrechtlicher Schutz elektronischer Printmedien, S. 32; *Kleinke*, Pressedatenbanken und Urheberrecht, S. 83, 84.

62 BGHZ 9, S. 262, 268 - Lied der Wildbahn; *Loewenheim*, in: Schricker, Urheberrecht, § 2 UrhG Rdnr. 116; *Loewenheim*, Urheberrechtliche Grenzen geschützter Dokumente in Datenbanken, S. 23; *Rehbinder*, Die Beschränkung des Urheberrechts zu Gunsten der Allgemeinheit, in: FS 100 Jahre UrhG, S. 353, 367.

Stellungnahmen, Reportagen, Features, Porträts, Interviews[63] oder Kolumnen, in denen der Autor seine Meinung, Eindrücke und Prognosen einbringt, sondern ebenso bei rein beschreibenden Ausführungen wie Berichterstattungen und Hintergrundberichten.[64] Auch bei diesen Darstellungsformen wird vom Autor der darzustellende Stoff gesichtet, aufbereitet und niedergeschrieben, so dass eine schöpferische Eigenart in der gewählten Formulierung und der Gedankenführung gefunden werden kann. Schließlich zeigt auch die Privilegierung der Nutzung von Artikeln und Beiträgen gemäß § 49 UrhG, dass auch der Gesetzgeber prinzipiell von der Schutzfähigkeit von Presseartikeln ausgeht.[65]

2. Wissenschaftliche Texte

Von dieser Regelmäßigkeit wird bei Sprachwerken mit wissenschaftlichem und technischem Inhalt eine Ausnahme gemacht. Bei Texten dieser Art sind der Inhalt einerseits und die Darstellung und Gestaltung in Schriftwerken andererseits getrennt voneinander zu betrachten.[66] Nur die Form und Art der Sammlung, die Einteilung oder die Anordnung des Materials können urheberrechtlichen Schutz genießen. Der Kern der wissenschaftlichen Lehre und ihre Ergebnisse dagegen sind frei und für jedermann zugänglich.[67] Die Grenze der

---

[63] *Schulze*, in: Dreier/Schulze, Urheberrechtsgesetz, § 2 UrhG Rdnr. 82; *Löffler*, in: Löffler, Presserecht, UrhG BT Rdnr. 24.

[64] *Loewenheim*, in: Schricker, Urheberrecht, § 2 UrhG Rdnr. 116; *Loewenheim*, Urheberrechtliche Grenzen geschützter Dokumente in Datenbanken, S. 23; *Zahrt*, Urheberrechtlicher Schutz elektronischer Printmedien, S. 32; *Löffler*, in: Löffler, Presserecht, UrhG BT Rdnr. 22; *van Look*, ZIP 1998, S. 454, 456.

[65] *Loewenheim*, in: Schricker, Urheberrecht, § 2 UrhG Rdnr. 116; *Vinck*, in: Fromm/Nordemann, Urheberrechtsgesetz-Kommentar, § 2 UrhG Rdnr. 39; *Erdmann*, Urheberrechtliche Grenzen der Informationsvermittlung in Form von abstracts, in: FS Tilmann, S. 21, 25; *Rogge*, Elektronischer Pressespiegel in urheber- und wettbewerbsrechtlicher Beurteilung, S. 32; *Zahrt*, Urheberrechtlicher Schutz elektronischer Printmedien, S. 32; *Beiner*, MMR 1999, S. 631.

[66] *Ahlberg*, in: Möhring/Nicolini, Urheberrechtsgesetz, § 2 UrhG Rdnr. 90; *Loewenheim*, in: Schricker, Urheberrecht, § 2 UrhG Rdnr. 56; *Vinck*, in: Fromm/Nordemann, Urheberrechtsgesetz-Kommentar, § 2 UrhG Rdnr. 22, 30.

[67] BGH, GRUR 1991, S. 130, 132 - Themenkatalog, BGH, GRUR 1985, S. 1041, 1047 - Inkasso-Programm, BGH, GRUR 1984 S. 659, 660 - Ausschreibungsunterlagen; BGH, GRUR 1981, S. 352, 353 - Staatsexamensarbeit; *Loewenheim*, in: Schricker, Urheberrecht, § 2 UrhG Rdnr. 56, 61; *Schulze*, in: Dreier/Schulze, Urheberrechtsgesetz, § 2 UrhG Rdnr. 93; *Bullinger*, in: Wandtke/Bullinger, Praxiskommentar zum Urheberrecht, § 2 UrhG Rdnr. 49; *Heermann*, GRUR 1999, S. 468, 470.

Gemeinfreiheit ist daher so weit zu ziehen, wie es die Auseinandersetzung mit einem wissenschaftlichen Thema erfordert.[68]
Neben dieser Frage des inhaltlichen Schutzes wissenschaftlicher Werke ist weiterhin zu berücksichtigen, dass im wissenschaftlichen Bereich die Möglichkeiten, eine eigenschöpferische Gestaltung zu verwirklichen, gegenüber Texten, die rein literarische Themen zum Inhalten haben, stark eingeschränkt sind.[69] Die erforderliche Gestaltungshöhe kann nur dann angenommen werden, wenn der wissenschaftliche Text bei einem Vergleich mit alltäglichen und durchschnittlichen Beiträgen diese in der Gestaltungs- und Darstellungsweise deutlich übersteigt.[70] So kann auch in der Auswahl von Informationen aus einem umfangreichen und schwierig überblickbaren Bereich von Materialien und Quellen und der anschließenden übersichtlichen, systematischen oder vereinfachten Darstellung eine schöpferische Leistung liegen.[71] Schließlich ist insbesondere bezüglich wissenschaftlicher Artikel in Zeitungen und Publikumszeitschriften hervorzuheben, dass für diese in der Ausdrucks- und Darstellungsweise von komplexen oder komplizierten Sachverhalten für einen breiten Adressatenkreis ein weitergehender Gestaltungsspielraum besteht als bei Fachbeiträgen, die anhand wissenschaftlicher Vorgaben und strengen Aufbaukriterien erstellt werden.[72] Dementsprechend sind auch die Anforderungen an die Gestaltungshöhe bei Beiträgen in Publikumszeitschriften und in Zeitungen nicht so hoch anzusetzen wie bei rein wissenschaftlichen Abhandlungen.[73] Diese Tendenz lässt sich auch in der Rechtsprechung erkennen. So wurden Artikel mit wissenschaftlichem Inhalt aus Tages-, Wochen- und anderen Publikumszeitschriften, deren individuelle Prägung sich vor allem durch die Form und Art der

---

68 *Loewenheim*, in: Schricker, Urheberrecht, § 2 UrhG Rdnr. 64; Ahlberg, in: Möhring/-Nicolini, Urheberrechtsgesetz, § 2 UrhG Rdnr. 56; *Schricker*, in: Schricker (Hrsg.), Urheberrecht auf dem Weg in die Informationsgesellschaft, S. 33, 34; *Loewenheim*, Urheberrechtliche Grenzen geschützter Dokumente in Datenbanken, S. 27.

69 *Loewenheim*, in: Schricker, Urheberrecht, § 2 UrhG Rdnr. 29, 34, *Ahlberg*, in: Möhring/-Nicolini, Urheberrechtsgesetz, § 2 UrhG Rdnr. 55, 90, *Loewenheim*, Urheberrechtliche Grenzen der Verwendung geschützter Dokumente in Datenbanken, S. 25.

70 BGH, GRUR 1984, S. 659, 660 - Ausschreibungsunterlagen; OLG Köln, GRUR 2000, S. 1022, 1023 - Technische Regelwerke; *Hoeren*, Das Problem des Multimediaentwicklers, Schutz vorbestehender Werke, in: Lehmann (Hrsg.), Cyberlaw, S. 83.

71 BGH, GRUR 1991, S. 130, 132 - Themenkatalog; BGH, GRUR 1987, S. 166, 167 - AOK–Merkblatt; *Schulze*, in: Dreier/Schulze, Urheberrechtsgesetz, § 2 UrhG Rdnr. 96; *Loewenheim*, Urheberrechtliche Grenzen geschützter Dokumente in Datenbanken, S. 27.

72 *Loewenheim*, Urheberrechtliche Grenzen geschützter Dokumente in Datenbanken, S. 26.

73 *Loewenheim*, Urheberrechtliche Grenzen geschützter Dokumente in Datenbanken, S. 26; *Katzenberger*, Elektronisches Publizieren und Urheberrecht, S. 17; *Zahrt*, Urheberrechtlicher Schutz elektronischer Printmedien, S. 33.

Sammlung und die Anordnung des Materials zeigt, mit allgemeinen Artikeln und Beiträgen gleichgesetzt und der urheberrechtliche Schutz vermutet.[74]

3. Nachrichten-, Agenturmeldungen und Presseerklärungen

Neben wissenschaftlichen oder technischen Beiträgen handelt es sich bei einem Großteil der in Pressespiegel übernommenen Inhalte um reine Nachrichten- und Tatsacheninformationen. Zu diesem Zweck werden Angebote zahlreicher Presseagenturen als Auswertungsgrundlage für Pressespiegel herangezogen. Auch fließen Presseerklärungen, die von Unternehmen, Behörden oder Verbänden veröffentlicht worden sind, mit in die Pressespiegel ein.

Im Hinblick auf die Untersuchung der urheberrechtlichen Schutzfähigkeit dieser Informationsmeldungen ist zu beachten, dass Tatsachen und Ereignisse sowie das Tagesgeschehen oder allgemeine Nachrichten als Gemeingut anzusehen sind.[75] Möglich ist es aber dennoch, dass die Art und Weise der Darstellung einer Tatsache oder eines Ereignisses urheberrechtlich geschützt ist.[76] Demnach kann der tatsächliche Inhalt ungeschützt sein und zur beliebigen Übernahme freistehen, während der Beitrag in seiner Darstellung und in der Auswahl von Stil und Ausdruck urheberrechtlich geschützt ist. Maßgeblich zur Bestimmung des urheberrechtlichen Schutzes des Textbeitrages ist der Gesamteindruck.[77] Bei kurzen Meldungen und Informationen bleibt aber, ähnlich wie bei Texten mit wissenschaftlichem Inhalt, wenig Raum für eine besondere und individuelle Art der Darstellung und des Ausdrucks. Dies rechtfertigt es aber dennoch nicht, den urheberrechtlich Schutz pauschal zu versagen. Vielmehr sinken die Anforderungen an die Gestaltungshöhe proportional zur Höhe des Gestaltungsspielraums, so dass auch ein niedriger Grad an Individualität urheberrechtlich schutzbegründend sein kann.[78] Dennoch wird es aber häufig nicht möglich, allein durch die Art der Darstellung von Nachrichtenmeldungen eine Gestaltungshöhe nachzuweisen. Die geforderte Objektivität, die einfache verständ-

---

74 BGH, AfP 1997, S. 629, 631 - CB Infobank II.

75 *Loewenheim*, Urheberrechtliche Grenzen der Verwendung geschützter Dokumente in Datenbanken, S. 17; *Loewenheim*, in: Schricker, Urheberrecht, § 24 UrhG Rdnr. 3; *Katzenberger*, Elektronisches Publizieren und Urheberrecht, S. 18; *Prantl*, Die journalistische Information zwischen Ausschlussrecht und Gemeinfreiheit, S. 9; *Rehbinder*, ZUM 2000, S. 1, 5.

76 *Melichar*, in: Schricker, Urheberrecht, § 49 UrhG, Rdnr. 24; *Loewenheim*, Urheberrechtliche Grenzen geschützter Dokumente in Datenbanken, S. 17, 18; *Rehbinder*, ZUM 2000, S. 1, 5.

77 BGH, GRUR 1993, S. 34, 36 - Bedienungsanweisung; BGH, GRUR 1991, S. 531 - Brown Girl; *Loewenheim*, in: Schricker, Urheberrecht, § 2 UrhG Rdnr. 37; *Rehbinder/-Rohner*, UFITA 139 (1999), S. 123, 190.

78 *Loewenheim*, in: Schricker, Urheberrecht, § 2 UrhG, Rdnr. 30, 73; *Rehbinder/Rohner*, UFITA 139 (1999), S. 123, 176.

liche Nachrichtensprache und auch die routinemäßige und standardisierte Aufbereitung von Informationen geben einer Nachrichten- und Agenturmeldung keine persönliche Note.[79] Die innere Form bietet hier eine bessere Abgrenzungsmöglichkeit. So bestehen mit der Auswahl, Sichtung, Anordnung und Gliederung zu Zwecken der Wahrnehmbarmachung des Inhalts vielseitige Gestaltungsspielräume. Auch für den Fall, dass nicht nur lediglich die Fakten und Tatsachen übernommen werden, sondern in einer Nachrichten- oder Agenturmeldung eine Wertung oder Stellungnahme zum Ausdruck kommt, kann die informative Meldung einen originellen Anstrich erhalten.[80] Insbesondere in Presseerklärungen von Unternehmen werden häufig nicht nur Fakten und Zahlen, sondern auch kurze Analysen und Prognosen dargestellt. Ausnahmsweise kann daher auch bei Presseerklärungen anhand der Gesamtwürdigung der Darstellung eine eigentümliche Schöpfung nachgewiesen werden.[81]
Insgesamt bleibt demnach festzuhalten, das sowohl Nachrichtenmeldungen als auch Agenturmeldungen und Presseerklärungen bei einer reinen Informationsübernahme kein urheberrechtlicher Schutz zuzusprechen ist. Nur ausnahmsweise ergeben sich durch die innere Form und vor allem durch die Darstellungsweise, Auswahl und Gliederung individuelle Züge.

II. Bildbeiträge und graphische Darstellungen gemäß § 2 Abs. 1 Nr. 4, 5, 7 Abs. 2 UrhG

Neben Artikeln und anderen schriftlich niedergelegten Texten werden auch Bildbeiträge und grafische Darstellungen aus den Print-Medien zu Auswertungszwecken herangezogen.

---

79 *Loewenheim*, Urheberrechtliche Grenzen geschützter Dokumente in Datenbanken, S. 23; *Berger/Degenhart*, AfP 2002, Beilage Heft 6, S. 557, 568; *Rehbinder/Rohner*, UFITA 139 (1999), S. 123, 171, *Erdmann*, Urheberrechtliche Grenzen der Informationsvermittlung in Form von abstracts, in: FS Tilmann, S. 21, 25; vgl. zudem ZG Basel Stadt, sic! 3/2003, S. 217, 218 – Elektronische Pressespiegel II.

80 Vgl. BGer., SMI 1987, S. 82 - Winterthurer AZ; OGer. Zürich, SMI 1987, S. 78, 79 - Winterthurer AZ; *Walter*, MR 6/2001, S. 388, 389 - Anmerkung zu OHG vom 12.06.2001; *Mayer-Schönberger/Wittmann*, Rechtsfragen der Nutzung von Zeitungen und Zeitschriften für Zwecke der Medienbeobachtung, S. 15.

81 OGH, MR 1985, S. 16 - APA; *Mayer-Schönberger/Wittmann*, Rechtsfragen der Nutzung von Zeitungen und Zeitschriften für Zwecke der Medienbeobachtung, S. 15; *Rehbinder/-Roche*, UFITA 139 (1999), S. 123, 181; *Loewenheim*, Urheberrechtliche Grenzen geschützter Informationen in Datenbanken, S. 18; *Rogge*, Elektronischer Pressespiegel in urheber- und wettbewerbsrechtlicher Beurteilung, S. 33, 35; *Rehbinder* ZUM 2000, S. 1, 5.

1. Fotografien

Besondere Relevanz haben hierbei Fotografien. Ein Großteil der Wortartikel aus Zeitungen und Zeitschriften wird mit Bildbeiträgen angereichert. Für die urheberrechtliche Schutzfähigkeit ist es aber unerheblich, ob das Bild in Verbindung mit einem Wortartikel oder aber separat erscheint.[82]
Fotografien sind als Lichtbildwerke gemäß § 2 Abs. 1 Nr. 5 UrhG oder als Lichtbilder gemäß § 72 UrhG geschützt. Der Schutzumfang ist dabei, wie es der Verweis in § 72 Abs. 1 UrhG auf § 2 Abs. 2 Nr. 5 UrhG klarstellt, mit Ausnahme der Länge der Schutzfrist gleichwertig. Unter Berücksichtigung des Art. 6 der Richtlinie zur Harmonisierung der Schutzdauer des Urheberrechts vom 29.10.1993 sind an die urheberrechtliche Schutzfähigkeit von Fotografien geringe Anforderungen zu stellen. Wie bei Computerprogrammen (vgl. § 69 a Abs. 3 S. 1 UrhG) werden neben dem Merkmal der Individualität der Schöpfung keine weiteren Kriterien gefordert.[83] Versagt wird der urheberrechtliche Schutz demnach nur dann, wenn es sich bei einem Foto um eine reine mechanische Reproduktion handelt und ein Lichtbild bzw. Lichtbildwerk nicht originär geschaffen wird.[84] Fotografien aus Zeitungen und Zeitschriften werden üblicherweise aus Anlass eines Ereignisses aktuell erstellt, so dass vom urheberrechtlichen Schutz der in Pressespiegeln übernommenen Fotografien auszugehen ist.

2. Tabellen, Skizzen, grafische Darstellungen

Weiterhin werden auch Tabellen, Skizzen oder Grafiken zu Auswertungszwecken übernommen. Für diese unterschiedlichen Abbildungen aus Zeitungen und Zeitschriften kann sich der urheberrechtliche Schutz gemäß § 2 Abs. 2 Nr. 7 UrhG ergeben. Anders als bei Sprachwerken mit wissenschaftlichem Inhalt kann die schöpferische Leistung hierbei auch allein durch die Darstellung selbst begründet werden.[85] Allgemein übliche Darstellungsformen reichen zwar

---

82 *Loewenheim*, Urheberrechtliche Grenzen geschützter Dokumente in Datenbanken, S. 2, 68.

83 BGH, ZUM 2000, S. 233, 234 – Werbefotos; *Schulze*, in: Dreier/Schulze, Urheberrechtsgesetz, § 2 UrhG Rdnr. 195.

84 *Schulze*, in: Dreier/Schulze, Urheberrechtsgesetz, § 2 UrhG Rdnr. 195 unter Hinweis auf OGH, ZUM-RD 2002, S. 281, 284 – Eurobike; *Loewenheim*, Urheberrechtliche Grenzen geschützter Dokumente in Datenbanken, S. 33; *Berger/Degenhart*, AfP 2002, Beilage Heft 6, S. 557, 565, 568.

85 BGH, GRUR 1979, S. 464, 465 - Bauaußenkante; *Loewenheim*, in: Schricker, Urheberrecht, § 2 UrhG Rdnr. 194; *Vinck*, in: Fromm/Nordemann, Urheberrechtsgesetz-Kommentar, § 2 UrhG Rdnr. 80; *Kleinke*, Pressedatenbanken und Urheberrecht, S. 85; *Zahrt*, Urheberrechtlicher Schutz elektronischer Printmedien, S. 35.

nicht aus. Wird aber eine individuelle Auswahl vorgenommen oder verschiedene bekannte Methoden kombiniert, ist der Schutzbereich eröffnet.[86]
Zahlreiche grafische Abbildungen, die in Zeitungen oder Zeitschriften publiziert werden, sind adressatenbezogen gestaltet oder speziell für ein bestimmtes Ereignis zusammengestellt. Die Anforderungen an die Gestaltungshöhe sind in diesen Fällen erfüllt.

3. Zeichnungen, Karikaturen, Layout

Für Abbildungen wie Zeichnungen, Skizzen oder Karikaturen kann sich der urheberrechtliche Schutz neben § 2 Abs. 1 Nr. 7 UrhG auch gemäß § 2 Abs. 1 Nr. 4 UrhG ergeben. Ob eine Schöpfung letztlich als technische oder wissenschaftliche Darstellung oder als ein Werk der bildenden Künste zu behandeln ist, hängt davon ab, ob illustrierend-künstlerische oder belehrend-unterrichtende Zwecke im Vordergrund stehen.[87] Die urheberrechtlichen Schutzbereiche gemäß § 2 Abs. 2 Nr. 4 und Nr. 7 UrhG können aber auch nebeneinander angewandt werden.
Neben Zeichnungen, Skizzen und Karikaturen kann auch das Layout einer Zeitung oder Zeitschrift als Werk der bildenden Künste geschützt sein. Soweit nicht nur übliche Gestaltungsmittel wie Tabellen, Logos oder der gängige Aufbau einer Zeitungs- oder Zeitschriftenseite in Spaltenform verwendet werden,[88] sondern vielmehr Fotos, Texte und grafische Elemente in eigentümlicher und origineller Weise kombiniert werden, ist der Urheberrechtsschutz für Werke der bildenden Künste eröffnet.[89]

III. Schutzfähigkeit digitaler und internetspezifischer Beiträge

Ein weiterer Teil der auszuwertenden Inhalte wird den Online-Medien entnommen. Hinsichtlich der Bestimmung der urheberrechtlichen Schutzfähigkeit einzelner digitaler Beiträge einer Internetseite ergeben sich keine Unterschiede zu Werken, die in herkömmlicher, gedruckter Form publiziert werden. Der

---

86 BGH, GRUR 1991, S. 529 - Explosionszeichnungen; BGH, GRUR 1987, S. 360, 361 - Werbepläne; *Loewenheim*, in: Schricker, Urheberrecht, § 2 UrhG Rdnr. 197; *Schulze*, in: Dreier/Schulze, Urheberrechtsgesetz, § 2 UrhG Rdnr. 224; *Rogge*, Elektronischer Pressespiegel in urheber- und wettbewerbsrechtlicher Beurteilung, S. 49.

87 *Loewenheim*, in: Schricker, Urheberrecht, § 2 UrhG Rdnr. 192; *Loewenheim*, Urheberrechtliche Grenzen geschützter Dokumente in Datenbanken, S. 31.

88 OGH, MR 1993, S. 72 - Programmzeitschrift, OGH, MR 1997, S. 41 - Für Sie gelesen; *Vinck*, in: Fromm/Nordemann, Urheberrechtsgesetz-Kommentar, § 2 UrhG Rdnr. 62; vgl. weiterhin *Schack*, MMR 2001, S. 8, 11 (bzgl. Webseitenlayout).

89 *Mayer-Schönberger/Wittmann*, Rechtsfragen der Nutzung von Zeitungen und Zeitschriften für Zweck der Medienbeobachtung, S. 16; *Zscherpe*, MMR 1998, S. 404, 405; *Schack*, MMR 2001, S. 8, 11; *Cichon*, ZUM 1998, S. 897, 900.

urheberrechtliche Schutz beruht allein auf dem schöpferischen Gehalt eines Werkes, auf die Verbreitungsform kommt es dagegen nicht an.[90]
Daneben gehören zum Onlineauswertungsbereich internetspezifische Inhalte aus Diskussionsforen, Newsgroups, Mailinglisten und Portale. Ausschlaggebend bleibt auch hierbei die persönliche geistige Schöpfung. Diese wird verneint, soweit es sich beim elektronischen Gedankenaustausch in den Online-Foren um Alltagskonversation aus dem persönlichen oder geschäftlichen Bereich handelt.[91] Setzen sich die Diskussionsteilnehmer dagegen ernsthaft mit Fragen des Tagesgeschehens auseinander, ist vom urheberrechtlichen Schutz der Beiträge auszugehen.[92] Genauso ist auch hinsichtlich einzelner Beiträge in Mailinglisten und auch anderer online publizierter Inhalte bei Bestimmung der Schutzfähigkeit auf die schöpferische Eigentümlichkeit und die Gestaltungshöhe abzustellen.[93]

IV. Zusammenstellungen mit Referenzdaten und Textauszug

Auch in Bezug auf Internet-Pressespiegel mit Deep Link-Verweisen zu den Originalartikeln stellt sich die Frage, inwieweit den einzelnen genutzten Elementen urheberrechtliche Schutzfähigkeit zukommt. Auch kürzeste Auszüge und kleinste Werkteile sind schutzfähig, soweit der entnommene Teil für sich gesehen den Voraussetzungen des § 2 Abs. 2 UrhG genügt und das Werk als Ganzes urheberrechtlichen Schutz genießt.[94]

---

90 *Loewenheim*, in: Schricker, Urheberrecht, § 2 UrhG Rdnr. 21; *Ahlberg*, in: Möhring/-Nicolini, Urheberrechtsgesetz, § 2 UrhG Rdnr. 3; *Zahrt*, Urheberrechtlicher Schutz elektronischer Printmedien, S. 28; *Kreuzer*, in: Schwerdtfeger (Hrsg.), Cyberlaw, Kap. VII, S. 188; *Loewenheim*, GRUR 1996, S. 830, 831; *Leistner/Bettinger*, Beilage CR 12/1999, S. 1, 8; *Bechthold*, ZUM 1997, S. 427, 429; *Beiner*, MMR 1999, S. 691; *Koch*, GRUR 1997, S. 417, 418; *Zscherpe*, MMR 1998, S. 404.

91 *Strömer*, Online-Recht, Kap. 5.1.1., S. 185; *Loewenheim*, in: Loewenheim/Koch (Hrsg.), Praxis des Online-Rechts, Kap. 7.1.1.2.1., S. 272; *Klett*, Urheberrecht im Internet aus deutscher und amerikanischer Beurteilung, S. 148; *Grunert/Ohst*, KUR 2001, S. 8, 9; *Heermann*, MMR 1999, S. 3.

92 *Strömer*, Online-Recht, Kap. 5.11, S. 172, 185.

93 *Freitag*, in: Kröger/Gimmy (Hrsg.), Handbuch zum Internetrecht, S. 36; *Bechthold*, ZUM 1997, S. 427, 437.

94 BGH, GRUR 1989 S. 419 - Bauaußenkante; BGH, BGHZ 9, S. 262, 266 - Lied der Wildbahn I; OLG Köln, AfP 2001, S. 81, 83 - Paperboy; LG München I, K&R 2002, S. 258, 259 - Online-Pressespiegel; *Loewenheim*, in: Schricker, Urheberrecht, § 2 UrhG Rdnr. 66; *Schulze*, in: Dreier/Schulze, Urheberrechtsgesetz, § 2 UrhG Rdnr. 76; *Bullinger*, in: Wandtke/Bullinger, Praxiskommentar zum Urheberrecht, § 2 UrhG Rdnr. 41; *Schricker*, in: Schricker (Hrsg.), Urheberrecht auf dem Weg in die Informationsgesellschaft, S. 30; *Bechthold*, ZUM 1997, S. 427, 429.

Übernommen werden die allgemeinen Referenzdaten eines Beitrages. Eine solche Auflistung von bibliografischen Daten und der Fundstelle des Artikels hat keine urheberrechtliche Relevanz. Die rein informativen Angaben zum Autorennamen, dem Erscheinungsdatum und -ort, der Zeilenanzahl oder zum Publikationstitel sind urheberrechtlich nicht schutzfähig.[95] In Betracht kommen könnte allenfalls der Schutz einzelner Werktitel. Häufig wird aber auch diesen angesichts ihrer Kürze der erforderliche Grad an Gestaltungshöhe und Individualität fehlen.[96]

Neben den Referenzdaten eines Artikels werden auch Schlagwörter übernommen. Da aber beschreibende Worte lediglich dazu dienen, den Inhalt des Textes zu kennzeichnen und auf den unveränderten Inhalt des Werkes hinzuweisen, ist der Urheberrechtsschutz zu verneinen.[97] Allgemeine Begriffe sind ohnehin, soweit ein Autor keine individuelle Auswahl vorgenommen hat, als gemeinfrei anzusehen.[98]

Werden in Internet-Pressespiegeln ganze Sätze oder Satzfragmente aus dem Fließtext wiedergegeben, muss die Frage der urheberrechtlichen Schutzfähigkeit differenzierter betrachtet werden, als im Fall der Übernahme nur einzelner Begriffe. So ist ausnahmsweise für Satzbruchteile, kurze Sätze oder Slogans, die geistvoll-treffend sind oder mit wenigen Worten prägnante Aussagen machen, eine individuelle schöpferische Leistung anerkannt worden.[99] Kommen

---

95 LG München I, K&R 2002, S. 258, 259 - Online-Pressespiegel; *Loewenheim*, Urheberrechtliche Grenzen der Verwendung geschützter Dokumente in Datenbanken, S. 34; *Kleinke*, Pressedatenbanken und Urheberrecht, S. 103, 112.

96 LG München I, K&R 2002, S. 258, 259 - Online-Pressespiegel; LG Berlin, 30.01.2001, Az.: 10 O 792/00, JurPC Web.-Dok. Abs. 24 - Schlagzeilensammlung; *Loewenheim*, in: Schricker, Urheberrecht, § 2 UrhG Rdnr. 69; *Schulze*, in: Dreier/Schulze, Urheberrechtsgesetz, § 2 UrhG Rdnr. 110; *Bullinger*, in: Wandtke/Bullinger, Praxiskommentar zum Urheberrecht, § 2 UrhG Rdnr. 65; *Loewenheim*, Urheberrechtliche Grenzen geschützter Dokument in Datenbanken, S. 34; *Erdmann*, Urheberrechtliche Grenzen der Informationsvermittlung in Form von Abstracts, in: FS Tilmann, S. 21, 25, 27; *Nippe*, Urheberrecht und Datenbanken, S. 39.

97 OLG Köln, AfP 2001, S. 81, 83 - Paperboy; *Loewenheim*, in: Schricker, Urheberrecht, § 2 UrhG, Rdnr. 45, 67; *Vinck*, in: Fromm/Nordemann, Urheberrechtsgesetz-Kommentar, § 2 UrhG Rdnr. 45; *Erdmann*, Urheberrechtliche Grenzen der Informationsvermittlung in Form von abstracts, in: FS Tilmann, S. 21, 25, 27; *Katzenberger*, GRUR 1973, S. 629, 631; *Schricker*, GRUR 1996, S. 815, 820.

98 *Schulze*, in: Dreier/Schulze, Urheberrechtsgesetz, § 2 UrhG Rdnr. 76, *Nippe*, Urheberrecht und Datenbanken, S. 39, *Ott*, WRP 2004, S. 52, 54; *Katzenberger*, GRUR 1996, S. 629, 631; *Zahrt*, Der urheberrechtliche Schutz elektronischer Printmedien, S. 36; *Ulmer*, Elektronische Datenbanken und Urheberrecht, S. 12.

99 OLG Düsseldorf, BB 1964, S. 447; *Vinck*, in: Fromm/Nordemann, Urheberrechtsgesetz-Kommentar, § 2 UrhG Rdnr. 45; *Arquint*, Der Schutz des Slogans, S. 110, 111, vgl. *Heermann*, WRP 2004, S. 263, 265.

allerdings lediglich allgemeine Sprachregeln zur Anwendung, wird in der Verbindung mehrerer Wörter keine individuelle Leistung gesehen, die einen Satzbruchteil oder kurze Sätze urheberrechtlich schutzwürdig macht.[100] Insbesondere bei der Übernahme von Satzfragmenten aus dem Fließtext eines Zeitungs- oder Zeitschriftenartikels wird die Werkqualität abgelehnt, da sich die schöpferische Höhe nur aus der Gesamtheit eines Artikels und nicht aus einem Satz oder einzelnen Worten ergibt.[101] Dies ist jedenfalls anzunehmen, wenn es sich bei Artikeln, aus denen Teile entnommen werden, um Beiträge zu aktuellen, politischen oder wirtschaftlichen Themen handelt.[102]
Die Entnahme von einleitenden Sätzen eines Beitrages ist nicht anders zu beurteilen als die Übernahme von Satzfragmenten aus dem Fließtext. Auch hierbei handelt es sich nicht um urheberrechtsfähige Satzteile.[103] Eine Ausnahme könnte aber gegeben sein, wenn der Zeitungs- oder Zeitschriftenbeitrag selbst einen gerafften Einleitungsabschnitt von wenigen Zeilen enthält und aus dieser komprimierten Information Teile entnommen werden. In dieser Situation besteht die Gefahr, dass gerade die Einleitungspassage die wesentlichen Informationen enthält und infolge dessen an der Gesamtheit des Artikels kein Interesse mehr besteht.
Auch mit dem Einfügen von Deep Links in einen Internet-Pressespiegel werden keine urheberrechtlich geschützten Bestandteile des gelinkten Artikels übernommen. Als digitaler Pfad wird die vollständige URL als unterlegte und hervorgehobene Wortzeile oder eine andere markierte Textstelle angegeben, die nur zur Angabe der IT-Adresse dient und daher nicht als geschützter Bestandteil des im Netz publizierten Artikels angesehen werden kann. Weiterhin spricht der rein funktionale Charakter als Fundstellennachweis sowie auch die Tatsache, dass ein Link nur ein Gestaltungselement bei der Darstellung von Inhalten im Netz ist, gegen die urheberrechtliche Schutzfähigkeit eines Link.[104] Speziell in Bezug

---

[100] OLG Frankfurt/Main, GRUR 1987, S. 44, 45 - WM-Slogan; OLG Stuttgart, GRUR 1956 S. 481, 482 - Jacobi; LG München I, ZUM 2001, S. 722, 724 - Find your own area; *Loewenheim*, in: Schricker, Urheberrecht, § 2 UrhG Rdnr. 67; *Heermann,* WRP 2004, S. 263, 265; *Schricker,* in: Schricker (Hrsg.), Urheberrecht auf dem Weg in die Informationsgesellschaft, S. 30.

[101] OLG Köln, AfP 2001, S. 81, 83 - Paperboy; LG Berlin, 30.01.2001, Az.: 10 O 792/00, JurPC(Web.-Dok.) Abs. 24 - Schlagzeilensammlung; *Nordemann/Nordemann/-Czychowski*, NJW 2002, S. 562, 563; *Rauschhofer*, ibusiness, Executive Summary 9/2001, S. 17.

[102] OLG Köln, AfP 2001, S. 81, 83 - Paperboy.

[103] LG München I, CR 2002, S. 452, 453 - Online-Pressespiegel.

[104] *Nordemann*, in: Fromm/Nordemann, Urheberrechtsgesetz-Kommentar, § 69 a UrhG Rdnr. 2; *Kreuzer*; in: Schwerdtfeger (Hrsg.), Cyberlaw, Kap. VII, 5.7.1, S. 250; *Koch,* GRUR 1997, S. 417, 420; *Grunert/Ohst,* KUR 2001, S. 8, 11; *Strömer*, Online-Recht, Kap. 5.2.2, S. 172.

auf die Erstellung von Online-Presse-Clippings ist herausgestellt worden, dass ein Deep Link nur als bloßer Verweis ohne eigene Werkqualität fungiert.[105] Festzuhalten bleibt demnach, dass einzelne in einem Online-Presse-Clipping verwendeten Schlagworte, Satzfragmente, Sätze oder auch Links für sich genommen keinen urheberrechtlichen Schutz genießen.[106] Nur in Ausnahmefällen kann unter Einzelfallbetrachtung bei der Übernahme umfangreicherer Textauszüge oder auch prägnanten Werktiteln eine persönliche geistige Schöpfung nachgewiesen werden.

B. Bearbeitung

Zu berücksichtigen ist weiterhin, dass an einem Textbeitrag neben dem Urheberrecht am bearbeiteten Originalwerk auch das Bearbeitungsurheberrecht gemäß § 3 UrhG begründet werden kann. Die Anforderungen an die Gestaltungshöhe einer Bearbeitung werden dabei in Abhängigkeit zum Charakter und zur schöpferischen Eigenart des Originalwerkes bestimmt.[107] Eine Bearbeitung ist nur dann möglich, wenn es sich bei dem bearbeiteten Werk um eine persönliche geistige Schöpfung handelt. Nur ausnahmsweise bei gemeinfreien Inhalten kommt es nicht auf die Schutzfähigkeit des ursprünglichen Werkes an.[108] So können auch rein informative und ungeschützte Nachrichten- oder Agenturmeldungen, soweit sie mit weiterer Recherche und Informationen angereichert werden, als Bearbeitung urheberrechtlichen Schutz genießen.[109] Eine nur wortgleiche Übernahme, eine Kürzung vom Ende her oder eine bloße Abänderung des Titels reicht für eine schöpferische Umgestaltung dagegen nicht aus.[110]

C. Schutz des Gesamtwerkes

Neben der urheberrechtlichen Schutzfähigkeit einzelner Werke oder Werkteile, ist genauso zu überprüfen, inwieweit die auszuwertenden Publikationen als Gesamtwerke in das Schutzsystem des Urheberrechts eingeordnet werden können. Zur Begründung des urheberrechtlichen Schutzes kommt es gemäß § 4 UrhG auf die Auswahl oder Anordnung der Daten an. Schutzbegründet ist

---

105 LG München I, K&R 2002, S. 258, 259 - Online-Pressespiegel.

106 Vgl. nun auch BGH, WRP 2003, S. 1341, 1344 - Paperboy.

107 BGH, GRUR 1959, S. 379, 381 - Gaspatrone; BGH, GRUR 1972, S. 143, 144 – Biografie: Ein Spiel; *Loewenheim*, in: Schricker, Urheberrecht, § 3 UrhG Rdnr. 12; *Ahlberg*, in: Möhring/Nicolini, Urheberrechtsgesetz, § 3 UrhG, Rdnr. 8.

108 *Loewenheim*, in: Schricker, Urheberrecht, § 3 UrhG Rdnr. 8; *Vinck*, in: Fromm/Nordemann, Urheberrechtsgesetz-Kommentar, § 3 UrhG Rdnr. 23.

109 OGH, MR 1985, Heft 3, S. 16 - APA; *Loewenheim*, in: Schricker, Urheberrecht, § 23 UrhG Rdnr. 12; *Mayer-Schönberger/Wittmann*, Rechtsfragen der Nutzung von Zeitungen und Zeitschriften für Zwecke der Medienbeobachtung, S. 16; *Rehbinder/Rohner*, UFITA 139 (1999), S.123, 194, 195.

110 Siehe Fn. 109.

ausschließlich die individuelle Struktur der Datenzusammenstellung. Die Schutzrechte am Gesamtwerk und an den darin aufgenommenen Inhalten stehen daher selbstständig nebeneinander.[111] Inhaber des Urheberrechts am Sammelwerk ist der Herausgeber der Gesamtpublikation.[112]

I. Sammlungen und Datenbanken gemäß § 4 UrhG

Der urheberrechtliche Schutz als Gesamtwerk setzt voraus, dass es sich bei den Print- und Online-Publikationen um eine Sammlung oder eine Datenbank handelt.

1. Sammlungen

An eine Sammlung werden keine hohen Anforderungen gestellt. Schon jede beliebige Zusammenstellung mehrerer Daten zu einem einheitlichen Gesamtwerk ist als Sammlung zu betrachten.[113] Auch kommt es auf die urheberrechtliche Schutzfähigkeit der aufzunehmenden Inhalte nicht an.[114] Somit können nicht nur Zusammenstellungen von Artikeln und Beiträgen, welche die Anforderungen gemäß § 2 UrhG erfüllen, in den Genuss des Schutzes als Sammelwerk oder Datenbankwerk kommen, sondern ebenso eine Zusammenstellung von Nachrichtenmeldungen oder bloßen Tatsachen, Fakten, Presseberichten und anderen Materialien mit reinem Informationsgehalt.[115]

---

111 *Schulze*, in: Dreier/Schulze, Urheberrechtsgesetz, § 4 UrhG, Rndr. 3; *Loewenheim*, in: Schricker, Urheberrecht, § 4 UrhG Rdnr. 3, *Thum*, in: Wandtke/Bullinger, Praxiskommentar zum Urheberrecht, § 87 a UrhG Rdnr. 3; *Schack*, Urheber- und Urhebervertragsrecht, S. 125, Rdnr. 258; *Korn*, Die Zeitung als Sammelwerk, in: FS: Dittrich, S. 187, 199; *Lehmann/Tucher* CR 1999, S. 700, 702.

112 *Loewenheim*, in: Schricker, Urheberrecht, § 4 UrhG Rd 40; *Marquardt*, in: Wandtke/-Bullinger, Praxiskommentar zum Urheberrecht, § 4 UrhG Rdnr. 17; *Rehbinder*, Urheberrecht, S. 104, Rdnr. 158; *Berger/Degenhart*, AfP 2002, Beilage Heft 6, S. 557, 568.

113 *Ahlberg*, in: Möhring/Nicolini, Urheberrechtsgesetz, § 4 UrhG Rdnr. 10; *Bullinger*, in: Wandtke/Bullinger, Praxiskommentar zum Urheberrecht, § 4 UrhG Rdnr. 4, *Haberstumpf*, GRUR 2003, S. 14, 18.

114 BGH, GRUR 1992, S. 382, 384 - Leitsätze; LG München I, K&R 2002, S. 261, 263 – Schlagzeilensammlung; *v. Lewinski*, DatenbankRL, in: Walter (Hrsg.), Europäisches Urheberrecht, Art. 1, Rdnr. 17; *Dreier*, in: Dreier/Schulze, Urheberrechtsgesetz, § 4 UrhG Rdnr. 10; *Loewenheim*, in: Schricker, Urheberrecht, § 4 UrhG Rdnr. 6, *Thum*, in: Wandtke/Bullinger, Praxiskommentar zum Urheberrecht, § 87 UrhG Rdnr.7; *Rehbinder*, Urheberrecht, S. 102 Rdnr. 155; *Berger/Degenhart*, AfP 2002, Beilage Heft 6, S. 557, 568.

115 *Korn*, Die Zeitung als Sammelwerk, in: FS Dittrich, S. 187, 193; *Katzenberger*, Elektronische Printmedien und Urheberrecht, S. 18, 21; *Rehbinder/Rohner*, UFITA 139 (1999), S. 123, 197; *Berger/Degenhart*, AfP 2002, Beilage Heft 6, S. 557, 568.

Zu berücksichtigen ist allerdings, dass die aufgenommenen Elemente jeweils funktionell selbstständig sein müssen und einen eigenen Aussage- bzw. Informationsgehalt aufzuweisen haben.[116] Nur soweit die Unabhängigkeit der Werke bzw. Materialien gewährleistet ist und die in einer Sammlung verwendeten Elemente nicht in eine einheitliche inhaltliche Struktur eingebettet sind, kann an einer Zusammenstellung urheberrechtlicher Schutz erwachsen.[117] Dieses Kriterium ist bei Artikeln und Beiträgen in Zeitungen und Zeitschriften zu bejahen. Anders als einzelne Teile eines Textes mit erzählender Struktur sind Beiträge in Zeitungen und Zeitschriften separat verwendbar und inhaltlich nicht in das Gewebe der gesamten Publikation eingeflochten. Im Hinblick auf Online-Versionen von Zeitungen und Zeitschriften werden sogar die aus den Gesamttexten erstellten Zusammenfassungen, Textausrisse, Schlagzeilen, Satzfragmente oder Stichworte eines Beitrages als voneinander unabhängig angesehen.[118]

Insgesamt handelt es sich bei den zu Auswertungszwecken verwendeten Beiträgen aus gedruckten Zeitungen, Zeitschriften und aus den entsprechenden Online-Versionen um voneinander unabhängige Elemente, so dass auch jede Zusammenstellung der Inhalte den Charakter einer Sammlung gemäß § 4 Abs. 1 UrhG aufweist.

---

116 *Vogel*, in: Schricker, Urheberrecht, § 87 a UrhG Rdnr. 5; *Decker*, in: Möhring/Nicolini, Urheberrechtsgesetz, § 87 a UrhG Rdnr. 2; *Hertin*, in: Fromm/Nordemann, Urheberrechtsgesetz-Kommentar, § 87 a UrhG, Rdnr. 3; *Thum*, in: Wandtke/Bullinger, Praxiskommentar zum Urheberrecht, § 87 UrhG, Rdnr. 8; *Milbrandt*, CR 2002, S. 701, 703.

117 *v. Lewinski*, DatenbankRL, in: Walter (Hrsg.), Europäisches Urheberrecht, Art. 1, Rdnr. 18; *Loewenheim*, in: Schricker, Urheberrecht, § 4 UrhG, Rdnr. 7; *Vogel*, in: Schricker, Urheberrecht, § 87 a UrhG Rdnr. 5; *Ahlberg*, in: Möhring/Nicolini, Urheberrechtsgesetz, § 4 UrhG Rdnr.14; *Thum*, in: Wandtke/Bullinger, Praxiskommentar zum Urheberrecht, § 87 UrhG, Rdnr. 8; *Haberstumpf*, GRUR 2003, S. 14, 18; *Freitag*, in: Kröger/Gimmy (Hrsg), Handbuch zum Internetrecht, S. 343; *Leistner*, GRUR Int. 1999, S. 819, 820.

118 Vgl. LG München I, K&R 2002, S. 261, 263 - Schlagzeilensammlung; *Lührig*, K&R 2002, S. 266 - Anmerkung zum Urteil des LG München I vom 18.09.2001, zweifelnd dagegen noch: LG Berlin vom 31.01.2001, AZ: 16 O 792/00, JurPC Web-Dok. 185/2001, Abs. 15 -Schlagzeilensammlung.

2. Datenbanken

Datenbanken stellen einen Sonderfall der Sammlungen dar.[119] Die zusammengestellten Elemente müssen zusätzlich systematisch oder methodisch angeordnet und einzeln mit Hilfe elektronischer Mittel oder auf andere Weise zugänglich sein. Diese Voraussetzungen lassen sich sowohl dem § 4 Abs. 2 UrhG also auch dem § 87 a UrhG entnehmen. Der deutsche Umsetzungsgesetzgeber hat daher anderes als in Art. 1 Abs. 2 der Datenbankschutzrichtlinie 96/9/EG vorgesehen, keine einheitliche Definition der Datenbank vorgenommen, sondern den urheberrechtlichen Schutz gemäß § 4 Abs. 2 UrhG und den sui generis-Schutz gemäß § 87 a Abs. 1 UrhG[120] gesondert umschrieben. Inhaltlich stimmen die Definitionen allerdings überein,[121] so dass zur reinen Begriffsbestimmung sowohl auf § 4 Abs. 2 UrhG als auch auf § 87 a UrhG zurückgegriffen werden kann.

a) Elektronische und nicht-elektronische Datenbanken

Entsprechend der gemäß §§ 4 Abs. 2, 87 a UrhG eröffneten Alternative, die eine elektronische Zugänglichmachung oder eine Nutzung auf andere Weise ermöglicht, wird klargestellt, dass nicht nur elektronische, sondern ebenso auch nicht-elektronische Zusammenstellungen von Inhalten als Datenbank in Betracht kommen. Auch für Print-Medien kann daher Datenbankschutz Geltung erlangen.[122]

---

119 *Ahlberg,* in: Möhring/Nicolini, Urheberrechtsgesetz, § 4 UrhG, Rdnr. 10; *Thum,* in: Wandtke/Bullinger, Praxiskommentar zum Urheberrecht, § 87 UrhG Rdnr. 6; *Rehbinder*, Urheberrecht, S. 103, Rdnr. 157; *Leistner,* E-Commerce und Rechtschutz von Datenbanken, in: Lehmann (Hrsg.), Electronic Business in Europa, S. 417, Rdnr. 14; *Lehmann/Tucher,* CR 1999, S. 700, 701; *Wiebe/Funkat,* MMR 1998, S. 69, 72.

120 Vgl. dazu Kap. 2 §2.

121 *Dreier,* in: Dreier/Schulze, Urheberrechtsgesetz, § 87 a UrhG Rdnr. 3.

122 BGH, GRUR 1999, S. 923, 925 - Tele-Info-CD; OLG Köln, MMR 2001, S. 165 - List of Presses; OLG Dresden, ZUM 2001, S. 595 - Print-Medium als Datenbank; LG Berlin, AfP 1998, S. 649 - Internet-Kleinanzeigenmarkt; Cour d`Appel de Paris, GRUR Int. 2000, S. 798, 799 - Le Moniteur; *v. Lewinski,* DatenbankRL, in: Walter (Hrsg.), Europäisches Urheberrecht, Art. 1, Rdnr. 24; *Thum,* in: Wandtke/Bullinger, Praxiskommentar zum Urheberrecht, § 87 a UrhG, Rdnr. 5; *Dreier,* Dreier/Schulze, Urheberrechtsgesetz, § 87 a UrhG Rdnr. 8; *Schack,* Urheber- und Urhebervertragsrecht, S. 126, Rdnr. 259; *Haberstumpf,* GRUR 2003, S.14, 19; *Milbrandt,* CR 2002, S.701, 702; *Leistner,* GRUR Int. 1999, S. 819, 820; *Berger,* GRUR 1997, S. 169, 171; *Schmidt/Stolz,* AfP 1999, S. 146, 147; *Berger/Degenhart,* AfP 2002, Beilage Heft 6, S. 557, 568; a.A. nur *Hertin,* in Fromm/Nordemann, Urheberrechtsgesetz-Kommentar, § 87 a UrhG, Rdnr. 5.

b) Systematische oder methodische Anordnung

Über das Merkmal systematischer oder methodischer Ordnungsprinzipien erfolgt die Abgrenzung von Datenbanken i.S.d. §§ 4 Abs. 2, 87 a UrhG zu bloßen unstrukturierten und ungeordneten Anhäufungen von Daten.[123]

Im Bereich der Print-Medien ergibt sich die Ordnungsstruktur häufig schon durch den Aufbau, in dem die Daten präsentiert werden. So wird eine strukturierte und methodische Anordnung von Artikeln und anderen Beiträgen in Zeitungen und Zeitschriften unter Berufung auf die spezielle Anordnung und Auswahl, zumeist nach Rubriken und Themenschwerpunkten, allgemein anerkannt.[124] Auch bei der Zusammenstellung von Nachrichteninformationen nach Aktualitätsgrad, thematischen Gesichtspunkten oder Regionen sind systematische Ordnungsstrukturen auf Grund der Bewältigung einer großen Anzahl von Meldungen sogar erforderlich. Anders ist allerdings zu entscheiden, wenn vorhandene Nachrichten- und Pressemeldungen nur nach ihrer Zeilenlänge oder sonstigen vom Zufall abhängigen Kriterien angeordnet werden. So reicht auch eine bloße Grobeinteilung anhand der Größe der zusammengestellten Anzeigen und Inserate nicht mehr aus, um eine Abgrenzung zu einer willkürlichen Anhäufung von Daten zu schaffen.[125]

Im Unterschied zu Materialsammlungen in gedruckter Form ist die systematische oder methodische Anordnung bei einer elektronischen Zusammenstellung meist nicht erkennbar festgelegt, sondern ergibt sich durch Ordnungssysteme wie Indexverzeichnisse, Thesauri oder technische Abfragemöglichkeiten.[126] Für eine Abgrenzung zu einer willkürlichen Anhäufung von Inhalten kommt es beim Zugriff auf elektronische Zusammenstellungen von Daten daher vor allem darauf an, ob der Nutzer über ein Such- bzw. Abfrageprogramm die Möglichkeit hat, anhand systematischer oder methodischer Kriterien zu recherchieren.[127] Unproblematisch ist dies bei Angeboten von

---

123 *v. Lewinski,* DatenbankRL, in: Walter (Hrsg.), Europäisches Urheberrecht, Art 1 Rdnr. 20; *Vogel*, in: Schricker, Urheberrecht, § 87 a UrhG Rdnr. 6; *Decker,* in: Möhring/Nicolini, Urheberrechtsgesetz, § 87 a UrhG, Rdnr. 6; *Thum*, in: Wandtke/-Bullinger, Praxiskommentar zum Urheberrecht, § 87 a UrhG Rdnr. 15; *Haberstumpf,* GRUR 2003, S, 14, 19; *Leistner*, GRUR Int.1999, S. 818, 822.

124 *Lehmann/Katzenbereger*, Urheberrecht und Elektronischer Pressespiegel, S. 49; *Berger/-Degenhart*, AfP 2002, Beilage Heft 6, S. 557, 575.

125 OLG München, ZUM 2001, S. 255 - Übernahme fremder Anzeigen; LG Berlin, AfP 2000, S. 587 - Übernahme aus Print-Publikation.

126 *Vogel*, in: Schricker, Urheberrecht, § 87 a UrhG Rdnr. 6; *Hertin,* in: Fromm/Nordemann, Urheberrechtsgesetz-Kommentar, § 87 a UrhG Rdnr. 6.

127 LG Hamburg, CR 2000, S. 776, 777 - Medizinlexikon; LG München I, K&R 2002, S. 261, 262 - Schlagzeilensammlung; *v. Lewinski,* DatenbankRL, in: Walter (Hrsg.), Europäisches Urheberrecht, Art. 1 Rdnr. 20; *Vogel,* in: Schricker, Urheberrecht, § 87 a UrhG Rdnr. 6, 11; *Thum,* in: Wandtke/Bullinger, Praxiskommentar zum Urheberrecht,

Nachrichten- und Presseagenturen. Soweit zu Auswertungszwecken auf diese Meldungen zugegriffen werden soll, kann eine gezielte Recherche in den durch die Agenturen bereitgestellten Online-Datenbanken vorgenommen werden. Aber auch bei Internet-Angeboten von Zeitungs- oder Zeitschriftenpublikationen ist eine systematische Abfrage möglich. So werden bei einer Suche innerhalb von Artikelzusammenstellungen nach chronologischen Gesichtspunkten, die Anforderungen an die Systematik und Methode der Anordnung als erfüllt angesehen.[128] Ebenso sind diese Voraussetzungen gegeben, wenn nach Beiträgen, Zusammenfassungen oder Schlagworten in Rubriken, die nach Regionen angelegt sind, gesucht werden kann.[129] Auch Rechercheprogramme, die eine nutzerindividuelle und fehlertolerante Stichwortwortsuche ermöglichen, bewirken eine strukturierte und planmäßige Anordnung des Datenmaterials.[130] Somit sind sowohl die zu Auswertungszwecken herangezogenen Elemente in gedruckten Datensammlungen wie Zeitungen und Zeitschriften, als auch die elektronischen Zusammenstellungen wie Nachrichten- und Pressedatenbanken oder Online-Angebote von Print-Publikationen systematisch und methodisch strukturiert.

c) Einzelzugänglichkeit der Elemente

Die Voraussetzung der Einzelzugänglichkeit unterstützt das Merkmal der Unabhängigkeit der Elemente auf der Ebene des Zugriffs. Eine isolierte Abrufbarkeit ist immer gegeben, wenn ein Nutzer nicht den gesamten Datenbankinhalt durchsehen muss, sondern die Möglichkeit hat, die ihn interessierenden, unabhängigen Daten einzeln und gezielt anzusteuern.

aa) Online-Publikationen

Bei elektronischen Datenzusammenstellungen wird häufig schon durch den Einsatz von Ordnungs- und Rechercheprogrammen die separate Abrufbarkeit

---

§ 87 a UrhG, Rdnr. 16; *Leistner*, GRUR Int. 1999, S. 818, 822; 823; *ders.*, CR 2000, S. 187 - Anmerkung zum Urteil des OLG Düsseldorf vom 29.07.1999; *Wiebe/Funkart*, MMR 1998, S. 69, 72.

128 Rechtbank Rotterdam vom 22.08.2000, AZ: 139609/KG ZA 00-846, S. 5, 4.7. - Kranten.com.

129 LG München I, K&R 2002, S. 261, 263 - Schlagzeilensammlung; Copenhagen Bailiff's Court vom 5.7.2002, FSF1-8703/2002, P. 4 - Newsboosters.com; *Lührig*, K&R 2002, S. 266 - Anmerkung zu LG München I vom 18.09.2002.

130 LG München I, K&R 2002, S. 261, 262 - Schlagzeilensammlung; LG Hamburg, CR 2000, S. 776, 777 - Medizinlexikon; LG Köln, AfP 1999, S. 95, 96 – Rubrikanzeigenangebot; LG Berlin, AfP 1998, S. 649, 650 - Kleinanzeigenmarkt; Copenhagen Bailiff's Court vom 5.7.2002, FSF1-8703/2002, P. 4 - Newsboosters.com.

der Elemente erreicht.[131] Online-Presse- und Nachrichtendatenbanken sind mit Suchsystemen ausgestattet, bei denen der Nutzer über die Eingabe eines Rechercheauftrags gezielt einzelne Meldungen und Informationen ansteuern kann. Die Einzelzugänglichkeit ist daher bei umfangreichen Großdatenbanken über detaillierte Abfragemöglichkeiten gewährleistet. Aber auch bei Online-Angeboten mit zusammengestellten Artikeln, Anzeigen, Kurzzusammenfassungen, Schlagzeilenlisten und Stichworten ist das Erfordernis der Einzelabrufbarkeit zu bejahen. Dies gilt jedenfalls dann, wenn dem Nutzer die Möglichkeit eingeräumt wird, über die Eingangsseite der Internet-Publikation durch einen Link oder die Nutzung von Rubriken einzeln die gewünschten Informationen aufzurufen.[132] Lediglich bei einer einfachen Abfragesoftware, die nur eine sequentielle Durchsicht der Datensammlung ermöglicht, kann nicht mehr von einer isolierten Abrufmöglichkeit gesprochen werden.[133]

bb) Print-Publikationen

Bei Datenbanken mit Print-Medien ergibt sich die Möglichkeit des Einzelabrufs dagegen nicht schon auf Grund der Art des Zugriffs über elektronische Abrufsysteme. Der Hersteller muss die einzelnen Daten vielmehr gerade mit der Intention zusammenstellen, die Inhalte recherchefähig zu machen. Ist das der Fall, wird die Einzelzugänglichkeit bei Print-Datenbanken durch das Aufschlagen einer Publikation, das Blättern oder das Lesen gewährleistet.[134] Soweit dem Nutzer die Ordnungsstruktur der Datenbank, wie z.B. bei einer einfachen alphabetischen Anordnung, bekannt ist, kann er direkt auf einen speziellen Inhalt zugreifen. Möglich ist es aber auch, dass ein isolierter Abruf mittelbar über den Einsatz von Katalogen, Zettelkästen, Inhaltsverzeichnissen oder Stichwortlisten erfolgt.[135] Daher bestehen bei katalogisierten Zeitungs- und Zeitschriftenarchiven oder anderen Sammlungen mit Fachartikeln, Presse- oder Nachrichtenmeldungen, die über Inhalts- und Schlagwortverzeichnisse oder

---

131 *v. Lewinski,* DatenbankRL, in: Walter (Hrsg), Europäisches Urheberrecht, Art. 1, Rdnr. 22; *Thum*, in: Wandtke/Bullinger, Praxiskommentar zum Urheberrecht, § 87 a UrhG Rdnr. 12, *Milbrandt,* CR 2002, S. 701, 703; *Lührig*, K&R 2002, S. 266 – Anmerkung zum Urteil des LG München I vom 18.09.2002; *Leistner*, GRUR Int. 1999, S. 818, 822; *Raue/Bensiger* MMR 1998, S. 507, 508.

132 LG München I, K&R 2002, S. 261, 263 - Schlagzeilensammlung; Copenhagen Bailiff's Court vom 5.7.2002, FSF1-8703/2002, P. 4 - Newsboosters.com; Rechtbank Rotterdam vom 22.08.2000, AZ: 139609/KG ZA 00-846, S. 5, 4.7. - Kranten.com.; *Lührig*, K&R 2002, S. 266 - Anmerkung zum Urteil des LG München I vom 18.09.2002.

133 *Hertin,* in: Fromm/Nordemann, Urheberrechtsgesetz-Kommentar, § 87 a UrhG Rdnr. 4.

134 *Vogel,* in: Schricker, Urheberrecht, § 87 a UrhG Rdnr. 7; *Thum,* in: Wandtke/Bullinger, Praxiskommentar zum Urheberrecht, § 87 a UrhG Rdnr. 11; *Berger/Degenhart,* AfP 2002, Beilage Heft 6, S. 557, 575.

135 *Vogel*, in: Schricker, Urheberrecht, § 87 a UrhG Rdnr. 7.

ähnliche Ordnungssysteme recherchierbar sind, keine Zweifel an der Einzelzugänglichkeit.

Fraglich ist aber, ob eine Zeitung oder Zeitschrift auch als Einzelstück einen isolierten Zugriff auf die dort enthaltenen Artikel und Beiträge ermöglicht. Allgemeine Publikumszeitschriften sind mit einem Inhaltsverzeichnis ausgestattet. Themenspezifische Publikationen und Fachzeitschriften enthalten zum Teil zur besseren Orientierung zusätzlich ein Stichwortverzeichnis oder eine Sonderaufstellung mit der Angabe der Schwerpunktthemen. Das Erfordernis, jeden Beitrag einzeln aufsuchen und ansteuern zu können, ist daher für den Zeitschriftenbereich erfüllt.

Bei Tages- und Wochenzeitungen wird die Möglichkeit eines isolierten Zugriffs dagegen nicht mittelbar über die Nutzung von Verzeichnissen gewährleistet. Zwar ist bei einzelnen überregional vertriebenen Zeitungen jeweils in die Frontseite ein Inhaltsverzeichnis integriert. Ausgewiesen wird hierbei aber nicht der vollständige Inhalt der Zeitung, sondern nur die Kernthemen des jeweiligen Tages. Die Elemente einer Datenbank sind aber nur dann einzeln recherchierfähig, wenn der Nutzer sichergehen kann, bei der Suche nach den vorgegebenen Ordnungsstrukturen keine Daten zu übersehen. Der Einzelzugriff auf die Inhalte in Zeitungen kann daher nur durch eine unmittelbar zugängliche Struktur erreicht werden. Allein die systematische Anordnung der Artikel, Nachrichten- bzw. Pressemeldungen und Beiträge nach Rubriken und Themen reicht hierzu allerdings nicht aus. Zwar wird es durch diese Anordnung ermöglicht, dass der Nutzer nicht die gesamte Datensammlung durchforsten muss, sondern unmittelbar den gewünschten Themenbereich ansteuern kann. Anders als bei der Systematik nach alphabetischen, nummerischen oder chronologischen Gesichtspunkten führt die Zugänglichmachung über eine thematische Ordnungsstruktur aber nicht direkt zum einzelnen Beitrag, sondern endet, sobald der Themenkomplex zugänglich gemacht bzw. der entsprechende Teil der Zeitung aufgeschlagen worden ist. Innerhalb der einzelnen Themenbereiche bleibt dem Nutzer nur die Möglichkeit, ohne die Hilfestellung einer Ordnungsstruktur die zusammengestellten Artikel zu durchsuchen. Eine nach allgemeinen Themen wie Politik, Wirtschaft u.ä. ausgerichtete systematische Anordnung ist daher nicht als ausreichend anzusehen, um die Einzelzugänglichkeit zu gewährleisten. Zur Begründung kann auf die enge Beziehung des Merkmals der Einzelzugänglichkeit mit dem der Unabhängigkeit der Elemente hingewiesen werden. Der Zusammenhang beider Kriterien zeigt, dass durch die isolierte Abrufmöglichkeit das unabhängige Element und nicht lediglich der thematische Komplex von Einzelelementen angesteuert werden soll.

Zudem ist es weiterhin nicht nur im Hinblick auf Zeitungen, sondern genauso auch auf Wochen-, Publikumszeitschriften und Nachrichtenmagazinen zweifelhaft, ob mit deren Nutzung überhaupt ein gezielter Einzelaufruf der Beiträge bezweckt werden soll. Es geht somit um die Frage, ob diese Publikationsformen

auch, wenn sich neben dem Merkmal der Unabhängigkeit der Elemente eine systematisch-methodische Anordnung nachweisen lässt, dem Sinn und Zweck einer Datenbank nachkommen. Eine Datenbank dient dazu, jeweils eigenständige Inhalte, Daten oder andere Elemente beliebiger Art zusammen zu tragen, nach methodischen oder systematischen Gesichtspunkten zu strukturieren und über diese Ordnung einzeln recherchierbar zu machen. Der Nutzer ist an einem schnellen und gezielten Zugriff auf eine bestimmte Information interessiert.[136] Im Hinblick auf Zeitungen und allgemeine Publikumszeitschriften wird aber betont, dass diese vornehmlich der aktuellen Informationsvermittlung dienen und einen umfassenden Überblick über das Tagesgeschehen ermöglichen sollen. Eine über den Veröffentlichungszeitraum hinausgehende Verfügbarkeit der Informationen als Sammlung oder Nachschlagewerk ist gerade kein primärer Zweck dieser Publikationen.[137] Dies macht deutlich, dass mit der Zusammenstellung der Artikel und Beiträge eher der Zweck der vollständigen Lektüre verfolgt wird, als eine Datenbankstruktur aufzubauen, bei der ein gezielter Abruf einzelner Daten - wie bei einem Nachschlagewerk oder einer sonstigen klassischen Form einer Datenbank - im Vordergrund steht.[138] Dieser Überlegung ist im Hinblick auf Zeitungen und allgemeinen Publikumszeitschriften zuzustimmen. So werden Artikel und Beiträge nicht gesucht oder gesammelt, sondern vielmehr täglich oder wöchentlich speziell für die Aufnahme in die Zeitung oder Zeitschrift erstellt. Zudem kommt es bei Zusammenstellungen von Beiträgen in einer Zeitung oder Zeitschrift auch nicht auf die Systematisierung der vorhandenen Artikel an. Anders als bei den Teilen einer Zeitung, die ausschließlich der Aufnahme und Ordnung von Anzeigen oder Inseraten dienen, werden redaktionelle Beiträge vielmehr erst entsprechend der vorgegebenen Datenbankstruktur neu generiert. Des Weiteren wird mit der Zusammenstellung von Artikeln zu tagesaktuellen Geschehnissen und zu allgemeinen Themen auch nicht primär die Recherchierbarkeit der Beiträge bezweckt. Im Vordergrund steht vielmehr die Intention, ein umfassendes Informationsangebot zusammenzustellen. Hier besteht daher auch ein Unterschied zu gedruckten Publikationen wie Katalogen, Gedichtsammlungen, Kochbüchern, Produktübersichten oder Fachzeitschriften, die jeweils als Datenbank eingestuft worden sind.[139] Bei diesen Publikationsarten sind unabhängige

---

136 *Milbrandt*, CR 2002, S. 701, 704.

137 OLG München, AfP 2002, S. 245, 247 - Zeitschriften; *Ekrutt*, GRUR 1975, S. 358, 360; *Fischer*, ZUM 1995, S. 117, 118.

138 Rechtbank Amsterdam vom 4.09.2002, LJN-Nr: AE7317, ZaakNr.:H 01.3513, Punkt 5.3. - Clippingdienst; OLG München, AfP 2002, S. 245, 247 - Publikumszeitschriften.

139 Vgl. dazu die Beispiele bei *Thum*, in: Wandtke/Bullinger, Praxiskommentar zum Urheberrecht, § 87 a UrhG Rdnr. 41; *Vogel*, in: Schricker, Urheberrecht, § 87 a UrhG Rdnr. 9.

Elemente einer Gattung oder zu einem bestimmten Thema bzw. zu einer konkreten Frage zusammengefügt, so dass die Möglichkeit der Einzelrecherche für den Gebrauch dieser Zusammenstellungen ausschlaggebende Bedeutung hat. Dem Nutzer kommt es gerade darauf an, nur ein spezielles Gedicht, ein Rezept, eine Produktbeschreibung oder einen Fachartikel ausfindig zu machen.
Damit lässt sich festhalten, dass bei allgemeinen gedruckten Tages- oder Wochenzeitungen und Zeitschriften, obwohl es sich um die geordnete Zusammenstellung unabhängiger Elemente handelt, das wesentliche Merkmal der Einzelzugänglichkeit der Inhalte bei der Zusammenstellung der Artikel nicht bezweckt wird. Sowohl Zeitungen als auch allgemeine Publikumszeitschriften können daher nicht als Datenbank eingeordnet werden.

II. Urheberrechtlicher Schutz durch schöpferische Struktur

Urheberrechtlicher Schutz kommt Sammlungen oder Datenbanken gemäß § 4 UrhG aber erst zu, wenn die Auswahl oder die Anordnung der Daten eine individuelle, schöpferische Struktur aufweist. Eine solche ist gegeben, wenn eine Zusammenstellung nach individuellen Ordnungsprinzipien und ausgewählten Kriterien vorgenommen worden ist.[140] Eine schlichte Wiedergabe, eine einfache Aneinanderreihung oder auch ein Vorgehen nach rein schematischen oder routinemäßigen Gesichtspunkten reicht dagegen für den Aufbau einer schöpferischen Ordnungsstruktur nicht aus.[141]

1. Print-Publikationen

Periodisch erscheinende Print-Medien wie Zeitungen und Zeitschriften stellen einen klassischen Fall eines Sammelwerkes da.[142] Bei diesen Publikationen wird

---

[140] OLG Düsseldorf, ZUM 2001, S. 65, 67 - Übernahme einer Datensammlung; Cour d'Appel de Paris, GRUR Int. 2000, S. 798, 800 - Le Moniteur; *Loewenheim*, in: Schricker, Urheberrecht, § 4 UrhG Rdnr. 34; *Dreier*, in: Dreier/Schulze, Urheberrechtsgesetz, § 4 UrhG Rdnr. 11; *Marquardt*, in: Wandtke/Bullinger, Praxiskommentar zum Urheberrecht, § 4 UrhG Rdnr. 11; *Haberstumpf*, GRUR 2003, S. 14, 20; *Wiebe/Funkat*, MMR 1998, S. 69, 73; *Hackemann*, ZUM 1987, S. 269, 270.

[141] BGH, GRUR 1954, S. 129, 130 - Besitz der Erde (routinemäßige Anordnung); OLG München, NJW 1997, S. 1931 - Gesetzeswiedergabe auf CD-ROM (schlichte Wiedergabe); OLG Hamburg, GRUR 2000, S. 319, 320 - Börsendaten (bloße Aneinanderreihung); OGH, MR 1997, S. 98 - Wiener Aktionismus (bloßes Aneinanderreihen); *Loewenheim*, in: Schricker, Urheberrecht, § 4 UrhG, Rdnr. 9; *Ahlberg*, in: Möhring/-Nicolini, Urheberrechtsgesetz, § 4 UrhG, Rdnr. 22; *Nordemann*, in: Fromm/Nordemann, Urheberrechtsgesetz-Kommentar, § 4 UrhG Rdnr. 3; *Marquardt*, in: Wandtke/Bullinger, Praxiskommentar zum Urheberrecht, § 4 UrhG, Rdnr. 6; *Wiebe/Funkat*, MMR 1998, S. 69, 73; *Köhler*, ZUM 1999, S. 548, 549; *Hoebbel*, CR 1993, S. 12, 13.

[142] Rechtbank Amsterdam, vom 4.09.2002, AZ: H 01.3513, S. 5, 5.2. - Clippingdienst; ZG Basel Stadt, sic! 3/2003,S. 217, 218 – Elektronische Pressespiegel II; *Loewenheim*, in: Schricker, Urheberrecht, § 4 UrhG Rdnr. 8; *Dreier*, in: Schulze/Dreier, Urheberrechts-

täglich erneut über die nach Rubriken und Themengebieten speziell angeordneten Einzelbeiträge entschieden. Aus gleichem Grund wird auch im Hinblick auf Nachrichtenmeldungen oder einfachen Pressemitteilungen vertreten, die Zusammenstellung und Anordnung als schöpferisch-individuell anzusehen.[143] Allerdings ist dieses Ergebnis abzulehnen, wenn die Nachrichten lediglich historisch geordnet werden oder sich die Reihenfolge aus sonstigen, allein auf der Zweckmäßigkeit beruhenden Gründen, ergibt.[144]

2. Online-Publikationen

Fraglich ist, ob diese Überlegungen zu gedruckten Presseerzeugnissen vollständig auf die Bestimmung der urheberrechtlichen Schutzfähigkeit elektronischer Zeitungs- und Zeitschriftendatenbanken übertragen werden können. Hierfür könnte sprechen, dass sich § 4 UrhG gleichermaßen auf gedruckte und elektronische Publikationen bezieht, so dass die einmal beim Print-Medium nachgewiesene individuelle Struktur ohne gesonderte Überprüfung auch im Hinblick auf Online-Medien angenommen werden kann.

Im Bereich elektronischer Zeitungen kann dies aber nur gelten, soweit die gesamte gedruckte Ausgabe in ein digitales Format umgewandelt wird und dem Nutzer ohne Veränderungen als „E-Paper“ zur Verfügung gestellt wird.[145] Die Digitalisierung wirkt sich in diesem Fall nur auf die Art des Werkgenusses aus, nicht aber auf die schöpferische Struktur der Zusammenstellung.

Bei Online-Datenbanken aus Zeitungen und Zeitschriften ist dagegen zu berücksichtigen, dass sich diese inhaltlich häufig von den Print-Publikationen unterscheiden und sich zudem der Spielraum für eine schöpferische Anordnung der Inhalte erst durch die Gestaltung der geschaffenen Abfrage- und Suchsysteme

---

gesetz, § 4 UrhG Rdnr.1; *Nordemann,* in: Fromm/Nordemann, Urheberrechtsgesetz-Kommentar, § 4 UrhG Rdnr. 1; *Marquardt*, in: Wandtke/Bullinger, Praxiskommentar zum Urheberrecht, § 4 UrhG Rdnr. 7; *Korn*, Die Zeitung als Sammelwerk, in: FS Dittrich, S. 187, 195; *Schack*, Urheber- und Urhebervertragsrecht, S. 125, Rdnr. 258; *Rehbinder*, Urheberrecht, S. 103, Rdnr. 156; *Berger/Degenhart,* AfP 2002, Beilage Heft 6, S. 557, 567; *Zahrt*, Urheberrechtlicher Schutz elektronischer Printmedien, S. 34; *Krejci*, Urheberrechtliches zur Medienbeobachtung, in: FS Dittrich, S. 201, 204; *Hilty*, sic! 7/2001, S. 623, 624 - Anmerkung zum Urteil des Appellationshofes des Kanton Bern vom 21.5.2001.

143 *Katzenberger,* Urheberrecht und elektronisches Publizieren, S. 21.

144 Vgl. OLG Hamburg, GRUR 2000, S. 319, 320 – Börsendaten; OLG Düsseldorf, ZUM 2001, S. 65, 67 - Übernahme einer Datensammlung; Cour d`Appel de Paris, GRUR Int. 2000, S. 798, 800 - Le Moniteur; *Hackemann*, ZUM 1987, S. 269, 270.

145 „Online lesen wie gedruckt“, in: NZZ – Internationale Ausgabe vom 5./6. April 2003, S. 57; auch die SZ und die FTD bieten seit Herbst 2002 zu ihrem Print-Produkt identische elektronische Zeitungsangebote an, vgl. Pressemeldung vom 17.9.2002, abgerufen unter: www.urheberrecht.org/news/?id=833&w=&p=5.

ergibt.[146] Herkömmliche und bekannte Suchstrategien anhand einfacher Untergliederungen reichen daher nicht aus, die Individualität der Anordnung zu begründen.[147] Eine schöpferische Leistung kommt dagegen bei komplexen Recherche- und Abfrageprogrammen zum Ausdruck, die das angebotene Material vorstrukturieren und sich durch Benutzerfreundlichkeit auszeichnen.[148] Werden daher bei der Stichwortsuche Fehlerkorrekturen vorgenommen oder auch Verweisstichworte angegeben, handelt es sich um Suchstrategien, die sich von üblichen, vorgegebenen Maßstäben abheben und eine Individualität aufweisen.[149] Soweit daher diese Voraussetzungen erfüllt sind, wird für Angebote der Zeitungs- oder Zeitschriftenpresse im Internet der Schutz als Sammelwerk bzw. Datenbankwerk gemäß § 4 UrhG bejaht.[150]
Zusammenstellungen von Artikeln und Aufsätzen mit wissenschaftlichem Inhalt in Fachdatenbanken sind dagegen im Unterschied zu allgemeinen Publikationen auf Vollständigkeit ausgerichtet und häufig nach vorgegebenen Auswahlkriterien strukturiert. In diesen Fällen ist der Urheberrechtsschutz gemäß § 4 UrhG daher mangels eigenständiger Auswahl- und Anordnungsmöglichkeit zu versagen.[151]

---

146 *v. Lewinski,* DatenbankRL, in: Walter (Hrsg), Europäisches Urheberrecht, Art. 2 Rdnr. 6, *Ahlberg,* in: Möhring/Nicolini, Urheberrechtsgesetz, § 4 UrhG Rdnr. 15; *Thum,* in: Wandtke/Bullinger, Praxiskommentar zum Urheberrecht, § 87 a UrhG, Rdnr. 16; *Hertin,* in: Fromm/Nordemann, Urheberrechtsgesetz-Kommentar, § 87 a UrhG, Rdnr. 4; *Milbarndt,* CR 2002, S. 701,702; *Leistner*, GRUR Int.1999, S. 818, 822, 823; *ders.*, CR 2000, S.187 - Anmerkung zum Urteil des OLG Düsseldorf vom 29.07.1999; *Wiebe/-Funkart,* MMR 1998, S. 69, 72; *Berger,* GRUR 1997, S. 169, 174; a.A. *Gaster*, MMR 1999, S. 733, 734 - Anmerkung zum Urteil des OLG Düsseldorf vom 29.7.1999.

147 OLG Düsseldorf, MMR 1999, S. 729, 731 - Zulässigkeit von Frames; *Loewenheim,* in: Schricker, Urheberrecht, § 4 UrhG Rdnr. 35; *Berger*, GRUR 1997, S. 169, 175; *Leistner,* CR 2000, S. 187 - Anmerkung zum Urteil des OLG Düsseldorf vom 29.6.1999.

148 OLG Hamburg, CR 2001, S. 704, 705 - Medizinlexikon, ausführlich auch Vorinstanz LG Hamburg, CR 2000, S. 776, 777; *Metzger,* CR 2001, S. 778 - Anmerkung zum Urteil des LG Hamburg vom 12.07.2000; *Leistner,* CR 2000, S. 187 - Anmerkung zum Urteil des OLG Düsseldorf vom 29.6.1999.

149 OLG Hamburg, CR 2001, S. 704, 705 - Medizinlexikon, LG Hamburg, CR 2000, S. 776, 777.

150 *Lehmann/Katzenberger*, Urheberrecht und Elektronischer Pressespiegel, S. 45; *Rogge*, Elektronischer Pressespiegel aus urheber- und wettbewerbsrechtlicher Beurteilung, S. 56; *Mayer-Schönberger/Wittmann*, Rechtsfragen der Nutzung von Zeitungen und Zeitschriften zum Zwecke der Medienbeobachtung, S. 52; offengelassen LG München I, K&R 2002, S. 261, 264 - Schlagzeilensammlung.

151 OLG Düsseldorf, MMR 1999, S. 731 - Zulässigkeit von Frames; OLG Düsseldorf, ZUM 2001, S. 65, 67 - Übernahme einer Datensammlung; *Ahlberg,* in: Möhring/Nicolini, Urheberrechtsgesetz, § 4 UrhG, Rdnr. 11; *Marquardt,* in: Wandtke/Bullinger, Praxiskommentar zum Urheberrecht, § 4 UrhG Rdnr. 11; *Loewenheim*, Praxis des Rechts im

Auch im Hinblick auf Online-Datenbanken mit Nachrichtenmeldungen wird ausgeführt, dass die Forderung nach Vollständigkeit und die Tatsache, dass sich die verschiedenen Komponenten der Webseite aufeinander beziehen, die Ausgestaltung einer schöpferischen Struktur verhindert.[152] Soweit eine Nachrichtensammlung allerdings nicht den Anspruch auf Vollständigkeit hat, können schon differenzierte Auswahlkriterien zur Begründung des urheberrechtlichen Schutzes als ausreichend angesehen werden, da an das Erfordernis der schöpferischen Anordnung auf Grund der eingeschränkten Gestaltungsmöglichkeiten im Nachrichtenbereich keine allzu großen Ansprüche gestellt werden.[153] Eine schöpferische Eigenart wird einer Nachrichtensammlung aber dennoch für den Fall abgesprochen, dass ausschließlich vordefinierte Gesichtspunkte wie die Chronologie bzw. Aktualität der Meldungen die Auswahl bestimmen.[154]
Insgesamt ergibt sich daher, dass auch die zu Auswertungszwecken herangezogenen Print- und Online-Medien zwar in ihrer Gesamtheit nicht nur als bloße Sammlung einzuordnen sind, sondern auch die Voraussetzungen einer Datenbank erfüllen. Dennoch muss aber der urheberrechtliche Sammelwerkschutz bei wissenschaftlichen Fachdatenbanken und Online–Datenbanken mit Nachrichtenmeldungen mangels individueller schöpferischer Gestaltung der Anordnung und Auswahl der Inhalte häufig abgelehnt werden müssen. Lediglich bei periodisch erscheinenden Print-Titeln der Tages- oder Wochenpresse wird die Sammelwerkseigenschaft gemäß § 4 UrhG angenommen.

§ 2 Datenbankschutz

Kann für die Zusammenstellung von Artikeln, Beiträgen oder auch Nachrichtenmeldungen in Print- und Online-Publikationen kein urheberrechtlicher Schutz als Sammelwerk oder Datenbankwerk nachgewiesen werden, kommt dem Investitionsschutzrecht an Datenbanken gemäß §§ 87 a ff. UrhG besondere Bedeutung zu. Berechtigter i.d.S. § 87 a Abs. 2 UrhG ist derjenige, den die wirtschaftlichen Ausgaben treffen. Anders als dem, dem Schöpferprinzip gemäß § 7 UrhG unterliegenden Urheberrechtsschutz an den einzelnen Artikeln, kann den Verlagen am Investitionsschutz originäre Rechtsinhaberschaft erwachsen. Als berücksichtigungsfähige Investitionen gemäß § 87 a Abs. 1 UrhG sind die zur Beschaffung, Überprüfung und Darstellung von Dateninhalten erforderlichen Aufwendungen zu nennen. Schutzbegründet werden die Ausgaben

Internet (Hrsg. Loewenheim/Koch), Kap. 7, S. 276; *Freitag*, in: Kröger/Gimmy (Hrsg), Handbuch zum Internetrecht, S. 344; *Milbrandt*, CR 2002, S. 701, 702; *Berger*, GRUR 1997, S. 169, 174; *Wiebe/Funkat*, MMR 1998, S. 69, 73.

152 *Zscherpe*, MMR 1998, S. 404, 405; *Joppich*, CR 2003, S. 504, 506.

153 *Rehbinder/Rohe*, UFITA 139 (1999), S. 123, 202, 205.

154 *Ahlberg*, in: Möhring/Nicolini, Urheberrechtsgesetz, § 4 UrhG, Rdnr. 11; *Zscherpe*, MMR 1998, S. 404, 405; *Wiebe/Funkat*, MMR 1998, S. 69, 73.

aber erst, wenn sie eine gewisse Wesentlichkeitsschwelle überschreiten. Dabei werden an das Wesentlichkeitskriterium keine allzu hohen Anforderungen gestellt. Vielmehr wird jede Investition als ausreichend angesehen, die wirtschaftlich bedeutsam ist oder Arbeit, Zeit und Mühe erfordert.[155]

A. Datenbank aus übernommenen Print-Medien

Zum Aufbau von Datenbanken mit Presseerzeugnissen werden in der Regel die zu Zwecken der Erstveröffentlichung erstellten Verlagsprodukte, wie Zeitungen und Zeitschriften, verwendet.

Als berücksichtigungsfähige Investitionen kommen dabei zunächst Aufwendungen in Betracht, die unmittelbar dem Aufbau der Datenbank dienen. Zu denken ist daher an Ausgaben, die zur Überprüfung und Darstellung der in die Datenbank aufgenommenen Materialien getätigt werden. So sind die regelmäßige Pflege und vor allem auch die ständige Aktualisierung der Daten mit Investitionen verbunden, die sowohl einen Zeit- als auch einen Personalaufwand erfordern.[156] Weiterhin stellen auch die Auswahl der in die Datenbank zu übernehmenden Inhalte, die redaktionelle Überarbeitung der Inhalte, der Lektoratsaufwand sowie auch die zur Überprüfung der Richtigkeit und Relevanz der Materialien vorgenommenen Handlungen eine wesentliche Investition dar.[157]

Auch zum Zwecke der Bereitstellung der Materialien sind investitionsintensive Handlungen zu nennen. Soll ein Datenbankarchiv aus Print-Medien erstellt werden, müssen Register, Kataloge oder sonstige Ordnungssysteme angelegt werden, die einen systematischen Zugriff auf einzelne Artikel ermöglichen.[158]

---

155 *v. Lewinski*, DatenbankRL, in: Walter (Hrsg), Europäisches Urheberrecht, Art. 7 Rdnr. 9, 10; *Vogel*, in: Schricker, Urheberrecht, § 87 a UrhG Rdnr. 15, 18; *Thum*, in: Wandtke/Bullinger, Praxiskommentar zum Urheberrecht, § 87 a UrhG, Rdnr. 31;*Dreier*, in: Dreier/Schulze, Urheberrechtsgesetz, § 2 UrhG Rndr. 12; *Haberstumpf*, GRUR 2003, S. 14, 26; *Milbrandt*, CR 2002, S. 701, 704; *Raue/Bensinger*, MMR 1998, S. 507, 508; *Leistner*, GRUR Int. 1999, S. 819, 827; *Lührig*, K&R 2002, S. 266 - Anmerkung zum Urteil des LG München I vom 18.09.2001.

156 OLG Dresden, ZUM 2001, S. 595 - Print-Medium als Datenbank; LG Köln, AfP 1999, S. 95, 96 - Rubrikanzeigen; LG Berlin, AfP 1998, S. 649, 651 - Kleinanzeigen; LG Köln vom 28.02.2001, JurPC Web-Dok. 138/2001, Abs. 19 - Lyrik-Links; *Vogel*, in: Schricker, Urheberrecht, § 87 a UrhG Rdnr. 16, *Thum*, in: Wandtke/Bullinger, Praxiskommentar zum Urheberrecht, § 87 a UrhG Rdnr. 29; *Haberstumpf*, GRUR 2003, S. 14, 26; *Lührig;* K&R 2002, S. 266 - Anmerkung zum Urteil des LG München vom 18.09.2001.

157 LG Köln, AfP 1999, S. 95, 96 - Rubrikanzeigen; *Thum*, in: Wandtke/Bullinger, Praxiskommentar zum Urheberrecht, § 87 a UrhG Rdnr. 29; *Lührig*, K&R 2002, S. 266 – Anmerkung zum Urteil des LG München I vom 18.9.2001.

158 *Vogel*, in: Schricker, Urheberrecht, § 87 a UrhG Rdnr. 19, *Thum*, in: Wandtke/Bullinger, Praxiskommentar zum Urheberrecht, § 87 a UrhG Rdnr. 28; *Leistner*, Der Rechtsschutz

Soweit Inhalte aus der periodisch erscheinenden Publikums- oder Fachpresse Online-Angeboten werden sollen, sind zunächst mit der Entwicklung oder dem Erwerb eines für den Aufbau und den Betrieb der Datenbank erforderlichen Computerprogramms bzw. Abfragesystems Kosten verbunden.[159]
Für Unternehmen, die nicht im Verlagsbereich mit der Erstellung von Zeitungen oder Zeitschriften tätig sind, können mit der Beschaffung der für eine Pressedatenbank erforderlichen Artikel und Beiträge wesentliche Investitionen verbunden sein. So sind die für den Aufbau einer Datenbank vorzunehmenden Zahlungen zum Erwerb der Nutzungsrechte oder auch die zu zahlenden Beschaffungsgebühren für ungeschützte Inhalte als wesentliche Aufwendungen anzusehen.[160]
Soweit aber ein Unternehmen bei der Erstellung einer Datenbank Inhalte verwendet, die es zuvor oder zeitgleich für ein unabhängiges Print-Medium, wie eben eine Zeitung oder Zeitschrift erstellt hat, dient die Produktion und die damit verbundenen Aufwendungen nicht unmittelbar dem Aufbau der Datenbank. Fraglich ist daher, ob auch diese mittelbaren, dem unabhängigen Primärprodukt dienenden Investitionen, i.S.d. § 87 a UrhG berücksichtigungsfähig sind. Auf diese Frage kommt es entscheidend an, wenn keine gesonderte redaktionelle Überarbeitung oder Aktualisierung der Artikel stattfindet und auch mit der Bereitstellung keine wesentlichen Ausgaben verbunden sind, so dass der sui-generis Schutz gemäß § 87 a Abs. 1 UrhG nur bei Berücksichtigung der für die Beschaffung der Artikel erforderlichen Kosten begründet werden kann.[161]
Nach restriktivem Verständnis des Investitionsschutzes können immer nur die Aufwendungen als berücksichtigungsfähig angesehen werden, die unmittelbar für die Erstellung der konkreten Datenbank nötig sind. Danach verbiete es sich auch, Aufwendungen, die für ein selbstständiges anderes Produkt vorgenommen werden, einfließen zu lassen.[162] Mit dieser Auffassung ist eine Datenbank als ein

---

an Datenbanken nach deutschem und europäischem Recht, S. 153; *Raue/Bensinger*, MMR 1998, S. 507, 508.

159 *Thum*, in: Wandtke/Bullinger, Praxiskommentar zum Urheberrecht, § 87 a UrhG Rdnr. 28; *v. Lewinski*, DatenbankRL, in: Walter (Hrsg.), Europäisches Urheberrecht, Art. 7 Rdnr. 7; *Leistner*, Der Rechtsschutz an Datenbanken nach deutschem und europäischem Recht, S. 153; *Raue/Bensinger*, MMR 1998, S. 507, 508.

160 OLG Dresden, ZUM 2001, S. 595 - Print-Medium als Datenbank; *Vogel*, in: Schricker, Urheberrecht, § 87 a UrhG Rdnr. 16, *Thum*, in: Wandtke/Bullinger, Praxiskommentar zum Urheberrecht, § 87 a UrhG Rdnr. 25.

161 Vgl. Rechtbank Rotterdam, vom 22.08.2000, AZ: 139609/KG ZA 00-846, Punkt. 4.8. - kranten.com.

162 *Decker*, in: Möhring/Nicolini, Urheberrechtsgesetz, § 87 a UrhG Rdnr. 12; *Raue/-Bensinger*, MMR 1998 S. 507, 509.

separater Gegenstand einzuordnen, so dass dieser Maßstab auch zur Bestimmung des Investitionsschutzes angelegt wird.[163]
Nach anderer Meinung kann bei der Frage nach einer wesentlichen Investition i.S.d. § 87 a Abs. 1 S. 1 UrhG großzügiger vorgegangen werden. Danach sind alle Aufwendungen zu berücksichtigen, die für die Erstellung einer Datenbank als selbstständiges Produkt erforderlich gewesen sind.[164] Auch bei der Übernahme von Artikeln oder Beiträgen aus einer Print-Publikation in eine Online- oder Print-Datenbank können daher die für die Erstellung der Print-Version getätigten Investitionen, wie z.B. die Bereithaltung eines entsprechenden Mitarbeiterstabes, berücksichtigt werden.[165] Zur Begründung wird auf den wirtschaftlichen Wert der Artikel verwiesen, der i.S.e. effektiven Herstellerschutzes durch die Weiterverwertung in einer Datenbank nicht verloren gehen darf.[166] Für diese Überlegung spricht zudem, dass der Wortlaut des § 87 a UrhG bzw. Art 7 Abs. 1 DatenbankRL es nicht fordert, dass die Beschaffung oder Erstellung der Materialien, die später in die Datenbank aufgenommen werden, zwingend im Hinblick auf die Einrichtung einer Datenbank erfolgen müssen.[167] Hiernach ergibt sich, dass auch die zur Herstellung der Inhalte vorgenommenen Investitionen nicht ausschließlich im Hinblick auf die Verwendung in einer Datenbank vorgenommen werden müssen. Weiterhin ist die Tatsache zu beachten, dass die Produktion des Primärproduktes und die Erstellung der Datenbank aus einer Hand erfolgen. Aus diesem Grund kann es daher auch nicht als gerechtfertigt angesehen werden, den Produzenten der Print-Produkte, die mit der zusätzlichen Erstellung eines Online-Pendant einen Mehrwert und kein reines Neben- oder Abfallprodukt[168] für ihr Informationsangebot schaffen, schlechter zu stellen, als denjenigen Hersteller, der zum Aufbau seiner Datenbank ausschließlich auf Materialien Dritter zurückgreift. Anders ist die Situation allerdings zu beurteilen, wenn der Produzent eines unabhängigen Produktes und der Hersteller der Datenbank nicht in einer Person zusammenfallen und der Datenbankhersteller ausschließlich die an ihn ge-

---

163 OLG Düsseldorf, MMR 1999, S. 729, 731, 732 - Zulässigkeit von Frames; *Decker,* in: Möhring/Nicolini, Urheberrechtsgesetz, § 87 a UrhG Rdnr. 12.

164 *Thum,* in: Wandtke/Bullinger, Praxiskommentar zum Urheberrecht, § 87 a UrhG Rdnr. 37.

165 *Joppich*, CR 2003, S. 504, 506; *Nolte,* ZUM 2003, S. 540, 543.

166 LG München I, K&R 2002, S. 261, 263 - Schlagzeilensammlung; *Thum,* in: Wandtke/-Bullinger, Praxiskommentar zum Urheberrecht, § 87 a UrhG Rdnr. 39; *Dreier,* in: Dreier/Schulze, §87 a UrhG Rndr. 13; *Lührig,* K&R 2002, S. 266 - Anmerkung zu LG München vom 18.9.2001; *Nolte,* ZUM 2003, S. 540, 543.

167 *v. Lewinski*, DatenbankRL, in: Walter (Hrsg.), Europäisches Urheberrecht, Art. 7 Rdnr. 5.

168 Vgl. dazu *Dreier*, in: Dreier/Schricker, Urheberrechtsgesetz, § 87 a UrhG Rndr. 13.

lieferten fremden Daten weiter verwertet, ohne dafür eine Investition erbringen zu müssen. In dieser Konstellation ist der Überlegung zuzustimmen, die unabhängigen und selbstständig getätigten Aufwendungen des Dritten nicht zur Begründung der nachfolgenden Investitionen des Datenbankherstellers heranzuziehen.[169]

Festzuhalten bleibt daher, dass bei der Erstellung von Datenbanken aus übernommenen Print-Artikeln in vielen Fällen schon mit der Überprüfung und Darstellung der Daten wesentliche Aufwendungen verbunden sind. Daneben ist es möglich, auch die mittelbar zur Beschaffung der Inhalte erforderlichen Ausgaben zur Begründung des Investitionsschutzes zu berücksichtigen.

B. Print-Medien-Datenbank

Des Weiteren stellt sich die Frage, ob auch die zur Herstellung, Überprüfung und Darstellung der Primärpublikationen, wie Zeitungen oder Zeitschriften, erforderlichen Investitionen den Datenbankschutz sui-generis für die Primärpublikation selbst begründen können. Gemeint ist also nicht die Situation, dass die Datenbank aus übernommenen Print-Medien zusammengesetzt wird, sondern der Fall, dass das Print-Medium selbst die Datenbank darstellt.

Hierzu ist schon herausgestellt worden, dass Zeitungen oder Zeitschriften auf Grund fehlender Einzelzugänglichkeit die Datenbankeigenschaft fehlt und dementsprechend auch der Investitionsschutz ausscheidet. Zur Unterstützung dieser Überlegung kann an dieser Stelle weiterhin angeführt werden, dass es auch an der für den Leistungsschutz ausschlaggebenden Vorraussetzung der wesentlichen Investitionen fehlt. Allein die Tatsache, dass mit dem Verkauf der Zeitungen oder Zeitschriften Gewinne erzielt werden, schließt es zwar noch nicht aus, dass mit der Erstellung der Publikationen wesentliche Investitionen i.S.d. § 87 a UrhG begründet werden können. So sind bei der Beurteilung der relevanten Aufwendungen lediglich die Ausgaben und Kosten, nicht aber der Gewinn, zu berücksichtigen.[170] Zu beachten ist allerdings, dass die Kosten zur Generierung eines vollständig neuen Inhaltes nicht berücksichtigungsfähig sind.[171] Auch bei Aktualisierungen oder Lektoratstätigkeiten handelt es sich nicht um zusätzliche neben oder im Anschluss an die Datengenerierung durchgeführte Überprüfungsaufgaben, sondern vielmehr ebenso um Tätigkeiten, die unmittelbar der Erzeugung der Artikel und Beiträge dienen und daher für die Beurteilung des Investitionsschutzes keine Bedeutung haben.

---

169 OLG Düsseldorf, MMR 1999, S. 729, 731 - Zulässigkeit von Frames.

170 *Decker*, in: Möhring/Nicolini, Urheberrechtsgesetz, § 87 a UrhG Rdnr. 11; *Thum*, in: Wandtke/Bullinger, Praxiskommentar zum Urheberrecht, § 87 a UrhG Rdnr. 40.

171 *Decker*, in: Möhring/Nicolini, Urheberrechtsgesetz, § 87 a UrhG Rdnr. 14; *v. Lewinski*, DatenbankRL, in: Walter (Hrsg.), Europäisches Urheberrecht, Art. 7, Rdnr. 5; a.A. *Berger/Degenhart*, AfP 2002, Beilage Heft 6 S. 557, 574.

Schließlich könnten aber die Druckkosten zu Zwecken der Darstellung der zusammengestellten Artikel schutzbegründend sein.[172] Zu berücksichtigen ist aber, dass den Druckkosten unmittelbare Einnahmen aus dem Verkauf von Kunden- und Werbeanzeigen gegenüberstehen. Diese Einnahmen können daher die Kosten für den Druck der Publikation soweit relativieren, dass die Ausgaben nicht mehr als wesentlich anzusehen sind. Hierfür spricht, dass auch Bereicherungen, die unmittelbar bei der Erstellung einer Datenbank auftreten, im Rahmen der Bestimmung des Investitionsschutzes nicht mit zu berücksichtigen sind.[173] Schließlich lässt sich auch aus dem dargestellten Grundsatz, dass ausschließlich nur die Kosten und nicht die Gewinne zur Festlegung der Investition herangezogen werden können, nichts Gegenteiliges herleiten. So handelt es sich bei Werbeeinnahmen um Gewinne, die mit dem Aufbau der Datenbank zusammenfallen und eben gerade nicht aus der Auswertung der Datenbank resultieren. Von einer wesentlichen Investition i.S.d. § 87 a UrhG kann daher nicht ausgegangen werden.
Mit der Erstellung von Zeitungs- oder Zeitschriftenpublikationen sind demnach keine zur Begründung des Datenbankschutzes sui-generis berücksichtigungsfähigen Investitionen verbunden.

172 *Vogel*, in: Schricker, Urheberrecht, § 87a UrhG Rdnr. 19.

173 Cour d`Appel de Paris, GRUR Int. 2000, S. 798, 800, *Panhaleux*, GRUR Int. 2000, S. 801, 802 - Anmerkung zu Cour d`Appel de Paris vom 18.6.1999.

Drittes Kapitel: Urheberrechtlich bedeutsame Nutzungshandlungen

§ 1 Urheberrechtliche Bewertung

Nach der Darstellung der urheberrechtlichen Schutzfähigkeit der in Pressespiegeln verwendeten Artikel, Beiträge und sonstigen Werke und Werkteile wird im Folgenden Kapitel der Frage nachgegangen, inwieweit durch die im Rahmen der Medienbeobachtung vorgenommenen Handlungen in Rechte der Urheber eingegriffen wird.

A. Herstellungsphase

In der Phase der Erstellung eines Pressespiegels sind zunächst die Recherche und die sich anschließenden Handlungen zur Aufbereitung der Artikel und Beiträge zu nennen.

I. Recherche

In gedruckten Medien kann die Recherche nur durch Lesen erfolgen. Eine urheberrechtliche Bedeutung kommt einem solchen bloßen Genuss des Werkes aber nicht zu.[174] Bei der Online-Recherche werden die Beiträge aus einzelnen Internet-Publikationen am Bildschirm aufgerufen, angelesen und bei Bedarf heruntergeladen. Um eine Vervielfältigung gemäß § 16 Abs. 1 UrhG handelt es sich daher, wenn der Artikel heruntergeladen wird.[175] Bei Beachtung der durch den Europäischen Richtliniengeber beabsichtigten Gewährleistung eines umfassenden Urheberrechtsschutzes gilt dies allerdings auch bei einer einfachen Festlegung des Artikels im Arbeitsspeicher.[176] Werden Suchprogramme eingesetzt, ist ebenso das Auslesen von Datenbanken mit Presseartikeln nach bestimmte Stichworten, dem Vervielfältigungsrecht gemäß § 16 Abs. 1 UrhG zuzu-

---

[174] *Heerma,* in: Wandtke/Bullinger, Praxiskommentar zum Urheberrecht, § 16 UrhG Rdnr. 12; *Kaessner,* AJP/PJA 10/1999, S. 1276, 1278; *Bechthold*, GRUR 1998, S. 18, 26; *Grunert/Ohst,* KUR 2/2001, S. 25, 27.

[175] *Loewenheim,* in: Schricker, Urheberrecht, § 16 UrhG Rdnr. 17, 19; *Schulze,* in: Dreier/-Schulze, Urheberrechtsgesetz, § 2 UrhG Rdnr. 7, 13; *Ahlberg,* in: Möhring/Nicolini, Urheberrechtsgesetz, § 16 UrhG Rdnr. 4; *Heerma,* in: Wandtke/Bullinger, Praxiskommentar zum Urheberrecht, § 16 UrhG Rdnr. 14; *Gahrau*, in: Hoeren/Sieber, Handbuch Multimedia Recht, Kap. 7.1., Rdnr. 66; *Freitag*, in: Kröger/Gimmy, Handbuch zum Internetrecht, S. 353, 354; *Bechthold*, ZUM 1997, S. 427, 429.

[176] OLG Hamburg, ZUM 2001, S. 512, 513 – Medizinlexikon; LG München, ZUM 2001, S. 1008, 1011 – Schlagzeilensammlung; *Loewenheim,* in: Schricker, Urheberrecht, § 16 UrhG Rdnr. 19; *Schulze*, in: Dreier/Schulze, Urheberrechtsgesetz, § 16 UrhG, Rdnr. 7, 13; *Buchner*, AfP 2003, S. 510, 511; *Spindler*, JZ 2004, S. 150, 151 – Anmerkung zum Urteil des BGH vom 17.7.2003.

ordnen.[177] Auf die Bedenken, dass im Rahmen eines Auslese- oder Vervielfältigungsvorgangs auch Zwischenspeicherungen stattfinden, die lediglich technisch bedingt sind, ist durch die Neueinführung der gesetzlichen Beschränkung des Vervielfältigungsbegriffes gemäß § 44 a UrhG reagiert worden.

II. Erstellung des elektronischen Pressespiegels

Im Rahmen der Aufbereitung und Zusammenstellung der Beiträge ist insbesondere an Eingriffe in das Vervielfältigungs- oder Bearbeitungsrecht zu denken.

1. Digitalisierung

Schon durch das beim Scannvorgang vorgenommenen Einlesen der druckten Artikel und der anschließenden Ablage der Datei auf der Festplatte ist das Vervielfältigungsrecht gemäß § 16 Abs. 1 UrhG betroffen.[178]

Zwar wird teilweise dafür plädiert, den Scannvorgang als eine vorübergehende Vervielfältigungshandlung einzustufen und eine Zustimmung des Urhebers gemäß § 44 a UrhG für entbehrlich zu halten, wenn die digitalisierten Werke nur zum Zweck einer elektronischen Weiternutzung im Arbeitsspeicher festgelegt werden.[179] Unberücksichtigt lässt diese Überlegung aber, dass der Scannvorgang nicht als Bestandteil eines technischen Verfahrens i. S. d. § 44 a UrhG angesehen werden kann. So werden bei den Vervielfältigungsvorgängen des Browsen und Catchen, die der Gesetzgeber bei der Einführung der Regelung des § 44 a UrhG im Auge hatte, die Speicherungen automatisiert und somit auch völlig unabhängig vom Willen des Nutzers vorgenommen. Das Einscannen von Werken hängt dagegen von einem bewusst veranlassten menschlichen Handeln ab.[180] Zudem wird eine Digitalisierung in den seltensten Fällen vorgenommen, um ausschließlich eine einmalige elektronische Weiternutzung zu ermöglichen

---

177 *Buchner*, AfP 2003, S. 510, 512; vgl. amtl. Begründung des Regierungsentwurfes eines Gesetzes zur Änderung des Urheberrechts in der Informationsgesellschaft vom 6.11.2002, BT-Drucks. 15/38, S. 40.

178 BGH, GRUR 2002, S. 246, 247 – Scanner; OLG Frankfurt/Main, CR 1997, S. 275, 276 - D-Info 2.0.; OLG Köln, AfP 2000, S. 94, 94 - Elektronischer Pressespiegel; KG Berlin vom 23.11.2001, Az.: 5 U 188/01 - E-Mail Pressespiegel; ZG Basel-Stadt vom 19. Juni 2002, sic! 3/2003, S. 217, 222 - Elektronische Pressespiegel II; *Loewenheim*, in: Schricker, Urheberrecht, § 16 UrhG Rdnr. 18; *Schulze*, in: Dreier/Schulze, Urheberrechtsgesetz, § 2 UrhG Rdnr. 7; *Heerma*, in: Wandtke/Bullinger, Praxiskommentar zum Urheberrecht, § 16 UrhG Rdnr. 13; *Loewenheim*, in: Loewenheim/Koch (Hrsg.), Praxis des Online-Rechts, Kap. 7.2.4.3., S. 299, 300; *Berger/Degenhart*, AfP 2002, Beilage Heft 6, S. 557, 569; *Hoeren*, WiVerw 4/1999, S. 230, 236; *Haupt*, ZUM 2002, S. 797, 798; *Beiner*, MMR 1999, S. 691.

179 *Haupt*, ZUM 2002, S. 797, 798.

180 So auch *Kaesser*, AJP/PJA, 1999/10, S. 1276, 1279.

und anschließend die erzeugte Datei wieder zu löschen. Vielmehr entspricht es der gängigen Praxis, die Datei im Hinblick auf eine mögliche weitere Verwertung dauerhaft auf der Festplatte abzulegen. Dies gilt insbesondere für den hier zu untersuchenden Fall der Digitalisierung von Textwerken zum Zweck der Pressespiegelerstellung. Dem Scannvorgang kann daher auch eine eigenständige wirtschaftliche Bedeutung nicht abgesprochen werden.[181] Durch die Digitalisierung der Artikel erfolgt demnach ein Eingriff in das Vervielfältigungsrecht gemäß § 16 Abs. 1 UrhG.
Nicht betroffen ist dagegen das Bearbeitungsrecht gemäß § 23 Abs. 1 UrhG. Durch die bloße Transformation in die digitale Einheitssprache wird das Werk selbst in seiner geistigen Schöpfung nicht berührt.[182]

2. Texterkennungsverfahren

Nach dem Einscannvorgang liegt der Artikel oder die gesamte Zeitungs- oder Zeitschriftenseite als Bilddatei vor. Durch die Umwandlung in ein computerlesbares Textformat im Wege des OCR-Verfahrens erfolgt eine weitere Vervielfältigung.[183] Das Bearbeitungsrecht gemäß § 23 Abs. 1 UrhG könnte dagegen, genau wie auch bei der einfachen Digitalisierung, ausgeschlossen sein. Zu berücksichtigen sind aber die unterschiedlichen Resultate. So ergeben sich infolge der Anwendung des OCR-Verfahrens umfassende Aufbereitungs- und Umgestaltungsmöglichkeiten des Textes, während bei der Digitalisierung im Wege des Scannens nur das Bild der Vorlage weiterverwertet werden kann. Von besonderer Bedeutung ist zudem, dass nach dem OCR-Verfahren der Artikel nicht so wahrgenommen wird, wie er im Original zu sehen ist, sondern als einfacher Fließtext. Berührt wird hierdurch zwar nicht die individuelle Ausdrucksweise, dafür aber die Art der Darstellung und die Wahl der äußeren Formgestaltung. Gerade bei Zeitungs- und Zeitschriftenartikeln hat die Gliederung und der Aufbau, die Wahl der Absätze oder das Hervorheben von Worten für die urheberrechtliche Schutzfähigkeit besondere Relevanz. Die Reduktion zu einem einfachen Fließtext stellt daher eine Veränderung dar, die nicht, wie beim Scannen lediglich die Verkörperung des Werkes betrifft. Vielmehr ist der Artikel auch in seinen, die schöpferische Eigenart ausdrückenden

---

181 Vgl. dazu *Buchner*, AfP 2003, S. 510, 514.

182 *Loewenheim*, in: Schricker, Urheberrecht, § 23 UrhG Rdnr. 6; *Freitag*, in: Kröger/-Gimmy (Hrsg.), Handbuch zum Internetrecht, S. 353; *Gahrau*, in: Hoeren/Sieber (Hrsg.), Handbuch Multimedia Recht, Kap. 7.1., Rdnr. 30; *Bullinger*, in: Wandtke/-Bullinger, Praxiskommentar zum Urheberrecht, § 23 UrhG Rdnr. 25; *Nippe*, Urheber und Datenbanken, S. 97, 98; *Loewenheim*, in: Loewenheim/Koch (Hrsg.), Praxis des Online-Rechts, Kap. 7.2.4.3., S. 299; a.A. *Boehme-Neßler*, CyberLaw, S. 236.

183 *Rogge*, Elektronischer Pressespiegel in urheber- und wettbewerbsrechtlicher Beurteilung, S. 85; *Hoeren*, WiVerw 4/1999, S. 230, 237; *Hoeren/Decker*, E.I.P.R. 1998, S. 256; *Wittmann*, MR 2001, S. 143, 144.

Elementen, betroffen. Das Texterkennungsverfahren führt somit zu Veränderungen, die eine Verletzung des Bearbeitungsrechts gemäß § 23 Abs. 1 UrhG darstellen.

3. Cut and Past-Verfahren

Werden nun im Anschluss an den Scannvorgang und die Durchführung der Text -erkennung im Cut and Past-Verfahren die relevanten Texte aus dem ursprünglichen Aufbau und Layout der Zeitungs- oder Zeitschriftenseite heraus getrennt und in die Zielseite des Pressespiegels elektronisch eingesetzt, ist damit eine erneute Vervielfältigung verbunden.

Eine Bearbeitung der Artikel scheidet dagegen aus. Insoweit ist zu berücksichtigen, dass einer einfachen Umordnung, die zu keiner veränderten Übernahme führt, auch keine urheberrechtliche Relevanz i.S.d. § 23 Abs. 1 UrhG zukommt.[184]

4. Ausgabeformen

Im letzten Schritt der Herstellungsphase wird der Pressespiegel in das gewünschte Ausgabeformat gebracht. Bei der Ausgabe als Faksimile werden die im Wege des Einscannens erhaltenen digitalen Bilder der Originalartikel verwendet. Eine weitere Vervielfältigung oder erneute Umgestaltung ist demnach nicht erforderlich.

Werden dagegen PDF-, HTML- oder auch XML-Formate als Ausgabeform bevorzugt, muss der im einfachen Fließtext vorliegende Pressespiegel in eines der plattformunabhängigen Datenformate konvertiert werden. Zu diesem Zweck wird der auf der Datenbank gespeicherte Pressespiegel erneut in den Arbeitsspeicher aufgerufen und mit einer entsprechenden Software Zeichen für Zeichen in die gewünschte Seitenbeschreibungssprache übertragen und anschließend abgespeichert. Hierdurch wird eine weitere Vervielfältigung begründet. Bei der Umwandlung eines Fließtextes in eine PDF-Datei wird dazu mit einem PDF-Writer bzw. mit einem Distiller gearbeitet. Dieser installiert sich als eine Art Druckertreiber in das System und überführt den verwendeten Text in ein PDF-Format. Das erzielte Ergebnis wird erneut auf der Festplatte gespeichert. Auch bei diesem Vorgang erfolgt daher eine Vervielfältigung.

Weiterhin wird mit der Umwandlung in variabel verwendbare Dateiformate eine urheberrechtliche relevante Bearbeitung vorgenommen. Anders als bei der Digitalisierung erfolgt hierbei nicht nur ein Wechsel von der körperlichen in eine unkörperliche Form, die den Werkgenuss und die Möglichkeiten der Nutzung des Werkes unberührt lässt. Vielmehr werden bei der Änderung des Dateiformates die Nutzungsmöglichkeiten gezielt gesteuert. So wird ein Werk

---

[184] Vgl. *Loewenheim*, in: Schricker, Urheberrecht, § 23 UrhG Rdnr. 6; *Koch*, GRUR 1997, S. 417, 427.

webfähig und verlinkbar gemacht. Zu berücksichtigen ist weiterhin, dass die umgewandelte Datei nicht nur, wie bei der Digitalisierung, als deckungsgleiches digitales Pendant zum Originalartikel verstanden wird.[185] Vielmehr kann der in ein PDF-Format konvertierter Text auch nur in dieser Gestalt konsumiert und genutzt werden. Mit der Umwandlung eines Textes in eine HTML-, XML- oder PDF-Datei ist daher eine Veränderung verbunden, die bei ihrer Verwertung oder Veröffentlichung der Einwilligung des Urhebers gemäß § 23 Abs. 1 UrhG bedarf.[186]

5. Online-Publikationen

Soweit in Pressespiegeln vollständige Artikel aus Online-Medien genutzt werden sollen, kann der recherchierte Text direkt in digitaler Form in das Bearbeitungssystem zur Erstellung von Pressespiegeln übernommen werden. Im Unterschied zur Verwendung von gedruckten Artikeln erübrigt sich hierbei demnach das OCR- und Cut and Past-Verfahren. Die zusammengesetzten Artikel werden anschließend im digitalen plattformunabhängigen Format ausgegeben. Für die urheberrechtliche Einordnung kann auf die im Rahmen der Erstellung von Pressespiegeln aus Print-Medien vorliegenden Ausführungen verwiesen werden.

III. Zusammenfassungen und Internet-Pressespiegel

Auch durch die im Rahmen der Erstellung von Zusammenfassungen einzelner Artikel oder Internet-Pressespiegel mit Deep Link-Verweisen vorzunehmenden Handlungen wie Kürzungen, redaktionellen Aufarbeitungen oder der Übernahme einzelner Textabschnitte könnten die an den Artikeln und Beiträgen bestehenden Urheberrechte verletzt sein.

1. Vervielfältigung gemäß § 16 UrhG

Zu denken ist hierbei an das Vervielfältigungsrecht gemäß § 16 Abs. 1 UrhG, das nicht nur bei der identischen Wiedergabe, sondern auch bei der Festlegung eines Werkes in veränderter Form verletzt sein kann.[187]

a) Zusammenfassungen

Bei einer durch die Mitarbeiter in Auswertungsabteilungen angefertigten Zusammenfassung werden weder die Originalartikel selbst noch einzelne Auszüge

---

185 *Grunert/Ohst*, KUR 2001, S. 8, 14.

186 Vgl. für die Umwandlung in eine HTML-Version: *Koch*, GRUR 1997, S. 417, 427.

187 BGH, GRUR 1991, S. 529, 530 - Explosionszeichnungen; BGH, GRUR, 1988, S. 533, 535 -Vorentwurf; *Loewenheim*, in: Schricker, Urheberrecht, § 16 UrhG Rdnr. 8, 21; *Nordemann*, in: Fromm/Nordemann, Urhebrechtsgesetz-Kommentar, § 16 UrhG Rdnr. 1.

übernommen. Vielmehr wird nur der wesentliche Inhalt des Artikels adressatenbezogen und in komprimierter Form dargestellt. Einer solchen rein deskriptiven Art der Zusammenfassung kommt keine urheberrechtliche Relevanz zu.[188]

Anders ist dagegen, bei automatisch erstellten Zusammenfassungen zu entscheiden. Hierbei werden ausschließlich nur Worte und Formulierungen aus dem Originalartikel zusammengesetzt. Es erfolgt keine ergänzende sprachliche Aufarbeitung durch menschlichen Arbeitseinsatz. Durch die automatische Übernahme und anschließende Zusammenfügung einzelner Textpassagen ist daher das Vervielfältigungsrecht gemäß § 16 Abs. 1 UrhG betroffen.

b) Internet-Pressespiegel

Bei der Auswertung von Online-Medien könnte mit der Übernahme von Referenzdaten, umfangreichen Textauszügen und auch dem Einfügen von Deep Links zu den Originalartikeln eine Vervielfältigungshandlung verbunden sein.

Bei bibliografischen Angaben und einzelnen Stichworten handelt es sich aber nur um Elemente, die den Originaltext bezeichnen, Angaben zum Inhalt geben und dazu dienen, den Text später auffindbar zu machen. Eine eigene urheberrechtliche Schutzfähigkeit kommt diesen Angaben genauso wenig zu, wie einzelnen Satzfragmenten oder Schlagworten aus dem Fließtext eines Artikels, so dass auch durch die Übernahme kein Eingriff in das Vervielfältigungsrecht vorliegt.[189] Auch mit dem Einfügen eines Deep Link in einen Internet-Pressespiegel wird daher mangels Schutzfähigkeit des Deep Links keine urheberrechtlich relevante Handlung vorgenommen. Schließlich scheidet auch eine mögliche Verwertungshandlung an den Texten, auf die mittels des Deep Links verwiesen wird, aus.[190] So wird mit der bloßen Link-Installation nur eine Fundstellenangabe integriert, ohne dabei das gelinkte Werk in den Server des Linksetzers aufzunehmen. Dies verbleibt nach wie vor auf dem Server des fremden Anbieters.[191]

---

188 *Mehrings*, GRUR 1983, S. 284, 286; *Erdmann*, Urheberrechtliche Grenzen der Informationsvermittlung in Form von Abstracts, in: FS Tilmann, S. 21, 26; *Katzenberger*, GRUR 1973, S. 629, 631; *Raczinski/Rademacher*, GRUR 1989, S. 324, 325; *Flechsig*, ZUM 1996, S. 833, 835; *Hackemann*, GRUR 1982, S. 262, 267; *van Look*, ZIP 1998, S. 454, 461.

189 Vgl. *Ott*, WRP 2004, S. 52, 54 und Kap. 2 §1 A. IV.

190 BGH, WRP 2003, S. 1341, 1344 – Paperboy, auch veröffentlich in: NJW 2003, S. 3406 ff.; GRUR 2003, S. 958 ff.; MMR 2003, S. 719 ff.; K&R 2003, S. 554 ff.; KUR 2004, S. 20 ff.; *Ott*, WRP 2004, S. 52, 54; *Obergfell*, KUR 20004, S. 26, 27 – Anmerkung zum Urteil des BGH vom 17.7.2003; *Nolte*, CR 2003, S. 924, 925 - Anmerkung zum Urteil des BGH vom 17.7.2003.

191 Rechtbank Rotterdam vom 22.08.2000, 13609/KG ZA 00-846, S. 5, 4.5. - kranten.com; *Ernst/Wiebe*, MMR-Beilage 8/2001, S. 20; *Schack*, MMR 2001, S. 9, 13; *Zscherpe*,

2. Bearbeitung vs. freie Benutzung

Bei der Erstellung von Zusammenfassungen aus Zeitungs- und Zeitschriftenartikeln hängt die urheberrechtliche Bedeutung von der Frage ab, ob es sich dabei um eine einwilligungsbedürftige Bearbeitung gemäß § 23 S. 1 UrhG oder aber um ein selbstständiges Werk gemäß § 24 Abs. 1 UrhG handelt. Bei einer Bearbeitung wird das Originalwerk verändert, ohne sich dabei von der Eigen des benutzten Werkes vollständig zu lösen. Ein selbstständig geschaffenes Werk ist im Unterschied dazu nur gegeben, wenn es unter Nutzung eines fremden Werkes geschaffen worden ist und in seiner schöpferischen Ausdruckskraft gegenüber dem fremden Werk selbstständig ist.

a) Manuell erstellte Zusammenfassungen

Zur Abgrenzung wird in der Literatur darauf abgestellt, ob ein Abstract die Lektüre des Originalartikels zu ersetzen vermag.[192] Ein substituiver Charakter, der zu einer einwilligungspflichtigen Benutzung gemäß § 23 S. 1 UrhG führt, wird demnach angenommen, wenn in eine Zusammenfassung die innere Form der Gliederung, die Gedankenführung sowie auch individuelle Sprach- und Formulierungselemente des Originals übernommen werden.[193] Eine ersetzende Funktion ist dagegen abzulehnen, wenn es sich um eine komprimierte und lediglich auf die inhaltliche Unterrichtung ausgerichtete Zusammenfassung handelt.[194]

Im Rahmen der Medienauswertungstätigkeit wird eine kompakte Informationswiedergabe bezweckt. Auf die genauen Formulierungen und Ausdrücke des Originalartikels kommt es dabei nicht an. Der Nutzer soll mit Hilfe der Zusammenfassung feststellen können, ob er Interesse am Originalartikel hat. Die Lektüre des Originalartikels zu ersetzen, ist nicht beabsichtigt. Vielmehr erhoffen sich die Pressespiegelhersteller, den Nutzer durch die Abstracts auf die adressatenbezogenen recherchierten Originalartikel hinzuweisen und zur Bestellung zu bewegen. Insbesondere mit dem Argument der Einbeziehung der

---

MMR 1998, S. 405, 409; *Boddien*, Mitt. 1999, S. 401, 406, 407; *Plaß*, WRP 2000, S. 599, 601.

192 *Loewenheim*, Urheberrechtliche Grenzen geschützter Dokumente in Datenbanken, S. 35; *Kleinke*, Pressedatenbanken und Urheberrecht, S. 101, 112; *Hoeren*, WiVerw 1999/4, S. 230, 237; *Hoeren/Decker*, E.I.P.R. 1998, S. 256, 257; *Ulmer*, GRUR 1971, S. 297, 298; *Raczinski/Rademacher*, GRUR 1989, S. 324, 325; *Hecker*, ZUM 1993, S. 400, 402; *Hackemann*, GRUR 1982, S. 262, 267; *Mehrings*, GRUR 1983, S. 275, 283, 286; auf das Kriterium der Substituierbarkeit abstellend nun auch OLG Frankfurt vom 1.4.2003 (Az: 11 U 47/02), JurPC Web-Dok. 54/2004, S. 7, 8 - Zusammenfassung rechtswissenschaftlicher Fachbeiträge.

193 *Hackemann*, GRUR 1982, S. 262, 268; *Mehrings*, GRUR 1983, S. 275, 286.

194 *Flechsig/Fischer*, ZUM 1996, S. 833, 835; *Hackemann*, GRUR 1982, S. 262, 267; *Mehrings*, GRUR 1983, S. 279, 283; *Hecker*, ZUM 1993, S. 400, 402.

Bedürfnisse der Leser[195] ist daher die substituierenden Funktion eines solchen Abstracts abzulehnen.
Anders könnte der Sachverhalt allerdings zu beurteilen sein, wenn es der Nutzer im Anschluss an die Lektüre einer Zusammenfassung nicht mehr für erforderlich hält, auf den Originalartikel zurückzugreifen.[196] Unberücksichtigt bleibt bei dieser Überlegung allerdings, dass sich auch beim Verzicht auf den Originaltext an der reinen Hinweisfunktion eines Abstracts nichts ändert und zudem in vielen Fällen aus Zeitmangel oder Arbeitsüberlastung das Original ohnehin nicht gelesen werden würde.[197] Mit diesen Kriterien ist demnach bei einer Zusammenfassung von Zeitungs- und Zeitschriftenartikeln zu Zwecken der Medienauswertung eine Bearbeitung i.S.d. § 23 UrhG abzulehnen.
Nach dem Verständnis des LG Frankfurt wird ein Abstract eines für einen Pressespiegel vorgesehenen Artikel pauschal als Streichung, Kürzung oder Herstellung von Auszügen eingeordnet, bei denen immer das Bearbeitungsrecht gemäß § 23 S. 1 UrhG betroffen ist.[198] Eine solch generalisierende Einordnung wirft aber Zweifel auf. Vielmehr scheint es geboten, eine differenzierte Betrachtung vorzunehmen. Zu diesem Zweck wird vorgeschlagen, zwischen Abstracts, die lediglich den Originalartikel in gekürzter Form enthalten, und Darstellungen, die den Originalinhalt in eigenen Worten wiedergeben, zu unterscheiden.[199] Bei differenzierter Betrachtung können Zusammenfassungen daher durchaus auch als eigene Darstellung eingestuft werden. Dies wird jedenfalls für möglich gehalten, soweit nicht lediglich einfache redaktionelle Änderungen der Artikel vorgenommen werden.[200]
Weiterhin wird vom LG Frankfurt als Argument für die Annahme einer Bearbeitung angeführt, dass bei einer Zusammenfassung zu Medienauswertungszwecken der Inhalt zwar verkürzt, aber eben nicht verfremdet dargestellt wird. Nach diesem Verständnis orientiert sich eine Zusammenfassung zwangsläufig an der Fassung des Originalartikels, so dass die Annahme eines

---

195 Vgl. zu diesem Kriterium OLG Frankfurt vom 1.4.2003 (Az: 11 U 47/02), JurPC Web-Dok. 54/2004, S. 8 - Zusammenfassung rechtswissenschaftlicher Fachbeiträge.

196 *Katzenberger*, GRUR 1973, S. 629, 632.

197 OLG Frankfurt vom 1.4.2003 (Az: 11 U 47/02), JurPC Web-Dok. 54/2004, S. 9 – Zusammenfassung rechtswissenschaftlicher Fachbeiträge; *Mehrings*, GRUR 1983, S. 275, 283, 285.

198 LG Frankfurt/Main vom 25.04.2002, AZ: 2/03 419/01, S. 11 - Pressespiegelversand; LG Frankfurt/Main, AfP 2001, S. 526, 527 - Pressespiegelversand.

199 *Loewenheim*, in: Schricker, Urheberrecht, § 23 UrhG Rdnr. 7.

200 BGH, GRUR 1972, S. 143, 145 - Biografie; *Ahlberg*, in: Möhring/Nicolini, Urheberrechtsgesetz, § 3 UrhG Rdnr. 15; *Loewenheim*, in: Schricker, Urheberrecht, § 3 UrhG Rdnr. 16; *von Look*, ZIP 1998, S. 454, 456.

selbständig erstellten Werkes von vornherein ausgeschlossen ist.[201] Gegen diese Überlegung ist aber einzuwenden, dass die Erstellung einer Zusammenfassung auf Grund ihrer Kürze gerade nicht ausreicht, die innere vom Autor des Originals individuell gestaltete Ausprägung aufzunehmen.[202]
Insgesamt ist daher an dem zu erst gefundenen Ergebnis festzuhalten, dass die in wenigen Sätzen zusammengefassten Informationen über einen Zeitungs- oder Zeitschriftenartikel die Einwilligung des Autors nicht erforderlich machen.

b) Automatisch erstellte Zusammenfassungen
Anders ist allerdings im Hinblick auf computererstellte Abstracts zu entscheiden. Zwar kommt auch diesen lediglich eine Hinweisfunktion zu. Zu berücksichtigen ist jedoch, dass im Unterschied zu manuell vorgenommenen Zusammenfassungen ausschließlich nur Textelemente aus dem Originalwerk entnommen und mit Hilfe einer entsprechenden Sprachsoftware wieder zusammengefügt werden. Veränderte und eigengestalterische Formulierungs- und Ausdrucksweisen werden nicht verwendet. Dadurch besteht bei automatisch erstellten Zusammenfassungen die Gefahr, dass auch die Substanz und die Identität des Originalwerkes in dem Abstract aufgeht. Dies ist jedenfalls dann anzunehmen, wenn die Zusammenfassung nicht nur aus wenigen Zeichen besteht, sondern einen Umfang von mehreren Zeilen hat. Sobald daher über die reine computerbasierende Herstellung hinaus eine Veröffentlichung oder sonstige Verwertung des Abstracts vorgenommen wird, muss eine Einwilligung des Urhebers gemäß § 23 S. 1 UrhG eingeholt werden.

c) Internet-Pressespiegel
Bei der Übernahme einzelner Schlagworte, Satzfragmente, bibliografischer Daten oder Deep Links zur Erstellung eines Online-Pressespiegels scheidet eine Bearbeitung genau wie eine Vervielfältigung mangels Schutzfähigkeit der einzelnen Werke bzw. Werkteilen aus.[203] Auch bei der Entnahme einzelner Stichworte, Satzfragmente und kurzer Sätze aus dem Fließtext oder Einleitungsteil ist, auf Grund fehlender urheberrechtlicher Schutzfähigkeit der

---

[201] LG Frankfurt/Main vom 23.04.2002, AZ: 2/03 419/01, S. 11 - Pressespiegelversand; LG Frankfurt/Main, AfP 2001, S. 526, 527 - Pressespiegelversand.

[202] *Hackemann*, GRUR 1982, S. 262, 269; *Mehrings*, GRUR 1983, S. 275, 287.

[203] OLG Köln, AfP 2001, S. 81, 83, 84 - Paperboy; LG München I, K&R 2002, S. 258, 259 - Online-Pressespiegel; *Loewenheim*, Urheberrechtliche Grenzen der Verwertung geschützter Dokumente in Datenbanken, S. 34; *Hecker*, ZUM 1993, S. 400, 402; *Flechsig/Fischer*, ZUM 1996, S. 833, 835; *Katzenberger*, GRUR 1973, S. 629, 631; *Ulmer*, GRUR 1971, S. 297, 298; *Raczinski/Rademacher*, GRUR 1989, S. 324, 325.

einzelnen Teile, eine Bearbeitung ausgeschlossen.[204] Sollte ausnahmsweise einem Textauszug urheberrechtlicher Schutz zukommen, sind bei der Frage nach dem Vorliegen einer Bearbeitung die gleichen Kriterien anzuwenden wie bei der Erstellung von Zusammenfassungen aus Print-Medien. Bei Textfragmenten von wenigen Zeilen in Online-Pressespiegeln lassen sich aber noch weniger Substitutionsgefahren des Originalartikels begründen, als dies bei manuell oder automatisch gefertigten Zusammenfassungen der Fall ist. Der Informationsgehalt tritt hier gegenüber der reinen Hinweisfunktion nahezu vollständig zurück. Die Aufzählung einzelner Satzfragmente eines Originalartikels, die ein bestimmtes Schlag- oder Stichwort enthalten, bedürfen daher keiner Zustimmung des Urhebers.

Schließlich ist zu berücksichtigen, dass ein Link als einfache Fundstelle kein Bestandteil des Originalartikels ist und mangels Werkqualität auch selbst nicht urheberrechtlich geschützt wird.[205] Aus diesem Grund stellt auch die Verwendung eines Deep Links keine relevante Veränderung des gelinkten Originalartikels dar.

3. Öffentliche Zugänglichmachung gemäß §§ 19 a, 15 Abs. 2 Nr. 2, Abs. 3 UrhG

Zu untersuchen bleibt, ob bei der Erstellung eines Internet-Pressespiegels durch die Aufnahme eines Deep Links das Recht der öffentlichen Zugänglichmachung gemäß §§ 19 a, 15 Abs. 2 Nr. 2, Abs. 3 UrhG verletzt wird.

Soweit unter den Begriff der Zugänglichmachung jedes Verhalten subsumiert wird, das dazu dient, der Öffentlichkeit ein Werk online erhältlich bzw. wahrnehmbar zu machen,[206] könnte ein Eingriff in das Recht der öffentlichen Zugänglichmachung vorliegen. Jedenfalls wird vertreten, dass Deep Link-Verweise geeignet sind, die Rechercheergebnisse öffentlich wahrnehmbar zu machen.[207] Zur Begründung wird zudem angeführt, dass durch Deep Link Angebote die Inhalte einer Webseite gerade auf eine neue und zusätzliche Weise im Internet verfügbar gemacht werden.[208]

Dagegen wird aber eingewandt, dass das Recht der öffentlichen Zugänglichmachung nur als Akt der tatsächlichen Bereitstellung zum Abruf zu verstehen ist. Hiernach erfasst § 19 a UrhG nur Fälle, in denen das Werk der Öffentlichkeit

---

204 OLG Köln, AfP, 2001, S. 81, 83, 84 - Paperboy; LG München I, K&R 2002, S. 258, 259 - Online-Pressespiegel.

205 LG München I, K&R 2002, S. 258, 259 - Online-Pressespiegel; *Grunert/Ohst*, KUR 2001, S. 8, 11; *Zscherpe*, MMR 1998, S. 404, 409.

206 *Lehmann*, CR 2003, S. 553, 554; *Wiebe*, MMR 2003, S. 724 und LMK 2003, 212 – Anmerkung zum Urteil vom 17.7.2003.

207 *Schmidt/Stolz*, AfP 1999, S. 146, 149.

208 *Fallenböck/Nitzl*, MR 2/2003, S. 102, 104.

unmittelbar zugänglich gemacht wird. Bei einem Deep Link, bei dem ein Werk nur mittelbar durch einen bloßen Verweis angesteuert werden kann, wird die öffentliche Zugänglichmachung verneint.[209]

Unabhängig von diesen Überlegungen zum Verständnis des Begriffs der öffentlichen Zugänglichmachung sind für den Bereich der Internetauswertung mittels Deep Link Besonderheiten zu beachten, die gegen die Annahme eines Eingriffs in § 19 a UrhG sprechen. So gehen kommerzielle Anbieter, die im Auftrag eines Unternehmens Internet-Pressespiegel erstellen, einem individuellen Suchauftrag nach. Die recherchierten Deep Links dienen daher schon nicht, dem Zweck der Öffentlichkeit zur Verfügung gestellt zu werden. Vielmehr werden die kompletten Suchergebnisse individuell in Form eines Internet-Pressespiegels an den Kunden versandt oder in einem password-geschützen Bereich zum Abruf angeboten. Es liegt daher ausschließlich in der Entscheidungsmacht der einzelnen Unternehmen, in welchem Umfang die Deep Links eingesetzt werden sollen. So besteht die Möglichkeit der Einstellung ins Intranet oder aber auch die personalisierte Versendung als E-Mail. Daher ergibt sich, dass kommerzielle Internetauswerter, soweit sie einem individualisierten Suchauftrag nachgehen, durch das Setzen der Deep Links das Recht der öffentlichen Zugänglichmachung nicht verletzen. Erst soweit die einzelnen Suchergebnisse als ein abrufbares Angebot durch „Jedermann" genutzt werden, stellt sich die Frage des § 19 a UrhG. Aber sogar hierbei ist von der Annahme einer Verletzungshandlung abzusehen, da es sich bei einem Deep Link um eine bloße technische Abruferleichterung handelt.[210] Demjenigen, der das Werk ins Internet gestellt hat, wird die Entscheidung, ob das Werk öffentlich zugänglich bleiben soll, durch den Deep Link-Verweis gerade nicht genommen.[211] Allenfalls bei Inline Links bzw. Frames, mit deren Hilfe fremde Inhalte als Bestandteile der verlinkenden Seite selbst dargestellt werden, ist an ein öffentliches Zugänglichmachen zu denken.[212]

I.d.S. ist auch zu entscheiden, soweit nicht kommerzielle Anbieter, sondern ein Unternehmen selbst einen Pressespiegel mit Deep Link-Verweisen erstellt. Soweit Pressespiegel individuell per E-Mail versendet werden, scheidet § 19 a UrhG aus.[213] Werden die Deep Links ins Intranet eingestellt, hängt die Frage des Eingreifens des § 19 a UrhG zunächst davon ab, ob bei einer Intranet-Nutzung überhaupt die Öffentlichkeit i.S.d. § 15 Abs. 2 Nr. 2 Abs. 3 UrhG betroffen

---

209 *Buchner*, AfP 2003, S. 510, 511; *Ott*, WRP 2004, S. 51, 52; *Nolte*, ZUM 2003, S. 540, 542, *ders.*, CR 2003, S. 924, 925 – Anmerkung zum Urteil des BGH vom 17.7.2003; *Spindler*, JZ 2004, S. 150, 152 – Anmerkung zum Urteil des BGH vom 17.7.2003.

210 BGH, WRP 2003, S. 1341, 1345 - Paperboy.

211 BGH, WRP 2003, S. 1341, 1345 – Paperboy, *Buchner*, AfP 2003, S. 510, 511.

212 *Nolte*, ZUM 2003, S. 540, 542.

213 Vgl. *Lehmann*, CR 2003, S. 553, 555 und Kap. 3 §1 B. I. 3.

ist.[214] Darüber hinaus gilt aber auch hier, dass der Deep Link lediglich als eine technische Hilfestellung zu verstehen ist. Sobald der gelinkte Inhalt allerdings über den betriebsinternen Bereich hinaus angeboten wird, kommt es auf den Einzelfall bzw. auf die Art des Links an.
Festzuhalten bleibt, dass bei dem Einsatz von Internet-Pressespiegeln für den betriebsinternen Bereich mittels Deep Link allein durch das Setzen des Deep Links, sei es durch den kommerziellen Anbieter oder aber auch durch das Unternehmen selbst, das Recht der öffentlichen Zugänglichmachung nicht betroffen ist.

B. Übermittlungsphase

Im Anschluss an die Erstellung von Pressespiegeln und Online-Pressespiegel erfolgt die Übermittlung der Auswertungsergebnisse an die Mitarbeiter von Behörden, Unternehmen und Verbänden.

I. Printauswertung

Bei der Ausgabe von Pressespiegeln, die Artikel und sonstige Beiträge aus dem Printbereich erhalten, wird die Zustellung in gedruckter Form oder auf digitalem Weg vorgenommen.

1. Analoge-Übermittlung

Eine direkte Aushändigung oder postalische Zustellung von zusammengestellten Originalartikeln führt zu keiner urheberrechtlich bedeutsamen Verwertung. Hinsichtlich des beim Verkauf von Pressespiegeln betroffenen Verbreitungsrechts gemäß § 17 Abs. 1 UrhG tritt die Erschöpfungswirkung gemäß § 17 Abs. 2 UrhG ein.[215] Sobald allerdings zum Zwecke der Vornahme der Pressespiegellieferung, eine Kopie des Pressespiegels erstellt wird, ist das Vervielfältigungsrecht gemäß § 16 Abs. 1 UrhG betroffen.[216] Eine Verbreitung scheidet allerdings auch in diesem Fall aus, wenn es sich um eine Weitergabe des ausgedruckten Pressespiegels im ausschließlich betriebsinternen Bereich handelt.[217] Anders ist

---

214 Vgl. dazu Kap. 3 §1 B 2. a.

215 LG Berlin, AfP 2001, S. 339, 340 - E-Mail Pressespiegel; LG Berlin vom 26.3.2002, Az.: 16 O 367/01, S. 35 - Fax und E-Mail Versand eines Pressespiegels; *Berger/Degenhart*, AfP 2002, Beilage Heft 6, S. 557, 569.

216 Vgl. *Loewenheim*, in: Schricker, Urheberrecht, §16 UrhG Rdnr. 17; *Heerma*, in: Wandtke/Bullinger, Praxiskommentar zum Urheberrecht, § 16 UrhG Rdnr. 12; *Dreier*, in: Schricker (Hrsg.), Urheberrecht auf dem Weg in die Informationsgesellschaft, S. 111; *Flechsig/Fischer*, ZUM 1996, S. 833, 836; *Eidenmüller*, CR 1992, S. 321, 322; *Loewenheim*, GRUR 1996, S. 636, 638; *Raczinski/Rademacher*, GRUR 1989, S. 324, 326.

217 *Kroitzsch*, in: Möhring/Nicolini, Urheberrechtsgesetz, § 17 UrhG Rdnr. 19; *Schulze*, in: Dreier/Schulze, in: Urheberrechtsgesetz, § 2 UrhG Rdnr. 9; *Loewenheim*, in: Schricker, Urheberrecht, § 17 UrhG Rdnr. 12; *Zahrt*, Urheberrechtlicher Schutz elektronischer

dagegen für den kommerziellen Bereich zu entscheiden. Hierbei werden durch die Versendung von ausgedruckten Pressespiegeln Vervielfältigungsstücke aus der Sphäre des Medienbeobachters an den Kunden übergeben. Mit einer solchen Besitzüberlassung an Dritte geht auch ein „In-Verkehr-bringen“ gemäß § 17 Abs. 1 UrhG einher.[218]

Als weitere Ausgabeform kommt der Faxversand in Betracht. Beim herkömmlichen Versand mittels Einsatz eines externen Faxgerätes bewirkt die Abtastung des Dokuments mit der Festlegung der Bilddatei und dem anschließenden Ausdruck beim Empfänger einen Eingriff in das Vervielfältigungsrecht gemäß § 16 Abs. 1 UrhG. Ein Computerfax wird dagegen mit Hilfe eines Faxmodems oder einer Faxkarte papierlos zugestellt. Hierbei wird die Umwandlung der Originalseite in ein grafisches Faxbild von einem Druckertreiber übernommen und direkt über das Faxmodem oder die Faxkarte an den Empfänger übersandt. Neben den Zwischenablagen beim Einlesevorgang und im Arbeitsspeicher des Versandgeräts wird daher durch den Zusteller eine erneute, nicht nur vorübergehende Festlegung des Dokumentes beim Empfänger vorgenommen. Demnach ist der Faxversand, unabhängig davon, ob es sich um ein herkömmliches Fax oder um ein Computerfax handelt, als Vervielfältigung gemäß § 16 Abs. 1 UrhG zu qualifizieren.[219]

Ein Eingriff in das Verbreitungsrecht scheidet dagegen aus. Im Fall des Computerfaxes wird der Pressespiegel mit Hilfe einer digitalen Kopie übermittelt, so dass es schon an der erforderlichen Körperlichkeit des Werkes fehlt. Bei herkömmlichem Faxversand wird zwar mit dem Original oder einem Ausdruck gearbeitet. Zum Zweck der Übermittlung werden die Informationen aber eingescannt, in unkörperlicher Form transportiert und erst beim Empfänger

---

Printmedien, S. 53; *Eidenmüller,* CR 1992, S. 321, 322; *Flechsig/Fischer,* ZUM 1996, S. 833, 835.

218 *Mayer-Schönberger/Wittmann,* Rechtsfragen der Nutzung von Zeitungen und Zeitschriften für Zwecke der Medienbeobachtung, S. 25; *Hoeren/Decker,* E.I.P.R. 1998, S. 256, 257; *Flechsig/Fischer,* ZUM 1996, S. 833, 835.

219 LG Berlin vom 26.3.2002, Az.: 16 O 367/01, S. 35 – Fax- und E-Mail Versand eines Pressespiegels; LG Berlin, AfP 2001, S. 339, 340 - E-Mail Pressespiegel; LG Frankurt/-Main, AfP 2001, S. 526, 527 - Pressespiegelversand; LG Frankfurt/Main vom 25.04.2002, Az.: 2/03 419/01, S. 9 - Pressespiegelversand; ZG Basel-Stadt vom 19. Juni 2002, sic! 3/2003, S. 217, 221 - Elektronische Pressespiegel II; *Kroitzsch,* in: Möhring/-Nicolini, Urheberrechtsgesetz, § 16 UrhG Rdnr. 14; *Heerma,* in: Wandtke/Bullinger, Praxiskommentar zum Urheberrecht, § 16 UrhG Rdnr. 12; *Mayer-Schönberger/ Wittmann,* Rechtsfragen der Nutzung von Zeitungen und Zeitschriften für Zwecke der Medienbeobachtung, S. 24.

wieder in das ursprüngliche Format gebracht. Auch bei der traditionellen Faxübermittlung scheidet somit eine Verbreitung gemäß § 17 Abs. 1 UrhG aus.[220]

2. Online Übermittlung

Ausschlaggebend für den Strukturwandel im Pressespiegelbereich sind aber die verschiedenen Möglichkeiten der digitalen Zurverfügungstellung. Erst durch sie wird eine aktuelle, schnelle, komfortable und mit der Print-Version qualitativ gleichwertige Übermittlung des Pressespiegels ermöglicht.

Bei der Online Übermittlung wird eine Kopie der Pressespiegel-Datei von dem Rechner des Erstellers auf die Festplatte des die Informationen bereithaltenden Servers exportiert. Ist der Server mit dem Internet oder dem Intranet online geschaltet, besteht für einzelne Nutzer die Möglichkeit, den Pressespiegel herunterzuladen. Mit der Festlegung der Daten auf dem Hauptspeicher eines Servers, um die Werke zum Abruf im Inter- oder Intranet anzubieten, erfolgt eine Vervielfältigung gemäß § 16 Abs. 1 UrhG.[221] Eine Verbreitung gemäß § 17 Abs. 1 UrhG scheidet dagegen auch hier mangels Körperlichkeit der zu verbreitenden Daten aus.[222] Dies gilt nunmehr insbesondere unter Berücksichtigung des im Rahmen der Umsetzung der Urheberrechtsrichtlinie eingeführten § 19 a UrhG, der gerade die unkörperlich Online-Nutzung eines Werkes regelt.[223] Für die urheberrechtliche Einordnung der Nutzung elektronischer Pressespiegel im Intra- oder Internet kommt daher nur einer unkörperlichen Verwertungsform gemäß § 15 Abs. 2 UrhG entscheidende Bedeutung zu. Diesen Verwertungsformen ist gemein, dass sie den Urheber schützen, soweit eine Wiedergabe des Werkes an die Öffentlichkeit erfolgt. Wurde ehemals aus der Legaldefinition der Öffentlichkeit gemäß § 15 Abs. 3 UrhG a.F. gefolgert, dass die Öffentlichkeit nur dann betroffen sein könne, wenn die

---

220 *Rogge*, Elektronischer Pressespiegel in urheber- und wettbewerbsrechtlicher Beurteilung, S. 158, a.A. LG Frankfurt/Main, AfP 2001, S. 526, 527 – Pressespiegelversand; LG Frankfurt/Main vom 25.04.2002, Az.: 2/03 419/01, S. 9 – Pressespiegelversand.

221 OLG München, GRUR 2001, S. 499, 501 - AOL-Musikforum; LG München I, ZUM 2000, S. 418, 422, *Gahrau,* in: Hoeren/Sieber, Handbuch Multimedia Recht, Kap. 7.1., Rdnr. 66; *Heerma,* in: Wandtke/Bullinger, Praxiskommentar zum Urheberrecht, § 16 UrhG Rdnr. 14; *Koch*, GRUR 1997, S. 417, 425; *Beiner*, MMR 1999, S. 691; *Flechsig/-Fischer,* ZUM 1996, S. 833, 835; *Berger/Degenhart*, AfP 2002, Beilage Heft 6, S. 557, 578.

222 *Kroitzsch,* in: Möhring/Nicolini, Urheberrechtsgesetz, § 17 UrhG Rdnr. 9; *Freitag*, in: Kröger/Gimmy, Handbuch zum Internetrecht, S. 355; *Loewenheim,* in: Loewenheim/-Koch, Praxis des Online-Rechts, Kap. 7.2.4.5., S. 301; *Kreuzer,* in: Schwerdtfeger (Hrsg.), Cyberlaw, Kap. VII, S. 237; *Berger/Degenhart,* Beilage Heft 6, AfP 2002, S. 557, 579; *Beiner*, MMR 1999, S. 691, 692; *Bechthold*, ZUM 1997, S. 427, 431.

223 *Schulze,* in: Dreier/Schulze, Urheberrechtsgesetz, § 17 UrhG Rdnr. 6, der damit auch den Streit, ob einen Online-Nutzung eine Verbreitung darstellt als überholt ansieht.

Wiedergabe eine Mehrzahl von Personen gleichzeitig erreiche,[224] ergeben sich bei der Subsumtion einer Online Zurverfügungstellung erhebliche Probleme. So ist es gerade ein Wesensmerkmal des Online-Angebotes, dass Dritte den Zeitpunkt und den Ort des Abrufs der Daten individuell bestimmen können. Der daraus resultierende Streit über die Einordnung der Online-Nutzung in das Recht der öffentlichen Wiedergabe[225] ist allerdings mit dem im Zuge der Umsetzung des Art. 3 UrhRL neu eingeführten ausschließlichen Verwertungsrecht der öffentlichen Zugänglichmachung gemäß §§ 15 Abs. 2 Nr. 2, 15 Abs. 3, 19 a UrhG entbehrlich geworden. Auch wenn es auf Grund dieser gesetzlichen Neuregelung nicht mehr auf das Merkmal der Gleichzeitigkeit ankommt, bietet das Recht der öffentlichen Wiedergabe dem Urheber allerdings nur Schutz, soweit sich das Online-Angebot an die Öffentlichkeit richtet. In Bezug auf die Definition des Öffentlichkeitsbegriffes geben aber weder konventionsrechtliche Vorschriften der RBÜ, des TRIPs-Abkommens oder des WCT, noch der Art. 3 UrhRL eine Vorgabe. Die Ausgestaltung des Öffentlichkeitsbegriffs ist den jeweiligen Mitgliedstaaten überlassen worden.[226] In Deutschland hat sich der Gesetzgeber dazu entschieden, den § 15 Abs. 3 UrhG im Wortlaut unter Berücksichtigung des Harmonisierungsanliegens zu verändern, dennoch aber inhaltlich mit der durch die Rechtsprechung gefundenen Präzisierung des Öffentlichkeitsbegriffs am bisher geltenden Recht festzuhalten.[227]

a) Intranet-Nutzung als Zugänglichmachung an die Öffentlichkeit

Insbesondere ist es durch die Vermeidung einer Definition des Öffentlichkeitsbegriffs auf gemeinschaftsweiter Ebene unklar geblieben, ob der Online-Abruf von Daten im Intranet das Merkmal der Öffentlichkeit erfüllt. Eine urheber-

---

224 BGH, GRUR 1991, S. 316, 317 - Einzelangebot; *v. Ungern-Sternberg,* in: Schricker, Urheberrecht, § 15 UrhG Rdnr. 59; *Fromm,* in: Fromm/Nordemann, Urheberrechtsgesetz-Kommentar, § 15 UrhG Rdnr. 4; *Loewenheim,* Urheberrechtliche Grenzen der Verwertung geschützter Dokumente in Datenbanken, S. 45; *Fischer,* ZUM 1995, S. 117, 120; *Loewenheim*, GRUR 1996, S. 830, 835.

225 Vgl. dazu z.B.: *v. Ungern-Sternberg,* in: Schricker, Urheberrecht, § 15 UrhG Rdnr. 41.

226 *Reihnbothe*, Europäisches Urheberrecht und Electronic Commerce, in: Lehmann (Hrsg.), Electronic Business in Europa, S. 386, Rdnr. 55; *ders.*, GRUR Int. 2001, S. 733, 736; *v. Lewinski.,* Europäisches Urheberrecht in der Informationsgesellschaft, in: Drexl/-Kreuzer/Scheuing/Sieber (Hrsg.), Europarecht im Informationszeitalter, S. 65; *Walter*, Öffentliche Wiedergabe und Online-Übertragung, in: FS Dittrich, S. 380; *Klett*, Urheberrecht im Internet aus deutscher und amerikanischer Beurteilung, S. 89; *Dreier,* ZUM 2002, S. 28, 32; *Spindler,* GRUR 2002, S. 105, 108.

227 *Dreier,* in: Dreier/Schulze, Urheberrechtsgesetz, § 15 UrhG Rdnr. 37; *Hoeren,* in: Loewenheim (Hrsg.), Handbuch des Urheberrechts, § 21 Rdnr. 7; *Czychowski,* NJW 2003, S. 2409, 2412; vgl. amtl. Begründung des Regierungsentwurfes Gesetzes zur Regelung des Urheberrechts in der Informationsgesellschaft vom 6.11.2002, BT-Drucks. 15/38, S. 39.

rechtliche Einordnung kann nur anhand der Legaldefinition des § 15 Abs. 3 UrhG vorgenommen werden.

aa) Mitglieder der Öffentlichkeit

Zunächst muss es sich daher bei der Zurverfügungstellung der Pressespiegel in betriebsinternen Netzen um ein Angebot an eine Mehrzahl der Mitglieder der Öffentlichkeit handeln. Da bereits bei wenigen Personen von einer Mehrzahl gesprochen wird,[228] ist mit einer Online Zurverfügungstellung an die Mitarbeiter aus Unternehmen, Behörden und Verbänden die rein zahlenmäßige Voraussetzung unproblematisch erfüllt. Allerdings spricht § 15 Abs. 3 UrhG von einer Mehrzahl der Mitglieder der Öffentlichkeit, während die alte Fassung schlicht von einer Mehrzahl von Personen ausging. Das bloße Abstellen auf Personen im Allgemeinen ist eine leicht feststellbare Voraussetzung, mit der gewährleistet werden konnte, dass zunächst dem Urheber der Anwendungsbereich des Rechts der öffentlichen Wiedergabe eröffnet war. Erst in einem zweiten Schritt erfolgte durch die Vorgaben gemäß § 15 Abs. 2 Halbs. 2 UrhG a.F. eine negative Abgrenzung. Dem nun verwandten Begriff „Mitglied" i.S.d. § 15 Abs. 3 UrhG ist dagegen ein qualitatives Bestimmungselement immanent, was dafür sprechen könnte, eine bloße Mehrzahl von Personen zur Erfüllung des Kriteriums „Mehrzahl der Mitglieder der Öffentlichkeit" nicht als ausreichend anzusehen. Insbesondere sind auch Mitarbeiter von Unternehmen nicht zwingend Mitglieder der Öffentlichkeit, so dass schon hieran die Einordnung eines unternehmensinternen Online-Abrufs als öffentliche Zugänglichmachung scheitern könnte. Gegen dieses Verständnis spricht aber, dass auch beim Recht der öffentlichen Zugänglichmachung die Beschränkung der Nicht-Öffentlichkeit erst durch das Merkmal der Verbundenheit durch persönliche Beziehung erfolgen soll.[229] Zudem deutet auch der Wortlaut in § 15 Abs. 3 S. 2 UrhG, nach dem zunächst „jeder" zur Öffentlichkeit gehört, darauf hin, dass die bloße Anzahl von einigen wenigen Personen ausreicht. Weiterhin ist auch die Systematik der alten und der neuen Fassung des § 15 Abs. 3 UrhG identisch. Beide Vorschriften sind durch ihren Ausnahmecharakter, der durch „es sei denn" und nun durch „jeder, der nicht" deutlich wird, gekennzeichnet, so dass im Zweifel zunächst eine Öffentlichkeit zu bejahen ist.

bb) Abgrenzung der Öffentlichkeit durch persönliche Beziehung

Die Abgrenzung zur Nicht-Öffentlichkeit erfolgt demnach gemäß § 15 Abs. 3 S. 2 UrhG. Für das Inhouse-Angebot von Pressespiegeln bedeutet dies, dass bei

---

228 *v. Ungern-Sternberg*, in: Schricker, Urheberrecht, § 15 UrhG Rdnr. 58; *Nordemann*, in: Fromm/Nordemann, Urheberrechtsgesetz-Kommentar, § 15 UrhG Rdnr. 4.

229 Vgl. amtl. Begründung des Regierungsentwurfes eines Gesetzes zur Regelung des Urheberrechts in der Informationsgesellschaft vom 6.11.2002, BT-Drucks. 15/38, S. 39.

Vorliegen einer persönlichen Beziehung zwischen den Mitarbeitern untereinander oder im Verhältnis der Mitarbeiter zum Unternehmen, als Werkverwerter eine Wiedergabe an die Öffentlichkeit abzulehnen ist. Zu überprüfen ist daher, ob ein enger gegenseitiger Kontakt besteht, der das Bewusstsein einer persönlichen Verbundenheit hervorruft.[230]
Um eine solche persönliche Verbindung feststellen zu können, muss zunächst die Nutzerzahl bestimmbar sein. Zwar gibt der Gesetzeswortlaut der Entwurffassung nicht mehr, wie bisher die Voraussetzung der Abgrenzbarkeit des Personenkreises ausdrücklich vor. Dennoch kann eine persönliche Bindung nur überprüft werden, wenn klar identifizierbar ist, zwischen welchen Personen eine enge Verbindung in Frage kommt. In Unternehmen und einzelnen Behörden ist die Zahl der Mitarbeiter, die das Intranet nutzen oder auf einen passwortgeschützten Bereich zugreifen, durch entsprechende Zugangsermächtigungen und Passwörter zahlenmäßig bestimmbar und begrenzt.[231] Anders ist dagegen die Situation zu beurteilen, wenn Unternehmensfremden die Möglichkeit eröffnet wird, die im Intranet des Unternehmens zugänglich gemachten Inhalte abzurufen. Hier ist die Anzahl der Nutzer von deren zufälligem Interesse abhängig und daher weder kalkulierbar noch überschaubar, so dass auch die Möglichkeit der Entwicklung eines engen persönlichen Kontaktes zwischen den Nutzern ausgeschlossen ist.[232] Für die Fälle, in denen der Zugang zum Intranet auf Betriebs- oder Unternehmensangehörige beschränkt ist, muss daher zur Klärung der Frage der Öffentlichkeit der Versuch unternommen werden, eine persönliche Verbindung festzustellen.

(1) Persönliche Beziehung der Mitarbeiter untereinander

Allein die Zugehörigkeit zu einem Betrieb oder einer Organisation wird für die Begründung einer persönlichen Beziehung einzelner Mitarbeiter oder

---

230 BGH, GRUR 1996, S. 875, 876 - Zweibettzimmer im Krankenhaus; BGH, GRUR 1984, S. 33,34 - Alters-Wohnheim; BGH, GRUR 1956, S. 734, 735 - Vollzugsanstalten; *v. Ungern-Sternberg,* in: Schricker, Urheberrecht, § 15 UrhG Rdnr. 65; *Kroitzsch,* in: Möhring/Nicolini, Urheberrechtsgesetz, § 15 UrhG Rdnr. 27.

231 *Nordemann,* in: Fromm/Nordemann, Urheberrechtsgesetz-Kommentar, § 15 UrhG Rdnr. 4; *Hoeren,* WiVerw 1999/4, S. 230, 240, *ders.*, MMR 1999, S. 412 - Anmerkung zum Urteil des BGH vom 10.12.1998; *Hoeren/Schuhmacher*, CR 2000, S. 137, 145; *Beiner,* MMR 1999, S. 691, 693; *Kotthoff,* GRUR 1997, S. 597, 600.

232 *v. Ungern-Sternberg,* in: Schricker, Urheberrecht, § 15 UrhG Rdnr. 65; *Katzenberger,* Elektronische Printmedien und Urheberrecht, S. 45; *Nordemann,* in: Fromm/Nordemann, Urheberrechtsgesetz-Kommentar, § 15 UrhG Rdnr. 4; *Goebel/Hackemann/-Scheller*, GRUR 1986, S. 355, 357; *Beiner,* MMR 1999, S. 691, 693; *Hoeren,* WiVerw 1999/4, S. 230, 240, *ders.*, MMR 1999, S. 412 - Anmerkung zum Urteil des BGH vom 10.12.1998; *Hoeren/Schuhmacher*, CR 2000, S. 137, 145; *Zecher*, ZUM 2002, S. 451, 453.

Organisationsmitglieder nicht als ausreichend angesehen.[233] Zwar wird zugegeben, dass eine Betriebs- oder Organisationsangehörigkeit durchaus ein Zusammengehörigkeitsgefühl und gleichgerichtete sachbezogene Interessenzusammenschlüsse hervorrufen kann. Dieses allein aus beruflichen Gründen erwachsende Gefühl wird aber dennoch nicht als aussagekräftig im Hinblick auf einen persönlichen Zusammenschluss angesehen. Jedenfalls bei einer Betriebsgröße von über einhundert Mitarbeitern wird eine enge persönliche Verbindung nach allgemeiner Lebenserfahrung abgelehnt.[234] Zur Begründung wird darauf abgestellt, dass insbesondere bei Kommunikationsnetzwerken in Konzernen und weltweit tätigen Unternehmen der Urheber nicht schutzlos gestellt werden darf. Des Weiteren kann auch auf Grund der Größe und Anonymität auch keine Wiedergabe im privaten Rahmen angenommen werden.[235] So ist auch bei Netzwerken mit geringer räumlicher Ausdehnung von außen nicht erkennbar, wie viele Workstations tatsächlich angeschlossenen und welche Nutzer den einzelnen Plätzen zugeordnet sind. Aus diesem Grund scheitert auch bei kleinen LANs die Ablehnung einer Öffentlichkeit häufig an der fehlenden Identifizierung des Kreises, der möglicherweise in persönlicher Beziehung stehender Personen.[236] Speziell im Hinblick auf die Nutzung von Artikeln zum Zweck der Presseauswertung ist herausgestellt worden, dass jeder Mitarbeiter die Informationen eines Pressespiegels nur entsprechend seines eigenen Tätigkeitsfeldes und Aufgabenbereiches im Unternehmen nutzt und allein die Ausführung einer Gesamtaufgabe zur Begründung einer persönlichen Verbindung zwischen den Mitarbeitern nicht ausreicht.[237] Mit diesen Überlegungen muss daher auch beim betriebsinternen netzvermittelten Angebot von Pressespiegeln eine enge persönliche Verbindung der Mitarbeiter untereinander abgelehnt werden, solange nicht ausnahmsweise seitens des Nutzers ein enger gegenseitiger Kontakt zwischen den Mitarbeitern bewiesen werden kann.

---

233 BGHZ 17, S. 376, 379, 380 - Betriebsfeiern; *v. Ungern-Sternberg,* in: Schricker, Urheberrecht, § 15 UrhG Rdnr. 65; *Kroitzsch,* in: Möhring/Nicolini, Urheberrechtsgesetz, § 15 UrhG Rdnr. 27, 30; *Hoeren,* in: Loewenheim (Hrsg.) Handbuch des Urheberrechts, § 21 Rdnr. 18; *Goebel/Hackemann/Scheller*, GRUR 1986, S. 355, 357; *Katzenberger*, Elektronische Printmedien und Urheberrecht, S. 45.

234 BGHZ 17, S. 376, 380 - Betriebsfeiern; BGH, GRUR 1975, S. 33, 34 - Alters-Wohnheim.

235 *Spindler*, GRUR 2002, S. 105, 108; *ders.*, Im Urheberrecht steht Streit ins Haus, in: FAZ 10.11.2001; *Lehmann*, CR 2003, S. 553, 556.

236 *Melichar,* Die Umsetzung der EU-Urheberrechtsrichtlinie in deutsches Recht, in: Becker/Schwarz (Hrsg.), Regulierung im Bereich von Medien und Kultur, S. 43, 46; *Rogge*, Elektronischer Pressespiegel in urheber- und wettbewerbsrechtlicher Beurteilung, S. 113; *Walter*, MR 4/2002, S. 217, 218.

237 KG Berlin vom 23.11.2001, Az.: 5 U 188/01, S. 14, 15 - E-Mail Pressespiegel.

Andere Vertreter in der Literatur sprechen sich, unabhängig von einer Einzelfallprüfung, gegen die Annahme einer Öffentlichkeit bei der Zugänglichmachung über das Intranet aus. Dazu wird eine enge persönliche Verbindung im Unternehmensbereich aus der intensiven Zusammenarbeit in den einzelnen Fachabteilungen und der dadurch gegebenen Überschaubarkeit des Nutzerkreises hergeleitet.[238] Im Unterschied zur zuvor genannten Ansicht könne diese Verbundenheit sogar bei großen Konzernen mit mehreren selbstständigen Unternehmensbereichen nicht zwingend abgelehnt werden, da trotz verschiedener Betriebszugehörigkeit innerhalb eines Konzerns immer noch die einzelnen Repräsentanten eines Tätigkeitsbereiches eng miteinander in persönlicher Kommunikation stehen.[239] Mit diesen Überlegungen kann daher bei der Nutzung von Pressespiegeln in kleinen lokalen Netzwerken noch von einem Angebot im Bereich der Nichtöffentlichkeit gesprochen werden. Dennoch wird aber deutlich, dass der Versuch der abstrakten Einordnung einer betriebsinternen netzvermittelten Nutzung von Pressespiegeln nicht zu einer einheitlichen und überzeugenden Beurteilungen verhilft.

(2) Persönliche Beziehung der Nutzer zum Verwerter

Gegebenenfalls kann aber die Frage nach der Öffentlichkeit einer Zugänglichmachung von Pressespiegeln in internen Netzwerken durch das alternative Kriterium gemäß § 15 Abs. 3 S. 2 Alt. 1 UrhG geklärt werden. Gemäß diesem Merkmal ist für die Begründung einer persönlichen Beziehung das Verhältnis zwischen dem Werkverwerter und den Personen, denen die Werke online zum Abruf angeboten werden, ausschlaggebend. Ein persönlicher Kontakt kann durch vertragliche Beziehungen begründet werden. Rein geschäftliche Vertragsbeziehungen, die nur die Nutzung von Online-Angeboten mit beliebigen Personen regeln, reichen dazu aber nicht aus. Auf Grund der großen Anzahl von Inhalteanbietern im Internet vollzieht sich eine hohe Fluktuation und permanente Veränderung des Kunden- bzw. Nutzerstamms, so dass durch die Einräumung der Zugangs- und Abrufmöglichkeit nur eine technische Verbindung begründet wird, aber kein Zusammengehörigkeitsgefühl erwächst.[240] Arbeitsverträge dagegen gehen über eine zufällige oder rein technische Verbindung hinaus. Auch bewirken die aus dem Arbeitsverhältnis erwachsenden

---

238 *Gahrau*, in: Hoeren/Sieber (Hrsg.), Handbuch Multimedia Recht, Kap. 7.1., Rdnr. 83; *Kröger*, Informationsfreiheit und Urheberrecht, S. 337; *Will*, MMR 2000, S. 368 - Anmerkung zum Urteil des OLG Köln vom 30.12.1999; *Loewenheim*, GRUR 1996, S. 636, 638; vgl. OLG Köln, AfP 2000, S. 94, 96 - Elektronischer Pressespiegel.

239 *Beiner*, MMR 1999, S. 691, 694.

240 *Rogge*, Elektronischer Pressespiegel in urheber- und wettbewerbsrechtlicher Beurteilung, S. 115; *Goebel/Hackemann/Scheller*, GRUR 1986, S. 355, 358; a.A. *Berger/-Degenhart*, AfP 2002, Beilage Heft 6, S. 557, 579.

dienst- und arbeitsrechtlichen Nebenpflichten eine weit intensivere Verantwortung und Bindung zum Vertragspartner, als dies im Rahmen eines einfachen Anbieter-Kundenverhältnisses der Fall ist.[241] Aus diesem Grund werden arbeitsvertragliche Beziehungen zur Begründung eines engen gegenseitigen Kontaktes zwischen dem Unternehmer und den Mitarbeitern als ausreichend angesehen.[242] Zu bedenken bleibt dabei aber, dass mit dieser Auffassung, sobald ein Arbeitsvertrag zwischen den Nutzern und einem Unternehmen besteht, eine Zugänglichmachung an die Öffentlichkeit ohne die Berücksichtigung weiterer Einzelfallumstände und damit pauschal abgelehnt werden kann. Zudem ergibt sich dieses Ergebnis zwangsläufig für nahezu alle Fälle im betriebsinternen Bereich und wird daher dem Ausnahmecharakter dieses Kriteriums gemäß § 15 Abs. 3 UrhG der Vorschrift nicht gerecht.
Insgesamt ist daher allein anhand der Voraussetzungen gemäß § 15 Abs. 3 S. 2 UrhG, unter Verweis auf die durch das bisher geltende Recht bzw. die Rechtsprechung entwickelten Kriterien, eine abstrakte Klärung der Frage, ob die Zurverfügungstellung von Pressespiegeln im Intranet als Recht der öffentlichen Zugänglichmachung einzuordnen ist, kaum möglich. Es verbleibt somit nur die Option, eine persönliche Verbindung im jeweiligen Einzelfall zu suchen und durch die Gerichte feststellen zulassen. Sicher steht einer Einzelfallprüfung auch nichts entgegen, da eine solche sogar auf Grund des Ausnahmecharakters des § 15 Abs. 3 S. 2 UrhG und der damit verbundenen Beweispflicht des Nutzers gefordert wird. Dennoch sind aber zur Vermeidung von Rechtsunsicherheiten allgemeine Anhaltspunkte zur Beurteilung des Öffentlichkeitsbegriffs wünschenswert.

cc) Zusätzliche Abgrenzungskriterien bei öffentlicher Zugänglichmachung

Auch in der Diskussion zur Beurteilung netzvermittelter Angebote nach bisherigem Recht wird die Tauglichkeit zur Bestimmung des Öffentlichkeitskriteriums kritisiert. So wird dargestellt, dass im Inter- oder Intranet persönliche Beziehungen keine Rolle spielen können, da bei diesen vielmehr die vom Zufall und von der jeweiligen Betriebsstruktur abhängende, individuelle Kommunikation ausschlaggebend ist.[243] Insbesondere im Hinblick auf die betriebsinterne Nutzung wird die Einführung eines neuen Rechts zur öffentlichen Zugänglichmachung ohne eine nähere Ausgestaltung des Öffentlichkeits-

---

241 *Kracht*, Der Öffentlichkeitsbegriff, S. 54.

242 *Gahrau*, in: Hoeren/Sieber (Hrsg.), Handbuch Multimedia Recht, Kap. 7.1., Rdnr. 83; *Beiner*, MMR 1999, S. 691, 693.

243 *Hoeren*, WiVerw 1999/4, S. 230, 243; *ders.*, MMR 1999, S. 412, 413 - Anmerkung zum Urteil des BGH vom 10.12.1998; *Flechsig*, ZUM 1997, S. 833, 837.

begriffes als lückenhaft angesehen.[244] Kritisch wird darüber hinaus auch die Entscheidung des nationalen Gesetzgebers betrachtet, zur Bestimmung der Öffentlichkeit inhaltlich auf die Regelungen des bisher geltenden Rechts zurückzugreifen. Gerade wiederholte Einzelabrufe sind häufig so stark anonymisiert, dass eine enge persönliche Verbindung zwischen den Nutzern nicht ausschlaggebend sein kann und nur im Einzelfall nachprüfbar ist.[245] Zudem wurde auch im Zuge der Umsetzung des Art. 3 UrhRL zu den nationalen Vorschlägen bzgl. des Rechts der öffentlichen Zugänglichmachung in der Weise Stellung genommen, dass im Bereich der neuen Medien, wie dem Internet, die Gefahr der Bildung vermeintlicher, persönlicher Beziehungen besteht.[246] Bestärkt werden diese Überlegungen schließlich auch durch den Gesetzgeber selbst. Dieser hält zwar ausdrücklich an dem Merkmal der persönlichen Verbundenheit fest. Gleichzeitig wird dem Kriterium aber so viel Flexibilität zuerkannt, um bei der Abwägung der Urheberinteressen mit denen der Informationsgesellschaft sachgerechte Ergebnisse erzielen zu können.[247] Zur näheren Bestimmung des Öffentlichkeitsbegriffs im Rahmen der Zugänglichmachung von Werken gemäß § 19 a UrhG werden daher verschiedene Kriterien vorgeschlagen.

(1) Privatheit als Abgrenzungskriterium

Soweit erwogen wird, neben dem Merkmal der persönlichen Beziehungen zusätzlich auf die Privatheit abzustellen,[248] ist diese Auffassung abzulehnen. Wenn schon, wie soeben erörtert, ein Abstellen auf persönliche Verbindungen auf Grund der Anonymität und ubiquitären Nutzbarkeit der auf Servern zugänglich gemachten Werke zur Bestimmung der Öffentlichkeit ungeeignet ist, muss dies erst recht für das engere Kriterium einer privaten Beziehung gelten.

---

244 *Gahrau,* in: Hoeren/Sieber (Hrsg.), Handbuch Multimedia Recht, Kap. 7.1., Rdnr. 85, 86; *v. Lewinski/Walter*, Urheberrecht und Informationsgesellschaft, in: Walter (Hrsg.), Europäisches Urheberrecht, Rdnr. 86; *Spindler*, Im Urheberrecht steht Streit ins Haus, in: FAZ 10.11.2001; *Schippan*, ZUM 1998, S. 487.

245 Vgl. *Walter*, Öffentliche Wiedergabe und Recht im Internet, in: FS Dittrich, S.363, 381; *v. Lewinski/Walter*, Urheberrecht und Informationsgesellschaft, in: Walter (Hrsg.), Europäisches Urheberrecht, Rdnr. 86, 88, vgl. *Lehmann,* CR 2003, S. 553, 556.

246 *Forums der Rechteinhaber,* Stellungnahme zum Referentenentwurf für ein Gesetz zur Regelung des Urheberrechts in der Informationsgesellschaft, April 2002, S. 1, abrufbar unter: http://www.urheberrecht.org/topic/Info-RiLi/st/ForuMRechteinhaber.pdf; *VDZ,* Stellungnahme zur Umsetzung der UrhRL vom 24.9.2001, S. 12, abgerufen unter: www.vdz.de/mediabase/documents/Ums-Richtl-Harm.pdf; *Börsenverein,* Stellungnahme zur Umsetzung der UrhRL, September 2001, S. 5, abgerufen unter: www.urheberrecht.-org/topic/Info-RiLi/.

247 Amtl. Begründung des Regierungsentwurfes eines Gesetzes zur Regelung des Urheberrechts in der Informationsgesellschaft vom 6.11.2002, BT-Drucks. 15/38, S. 39.

248 Siehe Fn. 246.

(2) Netzwerkstrukturen als Abgrenzungskriterium

Nach anderem Vorschlag sollen zur Feststellung der Öffentlichkeit primär die technischen Verbindungen und die Unterscheidung nach einzelnen Netzwerkstrukturen herangezogen werden. Hiernach ist entscheidend, ob die Nutzer in eine Benutzergruppe innerhalb einer EDV-Organisationsstruktur eines Unternehmens eingeordnet werden können.[249] Soweit die Definition des Öffentlichkeitsbegriffs anhand einer Kategorisierung verschiedener Netzwerkmodelle vorgenommen werden soll, sind diesem Vorschlag aber Bedenken entgegen zu bringen. So ist einzuwenden, dass auf Grund der rasanten Entwicklung im Bereich der technischen Innovationen die Gefahr besteht, dass die gefundenen Kriterien schon nach kurzer Zeit nicht mehr der aktuellen Praxis entsprechen und sich auf veraltete Verfahren und Technologien beziehen.[250] Zudem bietet auch eine Konkretisierung des Öffentlichkeitsbegriffs anhand technischer Vorgänge eine Angriffsfläche für Umgehungen und Manipulationen. Des Weitern sind im Zuge des technologischen Fortschritts einzelne Netzwerkmodelle nicht mehr klar abgrenzbar und überschaubar, sondern haben sich zu vielschichtigen und ineinander übergehenden Strukturen entwickelt. Zuletzt kann sogar auf die Gesetzesbegründung zu § 15 Abs. 3 UrhG verwiesen werden, die der Möglichkeit, auf technische Verbindungen zur Definition des Öffentlichkeitsbegriffs abzustellen, eine Absage erteilt.[251]

(3) Kommerzialität als Abgrenzungskriterium

Nach einer weiteren Ansicht wird vertreten, kommerzielle Gesichtspunkte zu Rate zu ziehen, um zu klären, ob sich eine betriebsinterne Werknutzung an die Öffentlichkeit richtet. Zur Begründung wird dargelegt, dass jede Nutzung eines Werkes zu gewerblichen Zwecken die Ausschließlichkeitsrechte des Urhebers berührt.[252] Soweit mit der kommerziellen Nutzung betriebsinterner Daten auch eine Freigabe des Angebotes an jedermann einher geht, ist die Überlegung, die Grenze des nichtöffentlichen Bereiches als überschritten anzusehen, auch zu befürworten. Anders ist dagegen die Situation zu beurteilen, wenn bei einer Einführung der Entgeltlichkeit einer Nutzung nicht auch gleichzeitig die Freigabe des Intranetangebotes erfolgt. Der Überlegung, dass jede Werkverwertung zu gewerblichen Zwecken automatisch die Verletzung eines Urheberrechts be-

---

249 *Hoeren*, WiVerw 4/1999, S. 230, 240; *ders.*, MMR 1999, S. 412 - Anmerkung zum Urteil des BGH vom 10.12.1998; *Flechsig*, ZUM 1997, S. 833, 836; *Beiner*, MMR 1999, S. 691, 694.

250 *Kröger*, in: Kröger/Gimmy (Hrsg.), Handbuch zum Internetrecht, S. 390; *Rogge*, Elektronischer Pressespiegel in urheber- und wettbewerbsrechtlicher Beurteilung, S. 111.

251 Amtl. Begründung des Regierungsentwurfes eines Gesetzes zur Regelung des Urheberrechts in der Informationsgesellschaft vom 6.11.2002, BT-Drucks. 15/38, S. 39.

252 *Flechsig/Fischer*, ZUM 1996, S. 833, 837.

gründet, muss daher widersprochen werden. Diese Auffassung könnte vielmehr zu dem unvertretbaren Ergebnis führen, unabhängig vom Vorliegen der Voraussetzungen der einzelnen Verwertungsrechte, bei jeder gewerblichen Nutzung dem Urheber den Schutz der Ausschließlichkeitsrechte zukommen zu lassen.

(4) Nutzungsintensität als Abgrenzungskriterium
Nach wieder anderer Überlegung wird für die Abgrenzung der Öffentlichkeit von der Nichtöffentlichkeit vorgeschlagen, sich vollständig vom Merkmal der persönlichen Verbindung oder der technischen Gegebenheiten zu lösen und entsprechend des Normzwecks der Verwertungsrechte auf die Größe des Personenkreises und die daraus resultierende Intensität der Nutzung abzustellen.[253] Hiernach ist bei großen Netzwerken und einer starken Werknutzung auch dann, wenn die abrufenden Nutzer i.S.d. § 15 Abs. 3 UrhG miteinander persönlich verbunden sind, die Öffentlichkeit der Zugänglichmachung anzunehmen. Die Online-Werknutzung mit geringer Nutzungsintensität dagegen soll auch ohne einen engen persönlichen Kontakt der Nutzer nicht dem Urheberrecht unterworfen werden. Diesem Vorschlag ist insoweit zuzustimmen, als das persönliche Verbindungen im Rahmen der Einordnung der netzvermittelten Übertragung nicht ausschlaggebend sein können, so dass auch bei kleinen oder begrenzten Kreisen nicht zwingend mangels persönlicher Verbindung ein Eingriff in das Recht der öffentlichen Zugänglichmachung gegeben sein muss. Gleichzeitig kann dies aber nicht dazu führen, vollständig auf das Merkmal der Öffentlichkeit zu verzichten und in den Fällen, in denen individuelle Kontakte in der Nutzergruppe nachweisbar sind, mit der Unternehmensgröße und Nutzungsintensität zu argumentieren und eine öffentliche Zugänglichmachung anzunehmen.

(5) Schlussfolgerung für die Bestimmung eines Abgrenzungskriteriums
Die Darstellungen der einzelnen Vorschläge machen deutlich, dass es nötig ist, das Kriterium der Verbundenheit durch persönliche Beziehung flexibel zu verstehen und Merkmale zu finden, die neben der Abgeschlossenheit des Teilnehmerkreises eine quantitative Begrenzung der Online-Nutzung garantieren können.[254] Die Festlegung der genauen Anzahl der Nutzer, feste Größenkriterien für Betriebe oder die Kategorisierung verschiedener Netzwerktechnologien sind hierzu, auf Grund der vielseitigen und individuellen Ausgestaltung betriebsspezifischer Netzwerke und der ständigen technologischen Weiterentwicklung, nicht dienlich. Entscheidende Bedeutung hat vielmehr die Intensität der Nutzung, da dieser aus wirtschaftlicher Sicht das ausschlaggebende Moment im

---

253 *v. Ungern-Sternberg*, in: Schricker, Urheberrecht, § 15 UrhG Rdnr. 28; vgl. *Zecher*, ZUM 2002, S. 451, 453.

254 Vgl. *Spindler*, GRUR 2002, S. 105, 108; *Dreier*, ZUM 2002, S. 31, 32.

Rahmen der netzvermittelten Übertragung von Werken zukommt.[255] Hierzu könnten abstrakte Voraussetzungen zur Kontrolle des Nutzerkreises eingesetzt werden. Es ist aber zu bedenken, dass eine Passwortvergabe, Zulassungsregistrierungen oder sonstige Identifizierungsmaßnahmen zwar den Teilnehmerkreis definieren, aber für eine zusätzliche Begrenzung und Steuerung des Nutzerkreises nicht ausreichen, da sie generell ohne nähere Bestimmung jedem Mitarbeiter den Zugang zu betriebsinternen Netzwerken eröffnen. Ausschlaggebend können daher nur Kriterien sein, durch die einzelne Nutzerkreise genauer definiert werden. So könnte eine Zugangsermächtigung zur Nutzung betriebsinterner Netzwerkfunktionen und -angebote von der Zugehörigkeit zu einer Abteilung, der Geschäftsführung oder der Mitarbeit an einem bestimmten Projekt abhängig gemacht werden. Weiterhin sollte auch nicht nur auf die Begrenzung des Nutzerkreises abgestellt werden, sondern vielmehr auch an die Nutzung selbst angeknüpft werden, um sicherzustellen, dass Datentransaktionen nicht außerhalb eines für einen bestimmten Nutzerkreis begrenztes Netzwerk erfolgen können. Sobald sich Dritte Zugang zu betriebsinternen Netzen verschaffen können oder Mitarbeiter die Möglichkeit haben Teile der unternehmensinternen Inhalte an Dritte zu übermitteln oder aber ein Unternehmen NetPC Lösungen[256] verwendet, ist die Kontrolle der rein betriebsinternen Nutzung durch die Öffnung zum Internet verwischt. Zudem ist darauf zu achten, dass das gebildete Netzwerk bzw. Intranet in sich selbstständig abgrenzbare Strukturen aufweist. So kann es nicht ausreichen, wenn ein Verbund von weit verbreiteten LAN-Inseln aufgebaut wird und die Kontrolle des Nutzerkreises und der möglichen Nutzung für den gesamten Netzwerkverbund gilt. Vielmehr muss sich die Steuerung und Begrenzung auf einen geschlossenen Netzwerkbereich bzw. eine Intranetnutzung beschränken, so dass die Intensität der Online-Werknutzung mit der Nutzung in einem abgegrenzten durch persönliche Beziehungen verbundenen Teilnehmerkreis verglichen werden kann.

dd) Betriebsinterne Zugänglichmachung von Pressespiegeln

Auch für die Nutzung von Pressespiegeln in betriebsinternen Netzwerken oder im Intranet kommt es daher, soweit nicht ausnahmsweise schon auf eine Verbindung in persönlicher Beziehung gemäß § 15 Abs. 3 S. 2 UrhG abgestellt werden kann, bei der Frage der Öffentlichkeit auf die Intensität der Nutzung bzw. auf die Begrenzbarkeit und Kontrollierbarkeit der Nutzung bzw. des Nutzerkreises und der Abgeschlossenheit des Netzwerkes an.

Bei kleinen bis mittelständischen Betrieben wird meist ein täglicher Pressespiegel zum allgemeinen Abruf für alle Mitarbeiter im betriebsinternen Netz-

---

255 Vgl. *Zecher*, ZUM 2002, S. 451, 453.

256 Ein Großteil der Softwarefunktionen und Datenspeicherung wird hierbei über das Internet vorgenommen.

werk zur Verfügung gestellt. Eine ausreichende Begrenzung des Nutzerkreises ist daher durchaus zweifelhaft. Zu bedenken bleibt aber, dass der Pressespiegel thematisch ausschließlich auf die Belange des konkreten Betriebes zugeschnitten ist. Auch wenn der Bezieherkreis daher nicht speziell definiert wird, ist die Betriebsbezogenheit der Nutzung gewährleistet. Soweit Dependancen existieren, werden über Router oder Gateways Schnittstellen geschaffen, um die Netzwerke miteinander zu koppeln. Aber auch hierbei besteht keine Gefahr, dass die Daten den betriebsinternen Bereich verlassen, wenn dabei die Pressespiegel nur von einem Netzwerk in ein anderes wieder in sich geschlossenes Netzwerk transportiert werden.
Bei Großunternehmen spricht der Aufbau eines weltumspannenden Intranet oder eines Wide-Area-Network gegen die Möglichkeit der Kontrolle und Beschränkung der Online-Werknutzung. Bei der Nutzung von Informationen in Pressespiegeln ergeben sich aber auch hier Besonderheiten. So bezieht sich der Inhalt eines Pressespiegels immer nur auf einen räumlich eingegrenzten Auswertungsraum, so dass auch nur bei den Unternehmenseinheiten, die in diesem Bereich niedergelassen sind, ein thematisches Interesse an den Inhalten des Pressespiegels besteht. Eine weitere Begrenzung der Nutzung eines Pressespiegels in Großunternehmen erfolgt durch die spezielle Auswahl der Inhalte eines Pressespiegels für verschiedene Nutzerkreise, wie unterschiedliche Abteilungen, Fachbereiche oder die Geschäftsführung. Die zum Abruf eines Pressespiegels zugelassenen Mitarbeiter werden daher nach bestimmten Kriterien ausgewählt, so dass der Nutzerkreis kontrollierbar und überschaubar ist. Zudem zählt die ausgewertete Medienresonanz über den eigenen Geschäftsbereich oder Informationen über Konkurrenzunternehmen zum Bereich der sensiblen Daten eines Betriebes, so dass neben einer sorgfältigen Auswahl der Nutzer auch betriebsinternen Maßnahmen zur Datensicherheit eine große Bedeutung zukommt. Auch oder gerade große Unternehmen mit weit verteilten Niederlassungen haben ein starkes Eigeninteresse daran, Vorkehrungen einzusetzen, die gewährleisten, dass interne Daten den innerbetrieblichen Bereich nicht verlassen und an die Öffentlichkeit dringen. Daher wird in der Praxis aus sicherheitsrelevanten Umständen auch häufig darauf verzichtet, einzelne LANs konzernweit auszudehnen. Größere Netze und auch WANs werden vielmehr durch den Zusammenschluss einzelner, in sich geschlossener LAN Inseln gebildet. Die Online-Nutzung von Daten bzw. dem Pressespiegel beschränkt sich dann auf die für diesen abgegrenzten Netzwerkbereich zugelassene Nutzergruppe, so dass keine Zugänglichmachung an die Öffentlichkeit erfolgt.

b) Nutzung im passwortgeschützten Bereich

Neben den Problemen der netzvermittelten Zurverfügungstellung im betriebsinternen Bereich hängt auch beim kommerziellen Medienauswertungsgeschäft die Frage, ob das Online-Angebot einzelner Artikel oder Pressespiegel im pass-

wortgeschützten Bereich als öffentliche Zugänglichmachung gemäß § 19 a UrhG einzustufen ist, von der Öffentlichkeit des Angebotes ab.
Soweit alle zur Nutzung des Pressespiegels ermächtigten Mitarbeiter eines Unternehmens berechtigt sind, direkt auf den Server des kommerziellen Auswertungsdienstes zuzugreifen und die Pressespiegel bei Bedarf auf ihren eigenen Rechner herunterzuladen, handelt es sich um eine öffentliche Zugänglichmachung gemäß § 19 a UrhG. Hierbei wird der Online-Pressespiegel auf dem Server des Medienauswerters platziert und im Internet abrufbar gemacht, so dass es sich um ein Angebot an die Öffentlichkeit handelt.
Anders könnte allerdings der Fall zu beurteilen sein, wenn nur einmalig von einem berechtigten Mitarbeiter auf den passwortgeschützen Bereich zugegriffen wird, um die Pressespiegel-Datei oder einzelne relevante Artikel herunterzuladen und anschließend ins betriebsinterne Netzwerk einzustellen. Zwar reicht schon das Angebot zum Abruf, unabhängig davon, ob eine Datei überhaupt oder ggf. nur einmalig abgerufen wird, für eine Zugänglichmachung aus. Zu berücksichtigen ist aber, dass in der hier vorliegenden Situation lediglich eine abrufberechtigte Person bestimmt ist, der es ermöglicht wird, auf ein individuell für sie erstelltes Angebot zuzugreifen. Dies spricht gegen die Annahme der Öffentlichkeit des Angebotes. Der Medienauswerter will mit seinem Angebot nicht die Öffentlichkeit erreichen, sondern sicherstellen, dass der einzelne Kunde die in Auftrag gegebene Informationszusammenstellung erhält. Es geht lediglich um eine Einzelbeschaffung. Die Verwendung und Nutzung im betriebsinternen Bereich erfolgt erst im Anschluss durch den Kunden selbst. Weiterhin erfolgt der Abruf einzelner Artikel oder des Pressespiegels zum Zweck der betriebsinternen Verwendung. Damit wird die Beschränkung auf eine Einzelberechtigung auch nicht zum Zwecke der Umgehung der Zugänglichmachung an die Öffentlichkeit vorgenommen. Eine Verletzung des Rechts der öffentlichen Zugänglichmachung i.S.d. § 19 a UrhG scheidet daher im Rahmen dieser Vorgehensweise aus. Es bleibt einzig der Schutz durch das Vervielfältigungsrecht.

3. E-Mail Übermittlung

Eine weitere Form der Zurverfügungstellung des Pressespiegels auf digitalem Weg ist die E-Mail Übermittlung. Mit der Versendung und Ablage der zu übermittelnden Datei in die Mailbox des Benutzers erfolgt eine nicht nur vorübergehende Festlegung der Datei im Speicher des Servicerechners, so dass vom Versender ein Eingriff in das Vervielfältigungsrecht gemäß § 16 Abs. 1 UrhG vorgenommen wird.[257] In einem nächsten Schritt muss der Empfänger die Datei

---

257 *Loewenheim*, in: Schricker, Urheberrecht, § 16 UrhG Rdnr. 21; *Heerma*, in: Wandtke/-Bullinger, Praxiskommentar zum Urheberrecht, § 16 UrhG Rdnr. 13; *Klett*, Urheberrecht im Internet aus deutscher und amerikanischer Beurteilung, S. 148; *Kröger*, Informations-

von seinem Mailhost abrufen. Mit dieser Handlung erfolgt eine weitere Vervielfältigung, soweit es sich nicht nur um eine bloße Wiedergabe auf dem Bildschirm handelt. Auf Grund dieser notwendigen Empfängerhandlung wird sich teilweise dafür ausgesprochen, den Absender von einer Zurechnung der Vervielfältigung freizustellen. Dies müsse jedenfalls gelten, wenn die E-Mail Übermittlung ausdrücklich auf Wunsch des Empfängers durchgeführt werde und auch die endgültige Wahrnehmbarmachung oder Vervielfältigung auf dessen eigener Willensentscheidung beruhe.[258] Im Ergebnis ist aber zu berücksichtigen, dass allein der Versender, auch wenn er zum Zweck der Erfüllung eines Auftrages handelt, der Ersteller der Mail und der Initiator der Übermittlung an den Mailhost des Empfängers bleibt. Unabhängig von den weiteren Handlungen des Adressanten liegt daher auch die Primärverantwortlichkeit für die Urheberrechtsverletzung gemäß § 16 Abs. 1 UrhG beim Versender.[259]

Eine Verbreitung kommt dagegen nicht in Betracht. Auch bei der E-Mail Übermittlung scheidet sie mangels Körperlichkeit des digitalen Werkes aus.[260] Möglich bleibt daher nur eine Einordnung des E-Mail Versandes von Pressespiegeln als unkörperliches Verwertungsrecht. Eine Anwendung des Rechts der öffentlichen Zugänglichmachung gemäß § 19 a UrhG ist aber insoweit abzulehnen, als in dessen Regelungsbereich nur interaktive Abrufdienste, nicht aber der individuelle E-Mail Versand fällt.[261] Bei einer E-Mail Übermittlung erfolgt

---

freiheit und Urheberrecht, S. 336; *Heermann*, MMR 1999, S. 3, 4; *Waldenberger*, ZUM 1997, S. 176, 180; *Loewenheim*, GRUR 1996, S. 636, 638.

258 KG Berlin vom 23.11.2001, Az.: 5 U 188/01, S. 13 - E-Mail Pressespiegel; *Rogge*, Elektronischer Pressespiegel in urheber- und wettbewerbsrechtlicher Beurteilung, S. 162, 163; vgl. *Haupt*, ZUM 2002, S. 797, 798.

259 LG Berlin vom 26.3.2002, Az.: 16 O 367/01, S. 36 - Fax und E-Mail Versand eines Pressespiegels; *Lüft*, in: Wandtke/Bullinger, Praxiskommentar zum Urheberrecht, § 49 UrhG Rdnr. 13; *Rogge*, Elektronischer Pressespiegel in urheber- und wettbewerbsrechtlicher Beurteilung, S 163; *Völker*, in: Ensthaler/Bosch/Völker (Hrsg.), Handbuch des Urheberrechts im Internet, S. 191; *Heermann*, MMR 1999, S. 3, 4; *Waldenberger*, ZUM 1997, S. 176, 180.

260 KG Berlin vom 23.11.2001, Az.: 5 U 188/01, S. 12 - E-Mail Pressespiegel; *Loewenheim*, in: Schricker, Urheberrecht, § 17 UrhG Rdnr. 5; *Völker*, in: Ensthaler/Bosch/Völker (Hrsg.), Handbuch des Urheberrechts im Internet, S. 191; *Klett*, Urheberrecht im Internet aus deutscher und amerikanischer Beurteilung, S. 150; *Schippan*, Die Harmonisierung des Urheberrechts in Europa, S. 101; *Haupt*, ZUM 2002, S. 797, 799; *Heermann*, MMR 1999, S. 3, 5; *Loewenheim*, GRUR 1996, S. 636, 638; *Hoeren*, CR 1996, S. 517, 519; a.A. wohl LG Berlin vom 26.3.2002, Az.: 16 O 367/01, S. 36 - Fax und E-Mail Versand eines Pressespiegels; *Waldenberger*, ZUM 1997, S. 176, 180.

261 *v. Ungern-Sternberg*, in: Schricker, Urheberrecht, § 15 UrhG Rdnr. 21, 26; *Gahrau*, in: Hoeren/Sieber (Hrsg.), Handbuch Multimedia Recht, Kap. 7.1., Rdnr. 87; *Spindler*, GRUR 2002, S. 108; *v. Lewinski*, MMR 1998, S. 115, 116; *Waldenberger*, ZUM 1997, S. 176, 180.

der Empfang durch den Nutzer nicht zum Zeitpunkt seiner Wahl, sondern schon mit der Ablage der Daten in der Mailbox des Nutzers. Die Initiative zur Übermittlung der Daten liegt daher nicht, wie in den klassischen Fällen der Zugänglichmachung von Werken, beim Endnutzer, sondern in der Entscheidungsgewalt des Anbieters bzw. Absenders.[262]

Sofern zum Recht der interaktiven Wiedergabe auch der E-Mail Versand gezählt wird,[263] scheitert aber auch dessen Anwendung an der Voraussetzung der Öffentlichkeit i.S.d. § 15 Abs. 3 UrhG. Allenfalls die Übermittlungen von Punkt zu Multipunkt beim elektronischen Massenversand über Mailing-Lists, im Internet Reality Chat oder ggf. in Diskussionsforen richten sich an die Öffentlichkeit.[264] Wird aber eine Datei an einen individualisierten Nutzer per E-Mail gesandt, bleibt die Übermittlung im nichtöffentlichen Bereich.[265]

Im betriebsinternen Bereich ist daher genauso wie auch im Rahmen der Online Zurverfügungstellung auf die Verbundenheit der Mitarbeiter untereinander oder zum Werkverwerter bzw. auf die ausreichende Begrenzung des Nutzerkreises und der Nutzungsintensität abzustellen. Erfolgt daher eine unkontrollierte Massenversendung der Pressespiegel-Mail, ist die Grenze des nichtöffentlichen Bereiches überschritten. Nicht ausreichend zur Begründung einer Öffentlichkeit ist dagegen die Überlegung, dass jeder Mitarbeiter in einem Unternehmen seine Auswertungstätigkeit selbstständig und entsprechend seines beruflichen Verantwortungsbereichs vornimmt und daher auch durch die Gesamtaufgabe des Unternehmens keine persönliche Verbundenheit nachzuweisen ist.[266] Vielmehr handelt es sich auch beim E-Mail Versand in Behörden und Unternehmen nicht um einen öffentlichen Datenaustausch, sondern um eine gezielte Individualkommunikation, die zudem durch die Vergabe von Benutzerkennungen und Passworten sichergestellt wird.[267]

---

262 *Gahrau*, in: Hoeren/Sieber (Hrsg.), Handbuch Multimedia Recht, Kap.7.1., Rdnr. 87; *Bühler*, Schweizerisches und internationales Urheberrecht im Internet, S. 203; *Haupt*, ZUM 2002, S. 797, 800; *Waldenberger*, ZUM 1997, S.176, 179.

263 *v. Lewinski/Walter*, Urheberrecht in der Informationsgesellschaft, in: Walter (Hrsg.), Europäisches Urheberrecht, Rdnr. 88; *Walter*, Öffentliche Wiedergabe und Online-Übertragung, in: FS Dittrich, S. 363, 381.

264 Vgl. *Klett*, Urheberrecht im Internet aus deutscher und amerikanischer Beurteilung, S. 151, 152; *Heermann*, MMR 1999, S. 3, 6; *Waldenberger*, ZUM 1997, S. 176, 181; *Koch*, GRUR 1997, S. 417, 429.

265 *Gahrau*, in: Hoeren/Sieber (Hrsg.), Handbuch Multimedia Recht, Kap. 7.1., Rdnr. 87, 88; *Klett*, Urheberrecht im Internet aus deutscher und amerikanischer Beurteilung, S. 150; *Hoeren/Decker*, E.I.P.R. 1998, S. 256, 257; *Heermann*, MMR 1999, S. 3, 6; *Waldenberger*, ZUM 1997, S. 176, 181; *Koch*, GRUR 1997, S. 417, 429.

266 KG Berlin vom 23.11.2001, Az.: 5 U 188/01, S. 14, 15 - E-Mail Pressespiegel.

267 *Haupt*, ZUM 2002, S. 797, 800.

Auch im kommerziellen Bereich kommt ein Massenversand einer Pressespiegel-Mail schon aus praktischen Erwägungen nicht in Betracht, da Pressespiegel jeweils individuell und kundenspezifisch erstellt werden. Zudem nehmen betriebsexterne Anbieter auch keinen direkten E-Mail Versand an die gesamte Mitarbeiterschaft des Unternehmens vor. Ihre Tätigkeit beschränkt sich vielmehr darauf, der zuständigen Presseabteilung den Pressespiegel einmalig zukommen zu lassen. Die Weiterverteilung, der Ausdruck oder die Online Zurverfügungstellung erfolgt erst anschließend betriebsintern durch den Kunden und hat daher für die Frage, ob sich die E-Mail Zusendung des kommerziellen Anbieters an die Öffentlichkeit richtet, keine Bedeutung.[268]
Folglich erfüllt die Ablage einer nutzerspezifisch zusammengestellten Pressespiegel-Datei in die Mailbox eines individualisierten Nutzers, sei es durch einen kommerziellen Anbieter oder die unternehmenseigene Auswertungsabteilung, das Merkmal der Öffentlichkeit nicht. Bei der E-Mail-Zurverfügungstellung von Pressespiegel-Dateien ist daher sowohl bei Inhouse-Angeboten als auch im kommerziellen Bereich nur das Vervielfältigungsrecht betroffen.

4. Ergebnis

Im Ergebnis bleibt festzuhalten, dass im Rahmen der digitalen Zurverfügungstellung von Pressespiegeln im betriebsinternen Bereich eine Verletzung des Rechts der öffentlichen Zugänglichmachung im jeweiligen Einzelfall zu prüfen ist. Daneben wird sowohl beim Upload der Daten durch das Unternehmen als auch beim E-Mail Versand der Pressespiegel-Datei in das Vervielfältigungsrecht eingegriffen. Eine weitere Verletzungshandlung wird durch den Endnutzer beim Download vom Server oder bei Abruf der Pressespiegel-E-Mail vom Mailhost vorgenommen.
Im kommerziellen Auswertungsgeschäft stellt das Angebot der Pressespiegel-Datei in einem passwortgeschützten Bereich eine öffentliche Zugänglichmachung dar, wenn jeder der abrufberechtigten Mitarbeiter sich vom Server des kommerziellen Anbieters die Datei herunterladen kann. Ist dagegen nur ein Vertreter der Auswertungsabteilung ermächtigt, kann nicht mehr von einem Angebot an die Öffentlichkeit gesprochen werden. Genauso scheiden auch bei der E-Mail Übermittlung die an eine Öffentlichkeit geknüpften unkörperlichen Wertungsrechte aus. Auch im kommerziellen Bereich ist nur das Vervielfältigungsrecht verletzt.

II. Onlineauswertung

Bei der Auswertung von Online-Medien wird die Übermittlung der Internet-Pressespiegel im Intranet oder per E-Mail vorgenommen. Auch wenn die bloße Installation eines Deep Link als urheberrechtlich irrelevant bewertet worden ist,

---

[268] *Haupt*, ZUM 2002, S. 797, 801, 802.

stellt sich nun die Frage, ob die Medienauswerter, indem sie durch die Übermittlung eines Internet-Pressespiegels den Nutzern über die Deep Links einen direkten Zugriff zum Downloaden der Artikel verschaffen, selbst unmittelbar eine Verletzungshandlung vornehmen oder aber jedenfalls mittelbar als Beteiligte an der durch die Nutzer vorgenommenen Urheberrechtsverletzung anzusehen sind.

1. Unmittelbare Zugriffshandlung

Eine unmittelbare Verwertungshandlung seitens des linksetzenden Pressespiegelhersteller ist abzulehnen. Schon eine Vervielfältigung gemäß § 16 Abs. 1 UrhG scheidet aus, da ein Link nicht zur Reproduktion der Daten führt, sondern nur als Fundstelle oder Querverweis dient.[269] Zudem entsteht eine Kopie der verlinkten Seite auch bei einer Aktivierung des Links nicht unter Einbeziehung des Rechners des Linksetzers, sondern allein im Arbeitsspeicher bzw. auf der Festplatte des Nutzers.[270]

Ein Eingriff in die Ausschließlichkeitsrechte des Urhebers kommt vielmehr erst bei einem Tätigwerden der Nutzer in Betracht. Machen diese von einem Link Gebrauch, erfolgt durch das Aufrufen und die Festlegung des gelinkten Werkes im Arbeitsspeicher oder auf der Festplatte des von dem Nutzer verwendeten PC eine Vervielfältigung gemäß § 16 Abs. 1 UrhG.[271] Eine Verletzung des

---

269 BGH, WRP 2003, S. 1341, 1344 – Paperboy; *Schwarz/Kreuzer/Reber, in:* Schwarz/-Peuschel-Mehner (Hrsg.), Recht im Internet, Kap. 3.3, Rdnr. 71; *Loewenheim,* in: Loewenheim/Koch, Praxis des Online-Rechts, Kap. 7.2.4.7., S. 306; *Bühler*, Schweizerisches und internationales Urheberrecht, S. 227; *Obergfell,* KUR 2004, S. 26, 27; *Buchner*, AfP 2003, S.510, 511; *Grunert/Ohst,* KUR 2/2001, S. 25, 27; *Boddien*, Mitt. 1999, S. 401, 406; *Völker/Lührigig*, K&R 2000, S. 20, 25; *Bechthold*, ZUM 1997, S. 427, 433

270 *Loewenheim,* in: Schricker, Urheberrecht, § 16 UrhG Rdnr. 23; *Freitag*, in: Kröger/-Gimmy (Hrsg.), Handbuch zum Internetrecht, S. 312; *Klett*, Urheberrecht im Internet aus deutscher und amerikanischer Beurteilung, S. 184, 185; *Bühler*, Schweizerisches und internationales Urheberrecht, S. 228; *Koch*, GRUR 1996, S. 427, 430; *Fallenböck/Nitzl,* MR 2/2003, S. 102, 104; *Plaß,* WRP 2000, S. 599, 601; *Schack,* MMR 2001, S. 9, 13; *Völker/Lührigig,* K&R 2000, S. 20, 25; *Bechthold,* ZUM 1997, S. 427, 433; *Wiebe/Ernst*, MMR-Beilage 8/2001, S. 20; *Sosnitza*, CR 2001, S. 693, 694, 698; *Dittrich*, JurPC Web-Dok. 72/2002, Abs.7.

271 BGH, WRP 2003, S. 1341, 1344 – Paperboy; OLG Köln, AfP 2001, S. 81, 84 – Paperboy; LG München I, K&R 2002, S. 258, 259 - Online-Pressespiegel; OLG Hamburg, CR 2001, S. 704, 705 - Medizinlexikon; *Loewenheim,* in: Schricker, Urheberrecht, § 16 UrhG Rdnr. 23, § 69 c UrhG Rdnr. 9; *Klett*, K&R 2003, 561, 562 – Anmerkung zum Urteil des BGH vom 17.7.2003; *Ott,* WRP 2004, S. 52, 54; *Sosnitza*, CR 2001, S. 693, 694, 698; *Ernst*, NJW-CoR 1997, S. 224; *Schack,* MMR 2001, S. 9, 13; *Völker/Lührigig,*

Verbreitungs- oder Bearbeitungsrechts scheidet dagegen aus. Es ist zwar möglich, dass der Originalartikel bei direkter Anwahl durch einen Deep Link in veränderter Form, z.B. ohne die Einbettung in das Layout und die geschalteten Werbeflächen, dargestellt wird. Dies betrifft aber nur den rezeptiven Werkgenuss, während das Werk selbst und die einzelnen Vervielfältigungsstücke unverändert bleiben.[272] Die verlinkten Artikel werden somit nicht bearbeitet, sondern lediglich auf andere Weise als bei dem vorgesehenen Zugriff über die Homepage des Anbieters angesteuert.[273]
Im Hinblick auf die Übermittlung von Internet-Pressespiegeln ist aber zu berücksichtigen, dass die Nutzer nicht nur die Möglichkeit haben, eigenständig auf gelinkte Beiträge zuzugreifen. Vielmehr werden durch Auswertungsdienste auch individuell zusammengestellte Deep Link-Pakete automatisiert geöffnet und den Nutzern direkt per E-Mail übermittelt. Es ist daher zu überprüfen, ob die im Bereich der Onlineauswertung speziell eingesetzten elektronischen Versandformen eine Aktivität des Nutzers soweit entbehrlich machen, dass ausnahmsweise schon in der Zurverfügungstellung der Internet-Pressespiegel durch die Auswertungsdienste die unmittelbare Verletzungshandlung zu sehen ist.

a) Unterstützende Abruftechniken

Dies könnte der Fall sein, soweit im Rahmen der kommerziellen Internetauswertung Softwarelösungen angeboten werden, durch die den Endnutzern die Artikel vollständig zur Verfügung gestellt werden, ohne dass diese die Deep Links bewusst durch ein Anklicken aktivieren müssen. Gegen die Annahme einer Vervielfältigungshandlung durch den Auswertungsdienst spricht aber, dass der Abruf der Daten ausschließlich vom Rechner des Nutzers aus vorgenommen wird. Zudem ist anzuführen, dass den Kunden häufig zusätzliche Optionen geboten werden, um individuelle Einstellungen festzulegen. Zu nennen ist hierzu die Möglichkeit der Angabe von Zeitintervallen zum Abruf der Deep Links, die Anzahl der täglich zu speichernden Daten oder auch die Einrichtung eines Ausdruckbefehls. Die Aktivierung der Deep Links erfolgt daher zwar automatisch, aber nach den vom Nutzer genau vorgegebenen Bestimmungen und Modalitäten. Eine unmittelbare Vervielfältigungshandlung durch den Online-Dienst kommt daher sowohl beim Einsatz von unterstützender Software als auch bei Anwendung eines speziellen Browsers zur Unterstützung beim Abruf der Deep Links nicht in Betracht.

K&R 2000, S. 20, 25; *Bechthold,* ZUM 1997, S. 427, 433; *Wiebe/Ernst*, MMR-Beilage 8/2001, S. 20; *Koch*, GRUR 1997, S. 417, 430.

272 *Plaß,* WRP 2000, S. 599, 601; *Völker/Lührig,* K&R 2000, S.20, 25; *Dittrich*, JurPC Web-Dok. 72/2002, Abs.7.

273 OLG Köln, AfP 2001, S. 81, 84 - Paperboy.

b) Linköffner

Eine weitere Möglichkeit, die Nutzer bei der Handhabung von Online-Pressespiegeln zu unterstützen, wird mit dem Einsatz von Linköffnern geboten. Hierbei kann der Kunde alle Volltexte, auf die durch Deep Links verwiesen wird, auf einmal einsehen.[274] Der Nutzer braucht daher nicht darauf zu achten, dass aktuelle Artikel und Beiträge nur für einen beschränkten Zeitraum abgerufen werden können.

Um diesen Service bieten zu können, benötigen die Internetauswerter die technische Möglichkeit, die Deep Links des Kunden zu betätigen und die Artikel herunterzuladen. Die abgerufenen Volltexte werden meist als ZIP-Files gepackt und dem Nutzer entweder auf dem Server bereitgestellt oder direkt per E-Mail zugesandt. Öffnet der Nutzer die ZIP-Datei, liegen ihm alle Auswertungsergebnisse in vollständiger Form vor. Zwar ändert, wie herausgestellt, der Einsatz von Softwareprogrammen oder ein vom Internetauswerter speziell eingestellter Browser nichts daran, dass die tatsächlich urheberrechtlich relevante Handlung des Herunterladens der Artikel, wenn auch mit technischer Unterstützung, allein vom Nutzer vorgenommen wird. Beim Einsatz eines Linköffners ist die Situation aber eine andere. Dem Nutzer wird es ermöglicht, je nach Belieben auf die Volltexte zuzugreifen. Es ist daher erforderlich, dass der Internetauswerter die aktuellen Artikel und Beiträge für einen späteren Zeitpunkt vorhält. Um dabei die Vollständigkeit und Aktualität der Auswertungsergebnisse zu gewährleisten, muss der Internetauswerter alle recherchierten Artikel mit Hilfe der Deep Links der Kunden aktuell herunterladen. Ein Linköffner ist demnach nicht nur als eine technische Hilfestellung anzusehen, bei der die Nutzer weiterhin die Betätigung der Links und das Speichern der Artikel vornehmen. Vielmehr übernimmt der Internetauswerter diese Aufgabe, um die Kunden, soweit wie möglich von der Verpflichtung, die Deep Links tagesaktuell zu betätigen, freizustellen. In dieser speziellen Konstellation nimmt daher der Internetauswerter selbst die zur Übermittlung des Internet-Pressespiegels erforderliche Vervielfältigung vor.

2. Mittelbare Zugriffshandlung

In Erwägung zu ziehen bleibt darüber hinaus eine mittelbare Verantwortlichkeit der Internetauswerter in Bezug auf die von den Nutzern vorgenommenen Vervielfältigungshandlungen. So ist derjenige, der durch sein Handeln die Urheberrechtsverletzung eines Dritten veranlasst, als Störer mittelbar haftbar.[275]

---

274 Vgl. *Rauschofer*, in: iBusiness, Executive Summary 9/2001, S. 4.

275 BGH, GRUR 1960, S. 606, 607 - Einsrevue II; KG Berlin, GRUR 1959, S. 150 – Musikboxaufsteller; *Wild,* in: Schricker, Urheberrecht, § 97 UrhG Rdnr. 36, 37; *Dreier,* in: Dreier/Schulze, Urheberrechtsgesetz, § 97 UrhG Rdnr. 23, 28; *Lütje,* in: Möhring/-

Hinzu kommt, dass es nach allgemeiner Lebenserfahrung auch nicht unwahrscheinlich ist, dass schon das Anbieten eines Links beim Nutzer den Entschluss hervorruft, fremde Webseiten herunterzuladen und dadurch eine Urheberrechtsverletzung zu begehen.[276] Dies spricht dafür, die Erstellung von Deep Links und die anschließenden Übermittlung der Internet-Pressespiegel durch einen Internetauswerter als haftungsbegründende adäquat kausale Mitwirkungshandlung an der Vervielfältigungshandlung der Endnutzer einzustufen. Inwieweit eine solche Mitwirkungshandlung nach den genauen Umständen und unter Berücksichtigung der bei der Deep Link-Nutzung betroffenen Interessen als rechtmäßig angesehen werden kann, bleibt dagegen einer Untersuchung auf Rechtfertigungsebene anhand der Schrankenregelungen oder ggf. einer rechtfertigenden Einwilligung vorbehalten.

Wie nun die erst kürzlich ergangene Paperboy-Entscheindung zeigt, sieht der BGH die Frage der mittelbaren Verletzungshandlung durch Deep Links aber gerade nicht als Rechtfertigungsproblematik an, sondern prüft die genauen Sachverhaltsumstände schon auf Eingriffsebene und verneint die Störereigenschaft eines Deep Link-Setzers.[277] Dieser Vorgehensweise ist auch zuzustimmen, soweit es sich um eine datenbankschutzrechtliche Überprüfung handelt. Bei einer solchen eröffnet § 87 b Abs. 1 S. 2 UrhG durch seinen generalklauselartigen Wortlaut gerade die Möglichkeit der genauen Untersuchung der vorgenommenen Handlungen unter Beachtung der beteiligten Interessen. Aus diesem Grund ist es auch zulässig, es als eingriffserheblich anzusehen, ob ein Anbieter sich entschieden hat, seine Werke entweder mit technischen Schutzmaßnahmen zu versehen oder aber öffentlich im Netz zur Verfügung zustellen. Dies gilt auch für die sich daran anschließende Folgerung, jedenfalls bei der Entscheindung des Anbieters für eine freie Nutzbarkeit, einen Deep Link als bloße technische Erleichterung aufzufassen.[278]

Genau diese Option bieten die Eingriffstatbestände gemäß §§ 15 ff. UrhG aber nicht. Bei diesen handelt es sich um ausschließliche Rechte der Urheber, die auch eingreifen, ohne dass auf den durch die technische Ausgestaltung eines Angebotes oder durch sonstige Umstände zum Ausdruck kommenden Willen des Anbieters abzustellen ist. Die Möglichkeit der Abwägung der an einer Eingriffshandlung beteiligen Belange erfolgt gerade erst auf Rechtfertigungsebene durch die Anwendung der Schrankenregelungen oder die Überprüfung eines möglichen Einverständnisses. Diese Überlegung, dass auf Eingriffsebene technische Umstände und Verfahrenabläufe außer Acht zu lassen sind, wird

Nicolini, Urheberrechtsgesetz, § 97 UrhG Rdnr. 18; *Ernst/Wiebe*, MMR-Beilage 8/2001, S. 20, 21; *Bechthold*, ZUM 1997, S. 427, 433.

276 *Plaß*, WRP 2000, S. 599, 602; *Sosnitza*, CR 2001, S. 693, 698.

277 Vgl. BGH, WRP 2003, S. 1341, 1344 – Paperboy.

278 BGH, WRP 2003, S. 1341, 1344 – Paperboy.

schließlich auch durch die Behandlung temporärere Zwischenspeicherungen verdeutlicht. So hat sich der Gesetzgeber gerade entschieden, die genaue Überprüfung der tatsächlichen, wirtschaftlichen und technischen Umstände nach den Voraussetzungen gemäß § 44 a UrhG erst auf Rechtfertigungsebene zu überprüfen.
Im Rahmen der folgenden Darstellung wird daher auch im Hinblick auf die Untersuchung der Urheberrechte der Vorgehensweise des BGH nicht gefolgt, sondern die Frage der mittelbaren Verantwortlichkeit des Linksetzers erst auf Rechtfertigungsebene erörtert.[279] Dies gilt allerdings nicht für die Untersuchung des Datenbankschutzes sui-generis. Hierbei kann für die Beurteilung der Deep Link Problematik unmittelbar an den Tatbestand gemäß § 87 b Abs. 1 S. 1 und S. 2 UrhG angeknüpft werden.[280]

C. Verletzung des Gesamtwerkschutzes

Werden Artikel, Beiträge, Nachrichtenmeldungen oder andere Materialien in Pressespiegeln übernommen, kann neben einer Urheberrechtsverletzung an den einzelnen geschützten Beiträgen auch eine Verletzung der Gesamtpublikation als Sammel- oder Datenbankwerk in Betracht kommen. Soweit daher eine Zeitung oder Zeitschrift vollständig eingescannt wird, führt dies zu einem Eingriff in das Sammelwerkurheberrecht.[281] Wird dagegen nur einzelne Beiträge der auszuwertenden Print-Publikationen entnommen, ist eine Beeinträchtigung der schöpferisch individuellen Struktur vom Einzelfall abhängig. Ausschlaggebend ist vor allem, ob Beiträge in einem solchen Umfang übernommen worden sind, dass sich in ihrer Kombination die Strukturen widerspiegeln, die die Individualität und schöpferische Leistung der Auswahl und Anordnung begründen.[282] Ein solcher Umfang wird in Bezug auf gedruckte Presse-

---

279 Vgl. dazu Kap. 4 § 4 A. II. 1. b) bb) (2) und Kap. 4 § 4 A. II. 2. b); kritisch hinsichtlich der Verneinung der Störereigenschaft ebenso: *Buchner*, AfP 2003, S. 510, 511; *Ott*, WRP 2004, S. 52, 55; *Wiebe*, MMR 2003, S. 724, 725; LMK, 2003, S. 212 - Anmerkungen zum Urteil des BGH vom 17.7.2003.

280 Vgl. dazu Kap. 3 § 2 B. II. 1. b).

281 *Loewenheim*, in: Schricker, Urheberrecht, § 4 UrhG Rdnr. 44; *Loewenheim*, Grenzen der Übernahme urheberrechtlich geschützter Dokumente in Datenbanken, S. 21, *Rehbinder*, Urheberrecht, S. 105, Rdnr.158; *Rogge*, Elektronischer Pressespiegel in urheber- und wettbewerbsrechtlicher Beurteilung, S. 52; *Hilty*, sic! 7/2001, S. 623, 625 - Anmerkung zum Urteil des Appellationshofes des Kanton Bern vom 21.5.2001; *Hackemann*, ZUM 1987, S. 269, 271.

282 BGH, GRUR 1990, S. 669, 673 - Bildreproduktion; BGH, GRUR 1982, S. 37, 39 - WK-Dokumentation; BGH, GRUR 1992, S. 382, 384 - Leitsätze; *Loewenheim*, in: Schricker, Urheberrecht, § 4 UrhG Rdnr. 11; *Berger/Degenhart*, AfP 2002, Beilage Heft 6, S. 557, 569; *Hackemann*, ZUM 1987, S. 269, 271.

erzeugnisse bejaht, wenn ein gesamter thematisch zusammengehörender Teil einer Zeitung oder Zeitschrift entnommen wird.[283]

§ 2 Datenbankschutzrechtliche Beurteilung

Neben der Untersuchung der Verletzung der Urheberrechte, an den zu Zwecken der Medienauswertung genutzten Einzelwerke und der Frage nach einem Eingriff in die Gesamtwerkseigenschaft einer Zeitung oder Zeitschrift als Sammelwerk, bleibt zu klären, ob auch durch die Übernahme einzelner Artikel oder die Entnahme von Überschriften, Schlagworten oder Satzfragmenten, sowie auch durch die Erstellung eines Deep Link zu den Originalartikeln in einer Pressedatenbank, die Verlage in ihrem Investitionsschutz gemäß § 87 b UrhG betroffen sind. So kommt gerade den Verlagen, in der Position des Herstellers i.S.d. § 87 a Abs. 1 UrhG, das ausschließliche Recht zu, die Datenbank oder einen wesentlichen Teil davon zu vervielfältigen, zu verbreiten oder öffentlich wiederzugeben.

A. Übernahme wesentlicher Teile

Bei jeder Übernahme des vollständigen Datenbankinhalts liegt unproblematisch eine Verletzungshandlung gemäß § 87 b Abs. 1 S. 1 Alt. 1 UrhG vor. Allerdings ist hieran nur in dem praxisfernen Fall zu denken, in dem ein Unternehmen täglich das komplette redaktionelle Online-Angebot eines Verlages in das eigene Angebot einstellt, um darin zu recherchieren oder als Eigenangebot Dritten zugänglich zu machen.

Von größerer Bedeutung ist daher die Frage, ob wesentliche Teile einer Datenbank gemäß § 87 b Abs. 1 S. 1 Alt. 2 UrhG übernommen werden. Ausschlaggebend hierfür ist die Bestimmung des Wesentlichkeitsbegriffs. Dieser steht im Spannungsverhältnis zwischen den wirtschaftlichen Investitionen eines Datenbankherstellers und dem freien Zugang auf Information. Die Beschränkung des Verbotsrechts auf wesentliche Teile hat daher vor allem die Funktion zu verhindern, dass der Investitionsschutz gemäß § 87 a UrhG zu einer Monopolisierung der Information führt.[284] Demnach ist die Wesentlichkeit jeweils für den Einzelfall danach zu beurteilen, ob durch die Nutzung ein erheblicher

---

283 *Loewenheim*, in: Schricker, Urheberrecht, § 4 UrhG Rdnr. 11; *Lehmann/Katzenberger*, Urheberrecht und elektronischer Pressespiegel, S. 49; *Rogge*, Elektronischer Pressespiegel in urheber- und wettbewerbsrechtlicher Beurteilung, S. 53.

284 *Thum*, in: Wandtke/Bullinger, Praxiskommentar zum Urheberrecht, § 87 b UrhG Rdnr. 5; *Vogel*, in: Schricker, Urheberrecht, § 87 b UrhG Rdnr. 1; *Leistner*, E-Commerce und Rechtsschutz von Datenbanken, in: Lehmann (Hrsg.), Electronic Business in Europa, S. 424, Rdnr. 28; *Haberstumpf*, GRUR 2003, S. 14, 27.

Schaden für das Amortisationsinteresse der Investition des Datenbankherstellers droht.[285]

Bei einer Online-Version von Pressepublikationen sind als wesentliche Teile i.S.d. § 87 b Abs. 1 S. 1 Alt. 2 UrhG vor allem die Struktur und Anordnung sowie auch das Layout der Beiträge zu subsumieren.[286] Weiterhin kommt im Hinblick auf das Amortisationsinteresse des Herstellers auch dem Inhalt an den einzelnen Beiträgen eine wesentliche Bedeutung zu.[287] Allerdings bedeutet dies nicht, dass schon mit der Übernahme eines einzelnen Artikels ein wesentlicher Teil einer Datenbank betroffen ist.[288] Zwar ist zuzugeben, dass einzelnen Beiträgen im Hinblick auf die aufgewandten Investitionen eine größere Bedeutung zukommen kann als anderen, beispielsweise nicht exklusiv oder aufwendig recherchierten Artikeln.[289] Zu berücksichtigen ist aber, dass es bei einer Online-Datenbank mit Presseartikeln immer nur möglich ist, einen Artikel in Gänze zu übernehmen. Würde daher schon ein einzelner Artikel die Eigenschaft eines wesentlichen Teils gemäß § 87 b Abs. 1 S. 1 UrhG zukommen, wäre keine Nutzung der Datenbank möglich, die nicht automatisch zu einer Verletzung der Rechte des Datenbankherstellers führt.[290] Auch die Überlegung, die Grenze der Wesentlichkeit auf eine Anzahl von drei Artikeln oder fünf Nachrichten- oder Agenturmeldungen festzulegen,[291] überzeugt nicht. So ist diese Einordnung völlig willkürlich, sowie unabhängig von einer Einzelfallbewertung und widerspricht der Vorgabe, an das Verbotsrecht des Datenbankherstellers keine starre Grenze zu knüpfen, die zum Gedanken der Informationszugangsfreiheit in Widerspruch steht.

---

285 *Thum,* in: Wandtke/Bullinger, Praxiskommentar zum Urheberrecht, § 87 b UrhG Rdnr. 5; *Decker,* in: Möhring/Nicolini, Urheberrechtsgesetz, § 87 b UrhG Rdnr. 7; *v.Lewiski;* DatenbankRL, in Walter (Hrsg.), Europäisches Urheberrecht, Art. 7 Datenbank-RL Rdnr. 15; *Leistner*, E-Commerce und Rechtsschutz von Datenbanken, in: Lehmann (Hrsg.), Electronic Business in Europa, S. 425, Rdnr. 31; *Haberstumpf,* GRUR 2003, S. 14, 27.

286 LG München I, K&R 2002, S. 258, 260 - Online-Pressespiegel.

287 LG München I, K&R 2002, S. 258, 260 - Online-Pressespiegel; LG München I, K&R 2002, S. 261, 263- Schlagzeilensammlung (rkr. seit dem 20.3.2003); *Lührig,* K&R 2002, S. 266, 267 – Anmerkung zum Urteil des LG München I vom 18.9.2002.

288 *Hertin,* in: Fromm/Nordemann, Urheberrechtsgesetz-Kommentar, § 87 b UrhG Rdnr. 13, *Joppich,* CR 2003, S. 504, 507; a.A. dagegen *Berger/Degenhart,* AfP 2002, Beilage Heft 6, S. 565, 575.

289 *Berger/Degenhart*, AfP 2002, Beilage Heft 6, S. 565, 575.

290 OLG Köln, AfP 2001, S. 81, 85 - Paperboy; vgl. LG Köln, ZUM–RD 2000, S. 155, 156 - Online-Immobilienmarkt; LG Berlin, AfP 1998, S. 645, 651 - Online-Anzeigenmarkt; *Nolte,* ZUM 2003, S. 540, 547.

291 *Berger/Degenhart,* AfP 2002, Beilage Heft 6, S. 565, 576.

Auch im Hinblick auf die Übernahme der gesamten Abrufebene eines Pressedatenbankangebotes mit einzelnen Schlagzeilen und den dazugehörigen Erläuterungstexten ist die Wesentlichkeit aberkannt worden. Zur Begründung wird angeführt, dass diesen Elementen lediglich die Funktion zukommt, auf den eigentlichen Datenbankinhalt, also auf die Volltexte, aufmerksam zu machen.[292] Zweifel bestehen an diesem Ergebnis allerdings auf Grund der Überlegung, dass gerade Erläuterungstexte eine eigenständige wirtschaftliche Verwertung ermöglichen und zudem den Besuch der Internetpräsenz nicht nur fördern, sondern genauso auch dazu beitragen können, dass einzelne Nutzer vollständig davon absehen, die Volltexte der Artikel aufzusuchen.[293]

Zuzustimmen ist dagegen allerdings der Entscheidung, dass einzelnen Überschriften und Deep Links zu Volltexten das Wesentlichkeitskriterium fehlt.[294] So kommt nicht dem Deep Link an sich die wirtschaftliche Bedeutung zu, sondern vielmehr der Tatsache, dass der Deep Link bzw. der Volltext hinter dem Link nach nutzerspezifischen Kriterien recherchiert worden ist.

Insgesamt bleibt daher festzuhalten, dass im Hinblick auf die Übernahme von einzelnen Artikeln, Überschriften, Fundstellen, Schlagworten oder auch Textausrissen das Amortisationsinteresse des Datenbankherstellers nicht i.S.d. Übernahme eines wesentlichen Teils der Datenbank gemäß § 87 b Abs. 1 S. 1 Alt. 2 UrhG verletzt ist.

B. Übernahme unwesentlicher Teile

Die genutzten Artikel, Deep Links, Überschriften oder Satzfragmente können aber auch gemäß § 87 b Abs. 1 S. 2 UrhG als unwesentliche Teile zu einer Verletzung des Datenbankschutzrechtes sui-generis führen, wenn die Nutzung nicht nur wiederholt und systematisch erfolgt, sondern zudem das Maß einer normalen Auswertung überschreitet oder die Interessen des Datenbankherstellers unzumutbar beeinträchtigt werden.

I. Wiederholtes und systematisches Vorgehen

Eine genaue Häufigkeitsangabe für das kumulative Vorliegen eines wiederholten und systematischen Vorgehens besteht nicht. Daraus wird geschlossen, dass eine bloße wiederholte Nutzung ohne ein gezieltes und planmäßiges

---

292 LG München I, K&R 2002, S. 261, 263, 264 - Schlagzeilensammlung (rkr. seit 20.03.03).

293 Vgl. *Lührig*, in: Ensthaler/Bosch/Völker (Hrsg.), Handbuch des Urheberrechts und Internet, S. 138; *Lührig*, K&R 2002, S.266, 267 - Anmerkung zum Urteil des LG München I vom 18.9.2001.

294 LG München I, K&R 2002, S. 258, 260 - Online-Pressespiegel; *Joppich*, CR 2003, S. 504, 506; *Beckmann*, MMR 2002, S. 76 - Anmerkung zum Urteil des LG München I vom 1.3.2002.

Vorgehen nicht ausreicht.[295] Wird dieser Ansatz zu Grunde gelegt, begründet ein zufälliges, anhand des privaten Bedarf ausgerichtetes Handeln kein systematisches Vorgehen. Vielmehr wird in der privaten Nutzung gerade die zweckentsprechende Verwendung der im Internet veröffentlichten Artikeln gesehen.[296]

Diese Überlegungen werden auch auf die Angebote der Betreiber von Suchmaschinen übertragen. Dazu wird angeführt, dass die Urheberrechtsverletzungen nicht automatisch durch das eingesetzte Suchprogramm ausgelöst werden, sondern eben nur durch die Handlung der Nutzer. Solange aber deren Handeln gerechtfertigt ist, kommt auch keine Verantwortlichkeit des Suchmaschinenanbieters in Betracht.[297] Diese rein nutzerorientierte Sichtweise ist aber sehr zweifelhaft. Jedenfalls kann sie nicht für Unternehmen, Behörden, o.ä. gelten, die eine Suchmaschine zur täglichen Durchsicht der aktuellen Pressemedien einsetzen, um anschließend die Rechercheresultate in Form von Deep Link-Übersichten an die Mitarbeiter weiterzugeben. Dieses Vorgehen ist vielmehr mit dem Angebot eines Internet- Pressespiegeldienst, der im konkreten Auftrag eines Kunden die Recherche und Zusammenstellung der Daten vornimmt, vergleichbar. In beiden genannten Fällen werden die Webseiten mehrmals täglich frequentiert, so dass das Merkmal des systematischen und wiederholten Datenbankzugriffs zu bejahen ist.[298] Auch die Überlegung, dass der Übernahme einzelner Überschriften und Deep Links die urheberrechtliche Relevanz abzusprechen ist, da nicht einmal die Vielzahl von Übernahmehandlungen, das Kriterium der Wesentlichkeit zu erfüllen vermag, führt zu keinem anderen Ergebnis.[299] Zwar ist es richtig, dass die Übernahme unwesentlicher Teile dem Investitionsschaden bei der Übernahme wesentlicher Teile gleichkommen soll. Dies muss aber nicht zwingend durch die Addition der Übernahmehandlungen erreicht werden, sondern kann genauso auch durch ein systematisches Vorgehen

---

295 *Thum,* in: Wandtke/Bullinger, Praxiskommentar zum Urheberrecht, § 87 b UrhG, Rdnr. 11; *Leistner*, E-Commerce und Rechtsschutz von Datenbaken, in: Lehmann (Hrsg.), Electronic Business in Europa, S. 427, Rdnr. 35; *Leistner,* GRUR Int. 1999, S. 819, 833.

296 OLG Köln, AfP 2001, S. 81, 85 - Paperboy.

297 OLG Köln, AfP 2001, S. 81, 85 - Paperboy.

298 So nun auch BGH, WRP 2003, 1341, 1346 – Paperboy; Copenhagen Bailiff's Court vom 5.7 2002- FSF1- 8703/2002, unter Punkt 6 - Newsboosters.com; LG München I, K&R 2002, S. 261, 264 - Schlagzeilensammlung (rkr. seit 20.03.03); *Rogge,* Elektronischer Pressespiegel in urheber- und wettbewerbsrechtlicher Beurteilung, S. 304; *Schmidt/Stolz,* AfP 1999, S. 146, 149; *Joppich,* CR 2003, S. 504, 507, *Ott,* WRP 2004, S. 52, 57; *Obergfell,* KUR 2004, S. 26, 27 – Anmerkung zum Urteil des BGH vom 17.7.2003..

299 LG München I, K&R 2002, S. 258, 260 - Online-Pressespiegel.

begründet werden.[300] Zudem wären die weiteren Voraussetzungen zur Begründung einer Verletzungshandlung gemäß § 87 b Abs. 1 S. 2 UrhG überflüssig, wenn jeweils immer nur die Summe mehrerer Übernahmen das Ausmaß der Nutzung eines wesentlichen Teils ausmachen würde.[301]

Schließlich ist es auch abzulehnen, ein planmäßiges und wiederholtes Vorgehen bei der Internetauswertung zu verneinen, weil die kontinuierliche Aktualisierung redaktioneller Online-Datenbanken täglich eine neue Datenbank i.S.d. § 87 a Abs. 1 UrhG begründe.[302] So ist diese Ansicht nicht nur lebensfremd. Vielmehr weist auch die Internetpräsenz einer Tageszeitung eine organische Struktur und eine inhaltliche Geschlossenheit auf. Im Rahmen der täglichen Aktualisierung werden lediglich einzelne Artikel entfernt und andere hinzugefügt.[303] Damit handelt es sich um eine Maßnahme der Pflege ein und derselben Datenbank, nicht aber um den täglichen Aufbau einer neuen Datenbank.[304]

Insgesamt ist daher bei der Erstellung von Internet-Pressespiegel mit Deep Link-Verweisen, anders als beim zufälligen und rein privaten Zugriff, ein eigenverantwortliches systematisches und wiederholtes Vorgehen des Suchmaschinenanbieters zu bejahen.

II. Unzumutbare Beeinträchtigung der Herstellerinteressen

In Frage steht daher, ob mit der Auswertung von Datenbanken mit tagesaktuellen Presseinhalten eine die normale Auswertung überschreitende und die Interessen des Datenbankherstellers beeinträchtigende Nutzungshandlung vorgenommen wird. Für die Bestimmung einer Nutzung, die der normalen Auswertung zuwiderläuft, ist der Nachweis eines konkreten Schadens nicht erforderlich. Vielmehr ist unter Berücksichtigung eines objektiven Maßstabs auf den Einzelfall abzustellen.[305] Im Hinblick auf die Untersuchung, ob es sich bei der Auswertung von redaktionellen Online-Datenbaken zu Zwecken der Medienbeobachtung noch um eine übliche Nutzungsform handelt, ist vor allem

---

300 BGH, WRP 2003, S. 1341, 1346 - Paperboy; *Leister*, GRUR Int. 1999, S. 819, 833; *Beckmann*, MMR 2002, S. 763, 764 - Anmerkung zum Urteil des LG München I vom 1.3.2002.

301 *Hartmann/Koch*, CR 2002, S. 441, 445 - Anmerkung zum Urteil des LG München I vom 1.3. 2002.

302 LG München I, K&R 2002; S. 258, 260 - Online-Pressespiegel.

303 *Hartmann/Koch*, CR 2002, S. 441, 445 - Anmerkung zum Urteil des LG München I vom 1.3. 2002; *Beckmann*, MMR 2002, S. 763, 764 - Anmerkung zum Urteil des LG München I vom 1.3.2002.

304 *Hartmann/Koch*, CR 2002, S. 441, 445 - Anmerkung zum Urteil des LG München I vom 1.3.2002.

305 *Vogel*, in: Schricker, Urheberrecht, § 87 b UrhG Rdnr. 23; *Decker*, in: Möhring/Nicolini, Urheberrechtsgesetz, § 87 b UrhG Rdnr. 9; *Thum*, in: Wandtke/Bullinger, Praxiskommentar zum Urheberrecht, § 87 b UrhG Rdnr.15.

die technische Vorgehensweise und die Suchmethode zu beachten. Weiterhin könnte auch entscheidend sein, ob neben der reinen Recherche mit dem Angebot einer Suchmaschine noch andere Zwecke, wie beispielsweise kommerzieller oder werbender Art, erreicht werden sollen.

1. Konventionelle Suchmaschinen

Konventionelle Suchmaschinen dienen ausschließlich dem Zweck der Recherche individueller Suchanfragen.

a) Übernahme von Volltexten

Zunächst ist der Fall zu beurteilen, dass Online-Auswerter, die im Auftrag recherchierten Artikel im Volltext herunterladen, daraus Pressespiegel zusammenstellen und diese den Kunden elektronisch übermitteln. Entsprechend könnte ein Unternehmen auch intern vorgehen, indem es sich allgemein bereitgestellte Suchmaschinenangebote bedient. Bei der Beurteilung, ob mit diesem Vorgehen das Normalmaß einer Auswertung i.S.d. § 87 b Abs. 1 S. 2 UrhG überschritten wird, ist zu berücksichtigen, dass es für die Kunden oder die Mitarbeiter der Unternehmen auf Grund der Übermittlung der Artikel im Volltext nicht mehr erforderlich ist, auf das Datenbankangebot der Verlage zurückzugreifen. Die redaktionellen Online-Datenbanken verlieren daher an Publikumsinteresse. Der aus Online-Artikeln erstellte Pressespiegel stellt im Verhältnis zu dem Online-Angebot der Zeitungsverlage keine bloße Mehrwertdienstleitung dar, sondern steht zu dem Verlagsangebot in Konkurrenz. Dies zieht es weiterhin auch nach sich, dass auf Grund von Nutzerverlusten das Anzeigengeschäft der Verlage beeinträchtigt wird. Gerade aus diesen Gründen wird auch in der vollständigen Übernahme von Klein- und Immobilienanzeigen eine Auswertung gesehen, die zu einer unzumutbaren Beeinträchtigung der Interessen der Verlage führt.[306] Schließlich besteht die Gefahr, dass kostenpflichtige Artikel durch die Onlineauswertungsdienste kostenlos angeboten werden.[307] Insgesamt läuft daher die Übernahme der Online-Artikel in Volltexte zu Zwecken der Erstellung eines internen oder kundenspezifischen Pressespiegels der normalen Auswertung zuwider.

b) Deep Link–Verweise auf Volltexte

Wesentlich üblicher als die Übernahme von recherchierten Volltexten aus redaktionellen Online-Datenbanken ist allerdings die Erstellung von Internet-

---

306 LG Berlin, AfP 1998, S. 645, 651 - Online-Kleinanzeigenmarkt; LG Köln, AfP 1999, S. 95, 96 - Online-Immobilienanzeigenmarkt; *Thum,* in: Wandtke/Bullinger, Praxiskommentar zum Urheberrecht, § 87 b UrhG Rdnr. 20; *Schmidt/Stolz,* AfP 1999, S. 145, 147.

307 *Hartmann/Koch,* CR 2002, S. 441, 443 - Anmerkung zum Urteil des LG München I vom 1.3. 2002.

Pressespiegeln mit Deep Link-Verweisen auf den Volltext. Aber auch hierbei stellt sich die Frage, ob bei dieser Nutzungsform die Interessen der Verlage unzumutbar beeinträchtigt und die Grundsätze einer normalen Auswertung i.S.d. § 87 b Abs. 1 S. 2 UrhG überschritten werden.

aa) Auswirkungen auf den Werbewert

Als Hauptargument gegen die Zulässigkeit von Deep Links wird angeführt, dass der Nutzer an der Eingangsseite des Online-Angebotes und der dort platzierten Werbung vorbei, direkt auf die tieferliegenden Seiten geführt wird. Da sich der Werbewert aber gerade an der Häufigkeit der Besuche einer Homepage bemisst, ergeben sich daraus für den Datenbankhersteller finanzielle Einbußen im Hinblick auf die aufgewendeten Investitionen.[308] In diesem Zusammenhang wird weiterhin angeführt, dass auch auf Grund der technischen Möglichkeiten den Linkzugriff zu verhindern, kein andere Bewertung der Deep Links in Betracht zu ziehen ist. Insoweit wird zu bedenken gegeben, dass es andernfalls der Nutzer in der Hand habe, den Datenbankbetreiber zur Vornahme weitere Investitionen zum Schutz seiner Datenbankinhalte zu zwingen.[309]

Hiergegen lässt sich aber anführen, dass gerade Verfahren wie Robot.txt oder der Einsatz eines CGI-Skripts zur Steuerung der Ausleseautomaten von Webseiten standardmäßig verwendet werden. Insoweit ist es daher durchaus unproblematisch und ohne zusätzlichen finanziellen Aufwand möglich, Deep Link-Zugriffe zu verhindern.[310] Vor allem darf nicht unberücksichtigt bleiben, dass es den Datenbankbetreibern möglich ist, die Werbeinhalte auch auf den tieferliegenden Seiten zu platzieren.[311] In diesen Fällen kann durch einen möglichen verstärkten Traffic der Deep Link Nutzer der Werbewert eines Online-Angebotes sogar noch verstärkt werden.[312] Aus der Bereitstellung von Deep Links

---

308 LG Köln, JurPC Web - Dok. 138/2001 Abs. 24 - Zulässigkeit von Deep Links; Distric Court vom 5.7.2002- FSF1- 8703/2002, unter Punkt 6 - Newsboosters.com; *Hartmann/-Koch,* CR 2002, S. 441, 443 - Anmerkung zum Urteil des LG München I vom 1.3.2001; *Haberstumpf*, GRUR 2003, 14, 27; *Schmidt/Stolz,* AfP 1999, S. 146, 149; *Schack,* MMR 20001, S. 9, 14.

309 LG Köln, JurPC Web- Dok. 138/2001 Abs. 24 - Zulässigkeit von Deep Links; LG München I, K&R 2002, S. 261, 264 - Schlagzeilensammlung (rkr. seit 20.03.03); *Hartmann/Koch,* CR 2002, S. 441, 443 - Anmerkung zum Urteil des LG München I vom 1.3.2001.

310 *Beckmann*, MMR 2002, S. 763, 764 - Anmerkung zum Urteil des LG München I vom 1.3.2002; *Nolte*, ZUM 2003, S. 540, 545; *Comtesse*, iBusiness Executive Summary 2001/17, S. 18; vgl. dazu Kap. 1 §4 A. II 1.

311 OLG Köln, AfP 2001, S. 81, 84 – Paperboy; *Joppich*, CR 2003, S. 504, 507; *Ernst,* ZUM 2003, S. 860, 861 – Anmerkung zum Urteil des BGH vom 17.7.2003.

312 BGH, WRP 2003, S. 1341, 1345 – Paberboy; *Schmidt/Stolz,* AfP 1999, S. 145, 149, *Beckmann,* MMR 2002, S. 763, 764 - Anmerkung zum Urteil des LG München I vom

resultieren daher jedenfalls keine unvermeidbaren Nachteilen für den Werbewert redaktioneller Online-Angebote, die zu einer unangemessenen Auswertung von Datenbanken führen.

bb) Auswirkungen auf den Primärmarkt des Datenbankproduktes

Auch ergibt sich letztlich durch das Angebot der Internetauswertung im Wege der Erstellung von Internet-Pressespiegeln mit Deep Link-Verweisen keine Beeinträchtigung des Primärmarktes des Datenbankproduktes. Zwar verlieren die Datenbankbetreiber durch die Direktverweise auf die gewünschten Inhalte einen Teil der Nutzer, die die Internetpräsenz spontan aufrufen und innerhalb der Seiten navigieren. Befürchtet wird zudem, dass die Nutzer durch den unmittelbaren Zugriff auf die tieferliegenden Seiten eine Bindung an die Homepage verlieren und damit auch die Möglichkeit eingeschränkt wird, einen Kunden für den Zukunftsmarkt zu erschließen.[313] Einzuwenden ist aber, dass gerade im Bereich der Medienauswertung die Angaben der Publikationsquellen von wesentlicher Bedeutung sind und auch die Nutzer unter besonderer Beachtung dieser Angabe, und daher gerade im Bewusstsein des Anbieters der Internetpräsenz einer Zeitung, den Deep Link betätigt. Weiterhin können die Nutzer besonders auf Grund der Regelmäßigkeit der Auswertung genau wie auch im Printbereich eine besondere Affinität zum Online-Angebot einer bestimmten Publikation bilden. Vor allem ist aber zu berücksichtigen, dass ein Internet-Pressespiegel mit der Liste von Deep Links kein Konkurrenzangebot zur jeweiligen redaktionellen Online-Datenbank bildet, da durch den Deep Link die Nutzung der Datenbankinhalte nicht entbehrlich wird, sondern vielmehr gerade darauf verwiesen wird.

Aber auch wenn ein Internet-Pressespiegel zu den redaktionellen Online-Angeboten nicht in unmittelbarer Konkurrenz steht, sondern eine neuartige Auswertungsform der Inhalte einer Datenbank darstellt, könnten die berechtigten Interessen des Datenbankherstellers, nämlich eben gerade die Erschließung des neuen Marktes selbst vornehmen zu wollen, unzumutbar beeinträchtigt sein.[314] In diesem Zusammenhang ist vor allem an Dienstleistungen zu denken, die dem Datenbankinhalt einen Mehrwert verschaffen.[315] Gerade auch die Angebote

---

1.3.2002; *Garrote*, E.I.P.R. 2002, S. 184, 192, unter Verweis auf Rechtbank Amsterdam vom 22.08.2000; *Sosnitza*, CR 2001, S. 693, 699.

313 *Hartmann/Koch*, CR 2002, S. 441, 444 - Anmerkung zum Urteil des LG München I vom 1.3.2002; *Buchner*, AfP 2003, S. 510, 511.

314 Vgl. *Thum*, in: Wandtke/Bullinger, Praxiskommentar zum Urheberrecht, § 87 b UrhG, Rdnr. 16; *Leistner*, E-Commerce und Rechtsschutz von Datenbanken, in: Lehmann (Hrsg.), Electronic Business in Europa, S. 428, Rdnr. 37; *Leistner*, GRUR Int. 1999, S. 819, 833.

315 *Leistner*, E-Commerce und Rechtsschutz von Datenbanken, in: Lehmann (Hrsg.), Electronic Business in Europa, S. 428, Rdnr. 37; *Leistner*, GRUR Int. 1999, S. 819, 833.

professioneller Pressespiegelhersteller, die online publizierte Presseinhalte kundenspezifisch und aktuell aufbereiten, erbringen einen Mehrwert. Damit wird deutlich, dass sich der Nutzwert eines solchen Internet-Pressespiegels weniger in den einzelnen Artikeln als vielmehr in der nutzerspezifischen Recherche und Zusammenstellung der Informationen, widerspiegelt.[316] Ein Verlag könnte sich daher auf den Standpunkt stellen, dass mit der Vornahme der Internetauswertung durch verlagsunabhängige Unternehmen, die den Verlagen als Datenbankhersteller vorbehaltene Möglichkeit der Erschließung eines neuen Auswertungsmarktes unzumutbar beeinträchtigt wird.[317] Zu berücksichtigen ist aber, dass der Mehrwert im Rahmen der Onlineauswertungsdienste erst durch den Zugriff auf eine Vielzahl von unterschiedlichen redaktionellen Online-Datenbanken geschaffen wird. Einem einzelnen Verlag ist es daher auch nicht möglich, diese Auswertungsleistung zu erbringen. Aus diesem Grund ist es ihm dementsprechend auch versagt, darauf zu berufen, die Erschließung der neuen Mehrwertdienstleistung selbst vornehmen zu wollen. Die Verlage könnten allerdings über den Zusammenschluss zur PMG eine eigene Auswertung ihrer Online-Datenbanken vornehmen. Aber auch hierbei ergeben sich Zweifel. So ist es schon fraglich, ob der Schutz vor unzumutbaren Beeinträchtigungen soweit geht, dass dem Datenbankhersteller auch die Erschließung eines Auswertungsmarktes vorbehalten bleibt, die nur im Zusammenschluss mit anderen Datenbankanbietern möglich ist. Jedenfalls bestünden aber beim Ausbau eines isolierten Verlagangebotes, genau wie im Rahmen der Printauswertung, Gefahren der Informationsmonopolisierung im Verlagsbereich.[318] Die Beschränkung der Auswertungstätigkeit allein auf die Verlage stellt daher keine adäquate Erschließung eines neuen Auswertungsmarktes dar, die durch die Angebote von Auswertungsdiensten unzumutbar beeinträchtigt werden könnte.

cc) Einverständnis des Verlinkten

Schließlich könnte auch auf Grund der Annahme eines stillschweigenden Einverständnisses eine unzumutbare Verletzung der Interessen der Verlage abzulehnen sein. Insoweit wird jedenfalls im Hinblick auf Hyperlinks nahezu einhellig angenommen, dass derjenige, der seine Inhalte im Internet publiziere, mit Verweisen und daher auch mit der Verlinkung seiner Webseiten rechnen müsse.[319]

---

316 Vgl. Copenhagen Bailiff's Court vom 5.7.2002 - FSF1- 8703/2002, unter Punkt 6 - Newsboosters.com.

317 Ähnlich *Hartmann/Koch*, CR 2002, S. 441, 443 - Anmerkung zum Urteil des LG München I vom 1.3.2002.

318 Vgl. dazu unten Kap. 4 §3 B II 3. c) und C II 3. c) bb).

319 *Thum*, in: Wandtke/Bullinger, Praxiskommentar zum Urheberrecht, § 87 b UrhG, Rdnr. 43; *Boehme-Neßler*, CyberLaw; S. 237; *Schippan*, Die Harmonisierung des Ur-

Bei Deep Links wird gegen diese Überlegung allerdings eingewandt, dass der Nutzer an der Eingangsseite und der dort platzierten Werbung vorbeigeführt werde und dementsprechend auch mit Verlusten im Werbewert des Webangebotes gerechnet werden müsse.[320] Zudem wird angeführt, dass der Service der Zusammenstellung von gewünschten Direktverweisen, häufig in Form kommerzieller Angebote ausgestaltet sei. Gerade dem Zweck, Dritten eine Möglichkeit der Verfolgung kommerzieller Eigeninteressen zu geben, diene ein Online-Datenbankangebot aber nicht. Auch aus diesem Grund sei ein konkludentes Einverständnis des Datenbankbetreibers in die Tiefenverlinkung seines Angebotes abzulehnen.[321]

Nach anderem Verständnis wird aber auch bei Deep Link Angeboten von einem Einverständnis ausgegangen. So wird nicht nur darauf hingewiesen, dass das Arbeiten mit Verweisen ein zur Orientierung im Internet fundamentales Prinzip sei.[322] Weiterhin wird auch angeführt, dass im Rahmen einer leistungsschutzrechtlichen Beurteilung ein Einverständnis auch nicht aus Gründen des Urheberpersönlichkeitsschutzes ausscheide, da § 87 a ff. UrhG lediglich dem Investitionsschutz diene.[323] Vor allem wird darauf verwiesen, dass die Frage eines möglichen Einverständnisses nach dem objektiven Empfängerhorizont aus der Position des nutzenden Dritten zu beurteilen sei.[324] Wenn vor diesem Hintergrund nun berücksichtigt werde, dass aus Gründen der Nutzerfreundlichkeit und der Vielfalt der internetpublizierten Inhalte, Suchmaschinen nahezu ausschließlich mit Deep Link-Verweisen arbeiten, ergebe sich, dass auch aus der Position eines objektiven Betrachters heraus von einem Einverständnis eines Verweises

---

heberrechts in Europa, S. 97; *Schulze,* Rechtsfortbildung im Urheberrecht, in: FS Erdmann, S. 171, 178; *Schack,* MMR 2001, S. 9, 13; *Völker/Lührig,* K&R 2000, S. 20, 26; *Ernst/Wiebe,* MMR 2001 Beilage 8, S. 20, 21; *Bechthold,* ZUM 1997, S. 427, 432; *Waldenberger,* ZUM 1997, S. 176, 179; *Thormann,* Mitt. 2002, S. 311, 313; *Stopper,* ÖBL 2002/44, S. 212, 213; *Sosnitza,* CR 2001, S. 693, 694, 698; *Beckmann,* MMR 2002, S. 763, 764 - Anmerkung zum Urteil des LG München I vom 1.3.2002; *Plaß,* WRP 2000, S. 599, 605; *Dittrich,* Jur PCWeb-Dok. 72/2002, Abs. 19; *Boddien,* Mitt. 1999, S. 401, 407.

320 LG Köln, JurPC Web- Dok. 138/2001 Abs. 24 - Zulässigkeit von Deep Links; *Schack,* MMR 2001, S. 9, 14; *Schulze,* Rechtsfortbildung im Urheberrecht, in: FS Erdmann, S. 171, 178; *Völker/Lührig,* K&R 2000, S. 20, 26; *Thormann,* Mitt. 2002, S. 311, 313; *Ernst/Wiebe,* MMR 2001, Beilage 8, S. 20, 21; *Hartmann/Koch,* CR 2002, S. 441, 444 – Anmerkung zum Urteil des LG München I vom 1.3.2002.

321 *Schulze,* Rechtsfortbildung im Internet, in: FS Erdmann, S. 171, 178.

322 *Beckmann,* MMR 2002, S. 763, 764 - Anmerkung zum Urteil des LG München I vom 1.3. 2002; *Stopper,* ÖBL 2002/44, S. 212, 213; *Plaß,* WRP 2000, S. 599, 605.

323 *Plaß,* WRP 2000, S. 599, 605.

324 *Sosnitza,* CR 2001, S. 693, 700; *Thormann,* Mitt. 2002, S. 311, 313; *Hartmann/Koch,* CR 2002, S. 441, 444 - Anmerkung zum Urteil des LG München I vom 1.3.2002.

auf die Datenbankinhalte mittels Deep Link ausgegangen werden könne.[325] Dieser Auffassung ist auch zuzustimmen, soweit dem Datenbankhersteller die Möglichkeit bleibt, einen Deep Link-Zugriff auf die tieferliegenden Seiten durch einen ausdrücklichen Hinweis, beispielsweise in den AGB[326] oder aber durch technische Schutzmechanismen zu versagen bzw. zu verhindern.

dd) Interessenkonflikt

Letztlich entscheidend für die Einordnung nach datenbankschutzrechtlichen Gesichtspunkten bleibt aber die Abwägung der Interessen der Datenbankhersteller mit denen der Nutzer. Wesentlich erscheint dabei aus Sicht der Verlage, dass sie sich durch das Angebot externer Recherchedienste der Möglichkeit beraubt sehen, die Internetauswertung vorzunehmen. Die Nutzer berufen sich dagegen auf die Möglichkeit eines freien und ungehinderten Informationszugangs. Zwar ist in diesem Zusammenhang zu berücksichtigen, dass die Einführung des Datenbankschutzes sui-generis der Ermunterung des Aufbaus von Datenbanken dient und daher ohnehin schon der Informationsfreiheit zu Gute kommt. Aus diesem Grund ist daher auch nicht jeder beliebige Hinweis auf das Informationsinteresse ausreichend, um die Interessen des Datenbankherstellers zu überwiegen. Sachgerecht erscheint es aber dennoch, i.S.d. § 87 Abs. 1 S. 2 UrhG Unterschiede in der Wertigkeit eines Datenbankinhalts für das Informationsinteresse zu beachten und in die Beurteilung der Abwägung mit den Investitionsinteressen der Datenbankhersteller einfließen zu lassen. Auf dieser Grundlage ergibt sich, dass jedenfalls systematischen Zusammenstellungen von Nachrichten und tagesaktuellen Presseinformationen eine erhebliche Bedeutung für die Informationsfreiheit der Allgemeinheit zuzusprechen ist.[327] Hinzu kommt weiterhin, dass nicht nur die große Anzahl redaktioneller Online-Datenbanken, sondern auch die Vielfalt, Verstreutheit und permanente Aktualisierung tagesaktueller Inhalte internetspezifische Suchdienste erforderlich machen. Zudem lebt der Informationsfluss im Bereich der aktuellen Presse- und Nachrichteninformationen von einer schnellen, ungehinderten und unmittelbaren Zugänglichkeit.[328] Gerade dieser Bedeutung kommt die Deep Link Technik zu Gute. Ein Hyperlink stellt dazu keine mildere, aber gleich geeignete Alternative, da hierbei die Nutzer nicht nur wesentlich kosten- und zeitintensiver navigieren müssen, sondern sogar ungewollt Zwischenstufen

---

325 *Sosnitza*, CR 2001, S. 693, 700; *Stopper*, ÖBL 2002/44, S. 212, 213.

326 Vgl. *Stopper*, ÖBL 2002/44 S. 212, 213.

327 OLG Köln, AfP 2001, S. 81, 85 - Paperboy; LG München I, K&R 2002, S. 258, 260 - Online-Pressespiegel; LG Berlin, JurPC Web-Doc. 185/2001, Abs. 1, 26 – Schlagzeilensammlung; *Thum*, in: Wandtke/Bullinger, Praxiskommentar zum Urheberrecht, § 87 b UrhG, Rdnr. 43.

328 OLG Köln, AfP 2001, S. 81, 85 - Paperboy.

durchlaufen, die einen ungehinderten und direkten Informationsfluss stören.[329] Hinzu kommt die Überlegung, dass die Verlage mit der Veröffentlichung ihrer redaktionellen Inhalte im Internet bewusst ein Medium gewählt haben, das sich durch Schnelligkeit und durch direkte Verweismöglichkeiten auszeichnet.[330] Bei Berücksichtigung dieser Argumente lässt sich daher festhalten, dass jedenfalls bei einer klassischen Zusammenstellung von Deep Link-Verweisen keine unzumutbare Beeinträchtigung der Interessen der Datenbankhersteller erfolgt.[331] Auch bei kommerziellen Internet-Pressespiegeldiensten, bei denen ausschließlich die unterstützende professionelle Recherche Leistung den entgeltlich zu honorierenden Mehrwert ausmacht, kann bei der Erstellung von Deep Link-Übersichten nicht von einer kommerziellen Ausschlachtung des Verlagangebots gesprochen werden, die zu einer unzumutbaren Beeinträchtigung der Verlage führt.[332]

2. Unkonventionelle Suchmaschinen

Anders ist dagegen zu entscheiden, wenn mit der Rechercheleistung noch weitere zusätzliche Angebote verknüpft werden, die den informationellen Mehrwert der Internet-Pressespiegel überlagern und ausschließlich den kommerziellen Interessen der Anbieter dienen. Zu denken ist hierbei vor allem an die Möglichkeit des Auswertungsdienstes, auf der eigenen Plattform zusätzlich Werbeflächen anzubieten oder einen individuell erstellten Online-Pressespiegel zusätzlich mit entsprechender nutzerspezifischen Werbung zu versehen.[333] Zu denken ist weiterhin an Fälle, bei denen der Auswertungsdienst eigene Ansichten, die dem Unternehmensprofil oder der politischen, sozialen etc. Ausrichtung des verlinkten Verlages widersprechen und sich damit negativ auf das Verlagsangebot auswirken.[334] Auch muss es sich bei den Angeboten von

---

329 BGH, WRP 2003, S. 1341, 1347 – Paperboy; OLG Köln, AfP 2001, S. 81, 85 – Paperboy; LG München I, K&R 2002, S. 258, 260 - Online-Pressespiegel; LG Berlin, JurPC Web-Doc. 185/2001 Abs.1, 26 - Schlagzeilensammlung.

330 OLG Köln, AfP 2001, S. 81, 85 - Paperboy; LG Berlin, JurPC Web-Doc. 185/2001, Abs.1, 26 - Schlagzeilensammlung.

331 Vgl. BGH, WRP 2003, S. 1341, 1346 - Paperboy; OLG Köln, AfP 2001, S. 81, 85 – Paperboy; *Thum,* in: Wandtke/Bullinger, Praxiskommentar zum Urheberrecht, § 87 b UrhG Rdnr. 43; *Joppich,* CR 2003, S. 504, 507; *Nolte*, ZUM 2003, S. 540, 544, 547; i.d.S. auch *Dreier,* Konvergenz und Unbehagen des Urheberrechts, in: FS Erdmann, S. 73, 87.

332 LG München I, K&R 2002, S. 258, 260 - Online-Pressespiegel; *Beckmann*, MMR 2002, S. 763, 764 - Anmerkung zum Urteil LG München I vom 1.3.2002; *Rauschhofer,* i-business/Executive Summary 9/2001, S. 17.

333 LG München I, K&R 2002, S. 261, 264 - Schlagzeilensammlung (rkr. seit 20.03.03); LG Köln, JurPC Web-Dok. 138/2001, Abs. 22 - Zur Zulässigkeit von Deep Links.

334 *Joppich,* CR 2003, S. 504, 507, 508.

Linköffnern um eine die Interessen des Datenbankherstellers unzumutbare Beeinträchtigung handeln. So ist es bei diesem Angebot für den Kunden nicht mehr erforderlich, die Internetpräsenz einer Tageszeitung über einen Deep Link aufzurufen. Die Interessen des verlinkten Informationsanbieters werden daher in besonderer Weise tangiert. Schließlich kann auch von keiner herkömmlichen reinen Rechercheleistung durch Suchmaschinenanbieter gesprochen werden, wenn dieser nicht nur auftragsgemäß in den Webseiten sucht, sondern die gesamte Abrufebene der Online-Datenbank eines Verlags inklusive der einzelnen Rubriken und der Schlagzeilen mit Kurzbeschreibungen in das eigene Angebot übernimmt.[335]

3. Zusammenfassung

Festzuhalten bleibt, dass unabhängig von den besonderen Einzelfallumständen, eine auftragsgemäße Internet-Recherche zum Zweck der Erstellung eines Online-Pressespiegels mit Deep Link-Verweisen, den Maßstab der normalen Auswertung nicht in einer die Interessen des Datenbankherstellers unzumutbar beeinträchtigen Weise überschreitet. Eine solche Überschreitung liegt allerdings dann vor, wenn unter dem Deckmantel der Informationsfreiheit zusätzliche, rein kommerzielle Leistungen angeboten werden, die über eine einfache technische Hilfestellung bei der Recherche hinausgehen.

[335] LG München I, K&R 2002; S. 261, 264 - Schlagzeilensammlung (rkr. seit 20.03.03).

Viertes Kapitel : Reichweite der Pressespiegelfreiheit

§ 1 Vorüberlegungen

Nach Beurteilung der im Rahmen der Pressespiegelerstellung erforderlichen und in urheberrechtlicher Hinsicht bedeutsamen Nutzungshandlungen widmet sich das folgende Kapitel der Frage der Rechtfertigungsmöglichkeiten.

A. Rechtsvorgaben

Auch im Rahmen dieser Fragestellung ist zu berücksichtigen, dass die Mitgliedstaaten der Europäischen Union bis zum 22.12.2002 der Pflicht der Umsetzung der Richtlinie zur Harmonisierung des Urheberrechts und der verwandten Schutzrechte nachkommen mussten. Maßgeblich sind daher die in der Urheberrechtsrichtlinie aufgenommene Schrankenregelungen gemäß Art. 5 UrhRL, bei denen es sich, den ersten Absatz ausgenommen, um fakultative Vorschriften handelt.[336]

Mit dem am 13. September 2003 in Kraft getretenen Gesetz zur Änderung des Urheberrechts in der Informationsgesellschaft[337] hat der nationale Gesetzgeber auch bezüglich der Schrankenregelungen auf die Umsetzungsvorgaben reagiert. Eine Änderung hat dabei jedenfalls auch die für die Beurteilung von Pressespiegeln ggf. in Betracht kommende Vorschrift des Vervielfältigungsprivileges zum Eigengebrauch gemäß § 53 Abs. 2 S. 2 Nr. 4a, S. 2 Nr. 1/Nr. 2, S. 3 UrhG sowie auch die Regelung der Möglichkeit zur Aufnahme von Werken in ein eigenes Archiv gemäß § 53 Abs. 2 S. 1 Nr. 2, S. 2 UrhG erfahren.

Für den Regelungsbereich der Schrankenvorschrift des § 49 UrhG, die als Recht zur Übernahme publizistischer Werke für den Pressespiegelbereich primär einschlägig ist, wurde eine Änderung dagegen bewusst ausgespart und auf Grund des bestehenden Diskussionsbedarfs für einen zweiten Gesetzesentwurf vorgesehen.[338]

---

336 *v. Lewinski/Walter*, Urheberrecht in der Informationsgesellschaft, in: Walter (Hrsg.), Europäisches Urheberrecht, Rdnr. 115; *Spindler*, GRUR 2002, S. 105, 10; *Reinbothe*, GRUR Int. 2001, S. 733, 737; *ders.* ZUM 2002, S. 43, 48; *Dreier*, ZUM 2002, S. 28, 33; *Flechsig*, ZUM 2002, S. 1, 9; *Rosen*, GRUR Int. 2002, S. 195, 200; *Mayer*, EuZW 2002, S. 325, 327.

337 Gesetz zur Regelung des Urheberrechts in der Informationsgesellschaft vom 10. September 2003 (BGBl. Teil I/2003, Nr. 46 vom 12.10.2003, S. 1774 ff.).

338 Regierungsentwurf eines Gesetzes zur Regelung des Urheberrechts in der Informationsgesellschaft vom 6.11.2002, BT-Drucks 15/38, S. 33; vgl. nun auch Pressemitteilung des BMJ zum Startschuss des zweiten Korb der Urheberrechtsreform vom 16.09.2003, Nr. 74/03 sowie den Fragenkatalog des BMJ zur weiteren Regelung des Urheberrechts in der Informationsgesellschaft, der gerade unter Punkt B. I die Frage der Neufassung des § 49 UrhG aufwirft, abrufbar unter www.bmj.de/media/archive/523.pdf

Über die genannten Vorschriften des § 49 UrhG und des § 53 UrhG hinaus eröffnet das Zitatrecht gemäß § 51 UrhG keine Möglichkeit, die Entnahme von Artikeln oder auch Textausrissen, Schlagzeilen und Schlagworten zu rechtfertigen. Eine solche Übernahme erfüllt schon nicht den geforderten Zweck der inneren Verbindung zwischen dem zitierenden und dem zitierten Werk in Form einer kritischen Auseinandersetzung.[339] So ist zu berücksichtigen, dass bei einem Pressespiegel gerade die kommentarlose Zusammenstellung von tagesaktuellen Beiträgen im Vordergrund steht. Schließlich fehlt den aus wenigen Zeilen bestehenden Textausrissen oder automatisch erstellten Kurzzusammenfassungen die Eigenschaft eines selbstständigen Sprachwerks, so dass auch bei Internet-Pressespiegeln die Möglichkeit ausscheidet, auf das Zitatrecht zurückzugreifen.[340]

B. Konfliktsituation

Bei jeder Überprüfung der Privilegierung anhand der Voraussetzungen gemäß § 49 Abs. 1 UrhG und § 53 Abs. 2 S. 1 Nr. 2 bzw. Nr. 4 a, S. 2 und S. 3 UrhG, darf nicht außer Acht gelassen werden, dass dem in jeder einzelnen Schrankenregelung zum Einklang gebrachten Ausgleich zwischen den Interessen der Allgemeinheit an einer erlaubnisfreien Nutzung mit den Eigentumsbelangen der Urheber eine verfassungsrechtliche Konfliktsituation zu Grunde liegt.

So stellt das Werk des Urhebers und die aus der geistigen Leistung folgenden vermögenswerten Rechte eine dem verfassungsrechtlich geschützten Eigentumsrecht gemäß Art. 14 Abs. 1 GG zugehörige Rechtsposition dar.[341] Die Zuordnung dieses verfassungsrechtlich geschützten Rechts ist im Rahmen der gesetzgeberischen Ausgestaltungspflicht gemäß Art. 14 Abs. 1 S. 2 GG in der Weise vorgenommen worden, als das dem Urheber nicht nur die urheberrechtlich normierten Vermögensrechte zugestanden werden, sondern ihm vielmehr auch die ausschließliche Befugnis zukommt, über die Verwertung[342] seines Werkes

---

339 BGH, GRUR 1973, S. 216, 218 - Handbuch der Zitate; BGH, GRUR 1987, S. 34 – Liedtextwiedergabe I; BGH, GRUR 1987, S. 362 - Filmzitat; *Schricker,* in: Schricker, Urheberrecht, § 51 UrhG Rdnr. 16, 18; *Vinck,* in: Fromm/Nordemann, Urheberrechtsgesetz-Kommentar, § 51 UrhG Rdnr. 6; *Lüft,* in: Wandtke/Bullinger, Praxiskommentar zum Urheberrecht, § 51 UrhG Rdnr. 2; *Loewenheim,* Urheberrechtliche Grenzen geschützter Dokumente, S. 47.

340 Vgl. *Rauschhofer,* iBusiness Executive Summary 9/2001, S. 17.

341 BVerfGE 31, S. 229, 239 - Kirchen- und Schulgebrauch; BVerfGE 49, S. 382, 392 – Kirchenmusik; BVerfGE 79, S. 29, 40 - Vollzugsanstaltenbeschluss.

342 BVerfGE 31, S. 229, 241, 243 - Kirchen- und Schulgebrauch; BVerfGE 79, S. 29, 40 – Vollzugsanstalten.

zu bestimmen und Dritten die Nutzungsrechte einzuräumen[343]. Gleichwohl ist das geistige Eigentum aber genau wie das Sacheigentum durch seine Sozialgebundenheit gekennzeichnet.[344] Diese kulturelle Dimension des Urheberrechts zeigt sich auch in dem wechselseitigen Zusammenhang, dass vorhandene Werkschöpfungen Anregung oder Grundlage für weitere Schaffensakte genutzt werden und daher letztlich die Verwendung existierender Werke dem kulturellen Fortschritt dient.[345] Hinzu kommt weiterhin die Überlegung, dass eine ausnahmslose Zuordnung der Rechte an den Urheber diesem zu einer verfassungsrechtlich nicht gedeckten Monopolstellung verhelfen würde.[346]

Vor diesem Hintergrund ist von Bedeutung, dass dem Gesetzgeber im Rahmen der Ausgestaltungspflicht des Eigentumsbegriffs gemäß Art. 14 Abs. 1 S. 2 GG nicht nur die Pflicht zukommt, die Gewährleistung der Einzelbelange der Urheber zu bestimmen, sondern ihm vielmehr auch die Aufgabe obliegt, sachgerechte Maßstäbe aufzustellen, um entsprechend der sozialen Bedeutung des Urheberrechts angemessene Verwertungsmöglichkeiten i.S.d. Allgemeinwohls zu sichern.[347] Auch die Normierung der Schrankenregelung ist daher eine aus dem Verfassungsauftrag gemäß Art. 14 Abs. 1 S. 2 GG resultierende legislative Aufgabe. So hat der Gesetzgeber die Möglichkeit, im Wege einer schrankenziehenden Regelung die Reichweite der dem Urheber zustehenden Ausschließlichkeitsrechte gezielt zu beschränken und verschiedene Nutzungen nach unterschiedlichen Voraussetzungen im Wege der Duldungspflicht von einer urheberrechtlichen Zustimmung freizustellen. Hierbei hat der Gesetzgeber die durch die Verfassung vorgegebenen Grenzen zu beachten. Im Hinblick auf die

---

343 BVerfGE 31, S. 229, 239 - Kirchen- und Schulgebrauch; BVerfGE 49, S. 382, 392 – Kirchenmusik; vgl. amtl. Begründung des Regierungsentwurfes zum Urheberrecht, UFITA 45 (1965), S. 240, 241.

344 BVerfGE 31, S. 229, 241, 243 - Kirchen- und Schulgebrauch; BVerfGE 79, S. 29, 40 – Vollzugsanstalten; vgl. *Melichar*, in: Schricker, Urheberrecht, Vor. §§ 45 UrhG Rdnr. 8; *Schricker*, in: Schricker, Urheberrecht, Einleitung, Rdnr. 12; *Lüft*, in: Wandtke/-Bullinger, Praxiskommentar zum Urheberrecht, § 45 UrhG Rdnr. 1; *Dreier*, in: Dreier/-Schulze, Urheberrechtsgesetz, Vor §§ 44 a ff. UrhG Rdnr. 1; *Nordemann*, in: Fromm/-Nordemann, Urheberrechtsgesetz-Kommentar, Vor. § 45 UrhG Rdnr. 1.

345 Amtl. Begründung des Regierungsentwurfs zum UrhG, UFITA 45 (1965), S. 240, 278; *Raue/Hegemann*, in: Hoeren/Sieber (Hrsg.), Handbuch Multimedia Recht, Kap. 7.5., Rdnr. 6; *Dreier*, in: Dreier/Schulze, Urheberrechtsgesetz, Vor §§ 44 a ff. UrhG, Rndr. 3; *Nordemann*,, in: Fromm/Nordemann, Urheberrechtsgesetz, Vor. § 45 UrhG Rdnr. 5.

346 *Dreier*, Primär- und Folgemärkte, in: Schricker/Dreier/Kur (Hrsg.), Geistiges Eigentum im Dienste der Innovation, S. 51, 67; *Kröger*, Informationsfreiheit und Urheberrecht, S. 338.

347 BVerfGE 31, S. 228, 241 - Kirchen- und Schulgebrauch; BVerfGE 49, S. 382, 392 – Kirchenmusik; *Papier*, in: Mauz/Düring/Herzog, GG-Kommentar, Art. 14 GG Rdnr. 197; *Schricker*, in: Schricker, Urheberrecht, Einl. Rdnr. 12.

Sozialpflichtigkeit des Eigentums gemäß Art. 14 Abs. 2 GG sind daher die neben dem Recht am geistigen Eigentum bestehenden, weiteren Positionen mit Verfassungsrang zu berücksichtigen.[348] Die Interessen der Allgemeinheit fungieren daher, indem sie mit den Individualbelangen der Werkschöpfer in gerechten Ausgleich gebracht werden, als eine verfassungsimmanente Begrenzung der Ausschließlichkeitsrechte.[349] Die jeweilige Kollisionslage der widerstreitenden grundrechtlich geschützten Positionen ist durch eine Abwägung im konkreten Fall im Weg der praktischen Konkordanz zu lösen. Die verfassungsrechtlichen Grenzen ergeben sich dabei aus der Anwendung des Grundsatzes der Verhältnismäßigkeit.[350] Zu berücksichtigen ist in diesem Kontext zudem, dass das Individualinteresse der Urheber keinen unbedingten Vorrang vor den Allgemeinbelangen beansprucht. Gleichzeitig darf die Begrenzung des geistigen Eigentums aber auch nicht weiterreichen, als es das Wohl der Allgemeinheit erfordert.[351] Hieraus folgt, dass im Einzelfall die Rechtfertigungsgründe um so gewichtiger sein müssen, je intensiver das Recht am geistigen Eigentum durch diese Vorschrift beschränkt wird.[352] So kann ein verfassungsrechtlich geschütztes Allgemeinwohlinteresse den Zugang zu einem Werk begründen und den Ausschluss des Verbotsrechts bewirken. Soweit darüber hinaus aber auch der Vergütungsanspruch des Urhebers bzw. die wirtschaftliche Kompensation der Nutzung seines Werkes eingeschränkt wird, lässt sich dies nicht mehr aus der Sozialbindung des Urheberrechts herleiten, so dass ein gesteigertes öffentliches Interesse erforderlich wird.[353]

Diese im Wege der Bestimmung einer schrankenziehenden Regelung gefundenen Abwägung der verfassungsrechtlich geschützten Interessenpositionen ist durch die Ausgestaltung als Rechtfertigungsnorm fixiert worden. Geschützt und stabilisiert wird sie durch den enummerativ und abschließend

---

[348] BVerfGE 31, S. 229, 240 - Kirchen- und Schulbuchgebrauch, vgl. in Bezug auf Art. 5 Abs. 3 GG BVerfGE, GRUR 2001, S. 149, 151 – Germania III.

[349] BVerfGE 31, S. 229, 243 - Kirchen- und Schulbuchgebrauch; BVerfGE 49, S. 382, 400 – Kirchenmusik; BVerfGE 79, S. 29, 40 - Vollzugsanstalten.

[350] BVerfGE 31, S. 229, 241 - Kirchen- und Schulbuchgebrauch; *Melichar*, in: Schricker, Urheberrecht, Vor §§ 45 ff. UrhG Rdnr. 9; *Kröger*, Informationsfreiheit und Urheberrecht, S. 147.

[351] BVerfGE 79, S. 29, 41 - Vollzugsanstalten; *Melichar*, in: Schricker, Urheberrecht, Vor. §§ 45 ff. UrhG Rdnr. 2; *Fechner*, Geistiges Eigentum und Verfassung, S. 163; *Kröger*, Informationsfreiheit und Urheberrecht, S. 222; *ders.*, MMR 2002, S. 18, 19.

[352] BVerfGE 49, S. 382, 400 - Kirchenmusik, vgl. *Fechner*, Geistiges Eigentum und Verfassung, S. 165.

[353] BVerfGE 31, S. 229, 244 - Kirchen- und Schulbuchgebrauch; BVerfGE 49, S. 382, 440 – Kirchenmusik; BVerfGE 79, S. 29, 41 - Vollzugsanstalten; *Melichar*, in: Schricker, Urheberrecht, Vor §§ 45 ff UrhG Rdnr. 11; *Fechner*, Geistiges Eigentum und Verfassung, S. 164; *Kröger*, Informationsfreiheit und Urheberrecht, S. 148.

aufgebauten Katalog von Ausnahmen. Maßgeblich für den Schutz der in den Rechtfertigungsnormen gefundenen Abwägung wirkt zudem das Gebot der engen Auslegung der Schrankenreglungen.
Diesem Aspekt, dass die Anforderungen an die gesetzlichen Schrankenregelungen in verfassungsrechtlicher Hinsicht abgesichert sind, ist bei der Anwendung und Auslegung der Schrankenregelung Rechnung zu tragen. Daher wird im Folgenden zunächst herausgestellt, welche im Hinblick auf die zu beurteilende Pressespiegelsituation relevanten Interessenpositionen im Rahmen des § 49 UrhG und des § 53 Abs. 2 Nr. 2 und Nr. 4 a UrhG zum Ausgleich gebracht werden. Im Anschluss ist unter Beachtung dieser verfassungsrechtlichen Komponente zu überprüfen, ob der Pressespiegel von § 49 bzw. § 53 UrhG erfasst wird.

I. Individualbelange

Verfassungsrechtlich verankerten Individualbelange kommen sowohl den Autoren als auch den Verleger zu.

1. Urheber

Wie dargestellt, erstreckt sich der verfassungsrechtliche Eigentumsschutz des Urhebers gemäß Art. 14 Abs. 1 GG auf dessen Verwertungs- und Verfügungsrecht. Unproblematisch ergibt sich daher, dass die Autoren als originäre Urheber durch die im Rahmen der Pressespiegelerstellung vorzunehmenden Handlungen in ihrer verfassungsrechtlich geschützten Eigentumsposition betroffen sind.

2. Verwerter

Die Verlage können sich auf Eigentumspositionen aus abgeleiteten aber auch aus originären Rechten berufen.

a) Eigentumsposition aus abgeleiteten Nutzungsrechten

Unter Berücksichtigung des Schöpferprinzips gemäß § 7 UrhG kann den Verlagen im Hinblick auf die einzelnen Artikel allerdings nur eine Berechtigung durch eine vertragliche Rechtseinräumung erwachsen. Aber auch bei einer solchen Übertragung auf eine andere Person büßt das verfassungsrechtlich geschützte Verwertungs- und Verfügungsrecht seinen grundrechtlichen Gehalt nicht ein.[354] Die Verlage und sonstigen Werkverwerter erlangen daher im Wege der vertraglichen Rechtsnachfolge durch die Übertragung der Nutzungsrechte

---

354 BVerfGE 31, S. 275, 280, 294 – Schallplatten; BVerfGE 79, S. 29, 40 – Vollzugsanstalten; *Hilty*, ZUM Sonderheft 2003, S. 983, 994; *Lehmann/Katzenberger*, Elektronischer Pressespiegel und Urheberrecht, S. 79; *Niemann*, CR 2002, S. 817, 826; *Waldenberger*, MMR 2002, S. 744 - Anmerkung zum Urteil des BGH vom 11.7.2002; *Berger/-Degenhart*, AfP 2002, Beilage Heft 6, S. 557, 559; *Schack*, AfP 2003, S. 1, 6.

von den Urhebern nicht nur das Recht, die Artikel zu verwerten und darüber zu verfügen, sondern auch eine eigentumskräftig geschützte Rechtsposition gemäß Art. 14 Abs. 1 GG.[355]

b) Eigentumsposition aus originärem Urheberschutz

Eine möglicherweise daneben bestehende originäre Eigentumsposition der Verlage auf Grund einer Urheberschaft an den als Sammelwerk gemäß § 4 UrhG[356] herausgegebenen Zeitungen und Zeitschriften muss allerdings entgegen der vereinzelt vertretenen Auffassung[357] ausscheiden. Insoweit ist zu berücksichtigen, dass Verlage als juristische Personen auf Grund des Schöpferprinzips gemäß § 7 UrhG gerade keine Urheber sein können.[358] Darüber hinaus ist zu bedenken, dass eine urheberrechtliche Rechtfertigung gemäß § 49 UrhG und § 53 UrhG ohnehin nur für die Übernahme „einzelner Artikel" bzw. „einzelner Vervielfältigungsstücke" in Betracht kommt, wodurch gerade die Sammelwerkseigenschaft nicht tangiert wird. Dies bedeutet, dass die mit dem Urheberrecht am Sammelwerk verbundene Eigentumsposition der Verlage bei den im Rahmen der Anwendung und Auslegung des §§ 49, 53 UrhG zu berücksichtigenden verfassungsrechtlichen Rechtspositionen vernachlässigt werden kann.

Anders zu entscheiden ist wiederum hinsichtlich des den Verlagen als Hersteller einer Pressedatenbank unmittelbar zukommenden Datenbankschutz sui-generis gemäß §§ 87 a ff. UrhG. So unterfallen auch die dem Urheberrecht verwandten leistungsschutzrechtlichen Rechtspositionen dem Eigentumsschutz gemäß Art. 14 Abs. 1 S. 1 GG.[359] Insofern ist dieser Schutzbereich der Eigentumsgarantie auch im Hinblick auf die im Rahmen des § 49 UrhG abzuwägenden Interessenpositionen der Urheber zu berücksichtigen.

c) Pressefreiheit gemäß Art. 5 Abs. 1 S. 2 GG

Nicht außer Acht gelassen werden darf zudem, dass die Nutzung von Presseartikeln eine typische Verlagstätigkeit darstellt. Für diese kann sich grund-

---

355 *Niemann*, CR 2002, S. 817, 826; *Waldenberger*, MMR 2002, S. 744 - Anmerkung zum Urteil des BGH vom 11.7.2002; *Berger/Degenhart*, AfP 2002, Beilage Heft 6, S. 557, 559.

356 Vgl. zu den erforderlichen Voraussetzungen oben Kap. 2 §1 C. II. 1.

357 *Berger/Degenhart*, AfP 2002, Beilage Heft 6, S. 557, 559.

358 Vgl. BGH, GRUR, S. 523, 525 – Grabungsmaterialien, *Schulze*, in: Dreier/Schulze, Urheberrechtsgesetz, § 7 UrhG Rdnr. 2.

359 *Papier*, in: Maunz/Düring/Herzog, GG-Kommentar, Art. 14 GG Rdnr. 197, *Schack*, AfP 2003, S. 1, 6; vgl. bzgl. Tonträgerhersteller: BVerfGE 81, S. 12, 16 – Vermietungsvorbehalt; vgl. OLG München, MMR 2003, S. 535, 536 – CD-Münzbrenner; LG München I, CR 2003, S. 617, 619 - CD-Münzbrenner.

rechtlicher Schutz gemäß Art. 5 Abs. 1 S. 2 GG ergeben. Möglich ist es daher, dass die erworbene Nutzungsbefugnis der Verlage eine Rechtsposition darstellt, die nicht nur Eigentumsschutz gemäß Art. 14 Abs. 1 S. 1 GG begründet, sondern zusätzlich auch in den Schutzbereich des Grundrechts der Pressefreiheit gemäß Art. 5 Abs. 1 S. 2 GG fällt. Soweit Verlage durch die Übernahmemöglichkeit von Artikeln in Pressespiegeln in ihrem Grundrecht der Pressefreiheit betroffen sind, ergibt sich daher, dass bei der im Rahmen der urheberrechtlichen, gemäß § 49 UrhG durchzuführenden Interessenabwägung die wertsetzende Bedeutung des Art. 5 Abs. 1 S. 2 GG einzubeziehen ist.
Das Grundrecht der Pressefreiheit gewährleistet einen weiten Schutzbereich. Auch die Vermarktung von Presseartikeln in Pressespiegeln wird als typische pressebezogene Tätigkeit betrachtet, die in enger organisatorischer Anbindung an die Presse erfolgt und daher eine Ausübung des Grundrechts der Pressefreiheit darstellt.[360] Die Möglichkeit der Weiterverwertung von Artikeln wird sogar als wesentlich für das Funktionieren der freien Presse erachtet. Den Verlagen sei es besonders in Anbetracht der starken und fortschreitenden Entwicklung elektronischer Informationsvermittlungswege nur auf diese Weise möglich, die für eine funktionierende Presse erforderlichen Einnahmen zu sichern.[361] Mit dieser Auffassung stellt somit die Entscheidungsgewalt über die Form der Veröffentlichung eines Presseartikels sowie auch der Vertriebsweg von Artikeln in Pressespiegeln eine i.S.d. Grundrechts der Pressefreiheit geschützte verlegerische Tätigkeit dar.
Zweifelhaft ist aber, ob durch die gesetzliche Erlaubnis, gemäß § 49 Abs. 1 UrhG Artikel in Pressespiegeln zu übernehmen, überhaupt in den eröffneten Schutzbereich gemäß Art. 5 Abs. 1 S. 2 GG eingegriffen wird. In diesem Zusammenhang wird zwar angeführt, dass aus der grundrechtlichen Schutzfähigkeit der Vermarktung von Artikeln in Pressespiegeln für die Verlage nicht nur die Möglichkeit folge, über die Vermarktungsform an sich zu entscheiden. Vielmehr erwachse ihnen daraus genauso das Recht, die nähere Ausgestaltung der Nutzung der Artikel in Pressespiegeln zu bestimmen und ggf. auch bestimmte Bedingungen im Hinblick auf die Vertriebsform aufzustellen.[362]

---

360 BayVGH, AfP 2002, S. 173, 174 - Beschluss vom 14.03.2002, M 16 E 02.1187; offen gelassen dagegen: BayVGH, AfP 2002, S. 452, 453 - Beschluss des BayVGH vom 18.06.2002, 22 CE 02.815; *Schulze/Filietz,* in: Dreier, Grundgesetz Kommentar, Art. 5 GG Rdnr. 91, 96; *Berger/Degenhart,* AfP 2002, Beilage Heft 6, S. 557, 566 unter Verweis auf *Bethge,* in: Sachs, GG-Kommentar, Art. 5 GG Rdnr. 75; *Berger/Degenhart,* AfP 2003, S. 105, 110, 111 und vgl. genauer Kap. 5 §2 B II. 1.

361 BayVGH, AfP 2002, S. 173, 174 - Beschluss vom 14.03.2002, M 16 E 02.1187, ähnlich *Schulze-Fielitz,* in: Dreier, Kommentar zum Grundgesetz, Art. 5 GG Rdnr. 96.

362 *Berger/Degenhart*, AfP 2002, Beilage Heft 6, S. 557, 566; *Berger/Degenhart*, AfP 2003, S. 105, 110, 111; *Waldenberger*, MMR 2002, S. 743, 744 - Anmerkung zum Urteil des

Gerade in diese grundrechtliche Befugnis werde eingegriffen, wenn ein Verlag es dulden müsse, dass auch verlagsunabhängige Dritte Artikel zur Pressespiegelherstellung nutzen.[363] Hiergegen ist aber einzuwenden, dass es auch im Fall der Übernahme von Artikeln in Pressespiegeln durch verlagsunabhängige Unternehmen den Verlagen unbenommen bleibt, frei darüber zu entscheiden, ebenfalls diese Vermarktungsform zu wählen oder zu unterlassen. Einen Eingriff in das Grundrecht der Pressefreiheit mit dem Verlust der Entscheidung über die Art und Ausgestaltung der Nutzung von Artikeln in Pressespiegeln zu begründen, kommt daher einem verdeckten Versuch gleich, das Grundrecht der Pressefreiheit zum Schutz vor Konkurrenzangeboten durch andere Unternehmen einzusetzen. Gerade einen Schutz vor privatwirtschaftlichem Wettbewerb im Pressebereich gewährt das Grundrecht der Pressefreiheit Art. 5 Abs. 1 S. 2 GG aber nicht.[364] Demnach kann in der gesetzlichen Erlaubnis der Übernahme von Artikeln auch kein Eingriff in Art. 5 Abs. 2 S. 1 GG gesehen werden. Das Grundrecht der Pressefreiheit auf Verwerterseite fließt somit auch nicht in die, dem § 49 UrhG zu Grunde liegende Abwägung zwischen den sich widerstreitenden Belangen der Urheber und Verwerter mit denen der Allgemeinheit ein. Unberührt davon bleibt allerdings die Funktion des Grundrechts der Pressefreiheit als Abwehrrecht gegen mögliche staatliche Eingriffe auf die vom Schutzbereich gemäß Art. 5 Abs. 1 S. 2 GG erfasste Tätigkeit der verlegerischen Vermarktung von Artikeln in elektronischen Pressespiegeln.[365]

II. Allgemeinwohlbelange

Den sich aus dem geistigen Eigentum ergebenden und durch den Gesetzgeber ausgestalteten Befugnissen des Urhebers stehen die aus der Sozialpflichtigkeit des Eigentums folgenden eigentumsbeschränkenden Wirkungen gegenüber. Zu berücksichtigen ist dabei, dass der Gesetzgeber sowohl bei der Ausgestaltung des urheberrechtlichen Rechtfertigungstatbestands gemäß § 49 Abs. 1 S. 1 UrhG, als auch bei der Bestimmung der Regelungen zur Vervielfältigung zum Eigengebrauch, die urheberrechtlich bedeutsamen Handlungen nicht ersatzlos zulässt, sondern dem Urheber für die Duldung der Entnahme eine angemessene Vergütung im Wege eines direkten Zahlungsanspruchs oder als Pauschalabgabe zuerkennt. Hieraus ergibt sich, dass ein verfassungsrechtlich geschütztes Allgemeinwohlinteresse im Rahmen des § 49 und des § 53 UrhG für die Abwägung mit den Individualbelangen der Urheber als Ausdruck der Sozial-

---

BGH vom 11.7.2002, vgl. *Lehmann/Katzenberger,* Elektronischer Pressespiegel und Urheberrecht, S. 81, 82.

363 *Berger/Degenhart*, AfP 2002, Beilage Heft 6, S. 557, 566.

364 Vgl. *Bullinger,* in: Löffler (Hrsg.), Presserecht, § 1 LPG Rdnr. 58; *Degenhart*, in: Bonner Kommentar, Art. 5 Abs. 1 u. 2 Rdnr. 480.

365 BayVGH, AfP 2002, S. 173, 174 - Beschluss vom 14.03.2002, M 16 E 02.1187.

pflichtigkeit ausreicht. Ein gesteigertes, öffentliches Interesse ist nicht erforderlich.[366]

Gerade die Frage, welche Allgemeinwohlbelange der Gesetzgeber mit der Normierung des erlaubnisfreien publizistischen Übernahmerechts verfolgt, wird aber keineswegs einheitlich beurteilt. So ist es schon unter verfassungsrechtlichen Aspekten streitig, ob § 49 UrhG dem Zweck dient, der Allgemeinheit einen freien ungehinderten Zugang zu Informationen zu ermöglichen, oder ob § 49 UrhG nicht vielmehr allein darauf abzielt, zu gewährleisten, dass die Pressemedien ihre Aufgabe, an der öffentlichen Meinungsbildung teilzunehmen, ungehindert wahrnehmen können. Die Beantwortung dieser Frage ist ein Kernproblem für die Beurteilung, ob Pressespiegel in den Regelungsbereich des § 49 UrhG zu fassen sind. Unabhängig von den einzelnen Voraussetzungen, die § 49 UrhG an eine Rechtfertigung stellt, ist daher zunächst zu erörtern, welchen Allgemeinwohlbelange die Schrankenregelung des § 49 UrhG dient.

1. Pressefreiheit gemäß Art. 5 Abs. 1 S. 2 GG

Soweit vertreten wird, dass allein der Pressefreiheit als Allgemeinwohlbelang Bedeutung zukommt, stützt sich diese Überlegung darauf, dass den Presse- und Rundfunkmedien auf diesem Weg die Erfüllung ihrer öffentlichen Aufgabe, die Allgemeinheit zu informieren, erleichtert werden solle.[367] I.d.S. stelle § 49 UrhG ein Sonderrecht zu Gunsten der Presse dar.[368] Es handele sich, so die Vertreter dieser Meinung, bei § 49 UrhG um einen Beitrag des Gesetzgebers, an die verfassungsrechtlich gewährleistete Freiheit der Presse aktiv an der Meinungsbildung in der Öffentlichkeit teilzunehmen.[369] Des Weiteren wird zwar eingeräumt, dass die Pressefreiheit, da sie der öffentlichen Meinungsbildung diene, immer auch in direktem Wirkungszusammenhang mit dem Interesse der Allgemeinheit an Informationsfreiheit stehe.[370] Dennoch, so wird herausgestellt,

---

366 Vgl. dazu auch Kap.4 §1 B.

367 *Löffler*, in: Löffler (Hrsg.), Presserecht, UrhGBT Rdnr. 84, 92; *Bullinger*, in: Löffler (Hrsg.), Presserecht, § 1 LPG Rdnr. 214, *Nordemann*, in: Fromm/Nordemann, Urheberrechtsgesetz-Kommentar, § 49 UrhG Rdnr. 1.

368 *Bullinger*, in: Löffler (Hrsg.), Presserecht, § 1 LPG Rdnr. 214; *Elster*, UFITA 4 (1931), S. 215, 247.

369 OLG Hamburg, AfP 2000, S. 299, 302 - Elektronischer Pressespiegel; *Soehring*, Presserecht, Rdnr. 3.22; *Zahrt*, Urheberrechtlicher Schutz elektronischer Printmedien, S. 106; *Lehmann/Katzenberger*, Elektronischer Pressespiegel und Urheberrecht, S. 33; *Maaß*, Elektronischer Pressespiegel im Lichte des Urheberrechts, in: FS Söllner, S. 725, 726; *Wallraff*, AfP 2000, S. 23, 28.

370 *Bullinger*, in: Löffler (Hrsg.), Presserecht, § 1 LPG Rdnr. 214; *Löffler*, in: Löffler (Hrsg.), Presserecht, UrhGBT Rdnr. 84; *Berger/Degenhart*, AfP 2002, Beilage Heft 6, S. 557, 562.

bedeute dies aber nicht, dass auch die Informationsfreiheit als selbstständiges Privilegierungsziel im Rahmen des § 49 UrhG angesehen werden könne. Auch wenn die freie Information als Voraussetzung für die freie Meinungsbildung eingeordnet werde, ermögliche letztlich erst die Pressefreiheit auch die Informationsfreiheit. § 49 UrhG wirke daher zwar im Interesse der Informationsfreiheit, privilegiert werde aber letztlich nur die Presse.[371] Zu diesem Schluss gelangen die Vertreter dieser Meinung auch deshalb, da bei Schrankenregelungen, die mehrere Zielsetzungen verfolgen, der Schwerpunkt der Zuordnung auf den presserechtlichen Aspekt zu legen sei.[372] Zudem sei, eine Übernahmemöglichkeit gegenüber jedermann nicht erforderlich, da sich § 49 UrhG nur auf erschienene Artikel beziehe und der Allgemeinheit daher ein unbeschränkter Zugang in jedem Fall gewährleistet sei.[373]
Mit diesen Überlegungen stellt daher allein das Grundrecht der Pressefreiheit den Ausdruck der Sozialbindung des Urheberrechts dar, dem durch die Schrankenreglung gemäß § 49 UrhG zur Privilegierung verholfen wird.

2. Informationsfreiheit gemäß Art. 5 Abs. 1 S. 1 Alt. 2 GG

Hiergegen wird zu Recht eingewandt, dass die Presse zwar wesentlich zur Meinungsbildung in der Öffentlichkeit beitrage und daher auch den vom Gesetzgeber vorgegebenen Privilegierungszweck erfülle. Dennoch könne § 49 UrhG aber nicht als ausschließliches Sonderrecht zu Gunsten der Presse angesehen werden.[374] So sei es schon nicht zulässig, eine Schrankenregelung allein zu dem Zweck auszugestalten, einer einzelnen Branche die Erfüllung ihrer Aufgaben zu erleichtern.[375] Als Privilegierungsziele zu nennen sie daher vielmehr der freie Zugang zu Informationen[376], deren unmittelbare Verbreitung[377] und deren unge-

---

371 *Berger/Degenhart,* AfP 2002, Beilage Heft 6, S. 557, 562.

372 *Löffler*, in: Löffler (Hrsg,), Presserecht, UrhGBT Rdnr. 59.

373 *Berger/Degenhart,* AfP 2002, Beilage Heft 6, S. 557, 561.

374 *Melichar*, in: Schricker (Hrsg.), Urheberrecht, § 49 UrhG Rdnr. 1; *Engels,* in: Möhring/-Nicolini, Urheberrechtsgesetz, § 49 UrhG Rdnr. 4; *v. Gamm,* Urheberrechtsgesetz Kommentar, § 49 UrhG Rdnr. 1, § 45 UrhG Rdnr. 4.

375 *Melichar,* in: Schricker, Urheberrecht, § 49 UrhG Rdnr. 1; vgl. amtl. Begründung des Regierungsentwurfs zum UrhG, UFITA 45 (1965), S. 240, 278, 279.

376 *Melichar,* in: Schricker, Urheberrecht, § 49 UrhG Rdnr. 1; *Raue/Hegemann,* in: Hoeren/Sieber (Hrsg.), Handbuch Multimedia Recht, Kap. 7.5., Rdnr. 18; *Hoeren,* Pressespiegelschranke - eine Anfrage an die Informationsfreiheit, in: FS Druey, S. 773, 776; *ders,.* WiVerw 1999/4, S. 230, 250; *ders.,* GRUR 2002, S. 1022; *Kröger,* Informationsfreiheit und Urheberrecht, S. 162, 344; *Rogge*, Elektronischer Pressespiegel und Urheberrecht, S. 180; *Kleinke*, Pressedatenbanken und Urheberrecht, S. 43.

377 *Lüft*, in: Wandtke/Bullinger, Praxiskommentar zum Urheberrecht, § 49 UrhG Rdnr. 1.

störte Kenntnisnahme durch die Allgemeinheit[378]. Verfassungsrechtliche Untermauerung erhalten diese Zwecke durch das Grundrecht der Informationsfreiheit gemäß Art. 5 Abs. 1 S. 2 Alt. 1 GG. [379] Die Informationsfreiheit stelle keine Folge, sondern gerade eine Voraussetzung für die Meinungsäußerungs- und Meinungsbildungsfreiheit dar.[380] Zudem könne eine Auseinandersetzung mit veröffentlichten Artikeln i.S.d. Art. 5 Abs. 1 S. 1 Alt. 2 GG objektiv, umfassend und erleichtert nur stattfinden, wenn nicht nur von der Presse, sondern von der Allgemeinheit bzw. von verlagsunabhängigen Unternehmen das Recht der publizistischen Übernahme genutzt werde.[381] Diesem informationsrechtlichen Verständnis ist zuzustimmen. So ändert nicht nur das Argument, dass die Öffentlichkeit ohnehin freien Zugang zu den Artikeln durch die Erstveröffentlichung erhalte, nichts an dem Erfordernis der Einbeziehung der Informationsfreiheit als sozialen Allgemeinwohlbelang i.S.d. § 49 Abs. 1 UrhG. Vielmehr wird, so auch die Vertreter der hier vertretenen Ansicht, der freie Informationsfluss sogar empfindlich beeinträchtigt, wenn die Allgemeinheit ausschließlich nur auf die Angebote der Erstveröffentlichungsstelle angewiesen ist.[382] In diesem Zusammenhang muss vor allem auf die Gefahr hingewiesen werden, dass es den Verlagen ohne weiteres möglich wäre, die Presseinformationen nachträglich zu kanalisieren.[383]

Des Weitern kann auch nicht daraufabgestellt werden, dass sich für die hier in Rede stehende Situation Zweifel auf Grund der Schutzbereichbereichseröffnung in persönlicher Hinsicht ergeben. So kann zwar argumentiert werden, dass es bei der Information der Mitarbeiter durch Pressespiegel nur um die wirtschaftlichen Interessen der Unternehmen bzw. Behörden geht. Dies muss dann erst recht auch bei Anstalten, Stiftungen, Behörden oder sonstigen juristischen Personen des öffentlichen Rechts gelten, da hierbei die Gefahr besteht, dass die

378 *Engels*, in: Möhring/Nicolini, Urheberrechtsgesetz, § 49 UrhG Rdnr. 4.

379 *Engels*, in: Möhring/Nicolini, Urheberrechtsgesetz, § 49 UrhG Rdnr. 4; *Melichar*, in: Schricker, Urheberrecht, § 49 UrhG Rdnr. 1; *Lüft*, in: Wandtke/Bullinger, Praxiskommentar zum Urheberrecht, § 49 UrhG Rdnr.1; *Raue/Hegemann*, in: Hoeren/Sieber (Hrsg.), Handbuch Multimedia Recht, Kap. 7.5., Rdnr. 18; *Hoeren*, Pressespiegelschranke - eine Anfrage an die Informationsfreiheit, in: FS Druey, S. 773, 776; *ders.*, GRUR 2002, S. 1022; *Rogge*, Elektronischer Pressespiegel und Urheberrecht, S. 180; *Kröger*, Informationsfreiheit und Urheberrecht, S. 162, 344; *Kleinke*, Pressedatenbanken und Urheberrecht, S. 43; *Fischer*, ZUM 1997, S. 117, 119.

380 BVerfGE 27, S. 71, 81 - Leipziger Volkszeitung; *Degenhart*, in: Bonner Kommentar, Art. 5 GG Rdnr. 247.

381 *Engels*, in: Möhring/Nicolini, Urheberrechtsgesetz, § 49 UrhG Rdnr. 4.

382 *Engels*, in: Möhring/Nicolini, Urheberrechtsgesetz, § 49 UrhG Rdnr. 4.

383 *Hoeren*, Pressespiegelschranke - eine Anfrage an die Informationsfreiheit, in: FS Druey, S. 773, 776; *Kröger*, CR 2000, S. 662 - Anmerkung zum Urteil des OLG Hamburg vom 6.4.2000.

Berechtigung, den Schutz der Informationsfreiheit zu fördern, mit der grundrechtlichen Verpflichtung aus Art. 5 Abs. 1 S. 1 Alt. 2 GG konfundiert. Zu berücksichtigen ist aber, dass es ausschließlich um das individuelle Informationsinteresse der einzelnen Mitarbeiter geht. So kann es für einen Anspruch auf freien Informationszugang keinen Unterschied machen, in welcher Position der einzelne die Information aufnimmt und zu welchem Zweck er sie einsetzt. Letztlich muss es auch zu der aus Art. 2 Abs. 1 GG hergeleiteten individualrechtlichen Komponente[384] gehören, sich beliebig und frei zu informieren, und auch die Freiheit, Informationen gezielt für berufliche Zwecke bzw. das Fortkommen des Unternehmens zu recherchieren und einzusetzen. Da ein gesteigertes Gemeinwohlinteresse wie z.B. Bildungszwecke im Rahmen des § 49 UrhG nicht erforderlich ist, reicht es aus, dass die zusammengestellten Artikel dem individuellen Informationsbedürfnis eines jeden einzelnen Mitarbeiters dienen. Der dem § 49 UrhG zu Grunde liegende Allgemeinwohlbelang ist daher in der Informationsfreiheit gemäß Art. 5 Abs. 1 S. 1 Alt. 2 GG zu sehen.

III. Abzuwägende Verfassungsgüter

Im Hinblick auf § 49 UrhG ergibt sich daher, dass die aus der originären Urheberschaft der Autoren resultierenden ausschließlichen Verfügungs- und Verwertungsrechte bzw. die rechtsgeschäftlich erworbene eigentumsrechtliche Position der Verlage im Verhältnis zu den Allgemeinwohlbelangen auf Informationsfreiheit gemäß Art. 5 Abs. 1 S. 1 Alt. 2 GG die verfassungsrechtliche Konfliktsituation bilden. Welcher Rechtfertigungsumfang sich daraus konkret für eine Möglichkeit der erlaubnisfreien Übernahme von Presseartikeln ergibt, kann letztlich aber erst durch genaue Einbeziehung und Auslegung der Voraussetzungen gemäß § 49 UrhG erörtert werden.

§ 2 Herkömmliche Pressespiegelfreiheit gemäß § 49 UrhG

Die Untersuchung der Reichweite der Pressespiegelfreiheit wird zunächst anhand der Schrankenregelung gemäß § 49 UrhG vorgenommen. Zu diesem Zweck werden in einem ersten Teil die allgemeinen gesetzlichen Voraussetzungen dargestellt, bevor im Anschluss auf den Problembereich der Zulässigkeit von Pressespiegeln eingegangen wird.

A. Allgemeine Privilegierungsvoraussetzungen

Die Schrankenregelung gemäß § 49 UrhG nimmt keine Einschränkungen hinsichtlich der Verwertungsmöglichkeiten vor. Allein das Recht der Bearbeitung gemäß § 23 UrhG ist von der Privilegierung nicht erfasst. Dies bedingt

[384] BVerfGE, 27, S. 71, 81 - Leipziger Volkszeitung.

es, dass an die Möglichkeiten zur Vervielfältigung, Verbreitung oder öffentlichen Wiedergabe strenge Voraussetzungen geknüpft sind.

I. Artikel

Die Übernahmemöglichkeit bezieht sich auf Artikel. Nach allgemeinem Verständnis dieses Begriffes sind darunter nur Sprachwerke wie Kommentare, Berichte, Essays und Rezensionen zu fassen. Dem den praktischen Bedürfnissen nicht gerecht werdenden Verbot, selbstständig verwendete oder in einen Text eingefügte Bilder, Grafiken, Karikaturen, Skizzen oder Tabellen zu übernehmen, wird dabei insoweit Rechnung getragen, als das die VG Wort treuhänderisch auch die Rechte der VG Bild-Kunst zur Übernahme von Bildern in Pressespiegeln wahrnimmt.[385]

1. Einzelne Artikel

Um die Möglichkeit des Aufbaus von Informationsmedien zu verhindern, die ausschließlich auf der vollständigen Übernahme oder der Verwendung wesentlicher Teile einer fremden Publikation basieren, dürfen jeweils nur einzelne Artikel einer Publikation genutzt werden. Zu diesem Zweck allerdings eine starre quantitative Vorgabe zu bestimmen,[386] ist willkürlich und daher abzulehnen. Es bietet sich vielmehr an, wertend auf den Einzelfall abzustellen.[387] Bei Pressespiegeln kommt es nicht auf die Menge der übernommenen Artikel an, sondern auf die Breite des auszuwertenden Medienspektrums. In vielen Fällen ist somit das Erfordernis der quantitativen Beschränkung der zu übernehmenden Artikel schon auf Grund der geforderten individuellen und spezialisierten Auswahl der Artikel erfüllt. Grenzen ergeben sich allerdings, wenn eine Zeitung, wie im kommerziellen Bereich nach mehreren Recherchevorgaben, ausgewertet wird. Unzulässig ist es daher jedenfalls, eine themenübergreifende Auswertung vorzunehmen und dazu eine gesamte Zeitung, eine vollständige Rubrik oder mehrere Seiten einzuscannen.[388]

---

385 *Melichar*, in: Schricker, Urheberrecht, § 49 UrhG Rdnr. 4, 19; *Engels*, in: Möhring/-Nicolini, Urheberrechtsgesetz, § 49 UrhG Rdnr. 7.

386 *Eidenmüller*, CR 1992, S. 321, 322 (max. 20 % aller Artikel) ; *Berger/Degenhart*, AfP 2002, Beilage Heft 6, S. 557, 572 (ein längerer Beitrag oder drei Artikel).

387 *Melichar*, in: Schricker, Urheberrecht, § 49 UrhG Rdnr. 9; *Engels*, in: Möhring/Nicolini, Urheberrechtsgesetz, § 49 UrhG Rdnr. 5; *Dreier*, in: Dreier/Schulze, Urheberrechtsgesetz, § 49 UrhG Rdnr. 9; *Raue/Hegemann*, in: Hoeren/Sieber (Hrsg.), Handbuch Multimedia Recht, Kap. 7.5., Rdnr. 39.

388 LG Hamburg, AfP 1999, S. 389, 391 - Elektronischer Pressespiegel; *Raue/Hegemann*, in: Hoeren/Sieber (Hrsg.), Handbuch Multimedia Recht, Kap. 7.5., Rdnr. 40; *Kröger*, Informationsfreiheit und Urheberrecht, S. 342; *Maaß*, Elektronischer Pressespiegel im Lichte des Urheberrechts, in: FS Söllner, S. 725, 726; *Berger/Degenhart*, AfP 2002,

2. Politische, religiöse und wirtschaftliche Inhalte

Weiterhin ist die Begrenzung der zu übernehmenden Artikel auf politische, wirtschaftliche oder religiöse Themen zu beachten. Eine Verwendung von Beiträgen, die sich allein kulturellen, wissenschaftlichen, unterhaltenden oder sozialen Inhalten widmen, scheidet daher aus.[389] Allerdings ist die Abgrenzung fließend. Es wird daher vorgeschlagen, den Inhalt eines Beitrages auf seinen Schwerpunkt hin zu untersuchen und davon die Frage der Zulässigkeit der Übernahme des Artikels abhängig zu machen.[390] Aus Praktikabilitätserwägungen ist es aber vorzuziehen, alle Artikel und Beiträge als verwertbar anzusehen, die die privilegierten Themen inhaltlich „auch", also in nicht völlig untergeordneter Bedeutung berühren.[391]

3. Tagesfragen betreffend

Nicht nur thematisch ist eine Eingrenzung der Artikel vorzunehmen. Eine Übernahme ist zudem nur dann zulässig, wenn der Inhalt zum Zeitpunkt des Nachdrucks noch aktuell ist.[392] Es ist daher ausschlaggebend, dass bei der Verbreitung des Pressespiegels die Ereignisse, über die in den Artikeln berichtet wird, nur kurze Zeit zurückliegen und noch Gegenstand der öffentlichen Auseinandersetzung sind.[393] Auch wenn dieses Kriterium im Hinblick auf den

---

Beilage Heft 6, S. 557, 564, 572; *Loewenheim,* GRUR 1996, S. 636, 642; *Eidenmüller,* CR 1992, S. 321, 322.

389 *Melichar*, in: Schricker, Urheberrecht, § 49 UrhG Rdnr. 3, 7; *Engels,* in: Möhring/-Nicolini, Urheberrechtsgesetz, § 49 UrhG Rdnr. 17; *Raue/Hegemann*, in: Hoeren/Sieber (Hrsg.), Handbuch Multimedia Recht, Kap. 7.5., Rdnr. 38; *Kröger,* Urheberrecht und Informationsfreiheit, S. 342; *Loewenheim,* GRUR 1996, S. 636, 640; *Fischer,* ZUM 1995, S. 117, 119.

390 *Hoeren*, Die Reichweite gesetzlicher Schranken und Lizenzen, in: Lehmann (Hrsg.), Cyberlaw, S. 98; *Berger/Degenhart,* AfP 2002, Beilage Heft 6, S. 557, 572; *Wild,* AfP 1989, S. 701, 705.

391 *Melichar*, in: Schricker, Urheberrecht, § 49 UrhG Rdnr. 7; *Nordemann,* in: Fromm/-Nordemann, Urheberrechtsgesetz-Kommentar, § 49 UrhG Rdnr. 3; *v. Gamm,* Urheberrecht, § 49 UrhG Rdnr. 3; *Dreier,* in: Dreier/Schulze, Urheberrechtsgesetz, § 49 UrhG Rdnr. 8; *Raue/Hegemann*, in: Hoeren/Sieber, Handbuch Multimedia Recht, Kap. 7.5. Rdnr. 38; *Lüft*, in: Wandtke/Bullinger, Praxiskommentar zum Urheberrecht, § 49 UrhG Rdnr. 8; *Loewenheim*, Urheberrechtliche Grenzen geschützter Dokumente in Datenbanken, S. 74; *Ekrutt,* GRUR 1975, S. 358, 361; *Eidenmüller,* CR 1992, S. 321, 322; *Fischer,* ZUM 1997, S. 117, 118.

392 *Melichar*, in: Schricker, Urheberrecht, § 49 UrhG Rdnr. 8; *Raue/Hegemann,* in: Hoeren/-Sieber (Hrsg.), Handbuch Multimedia Recht, Kap. 7.5. Rdnr. 37; *Loewenheim*, Urheberrechtliche Grenzen geschützter Dokumente in Datenbanken, S. 74; *ders,* GRUR 1996, S. 636, 640.

393 Vgl. OLG Stuttgart, AfP 1986, S. 71, 72; *Kruse,* Elektronischer Pressespiegel, in: Haupt (Hrsg.), Electronic Publishing, S. 111, Rdnr. 24.

Informationsanspruch der Allgemeinheit beanstandet wird,[394] ist es jedenfalls im Rahmen der Auswertung von Pressemedien erfüllt. So dienen Pressespiegel gerade dazu, einen Überblick über die aktuelle Medienresonanz zu einem Themenbereich zu geben.

II. Primärmedium

Für die Zusammenstellung eines möglichst umfassenden und informativen Pressespiegels ist es entscheidend, auf welche Medien zurückgegriffen werden kann.

1. Print-Publikationen

Gemäß § 49 Abs. 1 S. 1 UrhG besteht die Möglichkeit, Beiträge aus Zeitungen zu übernehmen. Einer Zeitung gleichgestellt sind andere Informationsblätter, die lediglich Tagesinteressen dienen. Eine Definition, welche Medien als Zeitung oder Informationsblätter einzuordnen sind, wird dabei aber nicht vorgenommen. Es besteht daher zunächst die Möglichkeit, auf die von der Zeitungswissenschaft vorgenommene Unterscheidung nach Tageszeitungen als Zeitungen und wissenschaftlichen oder Fachpublikationen als Zeitschriften zurückzugreifen.[395] Eine Einordnung von Publikumszeitschriften und Illustrierten, die einen Großteil der in der Presselandschaft bestehenden Publikationen darstellen, erfolgt bei dieser Definition aber nicht. Auch die von den Verlegern vorgenommene Abgrenzung nach dem allgemeinen Sprachverständnis, Branchenüblichkeit oder Verbandzugehörigkeit kann für eine urheberrechtliche Einordnung nicht ausschlaggebend sein, da sie häufig organisatorisch bedingt ist und zudem die Gefahr besteht, an eine nach rein praktischen Gesichtspunkten vorgenommene Einteilung rechtliche Folgen zu knüpfen.[396] Weiterhin ist auch von einem Bestimmungsversuch in Anlehnung an die weiteren Vorschriften im Urheber- oder Verlagsgesetz (§§ 41, 46 VerlG), die den Zeitungs- oder/und Zeitschriftenbegriff enthalten, abzusehen, da die Begriffe in verschiedenen Zusammenhängen genannt sind und unterschiedliche Rechtsfolgen auslösen.[397] Zur Definitionsfindung ist daher allein der Sinn und Zweck der konkret anzuwendenden

---

394 Vgl. *Kleinke*, Pressedatenbanken und Urheberrecht, S. 135; *Kröger*, Informationsfreiheit und Urheberrecht, S. 343; *Hoeren*, WiVerw 1999/4, S. 230, 250.

395 *Melichar*, in: Schricker, Urheberrecht, § 49 UrhG, Rdnr. Rdnr. 5; *Melichar*, Die Begriffe „Zeitung" und „Zeitschrift" im Urheberrecht, in: Melichar (Hrsg.), Urheberrecht in Theorie und Praxis, S. 38, 39.

396 *Engels*, in: Möhring/Nicolini, Urheberrechtsgesetz, § 49 UrhG Rdnr. 8; *Rogge*, Elektronischer Pressespiegel in urheber- und wettbewerbsrechtlicher Beurteilung, S. 185; *Zahrt*, Urheberrechtlicher Schutz elektronischer Printmedien, S. 109, Fn. 552.

397 *Melichar*, Die Begriffe „Zeitung" und „Zeitschrift" im Urheberrecht, in: Melichar (Hrsg.), Urheberrecht in Theorie und Praxis, S. 40; *Rogge*, Elektronischer Pressespiegel in urheber- und wettbewerbsrechtlicher Beurteilung, S. 189.

Vorschrift maßgebend.[398] Zeitungen und Informationsblätter i.S.d. § 49 Abs. 1 S. 1 UrhG sind dazu bestimmt, der schnellen Unterrichtung der Öffentlichkeit zu dienen und im wesentlichen Tagesinteressen Rechnung zu tragen.[399] Unter Beachtung dieses Zwecks werden unstreitig sowohl täglich oder mehrmals wöchentlich erscheinende Tageszeitungen als auch redaktionell selbstständig erstellte Sonntagszeitungen als Zeitungen i.S.d § 49 Abs. 1 UrhG eingeordnet.[400] Genauso eindeutig werden wissenschaftliche Printerzeugnisse und Fachzeitschriften nicht als Zeitungen aufgefasst, sondern als Zeitschriften eingestuft und ausdrücklich auf Grund der bleibenden Bedeutung des Inhalts ihrer Artikel nicht in den Anwendungsbereich des § 49 UrhG einbezogen.[401]

Unklar ist es dagegen, ob Wochen-, Publikumszeitschriften und Nachrichtenmagazine als Zeitungen bzw. Informationsblätter angesehen werden können und damit die Artikel und Beiträge zur Übernahme frei stehen.

Hiergegen wird allerdings angeführt, dass eine solche Einordnung der Konzeption und der Erscheinungsweise von Wochen- und Publikumszeitschriften nicht entspreche.[402] Zur Begründung wird darauf hingewiesen, dass

---

398 *Melichar*, in: Schricker, Urheberrecht, § 49 UrhG Rdnr. 5; *Engels*, in: Möhring/Nicolini, Urheberrechtsgesetz, § 49 UrhG Rdnr. 8; *Dreier*, in: Dreier/Schricker, Urheberrechtsgesetz, § 49 UrhG Rdnr. 7; *Raue/Hegemann*, in: Hoeren/Sieber (Hrsg.), Handbuch Multimedia Recht, Kap. 7.5. Rdnr. 27; *Rogge*, Elektronischer Pressespiegel in urheber- und wettbewerbsrechtlicher Beurteilung, S. 189.

399 Amtl. Begründung des Regierungsentwurfes zu § 49 UrhG, UFITA 45 (1965), S. 240, 282; amtl. Begründung des Regierungsentwurfes zu § 48 UrhG, UFITA 45 (1965), S. 240, 282.

400 U.a. *Melichar*, in: Schricker, Urheberrecht, § 49 UrhG Rdnr. 5, *Engels*, in: Möhring/-Nicolini, Urheberrechtsgesetz, § 49 UrhG Rdnr. 8; *Lüft*, in: Wandtke/Bullinger, Praxiskommentar zum Urheberrecht, § 49 UrhG Rdnr. 4, *Raue/Hegemann*, in: Hoeren/Sieber (Hrsg.), Handbuch Multimedia Recht, Kap. 7.5., Rdnr. 26; *Lehmann/Katzenberger*, Elektronischer Pressespiegel und Urheberrecht S. 5; *Soehring*, Presserecht, Rdnr. 3.18; *Löffler*, in: Löffler (Hrsg.), Presserecht, UrhG BT Rdnr. 91.

401 Amtl. Begründung des Regierungsentwurfes zu § 49 UrhG, UFITA 45 (1965), S. 240, 282; OLG München, AfP 2002, S. 245, 247 - Publikumszeitschriften; OLG München, AfP 2000, S. 191, 193 - Wochenzeitschriften; *Melichar*, in: Schricker, Urheberrecht, § 49 UrhG Rdnr. 5, *Engels*, in: Möhring/Nicolini, Urheberrechtsgesetz, § 49 UrhG Rdnr. 8, *Lüft*, in: Wandtke/Bullinger, Praxiskommentar zum Urheberrecht, § 49 UrhG, Rdnr. 4; *Lehmann/Katzenberger*, Elektronischer Pressespiegel und Urheberrecht, S. 5; *Loewenheim*, Urheberrechtliche Grenzen geschützter Dokumente in Datenbanken, S. 73; *Beiner*, MMR 1999, S. 691, 694; *Fischer*, ZUM 1995, S. 117,118; *Wild*, AfP 1989, S. 701, 704.

402 OLG München, AfP 2000, S. 191, 193 - Wochenzeitschriften; KG Berlin vom 23.11.2001, Az.: 5 U 188/01, S. 16 - E-Mail Pressespiegel; *Lüft*, in: Wandtke/Bullinger, Praxiskommentar zum Urheberrecht, § 49 UrhG Rdnr. 4; *Soehring*, Presserecht, Rdnr. 3.18, 3.19; *Lehmann/Katzenberger*, Elektronischer Pressespiegel und Urheber-

diese Publikationen über einen begrenzten aktuellen Inhalt hinaus nur universelle, bleibende Themen behandeln.[403] Zusätzlich, so wird herausgestellt, zeige die Gleichstellung von Zeitungen mit anderen Informationsblättern, die lediglich Tagesinteressen dienen, dass auch Zeitungen zur Übermittlung von Inhalten mit Tagesinteresse genutzt werden.[404] Aus diesem Grund verbiete sich daher ein weites Begriffsverständnis, nach dem Publikationen, die neben aktuellen Artikeln auch Kommentare mit bleibendem Charakter beinhalten, als Zeitungen aufzufassen seinen. Zudem lasse sich auch eine ausdehnende Interpretation nicht mit dem Gebot der Rechtssicherheit vereinbaren, da sich jeder Urheber bei der Frage der Erteilung einer Erlaubnis auf den ausdrücklichen Gesetzeswortlaut verlassen können müsse.[405] Schließlich sei angesichts der Strafbewehrtheit einer Urheberrechtsverletzung und des strafrechtlichen Bestimmtheitsgrundsatzes die Festlegung auf ein handhabbares, formales Kriterium wie die tägliche Erscheinungsweise geboten, so dass nur Tageszeitungen als privilegierte Entnahmemedien in Betracht kommen können.[406] Mit diesen Überlegungen ist es somit abzulehnen, Publikums- und Wochenzeitschriften als Zeitungen oder Informationsblätter i.S.d. § 49 UrhG einzuordnen.

Zu Recht wird allerdings gegen diese Auffassung plädiert und gegenteilig vertreten, auch Publikums-, Wochenzeitschriften und Nachrichtenmagazine zum Kreis der Entnahmemedien i.S.d. § 49 Abs. 1 UrhG zu zählen. Zur Begründung wird angeführt, dass es schon unter Berücksichtigung des Gesetzeszwecks verneint werden müsse, vom äußeren Erscheinungsbild auf die gesetzliche Einordnung zu schließen.[407] Weiterhin könne auch die Häufigkeit des Erscheinens nicht ausschlaggebend sein. Zwar werde die Aktualität durch ein wöchentliches oder monatliches Erscheinen notwendiger Weise eingeschränkt, dennoch diene der Gesamtcharakter einer Publikums- oder Wochenzeitschrift aber gerade der

---

recht, S. 6; *Löffler*, in: Löffler (Hrsg.), Presserecht, UrhG BT Rdnr. 91; *Maaß*, Elektronischer Pressespiegel im Lichte des Urheberrechts, in: FS Söllner, S. 726; *Wild*, AfP 1989, S. 701, 704.

403 OLG München, AfP 2000, S. 191, 193 - Wochenzeitschriften; KG Berlin vom 23.11.2001, Az.: 5 U 188/01, S. 16 - E-Mail Pressespiegel; *Lüft*, in: Wandtke/Bullinger, Praxiskommentar zum Urheberrecht, § 49 UrhG Rdnr. 4.

404 *Lehmann/Katzenberger*, Elektronischer Pressespiegel und Urheberrecht, S. 6; *Kruse*, Elektronischer Pressespiegel, in: Haupt (Hrsg.), Electronic Publishing, S. 110, Rdnr. 20; *Soehring*, Presserecht, Rdnr. 3.18; *Wild*, AfP 1989, S. 701, 704.

405 KG Berlin vom 23.11.2001, Az.: 5 U 188/01, S. 16 - E-Mail Pressespiegel.

406 *Berger/Degenhart*, AfP 2002, Beilage Heft 6, S. 557, 572.

407 *Melichar*, in: Schricker, Urheberrecht, § 49 UrhG Rdnr. 5; *Raue/Hegemann*, in: Hoeren/-Sieber (Hrsg.), Handbuch Multimedia Recht, Kap. 7.5. Rdnr. 26, S. 42; *Rogge*, Elektronischer Pressespiegel in urheber- und wettbewerbsrechtlicher Beurteilung, S. 187.

aktuellen Information, die den Inhalten einer Tagezeitung gleichkomme.[408] So werden hochaktuelle Ereignisse aufgegriffen, aktuelle Berichterstattung betrieben und zudem auch besondere Geschehnisse oder Zusammenhänge erstmalig aufgedeckt.[409] Auch zeige sich die Aktualität daran, dass zahlreiche Wochenzeitschriften Sonderdruckgenehmigungen für Sonn- und Feiertage eingerichtet haben, um i.S.d. aktuellen Informationsinteresses auf unerwartete Ereignisse reagieren zu können.[410] Dieser Auffassung ist zuzustimmen. So ist es gerade zu berücksichtigen, dass auch bei Wirtschafts- und Nachrichtenzeitschriften der primäre Zweck nicht darin liegt, den Inhalt zu archivieren und als Nachschlagewerk für die Zukunft verfügbar zu halten. Vielmehr kommen Wochenzeitungen eine der Lektüre von Tageszeitungen entsprechende Funktion zu.[411] Insgesamt lässt sich daher anhand dieser Überlegungen für eine Einordnung von Wochen-, Publikums- und Nachrichtenmagazinen folgende Differenzierung vorzunehmen.[412] Soweit eine Publikation im Schwerpunkt nur Sekundärinhalte zu aktuellen Ereignissen oder Vertiefungen enthält, sich ausschließlich auf ein Spezialthema wie ggf. auf den Sport-, Technik- oder Kulturbereich bezieht oder einfache illustrierende und unterhaltende Inhalte wiedergibt, ist ihr der Charakter als Auswertungsmedium i.S.d. § 49 Abs. 1 UrhG abzusprechen. Orientiert sich dagegen eine Publikation an aktuellen Ereignissen und Entwicklungen aus dem wirtschaftlichen, politischen oder religiösen Bereich sind auch monatlich oder wöchentlich erscheinende Publikums-

---

408 OLG München, AfP 2002, S. 245, 247 - Publikumszeitschriften; *Melichar,* in: Schricker, Urheberrecht, § 49 UrhG Rdnr. 5; *Bohne/Müller,* Aktuelle Herausforderung für das Informationsrecht vor dem Hintergrund technischer Entwicklungen, Deputaion des 64. Deutschen Juristentages (Hrsg.), S. U23, U 26; *Runge*, Urheber- und Verlagsrecht (1953), S. 164; *Fischer*, ZUM 1995, S. 117, 118; so im Ergebnis wohl auch *Dreyer,* in: Heidelberger Kommentar zum Urheberrecht, § 49 UrhG Rdnr. 8 (am Anfang), obwohl hier verwirrend zunächst wöchentlich erscheinende Illustrierte und Magazine *als Zeitungen* dem Anwendungsbereich des § 49 UrhG zugeordnet werden, dann aber wieder am Ende des Abschnitts *Zeitschriften* ausdrücklich nicht dem § 49 UrhG zugeordnet werden.

409 OLG München, AfP 2002, S. 245, 247 - Publikumszeitschriften; *Melichar,* in: Schricker, Urheberrecht, § 49 UrhG Rdnr. 5; *Kleinke,* Pressedatenbanken und Urheberrecht, S. 132.

410 OLG München, AfP 2002, S. 245, 247 - Publikumszeitschriften; *Rogge,* Elektronischer Pressespiegel in urheber- und wettbewerbsrechtlicher Beurteilung, S. 189; *Melichar,* Der Begriff „Zeitung" und „Zeitschrift" im Urheberrecht, in: Melichar (Hrsg.), Urheberrecht zwischen Theorie und Praxis, S. 41; *Fischer*, ZUM 1995, S. 117, 118.

411 Vgl. OLG München, AfP 2002, S. 245, 247 - Publikumszeitschriften; *Melichar*, in: Schricker, Urheberrecht, § 49 UrhG Rdnr. 5; *Kleinke*, Pressedatenbanken und Urheberrecht, S. 132.

412 Vgl. OLG München, AfP 2002, S. 245, 247 - Publikumszeitschriften; *Melichar*, in: Schricker, Urheberrecht, § 49 UrhG Rdnr. 5, *Engels,* in: Möhring/Nicolini, Urheberrechtsgesetz, § 49 UrhG Rdnr. 8.

zeitungen oder Nachrichtenmagazine, ungeachtet einiger unterhaltender oder kommentierender Beiträge, als Zeitungen bzw. Informationsblätter gemäß § 49 Abs. 1 S. 1 UrhG einzuordnen.

2. Online-Publikationen

Weiterhin zu klären ist die Frage, ob online verfügbare Informationsquellen wie Internet-Versionen von Zeitungs- oder Zeitschriftenpublikationen, Presse-, Nachrichten- oder Fachdatenbanken als Zeitungen und Informationsblättern i.S.d. § 49 Abs. 1 S. 1 UrhG eingestuft und somit als Auswertungsbasis für die Erstellung eines Pressespiegels herangezogen werden können. Soweit sich die Rechtsprechung bisher mit der Beurteilung der Onlineauswertung beschäftigt hat, erfolgt dies nur nach datenbankschutzrechtlichen Gesichtspunkten gemäß §§ 87 a ff. UrhG. Auf eine Anwendung des § 49 UrhG sind deutsche Gerichte bisher nicht eingegangen. Im Hinblick auf eine Beurteilung der Einordnung der Online-Medien kann daher nur auf die Literaturmeinung zurückgegriffen werden.

So wird vertreten, dass schon der Wortlaut gemäß § 49 Abs. 1 UrhG deutlich mache, Online-Medien vom Bereich der auszuwertenden Medien auszuschließen. In die Begriffe wie „Zeitung“, „Informationsblatt“ und "Rundfunkkommentar“ könne keine elektronische Nutzung hinein interpretiert werden.[413] Zudem wird darauf abgestellt, dass auch die Frage nach dem Willen des Gesetzgebers ergebe, dass dieser bei der Einführung des § 49 UrhG im Jahre 1965 nur an gedruckte Medien gedacht habe. Die Möglichkeiten und Veränderungen, die der Bereich der Print-Medien durch die Digitalisierung erfahren habe, waren in diesem Zeitraum nicht einmal absehbar.[414] Schließlich wird angeführt, dass ein großmöglichster Schutz für den Urheber nur dann erreicht werden könne, wenn die Zulässigkeit elektronischer Primärmedien abgelehnt werde.[415]

Nach anderem Verständnis werden online zugänglich gemachte Informationsquellen als eine Zeitung oder ein Informationsblatt i.S.d. § 49 UrhG in direkter[416] oder in analoger[417] Anwendung eingeordnet. Nach dieser Auffassung erfordere es schon der Anspruch, eine umfassende Befriedigung des allgemeinen

---

413 *Dreier,* in: Schricker (Hrsg.), Urheberrecht auf dem Weg in die Informationsgesellschaft, S. 158.

414 *Lehmann/Katzenberger*, Elektronischer Pressespiegel und Urheberrecht, S. 43; *Loewenheim*, GRUR 1996, S. 636, 641.

415 *Lüft,* in: Wandtke/Bullinger, Praxiskommentar zum Urheberrecht, § 49 UrhG Rdnr. 6.

416 *Zahrt,* Urheberrechtlicher Schutz elektronischer Printmedien, S. 109, 110; *Hoeren,* WiVerw 1999/4, S. 230, 250.

417 Vgl. OGH, MR 1/2003, S. 36, 38 - Meischi.at; *Dreier,* in: Dreier/Schulze, Urheberrechtsgesetz, § 49 UrhG Rndr. 7; *Kruse,* Elektronischer Pressespiegel, in: Haupt (Hrsg.), Electronic Publishing, S. 110 Rdnr. 21.

Informationsbedürfnisses zu erreichen, auch Online-Medien als Auswertungsgrundlage heranzuziehen. Diese Meinung ist überzeugend. So ist schon die Überlegung der Gegenansicht, dass es die Gewährleistung des größtmöglichsten Schutzes der Urheber dazu führen müsse, Online-Medien vom Anwendungsbereich des § 49 Abs. 1 UrhG auszuschließen, nicht verständlich. Die Voraussetzungen, an die eine Übernahme von Artikeln gebunden ist, bestehen im Rahmen der Auswertung von elektronischen Medien genauso wie auch bei Publikationen, die in gedruckter Form vorliegen. Dies bedeutet gleichzeitig daher auch, dass eine unterschiedliche Behandlung von Primärmedien in gedruckter oder in digitaler Form nicht gerechtfertigt ist. Gegen die strenge Wortlautauslegung der konträren Auffassung wird zudem angeführt, dass es gerade möglich sei, vom klassischen Begriffsverständnis ausgehend, eine sachgerechte und sinnvolle Interpretation des Bergriffes „Zeitung" und „Informationsblatt" vorzunehmen.[418] Insoweit wird herausgestellt, dass es bei einer Zeitung im Wesentlichen auf die Periodizität der Publikation, die thematische Universalität und die Aktualität des Inhalts ankomme.[419] Genau diese Merkmale lassen sich aber auch für online publizierte Medien nachweisen. Weiterhin kann zu Abgrenzungszwecken auf die Differenzierungen, die im Bereich der gedruckten Medien maßgeblich sind, zurückgegriffen werden. Soweit daher eine Online-Publikation im Schwerpunkt zeitlos nutzbare Informationen enthält, es sich um Datenbanken zu Spezialthemen mit wissenschaftlichen Inhalten und Fachbeiträgen handelt oder illustrierende und unterhaltende Inhalte wiedergegeben werden, ist online zugänglichen Informationsquellen der Charakter als Auswertungsmedium i.S.d. § 49 Abs. 1 UrhG abzusprechen. Orientiert sich dagegen eine Publikation an aktuellen Ereignissen und Entwicklungen aus dem wirtschaftlichen, politischen oder religiösen Bereich, sind auch die Online-Pendants der monatlich oder wöchentlich erscheinenden Publikumszeitungen oder Nachrichtenmagazine als Zeitungen bzw. Informationsblätter gemäß § 49 Abs. 1 S. 1 UrhG einzuordnen. Unterstützt wird die Auffassung, dass die Art des Trägermediums für die Einordnung von Online-Medien nicht entscheidend sein kann, schließlich dadurch, dass mittlerweile schon zahlreiche Verlage dazu übergegangen sind, ihre Tageszeitungsausgabe nicht nur in

418 *Hoeren,* WiVerw 1999/4 S. 230, 250; *ders.,* MMR 1999, S. 412, 413 - Anmerkung zum Urteil des BGH vom 10.12.1998; *Dreier,* in: Dreier/Schulze, Urheberrechtsgesetz, § 49 UrhG Rdnr. 7; *Decker,* in: Möhring/Nicolini, Urheberrechtsgesetz, § 53 UrhG Rdnr. 31; *Loewenheim,* in: Hoeren/Sieber (Hrsg), Handbuch Multimedia Recht, Kap. 5.4., Rdnr. 32.

419 *Melichar,* in: Schricker, Urheberrecht, § 49 UrhG Rdnr. 5; *Melichar*; Die Begriffe der „Zeitung" und „Zeitschrift" im Urheberrecht, in: Melichar (Hrsg.), Urheberrecht in Theorie und Praxis, S. 36.

gedruckter Form, sondern auch elektronisch zum Kauf anzubieten.[420] Bei dieser Dienstleistung handelt es sich nicht um ein die Print-Version unterstützendes und ergänzendes Online-Pendant, sondern vielmehr um eine eigenständige, vollwertige und mit der gedruckten Ausgabe inhaltlich identischen elektronische Zeitung. Sofern auch für diese Konstellation daran festgehalten wird, eine E-Zeitung vom Auswertungsbereich des § 49 UrhG auszuschließen, führt dies bei exakt identischem inhaltlichen Angebot zu der Situation, allein von der Wahl des Distributionsweges abhängig zu machen, ob die Inhalte zur Information der Allgemeinheit frei stehen. Weiterhin ist gegen das Erfordernis, im Rahmen des § 49 Abs. 1 UrhG auf die körperliche Form des Mediums abzustellen, einzuwenden, dass sich auch hinsichtlich der Bestimmung der urheberrechtlichen Schutzfähigkeit einzelner Werke keine Unterschiede auf Grund der Wahl des Trägermediums oder der Verbreitungsform ergeben, sondern allein der schöpferische Gehalt ausschlaggebend ist.[421] Es wäre daher widersprüchlich, unabhängig von der Art des Mediums dem Urheber seinen urheberrechtlichen Schutz bei Vorliegen der dazu erforderlichen Voraussetzungen zu gewähren, aber gleichzeitig auf Rechtfertigungsebene diesen Grundsatz nicht mehr gelten zu lassen und dem nach der Schrankenvorschrift Begünstigten die Privilegierung zu verwehren.

Festzuhalten bleibt hiernach, dass es auf Grund der Vergleichbarkeit der Funktion und Nutzungsstruktur gedruckter Medien mit Online-Angeboten gerechtfertigt ist, elektronische Medien als Zeitungen bzw. Informationsblatt i.S.d. § 49 UrhG aufzufassen. Auch Online-Versionen von Tages- und Wochenzeitungen sowie Wochen-, Publikums- und Nachrichtenmagazine und auch Datenbanken mit aktuellen Nachrichten-, Presse- oder Wirtschaftsmeldungen stehen daher als Auswertungsgrundlage zur Verfügung.

3. Ausländische Presseerzeugnisse

Neben der Auswertung von Print- und Online-Medien erfordert ein umfassender Meinungsüberblick auch die Hinzuziehung von ausländischen Presseerzeugnissen. Im Bereich der Beobachtung der Print-Medien ist die Einbeziehung von Publikationen aus anderen Ländern schon seit langem üblich.[422] Bei der Auswertung von Online-Medien ergibt sich der Zugriff auf die von ausländischen

---

420 „Online lesen wie gedruckt", in: NZZ – Internationale Ausgabe vom 5./6. April 2003, S. 57; sowie Fn. 145.

421 Z.B.: *Loewenheim*, in: Schricker, Urheberrecht, § 2 UrhG Rdnr. 21; *Vinck*, in: Fromm/-Nordemann, Urheberrechtsgesetz-Kommentar, § 2 UrhG Rdnr. 27; *Ahlberg*, in: Möhring/Nicolini, Urheberrechtsgesetz, § 2 UrhG Rdnr. 3; *Schricker*, in: Schricker (Hrsg.), Urheberrecht auf dem Weg in die Informationsgesellschaft, S. 39.

422 Vgl. *Rintelen*; Urheberrecht und Urhebervertragsrecht (1958), S. 142.

Anbietern auf Grund der Globalität der netzvermittelten Inhalte nahezu automatisch.
Kollisionsrechtlich fraglich ist daher, ob auch Print-Publikationen oder Online-Medien, die im Ausland publiziert oder auf einem ausländischen Server angeboten werden, als Primärmedien i.S.d. § 49 Abs. 1 UrhG angesehen werden können. Zum einen ist die Situation zu klären, dass Presseerzeugnisse ausländischer Anbieter in Deutschland zur Erstellung von Pressespiegeln genutzt werden. Zum anderen ist der Fall möglich, dass vom Territorium eines anderen Landes aus Pressespiegel für den deutschen Markt angeboten werden.
Eine vertraglich Rechtswahl der Parteien gemäß § 27 EGBGB kommt nicht Betracht. Insoweit ist zu berücksichtigen, dass den urheberrechtlichen Vorschriften, die dem Schutz zu Gunsten der einzelnen Urheber dienen, eine zwingende Geltung zukommt.[423] Die Bestimmung der anwendbaren Rechtsordnung folgt daher nach dem Territorialitätsprinzip.[424] Für Ansprüche aus Urheberrechtsverletzungen ist danach das Urheberrecht desjenigen Landes anzuwenden, für dessen Gebiet der Schutz gesucht wird.[425] Für die Verbandsstaaten der revidierten Berner Übereinkunft ergibt sich dies auch aus Art. 5 Abs. 2 S. 2 RBÜ 67/71. Umfasst sind vom Schutzlandprinzip nicht nur das Entstehen des Urheberrechts und die Urheberrechtsinhaberschaft, sondern auch die Ausübung und Übertragung der Befugnisse der berechtigten Urheber.[426] Soweit das nationale Recht, wie bei der Vergütungspflicht oder der Beschränkung auf nur einzelne Artikel über die entsprechenden Regelungen der RBÜ 67/71 hinausgehen sollte, ist dies unschädlich. Die Vorschriften der RBÜ 67/71 sind gemäß Art. 19 RBÜ 67/71 als Mindestrecht aufzufassen, so dass die Verbandsländer nicht daran gehindert sind, weitergehende Bestimmungen zu regeln.
Somit ergibt sich für die genannten Konstellationen Folgendes: Will im Fall der ersten Situation ein inländischer Pressespiegelhersteller auf deutschem Boden die Verwendung ausländischer Publikationen urheberrechtlich rechtfertigen, kann er sich auch hinsichtlich dieser geschützten Werke auf die Schrankenregelung gemäß § 49 UrhG berufen. Genauso kommt nach dem Schutzland-

---

423 BGH, MMR 1998, S. 35 - Spielbankaffäre.

424 *Hoeren*, Pressespiegelschranke im Urheberrecht - eine Anfrage an die Informationsfreiheit, in: FS Druey, S. 773, 776; *Büchele*, Internet im WWW, S. 132, vgl. auch ZG Basel Stadt, sic! 3/2003, S. 217, 219 – Elektronische Pressespiegel II; *Hilty*, sic! 3/2003, S. 266, 269 – Anmerkung zum Urteil des ZG Basel vom 19.06.2002.

425 BGH, MMR 1998, S. 35 - Spielbankaffäre; *Kruse*, Elektronischer Pressespiegel, in: Haupt (Hrsg.), Electronic Publishing, S. 131, Rdnr. 76; *Hoeren*, Pressespiegelschranke im Urheberrecht - eine Anfrage an die Informationsfreiheit, in: FS Druey, S. 773, 776; *Büchele;* Internet im WWW, S. 132.

426 BGH, MMR 1998, S. 35 - Spielbankaffäre.

prinzip aber auch deutsches Recht zur Anwendung, wenn ein Pressespiegeldienst vom ausländischen Boden aus für Nutzer in Deutschland tätig wird.[427]

III. Sekundärmedium

Berechtigt zum Abdruck der aus Zeitungen und Informationsblättern entnommenen Artikel und Beiträge sind gemäß § 49 Abs. 1 UrhG andere „Zeitungen“ und „Informationsblätter dieser Art“.

1. Print-Publikationen

Ohne auf die Frage der Einordnung von Pressespiegeln einzugehen, sei im Hinblick auf den Printbereich dargestellt, dass unproblematisch täglich oder mehrmals wöchentlich erscheinende Tages- oder Wochenzeitungen zum Kreis der zur Übernahme berechtigten Medien gehören. Des Weiteren ist die Erlaubnis der Übernahme von Artikeln nicht an einen bestimmten Informationszweck gebunden.[428] Damit können auch Beiträge aus diversen Publikationen für die Erstellung von Kundenzeitschriften oder Anzeigenblättern genutzt werden.[429] Zu berücksichtigen ist allerdings, dass die Zusammenstellung von Artikeln unzulässig ist, sobald diese einem Werbezweck dient.[430] Zusätzlich können sich auch unabhängig von den urheberrechtlichen Voraussetzungen Beschränkungen nach dem Gesetz zum unlauteren Wettbewerb ergeben.[431] Zu nennen sind hier insbesondere die Übernahme eines schutzwürdigen Leistungsergebnisses (vgl. §§ 3 und 4 UWG) sowie das Verbot der Irreführung gemäß § 5 UWG.

---

427 *Hoeren*, Pressespiegelschranke im Urheberrecht - eine Anfrage an die Informationsfreiheit, in: FS Druey, S. 773, 776; vgl. *Hilty*, sic! 3/2003, S. 266, 269 – Anmerkung zum Urteil des ZG Basel vom 19.06.2002.

428 *Melichar*, in: Schricker, Urheberrecht, § 49 UrhG Rdnr. 14; *Engels*, in: Möhring/-Nicolini, Urheberrechtsgesetz, § 49 UrhG Rdnr. 11; *Raue/Hegemann*, in: Hoeren/Sieber (Hrsg.), Handbuch Multimedia Recht, Kap. 7.5, Rdnr. 54.

429 *Melichar*, in: Schricker, Urheberrecht, § 49 UrhG Rdnr. 14; *Dreier*, in: Dreier/Schulze, Urheberrechtsgesetz, § 49 UrhG Rdnr. 17; *Engels*, in: Möhring/Nicolini, Urheberrechtsgesetz, § 49 UrhG Rdnr. 11.

430 Vgl. OLG Hamm, UFITA 97 (1983), S. 265, 269 - Auch ein Fenster will gepflegt sein; *Dreyer*, in: Heidelberger Kommentar zum Urheberrecht, § 49 UrhG Rdnr. 18.

431 Vgl. LG Düsseldorf, AfP 1988, S. 93, 94 - Sittenwidrige Leitungsübernahme in Medien-Pressespiegel; LG Hamburg vom 2.5.1996, Az: 308 O 88/96, S. 5, 6; *Melichar*, in: Schricker, Urheberrecht, § 49 UrhG Rdnr. 31; *Nordemann*, in: Fromm/Nordemann, Urheberrechtsgesetz-Kommentar, § 49 UrhG Rdnr. 6; *v. Gamm*; Urheberrecht, § 49 UrhG Rdnr. 2.

2. Online-Publikationen

Gleiches gilt auch für den Bereich elektronischer Medien. Hierfür spricht, dass ein Online-Pendant zu einer Tages- oder Wochenzeitung in seiner Funktion und Nutzungsstruktur mit dem entsprechenden Print-Produkt durchaus vergleichbar ist. Speziell im Hinblick auf das Angebot einer mit dem Print-Prokukt identischen E-Zeitung ist zu berücksichtigen, dass es zu einer widersprüchlichen Situation führen würde, wenn der Nutzer einer gedruckten Zeitung beim Lesen die Möglichkeit hat, auch einzelne Artikel aus anderen Zeitungen zur Kenntnis zu nehmen, während einem Bezieher einer E-Zeitung diese Option verschlossen bleibt.

3. Quellenangabe

Unabhängig davon, ob es sich bei den zur Aufnahme von Artikeln berechtigten Sekundärmedien um Publikationen in gedruckter oder digitaler Form handelt, ist das Gebot der Quellenangabe gemäß § 63 Abs. 3 UrhG zu beachten. Danach ist der Übernehmende verpflichtet, jeden einzelnen Beitrag mit dem Autorennamen und der Angabe der Zeitung oder des Informationsblattes zu versehen. Die Benennung des Namens des Autors erübrigt sich aber, wenn er aus dem übernommenen Beitrag nicht hervorgeht.[432]

IV. Rechtevorbehalt gemäß § 49 Abs. 1 S. 1 a.E. UrhG

Jede Entnahme eines Presseartikels verbietet sich bei der Angabe eines Rechtevorbehalts. Damit handelt es sich im Unterschied zu den schon genannten Voraussetzungen gemäß § 49 UrhG um ein subjektives vom Willen des einzelnen Berechtigten abhängendes Kriterium. Zu klären ist daher, ob diese Besonderheit unter Berufung auf die Grundsätze der Privatautonomie eine weite Ausgestaltung des Rechtevorbehalts zulässt oder ob der Rechtevorbehalt in formaler und inhaltlicher Hinsicht konkreten Vorgaben unterliegt.

1. Erklärungsbefugnis

Der Gesetzeswortlaut gibt keine genaue Bestimmung der Ausübungsberechtigung vor. Nach der Gesetzesbegründung soll mit dem Rechtevorbehalt gemäß § 49 Abs. 1 S. 1 a.E. UrhG den Zeitungen die Möglichkeit gegeben werden, die Verwendung ihrer Artikel zu untersagen.[433] Hieraus wird zum Teil geschlossen, dass es sich bei der Befugnis, einen Vorbehalt auszusprechen, um ein originäres Recht der Verleger handelt.[434] Dieser Auffassung muss aber widersprochen werden. So ist zu berücksichtigen, dass der Rechtevorbehalt

---

432 OLG München, ZUM 1991, S. 371, 373; *Raue/Hegemann,* in: Hoeren/Sieber (Hrsg), Handbuch Multimedia Recht, Kap. 7.5., Rdnr. 55.

433 Amtl. Begründung des Regierungsentwurfs zu § 49 UrhG, UFITA 45 (1965), S. 282.

434 *Berger/Degenhart,* AfP 2002, Beilage Heft 6, S. 557, 582.

genau wie auch die weiteren Voraussetzungen gemäß § 49 UrhG das Ergebnis der dieser Schrankenregelung zu Grunde liegenden Interessenabwägung ist. Bei Ausgleich der Belange der Urheber und Allgemeinheit wirkt der Rechtevorbehalt auf Seiten der Interessen der Inhaber der Eigentumsposition. Diese rekrutiert sich aber gerade aus dem Kreis der Urheber und aus dem der Verleger als deren Rechtsnachfolger. Schon die Verhältnismäßigkeit der Abwägung verbietet es daher, die Urheber völlig von der Befugnis, einen Rechtevorbehalt zu erklären, auszuschließen. Der Vorbehalt kann vielmehr durch den Urheber selbst, durch einen Nutzungsberechtigten oder auch durch einen Bevollmächtigten erklärt werden.[435]

2. Inhaltliche und formale Ausgestaltung

Auch im Hinblick auf die inhaltliche Ausgestaltung und die vorzunehmende Formulierung oder Platzierung des Vorbehaltes schweigt das Gesetz. Nach überwiegender Auffassung muss der Rechtevorbehalt für jeden Artikel einzeln, deutlich erkennbar und eindeutig mit Formulierungen wie „Nachdruck verboten" oder „Rechte vorbehalten" erklärt werden.[436] Eingewendet wird hiergegen aber, dass mit diesen strengen Anforderungen die Vorbehalts-Regelung kaum durchführbar und daher nahezu wirkungslos sei. Schon aus organisatorischen, praktischen, grafischen und ästhetischen Gesichtspunkten sei es daher nicht zumutbar, jeden Artikel mit einem Hinweis zu versehen.[437] Bislang bestand aber weitgehend eine Übereinstimmung dahingehend, dass diesem Streit nur sehr eingeschränkt Relevanz zukommt, da die Ausübung eines Rechtevorbehalts in der Praxis eine nur unbedeutende Rolle einnimmt.[438] So

---

435 Vgl. *Melichar*, in: Schricker, Urheberrecht, § 49 UrhG Rdnr. 10; *Engels*, in: Möhring/-Nicolini, Urheberrechtsgesetz, § 49 UrhG Rdnr. 18.

436 *Melichar*, in: Schricker, Urheberrecht, § 49 UrhG Rdnr. 10; *Engels*, in: Möhring/-Nicolini, Urheberrechtsgesetz, § 49 UrhG Rdnr. 18; *Lüft*, in: Wandtke/Bullinger, Praxiskommentar zum Urheberrecht, § 49 UrhG Rdnr. 9; *Rehbinder*, Urheberrecht, S. 209, Rdnr. 281; *Hoeren*, GRUR 2002, S. 1022, 1025; *Fischer*, ZUM 1995, S. 117, 119; *Czychowski*, NJW 2003, S. 118, 120; *Ekrutt*, GRUR 1975, S. 358, 360; *Niemann*, CR 2002, S. 817, 826.

437 *Lehmann/Katzenberger*, Elektronischer Pressespiegel und Urheberrecht, S. 32; *Soehring;* Presserecht, Rdnr. 324; *Zahrt*, Urheberrechtlicher Schutz elektronischer Printmedien, S. 112; *Kruse*, Elektronischer Pressespiegel, in: Haupt (Hrsg.), Electronic Publishing, S. 111, Rdnr.25; *Loenwenheim*, Urheberrechtliche Grenzen geschützter Dokumente in Datenbanken, S. 77; *Czychowski*, NJW 2003, S. 118, 120; *Wild*, AfP 1989, S. 701, 706.

438 *Melichar*, in: Schricker, Urheberrecht, § 49 UrhG, Rdnr. 10; *Kleinke*, Pressedatenbanken und Urheberrecht, S.140; *Rogge*, Elektronischer Pressespiegel aus urheber- und wettbewerbsrechtlicher Beurteilung, S. 241*;* *Kröger*, Informationsfreiheit und Urheberrecht, S. 345; *Rehbinder*, Urheberrecht, S. 209, Rdnr. 281; *Wild*, AfP 1989, S. 701, 706; *Fischer*, ZUM 1995, S. 117, 119; *Ekrutt*, GRUR 1975, S. 358, 360.

waren die nutzungsberechtigten Verlage mit der Verwendung einzelner Artikel im Wesentlichen einverstanden, da sie sich erhofften, auf diese Weise ihr Renommee zu stärken und den Absatz ihrer Primärmedien zu fördern. Von Bedeutung für die Autoren war und ist vor allem, dass sie seit der Einführung der Vergütungspflicht gemäß § 49 Abs. 1 S. 2 UrhG über die tarifvertraglichen Regelungen von dem Einverständnis in die Zweitverwertung profitieren können. Grundlegend verändert hat sich die Bedeutung des Rechtevorbehalts aber mit der Entscheidung des BGH zur Zulässigkeit elektronischer Pressespiegel. So verweist der BGH die Verlage auf die Möglichkeit, einen Rechtevorbehalt auszusprechen und sieht darin ihre Interessen als ausreichend berücksichtigt an.[439] Aber auch schon vor diesem Zeitpunkt wurde in der Zweitverwertung nicht mehr nur die Möglichkeit gesehen, das Renommee der Originalprodukte zu fördern. Vielmehr hat die Weiterverwertung eine Dimension erhalten, der die Verlage eine eigene Wirtschaftskraft zutrauen. Es ist daher erforderlich, unter Berücksichtigung dieser Interessenverschiebung die unterschiedlichen Meinungen zur Ausgestaltung des Rechtevorbehalts aufzugreifen und auf ihre Bedeutung hin zu untersuchen.

So wird es in Anbetracht der Unpraktikabilität der Anbringung eines Rechtevorbehalts an jeden einzelnen Artikel vorgeschlagen, einen Generalvorbehalt im Impressum der Zeitung als ausreichend anzusehen.[440] Zur Begründung wird auf fehlende gegenteilige Hinweise im Wortlaut des § 49 Abs. 1 S. 1 a.E. UrhG verwiesen.[441] Des Weiteren wird angeführt, dass für den Rechtevorbehalt als eine Art Verbotslizenz auf urhebervertragsrechtliche Grundsätze zurückgegriffen werden kann. Angesichts des im Vertragsrecht geltenden Grundsatzes der Privatautonomie wird auch eine freie Ausgestaltung des Rechtevorbehalts für möglich gehalten. Zur weiteren Begründung wird auf § 31 Abs. 1 S. 2 UrhG verwiesen, der die Möglichkeit gibt, die Nutzungsrechte räumlich, zeitlich und vor allem auch inhaltlich frei zu bestimmen. Soweit diese Situation auf den Rechtevorbehalt gemäß § 49 Abs. 1 S. 1 a.E. UrhG übertragen wird, ergibt mit der hier dargestellten Auffassung zudem, dass der Vorbehalt nicht nur als Gesamtvorbehalt, sondern genauso auch als Vorbehalt gegenüber nur bestimmten Presseunternehmen oder als Verbot im Hinblick auf nur einzelne Nutzungsmöglichkeiten festgelegt werden kann.[442]

---

439 BGH, AfP 2002, S. 437, 441 - Elektronischer Pressespiegel.

440 *Soehring*, Presserecht, Rdnr. 3.24; *Kruse,* Elektronischer Pressespiegel, in: Haupt (Hrsg.), Electronic Publishing, S. 111, Rdnr. 25; *Berger/Degenhart,* AfP 2002, Beilage Heft 6, S. 557, 582; *Wild,* AfP 1989, S. 701,706; *Walter,* MR 6/2001, S. 388, 389 - Anmerkung zum Urteil des OGH vom 12.6.2001.

441 *Kruse,* Elektronischer Pressespiegel, in: Haupt (Hrsg.), Electronic Publishing, S. 111, Rdnr. 25; *Wild,* AfP 1989, S. 701,706.

442 *Berger/Degenhart*, AfP 2002, Beilage Heft 6, S. 557, 582.

Trotz dieser Überlegungen und der verstärkten Praxisrelevanz ist aber der Vorschlag, einen Generalvorbehalt als ausreichend anzusehen, nicht haltbar. Schon der Hinweis auf den Wortlaut des § 49 UrhG ist nicht zutreffend. Wird der Gesamtkontext der Vorschrift beachtet, zeigt sich, dass sich die Voraussetzungen zur Übernahme eines Artikels immer nur auf einen einzelnen Artikel beziehen. Dies gilt daher genauso auch für den Rechtevorbehalt.[443] Des Weiteren können auch die Praktikabilitäts- oder Ästhetikerwägungen nur geringe Geltung erlangen, da ein Rechtevorbehalt genau wie übliche Quellenangaben gehandhabt werden kann.[444] Dem Autorennamen eine Formulierung zur Nutzungsuntersagung hinzuzufügen, kann aber gerade nicht als unzumutbar angesehen werden. Schließlich widerspricht auch der Wille des Gesetzgebers der Möglichkeit, einen Rechtevorbehalt mit einem weiten Ausgestaltungsspielraum wie einem Generalvorbehalt zuzulassen. So ging der Gesetzgeber ausweislich der Gesetzesbegründung davon aus, dass die Nutzung von Artikeln im Rahmen des § 49 Abs. 1 UrhG regelmäßig im Interesse der Zeitungsverleger erfolgt und daher nur ausnahmsweise aus besonderen Gründen gegen eine solche Nutzung ein Rechtevorbehalt anzubringen ist.[445]

Weiterhin ist zu berücksichtigen, dass der Rechtevorbehalt ein Resultat des Ausgleichs zwischen den Individualbelangen der Urheber und den Interessen der Allgemeinheit ist. Aus diesem Grund muss sich auch dessen Ausgestaltung an der Verhältnismäßigkeit der Abwägung und der Erfüllung des Gesetzeszweckes messen lassen. Vor diesem Hintergrund ist es daher auch nicht möglich, eine Berufung auf den Grundsatz der Privatautonomie vorzunehmen und die Bestimmung eines beliebigen Rechtevorbehalts zuzulassen, der wie ein Generalvorbehalt den in der Schrankenregelung zum Ausdruck gebrachten Ausgleich der widerstreitenden Interessen völlig aushebelt. Insbesondere gegen die Vornahme einer differenzierten inhaltlichen Ausgestaltung eines Rechtevorbehalts, nach dem nur eine bestimmte Nutzungsform versagt wird oder nur ein bestimmter Nutzerkreis von dem Übernahmerecht ausgeschlossen wird, ist zudem anzuführen, dass § 49 UrhG die Art der Nutzungsmöglichkeiten und auch die zur Übernahme Berechtigten bestimmt. Der Rechtevorbehalt steht daher in unmittelbarem Bezug zu den Voraussetzungen gemäß § 49 Abs. 1 S. 1 UrhG. Daher kann der zur Ausübung des Vorbehalts Befugte nur das ausschließen, wozu die Schrankenregelung berechtigt. Da § 49 UrhG nur bei

---

443 *Melichar*, in: Schricker, Urheberrecht, § 49 UrhG, Rdnr. 10; *Engels*, in: Möhring/-Nicolini, Urheberrechtsgesetz, § 49 UrhG Rdnr. 18; *Raue/Hegemann*, in: Hoeren/Sieber (Hrsg.), Handbuch Multimedia Recht, Kap. 7.5., Rdnr. 42; *Fischer*, ZUM 1995, S. 117, 119.

444 *Engels*, in: Möhring/Nicolini, Urheberrechtsgesetz, § 49 UrhG Rdnr. 18.

445 Amtl. Begründung des Regierungsentwurfes zu § 49 UrhG, UFITA 45 (1965), S. 204, 282; *Niemann*, CR 2002, S. 817, 826.

kumulativem Vorliegen aller Voraussetzungen ein Recht zur Übernahme gibt, besteht daher im Gegenschluss auch nur die Möglichkeit, einen Artikel vollständig der privilegierten Nutzung zu entheben. Weiterhin ist auch aus Gründen der Rechtssicherheit von einer individuellen und differenzierten Ausgestaltung des Rechtevorbehalts abzusehen. So steht es dem Übernahmeberechtigten i.S.d § 49 UrhG gerade zu, einzelne Artikel zustimmungsfrei und dementsprechend auch ohne die Pflicht einer individuellen Rechteeinräumung zu nutzen. Eine freie und individuelle Rechtevorbehaltsausgestaltung würde diese an objektive gesetzliche Voraussetzungen gebundene Nutzungsmöglichkeit kontakarieren und § 49 UrhG dem Charakter einer vertraglichen Regelung, wenn auch nicht im Sinne einer Erlaubnis, sondern eines Verbots, annähern.
Die Ausführungen ergeben daher, dass eine Sicherung des Interesses der Allgemeinheit an einem freien Informationsfluss zur Förderung der öffentlichen Meinungsbildung nur gewährleistet ist, wenn auch weiterhin den Verlagen die Pflicht auferlegt wird, jeden Rechtevorbehalt einzeln und bewusst zu setzen.[446] Ein pauschaler Generalvorbehalt sowie auch die differenzierte Ausgestaltung eines General- oder auch Einzelvorbehaltes ist nicht mit dem Charakter des Rechtevorbehalts als Ausnahmeregelung zu vereinbaren.
Als Alternative wird daher vorgeschlagen, in das Impressum eine Liste einzufügen, in der jeder Artikel, dessen Übernahme nicht gestattet ist, ausdrücklich angegeben werden soll.[447] Im Unterschied zum Vorschlag der Verwendung eines Generalvorbehaltes ist der Vorbehaltserklärende hierbei gezwungen, sich mit jedem Vorbehalt gesondert auseinander zu setzen. Damit wird auch der Wertung des § 49 Abs. 1 UrhG, der Meinungsbildungsförderung zu dienen, Rechnung getragen.[448] Zur Begründung wird weiterhin angeführt, dass eine Platzierung des Rechtevorbehalts im Impressum angebracht ist, da dieses ohnehin der Angabe von Herkunfts- und Haftungshinweisen und dem Schutz der einzelnen Individualrechte vor Eingriffen dient.[449] Dennoch ist aber auch bei diesem Vorschlag kritisch zu bedenken, dass die Nichtgestattung der Übernahme nur mittelbar und ohne einen direkten Bezug zum Text zum Ausdruck kommt.[450] Auch nicht anders als beim Generalvorbehalt besteht daher für den

446 *Kleinke*, Pressedatenbanken und Urheberrecht, S. 140; *Kröger*, Informationsfreiheit und Urheberrecht, S. 344; *Fischer*, ZUM 1995, S. 117, 119, *Arras*, GRUR 1955, S. 231, 232.

447 *Zahrt*, Urheberrechtlicher Schutz elektronischer Printmedien, S. 112.

448 *Zahrt*, Urheberrechtlicher Schutz elektronischer Printmedien, S. 112.

449 *Soehring*, Presserecht, Rdnr. 3.25; *Zahrt*, Urheberrechtlicher Schutz elektronischer Printmedien, S. 112.

450 *Melichar*, in: Schricker, Urheberrecht, § 49 UrhG Rdnr. 10; *Engels*, in: Möhring/-Nicolini, Urheberrechtsgesetz, § 49 UrhG Rdnr. 18; *Nordemann*, in: Fromm/Nordemann, Urheberrechtsgesetz-Kommentar, § 49 UrhG Rdnr. 5; *Lüft*, in: Wandtke/-Bullinger, Praxiskommentar zum Urheberrecht, § 49 UrhG Rdnr. 9; *Raue/Hegemann*, in: Hoeren/Sieber (Hrsg.), Handbuch Multimedia Recht, Kap.7.5., Rdnr. 42.

Übernehmenden die Gefahr, den Vorbehalt zu übersehen. Verstärkt wird diese Gefahr vor allem dadurch, dass die Platzierung eines Impressums nicht einheitlich, sondern publikationsabhängig an immer anderen Stellen angebracht werden kann. Zudem gehört ein Impressum auch nicht zu den Elementen in einer Publikation, die vom Konsumenten im Rahmen der Lektüre regelmäßig zur Kenntnis genommen werden.

Im Ergebnis ist daher festzuhalten, dass im Interesse der Förderung der Meinungsbildung und der Gewährleistung des freien Informationsflusses nicht von einem expliziten Rechtevorbehalt für jeden einzelnen Artikel auf Kosten eines pauschalen oder frei gestaltbaren Übernahmeverbots abzusehen ist. Auch weiterhin ist daher eine direkte Angabe des Rechtevorbehalts an jeden einzelnen Artikel zu fordern.

V. Vergütungsanspruch

§ 49 Abs. 1 S. 2 UrhG regelt schließlich den von der VG Wort wahrzunehmenden Anspruch der Urheber auf eine angemessene Vergütung.

1. Pressespiegelvergütung

Die Vergütung von Pressespiegeln i.S.d. § 49 Abs. 1 S. 2 UrhG steht allein den Autoren zu. Für angestellte Redakteure an Tageszeitungen ergibt sich dies gemäß § 12 Abs. 1 a.E. MTV-Tageszeitungen und für Redakteuren an Zeitschriften gemäß § 18 Abs. 1 a.E. MTV-Zeitschriften.[451] Für freie Journalisten gelten die tarifvertraglichen Regelungen nicht. Solange keine individuelle Übertragung der Pressespiegelrechte an die Verlage erfolgt ist, können die freien Journalisten die VG Wort über den Wahrnehmungsvertrag mit der Geltendmachung der Pressespiegelvergütung betrauen.[452] In den bisher üblichen Verträgen und Vereinbarungen mit den Verlagen ist eine ausdrückliche Einräumung der Pressespiegelrechte nicht vorgenommen worden. Auch von einer stillschweigenden Rechteeinräumung nach Auslegung der individualvertraglichen Vereinbarungen i.S.d. Zweckübertragungstheorie gemäß §§ 43, 31 Abs. 5 S. 1 UrhG ist nicht auszugehen, da sich in einem solchen Fall die freien Autoren die Möglichkeit nehmen würden, eine Zweitvergütung zu erhalten.[453]

---

451 Vgl. LG München I, ZUM 2002, S. 488, 489; KG Berlin vom 23.11.2001, Az.: 5 U 188/01, S. 16, 17 - E-Mail Pressespiegel.

452 § 1 Nr. 4 des Wahrnehmungsvertrages der VG Wort regelt die Pressespiegelvergütung. In der geänderten Fassung seit dem 22.5.2001 beinhaltet diese Vorschrift auch die Vergütungsansprüche für elektronische Pressespiegel zu internen Zwecken und zur kostenlosen Nutzung.

453 KG Berlin vom 23.11.2001, Az.: 5 U 188/01, S. 18 - E-Mail Pressespiegel; a.A. noch die Vorinstanz LG Berlin, AfP 2001, S. 339, 340 - E-Mail Pressespiegel; vgl. auch *Vogtmeier*, MMR Beilage 9/2001, S. 20, 21.

Die Verteilung der Ausschüttung des Aufkommens der Pressespiegelvergütung ergibt sich gemäß §§ 23, 24 des Verteilungsplans der VG Wort. Zusätzlich bestehen zwischen der VG Wort und Unternehmen, Institutionen, Behörden oder Verbänden auch Einzelvereinbarungen oder Gesamtverträge i.S.d. § 12 UrhWG zur angemessenen Regelung der Abrechnung von Pressespiegeln.
Im Bereich der Papier-Pressespiegel werden der VG Wort Belegexemplare von Pressespiegeln zu einem im jeweiligen Einzel- oder Rahmenvertrag vereinbarten Zeitpunkt für einen individuell festgelegten repräsentativen Auswertungszeitraum zugesandt und auf urheberrechtsfähige Beiträge ausgewertet. Die Höhe der durch den Pressespiegelhersteller zu zahlenden Beiträge ergeben sich gemäß § 24 Verteilungsplan VG Wort. Danach ist allein der Umfang der Veröffentlichung und die Höhe der Auflage des Pressespiegels ausschlaggebend.
Für den Bereich der Verwaltung elektronischer Pressespiegel sind in einzelnen Rahmenverträgen der VG Wort die soeben beschriebenen Berechnungsparameter auf die Situation der digitalen Erstellung und des digitalen Vertriebs übertragen worden, so dass die Anzahl der Bildschirmplätze und die Anzahl der Nutzer zur Berechnung der Vergütung dienen.[454] Unberücksichtigt bleibt bei dieser Vorgehensweise allerdings die Flexibilität und die erweiterten Nutzungsmöglichkeiten, die eine elektronische Pressespiegelnutzung mit sich bringt. Auf diese Situation reagiert die VG Wort und hat daher Ende des Jahres 2002 mit einzelnen Nutzern und Verbänden einen Erhebungsprozess durchgeführt, um das Nutzungsverhalten der Mitarbeiter in Unternehmen, Behörden, etc. mit Pressespiegeln in elektronischer Form festzustellen. Ergebnis dieser Überprüfung stellt das im März 2003 veröffentlichte Tarifsystem dar. Dieses knüpft nun nicht mehr formal an die Anzahl der Nutzer an, sondern nimmt anhand der Intensität der Nutzung eine Einteilung in Nutzergruppen vor. Pro Artikelnutzung wird nun zwischen Regel- und Gelegenheitsnutzern unterschieden.[455]

2. Kurze Auszüge

Für die Erstellung von Übersichten mit kurzen Auszügen aus Artikeln und Rundfunkkommentaren entfällt gemäß § 49 Abs. 1 S. 2 letzter Halbs. UrhG die Pflicht zur Zahlung einer angemessenen Vergütung. Dem Gesetzgeber ging es bei dieser Ausnahme darum, den Fall der Presseübersichten wie „Blick in die Presse“ oder „Stimmen der anderen“ zu erfassen.[456] Für die Situation der Erstellung von Pressespiegeln hat die Ausnahme gemäß § 49 Abs. 1 S. 2 letzter

---

454 Vgl. OLG Hamburg, AfP 2000, S. 299, 300 - Elektronischer Pressespiegel; *Raue/-Hegemann*, in: Hoeren/Sieber (Hrsg.), Handbuch Multimedia Recht, Kap. 7.5, Rdnr. 86.

455 Bundesanzeiger Nr. 53 vom 18.03.2003, S. 4758.

456 *Melichar*, in: Schricker, Urheberrecht, § 49 UrhG, Rdnr. 20; *Engels*, in: Möhring/-Nicolini, Urheberrechtsgesetz, § 49 UrhG Rdnr. 21; *Nordemann*, in: Fromm/Nordemann, Urheberrechtsgesetz-Kommentar, § 49 UrhG, Rdnr. 4.

Halbs. UrhG jedoch keine Relevanz, da der Nutzer der Pressespiegel die Möglichkeit haben soll, aus den vollständigen Artikeln oder Beiträgen die für ihn wichtigen Schlüsse zu ziehen. Auch im Bereich der Auswertung von Online-Medien greift § 49 Abs. 1 S. 2 letzter Halbs. UrhG nicht ein. Zwar wird mit den Online-Pressespiegeln zunächst nur eine Übersicht mit Überschriften und Textausrissen geliefert. Bezweckt wird damit aber letztlich der Zugriff auf den Volltext der referenzierten Artikel, so dass nicht mehr von kurzen Auszügen i.S.d. § 49 Abs. 1 S. 2 letzter Halbs. UrhG gesprochen werden kann.

B. Herkömmlicher Pressespiegel

Im Folgenden geht es um die Klärung der Frage, ob Pressespiegel als Sekundärmedien i.S.d. § 49 Abs. 1 UrhG subsumierbar sind. Zu berücksichtigen ist, dass schon die Einordnung von Papier-Pressespiegeln uneinheitlich vorgenommen wird. Insbesondere im Streit um den elektronischen Pressespiegel ist auch die Diskussion um die gängige Praxis der Erstellung und Verbreitung von gedruckten Pressespiegeln wieder aufgeflammt. Schließlich hat sich auch der BGH in seiner Entscheidung zum elektronischen Pressespiegel der Frage der Zulässigkeit herkömmlicher Pressespiegel angenommen.[457] Von großer Bedeutung für die Beurteilung der Möglichkeit der Anwendung des § 49 Abs. 1 S. 1 UrhG auf Pressespiegel ist dabei die einleitend abgesprochene Kernfragestellung, ob allein die Privilegierung der Presse den Sinn und Zweck der Vorschrift ausmacht oder ob es sich um die Gewährleistung des freien Informationsflusses gegenüber jedermann, einschließlich der Presse, handelt.[458]

I. Wortlautauslegung

Gemäß § 49 Abs. 1 S. 1 UrhG wird die Wiedergabe von Artikeln „in anderen Zeitungen“ und „Informationsblättern dieser Art“ gestattet. Als Zeitungen lassen sich Pressespiegel nicht subsumieren.

Nach dem Wortlaut gemäß § 49 Abs. 1 S. 1 UrhG ergibt sich nur die Möglichkeit, für einen Pressespiegel am Begriff des Informationsblattes anzuknüpfen. Eine Definition wird dazu nicht angeführt. Anhaltspunkte für die Begriffsauslegung könnten aber dem Verständnis gemäß § 48 Abs. 1 Nr. 1 UrhG entnommen werden. Nach dieser Vorschrift werden Nachrichten- und Pressemeldungen sowie Korrespondenzen, Wirtschaftsbriefe oder Mitteilungsblätter als Informationsblätter qualifiziert.[459] Allerdings lassen sich Pressespiegel auch unter einen dieser Begriffe nicht subsumieren.

Offen bleibt aber die Möglichkeit, eine rein sprachliche Interpretation vorzunehmen. Danach wird es für ein Blatt mit Informationen als wesentlich

---

[457] BGH, AfP 2002, S. 437, 439 - Elektronischer Pressespiegel.

[458] Vgl. dazu Kap. 4 §1 B. II.

[459] Amtl. Begründung zum Urheberrechtsgesetzt 1965, UFITA 45 (1965), S. 240, 241.

angesehen, dass der Hersteller im eigenen Interesse oder in dem eines Dritten einen ausgewählten Adressantenkreis über ein hochaktuelles und spezielles Thema informieren will, dazu Artikel und Beiträge auswählt, zusammenstellt und den Nutzern zukommen lässt.[460] Diesem Definitionsansatz können auch Pressespiegel als individualisierte Zusammenstellungen von themenspezifischen Beiträgen gerecht werden. Zu berücksichtigen ist allerdings, dass mit der Formulierung „dieser Art“ gemäß § 49 Abs. 1 S. 1 UrhG ein Informationsblatt in direkten Bezug zum Zeitungsbegriff als erstveröffentlichtes Medium gesetzt wird. Diese Wortlautbeziehung deutet nun darauf hin, dass Informationsblätter den Primärmedien gleichwertig sind und dementsprechend ebenso deren Voraussetzungen und pressetypischen Charakteristika vorweisen müssen.[461]

1. Erscheinen eines Pressespiegels

Auf Grund dieser Überlegungen werden daher auch Zweifel erhoben, ob mit einem Informationsblatt überhaupt ein individueller Adressatenkreis bedient werden könne. So führe eine Verteilung innerhalb einer Behörde oder eines Unternehmens zu keinem Erscheinen des Pressespiegels gemäß § 6 Abs. 2 UrhG. Gerade eine Ausgabe an die Öffentlichkeit sei aber unter Anbetracht der Spiegelbildlichkeit von Entnahme- und Wiedergabemedium für ein Informationsblatt als Sekundärmedium genauso erforderlich, wie beim Informationsblatt als Primärmedium.[462] Diese Situation mache deutlich, dass jedenfalls die Zulässigkeit eines ausschließlich betriebs- oder behördenintern genutzten Pressespiegels in Frage stehe.

Eingewandt werden kann gegen diese Überlegungen aber, dass nach dem Wortlaut gemäß § 49 Abs. 1 UrhG überhaupt nicht auf ein Erscheinen abstellt wird. Zwar ist zuzugeben, dass im Hinblick auf ein Primärmedium nur ein schon erschienener Artikel zur Übernahme genutzt werden kann. Für Sekundärmedien gilt diese Voraussetzung aber gerade nicht.[463] Zudem ist anzuführen, dass sich der Wortlauthinweis auf das primärveröffentlichte Informationsblatt eindeutig nur insoweit bezieht, als auch das Sekundärmedium politischen, wirtschaftlichen

---

460 *Loewenheim*, Urheberrechtliche Grenzen der Verwendung geschützter Dokumente in Datenbanken, S. 76.

461 *Löffler*, in: Löffler (Hrsg.), Presserecht, UrhGBT Rdnr. 92, Rdnr. 45; *Löffler/Ricker*, Handbuch des Presserechts, S. 540, Rdnr. 10; *Dreyer*, in: Heidelberger Kommentar zum Urheberrecht, § 49 UrhG Rdnr. 7, *Soehring*, Presserecht, Rdnr. 3.22; *Berger/Degenhart*, AfP 2002, Beilage Heft 6, S. 557, 563; *Niemann*, CR 2002, S. 817, 823; *Walraff*, AfP 2000, S. 23, 26; *Dieselhorst*, K&R 2000, S. 511, 512 - Anmerkung zum Urteil des OLG Hamburg vom 6.4.2000; *Wild*, AfP 1989, S. 701, 705.

462 *Soehring*, Presserecht, Rdnr. 322; *Katzenberger*, in: Schricker, Urheberrecht, § 6 UrhG, Rdnr. 30; *Niemann*, CR 2002, S. 817, 824; *Berger/Degenhart*, AfP 2002, Beilage Heft 6, S. 557, 573; *Wild*, AfP 1989, S. 701, 705.

463 *Will*, MMR 2000, S. 368, 369 - Anmerkung zum Urteil des OLG Köln vom 30.12.1999.

oder religiösen Tagesinteressen zu dienen bestimmt sein muss.[464] Hierfür spricht weiterhin, dass es nicht von der Größe des Empfängerkreises abhängig gemacht werden kann, ob ein Artikel oder Beitrag zum Zwecke der Information, Meinungsbildung als Diskussionsgrundlage genutzt wird.[465] Schließlich lässt sich zur Begründung anführen, dass wenn schon in Massenpublikationen wie Zeitungen, Artikel und Beiträge übernommen werden dürfen, dies erst recht auch für Sekundärmedien gelten muss, die nur im internen Bereich Geltung erlangen und nicht der Öffentlichkeit angeboten oder in Verkehr gebracht werden.[466]
Aus diesen Überlegungen folgt daher, dass der Wortlautbezug zwischen Primär- und Sekundärmedien nicht in der Weise zu verstehen ist, dass ein Informationsblatt nur dann als Sekundärmedium qualifiziert werden kann, wenn es erschienen ist.

2. Redaktionelle Qualität eines Pressespiegels

Neben der Forderung des Erscheinens wird aus der Formulierung „Informationsblätter dieser Art" und dem sich daraus ergebenen Gedanken der Gleichwertigkeit von Primär- und Sekundärmedium zudem hergeleitet, dass ein Informationsblatt ohne einen eigenen redaktionellen Teil nicht als zulässiges Sekundärmedium angesehen werden könne.[467] Nur die Presse, die die öffentliche Meinungsbildung durch gegenseitige geistige Auseinandersetzung mit Kommentaren, Berichten etc. fördere, könne dieses Ziel erreichen. Nicht dagegen diene eine rein zu Informationszwecken vorgenommene einfache Zusammenstellung von übernommenen Artikeln ohne eine redaktionelle

---

464 *Melichar*, in: Schricker, Urheberrecht, § 49 UrhG Rdnr. 12; *Raue/Hegemann*, in: Hoeren/Sieber (Hrsg.), Handbuch Multimedia Recht, Kap. 7.5., Rdnr. 48.

465 *Rogge*, Elektronischer Pressespiegel in urheber- und wettbewerbsrechtlicher Beurteilung, S. 204.

466 OLG München, AfP 2000, S. 191, 193 - Wochenzeitschrift; *Melichar*, in: Schricker, Urheberrecht, § 49 UrhG Rdnr. 12; *Raue/Hegemann*, in: Hoeren/Sieber (Hrsg.), Handbuch Multimedia Recht, Kap. 7.5., Rdnr. 50; *Lüft*, in: Wandtke/Bullinger, Praxiskommentar zum Urheberrecht, § 49 UrhG Rdnr. 10; *Kröger*, Informationsfreiheit und Urheberrecht, S. 341; *Kruse*, Elektronischer Pressespiegel, in: Haupt (Hrsg.), Electronic Publishing, S. 108, Rdnr. 13; *Will;* MMR 2000, S. 368, 369 - Anmerkung zum Urteil des OLG Köln vom 30.12.1999; *Ekrutt*, GRUR, 1975, S. 358, 361.

467 OLG Köln, AfP 1999, S. 94, 96 - Elektronischer Pressespiegel; OLG Hamburg, AfP 2000, S. 299, 302 - Elektronischer Pressespiegel; LG Frankfurt/Main, AfP 2001, S. 526, 527 - Pressespiegelversand; LG Frankfurt/Main, vom 25.04.2002, Az.: 2/03 419/01, S. 10 -Pressespiegelversand; *Löffler*, in: Löffler (Hrsg.), Presserecht, UrhGBT, Rdnr. 92; *Soehring*, Presserecht, Rdnr. 3.22; *Zahrt*, Urheberrechtlicher Schutz elektronischer Printmedien, S. 115; *Berger/Degenhart*, AfP 2002, Beilage Heft 6, S. 557, 573; *Dieselhorst*, K&R 2000, S. 511, 512 - Anmerkung zum Urteil des OLG Hamburg vom 6.4.2000.

Leistung diesem Zweck.[468] Gestärkt werde diese Auslegung des Wortlautverständnisses zudem auch in verfassungsrechtlicher Hinsicht, da § 49 UrhG ausschließlich im Dienst der Pressefreiheit fungiere.
Anzuführen ist hiergegen aber, dass allein der Wortlaut „Informationsblätter dieser Art“ gemäß § 49 Abs. 1 S. 1 UrhG zu vage ist, um eine ausreichende Auslegungsgrundlage für das restriktive Verständnis der Sekundärmedien geben zu können.[469] Vielmehr ist mit der Gesetzesbegründung auf die Ermöglichung einer schnellen Unterrichtung und Diskussion über aktuelle gesellschaftliche Fragen abzustellen.[470] Auch in verfassungsrechtlicher Hinsicht ist daher für die Ermittlung des Verständnisses des § 49 Abs. 1 UrhG an die Informationsfreiheit gemäß Art. 5 Abs. 1 S. 1 Alt. 2 GG anzuknüpfen. Gerade dieser Zweck des freien Informationsaustausches kann aber auch durch Sekundärmedien, die sich ausschließlich aus übernommenen Artikeln zusammensetzen, erreicht werden.[471] Zudem ist zu beachten, dass durchaus auch die Erstellung eines Pressespiegels eigenständige redaktionelle Leistungen erfordert. Eine journalistische Tätigkeit ist nicht nur in der Berichterstattung und Kommentierung zu sehen, sondern genauso auch in der Auswahl und Zusammenstellung von Artikeln und Beiträgen.[472] Weiterhin ist anzuführen, dass § 49 UrhG keiner Zweckbindung unterliegt. Daher besteht für das übernehmende Medium zwar durchaus die Möglichkeit, eine inhaltliche Auseinandersetzung vorzunehmen, eine zwingende Voraussetzung dafür ergibt sich gemäß § 49 Abs. 1 UrhG allerdings nicht. Vielmehr kann auch eine einfache Informationsweitergabe als ein legitimer Zweck angesehen werden.[473] Schließlich ist zu berücksichtigen, dass sich das Kriterium der redaktionellen Eigenleistung schwer subsumieren lässt und daher

---

468 LG Frankfurt/Main, AfP 2001, S. 526, 527 - Pressespiegelversand; *Löffler*, in: Löffler (Hrsg.), Presserecht, UrhGBT Rdnr. 92; *Bullinger*, in: Löffler (Hrsg.), Presserecht, § 1 LPG, Rd 214; *Soehring*, Presserecht, Rdnr. 3.22; *Maaß*, Elektronischer Pressespiegel im Lichte des Urheberrechts, in: FS Söllner, S. 725, 726; *Berger/Degenhart*, AfP 2002, Beilage Heft 6, S. 557, 573; *Walraff*, AfP 2000, S. 23, 26; *Wild*, AfP 1989, S. 701, 705.

469 *Engels*, in: Möhring/Nicolini, Urheberrechtsgesetz, § 49 UrhG Rdnr. 9; *Will*, MMR 2000, S. 368, 369 - Anmerkung zum Urteil des OLG Köln vom 30.12.1999.

470 Amtliche Begründung zum Regierungsentwurf des UrhG, UFITA 45 (1965), S. 240, 282.

471 *Engels*, in: Möhring/Nicolini, Urheberrechtsgesetz, § 49 UrhG Rdnr. 9; *Melichar*, in: Schricker, Urheberrecht, § 49 UrhG Rdnr. 12; *Will*, MMR 2000, S. 368, 369 – Anmerkung zum OLG Köln vom 30.12.1999; *Fischer*, ZUM 1995, S. 117, 119.

472 *Krejci*, Urheberrechtliches zur Medienbeobachtung, in: FS Dittrich, S. 201, 209; *Verkade*, GRUR Int. 1996, S. 1231, 1233 - Anmerkung zum Urteil des Hooge Raad vom 10.11.1995.

473 *Melichar*, in: Schricker, Urheberrecht, § 49 UrhG, Rdnr. 12, 14; *Engels*, in: Möhring/-Nicolini, Urheberrechtsgesetz, § 49 UrhG Rdnr. 11; *Rogge*, Elektronischer Pressespiegel in urheber- und wettbewerbsrechtlicher Beurteilung, S. 203.

Rechtsunsicherheit in sich birgt.[474] In diesem Fall würde die Frage der Privilegierung von der situationsbezogenen Überprüfung des vorgenommenen Recherche-, Bearbeitungs-, Aufbereitungs- und Zusammenstellungsaufwandes des Sekundärmediums abhängig gemacht. Es erscheint daher sachgerechter für eine Anwendung des Einsatzes der Schrankenregelung nach der Bedeutung des Sekundärproduktes für die freie Informationsvermittlung zu fragen, als für die Anwendung des § 49 UrhG auf die Zugehörigkeit eines Wiedergabemediums zum redaktionellen Pressebereich abzustellen.
Im Ergebnis zeigt sich, dass sich nach dem Wortlaut nicht zwingend die geforderte Gleichartigkeit von Primär- und Sekundärmedien ergibt. Im Vordergrund steht vielmehr die Gewährleistung des freien Austausches von Informationen. Gerade dazu ist aber auch ein nur einseitig nutzbares Medium dienlich. Die Möglichkeit, einen Pressespiegel als Informationsblatt i.S.d. § 49 Abs. 1 S. 1 UrhG aufzufassen, scheitert daher nicht schon an der Formulierung „dieser Art", die auf eine Beziehung zwischen dem Entnahme- und Wiedergabemedien schließen lässt.

II. Entstehungsgeschichte

Neben dem Wortlautverständnis dient auch die Entstehungsgeschichte der Regelungen zur Nutzung von Artikeln aus Presseerzeugnissen dem Nachweis, dass nicht nur redaktionelle Zusammenstellungen an die Öffentlichkeit, sondern auch herkömmliche Pressespiegel im internen Bereich von der Schrankenregelung des § 49 UrhG erfasst sind.

1. § 7 b ReichsG von 1870

Gemäß der großzügigen Schrankenregelungen gemäß § 7 b ReichsG von 1870 war nicht nur der Abdruck von Beiträgen in Zeitungen, Zeitschriften und anderen öffentlichen Blättern möglich. Vielmehr wurde es auch als erlaubt angesehen, Artikel in besonderen Druckschriften zusammenzustellen.[475] Von Bedeutung war daher weder die Gleichartigkeit noch die redaktionelle Eigenleistung des übernehmenden Mediums. § 7 b ReichsG von 1870 hatte allein den Zweck, der Vermeidung von Informationsmonopolen zu dienen. Auch die Struktur der damaligen Presselandschaft spricht gegen die Annahme, in dieser anfänglichen Regelung das Erfordernis der wechselseitigen Übernahmemöglichkeit begründet zu sehen. Zwar ist nicht zu leugnen, dass § 7 b ReichsG von 1870 dem Anschub der Regional- und Provinzpresse zum Zwecke der Sicherung eines flächendeckenden und von Meinungsvielfalt geprägten Pressewesens dienen

---

[474] *Krejci*, Urheberrechtliches zur Medienbeobachtung, in: FS Dittrich, S. 201, 209.

[475] *Dambach*, Die Gesetzgebung des norddeutschen Bundes betreffend das Urheberrecht (1871), S. 90.

sollte.[476] Daraus lässt sich aber nicht auf ein Privileg ausschließlich zu Gunsten der Presse schließen. Vielmehr stand schon zu diesem Zeitpunkt allein die Informationsfreiheit der Allgemeinheit im Vordergrund, die eben nur durch einen freien Zugang der Regional- und Provinzpresse auf die Inhalte der überregionalen und städtischen Presse sichergestellt werden konnte. Gegen das Erfordernis der wechselseitigen Übernahme von Artikeln lässt sich weiterhin die Tatsache anführen, dass nur die stadtferne Presse, die mangels leistungsfähiger Kommunikationssysteme von der Informationsgewinnung abgeschnitten war, auf die Inhalte aus anderen Zeitungen zurückgreift. Für auflagenstarke städtische oder stadtnahe Publikationstitel größerer Verlagshäuser sind die Informationen der Regionalpresse dagegen bedeutungslos, da diese nur ortsbezogene und ggf. auch weniger aktuelle Themen beinhalten. § 7 b ReichsG von 1870 ist daher als Privileg zur Sicherung eines freien und möglichst flächendeckenden Informationsaustausches zu verstehen.

2. § 18 LUG von 1901 und 1910

Genau wie bei der Vorgänger-Regelung orientiert sich der Gesetzgeber auch bei der Einführung des § 18 LUG von 1901 an den praktischen Bedürfnissen und technischen Möglichkeiten zur Nutzung und Verwendung von Artikeln und Beiträgen aus der aktuellen Presse. Nachdem sich die Möglichkeiten des Informationsaustausches verbessert hatten und auch ländliche Gebiete mit Informationen versorgt werden konnten, verringerte sich das Bedürfnis für eine freie Übernahme von fremden Artikeln und Beiträgen.[477] Der Gesetzgeber reagierte daher in der Weise, die nahezu unbegrenzte Abdruckfreiheit zu Gunsten der urheberrechtlichen Position der Autoren einzuschränken. Aus diesem Grund wurden Beiträge wissenschaftlichen, technischen und unterhaltenden Inhalts gemäß § 18 Abs. 2 LUG aus dem Kreis der Primärmedien ausgeschlossen. Durch die Aufnahme der Verpflichtung zur Quellenangabe wollte der Gesetzgeber zudem dem Autor eine Gegenleistung für die Freigabe des Artikels zukommen lassen.[478] Es wurde angenommen, dass die Angabe der Urquelle als Reklame dient und nur dann für den Abdruckenden nachteilig ist, wenn dieser aus eigenen Profitzwecken die Übernahme vornimmt.[479] Weitere Einschränkungen erfolgten nicht. Insbesondere auch im Hinblick auf den weiten Kreis der privilegierten Sekundärmedien hielt der Gesetzgeber eine Ein-

---

476 *Berger/Degenhart*, AfP 2002, Beilage Heft 6, S. 557, 571.

477 *Lehmann/Katzenberger*, Urheberrecht und Elektronischer Pressespiegel, S. 26, 28.

478 *Rintelen*, Urheberrecht und Urhebervertragsrecht, S. 143; vgl. Begründung zum Entwurf des LUG 1901, Reichstags-Drucks. Nr.97, abgedruckt bei *Schulze*, Materialien zum UrhG, Band I, S. 142, 143.

479 *Elster*, in: Voigtländer/Elster, Urheberrecht (1942), § 18 LUG, S. 162; *Rintelen*, Urheberrecht und Urhebervertragsrecht, S. 143.

schränkung bzw. zwingende Anknüpfung an die Voraussetzungen eines Primärmediums für nicht erforderlich. Vielmehr wurde die Artikelnutzung als gerechtfertigt angesehen, soweit der Urheber eine Gegenleistung - hier in Form der Quellenangabe - erhielt.
Diese Ausgleichmöglichkeit erwies sich aber als untauglich, als in der Folgezeit vermehrt Beiträge ohne Quellenangaben übernommen wurden. Dies bewog den Gesetzgeber dazu, nun erstmals mit der Änderung des § 18 LUG im Jahr 1910 den Kreis der privilegierten Wiedergabemedien auf Zeitungen zu beschränken und damit an die Voraussetzungen der Primärmedien anzupassen. Aber auch aus dieser Entwicklung kann nicht zwingend geschlossen werden, nur die wechselseitige Übernahme in Pressemedien als privilegiert anzusehen. Vielmehr stellte sich die Beschränkung der Sekundärmedien als notwendig heraus, da in der Praxis der Urheberrechtsschutz an den Artikeln nicht ausreichend durch die Quellenangabe honoriert wurde.

3. Einführung des § 49 UrhG (1965)

Seit Mitte der 30er Jahre wurde die Regelung zur Übernahme von Presseartikeln erneut Gegenstand der Überlegung des Gesetzgebers. Zunächst mit § 33 des amtlichen Entwurfes der Reichsregierung für ein neues Urheberrechtsgesetz im Jahre 1932 und später mit § 43 Abs. 1 des Referentenentwurfes zum UrhG von 1954 sollte eine verstärkte Anlehnung an die Regelung gemäß Art. 9 Abs. 2 der RBÜ der Brüsseler Fassung von 1928 erfolgen.[480] Es wurde angestrebt, auch Zeitschriften in den Kreis der Primärmedien aufzunehmen. Die Wiedergabemöglichkeit sollte aber weiterhin den Zeitungen vorbehalten bleiben. Für die Zulässigkeit der Aufnahme von Pressespiegeln ergeben sich daher in dieser Entwicklungsphase der Gesetzgebungsgeschichte keine weiteren Anhaltspunkte. Allein hervorzuheben ist, dass auch im Rahmen dieser Gesetzgebungsüberlegungen das Interesse der Allgemeinheit an einer schnellen und umfassenden Orientierung und Diskussionsmöglichkeit in Bezug auf wichtige Tagesfragen weiterhin als Rechtfertigungsgrundlage für einen Eingriff in das Vervielfältigungsrecht angesehen wurde.[481] Eine Umsetzung der Gesetzesvorschläge wurde nicht vorgenommen.
Erst 55 Jahre nach der letzten legislativen Einflussnahme kam es 1965 mit der Neueinführung des § 49 UrhG zur Änderung der Schrankenregelung über die Nutzung von Presseerzeugnissen. Gemäß dieser Vorschrift ist der Kreis der privilegierten Sekundärmedien zum Zwecke der Gewährleistung einer schnellen

---

480 Vgl. *Leinveber*, Urheberrechtsreform und Verlagswesen nach dem Regierungsentwurf 1962, S. 11; Begründung des Referentenentwurfes von 1945 zu § 43 UrhG, S. 134, abgedruckt in *Delp*, Das künftige Urheberrecht (1958), S. 35.

481 Begründung des Referentenentwurfes von 1945 zu § 43 UrhG S. 134, abgedruckt in *Delp*, Das künftige Urheberrecht (1958), S. 35; *Arras*, GRUR 1955, S. 231, 233.

Unterrichtung der Öffentlichkeit um die Möglichkeit der Übernahme von Artikel in „Informationsblätter dieser Art“ erweitert worden. Mit der gleichzeitigen Einführung der Verpflichtung zur Zahlung einer angemessenen Vergütung wurde dem Autor eine Gegenleistung zur Erlaubnis der Übernahme von Artikeln zugesprochen. Zwar war zum Zeitpunkt der Einführung der Privilegierung die Entwicklung der Kopier- und Reprographiemöglichkeiten noch nicht soweit ausgereift, dass dem Gesetzgeber mit der Erweiterung der Sekundärmedien um Informationsblätter die Aufnahme von Pressespiegeln in den Anwendungsbereich der Schrankenregelung unterstellt werden konnte.[482] Dennoch ergeben sich aber Anhaltspunkte, die für die Privilegierung von Print-Pressespiegeln angeführt werden können.
Zunächst erfährt die aus dem do ut des Gedanken geforderte Gleichrangigkeit von Primär- und Sekundärmedien im Verhältnis zur vorherigen Regelung gemäß § 18 LUG 1910 eine Aufweichung, da an die Nutzung von Artikeln und Beiträgen eine Vergütungsverpflichtung als Gegenleistung geknüpft wurde. Auf diese Weise erhält der Urheber anders als durch eine bloße Quellenangabe in der vormaligen Regelung einen angemessenen Ausgleich für den Eingriff in seine urheberrechtlich geschützte Position. Eine Beschränkung der Übernahmemöglichkeit auf Medien, die genau wie die Originalpublikationen zur Entnahme taugen, ist daher zur Rechtfertigung der Übernahme nicht mehr erforderlich. Auch die Überlegung, dass die Presse- bzw. Medienlandschaft seit Beginn des Jahrhunderts bis zum Jahre 1965 so vielseitig erweitert und ausgebaut wurde, dass im Hinblick auf die Wiedergabemedien Presseprodukte zur Befriedigung des Informationsbedürfnisses der Bevölkerung völlig ausreichend sind,[483] führt zu keinem anderen Ergebnis. So muss gerade die Vielfalt und Masse von Informationsangeboten als Argument verstanden werden, eine Recherche, Aufarbeitung, Zusammenstellung und Weitergabe von Artikeln, Kommentaren, Stellungnahmen und Meinungen auch durch presseunabhängigen Stellen zuzulassen.
Weiterhin hat der Gesetzgeber den Regelungsbereich der Verwendung von Auszügen aus Artikeln und Beiträgen zur Veröffentlichung in anderen Zeitungen in Form einer Presseübersicht oder Presseschau, also den klassischen Fall der wechselseitigen Übernahme von Beiträgen aus gleichwertigen Medien, ausdrücklich von der Vergütungspflicht gemäß § 49 Abs. 1 S. 2 UrhG ausgenommen. Damit liegt im Gegenschluss die Vermutung nahe, dass der Gesetzgeber, indem er nur im Hinblick auf § 49 Abs. 1 S. 1 UrhG eine

---

482 *Lehmann/Katzenberger*, Elektronischer Pressespiegel und Urheberrecht, S. 33, 113; unter Verweis auf *Melichar*, in: Schricker, Urheberrecht, § 49 UrhG Rdnr. 12; *Loewenheim*, in: Schricker, Urheberrecht, § 53 UrhG Rdnr. 3, 5; *Niemann*, CR 2002, S. 817, 819.

483 *Berger/Degenhart*, AfP 2002, Beilage Heft 6, S. 557, 571, 572.

Vergütung für erforderlich erachtet, auch einseitig nutzbare Publikationen, die nicht zur Entnahme von Beiträgen tauglich sind, als „Informationsblätter dieser Art" privilegieren wollte.[484] Auch mit diesen Überlegungen schadet eine fehlende redaktionelle Aufarbeitung der Zulässigkeit eines übernehmenden Sekundärmediums nicht.

Festhalten lässt sich daher, dass der Gesetzgeber explizit zwar keine Regelung zu Pressespiegeln vorgenommen hat, dennoch aber die Einführung des § 49 UrhG unter Berücksichtigung der Gesetzgebungsgeschichte deutliche Hinweise auf die Zulässigkeit der Privilegierung von gedruckten Pressespiegeln gibt.

4. Zweite Urheberrechtsnovelle des § 49 UrhG (1985)

Bestätigt werden die genannten Anhaltspunkte der gesetzgeberischen Entwicklungsgeschichte durch die Einführung der Verwertungsgesellschaftspflichtigkeit gemäß § 49 Abs. 1 S. 3 UrhG und der parallelen Neufassung der Vermutung der Aktivlegitimation gemäß § 13 b UrhWG.

Zwar wird auch im Rahmen dieser Urheberrechtsnovelle weder der Gesetzeswortlaut im Hinblick auf die Zulässigkeit von Pressespiegeln geändert, noch wird in den Erläuterungen ausdrücklich die Frage geklärt, ob Pressespiegel tatsächlich vom Regelungsbereich gemäß § 49 Abs. 1 UrhG erfasst werden.[485] Für eine Anwendung auf herkömmliche Pressespiegel lässt sich aber anführen, dass in der amtlichen Begründung zur Einführung der Vergütungspflicht auf die Praxis der VG Wort, gegenüber den Herausgebern von Pressespiegeln die Vergütungsansprüche der Urheber treuhänderisch wahrzunehmen, Bezug genommen wird.[486] Zum Teil wird aber diese Äußerung nur als bloße unreflektierte Ansicht des damaligen Gesetzgebers angesehen und angeführt, dass sich daraus im Hinblick auf die Zulässigkeit eines Pressespiegels keine verbindliche Aussage ableiten lässt. Vielmehr hätte zu diesem Zweck eine Gesetzesänderung erfolgen müssen.[487] Allerdings ist aber zu berücksichtigen, dass einem Gesetzwortlaut mehrere Sachverhalte zugeordnet werden. Es ist daher durchaus möglich, dass sich der Gesetzgeber auch ohne eine explizite Änderung des Wortlauts von § 49 Abs. 1 UrhG inzident für die Zulässigkeit von Pressespiegeln, die zu diesem Zeitpunkt üblicherweise hergestellt und genutzt

---

484 BGH, AfP 2002, S. 437, 439 - Elektronischer Pressespiegel.

485 *Lehmann/Katzenberger*, Elektronischer Pressespiegel und Urheberrecht, S. 34; *Zahrt*, Urheberrechtlicher Schutz elektronischer Printmedien, S. 115, 116; *Niemann*, CR 2002, S. 817, 820, 824.

486 Amtl. Begründung zur Änderung des Urheberrechtsgesetzes 1985 zu § 49 UrhG, BT-Drucks. 10/837, S. 14.

487 *Niemann*, CR 2002, S. 817, 820, 824; *Berger/Degenhart*, AfP 2002, Beilage Heft 6, S. 557, 574.

wurden, ausgesprochen hat.[488] Hierfür spricht neben den erwähnten Ausführungen in der Begründung des Regierungsentwurfes zu Satz 3 auch die Gesetzesbegründung zu § 13 b UrhWG. Nach dieser wird dargestellt, dass die Vermutung der Aktivlegitimation ausschließlich nur für Ansprüche gelten soll, die von der VG Wort wahrgenommen werden. Diese Äußerung zeigt, dass der Gesetzgeber einzig an den Fall der Regelung von Pressespiegeln gedacht hat.[489] Insgesamt lässt sich daher festhalten, dass die vorgenommenen Gesetzesänderungen ohne die Annahme der Zulässigkeit herkömmlicher Pressespiegel keinen Regelungssinn hätten und dementsprechend auch nicht als unreflektierte Legislativakte abgetan werden können.
Die Überlegung, dass der Gesetzgeber auch die Frage der Zulässigkeit von Pressespiegeln mitgeklärt hat, wird weiterhin dadurch bestätigt, dass sich die Bundesregierung im Rahmen des Gesetzgebungsverfahrens ausdrücklich gegen die Anwendung des § 49 Abs. 1 UrhG auf Bildschirmtext-Pressespiegel ausgesprochen hat.[490] Dies impliziert gerade, dass der Gesetzgeber von der Zulässigkeit der Grundform, also dem herkömmlichen Print-Pressespiegel ausgegangen ist. Nur in einem solchen Fall ist es überhaupt erforderlich, über die Zulässigkeit weitere Ausprägungsformen nachzudenken.
Des Weiteren ist zu berücksichtigen, dass Gesetzesänderungen im Jahre 1985 eine Reaktion auf pressespiegelspezifische Probleme im Rahmen des § 49 UrhG waren, die zuvor Anlass verschiedener gerichtlicher Streitigkeiten geworden waren.[491] Auch dieser Umstand zeigt, dass sich der Gesetzgeber bei der Ausarbeitung der Urheberrechtsnovelle über die Pressespiegelproblematik im Zusammenhang mit § 49 UrhG bewusst war.
Schließlich wird sogar durch den Vorschlag zur fünften Änderung des Urheberrechtsgesetzes im Jahre 1998 deutlich, dass auch der Gesetzgeber dieser Legislaturperiode der Auffassung war, dass § 49 Abs. 1 UrhG in der bestehenden Fassung von 1965 bzw. 1985 den Anwendungsbereich für herkömmliche Pressespiegel abgedeckt. So kann die in diesem Vorschlag angeregte Erweiterung des § 49 Abs. 1 UrhG auf elektronische Pressespiegel nur darauf aufbauen, dass die herkömmliche Erscheinungsform als zulässig erachtet wird.

---

488 BGH, AfP 2002, S. 437, 439 - Elektronischer Pressespiegel; *Melichar,* in: Schricker, Urheberrecht, § 49 UrhG Rdnr. 12; *Melichar,* Vom P-Pressespiegel zum E-Pressespiegel; in: FS Jäger, S. 60, 63; *Möller*, Urheberrechtsnovelle 1985, S. 50; *Rogge,* Elektronischer Pressespiegel in urheber- und wettbewerbsrechtlicher Beurteilung, S. 204.

489 Amtl. Begründung zur Änderung des Urheberrechtsgesetzes 1985 zu § 49 UrhG, BT-Drucks. 10/837, S. 14; *Möller,* Urheberrechtsnovelle 1985, S. 50.

490 Stellungnahme der Bundesregierung vom 23.9.1985, BT-Drucks. 10/436, S. 9.

491 OLG Köln, GRUR 1980, S. 913 - Presseschau CN; OLG München, GRUR 1980, S. 234 - Tagespressedienst; OLG München, AfP 2000, S. 191, 193 - Wochenzeitschrift; weiterhin zur Wahrnehmungspraxis der VG Wort LG München I, ZUM 2002, S. 488, 489; OLG München, AfP 2002, S. 245, 247, 248.

5. Zusammenfassung

Der Gesetzgebungsgeschichte zu § 49 UrhG bzw. seinen Vorgängern lässt sich entnehmen, dass für den Gesetzgeber die Gewährleistung des freien Zugangs und Austausches von Informationen regelungsbestimmend ist. Berücksichtigt wird dabei, dass die Presse auf Grund ihrer Teilnahme an der Meinungsbildung in der Öffentlichkeit eine wesentliche Bedeutung einnimmt. Dennoch sieht der Gesetzgeber die Schrankenregelung aber nicht als reine Privilegierung zu Gunsten der Presse an. Bei den Einschränkungen des Übernahmerechts, wie die Verpflichtung zur Angabe von Quellen oder die Beschränkung der Privilegierung auf Zeitungen, handelt es sich um statische Kriterien. Erst durch die Einführung der Vergütungspflicht und durch das zusätzliche Erfordernis der Angemessenheit des Ausgleichs wurde eine Möglichkeit geschaffen, flexibel auf die Intensität des Eingriffs zu reagieren. Auch hieran wird deutlich, dass weniger die Gleichrangigkeit von Primär- und Sekundärmedien dem § 49 UrhG wesensimmanent ist, als dass der Gesetzgeber vielmehr versucht, die Möglichkeit der Nutzung von Artikeln in ein angemessenes Verhältnis zu den Urheberrechten der Autoren zu stellen. Dies könnte zwar durch die Beschränkung des Kreises der zulässigen Sekundärmedien erfolgen. Genauso ist eine Gleichrangigkeit von Entnahme- und Wiedergabemedium aber auch entbehrlich, wenn der Ausgleich durch eine Vergütung erreicht werden kann. Auf Grund dieser Überlegungen wird die Entstehung des publizistischen Übernahmerechts sogar in der Weise resümiert, dass sich § 49 Abs. 1 S. 1 UrhG zu einer Vorschrift entwickelt hat, bei der es ausschließlich um die Verwertung der dort genannten Artikel in Pressespiegeln geht.[492]

III. Systematische Auslegung

Neben dem gesetzgeberischen Willen lassen sich auch anhand der Gesetzessystematik Anhaltspunkte ermitteln, die dafür sprechen, Pressespiegel als von § 49 Abs. 1 UrhG erfasst anzusehen.

1. Gruppenzugehörigkeit

So wird § 49 UrhG im Zusammenhang mit §§ 48, 50 UrhG genannt und nach der Gesetzesbegründung als Gruppe von Bestimmungen zusammengefasst, die sich der Erleichterung der Berichterstattung im Bereich Film, Presse, Rundfunk und Bild widmen.[493] Hieraus wird geschlussfolgert, dass mit den §§ 48 - 50 UrhG ausschließlich nur berichterstattende Medien selbst, die einen redaktionellen Gehalt aufweisen, nicht aber kommentarlose Zusammenstellungen

---

[492] *Schulze*, Rechtsfortbildung im Urheberrecht, in: FS Erdmann, S. 173, 175; *Melichar*, Vom P-Pressespiegel zum E-Pressespiegel, in: FS Jäger, S. 60, 62.

[493] Amtl. Begründung des Regierungsentwurfes zur Änderung des Urheberrechtsgesetzes, UFITA 45 (1965), S. 240, 244.

privilegiert werden.[494] Zu wenig berücksichtigt wird bei dieser strengen Anknüpfung an den Wortlaut der Regierungsbegründung aber der Aspekt, dass die §§ 48 - 50 UrhG als Schrankenregelungen zur Ermöglichung der Berichterstattung dem übergeordneten Privilegierungsziel des Schutzes der Informationsfreiheit der Allgemeinheit dienen. So ist zwar diese verfassungsrechtliche Verankerung des Zwecks von § 49 UrhG nicht unbestritten.[495] Dennoch hat aber schon die Auslegung des Wortlautes und die der Entstehungsgeschichte ergeben, dass § 49 UrhG nicht ausschließlich nur die wechselseitige Übernahme gleichartiger Medien privilegiert, sondern als Schrankenregelung zu Gunsten des freien Informationsflusses der Allgemeinheit zu verstehen ist.[496] Demnach nimmt die Presse im Rahmen der Schrankenregelung gemäß §§ 48 - 50 UrhG eine dienende Funktion zum Zweck der Erfüllung des Privilegierungsziels der Informationsfreiheit der Allgemeinheit ein. Es erscheint damit nicht gerechtfertigt, auf Grund der Zusammenfassung der §§ 48 - 50 UrhG als Schrankengruppe zur Erleichterung der Berichterstattung den Schluss zu ziehen, ausschließlich redaktionelle Medien als privilegiert anzusehen.
Hinzu kommt, dass aus dem Begriff der Berichterstattung eine redaktionelle Tätigkeit der Rundfunk-, Film-, Presse- und Bildmedien ohnehin nicht abgeleitet werden kann. So definiert sich die Berichterstattung zwar als wirklichkeitsgetreue Schilderung einer tatsächlichen Gegebenheit[497] und geht daher über eine einfache Zusammenstellung von Beiträgen wie in einem Pressespiegel hinaus. Die für eine redaktionelle Tätigkeit typische Vorgehensweise der Mitteilung eigener Ansichten oder des Kommentierens von Ereignissen zählt aber nicht mehr zu einer berichterstattenden Darstellungsform. Vielmehr liegt jede Analyse, jeder Kommentar oder jede Stellungnahme eines Tagesereignisses außerhalb des durch die Berichterstattung gemäß § 50 UrhG privilegierten Bereichs.[498] Daher muss sogar für den Fall, dass auf die genauen Bezeichnungen der Schrankengruppen aus dem Regierungsentwurf abgestellt wird, festgehalten werden, dass diese Bezeichnung nicht dafür spricht, ausschließlich redaktionelle Medien als begünstigt anzusehen.

---

494 *Lehmann/Katzenberger*, Urheberrecht und Elektronischer Pressespiegel, S. 33; *Katzenberger*, Elektronisches Publizieren und Urheberrecht, S. 59; *Niemann*, CR 2002, S. 817, 825; *Walraff*, AfP 2000, S. 23, 26.

495 Vgl. dazu oben Kap. 4 §1 B. II.

496 Vgl. dazu oben Kap. 4 §2 B. I. II., und allgemein *Melichar*, in: Schricker, Urheberrecht, § 49 UrhG Rdnr. 1; *Kröger*, Informationsfreiheit und Urheberrecht, S. 121; *Engels*, in: Möhring/Nicolini, Urheberrechtsgesetz, § 49 UrhG, Rdnr.1; *Raue/Hegemann*, in: Hoeren/Sieber (Hrsg.), Handbuch Multimedia Recht, Kap. 7.5., Rdnr. 18.

497 *Vogel*, in: Schricker, Urheberrecht, § 50 UrhG, Rdnr. 10; *Engels*, in: Möhring/Nicolini, Urheberrechtsgesetz, § 50 UrhG, Rdnr. 6.

498 *Vogel*, in: Schricker, Urheberrecht, § 50 UrhG, Rdnr. 10; *Engels*, in: Möhring/Nicolini, Urheberrechtsgesetz, § 50 UrhG, Rdnr. 6.

Insgesamt greift daher der systematische Auslegungsansatz, ohne eine Beachtung des Rechtfertigungszwecks allein auf die enge Begrifflichkeit der Betitelung der Schrankengruppen im Regierungsentwurf abzustellen, zu kurz, um daraus verbindliche Schlüsse im Hinblick auf den privilegierten Bereich zu ziehen.

2. Abgrenzung zu §§ 48, 50 UrhG

Neben der Interpretation der Bedeutung der einzelnen Schrankengruppen kann auch der Vergleich des § 49 UrhG mit den interessenverwandten Vorschriften gemäß §§ 48, 50 UrhG als systematische Auslegungsmöglichkeit herangezogen werden.

Insoweit wird darauf abgestellt, dass § 50 UrhG ausschließlich nur die Verwertung von Werken in Zeitungen und Zeitschriften privilegiert. § 50 UrhG beziehe sich dementsprechend nur auf Medien, die eine redaktionelle Leistung beinhalten und sich an die Öffentlichkeit richten. Gleiches gelte für § 48 UrhG. Zwar werden hierbei neben Zeitungen und Zeitschriften auch Informationsblätter als relevante Medien genannt, gemeint seien aber auch damit ebenfalls nur Medien, die eigene Inhalte erfassen.[499] Auf Grund der Regelungsnähe des § 49 UrhG zu den §§ 48 und 50 UrhG ergebe sich daher, dass die Begriffe wie „Zeitung" und „Informationsblätter" gemäß § 49 UrhG auch nur im Sinn redaktioneller Medien zu verstehen seien.

Aber auch diese Übertragung der Auslegungsergebnisse der §§ 48, 50 UrhG überzeugen nicht, da sich § 49 UrhG in wesentlichen Punkten von §§ 48 und 50 UrhG unterscheidet. So ist zu berücksichtigen, dass §§ 48, 50, (49 Abs. 1 S. 2) UrhG eine ersatzlose Aufhebung der ausschließlichen Nutzungsrechte bewirkt. Gemäß § 49 Abs. 1 S. 1 UrhG können die Artikel und Beträge zwar ebenfalls ohne die Einwilligung der Urheber genutzt werden. An diese gesetzliche Einräumung der Nutzungsrechte ist aber die Verpflichtung zur Zahlung einer angemessenen Vergütung geknüpft. Damit wird deutlich, dass die §§ 48, 50 UrhG einen weitaus stärkeren Eingriff in die Ausschließlichkeitsrechte ausüben und sich daher, obwohl es um die Erfüllung des Zwecks der Informationsfreiheit der Allgemeinheit geht, die Beschränkung der Wiedergabemedien ausschließlich auf redaktionelle Medien rechtfertigt. § 49 UrhG dagegen beinhaltet eine werksunabhängige und flexible finanzielle Kompensation, so dass ein weiteres Verständnis zur Übernahme im Hinblick auf die Ermöglichung des freien Informationsflusses angebracht ist. In diesem Zusammenhang ist weiterhin zu berücksichtigen, dass bei den §§ 50 und 48 UrhG die Kompensation des Eingriffs gerade durch eine Veröffentlichung der Werke in Zeitungen, Zeitschriften oder Informationsblättern bewirkt wird. Vor diesem Hintergrund muss es daher anders als bei der Zweitverwertung i.S.d. § 49 UrhG auch als Voraussetzung angesehen werden, dass die Übernahmemedien sich an die

---

499 *Niemann*, CR 2002, S. 817, 825.

Öffentlichkeit zu richten haben. Auch diese Differenzierung spricht dafür, dass trotz der einheitlichen Zugehörigkeit zu einer Schrankengruppe Unterschiede im Hinblick auf den Kreis der Wiedergabemedien bestehen und daher im Rahmen des § 49 UrhG von den redaktionellen Anforderungen und der Verpflichtung zur Ausgabe an die Öffentlichkeit abgesehen werden kann.

3. Abgrenzung zu § 53 UrhG

Neben dem Vergleich des § 49 UrhG mit den inhaltsähnlichen Vorschriften gemäß §§ 48, 50 UrhG kann sich auch im Rahmen der systematischen Untersuchung aus dem Verhältnis zu anderen Schrankenregelungen ein Auslegungshinweis ergeben.

Vorgebracht wird dazu, dass für eine Privilegierungsmöglichkeit betriebsinterner Pressespiegel die Schrankenregelungen zur Vervielfältigung zum eigenen Gebrauch angewandt werden müsse.[500] So zähle zum sonstigen eigenen Gebrauch gemäß § 53 Abs. 2 UrhG gerade auch die Nutzung zu beruflichen und gewerblichen Zwecken. Zur Bestätigung, dass der Gedanke der Anwendung dieser Privilegierungsvorschrift nicht fernliegend sei, könne weiterhin auf die Schweizer Rechtssituation verwiesen werden. Insoweit sei zu berücksichtigen, dass in der Schweiz die ehemalige Regelung des Rechts zum Nachdruck von vollständigen Zeitungsartikeln gemäß Art. 25 Abs. 2 a UrhG-Schweiz a.F. in das geänderte Urhebergesetz von 1992 nicht übernommen worden sei. Vielmehr sei die Möglichkeit der Erstellung von Pressespiegeln gerade in die Vorschriften zur Verwendung zum Eigengebrauch gemäß Art. 19 UrhG-Schweiz aufgenommen worden. Zudem müsse berücksichtigt werden, dass die Privilegierung gemäß § 53 Abs. 2 S. 1 Nr. 4 a, S. 2 Nr. 1/Nr. 2 UrhG auf einige wenige Werke beschränkt sei. Gerade vor diesem Hintergrund werde daher deutlich, dass eine Anwendung des § 49 UrhG auf betriebsinterne Pressespiegel eine systemwidrige Erweiterung darstelle, die die Begrenzungen gemäß § 53 UrhG ad absurdum führe.[501]

Insbesondere gegen dieses letztgenannte Argument lässt sich aber anführen, dass die Vorschriften gemäß § 53 UrhG und § 49 UrhG auf unterschiedlichen Regelungsbereichen basieren. § 49 UrhG gewährleistet einen von den Vorschriften zur Vervielfältigung zum eigenen Gebrauch unabhängiges Anwendungsspektrum. So dient ein Pressespiegel dazu, den Mitarbeitern eines Unternehmens, einer Behörde etc. einen Überblick über Ereignisse und Informationen aus dem tagesaktuellen Geschehen zu geben. Dieser Zweckerfüllung kommt § 49 UrhG am nächsten, da gemäß dieser Vorschrift die kurzzeitige

---

500 LG Frankfurt/Main vom 25.04.2002, Az.: 2/03 419/01, S. 11 - Pressespiegelversand; *Katzenberger*, Elektronisches Publizieren und Urheberrecht, S. 59; *Niemann*, CR 2002, S. 817, 825; *Wild*, AfP 1989, S. 701, 705.

501 *Niemann*, CR 2002, S. 817, 825.

Verwendung von aktuellen Artikeln privilegiert wird. § 53 UrhG beinhaltet dagegen dieses typische Aktualitätsmerkmal nicht. Vielmehr soll durch diese Vorschrift die Möglichkeit eröffnet werden, dass keine vollständige Publikation eines Buches, einer Zeitung oder einer Zeitschrift angeschafft werden muss, sondern bei Interesse oder einem Informationsbedürfnis einzelne Vervielfältigungsstücke angefertigt werden können. Deutlich wird dies auch an der Begriffsverwendung i.S.d. § 53 Abs. 2 S. 1 Nr. 4 a, S. 2 Nr. 1/Nr. 2, S. 3 UrhG. Zunächst bezog sich § 53 Abs. 1 Nr. 4 a in der Fassung von 1965 nur auf „Aufsätze". Erst im Rahmen der zweiten Urheberrechtsnovelle 1985 wurde dieser Begriff durch das Wort „Beitrag" ersetzt. Damit wurde die Vervielfältigungsmöglichkeit zwar über reine sachliche Abhandlungen hinaus auch auf Werke wie Gedichte, Lichtbilder, Lichtbildwerke, grafische Darstellungen und Übersichten erweitert.[502] Dennoch bezieht sich der Regelungsbereich des § 53 Abs. 2 S. 1 Nr. 4 a, S. 2 Nr. 1/Nr. 2, S. 3 UrhG nicht auf typische tagesaktuelle Informationen, sondern eben nur auf einen uneingeschränkten Auswertungsbereich.

Weiterhin wird auch durch den direkten Vergleich mit der Vorschrift über die Verwendung zum Eigengebrauch nach dem Schweizerischen UrhG deutlich, dass die deutsche Regelung des § 53 UrhG die Pressespiegelsituation nicht erfasst und nur sekundär neben § 49 UrhG heranzuziehen ist.[503] So bezieht sich § 53 UrhG nur auf eine geschlossene Einheit, so dass keine Weitergabe der Vervielfältigungsstücke an Verbände oder Zweigniederlassungen möglich ist.[504] Die Schweizer Vorschrift bezieht sich dagegen auch auf Konzerne bzw. Dependancen.[505] Zudem beinhaltet Art. 20 Abs. 2 UrhG-Schweiz eine Vergütungspflicht für die Nutzung zum betriebsinternen Gebrauch, während in Deutschland die Beteiligung der Urheber über Pauschalabgaben erfolgt. Festhalten lässt sich somit, dass es sich bei der Schweizerischen Vorschrift zwar der Art nach um eine Vorschrift zur Verwendung zum Eigengebrauch handelt, der Regelungsbereich und die Regelungsform aber mehr dem deutschen § 49 UrhG als der Schrankenregelung gemäß § 53 UrhG entspricht. Auch wenn es möglich ist, eine Zusammenstellung einzelner Artikel über § 53 UrhG zu rechtfertigen, gehört die Regelung für betriebsinterne Pressespiegel nicht zum

---

502 *Loewenheim,* in: Schricker, Urheberrecht, § 53 UrhG Rdnr. 32; *Nordemann,* in: Fromm/-Nordemann, Urheberrechtsgesetz-Kommentar, § 53 UrhG Rdnr. 9.

503 Vgl. *Hilty*, sic! 3/2003, S. 266, 271 - Anmerkung zum ZG Basel Stadt vom 19. Juni 2002.

504 Vgl. amtl. Begründung zur zweiten Urheberrechtsnovelle 1985, BT-Drucks. 10/837, S. 9.

505 *Barrelet/Egloff*, Das neue Urheberrecht, Art. 19 Rdnr.16.

klassischen Anwendungsbereich.[506] § 53 UrhG hat im Verhältnis zu § 49 UrhG eine eigenständige Bedeutung und kann daher auch nicht durch die Anwendung des § 49 UrhG auf betriebsinterne Pressespiegel ad absurdum geführt werden.

4. Zusammenfassung

Im Ergebnis zeigt die systematische Auslegung, dass sich weder durch einen Vergleich zu den inhaltsähnlichen Vorschriften der §§ 48, 50 UrhG noch durch eine Abgrenzung zu § 53 UrhG Anhaltspunkte ergeben, die gegen die Zulässigkeit von Pressespiegeln sprechen. Vielmehr wird deutlich, dass § 49 UrhG einen Regelungsbereich für Pressespiegel beinhaltet. Unabhängig von diesem kann § 53 UrhG im Hinblick auf die Ermöglichung der Anfertigung einzelner Vervielfältigungsstücke als Rechtfertigung herangezogen werden.

IV. Teleologische Betrachtung

Trotz kontroverser Argumente hat die bisherige Auslegung des § 49 UrhG nach dem Wortlaut, dem Willen des Gesetzgebers und der Gesetzessystematik nicht zu einer Ablehnung der Anwendung des § 49 UrhG auf herkömmliche Pressespiegel geführt. Zu überprüfen bleibt nun, ob dieses Auslegungsergebnis auch mit dem Sinn und Zweck der Vorschrift konform geht.

1. Interne Pressespiegel

Soweit die Wortlautauslegung nicht zur Unzulässigkeit eines internen Pressespiegels führe, müsse sich die Unzulässigkeit - so wird es vertreten - jedenfalls nach teleologischen Aspekten mangels Ausrichtung an die Öffentlichkeit ergeben.[507] Dem ist nicht zuzustimmen. Obwohl in Pressespiegeln zu Zwecken der betriebsinternen Information nur Beiträge zu speziellen unternehmensbezogenen Themen zusammengestellt werden und diese von den Mitarbeiter auch nur in Bezug auf ihren Tätigkeitsbereich genutzt werden, so bedeutet dies nicht, dass dieser besondere Informationszweck außerhalb des Gesetzeszwecks der Gewährleistung der freien Information der Allgemeinheit liegt. Auch Mitarbeiter von Behörden, Unternehmen und Verbänden gehören unabhängig von ihrer speziellen Aufgabe und Funktion zum Kreis der Allgemeinheit. Vielmehr erfordert es sogar die Vielschichtigkeit von Informationen, die Pressemedien entsprechend dem individuellen Nutzer-

[506] *Raue/Hegemann*, in: Hoeren/Sieber (Hrsg.), Handbuch Multimedia Recht, Kap. 7.5., Rdnr. 51; *Zahrt*, Urheberrechtlicher Schutz elektronischer Printmedien, S. 116; *Rogge*, Elektronischer Pressespiegel in urheber- und wettbewerbsrechtlicher Beurteilung, S. 205, vgl. auch *Hilty*, sic! 3/2003, S. 266, 271 - Anmerkung zum Urteil des ZG Basel Stadt vom 19.06.2002.

[507] *Zahrt*, Urheberrechtlicher Schutz elektronischer Printmedien, S. 116; *Niemann*, CR 2002, S. 817, 824.

bedürfnis auszuwerten. Auch die Ausführungen zur verfassungsrechtlichen Absicherung des Allgemeinwohlbelanges der Informationsfreiheit haben gezeigt, dass es nicht bloß um ein wirtschaftliches Eigeninteresse eines Unternehmens geht, sondern um das Informationsinteresse eines jeden einzelnen. Demnach sprechen auch Zweckmäßigkeitsüberprüfungen nicht gegen die Zulässigkeit betriebsintern genutzter Pressespiegel.

2. Kommerzielle Pressespiegel

Schließlich werden auch gegen kommerzielle Pressespiegel teleologische Bedenken erhoben. So wird angeführt, dass jedenfalls ein von Dritten gewerblich erstellter Print-Pressespiegel nicht mehr vom Sinn und Zweck des § 49 UrhG gedeckt sei.[508] Ein solches Angebot entfalte Außenwirkung und diene gewerblichen Zwecken, so dass die vom Gesetzgeber akzeptierte Praxis überschritten sei.[509] Zudem wird angeführt, dass sich auch die Instanzrechtsprechung gegen die Anwendung der Privilegierung gemäß § 49 UrhG bei kommerziellen Angeboten ausgesprochen habe.[510] Weiterhin wird auf die Entscheidung des BGH zu elektronischen Pressespiegeln Bezug genommen. Dieser spreche sich in seinem Leitsatz und den Urteilsgründen ausdrücklich nur für die Zulässigkeit von herkömmlichen Pressespiegeln aus, die betriebs- oder behördenintern verbreitet werden.[511] Daraus könne geschlossen werden, dass Presseauswertungs-Unternehmen die Möglichkeit zur Erstellung und Ausgabe von Print-Pressespiegeln unter Berufung auf die Schrankenregelung gemäß § 49 Abs. 1 UrhG entzogen sei.[512] Zuletzt wird zur Ablehnung der Zulässigkeit kommerzieller Pressespiegel auf wettbewerbsrechtliche Gründe verwiesen.[513]

---

508 OLG Düsseldorf, AfP 1988, S. 93, 94 - Sittenwidrige Leistungsübernahme in Medienspiegel; *Melichar,* in: Schricker, Urheberrecht, § 49 UrhG Rdnr. 12; *Katzenberger,* Elektronische Printmedien und Urheberrecht, S. 60; *Löffler/Ricker,* Handbuch des Presserechts, Kap. 63, Rdnr. 10, Kap. 75, Rdnr. 49; *Zahrt*, Urheberrechtlicher Schutz elektronischer Printmedien, S. 116.

509 *Melichar,* in: Schricker, Urheberrecht, § 49 UrhG Rdnr. 12; *Soehring,* Presserecht, Rdnr. 3.33; *Zahrt,* Urheberrechtlicher Schutz elektronischer Printmedien, S. 116; *Katzenberger*, Elektronische Printmedien und Urheberrecht, S. 60.

510 LG Düsseldorf, AfP 1988, S. 93, 94 - Sittenwidrige Leistungsübernahme in Medienspiegel, *Katzenberger*, Elektronische Printmedien und Urheberrecht, S. 60.

511 BGH, AfP 2002, S. 437, 438, 440 - Elektronischer Pressespiegel.

512 *Hoeren,* MMR 2002, S. 742, 743 - Anmerkung zum Urteil des BGH vom 11.7.2002; *Waldenberger,* MMR 2002, S. 743, 745 - Anmerkung zu BGH vom 11.7.2002; *Bacher,* EWiR, 24/2002, S. 1107, 1108 unter Punkt 3 - Kurzkommentar zum Urteil des BGH vom 11.7.2002, *Fallenböck/Nitzl*, MR 2/2003, S. 102, 106.

513 OLG Düsseldorf, AfP 1998, S. 93, 94 - Sittenwidrige Leitungsübernahme in Medienspiegel; OLG Hamm, UFITA 96 (1983), S. 265, 269; *Melichar,* in: Schricker, Urheberrecht, § 49 UrhG Rdnr. 31; *Katzenberger,* Elektronisches Publizieren und Urheberrecht, S. 60; *Soehring,* Presserecht, Rdnr. 3.33, 3.37.; *Rogge,* Elektronischer Pressespiegel in

Zu bedenken ist aber, dass in den Schrankenregelungen, bei denen die Privilegierung von der Kommerzialität der Handlung abhängig gemacht wird, diese Erwägung auch immer ausdrücklich als Rechtfertigungsvoraussetzung im Wortlaut fixiert wird. Bis zum Zeitpunkt des in Kraft Tretens der Änderung des Urheberrechts in der Informationsgesellschaft war es lediglich für § 17 Abs. 3 UrhG a.F. und die Schrankenregelung gemäß § 52 Abs. 1 UrhG a.F. relevant, ob die urheberrechtliche Nutzung erwerbswirtschaftlichen Zwecken dient.[514] Zwar hat der Gedanke der Erwerbswirtschaftlichkeit einer Verwertungshandlung für den Anwendungsmöglichkeit einer Privilegierung durch die Richtlinienvorgaben mittlerweile an Bedeutung gewonnen. Dennoch hat aber der nationalen Gesetzgeber an dem Prinzip, die Erwägungen über die Wirtschaftlichkeit einer Handlung ausdrücklich als Voraussetzung in die Rechtfertigungstatbestände aufzunehmen, festgehalten. Zu nennen sind hierbei die Ausnahmetatbestände gemäß § 44 a UrhG, § 46 Abs. 1 S. 1 UrhG, § 52 Abs. 1 S. 1 UrhG, § 52 a Abs. 1 Nr. 1 UrhG, sowie § 53 Abs. 1 S. 1, Abs. 2 S. 1 Nr. 2, S. 2 Nr. 3 UrhG. Auf Grund dieser Überlegung und vor allem auf Grund der Tatsache, dass § 49 UrhG eben gerade die Voraussetzung der Erwerbswirtschaftlichkeit nicht enthält, wird deutlich, dass für die Frage der urheberrechtlichen Beurteilung traditioneller gedruckter Pressespiegel auch die Kommerzialität des Angebotes nicht ausschlaggebend ist.

Des Weiteren ist zwar zuzugeben, dass sich das LG Düsseldorf in seiner Entscheidung gegen die Anwendung des § 49 UrhG bei einem kommerziellen Angebot von Pressespiegeln ausgesprochen hat.[515] Zur Begründung ist aber nicht die Tatsache, dass es sich um ein kommerzielles Angebot handelt, als ausschlaggebend angesehen worden, sondern vielmehr die fehlende redaktionelle Eigenarbeit bei der Zusammenstellung von Beiträgen. Dieses Argument kann aber gegen jede Art von Pressespiegeln angeführt werden und spricht nicht insbesondere gegen die Zulässigkeit kommerzieller Pressespiegel.[516] Auch nach Ansicht des Gerichts ist somit die Tatsache, dass es sich um ein kommerzielles Pressespiegelangebot handelt, für die urheberrechtliche Beurteilung nicht entscheidungsrelevant.

Speziell im Hinblick auf die gewerbliche Ausprägung einer Auswertungsdienstleistung ist auf wettbewerbsrechtliche Aspekte abzustellen. Dem Wettbewerbsrecht kommt gemäß § 49 Abs. 2 Halbs. 2 UrhG aber eine ergänzende Funktion zu. Für einen Wettbewerbsverstoß kommt es daher völlig unabhängig

---

urheber- und wettbewerbsrechtlicher Beurteilung, S. 363 ff., 371; *Loewenheim,* GRUR 1996, S. 636, 643.

514 BGH, AfP 1997, S. 624, 628 - CB Infobank I.

515 LG Düsseldorf, AfP 1988, S. 93, 94 - Sittenwidrige Leistungsübernahme in Medienspiegel.

516 Vgl. dazu Kap.4 §2 B. I. 2.

von der Frage der urheberrechtlichen Zulässigkeit auf zusätzliche, spezifische die Wettbewerbswidrigkeit begründende Umstände an.[517] Ein kommerzieller Pressedienst kann somit durchaus im urheberrechtlichen Sinne zulässig sein, aber wettbewerbsrechtlichen Regelungen widersprechen. Auch die wettbewerbsrechtliche Beurteilung hat demnach keine Auswirkungen auf die urheberrechtliche Rechtslage und gibt insbesondere auch keine Begründung für eine urheberrechtliche Unzulässigkeit kommerzieller Pressespiegel.

Zudem ist anzuführen, dass auch die gängige Praxis nicht gegen, sondern für die Zulässigkeit von kommerziellen Print-Pressespiegeln spricht. So werden von der VG Wort Pressespiegel abgerechnet, die Unternehmen durch professionelle Anbieter haben erstellen lassen. Dieses Vorgehen hat sogar von der Instanzrechtsprechung Unterstützung bekommen.[518]

Schließlich lässt auch das BGH-Urteil zu elektronischen Pressespiegeln entgegen der genannten Argumente nicht zwingend auf die urheberrechtliche Unzulässigkeit kommerzieller Auswertungsergebnisse schließen. Zwar sind in der Entscheidung Zweifel angemahnt, dennoch ist die Frage offen gelassen worden. Dies wird zunächst am Wortlaut des Leitsatzes zu herkömmlichen Pressespiegeln deutlich, in dem sich der BGH nur bzw. „jedenfalls" zu internen Pressespiegeln äußert. Weiterhin spricht hierfür auch, dass der BGH bei seinen Ausführungen zu elektronischen Pressespiegeln die Inhouse-Pressezusammenstellungen von entgeltlichen Angeboten an jedermann abgrenzt, diese Unterscheidung aber gerade bei herkömmlichen Pressespiegeln nicht vorgenommen wird. Auch bezieht sich der der Entscheidung zu Grunde liegende Sachverhalt ausschließlich auf die Presseauswertung zu firmeninternen Zwecken. Der BGH musste sich mit den Ausführungen zum herkömmlichen Pressespiegel zunächst den Weg ebnen, um über die eigentliche Frage der Zulässigkeit elektronischer Pressespiegel urteilen zu können. Im vorliegenden Zusammenhang ist dazu die Erörterung der urheberrechtlichen Relevanz herkömmlicher interner Pressespiegel notwendig, aber eben auch ausreichend gewesen. Außerdem spricht die Tatsache, dass der BGH bei seinen Ausführungen zum elektronischen Pressespiegel auf entgeltliche Angebote eingeht, indirekt für die Zulässigkeit kommerzieller Print-Pressespiegel. Wäre ein gewerbliches Angebot ohnehin, also schon in traditioneller gedruckter Form unzulässig, so wäre im Rahmen der Beurteilung elektronischer Pressespiegel die Abgrenzung zu einem entgeltlichen

---

517 *Melichar*, in: Schricker, Urheberrecht, § 49 UrhG, Rdnr. 31; *Nordemann*, in: Fromm/-Nordemann, Urheberrechtsgesetz-Kommentar, § 49 UrhG Rdnr. 6; *v. Gamm*, Urheberrecht, § 49 UrhG, Rd, 2; *Rogge*, Elektronischer Pressespiegel in urheber- und wettbewerbsrechtlicher Beurteilung, S. 324 ff.; *Loewenheim*, GRUR 1996, S. 636, 642.

518 Explizit für die urheberrechtliche Zulässigkeit gewerblicher Print-Pressespiegel LG Berlin vom 26.3.2002, Az.: 16 O 367/01, S. 38 - Fax und E-Mail Versand eines Pressespiegels; zur Wahrnehmungspraxis der VG Wort vgl. OLG München, GRUR 1980, S. 234 - Tagespressedienst.

Auswertungsdienst gegenüber jedermann überflüssig. Demnach kann aus der Rechtsprechung des BGH zum elektronischen Pressespiegel nicht die Unzulässigkeit kommerzieller Print-Pressespiegel-Angebote hergeleitet werden. Es bleibt daher bei den soeben gemachten Ausführungen, dass die Entgeltlichkeit sich nicht auf die urheberrechtliche Beurteilung bzw. auf die urheberrechtlich geschützten Interessen der Autoren und Nutzungsberechtigten auswirkt.

Bedeutung im Hinblick auf die Interessenlage der Urheber könnte allerdings der Einwand haben, dass im Rahmen kommerzieller Pressespiegeldienste nur eine Primärpublikation ausreichend sei, um den gesamten Kundenstamm mit entsprechenden Kopien zu versorgen. Dies habe zur Folge, dass die Artikel intensiver genutzt werden als im internen Bereich, bei dem jedes Unternehmen zur Pressespiegelerstellung die entsprechende Zeitung im Original braucht. Aber auch hiergegen muss eingewendet werden, dass diese Befürchtungen nicht der Praxis entsprechen. So führt schon der Qualitätsverlust beim mehrmaligen Bearbeiten und Kopieren eines Originalartikels dazu, dass es nicht möglich ist, mit jeweils einer Primärpublikation für eine Vielzahl von Kunden Pressespiegel zu erstellen. Zudem ist es auch üblich, dass Unternehmen Belegexemplare fordern, so dass nach Zustellung der morgendlichen Auswertungsergebnisse als Vervielfältigungsstücke die Originalartikel nachgeschickt werden. Die kopierte Form eines Pressespiegels bringt insoweit nur den Vorteil, dass sie einfacher und komfortabler zu handhaben ist als ein zusammengeklebter Pressespiegel, bei dem die Gefahr besteht, dass sich die Artikel lösen. Damit sind keine Anhaltspunkte vorhanden, die gegen die Zulässigkeit der Auswertungsdienste, die auf individuellen Kundenwunsch Pressespiegel erstellen, sprechen.

Im Unterschied zu den genannten Diensten können aber Angebote, die für die Allgemeinheit oder eine bestimmte Fachöffentlichkeit durch Eigenauswahl Inhalte zusammenfassen, nicht mehr als vom Sinn und Zweck des § 49 UrhG erfasst angesehen werden. Hier erfolgt keine einfache Vervielfältigung von Artikeln zur Befriedigung eines individuellen Kundenwunsches, sondern der Nachdruck eines einzeln erstellten Exemplars in großer Anzahl. Zudem spricht gegen die Zulässigkeit einer solchen Artikelzusammenstellung, dass diese den identischen Markt wie auch Zeitungen und Zeitschriften bedienen und daher zu diesen in unmittelbare Konkurrenz treten, ohne dabei aber die gleichen Produktionskosten wie die der Redaktionsarbeit und Recherche aufbringen zu müssen. Die dadurch verursachte Interessensbeeinträchtigung zu Ungunsten der Urheber und Rechteinhaber kann auch nicht durch die Verpflichtung zur Zahlung einer angemessenen Vergütung ausgeglichen werden, da dieser Anspruch nur als Ausgleich für die Ausgabe auf dem Sekundärmarkt gilt. Somit ergibt sich, dass ein auf analogem Weg durch Nachdruck erstellter Pressespiegel an Jedermann nicht mehr dem Sinn und Zweck der durch § 49 UrhG ermöglichten Rechtfertigung entspricht. Hervorzuheben ist dabei aber, dass diese Unzulässigkeit ihren Grund nicht in der Kommerzialität des Angebotes, sondern in der nutzungsbedingten Beeinträchtigung der Interessen der Urheber findet.

V. Zulässige Herstellungsweisen

Mit dem hier gefundenen Auslegungsergebnis ergibt sich, dass die traditionelle Vorgehensweise bei der Erstellung eines Pressespiegels, also das Ausschneiden der Artikel, das Aufkleben, das anschließende Kopieren in Papierform zu den gemäß § 49 Abs. 1 UrhG erlaubten Handlungen zählt. Zu klären bleibt, ob auch ein in gedruckter Form verbreiteter, aber mit Hilfe des Einsatzes elektronischer Verfahren erstellter Pressespiegel als herkömmlicher Pressespiegel verstanden werden kann. So sind gerade digitale Zwischenschritte ein fester Bestandteil der Produktion von Pressespiegeln geworden. Der BGH hat in seiner Entscheidung zum elektronischen Pressespiegel beide Varianten gleich gestellt, ohne aber eine Begründung für diese Neuerung zu geben.[519] Es ist demnach zu fragen, ob es sich überhaupt noch mit dem Sinn und Zweck des § 49 UrhG vereinbaren lässt, einen Print-Pressespiegel elektronisch herzustellen.

1. Mechanische Herstellungsweise

So wird gegen die Gleichstellung eingewandt, dass permanent oder vorübergehend auf einem Rechner abgelegte Artikel nicht als Informationsblatt verstanden werden können. Daraus ergebe sich, dass nur Pressespiegel, die allein durch mechanische Handlungen ohne die Unterstützung elektronischer Vervielfältigungen erstellt worden seien, als herkömmliche Pressespiegel qualifiziert werden können.[520] Auch die vielfältigen technischen Zugriffsmöglichkeiten, die mit der elektronischen Datenspeicherung verbunden seien, sprächen gegen die Vergleichbarkeit eines Scannvorgangs mit der manuellen Erstellung eines Pressespiegels.[521] Insbesondere die Gefahr des Aufbaus eines zentralen Archivs sei im Rahmen der elektronischen Herstellung des Pressespiegels größer, als beim nachträglichen Einscannen eines aus zusammengeklebten Artikeln bestehenden Pressespiegels. Nicht unberücksichtigt zu lassen sei weiterhin auch der Zeitvorteil den eine elektronische Erstellung gegenüber dem umständlichen Ausschneiden und Aufkleben der Artikel mit sich bringe.[522] Schließlich könne auf die Entscheidung zum Kopienversand verwiesen werden. Zwar habe sich auch diese „nur" auf digitale Zwischenstufen, wie z. B. dem

---

519 BGH, AfP 2002, S. 437, 440 - Elektronischer Pressespiegel.

520 *Kruse*, Elektronischer Pressespiegel, in: Haupt (Hrsg.), Electronic Publishing, S. 103, Rdnr. 2; *Grubler*, MediaLex 2001, S. 93, 95

521 OLG Köln, AfP 2000, S. 94, 97 - Elektronischer Pressespiegel; *Kaessner*, AJP/PJA 10/1999, S. 1276, 1278.

522 *Niemann*, CR 2002, S. 817, 821.

Aufbau und der Nutzung von Online-Katalogen bezogen. Dennoch wurden diese aber keineswegs als urheberrechtlich bedeutlungslose Stadien angesehen.[523] Nach dieser Auffassung muss es daher abgelehnt werden, einen auf digitalem Weg erstellten Print-Pressespiegel mit einem mechanisch Erstellten gleichzusetzen.

2. Digitale Herstellungsweise

Gegen diese Überlegungen ist aber, der gängigen Praxis entsprechend, einzuwenden, dass es für die gemäß § 49 Abs. 1 UrhG privilegierten Benutzungshandlungen gerade typisch ist, dass der endgültigen Ausgabe der übernommenen Artikel im Sekundärmedium digitale Vervielfältigungsvorgänge vorausgehen.[524] Aus diesem Grund ist die Elektronisierung gerade als unwesentlicher Zwischenschritt auf dem Weg zur Distribution aufzufassen, so dass es für die Anwendung des § 49 Abs. 1 UrhG allein auf die Qualifikation des Endproduktes ankommt.[525] Zur Begründung kann darauf verwiesen werden, dass gemäß § 49 Abs. 1 UrhG Rundfunkkommentare in Sekundärpublikationen aufgenommen werden können. Auch hierbei ist zunächst ein temporärer Mitschnitt oder die Speicherung der im Rundfunk gesendeten Kommentare erforderlich, um diese im Anschluss in ein Zielmedium übernehmen zu können.[526] Zudem ist es sogar im Rahmen der privilegierten herkömmlichen Kopierpraxis durchaus üblich, auf digitale Kopiergeräte zurückzugreifen.[527] Wie bei der Verwendung eines separaten Scanners wird die Pressespiegelvorlage dabei digitalisiert und auf der Festplatte des Kopiergerätes abgespeichert. Dies zeigt, dass im Rahmen des Herstellungsprozesses die Grenzen zwischen einem rein mechanisch-analogen Vorgehen und dem Einsatz der Digitaltechnik fließend sind und daher auch die elektronische Herstellung von Sinn und Zweck des § 49 UrhG erfasst sein muss. Wesentlich ist zudem, dass sich auch erst bei der digitalen Ausgabe der

---

523 BGH, MMR 1999, S. 665, 666 - Kopienversanddienst.

524 *Hoeren*, Pressespiegelschranken im Urheberrecht - eine Anfrage an die Informationsfreiheit, in: FS Druey, S. 773, 788; *Loewenheim*, GRUR 1996, S. 636, 640.

525 BGH, AfP 2002, S. 437, 440 – Elektronischer Pressespiegel; *Bohne/Müller*, Aktuelle Herausforderungen für das Informationsrecht vor dem Hintergrund technischer Entwicklungen, in: Verhandlungen des 64. Deutschen Juristentages, S. U23, U27; *Loewenheim*, Urheberrechtliche Grenzen geschützter Dokumente in Datenbanken, S. 75; *Fischer*, ZUM 1995, S. 117, 121; *Ekrutt*, GRUR 1975, S. 358, 361; *Flechsig/Fischer*, ZUM 1996, S. 833, 835; *Eidenmüller*, CR 1992, S. 321, 322; *Loewenheim*, GRUR 1996, S 636, 640.

526 *Nordemann*, in: Fromm/Nordemann, Urheberrechtsgesetz-Kommentar, § 49 UrhG Rdnr. 3; *Raue/Hegemann*, in: Hoeren/Sieber (Hrsg.), Handbuch Multimedia Recht, Kap. 7.5., Rdnr. 72; *Ekrutt*, GRUR 1975, S. 358, 361; *Eidenmüller*, CR 1992, S. 321, 323.

527 Vgl. *Rogge*, Elektronischer Pressespiegel in urheber- und wettbewerbsrechtlicher Beurteilung, S. 230, 231.

Pressespiegel der zeitintensivere körperliche Transport erübrigt.[528] Schließlich können auch die Bedenken der Gegenmeinung, dass bei der elektronischen Herstellung eines Pressespiegels die Gefahr des Aufbaus eines zentralen Archivs größer ist als bei der Situation, dass ein Pressespiegel manuell erstellt wird, nicht überzeugen. So muss berücksichtigt werden, dass es technisch unproblematisch möglich ist, nicht nur die im Rahmen der elektronischen Herstellung digitalisierten Artikel zu archivieren, sondern genauso auch ein manuell erstellter Pressespiegel nachträglich eingescannt und als Volltext erfasst werden kann.[529] In beiden Konstellationen ist eine Digitalisierung der Print-Produkte erforderlich. Damit wird deutlich, dass allein die Möglichkeit der elektronischen Herstellung eines Pressespiegels nicht die befürchtete Zeitersparnis gegenüber einer manuellen Erstellung mit sich bringt. Ein wesentlicher Zeit- und Praktikabilitätsvorteil ergibt sich erst, wenn die Artikel bereits elektronisch vorliegen.[530] Dies ist aber erst in der Phase der elektronischen Übermittlung oder bei direkter elektronischer Lieferung durch einen externen Anbieter der Fall und eben nicht im Rahmen der Herstellung eines Pressespiegels aus Print-Produkten. Zudem erfolgt bei manuell erstellten Pressespiegeln die Digitalisierung und die Archivierung vom Produktionsprozess abgekoppelt und zeitlich nachrangig, so dass sich unproblematisch eine selbstständige Beurteilung nach der Archivregelung gemäß § 53 Abs. 2 Nr. 2 UrhG vorgenommen werden kann. Bei der elektronischen Herstellung können die eingescannten Artikel schon während des Produktionsvorgangs in ein zentrales Archiv aufgenommen werden. Daraus folgt aber nicht, dass die Beurteilung der Zulässigkeit des Aufbaus eines Archivs nach anderen Vorgaben zu erfolgen hat als die nachträgliche Digitalisierung von Print-Pressespiegeln. Vielmehr ist auch hierbei die Zulässigkeit des Aufbaus eines Archivs von § 53 Abs. 2 Nr. 2 UrhG abhängig. Somit resultieren auch die Gefahren des Aufbaus eines zentralen Archivs nicht aus der Art der Herstellung, sondern erst aus der Möglichkeit der elektronischen Übermittlung.

Festhalten lässt sich demnach, dass dem elektronischen Herstellungsvorgang nur die Bedeutung der Rationalisierung des Arbeitsaufwandes zukommt. Diese erlaubt es, auch den im Anschluss an den elektronischen Erstellungsvorgang in gedruckter Form übermittelten Pressespiegel als einen herkömmlichen Pressespiegel anzusehen. Zu gewährleisten ist allerdings hierbei, dass den digitalen Zwischenstufen keine Funktionen zukommt, die im Weg der herkömmlichen Produktion nicht zu erreichen sind.[531]

---

528 *Lehmann/Katzenberger*, Urheberrecht und elektronisches Publizieren, S. 12, 40.

529 BGH, AfP 2002, S. 437, 441 - Elektronischer Pressespiegel.

530 *Hoeren*, GRUR 2002, S. 1022, 1028.

531 BGH, AfP 2002, S. 437, 440 - Elektronischer Pressespiegel.

3. Bedeutung für die Pressespiegelherstellung

Im Rahmen der Pressespiegelherstellung ist es daher möglich, einzelne Artikel auszuwählen, einzuscannen, elektronisch dem Format des Pressespiegels anzupassen, näher zu bezeichnen und anschließend auszudrucken.[532] Auch der traditionelle Fax-Versand, bei dem die Ausgabe in Papierform und nicht wie beim Computerfax durch einen Rechner empfangen wird, kann noch zum direkten Anwendungsbereich des § 49 Abs. 1 UrhG gezählt werden.[533]

Sobald aber nicht nur einzelne Artikel, sondern mehrere Zeitungsseiten bzw. die gesamte Publikation verwendet wird, handelt es sich nicht mehr nur um eine einfache Erleichterung des Erstellungsvorgangs. Zudem muss von jeder digitalen Volltexterfassung wie dem OCR-Verfahren abgesehen werden, da hierbei auch automatisierte Verschlagwortungen und Indexierungen der eingescannten Artikel möglich werden. Mit diesen Verfahren wäre daher eine schnelle Recherche und Wiederauffindbarkeit der Artikel gewährleistet, die weit über die einfache Bezeichnung eines eingescannten Beitrages i.S.d. klassischen Beschriftens eines ausgeschnittenen Artikels hinausgehen.

Zu überlegen bleibt aber, ob der elektronische Herstellungsprozess auch im Hinblick auf kommerzielle Pressespiegel als einfache Rationalisierungsmaßnahme betrachtet werden kann. In diesem Zusammenhang ist zu berücksichtigen, dass digitalisierte Artikel im Unterschied zu ausgeschnittenen und kopierten Beiträgen nicht an Qualität verlieren. Soweit daher im Rahmen kommerzieller Angebote eingescannte Artikel genutzt werden, besteht daher anders als bei der Verwendung von Originalen oder Papierkopien tatsächlich die Gefahr, dass jeweils ein Originalartikel für die Erstellung aller in Auftrag gegebenen Pressespiegel ausreichen kann. Damit führt die Digitalisierung schon im Produktionsstadium zu einer intensiveren Werknutzung als dies beim herkömmlichen Erstellungsprozess möglich wäre. Zudem könnten sich auch für den Organisations- und Handlungsablauf der Pressespiegelherstellung Möglichkeiten ergeben, die mit dem Ausschneiden, Aufkleben und Kopieren nicht erzielt werden können. So reicht schon ein einmaliges Einscannen, elektronisches Ausschneiden und Bezeichnen der Artikel aus, um mehrere unterschiedliche Pressespiegel zu erstellen. Im Rahmen der kommerziellen Pressespiegelherstellung führt daher der Einsatz elektronischer Herstellungsverfahren nicht nur zu einer einfachen Erleichterung der manuell durchzuführenden Vorgänge. Vielmehr werden Handlungen, die bei mechanischer Herstellung mehrmals vorgenommen werden müssen, beim digitalen Herstellungsprozess entbehrlich. Damit bietet die elektronische Herstellung für gewerbliche Anbieter Funktionen, die im herkömmlichen Bereich nicht erreicht werden können, so

---

532 BGH, AfP 2002, S. 437, 440 - Elektronischer Pressespiegel.

533 LG Berlin vom 26.2.2002, Az.: 16 O 367/01, S. 38 – E-Mail und Fax-Versand eines Pressespiegels.

dass die elektronische Pressespiegelherstellung mit der herkömmlichen nicht vergleichbar ist.

VI. Zusammenfassung

Festhalten lässt sich, dass herkömmlicher Pressespiegel, die auf manuelle Weise erstellt und in gedruckter Form ausgegeben werden, unabhängig davon, ob es sich um Inhouse-Pressespiegel oder durch externe Dienstleister im Kundenauftrag angefertigte Pressespiegel handelt, gemäß § 49 Abs. 1 UrhG urheberrechtlich zulässig sind. Ohne Auswirkungen auf diese Privilegierung ist es zudem, wenn im internen Bereich die Herstellung elektronisch durchgeführt wird. Für kommerzielle Pressespiegel gilt dies allerdings nicht mehr.

§ 3 Digitale Pressespiegelfreiheit gemäß § 49 UrhG

Nachdem dargestellt worden ist, dass die Ausnahmevorschrift gemäß § 49 Abs. 1 UrhG die Herstellung herkömmlicher Pressespiegel erfasst, ist nun die Möglichkeit eröffnet, der Kernfrage nachzugehen, ob auch die elektronische Variante der dem § 49 UrhG zu Grunde liegenden Interessenabwägung gerecht wird. Wie die Ausführungen zum herkömmlichen Pressespiegel deutlich gemacht haben, wird die elektronische Form eines Pressespiegels durch die digitale Übermittlung charakterisiert. Sobald der Endnutzer also anstelle eines ausgedruckten Exemplars eine Datei erhält, handelt es sich um einen elektronischen Pressespiegel. Genauso ist aber auch von einem elektronischen Pressespiegel zu sprechen, wenn nur im Rahmen des Herstellungsprozesses digitale Maßnahmen vorgenommen werden, die in ihrer Funktion über eine bloße Rationalisierung der mechanischen Handlungen wie dem Ausschneiden, Aufkleben, Bezeichnen und Kopieren hinausgehen.

A. Meinungsstand zum digitalen Pressespiegel

Ausgangspunkt des Streites um den elektronischen Pressespiegel ist, wie erläutert, die Situation, dass Presse- und Öffentlichkeitsabteilungen von Unternehmen, Behörden und Verbänden begonnen haben, ihre Auswertungstätigkeit elektronisch vorzunehmen und aus diesem Grund in Rahmenverträgen mit der VG Wort Einigungen über die elektronischen Nutzungs- und Vergütungsmodalitäten getroffen wurden. Dieses Vorgehen widerstrebte vor allem den Interessen der Verlage und Verlegerverbände, die dadurch die Rechte an ihren Presseerzeugnissen und die Möglichkeit, elektronische Pressespiegel als eigenes Geschäftsmodell anzubieten, in Gefahr sahen. Aus diesem Grund setzten sich die Verlage seit 1998 dafür ein, gerichtlich klären zu lassen, dass die digitale Form der Nutzung von Artikeln und Beiträgen zur Übernahme in Pressespiegel nicht von der Schrankenregelung gemäß § 49 Abs. 1 UrhG umfasst ist. Als Gegenpartei kämpfte die VG Wort für die Anwendung des § 49 Abs. 1 UrhG auf elektronische Pressespiegel. In dem mehrjährigen und von einer regen

Diskussion in der Literatur begleiteten Rechtstreit blieben die Autorenvertreter vor den Instanzgerichten erfolglos.[534] Erstmals am 11. Juli 2002 erhielten die „Pressespiegel-Befürworter“ eine Bestätigung durch den BGH.[535]

I. Pressespiegellösung des BGH

Im Revisionsverfahren zur Entscheidung des OLG Hamburg hat der BGH über die Frage entschieden, ob die VG Wort die Vergütungsansprüche der Autoren für einen betriebsintern genutzten digitalen Pressespiegel wahrnehmen darf und sprach sich unter der Vorgabe von zusätzlichen Bedingungen für eine Anwendung des § 49 Abs. 1 UrhG auf den elektronischen Sachverhalt aus. Zur endgültigen Klärung wurde das Urteil jedoch an das OLG Hamburg zurück verwiesen.[536]

1. Gedanke der extensiven Schrankenauslegung

Zur Begründung seiner Auffassung, elektronische Pressespiegel als von § 49 Abs. 1 UrhG erfasst anzusehen, geht der BGH in einem ersten Schritt allgemein auf die Frage ein, inwieweit die Möglichkeit besteht, eine Schrankenregelung extensiv auszulegen. In diesem Zusammenhang sei zwar zu berücksichtigen, dass sowohl die Vorgabe, die Urheber tunlichst angemessen an der wirtschaftlichen Verwertung des Werkes zu beteiligen, als auch die Maßgabe für das Verständnis der Schrankenregelung an die technischen Gegebenheiten zum Zeitpunkt der Einführung des Privilegierungstatbestandes anzuknüpfen, eine enge Auslegung der Schrankenregelung erfordern. An diesen Grundsätzen müsse aber nicht generell festgehalten werden. Vielmehr könne auch eine Nutzungsform in den Anwendungsbereich der Schrankenvorschrift fallen, die zum Zeitpunkt der Einführung der Privilegierung noch nicht bekannt war, wenn bei der neuen Form der verfassungsrechtlich manifestierte Beteiligungsgrundsatz der Urheber ausreichend berücksichtigt werde und der mit der Schrankenregelung verfolgte Zweck sichergestellt sei. Gegen ein extensives Verständnis sei zudem nichts einzuwenden, wenn gewährleistet sei, dass die Interessen der Urheber und die durch die Schrankenbestimmung geschützten Interessen in einem ausgeglichenen Verhältnis stehen und bei dieser Abwägung insbesondere auch die Auswirkung der Geltung der Schranke auf die Position der Urheber beachtet werde.

---

534 Siehe zur Pressespiegelkontroverse bis zur BGH Entscheidung unter Kap. 4 §3 A. II.

535 BGH, AfP 2002, S. 435 ff. - Elektronischer Pressespiegel.

536 Die tatsächliche Ausübung der Wahrnehmung der elektronischen Pressespiegelrechte durch die VG Wort ist daher noch von der Aufhebung der durch das OLG Hamburg zunächst ausgesprochen einstweiligen Verfügung abhängig, vgl. OLG Hamburg, AfP 2000, S. 299 ff.

2. Möglichkeit der erweiterten Auslegung des § 49 UrhG

Im Weiteren setzt der BGH diese allgemeinen Überlegungen zur Auslegung in direkten Bezug zum Pressespiegelsachverhalt. Dabei steht zunächst die Frage im Vordergrund, ob es im Hinblick auf die elektronische Pressespiegelnutzung überhaupt möglich sei, eine erweiterte Auslegung des § 49 UrhG vorzunehmen. Zur Klärung wird erörtert, inwieweit elektronisch erstellte Pressespiegel in Funktion und im Nutzungspotential noch mit herkömmlichen Pressespiegeln äquivalent sind. Hierbei müsse beachtet werden, dass auch ein herkömmlicher Pressespiegel elektronisch erstellt werden könne, so dass daher der Übermittlung in elektronischer Form bloß eine geringe Bedeutung zukomme. So trete lediglich an die Stelle des Ausdrucks oder der Versendung die Übermittlung im Dateiformat. Soweit aber genau wie bei einer Papierausgabe nur die Lektüre möglich sei, stehe einer Anwendung auf elektronische Pressespiegel nichts entgegen. Schließlich spreche auch der Grundsatz der angemessenen Beteiligung der Urheber nicht gegen eine erweiterte Auslegung des § 49 UrhG. Vielmehr stelle die Anwendung der Schranke den Urheber sogar günstiger als die Geltung des Ausschließlichkeitsrechts. So dürfe nicht übersehen werden, dass die Verleger auf vertraglicher Ebene versuchen, die Nutzungsrechte so umfassend wie möglich an sich zu ziehen. Diese Situation könne dazu führen, dass dem Urheber weder ein Verbotsrecht noch ein Vergütungsanspruch zustehe. Bei einer Anwendung der Schrankenregelung des § 49 UrhG auf elektronische Pressespiegel sei dagegen die wirtschaftliche Beteiligung der Urheber gewährleistet. Auch den Interessen der Verwerter entspreche diese Regelung, da ihnen die Möglichkeit eröffnet sei, sich die Nutzungsrechte an den Artikeln vorzubehalten. Mit dieser Argumentation bejaht der BGH die Frage des „Ob“ bzw. die generelle Anwendungsmöglichkeit des § 49 UrhG in Bezug auf elektronische Pressespiegel.

3. Einschränkungskriterien

Bei diesem Ergebnis, das, wie im Folgenden noch dargestellt wird, auch schon vor der höchstrichterlichen Entscheidung in der Literatur vertreten wurde, bleibt der BGH aber nicht stehen. Vielmehr komme, nach Meinung der Richter, die substituierende Funktion eines elektronischen Pressespiegels nur in Betracht, soweit die Ausweitung der Schranke keine zusätzlichen, die Belange des Urhebers beeinträchtigenden Nutzungs- und Missbrauchsmöglichkeiten mit sich bringe. Dies sei nur bei der zusätzlichen Erfüllung von zwei Bedingungen gewährleistet. So könne eine mögliche Weiternutzung und Weiterverarbeitung durch die Ausgabe der Pressespiegel als Grafikdatei oder als Datei, in die die einzelnen Artikel als Faksimile aufgenommen werden, unterbunden werden. Auch den Gefahren des Aufbaus eines Archivs könne vorgebeugt werden. So sei zunächst zu beachten, dass die Möglichkeit des Aufbaus eines zentralen Archivs ohnehin generell und unabhängig davon gelte, ob es sich um einen elektronischen oder einen gedruckten Pressespiegel handele. Die Zulässigkeit hierzu werde ohnehin gemäß § 53 UrhG geregelt. Den weiteren Gefahren im Archivbereich und insbesondere der Gefahr der Archivierung auf dezentraler Ebene könne durch das Verbot der Volltexterfassung, Indexierung und Volltextrecherche der im grafischen Format vorliegenden Artikel begegnet werden. Schließlich könne auch den Befürchtungen der ungehinderten elektronischen Verbreitung an jedermann durch die Begrenzung des Nutzerkreises auf den beschränkten betriebs- oder behördeninternen Bereich entgangen werden. Bei Beachtung dieser Bedingungen könne im konkreten Anwendungsfall gewährleistet werden, dass dem Urheber keine aus der elektronischen Nutzungsform erwachsenden Nachteile drohen, so dass eine Anwendung des § 49 UrhG auf elektronische Pressespiegel möglich sei.

II. Pressespiegelkontroverse bis zur BGH Entscheidung

Wie angesprochen, hat sich diese den digitalen Pressespiegel befürwortende Haltung des BGH aber keineswegs abgezeichnet. Vielmehr ging der Entscheidung ein intensiver nicht nur in der Wissenschaft geführter Streit voraus. So hatten die Verlage noch bis wenige Wochen vor dem höchstrichterlichen Urteil vor den Instanzgerichten Erfolg.[537]

1. Digitale Pressespiegel als „nicht-privilegierte Nutzung"

Zur Begründung wurde zunächst auf den Wortlaut des § 49 Abs. 1 UrhG verwiesen. Ein elektronisches Medium könne nicht als Zeitung oder Informationsblatt verstanden werden, da diese Begriffe eindeutig eine Festlegung auf Papier erfordern.[538] Auch der Einwand, dass elektronisch übermittelte Pressespiegel häufig ausgedruckt und daher wieder in ein Printformat umgewandelt werden,[539] verändere dieses Ergebnis nicht. Sobald ein Pressespiegel in digitaler Form dem Endnutzer zugestellt worden sei und über den

---

[537] OLG Hamburg, AfP 2000, S. 299 ff. - Elektronischer Pressespiegel; OLG Hamburg, AfP 2001, S. 224 ff. - Elektronischer Pressespiegel; LG Hamburg, AfP 1999, S. 389 ff. - Elektronischer Pressespiegel; OLG Köln, AfP 2000, S. 94 ff. - Elektronischer Pressespiegel; KG Berlin vom 23.11.2001, Az.: 5 U 188/01 - E-Mail Pressespiegel; LG Berlin, AfP 2001, S. 339 ff. - E-Mail Pressespiegel; LG Frankfurt/Main, AfP 2001, S. 526 – Pressespiegelversand; LG Frankfurt/Main, vom 25.4.2002, Az.: 2/03 419/01 – Pressespiegelversand; vgl. auch LG Frankfurt/Main vom 3.06.2002, Az.: 2/03 102/02; AG Heilbronn, AfP 2001, S. 341, 342 - persönlicher Pressespiegel auf Homepage.

[538] OLG Hamburg, AfP 2001, S.224, 226 - Elektronischer Pressespiegel; OLG Köln, AfP 2000, S. 94, 96 - Elektronischer Pressespiegel; LG Berlin, AfP 2001, S. 339, 340 - E-Mail Pressespiegel; *Nordemann*, in: Fromm/Nordemann, Urheberrechtsgesetz-Kommentar, § 49 UrhG Rdnr. 3; *Wallraf*, AfP 2000, S. 23, 26.

[539] *Raue/Hegemann*, in: Hoeren/Sieber (Hrsg.), Handbuch Multimedia Recht, Kap. 7.5., Rdnr. 71.

Bildschirm wahrnehmbar gemacht werden könne, stelle das anschließende Ausdrucken nur eine zusätzliche Folgenutzung dar, die an der Qualifizierung des Pressespiegels als elektronisches Erzeugnis nichts ändere. Weiterhin sei es auch nicht möglich, mit Zweckmäßigkeitserwägungen die Wortlautbarriere zu überwinden. Im Gegenteil unterstütze eine teleologische Betrachtungsweise vielmehr die Auffassung, elektronische Pressespiegel nicht als vom Regelungsbereich des § 49 Abs. 1 UrhG erfasst zu sehen. Genau wie auch bei der Begründung der Unzulässigkeit herkömmlicher Pressespiegel wird angeführt, dass als Gesetzeszweck das wechselseitige Zitieren und Kommentieren von Artikeln durch die Presseorgane zu nennen sei. Beiträge in einem Sekundärmedium müssen daher jedenfalls Gegenstand geistiger Auseinandersetzung sein oder eigene Stellungnahmen enthalten.[540] In Folge dieser Überlegungen könne eine direkte Anwendung des § 49 Abs. 1 UrhG auf elektronische Pressespiegel nicht vorgenommen werden.

Aber auch eine Aufnahme elektronischer Pressespiegel im Wege der analogen Anwendung des § 49 Abs. 1 UrhG scheitere. So müsse § 49 UrhG als Schranke des Urheberrechts eng ausgelegt werden.[541] Der von einer Schrankenbestimmung verfolgte Zweck ergebe sich anhand der rechtlichen und tatsächlichen Gegebenheiten, die der Gesetzgeber zum Zeitpunkt der Einführung der Privilegierung kannte.[542] Vor diesem Hintergrund werde deutlich, dass ein elektronischer Pressespiegel allenfalls dann i.S.d. § 49 Abs. 1 UrhG zu privilegieren sei, wenn es sich dabei um ein Äquivalent zu einem herkömmlichen Pressespiegel handele.[543] Gerade eine solche Funktionsgleichheit könne aber nicht nachgewiesen werden. Vielmehr werde deutlich, dass der elektronische Pressespiegel durch ein weit intensiveres Nutzungs- und Missbrauchspotential zu einer verstärkten Beeinträchtigung der Urheberrechte der Autoren

---

540 OLG Hamburg, AfP 2000, S. 299, 302 - Elektronischer Pressespiegel; LG Frankfurt/-Main vom 25.4.2002, Az.: 2/03 419/01, S. 10 - Pressespiegelversand; *Lüft,* in: Wandtke/Bullinger, Praxiskommentar zum Urheberrecht, § 49 UrhG Rdnr. 12; *Niemann,* CR 2002, S. 817, 823; *Beiner,* MMR 1999, S. 691, 695; *Wallraf,* AfP 2000, S. 23, 28.

541 OLG Hamburg, AfP 2001, S. 224, 226 - Elektronischer Pressespiegel; OLG Köln, AfP 2000, S. 94, 96 - Elektronischer Pressespiegel; AG Heilbronn, AfP 2001, S. 341, 342 - Persönlicher Pressespiegel auf Homepage; *Lehmann/Katzenberger,* Elektronischer Pressespiegel und Urheberrecht, S. 38; *Schippan,* Harmonisierung des Urheberrechts in Europa, S. 108; *Maaß,* Elektronischer Pressespiegel im Lichte des Urheberrechts, in: FS Söllner, S. 725, 727; *Wallraf,* AfP 2000, S. 23, 28.

542 OLG Hamburg, AfP 2000, S. 299, 390 - Elektronischer Pressespiegel; OLG Hamburg, AfP 2001, S.224, 226 - Elektronischer Pressespiegel; LG Hamburg, AfP 1999, S. 389 - Elektronischer Pressespiegel; OLG Köln, AfP 2000, S. 94, 96 - Elektronischer Pressespiegel.

543 OLG Köln, AfP 2000, S. 94, 96 - Elektronischer Pressespiegel; *Kruse,* Elektronischer Pressespiegel, in: Haupt (Hrsg.), Electronic Publishing, S. 119, Rdnr. 46.

führe. So bewirke die digitale Übermittlung eine rasante Beschleunigung des Informationsflusses.[544] Damit erreiche der Pressespiegel in elektronischer Form einen Aktualitätsgrad, der mit einem gedruckten Pendant nicht erreicht werden könne. Zudem bedinge die ubiquitäre Nutzbarkeit, dass der Kreis der Pressespiegelnutzer für den Urheber nicht mehr kontrollierbar sei.[545] Jeder Nutzer habe darüber hinaus zusätzliche Möglichkeiten, die Beiträge in eigenen Arbeiten zu zitieren, in andere Texte einzublenden, in andere Zusammenhänge zu übernehmen, zu verkürzen oder auch zu erweitern.[546] Diese individuellen Weiterverarbeitungsmöglichkeiten verstärken sich zusätzlich, wenn die Endnutzer einzeln, die sie interessierenden Artikel im Wege der strukturierten Volltextrecherche selektiv aus einer Pressespiegeldatenbank abrufen können.[547] Ein solches Vorgehen sei aber keinesfalls rechtlich abgesichert. § 49 Abs. 1 UrhG gebe vor, dass nur die Übernahme einiger weniger Artikel, nicht aber die Nutzung kompletter Teile oder der ganzen Publikation, gerechtfertigt seien.[548] Ein selektiver Auszug aus Pressespiegeldatenbanken komme daher einem digitalen Kurzzeitarchiv gleich.[549] Einer betriebsinternen Archivierung habe die Rechtsprechung aber auf Grund der weitreichenden Nutzungsmöglichkeiten eine Absage erteilt.[550] Nichts anderes könne daher auch für den Fall der Nutzung von Artikeln zu Pressespiegelzwecken gelten.

Neben der fehlenden Äquivalenz von herkömmlichen und elektronischen Pressespiegeln wird zur Ablehnung der Zulässigkeit elektronischer Pressespiegel auf die Substitutionsgefahren hingewiesen, die im Verhältnis zum Primärprodukt auftreten. Schon durch den beschleunigten Distributionsweg

---

544 OLG Köln, AfP 2000, S. 94, 97 - Elektronischer Pressespiegel; *Engels*, in: Möhring/-Nicolini, Urheberrechtsgesetz, § 49 UrhG Rdnr. 14; *Maaß*, Elektronischer Pressespiegel im Lichte des Urheberrechts, in: FS Söllner, S. 725, 727.

545 OLG Hamburg, AfP 2001, S.224, 227 - Elektronischer Pressespiegel; OLG Köln, AfP 2000, S. 94, 96 - Elektronischer Pressespiegel; *Völker/Lührig*, K&R 1999, S. 228.

546 OLG Köln, AfP 2000, S. 94, 97 - Elektronischer Pressespiegel; *Kaessner*, AJP/PJA 10/1999, S. 1276, 1278; *Schöhl/Vocke-Schöhl*, PR-Magazin 11/1998, S. 31, 33.

547 OLG Hamburg, AfP 2000, S. 301, 303 - Elektronischer Pressespiegel; *Kaessner*, AJP/PJA 10/1999, S. 1276, 1278; *Grubler*, MediaLex 2/2001, S. 91, 95.

548 OLG Hamburg, AfP 2000, S. 301, 303 - Elektronischer Pressespiegel; OLG Hamburg, AfP 2001, S. 224, 227 - Elektronischer Pressespiegel; *Lehmann/Katzenberger*, Elektronischer Pressespiegel und Urheberrecht, S. 41; *Schippan*, Harmonisierung des Urheberrechts in Europa, S. 108; *Kruse*, Elektronischer Pressespiegel, in: Haupt (Hrsg.), Electronic Publishing, S. 120, Rdnr. 5; *Flechsig/Fischer*, ZUM 1996, S. 833, 846; *Kaessner*, AJP/PJA 10/1999, S.1276, 1278.

549 LG Hamburg, AfP 1999, S. 389, 391 - Elektronischer Pressespiegel; *Wallraf*, AfP 2000, S. 23, 27.

550 BGH, AfP 1999, S. 63, 66 - Elektronische Pressearchive; LG Hamburg, AfP 1996, S. 403 - Archivierungssystem.

eines elektronischen Pressespiegels werde den verlegerischen Primärerzeugnissen der Aktualitätsvorsprung genommen.[551] Zudem resultiere aus dem nahezu zeitgleichen Erscheinen des Pressespiegels mit dem Primärprodukt die Gefahr, dass sich für den Pressespiegelnutzer die Lektüre einer Tageszeitung erübrigt.[552] Potenziert werde diese Substitutionsbedrohung durch die Möglichkeit, dass Pressespiegel themenspeziell und individualisiert angeboten werden können. Verlage büßen daher nicht nur den Kaufpreis ihrer Primärprodukte ein, ihnen drohe vielmehr sogar der Entzug von Abonnenten.[553] Weiterhin werde der Absatz des Primärproduktes auch dadurch negativ beeinflusst, dass ein digitalisierter Artikel während des Herstellungsprozesses keinen Qualitätsverlust erleide und daher der Erwerb eines einzigen Zeitungsexemplars ausreiche, um eine beliebig große Anzahl von Personen mit diesem Artikel zu beliefern.[554] Schließlich sei zu bedenken, dass nicht nur das primäre Zeitungsgeschäft angegriffen werde. Genauso entstehe auch durch die Möglichkeit der Archivierung der Pressespiegelbeiträge die Gefahr einer direkten Konkurrenz zum eigenen Archivbestand der Verleger.[555]

Nicht zu vernachlässigen sei weiterhin, dass in Pressespiegeln nur der aus der Zeitungsseite herausgelöste Artikel ohne die Umgebung übernommen werde. Die Verlagshäuser werden daher auch um den Anzeigen- und Werbewert ihrer Publikationen gebracht, da die auf der Zeitungsseite geschaltete Werbung den Pressespiegelnutzer nicht erreiche.[556] Diese Argumente verdeutlichen, dass von der Zulässigkeit eines elektronischen Pressespiegels nicht nur die Interessen der

---

551 *Lehmann/Katzenberger,* Elektronischer Pressespiegel und Urheberrecht, S. 28; *Wallraf,* AfP 2000, S. 23, 24.

552 OLG Köln, AfP 2000, S. 94, 97 - Elektronischer Pressespiegel; *Lehmann/Katzenberger,* Elektronischer Pressespiegel und Urheberrecht, S. 41; *Katzenberger*, Elektronisches Publizieren und Urheberrecht, S. 62; *ders.*, GRUR Int. 1983, S. 895, 910; *Loewenheim,* GRUR 1996, S. 636, 641; *Wallraf,* AfP 2000, S. 23, 28; *Dieselhorst,* K&R 2000, S. 11, 12 - Anmerkung zu OLG Hamburg 6.4.2000; *Kaessner,* AJP/PJA 10/1999, S. 1276,1278.

553 *Lehmann/Katzenberger,* Elektronischer Pressespiegel und Urheberrecht, S. 41; *Katzenberger*, Elektronisches Publizieren und Urheberrecht, S. 62; *ders.*, GRUR Int. 1983, S. 895, 910; *ders.*, AfP 1997, S. 434, 438; *Loewenheim,* GRUR 1996, S. 636, 641; *Wallraf,* AfP 2000, S. 23, 28; *Kaessner,* AJP/PJA 10/1999, S. 1276, 1278; *Grubler,* MediaLex 2/2001, S. 91, 97.

554 OLG Köln, AfP 2000, S. 94, 97 - Elektronischer Pressespiegel; OLG Hamburg, AfP 2001, S. 224, 227 - Elektronischer Pressespiegel; OLG Hamburg, AfP 2000, S. 299, 303 - Elektronischer Pressespiegel.

555 Vgl. *Dreier*; Konvergenz und Unbehagen des Urheberrechts, in: FS Erdmann, S. 73, 81.

556 *Wallraf,* AfP 2000, S. 23, 28; *Dieselhorst,* K&R 2000, S. 11, 12 - Anmerkung zum Urteil des OLG Hamburg 6.4.2000.

Autoren, sondern auch die Verwerterinteressen der Verleger beeinträchtigt werden.
Zuletzt wird angeführt, dass zudem kein praktisches Bedürfnis bestehe, elektronische Pressespiegel in den Anwendungsbereich des § 49 Abs. 1 UrhG aufzunehmen, da die Verlage mit der PMG ein eigenes Angebot zur Erstellung elektronischer Pressespiegel auf vertraglicher Basis geschaffen haben.[557]

2. Digitale Pressespiegel als „privilegierte Nutzung"

Auch wenn die die Zulässigkeit elektronischer Pressespiegel ablehnenden Interessengruppen durch die Instanzgerichte vollständige Unterstützung bekamen, hat sich eine starke Gruppe als Verfechter elektronischer Pressespiegel etabliert.

a) Digitale Pressespiegel bei direkter Anwendung des § 49 UrhG

Ein Teil der Befürworter sprechen sich sogar ungeachtet der Art des Trägermediums und der digitalen Übermittlung für eine direkte Anwendung der Schrankenvorschrift aus. Auch wenn im Wortlaut gemäß § 49 Abs. 1 UrhG von Zeitungen Informationsblättern gesprochen werde, so bedeute dies nicht, dass es sich zwingend um eine Manifestation auf Papier handeln müsse.[558] Vielmehr sei zu berücksichtigen, dass nach Ansicht des Gesetzgebers das Urheberrecht dem technischen Wandel offen stehe.[559] Die Hauptfolge des Einsatzes der Digitaltechnik im Pressespiegelbereich sei eine Beschleunigung der Verschaffung der Auswertungsergebnisse. Da nach der gesetzgeberischen Zweckvorstellung § 49 UrhG gerade dazu bestimmt sei, dem schnellen Informationsfluss zu dienen, lasse ein elektronischer Pressespiegel die urheberrechtliche Lage völlig unberührt.[560] Ein elektronischer Pressespiegel falle, so die Vertreter der dargestellten Meinung, daher in den direkten Anwendungsbereich des § 49 Abs. 1 UrhG.
Einzuwenden ist hiergegen aber, dass der Wortlaut des § 49 UrhG Grenzen setzt und dem Sinn nach eine körperliche Ausgabe nahe legt.[561] Ein verändertes

---

557 LG Frankfurt/Main, vom 25.4.2002, Az.: 2/03 419/01, S. 11 - Pressespiegelversand; *Maaß*, Elektronischer Pressespiegel im Lichte des Urheberrechts, in: FS Söllner, S. 725, 736, 737.

558 *Kleinke*, Pressedatenbanken und Urheberrecht, S. 138; *Fischer*, ZUM 1995, S. 117, 121.

559 Amtl. Begründung zum Urheberrechtsgesetz, UFITA 45 (1965), S. 240 ff., 242, 260.

560 *Kleinke*, Pressedatenbanken und Urheberrecht, S. 138; *Fischer*, ZUM 1995, S. 117, 121.

561 BGH, AfP 2002, S. 437, 440 - Elektronischer Pressespiegel; OLG Hamburg, AfP 2000, S. 299, 302 - Elektronischer Pressespiegel; OLG Köln, AfP 2000, S. 94, 96 – Elektronischer Pressespiegel; *Nordemann*, in: Fromm/Nordemann, Urheberrechtsgesetz-Kommentar, § 49 UrhG Rdnr. 3; *Wallraf*, AfP 2000, S. 23, 26; *Will*, MMR 2000, S. 368, 369 - Anmerkung zum Urteil des OLG Köln vom 30.12.1999.

Wortlautverständnis ergibt sich auch nicht durch die Gesetzgebungsgeschichte oder durch Zweckmäßigkeitserwägungen.[562] Weiterhin ist auch zu bedenken, dass bei direkter Anwendung des § 49 UrhG eine öffentliche Zugänglichmachung eines Pressespiegels nicht zu rechtfertigen ist.[563] Die Möglichkeit der direkten Anwendung der Schrankenregelung ist somit abzulehnen.

b) Digitale Pressespiegel bei analoger Anwendung des § 49 UrhG

Möglich bleibt daher auch nach Meinung der Verfechter der Zulässigkeit elektronischer Pressespiegel nur die Variante, über ein extensives Verständnis des § 49 UrhG elektronische Pressespiegel als zulässig anzusehen. Hierzu haben sich Auffassungen mit verschiedener Ausprägung herausgebildet.

aa) Selektiver Datenbankabruf

Nach weitestem Verständnis wird unter Berücksichtigung der Wortlautproblematik auf eine teleologische Reduktion ausgewichen und jeder selektive oder gebündelte Ausdruck von Artikeln aus einer Volltextdatenbank als Informationsblatt i. S.d. § 49 Abs. 1 UrhG aufgefasst.[564] Zur Begründung wird darauf abgestellt, dass die Einschränkung der Sekundärmedien auf eine gedruckte Form nur auf die Verbreitung im Wege der reduzierenden Auslegung aber nicht auf die Vervielfältigung bezogen werden müsse. Die Speicherung der Artikel in einer Datenbank sei ein bloßer Zwischenschritt auf dem Weg zum Endnutzer.

Aber auch dieses Verständnis ist abzulehnen. Soll mit dieser Auffassung die Konstellation der Speicherung und Bereithaltung zur Nutzung von Artikeln und Beiträgen als Volltexte in einer Datenbank geregelt werden, hilft die dargestellte Meinung nicht weiter. Eine solche Bereithaltung bzw. Archivierung von Presseartikeln geht über die Vervielfältigung und Verbreitung von einzelnen Artikeln und Beiträgen in einem zentralen Sekundärmedium zum Zwecke der Unterrichtung über das tagesaktuelle Geschehen hinaus.[565] Zu bedenken ist weiterhin, dass sogar über die primär einschlägige Vorschrift des Archivprivileges gemäß § 53 Abs. 2 Nr. 2 UrhG ein digitales Archiv nicht für zulässig erachtet wird.[566]

---

562 Vgl. dazu oben Kap. 4 §2 B. I. II.

563 *Raue/Hegemann*, in: Hoeren/Sieber (Hrsg.), Handbuch Multimedia Recht, Kap 7.5., Rdnr. 67.

564 *Eidenmüller*, CR 1992, S. 321, 323; vgl. *Flechsig/Fischer*, ZUM 1996, S. 833, 846.

565 *Kruse*, Elektronischer Pressespiegel; in: Haupt (Hrsg.), Electronic Publishing, S. 115, Rdnr. 36; *Krejci*, Urheberrechtliches zur Medienbeobachtung, in: FS Dittrich, S. 201, 210.

566 BGH, MMR 1999, S. 409, 411 - Elektronische Pressearchive; *Engels*, in: Möhring/-Nicolini, Urheberrechtsgesetz, § 49 UrhG Rdnr. 12.

Schließlich ist es besonders problematisch mit der dargestellten Auffassung, die Möglichkeit des selektiven Ausdrucks von Artikeln für zulässig zu erklären. Bei der Ausgabe von mehreren einzelnen Ausdrucken werden die ausgewählten Beiträge weder, wie es gemäß § 49 Abs. 1 UrhG vorausgesetzt wird, in einem zentralen Medium zusammengefügt, noch anschließend als Ganzes ausgegeben.[567] Weiterhin ist zu berücksichtigen, dass bei Datenbankangeboten zu Informationszwecken der Betreiber der Datenbank, anders als der Hersteller eines Pressespiegels, kein Eigeninteresse daran hat, einen bestimmten Adressantenkreis mit ausgewählten Beiträgen zu versorgen.[568] Vielmehr handelt es sich um ein reines Angebot zur Eigenrecherche im Nutzerinteresse.
Im Ergebnis ist es daher abzulehnen, die Aufnahme von Artikeln in einer Volltextdatenbank mit der anschließenden Möglichkeit des Ausdrucks von einzelnen Beiträgen im Wege der teleologischen Reduktion für zulässig i.S.d. § 49 Abs. 1 UrhG zu beurteilen.

bb) Digitaler Pressespiegel

Befürwortet wird allerdings die Möglichkeit, über den Nachweis der Funktionsgleichheit mit einem gedruckten Produkt zur Zulässigkeit eines elektronischen Pressespiegels in analoger Anwendung des § 49 UrhG zu gelangen.[569] Sofern eine Analogie mangels planwidriger Regelungslücke abgelehnt werde, erfolge

---

567 *Hoeren,* WiVerw 4/1999, S. 230, 351; *ders.,* MMR 1999, S. 412, 413 - Anmerkung zum Urteil des BGH vom 10.12.1998.

568 *Loewenheim,* Urheberrechtliche Grenzen geschützter Dokumente in Datenbanken, S. 75; *Dreier,* in: Dreier/Schulze, Urheberrechtsgesetz, § 49 UrhG Rdnr. 7; *Kleinke*, Pressedatenbanken und Urheberrecht, S. 138, 139.

569 *Melichar,* in: Schricker, Urheberrecht, § 49 UrhG Rdnr. 32, 33; *Raue/Hegemann,* in: Hoeren/Sieber, Handbuch Multimedia Recht, Kap. 7.5., Rdnr. 70, 73; *Stopper,* in: Ensthaler/Völker/Bosch (Hrsg.), Handbuch des Urheberrechts im Internet, S. 228; *Hoeren,* WiVerw 4/1999, S. 230, 351; *ders.,* MMR 1999, S. 412, 413 - Anmerkung zum Urteil des BGH vom 10.12.1998; *Hoeren/Decker,* E.I.P.R. 1998, S. 256, 258; *Schulze,* Rechtsfortbildung im Urheberrecht, in: FS Erdmann, S. 173, 190; *Kreuzer,* in: Schwerdtfeger (Hrsg.), Cyberlaw, Kap. VII, S. 229; *Freitag,* in: Kröger/Gimmy (Hrsg.), Handbuch zum Internetrecht, S. 361, 362; *Schack,* Urheber- und Urhebervertragsrecht, S. 223, Rdnr. 484; *Grunert/Ohst,* KUR 2001/2, S. 24, 29; *Wandtke,* GRUR 2002, S. 1, 6; *Krejci,* Urheberrechtliches zur Medienbeobachtung, in: FS Dittrich, S. 201, 210; *Will,* MMR 2000, S. 368, 370 - Anmerkung zum Urteil des OLG Köln vom 30.12.1999; *Kröger,* Informationsfreiheit und Urheberrecht, S. 347; *ders.,* CR 2000, S. 662, 663 - Anmerkung zum Urteil des OLG Hamburg; *Lachmann,* NJW 1984, S. S. 405, 408; *Hillig,* in: Fuhr/-Rudolf/Wasserburg (Hrsg.), Recht der neuen Medien, S. 482; *Schulze,* ZUM 2000, S. 432, 451.

eine korrigierende Auslegung im Wege der teleologischen Extention des § 49 Abs. 1 UrhG.[570]

Die Vertreter dieser Meinung stellen zur Begründung zunächst darauf ab, dass elektronische Pressespiegel im Vergleich zu einer herkömmlichen Version keine so weitreichenden Nutzungs- und Missbrauchsmöglichkeiten mit sich bringen, die Anlass geben, zum Schutz der Interessen der Autoren von der Zulässigkeit elektronischer Pressespiegel abzusehen. So resultiere aus der Möglichkeit des Einsatzes der Digitaltechnik im Rahmen der Erstellung und Übermittlung von Pressespiegeln kein derart immenser Zeitvorteil, dass von einer völlig neuen Nutzungsvariante gesprochen werden müsse.[571] Weiterhin sei zu berücksichtigen, dass ein elektronischer Pressespiegel der raschen Information der Öffentlichkeit und dem Meinungsbildungsprozess sogar in besonderem Maße diene.[572] Zudem beziehe sich die Schrankenprivilegierung ohnehin nicht nur auf Print-Medien, sondern gelte genauso auch für den Rundfunk. Die Übermittlungsgeschwindigkeit für Print-Medien müsse sich daher an der Geschwindigkeit der Rundfunkverbreitung messen lassen. Auch dieser Vergleich zeige, dass eine digitale Übermittlung nicht dem Nutzungszweck und der Nutzungsmöglichkeit des § 49 Abs. 1 UrhG widerspreche.[573]

Weiterhin könne auch das Argument der Gegenmeinung, dass die Online Übermittlung für den Urheber zum Kontrollverlust über die Nutzeranzahl eines Pressespiegels führe, nicht standhalten. So sei einzuwenden, dass es auch bei papierenen Pressespiegeln außerhalb des Kenntnisbereiches des Urhebers liege, wie viele Kopien tatsächlich ausgegeben werden und ob ein Endnutzer ggf. selbstständig zusätzliche Kopien angefertigt habe. Gerade um diese ausschließlich im Kenntnisbereich des Nutzers liegenden Umstände zu erfahren, bestehe der gesetzlich normierte Auskunftsanspruch der VG Wort gegenüber den Pressespiegelherstellern.

Auch greife die Argumentation zu kurz bei elektronischen Pressespiegeln auf Grund der Gefahr der Archivbildung, die Rechtsprechung zu elektronischen Pressearchiven auf die Situation elektronischer Pressespiegel zu übertragen. So widerspreche die Zielsetzung der beiden Regelungen einer Vergleichbarkeit der Argumentation. Während § 53 Abs. 2 Nr. 2 UrhG der Bestandsicherung von

---

570 *Engels*, in: Möhring/Nicolini, Urheberrechtsgesetz, § 49 UrhG Rdnr. 15; *Kruse*, Elektronischer Pressespiegel, in: Haupt (Hrsg.), Electronic Publishing, S. 116, Rdnr. 38.

571 *Rogge*, Elektronischer Pressespiegel in urheber- und wettbewerbsrechtlicher Beurteilung, S. 214.

572 *Engels*, in: Möhring/Nicolini, Urheberrechtsgesetz, § 49 UrhG Rdnr. 15; *Melichar*, in: Schricker, Urheberrecht, § 49 UrhG Rdnr. 33.

573 *Will*, MMR 2000, S. 368, 370 - Anmerkung zum Urteil des OLG Köln vom 30.12.1999; *Kröger*; Informationsfreiheit und Urheberrecht, S. 347; *ders.*, CR 2000, S. 662, 663 – Anmerkung zum Urteil des OLG Hamburg.

Inhalten diene, werde mit § 49 UrhG vielmehr eine breite Streuung der Informationen bezweckt.[574] Der Aufbau eines Pressearchivs mit den Inhalten eines Pressespiegels könne daher nur als eine sich anschließende separate Handlung betrachtet werden, die keinesfalls zum Regelungsbereich des § 49 UrhG gehöre.[575]

Auch dürfe nicht außer Acht gelassen werden, dass neben dem Printbereich und dem Rundfunk die elektronische Kommunikation als dritte Medienform getreten sei. Schon aus Zweckmäßigkeitserwägungen müsse § 49 UrhG daher auch auf die elektronische Form von Pressespiegeln angewendet werden.[576] Mit der technischen Entwicklung sei es durchaus vertretbar, das Papiermedium durch ein digitales Trägermedium zu ersetzen.[577]

Schließlich sei auch der Einwand, dass Urheber bei der Aufnahme elektronischer Pressespiegel in den Anwendungsbereich des § 49 Abs. 1 UrhG der Gefahr ausgesetzt seien, Einbußen in der wirtschaftlichen Verwertung ihrer Werke zu erleiden, nicht haltbar. Vielmehr werden die Autoren auch bei der Anwendung der Schrankenregelung auf elektronische Pressespiegel über die Ausschüttung der Vergütung durch die VG Wort an der wirtschaftlichen Verwertung ihrer Artikel beteiligt. Dabei könne sogar auf den Umstand, dass es bei einer digitalen Verarbeitung möglich ist, mit einer Originalvorlage ohne Qualitätsverlust beliebig viele Vervielfältigungsstücke zu erstellen, durch eine Anpassung bzw. Erhöhung der Vergütungsregelungen durch die VG Wort reagiert werden.[578] Soweit die Gegenmeinung daher auf den Schutz des Partizipationsinteresses der Urheber abstelle, sei dies nur ein vorgeschobener Grund. Tatsächlich gehe es vornehmlich um die Protektion des Amortisationsinteresses der Verlage.[579]

---

574 *Will,* MMR 2000, S. 686, 670 - Anmerkung zum Urteil des OLG Köln vom 30.12.1999.

575 *Rogge*, Elektronischer Pressespiegel in urheber- und wettbewerbsrechtlicher Beurteilung, S. 232; *Will,* MMR 2000, S. 686, 670 - Anmerkung zum Urteil des OLG Köln vom 30.12.1999.

576 *Raue/Hegemann*, in: Hoeren/Sieber (Hrsg.), Handbuch Multimedia Recht, Kap.7.5., Rdnr. 70, 73.

577 *Melichar,* in: Schricker, Urheberrecht, § 49 UrhG Rdnr. 33; *Grunert/Ohst,* KUR 2001/2, S. 25, 29.

578 *Engels,* in: Möhring/Nicolini, Urheberrechtsgesetz, § 49 UrhG Rdnr. 15; *Rogge,* Elektronischer Pressespiegel in urheber- und wettbewerbsrechtlicher Beurteilung, S. 229, 231; *Wandtke*, GRUR 2002, S. 1, 6; *Schricker,* JZ 1999, S. 635 - Anmerkung zum Urteil des BGH vom 10.12.2999.

579 AG Heilbronn, AfP 2001, S. 341, 342 - Persönlicher Pressespiegel auf Homepage; *Dreier*, Konvergenz und das Unbehagen des Urheberrechts, in: FS Erdmann; S. 73, 82; *Kruse,* Elektronischer Pressespiegel, in: Haupt (Hrsg.), Electronic Publishing, S. 118, Rdnr. 42.

Weiterhin geben auch die Gefahren, die die Verlage für ihre Primärmärkte sehen, keine ausreichende Begründung für eine Ablehnung der Zulässigkeit elektronischer Pressespiegel. So sei zu berücksichtigen, dass sich das inhaltliche Spektrum eines Pressespiegels von dem einer Zeitung stark unterscheidet. Während in einem Pressespiegel Artikel zu einem vorab definierten Thema aus dem beruflichen oder persönlichen Bereich eines Nutzers zusammengestellt werden, informiere eine Zeitung bzw. Zeitschrift über das allgemeine Welt- und Tagesgeschehen. Ein Pressespiegel vermittele daher keine allgemeinen Informationen über das Tagesgeschehen. Es müsse daher auch nicht damit gerechnet werden, dass die Bezieher von Pressespiegeln als Nutzer der Primärmedien ausfallen.[580] Zudem sei den Verlagen über die Möglichkeit des Ausspruchs eines Rechtevorbehaltes sogar ein Hilfsmittel an die Hand gegeben, möglichen Gefahren für ihre Primärprodukte zu begegnen.[581] Damit werde deutlich, dass auch der Vortrag der Verleger, infolge der Nutzung elektronischer Pressespiegel erheblichen Substitutionsgefahren für ihre Primärprodukte ausgesetzt zu sein, nicht begründet sei.
Als Ergebnis lässt sich daher zusammenfassen, dass mit dieser Auffassung ein elektronischer Pressespiegel als funktionales Substitut eines herkömmlichen Pressespiegels anzusehen ist und § 49 UrhG daher im Wege einer erweiterten Auslegung auch auf diese elektronische Variante anwendbar ist. Soweit einige Vertreter dabei auf Grund der digitalen Übermittlungsmöglichkeiten Gefahren einer unkontrollierten und unüberschaubaren Nutzung befürchten, wird eine prinzipielle Freigabe abgelehnt und die Zulässigkeit eines elektronischen Pressespiegels auf die Fälle der betriebsinternen Nutzung beschränkt.[582]

B. Beurteilung für interne Pressespiegel

Nachdem im Rahmen der vorangegangenen Darstellungen sowohl die konträren Standpunkte, die sich vor der Entscheidung des BGH herausgebildet haben, als auch die Ausführungen des Revisionsgerichtes selbst dargestellt wurden, widmet sich die folgende Untersuchung der Frage der Zulässigkeit elektronischer

---

580 *Rogge,* Elektronischer Pressespiegel in urheber- und wettbewerbsrechtlicher Beurteilung, S. 216, 217; *Krejci,* Urheberrechtliches zur Medienbeobachtung, in: FS Dittrich, S. 201, 202.

581 *Hillig,* in: Fuhr/Rudolf/Wasserburg (Hrsg.), Recht der neuen Medien S. 428; *Kruse,* in: Elektronischer Pressespiegel, in: Haupt (Hrsg.), Electronic Publishing, S. 117, Rdnr. 40.

582 *Melichar,* in: Schricker, Urheberrecht, § 49 UrhG Rdnr. 32, 33; *Engels,* in: Möhring/-Nicolini, Urheberrechtsgesetz, § 49 UrhG Rdnr. 15; *Kreuzer,* in: Schwerdtfeger (Hrsg.), Cyberlaw, Kap. VII, S. 229; *Freitag,* in: Kröger/Gimmy (Hrsg.), Handbuch zum Internetrecht, S. 361, 362; *Rogge,* Elektronischer Pressespiegel in urheber- und wettbewerbsrechtlicher Beurteilung, S. 208 ff.; *Wandtke,* GRUR 2002, S. 1, 6; *Kröger,* Informationsfreiheit und Urheberrecht, S. 347; *ders.,* CR 2000, S. 662, 663 - Anmerkung zum Urteil des OLG Hamburg 6.4.2000.

Pressespiegel im internen Bereich. Dazu wird vor allem auf die Argumentation des BGH eingegangen. Bezug genommen wird dabei aber auch auf die Meinungen in der Literatur und der Instanzrechtsprechung.
In den bisherigen Ausführungen ist deutlich geworden, dass die Zulässigkeit elektronischer Pressespiegel nur über eine extensive Auslegung des § 49 UrhG begründbar ist. Der Beurteilung der Möglichkeit der erweiterten Auslegung von Schrankenregelungen kommt dementsprechend wesentliche Bedeutung zu. Bei der Erörterung dieser Frage orientiert sich der BGH an den Grundsätzen, die das Gebot der engen Auslegung der Rechtfertigungsvorschriften konkretisieren und nutzt diese zugleich als Ansatz für eine eigene Argumentation zur Schrankenauslegung.

I. Möglichkeit der Einbeziehung neuer technischer Gegebenheiten

Das Revisionsgericht greift dabei zunächst den Grundsatz auf, dass für das Verständnis einer Schrankenregelung auf die technischen Gegebenheiten abzustellen sei, die zum Zeitpunkt der Einführung der Privilegierung bestanden haben.[583] Eine neue technische Entwicklung begründe demnach keine Ausweitung der Schrankenregelung.[584] In dieser Maßgabe sieht das Revisionsgericht aber keine starre Auslegungsgrenze. Vielmehr könne auch eine zum Zeitpunkt der Einführung der Privilegierung nicht bekannte Nutzungsart in den Anwendungsbereich der Schrankenregelung fallen. Dazu müsse im Einzelfall untersucht werden, ob auch beim Einsatz der neuen Nutzungsform der mit der Schrankenreglung verfolgte Zweck erreicht werde ohne dabei den Beteiligungsanspruch der Urheber zu vernachlässigen. Zur Begründung dieser Auffassung verweist der BGH auf sein Urteil zur Frage der urheberrechtlichen Vergütung von Scannern. In dieser Entscheindung sei die Praxis bestätigt worden, dass Scanner als Geräte i.S.d. §§ 54, 54 a UrhG zu subsumieren seien.[585] Es handele sich daher gerade um Geräte mit deren Hilfe die gemäß § 53 UrhG privilegierten Vervielfältigungen vorgenommen werden. Diese Entscheidung zeige, dass nicht nur herkömmliche analoge, sondern auch digitale Vervielfältigungen von der Schrankenregelung gemäß § 53 UrhG erfasst seien. Eine Schrankenauslegung sei daher nicht zwangsläufig nur auf technische Sachverhalte beschränkt, die zum Zeitpunkt der Einführung der Privilegierung schon bekannt waren.[586]

---

[583] BGH, BGHZ 17, S. 266, 282 - Grundig-Reporter; BGH, GRUR 1997, S.459, 463 – CB Infobank I, vgl. auch OLG Hamburg, AfP 2000, S. 199, 301 - Elektronischer Pressespiegel; OLG Hamburg, AfP 2001, S. 225, 226 - Elektronischer Pressespiegel.

[584] RGZ 153, S. 1 ff. - Rundfunksendung von Schallplatten; *Melichar,* in: Schricker, Urheberrecht, Vor §§ 45 ff. Rdnr. 15; *Nordemann,* in: Fromm/Nordemann, Urheberrechtsgesetz-Kommentar, Vor §§ 45 Rdnr. 3; *Loewenheim,* GRUR 1996, S. 636, 641.

[585] BGH, CR 2001, S. 176, 177 - Scanner.

[586] BGH, AfP 2002, S. 437, 440 - Elektronischer Pressespiegel.

Damit hat der BGH einen neuen Auslegungsmaßstab gesetzt und zugleich dem eingefahrenen Dogma der engen Schrankenauslegung widersprochen. Bedenken und Kritik an diesem Ansatz sind daher vorprogrammiert. Hierzu wird angeführt, dass der BGH in seiner Scanner-Entscheidung die Frage, ob die in § 53 UrhG enthaltene Privilegierung der Vervielfältigung zum Eigengebrauch auch im digitalen Bereich gelte, überhaupt nicht behandelt habe. Schon aus diesem Grund sei es nicht möglich, die Scanner-Entscheidung als Argumentationsstütze für die Begründung der extensiven Schrankenauslegung anzusehen.[587] Unberücksichtigt geblieben ist bei dieser Kritik aber, dass der BGH in seinen Entscheindungsgründen zum Scanner-Urteil hervorgehoben hat, dass nicht ausschlielich streng am Wortlautverständnis festgehalten werden müsse. Vielmehr könne bei der Beurteilung eines technischen Vorgangs, der bei der Schaffung des Gesetzes noch nicht bekannt war danach gefragt werden, ob der in Rede stehende Vorgang ein funktionales Äquivalent zu dem sei, was der Gesetzgeber als regelungsbedürftig angesehen habe.[588] Damit wird deutlich, dass sich der BGH im Scanner-Urteil für eine zweckgebundene Überprüfung der Anwendung von bestehenden Schrankenregelungen auf unbekannte technische Vorgänge ausspricht. Zwar stellt der BGH diese Überlegung nur im Zusammenhang mit der Klärung der Frage an, ob Scanner als Vervielfältigungsgeräte i.S.d. §§ 54 a Abs. 1 S. 1 UrhG einzuordnen sind. Zu beachten ist aber, dass sich die Vergütungsregelungen inhaltlich direkt auf die Vorschriften zur Vervielfältigung zum eigenen Gebrauch beziehen, diese Verbindung auch im Wortlaut des § 54 a UrhG deutlich wird und zudem die Normierung der Vergütungspflicht in die Systematik der Schrankenregelungen eingebettet wurde. Dies zeigt, dass die Aussage des BGH, bei der Überprüfung technischer Vorgänge nach teleologischen Aspekten die Funktionsäquivalenz unbekannter Vorgänge mit bekannten Abläufen zu vergleichen und danach zu fragen, ob auch bei der neuen Technologie der Interessenausgleich gewahrt bleibt, auf § 53 UrhG und damit auch allgemein auf die Schrankenregelungen übertragen werden kann.[589] Insofern vermag die Kritik an der Rechtsprechung des BGH, dass mit dem Verweis auf das Scanner-Urteil die Möglichkeit eines extensiven Verständnisses der Schrankenregelung nicht begründet werden kann, letztlich nicht zu überzeugen.

Darüber hinaus hat der BGH auch schon in seiner Entscheidung zum Kopienversanddienst eine an den neuen technischen Möglichkeiten orientierte extensive Auslegung des § 53 UrhG vorgenommen.[590] Im Ergebnis ist daher die Anwendungsmöglichkeit einer Schrankenbestimmung nicht zwingend aus-

---

587 *Niemann,* CR 2002, S. 817, 821.

588 BGH, CR 2001, S. 176 - Scanner.

589 Vgl. dazu nun auch OLG München, MMR 2003, S. 535, 536 - CD-Münzkopierer.

590 BGH, MMR 2000, S. 665, 668 - Kopienversanddienst.

schließlich nur auf technische Sachverhalte beschränkt, die zum Zeitpunkt der Privilegierung bestanden haben.

1. Bedeutung für den Pressespiegelsachverhalt

Zu überprüfen ist nun, ob diese Möglichkeit, bestehende Schrankenregelungen auf unbekannte technische Entwicklungen anzuwenden, auch für den hier in Rede stehenden Sachverhalt der Subsumtion elektronischer Pressespiegel unter § 49 UrhG gelten kann. Nach Auffassung des BGH ist diese Option im Einzelfall bei Berücksichtigung des Beteiligungsgrundsatzes und des mit der Schrankenregelung verfolgten Zwecks nur dann gegeben, wenn an die Stelle der privilegierten Nutzung eine neue Form dieser Nutzung tritt.[591] Sobald daher ein elektronischer Pressespiegel nicht mehr als bloße neue Form eines Print-Pressespiegels aufgefasst werden kann, sondern eine andere Nutzungsart darstellt, ist von vornherein keine analoge Anwendung des § 49 UrhG mehr möglich.
Allgemeine Kriterien zur Bestimmung der Abgrenzung der eigenständigen Nutzungsart von einer neuen Form einer schon privilegierten Nutzung macht der BGH nicht. Vielmehr bezieht sich das Revisionsgericht direkt auf die Nutzung elektronischer Pressespiegel und stellt heraus, dass diese Nutzung sich lediglich dadurch auszeichne, dass an die Stelle eines ausgedruckten oder in körperlicher Form versendeten Pressespiegels eine Datei trete. Soweit die Datei, genau wie das Papierprodukt, ausschließlich dem Zweck der Lektüre und Information der Nutzer diene, unterscheidet sich ein elektronischer Pressespiegel daher nicht wesentlich von einem Herkömmlichen.[592] Bei zu Grunde legen dieses Verständnisses sei ein elektronischer Pressespiegel eine bloße neue Form der privilegierten Nutzung herkömmlicher Pressespiegel. Der Möglichkeit der analogen Anwendung des § 49 UrhG stehe daher nichts im Wege.
Nach anderer Überlegung wird aber eine Gleichstellung eines elektronisch erstellten mit einem herkömmlichen Pressespiegel abgelehnt und zur Begründung auf das unterschiedliche Nutzungspotential verwiesen. So wird angeführt, dass ein elektronischer Pressespiegel nicht nur an die Stelle eines herkömmlichen Pressespiegels trete, sondern in seiner Nutzungsmöglichkeit weit darüber hinaus gehe.[593] Besonders auf Grund der Tatsache, dass ein themenspezifisches, nutzerdefiniertes und zeitgleich mit den Primärerzeugnissen nutzbares Produkt erstellt werde, handele es sich bei einem elektronischen Pressespiegel um ein substantiell neues Medienprodukt.[594] Von einer bloßen neuen Form der herkömmlichen Pressespiegelnutzung könne daher nicht mehr

---

591 BGH, AfP 2002, S. 437, 440 - Elektronischer Pressespiegel.

592 BGH, AfP 2002, S. 437, 440 - Elektronischer Pressespiegel.

593 *Niemann,* CR 2002, S. 817, 821; vgl. dazu auch Kap. 4 §2 C I 1.

594 *Berger/Degenhart,* AfP 2002, Beilage Heft 6, S. 557, 564.

gesprochen werden, so dass schon die generelle Möglichkeit der analogen Anwendung des § 49 UrhG auf elektronische Pressespiegel versagt werden müsse. Letztlich führen aber beide Ansätze im Hinblick auf die zu klärende Frage, ob ein elektronischer Pressespiegel eine selbstständige Nutzungsart darstellt oder als bloße neue Form eines Print-Pressespiegels anzusehen ist, nicht weiter.
So entscheidet der BGH diese Abgrenzungsfrage nicht nach allgemeinen Kriterien. Vielmehr basiert die Entscheidung ausschließlich nur auf der vorgeschalteten Überlegung, einen elektronisch erstellten Pressespiegel wie einen herkömmlichen zu behandeln. Diese Überlegung vorausgeschickt, führt aber gerade dazu, dass die elektronische Nutzungsform sich nur noch durch den veränderten Übermittlungsweg auszeichnet und keine vollständig andere Nutzungsart begründet.
Genauso wenig kann aber auch der Gegenmeinung darin zugestimmt werden, die Vorfrage der allgemeinen Abgrenzung einer bloßen neuen Nutzungsform von einem selbstständigen Produkt von der Herausarbeitung der spezifischen Nutzungspotentiale abhängig zu machen. Dieser speziellen Untersuchung ist vielmehr erst in einem zweiten Schritt im Rahmen der Feinabstimmung, bei der nicht nur über die allgemeine Möglichkeit, sondern über die tatsächlichen Kriterien der analogen Anwendung des § 49 UrhG entschieden wird, Bedeutung beizumessen.

Es ist daher vielmehr nach einer großzügigen Auslegung der Bedeutung des Begriffs einer neuen und selbständigen Nutzungsart zu fragen. Allgemeine Anhaltspunkte sind nur in den urhebervertragsrechtlichen Regelungen i.S.d. § 31 Abs. 4 und Abs. 5 UrhG zu finden. Nach diesem Verständnis ist eine Nutzungsform, dann als eigenständig anzusehen, wenn sie abspaltbar ist und nach der allgemeinen Verkehrsauffassung als einheitlich und eigenständig beurteilt werden kann.[595] Werden diese Kriterien zu Grunde gelegt, ergibt sich, dass der Elektronische mit dem herkömmlichen Pressespiegel jedenfalls im Hinblick auf den Nutzungszweck, die verwendeten Inhalte und der Nutzerkreis übereinstimmt. Schon dies macht es schwierig, in einem elektronischen Pressespiegel eine völlig abgetrennte Art der Nutzung zu sehen. Aber auch nach allgemeinem Verständnis liegt es fern, in einem elektronischen Pressespiegel eine einheitliche und eigenständige Nutzungsart begründet zu sehen. So dient die elektronische Nutzung, genau wie der herkömmliche Pressespiegel, der Lektüre zu Informationszwecken. Ob die Wahrnehmung des Inhalts am Bildschirm oder im Papierformat erfolgt, hat dabei nach bloßer Verkehrsauffassung zunächst einmal untergeordnete Bedeutung.
Letztlich zeigt sich daher, dass die abstrakte, vorgeschaltete Untersuchung, ob es sich bei einem elektronischen Pressespiegel um eine neue Form einer schon

595 *Schricker,* in: Schricker, Urheberrecht, §§ 31/32 UrhG Rdnr. 38.

bekannten Privilegierung oder aber um ein selbstständiges Medienprodukt handelt, im Hinblick auf die analoge Anwendung des § 49 UrhG nicht klärend wirkt. Ausschlaggebend bleibt hierfür allein die Frage, ob ein elektronischer mit einem herkömmlichen Pressespiegel tatsächlich gleichgestellt werden kann. Erst im Rahmen dieser Untersuchung kann detailliert auf die unterschiedlichen Nutzungspotentiale und die damit in Verbindung stehenden, die Belange des Urhebers beeinträchtigenden Nutzungs- und Missbrauchsmöglichkeiten eingegangen werden.

2. Gleichstellungskriterien

Der BGH hält eine solche Gleichstellung nur für gegeben, wenn der Pressespiegel als grafische Datei ausschließlich im betriebs- und behördeninternen Bereich ausgegeben und zudem von einer Volltextrecherche abgesehen wird. Die folgenden Ausführungen widmen sich daher der Untersuchung der Zweckmäßigkeit und der Bedeutung dieser vom BGH im Hinblick auf den Nutzungsgegenstand und den Nutzerkreis aufgestellten Bedingungen.

a) Nutzungsgegenstand

Bevor Überlegungen angestellt werden können, an welche technische Ausgestaltung der BGH bei der Festlegung der Ausgabeform im Grafikformat gedacht hat und eine entsprechende Bewertung vorgenommen werden kann, sind zunächst die mit der Nutzung eines elektronischen Pressespiegels einhergehenden einzuschränkenden Gefahren darzustellen.

aa) Erweiterte Nutzungs- und Missbrauchsmöglichkeiten

Im unternehmensinternen Bereich ist zwischen Gefahren, die auf zentraler Ebene und auch solchen Missbrauchsmöglichkeiten, die erst nach der vorgenommenen Übermittlung im dezentralen Bereich in der Sphäre eines jeden Endnutzers auftreten, zu unterscheiden.

(1) Zentrale Nutzungsebene

Für den zentralen Bereich ergibt sich, dass die bloße elektronische Herstellung keine Nutzungsoptionen mit sich bringt, die eine Gleichstellung mit einem herkömmlich erstellten Pressespiegel ausschließen. Zusätzliche Bearbeitungs- und Weiternutzungsmöglichkeiten, wie die Einfügung in andere Textzusammenhänge o.ä. haben auf zentraler Ebene keine Bedeutung. Nutzungsoptimierungen ergeben sich aber im Hinblick auf das Informations- und Presseartikelmanagement in einem Unternehmen. So können die einzelnen im Rahmen der Herstellung des Pressespiegels eingescannten Artikel zum Zweck des Aufbaus eines zur gezielten Volltextrecherche fähigen Datenbestandes verwendet werden. Eine so erzeugte Informationsbasis kann durch Inhalte externer Datenbanken oder die Informationen einzelner Abteilungen erweitert werden, so dass eine umfassende recherchierfähige Datenbank entsteht, die einen direkten Wissensaustausch innerhalb der unterschiedlichen Bereiche und Abteilungen eines Unternehmens ermöglicht.[596] Festgestellt worden ist allerdings, dass es sich auch bei diesen Gefahren nicht um eine Folge oder einen speziellen Nutzungsvorteil handelt, der aus der Möglichkeit resultiert, die Erstellung eines Pressespiegels im unternehmensinternen Bereich elektronisch vorzunehmen. Insoweit bleibt zu bedenken, dass es immer möglich ist, einen herkömmlichen Pressespiegel durch die nachträgliche Digitalisierung und Erkennung als Volltext einem digitalen Archiv zuzuführen. Die Archivierung der Artikel eines Pressespiegels ist danach als eine von der Erstellung und Nutzung eines Pressespiegels gemäß § 49 Abs. 1 UrhG isolierte Handlung zu betrachten, deren Rechtfertigung sich allein aus § 53 Abs. 2 Nr. 2 UrhG herleitet. Die Einführung einer speziellen zusätzlichen Begrenzung ist daher im Hinblick auf die Anwendung des § 49 UrhG nicht erforderlich.

(2) Dezentrale Nutzungsebene

Gänzlich anders ist dagegen die Situation im Hinblick auf den dezentralen Bereich zu beurteilen. So bedeutet es für die einzelnen Mitarbeiter einen großen Vorteil, die einzelnen Artikel des elektronisch übermittelten Pressespiegels in eigene Arbeiten oder andere Zusammenhänge zu übernehmen, etwas hinzuzufügen oder inhaltlich zu verändern. Unproblematisch ist auch die schnelle Weiterleitung der gesamten Pressespiegel-Datei oder auch nur einzelner Artikel möglich. Zudem steht den Endnutzern unmittelbar, ohne zusätzliche Zwischenschritte des Digitalisierens, die Möglichkeit offen, Artikel zu indexieren, Verzeichnisse anzulegen oder eine Systematisierung in volltext-recherchefähigen Abfragesystemen vorzunehmen. Innerhalb kürzester Zeit kann daher ein Endnutzer den Inhalt eines jeden Pressespiegels für eine dauerhafte Verwendung in dezentralen Archiven ablegen. Diese Archive bieten zudem wesentlich schnellere und komfortablere Zugangs- und Nutzungsmöglichkeiten, als die Suche in abgehefteten Pressespiegelseiten. Deutlich wird, dass es sich bei diesen Optionen um zusätzliche Nutzungs- und Missbrauchsmöglichkeiten handelt, die gerade in der elektronischen Erstellung und Übermittlung des Pressespiegels ihren Grund finden und daher eine typische Gefahr darstellen, die bei der Anwendung des § 49 Abs. 1 UrhG auf elektronische Pressespiegel auftritt. Im Hinblick auf den dezentralen Bereich reicht daher der einfache Verweis auf die Abgrenzung der Regelungsbereiche des § 49 und § 53 Abs. 2 Nr. 2 UrhG nicht mehr aus, eine Kontrolle der zusätzlichen, speziell aus der elektronischen Übermittlung resultierenden Nutzungs- und Missbrauchsmöglichkeiten sicherzustellen. Vielmehr besteht hier gerade in Bezug auf § 49 Abs. 1 UrhG das

---

596 Vgl. *Schöhl/Vocke-Schöhl,* PR Magazin, 11/1998, S. 31-36; *Schöhl/Vocke-Schöhl,* Public Relations Forum 1/2000, S. 36, 39, 40.

Bedürfnis nach zusätzlichen Begrenzungsregularien, um die Gleichstellung eines elektronischen mit einem herkömmlichen Pressespiegel und dementsprechend auch eine analoge Anwendung des § 49 Abs. 1 UrhG rechtfertigen zu können.

bb) Einschränkung durch technische Vorgaben

Als Begrenzungskriterium macht der BGH die Vorgabe, dass ein Pressespiegel nur im Grafikformat oder als eine Datei, in die die Artikel als Faksimile eingebunden sind, übermittelt werden darf. Dies eröffnet nun die Frage, welche Ausgestaltungsmöglichkeiten diese technischen Vorgaben zulassen und inwieweit damit das Ziel der Anpassung des elektronischen Pressespiegels an die Nutzungsmöglichkeiten eines Papier-Pressespiegels erreicht werden kann.

(1) Grafikdatei

Nach den Urteilsgründen ergibt sich, dass die Gleichsetzung mit einem auf herkömmliche Weise verbreiteten Pressespiegel nur bei der Übermittlung als grafische Datei angenommen wird.[597] Ausschlaggebend ist demnach die Verwendung eines Bildformates. Damit trägt der BGH der Situation Rechung, dass bei einer Textdatei jedes einzelne Zeichen durch einen bestimmten Code dargestellt wird. Ein Text ist daher nicht nur in jedem Textverarbeitungsprogramm verwendbar, vielmehr können auch einzelne Textelemente gesucht, markiert, ausgeschnitten und kopiert werden. Bei einem Bildformat wird ein Buchstabe dagegen nicht als einzelnes Zeichen erkannt, sondern wird nur „gepunktet“ oder „gestrichelt“, so dass ein Durchsuchen, Markieren oder Kopieren und Ausschneiden von Textelementen bei einer Grafik nicht möglich ist. Klar ist damit, dass ein Pressespiegel im Textformat die Vorgaben des BGH nicht erfüllt.[598]

Als Grafikdateien kommen Bitmaps oder auch Vektorgrafiken in Betracht. Gerade beim Einscannen von Bildern und Texten werden typischerweise Pixelgrafiken erzeugt. Vektordateien kommen dagegen bevorzugt zum Einsatz, wenn am Computer selbst eine Datei erstellt werden soll. Schon dies macht deutlich, dass es bei der Pressespiegelherstellung überwiegend nur auf Bitmaps ankommt. Unabhängig davon lassen sich aber noch weitere Unterschiede erkennen, die zeigen, dass lediglich Bitmaps als privilegiert angesehen werden können. So ist zu berücksichtigen, dass aus Vektordaten wesentlich einfacher und mit geringerer Fehlerquote der Text gewonnen werden kann als aus einer Pixelgrafik. Bei einer aus einzelnen Vektoren bestehenden Grafik sind die für

---

[597] BGH, AfP 2002, S. 437, 440 - Elektronischer Pressespiegel.

[598] *Dreier*, in: Dreier/Schulze, Urheberrechtsgesetz, § 49 UrhG Rdnr. 20; *Bacher*, EWiR 24/2002, S. 1107, 1108 - Kurzkommentar zum Urteil des BGH vom 11.7.2002; *Dreier*, JZ 2003, S. 477, 479 - Anmerkung zum Urteil des BGH vom 11.7.2002.

die Texterkennung erforderlichen Muster schon vorgeprägt. Durch eine Encodingtabelle kann die Information ermittelt werden, welches Element mit welcher Vektorgrafik darzustellen ist. Anhand dieser abzuspeichernden Codierung ist es anschließend unproblematisch möglich, den Text zu rekonstruieren. Bei einer Bitmap kann dagegen nur durch optische Zeichenerkennung der Text gewonnen werden. Auch wenn dazu ein günstiges Programm mit guter Erkennungsrate genutzt wird, ist dabei der Kosten-, Arbeits- und Zeitaufwand und sogar die Fehlerquote merkbar höher als bei der Textgewinnung aus Vektordaten, die direkt am Computer ohne zusätzliche Software erfolgen kann. Daher zeigt sich, dass der Übergang von Vektorgrafiken zum Textformat wesentlich schneller und einfacher möglich ist als bei einer Bitmapgrafik. Die Vektordaten stehen insoweit dem Textformat näher als eine aus Bildpunkten zusammengesetzte Grafik. Dies lässt den Schluss zu, dass Vektorgrafiken nicht mehr von der i.S.d. BGH privilegierten Grafikdatei erfasst sind. Ausschließlich Bitmaps können diesen Zweck erfüllen. Zu nennen sind hierbei vor allem das TIFF-Format oder JPEG- und GIF-Dateien. Alternativ ist das CPC-Verfahren anzuführen. Auch hierbei handelt es sich um Bitmapdateien, die aber im Unterschied zu TIFF-Dateien einer weitaus höheren Kompression zugeführt werden.

(2) Einbindende Grafikdatei

Nach Auffassung des BGH kann aber nicht nur eine Grafikdatei, sondern auch eine Datei, in die die einzelnen Artikel als Faksimile eingebunden sind, einem Papier-Pressespiegel gleichgestellt werden. Bei dieser Alternative ist an plattformunabhängige Datenformate wie PDF, XML und HTML zu denken, in die jeweils eine Vielzahl von Formaten, unter anderen auch Bitmaps, eingebunden werden können.

Besonders relevant ist in diesem Zusammenhang das PDF-Format, da es völlig unabhängig vom Erstellerprogramm darstellbar ist und zudem die Anforderungen an den Druckbereich erfüllt. Zu erwähnen ist weiterhin, dass mit der Version 5.0. neben dem Bereich der Nutzungsoptionen auch die Sicherheitseinstellung verbessert wurde. So besteht nun neben mehreren Variationen im Bereich der Zugriffsrechte auch eine 128-Bit-Verschlüsselung. Dies lässt die Überlegung zu, ob auf Grund dieses besonderen Dokumentenschutzes auch ausnahmsweise Textformate in eine PDF-Datei eingebunden werden können. Dies widerspricht aber nicht nur dem ausdrücklichen Wortlaut des Urteils. Vielmehr ist auch weiterhin festzustellen, dass mit der 128-Bit-Verschlüsselung zwar Druck-, Änderungs-, Kopie- und Ausschneidemöglichkeiten entfallen, dennoch aber eine Acrobat Eigensuche möglich ist oder über zusätzliche Suchprogramme im PDF-Dokument nach einzelnen Begriffen recherchiert werden kann.[599] Demnach ergibt sich, dass nur im Fall der Einbindung einzelner Artikel als textuelle Grafiken auf Pixelbasis, die Recherche- und Extrahierungsmöglichkeiten ausgeschlossen sind, so dass die Anforderungen des BGH an eine Grafikdatei erfüllt sind.[600]

Weiterhin sind auch XML und HTML als einbindende Formate nutzbar. Zu berücksichtigen ist hierbei allerdings, dass HTML die Dokumente mit verschiedenen Lay-Out Standards erstellt und daher in anderen Systemen das Dokument ohne das Originalprogramm nicht oder nur unzureichend sichtbar gemacht werden kann. Die exakte Wiedergabe hängt daher von der Interpretation des jeweiligen Webbrowsers ab, so dass HTML im Vergleich zu PDF als ein einbindendes Dateiformat weniger attraktiv ist. Eine wesentlich bessere Alternative bildet hier das XML-Format, das für jeden Dokumententyp verwendet werden kann und als hersteller- bzw. programmunabhängiges Dokumentenformat universell einsetzbar ist.

Soweit daher Bitmaps in ein PDF-, HTML- oder XML-Format eingebettet werden, handelt es sich dabei um eine Datei, die den Anforderungen an eine Privilegierung gemäß § 49 Abs. 1 UrhG gerecht werden.

(3) Ausschluss von Archivierungs- und Recherchemöglichkeiten

Letztlich erfüllen die genannten Grafikdateien und auch die einbindenden Dateien die Privilegierungsvoraussetzungen gemäß § 49 UrhG aber nur, soweit diese keine Volltextrecherche oder Indizierung zulassen.

Bedeutung kommt im Hinblick auf den Aufbau eines Index-Kataloges oder die Gestaltung von Recherchemöglichkeiten der Einsatz von Metadaten bzw. Metainformationen zu. Dies gilt jedenfalls für HTML- und XML-Formate, die anders als automatisch generierte PDF-Formate, häufig noch manuell erzeugt oder aufgebessert werden. Während dieses Prozesses können vom Ersteller der Seite den üblichen Stammdaten wie dem Dateiname, dem Erstellungsdatum oder auch der Datengröße beliebig zusätzliche Informationen angefügt werden. Gerade diese zusätzlichen Informationen können daher, auch ohne eine Volltextumwandlung vornehmen zu müssen, für eine Katalogisierung bzw. Indizierung anhand einer Schlagwortsuche eingesetzt werden. Zwar ist einzuwenden, dass auch die reinen Stammdaten einer Datei zum Aufbau einer Datenbank eingesetzt werden können. Zu berücksichtigen ist allerdings, dass diese nicht aussagekräftig genug sind, um eine sinnvolle Recherchefunktion zu eröffnen, die Nutzungsoptionen bietet, die die herkömmliche Recherchemöglichkeit in zusammengestellten und geordneten Papierdokumenten übersteigt. Anders ist es

---

599 Vgl. *Hoeren*, GRUR 2002, S. 1022, 1027.

600 Vgl. *Dreier*, in: Dreier/Schulze, Urheberrechtsgesetz, § 49 UrhG Rdnr. 20; *Dreier*, JZ 2003, S. 477, 479 – Anmerkung zum Urteil des BGH vom 11.7.2002; *Fallenböck/Nitzl*, MR 2/2003, S. 102, 106.

dagegen bei den im beliebigen Umfang angereicherten Metainformationen, die vom Hersteller sogar gezielt zu Zwecken einer Recherchemöglichkeit gestaltet werden können. So ließe sich aus den gesamten Metainformationen ein Katalog aufbauen, der je nachdem, wie detailliert die Informationen sind, eine gezielte Suche ermöglicht. Über eine Erweiterung mit Metainformationen kann daher die Nutzung von Grafikdateien in einer Weise angereichert werden, die nicht mehr von den Vorgaben des BGH erfasst sind. Insgesamt ergibt sich daher, dass nur textuelle Bitmaps, die von Metainformationen befreit sind und ebenso auch deren Einbindung in ein PDF-, XML- oder HTML-Format den Anforderungen des BGH an eine Privilegierung gemäß § 49 Abs. 1 UrhG gerecht werden können.

cc) Bewertung der technischen Vorgaben

Nach der Konkretisierung der Möglichkeiten zur technischen Ausgestaltung der Vorgaben des BGH ist zu klären, ob durch diese Bedingungen die Nutzung eines elektronischen Pressespiegels tatsächlich soweit eingeschränkt werden kann, dass die Verwendungsmöglichkeiten mit denen eines Papier-Pressespiegels vergleichbar sind.

(1) Auswirkungen auf die Pressespiegelsituation

Die Ausgabe von Pressespiegeln als Bitmapgrafiken bietet im Hinblick auf die unterschiedlichen Folgenutzungen, die den Endbeziehern elektronischer Pressespiegel offen stehen, eine wirksame Beschränkung. So ist nicht nur jedes Markieren oder Extrahieren von Textpassagen unmöglich, vielmehr ist auch die digitale Weiterleitung von einzelnen relevanten Artikeln nicht mehr durchführbar. Im Hinblick auf den praktischen Gebrauch können daher die Nutzungsmöglichkeiten eines elektronischen Pressespiegels den begrenzten Möglichkeiten eines Papier-Pressespiegels angeglichen werden. Unberücksichtigt bleibt dagegen aber der Zeitvorteil, der durch die digitale Übermittlung erreicht werden kann.[601] Hier bietet die Vorgabe der Ausgabeform eines Pressespiegels als Bitmapgrafik keine wirksame Einschränkung. Weiterhin kann auch den Archivierungs- und Recherchegefahren im dezentralen Bereich, für den die bloße Abgrenzung zu § 53 UrhG keinen ausreichenden Missbrauchsschutz mehr bietet durch die Verwendung von Bitmaps, soweit diese nicht mit Metainformationen angereichert sind, entgegengewirkt werden. Damit scheinen auf den ersten Blick, die bei der Verwendung von elektronischen Pressespiegeln befürchteten zusätzlichen Gefahren im Hinblick auf den Aufbau eines Archivs eingegrenzt zu sein. Zu beachten ist aber, dass letztlich auch jeder im Grafikformat dargestellte Presseartikel wieder in einen Text bzw. ein Textformat rück-

---

601 *Waldenberger*, MMR 2002, S. 743, 744 – Anmerkung zum Urteil des BGH vom 11.07.2002; *Fallenböck/Nitzl*, MR 2/2003, S. 102, 106.

wandelbar ist. Dies sieht der BGH nicht als problematisch an, da die Erstellung von Volltexten aus gedruckten Texten oder Grafikdateien ohnehin nicht mehr vom Privileg des § 49 UrhG erfasst wird.[602] Unberücksichtigt bleibt dabei aber, dass ein schon in elektronischer Form vorliegender Artikel sehr viel schneller und einfacher in einen Volltext umgewandelt und anschließend archiviert werden kann als ein Print-Artikel, der zunächst noch eingescannt werden muss.[603] Sogar wenn auf zentraler Ebene nur mit gedruckten Artikeln gearbeitet wird, ergibt sich der Zeitvorteil auf dezentraler Ebene, da den einzelnen Mitarbeitern die Pressespiegel in elektronischer Form übermittelt werden. Im Hinblick auf diese Zeitkomponente ist daher die Gleichstellung von elektronischem und herkömmlichem Pressespiegel nicht gegeben.

(2) Allgemeine Bedenken

Zusätzlich wirft auch das Vorgehen des BGH, die Anwendung des § 49 UrhG von bestimmten technischen Vorgaben abhängig zu machen, allgemeine Bedenken auf. So ist vor allem an der Wirksamkeit dieser Bedingung zu zweifeln, da letztlich jeder im Grafikformat ausgegebene Artikel bzw. Pressespiegel durch Zeichenerkennungsverfahren wieder in ein Textformat, das allen beschriebenen Nutzungs- und Missbrauchsmöglichkeiten zugänglich ist, umgewandelt werden kann.[604] Die tatsächlich zu erreichende Anpassung der Nutzung eines elektronischen an die eines herkömmlichen Pressespiegels wird damit letztlich von der technischen Ausstattung eines Arbeitsplatzes und dem technischen Verständnis der Mitarbeiter als Endbezieher des Pressespiegels abhängig gemacht. So ist es momentan zwar noch nicht üblich, dass jeder Mitarbeiter Zugriff auf eine Texterkennungssoftware hat. Insgesamt ist es aber nur als eine Frage der Zeit anzusehen, dass es keine Ausnahme mehr ist, wenn Mitarbeiter die ihnen zugetragenen Daten entsprechend ihres Nutzungsbedürfnisses ablegen und dazu auch Formatumwandlungen vornehmen. Deutlich wird daher, dass schon heute die nutzungseinschränkende Wirkung der Ausgabe eines Pressespiegels im Grafikformat unproblematisch umgangen werden kann und zudem in Zukunft mit einem Wirkungsverlust dieser Bedingung zu rechnen ist.

Weiterhin ist zu beachten, dass auch, wenn der BGH keine konkrete Festlegung auf ein Dateiformat vornimmt, die gegebene Technologiegebundenheit problematisch ist. Zwar können technologiegebundene Abgrenzungen, wie sie auch bei der Unterscheidung zwischen digitalen und analogen Nutzungen relevant werden, durchaus sinnvoll und notwendig sein. So findet sich diese

---

602 BGH, AfP 2002, S. 437, 441 - Elektronischer Pressespiegel.

603 *Hoeren,* GRUR 2002, S. 1022, 1028.

604 *Hoeren*, GRUR 2002, S. 1022, 1028; *Beckmann,* MMR 2002, S. 764, 765 - Anmerkung zum Urteil des OLG München vom 1.3.2002; *Stögmüller,* K&R 2002, S. 605, 608.

Unterscheidung auch in den Schrankenregelungen der Harmonisierungsrichtlinie und deren nationaler Umsetzung wieder. Im vorliegenden Zusammenhang wird aber die Möglichkeit der Privilegierung vom angewendeten Dateiformat abhängig gemacht. Es handelt sich dabei um eine Abgrenzung, die im Vergleich zur klar durchführbaren Unterscheidung zwischen analogen und digitalen Nutzungen sehr unbestimmt ist und zudem eines genauen technischen Verständnisses bedarf, da letztlich eine Vielzahl von Formaten mit wieder einer Vielzahl von Unterformaten für die Anwendung des § 49 UrhG entscheidend ist. Aber nicht nur diese Unbestimmtheit führt zur Rechtsunsicherheit. Vielmehr ist auch zu berücksichtigen, dass das Kriterium der Formatvorgabe einen stetigen Überprüfungsprozess erfordert. So müssen Unternehmen, um die Rechtssicherheit ihrer Produktionsweise gewährleisten zu können, jede Änderung oder Neuerung bei der Pressespiegelherstellung, jedenfalls im Hinblick auf das gewählte Format, auf die technische Zulässigkeit überprüfen lassen.

Umgekehrt bestehen dagegen aber, gerade im Fall der Abgrenzung anhand technischer Vorgaben, auch immer Umgehungsmöglichkeiten. Im gegebenen Zusammenhang verstärkt sich diese Gefahr besonders dadurch, dass in der Entwicklungstendenz die unterschiedlichen Formate immer mehr aufeinander abgestimmt werden und es daher auch immer undurchsichtiger wird, welche Nutzungsmöglichkeiten durch welche Formate erreicht werden können und welches Format letztlich noch die Anforderungen an eine Privilegierung gemäß § 49 UrhG erfüllt.

Auch ist anzumerken, dass die Einhaltung der Formatvorgaben bzw. das Ausbleiben einer nachfolgenden Texterkennung beim Endnutzer schwer kontrollierbar ist, was eine weitere Rechtsunsicherheit bei der Anwendung des § 49 UrhG in sich birgt.

Schließlich ist es auch aus verfassungsrechtlichem Gesichtspunkt bedenklich, dass die Konformität der Auslegung des § 49 UrhG im Ergebnis vom gewählten Format der Pressespiegel-Datei abhängig gemacht wird. Nur solange eine Bitmapgrafik ohne umfangreiche Metainformationen eingesetzt wird, kann die Abwägung der Eigentumsbelange der Urheber mit den verfassungsrechtlich geschützten Allgemeinwohlinteressen auf einen freien Informationsfluss als angemessen angesehen werden. So mag es vertretbar sein, die Festlegung von bestimmten Nutzungsarten im urhebervertragsrechtlichen Bereich von unterschiedlichen Formaten abhängig zu machen.[605] Hierfür spricht unter anderem auch, dass es im vertragsrechtlichen Bereich ohnehin auf die individuelle Ausgestaltung ankommt. Im Hinblick auf die Nutzungsfreistellung einer Schrankenregelung kann dagegen nur die austarierte Interessenabwägung maßgebend sein, nicht dagegen aber schwer bestimmbaren und technologiegebundenen Kriterien, wie eben die Angabe von Formatvorgaben.

---

605 Vgl. *Czychowski*, NJW 2003, S. 118, 120.

Des Weiteren ist auch einzuwenden, dass eine Lösung, die dazu dient, die analoge Situation nachzustellen, nur zeitlich begrenzt zweckmäßig sein kann.[606] So ist zu berücksichtigen, dass es bei fortschreitenden technischen Entwicklungsprozessen absehbar ist, dass es auch einen unzumutbaren Aufwand bedeuten kann, die technischen Ergebnisse und Leistungen so zurückzufahren, dass eine antiquierte Gegebenheit erreicht wird.

Im Ergebnis zeigt sich daher, dass mit der Vorgabe des BGH, ausschließlich nur Pressespiegel im Grafikformat als privilegiert anzusehen, das Ziel der Anpassung der Nutzungsmöglichkeiten eines elektronischen Pressespiegels an die eines Pressespiegels in Printform nicht vollständig erreicht wird. Sowohl der Zeitvorteil, der aus der elektronischen Übermittlung resultiert, als auch die Zeitersparnis, die eintritt, wenn schon in digitalisierter Form vorliegende Artikel archiviert werden, kann auch bei einer Verwendung von Pressespiegeln in Grafikformaten gegenüber der herkömmlichen Form nicht ausgeglichen werden. Daneben führt auch der Versuch der Anpassung eines digitalen Sachverhaltes auf eine Schrankenregelung, der eine analoge Situation zu Grunde liegt, zu Problemen bei der Wirksamkeit der technischen Umsetzung und damit auch zur Rechtsunsicherheit. Mit der Begrenzung des § 49 Abs. 1 UrhG auf Pressespiegel, die im Grafikformat ausgegeben werden, handelt es sich daher allenfalls um eine Zwischenregelung auf dem Weg zur Bildung einer Schrankenregelung, die den digitalen Sachverhalt erfasst oder vollständig von einer Privilegierung absieht.[607]

b) Nutzerkreis

Neben den Nutzungserweiterungen werden auch mit der ungehinderten elektronischen Verbreitung elektronischer Pressespiegel Missbrauchsgefahren begründet, die einer Einschränkung bedürfen. Damit reagiert der BGH auf die Besonderheit der ubiquitären Nutzbarkeit digitaler Werke und versucht, die funktionale Gleichstellung mit Print-Pressespiegeln zu erreichen. Da technische Einwirkungen auf den Nutzungsgegenstand wie die Formatvorgabe hier nicht weiterhelfen, kann nur über die Beschränkung des Nutzerkreises eine Verringerung der Verbreitungsmöglichkeit erreicht werden. Aus diesem Grund zählt der BGH nur die Verbreitung im betriebs- und behördeninternen Bereich zu der gemäß § 49 UrhG privilegierten Nutzung, nicht dagegen eine Ausgabe an jedermann. Die Frage, ob mit dieser Begrenzung eine Anpassung an die analoge Situation erzielt werden kann, hängt daher wesentlich davon ab, in welchen Fällen von einer internen Nutzung gesprochen werden kann.

---

606 *Berger/Degenhart*, AfP 2002, Beilage Heft 6, S. 557, 578.

607 Vgl. *Bacher*, EWiR 24/2002, S. 1107, 1108 - Kurzkommentar zum Urteil des BGH vom 11.7.2002.

Eine Anlehnung an das Begriffsverständnis gemäß § 53 UrhG deutet darauf hin, bei der Beurteilung einer internen Nutzung strenge Maßstäbe anzusetzen. Gemäß § 53 UrhG handelt es sich nur dann um einen privilegierten Eigengebrauch, wenn die Nutzung innerhalb einer geschlossenen Einheit stattfindet.[608] Soweit die Strukturen, sei es im betrieblichen- als auch behördlichen Bereich, stark aufgegliedert und hierarchisch geordnet sind, wird die Nutzungsmöglichkeit sogar nur noch auf eine einzelne organisatorische Zelle beschränkt. Gehören daher einer Körperschaft mehrere Behörden, Abteilungen oder Institute an, wird vom Eigengebrauch nur die Nutzung innerhalb der Behörde, der Abteilung oder des Institutes gedeckt.[609] Gleiches gilt im privatwirtschaftlichen Bereich. So wird eine Nutzung im Konzerverband als ausgeschlossen angesehen und eine strenge betriebs- oder abteilungsinterne Nutzung gefordert.[610]
Wird dieses engen Verständnisses zu Grunde gelegt, wäre daher zwar für eine enge Begrenzung der Vertriebsmöglichkeiten eines Pressespiegels gesorgt, gleichzeitig aber auch ein Pressespiegel seines tatsächlichen Zwecks enthoben. So kann es innerhalb einer Behördenstruktur oder auch bei der Verbindung mehrerer Betriebe zu einem Unternehmen nicht ausreichen, eine Pressespiegelnutzung nur jeweils innerhalb einer Abteilung oder einer einzelnen Filiale zuzulassen. Eine Übertragung der Grundsätze des § 53 UrhG auf den Regelungsbereich § 49 UrhG zum Zweck der Begrenzung des Nutzerkreises bietet sich daher nicht an. Hierfür spricht zudem, dass es sich beim Eigengebrauchprivileg um eine Weiterentwicklung der rein privaten Nutzung handelt und sich schon aus diesem Grund eine Privilegierungsbeschränkung auf einen wesentlich kleineren Nutzerkreis rechtfertigt. Aus dem restriktiven Verständnis gemäß § 53 UrhG können daher keine Vorgaben für die Beurteilung der internen Nutzungsmöglichkeiten i.S.d. § 49 UrhG hergeleitet werden.

aa) Betriebliche und behördliche Nutzung

Vielmehr deutet die Gegenüberstellung einer betriebs- und behördeninternen Verbreitung zum Vertrieb an Jedermann darauf hin, nicht streng auf die Organisationsstruktur eines Betriebes oder den Verwaltungsaufbau einer Behörde abzustellen, sondern einen großzügigeren Maßstab anzusetzen.
Danach gehört nicht nur die Nutzung eines Pressespiegels innerhalb eines kleinen oder mittelständischen Einzelbetriebs zum privilegierten Bereich gemäß § 49 UrhG. Auch bei einer Verbreitung eines Pressespiegels innerhalb eines

---

608 Amtl. Begründung zur Urheberrechtsnovelle 1985, BT-Drucks. 10/837, S. 9; *Decker*, in: Möhring/Nicolini, Urheberrechtsgesetz, § 53 UrhG Rdnr. 18; *Nordemann*, in: Fromm/-Nordemann, Urheberrechtsgesetz-Kommentar, § 53 UrhG Rdnr. 2.

609 *Decker*, in: Möhring/Nicolini, Urheberrechtsgesetz, §53 UrhG Rd 18.

610 *Nordemann*, in: Fromm/Nordemann, Urheberrechtsgesetz-Kommentar, § 53 UrhG Rdnr. 2.

größeren Einzelbetriebes oder eines Unternehmens mit mehreren Filialen, die in einem Netzwerkverbund stehen, handelt es sich um einen internen Nutzerkreis. Schließlich können auch Unternehmen im Konzernverbund oder mit weltweiter Aktivität nicht von der Privilegierung ausgeschlossen werden, da diese genauso die Abgeschlossenheit des Netzwerkes gewährleisten können. Häufig sorgen gerade große Unternehmen mit einer entsprechend hohen Anzahl von Mitarbeitern für besondere Sicherheitsstandards. Hinzu kommt auch eine zwangsläufige Begrenzung der ungehinderten globalen Verbreitungsmöglichkeiten auf Grund des starken Bezuges eines Pressespiegels an die spezifischen Nutzerinteressen und der Bindung der Auswertung an orts- bzw. landesgebundene Themen und Medien. Gleiches gilt auch für den Behördenbereich. So ändert der Verwaltungsaufbau oder die Zuordnung mehrerer Behörden zu einer Körperschaft oder Anstalt nichts daran, dass es sich um einen behördeninternen Pressespiegelvertrieb handelt. Insgesamt haben daher weder die Größe noch die Organisation oder Struktur eines Unternehmens oder einer Behörde Aussagekraft darüber, ob ein elektronischer Vertrieb mit der analogen Ausgabe von Pressespiegeln vergleichbar ist. In diesem Zusammenhang ist vielmehr zu berücksichtigen, dass sich der Kreis der potentiellen Nutzer unabhängig von dem gewählten Vertriebsweg bestimmt. Eine elektronische Übermittlung bewirkt zwar in jedem Fall eine schnelle und unkompliziertere Zusendung, nicht aber zwingend immer auch eine Ausweitung des Nutzerkreises.
Die Frage, wann der Bereich eines rein internen Pressespiegelvertriebs überschritten ist, lässt sich daher, unabhängig von der Größe des Betriebs oder der Behörde, besser durch eine Negativabgrenzung zur Nutzung im Außenverhältnis bestimmen. Sobald eine Individualisierbarkeit der Nutzer fehlt und ein Unternehmen oder eine Behörde einen Pressespiegel auf ihre Homepage einstellt[611] oder Dritten eine sonstige Zugriffs- oder Abrufmöglichkeit der Pressespiegeldaten einräumt, kann nicht mehr von einer internen Nutzung gesprochen werden. Genauso ist auch der Privilegierungsrahmen verletzt, wenn aktuelle Artikel mit Informationen für die Allgemeinheit zusammengestellt und versendet oder zum Abruf bereit gestellt werden. Letztlich handelt es sich auch nicht mehr um eine interne Nutzung, wenn ein Pressespiegel zu Referenz-, Beleg- oder Werbezwecken eingesetzt und an vor- oder nachgelagerte Betriebe in der Produktionskette oder auch an Kunden weitergegeben werden.

bb) Überbetriebliche Nutzung

Diese Überlegungen lassen sich auch auf die Frage übertragen, inwieweit bei überbetrieblichen Organisationen wie Verbänden, Gewerkschaften oder Kammern noch eine interne Nutzung gegeben ist. Allein der Begrifflichkeit nach ist der Vertrieb eines Pressespiegels im kollektiven Bereich nicht mehr als

---

611 *Fallenböck/Nitzl*, MR 2/2003, S. 102, 106.

Inhousenutzung zu verstehen. So handelt es sich um überbetriebliche Zusammenschlüsse, die eine sehr weitgefächerte Organisationsstruktur aufweisen und bei denen die unterschiedlichsten Interessen von Arbeitgebern oder Arbeitnehmern zusammenfließen. Soweit ein Pressespiegel aber ausschließlich der inhaltlichen Tätigkeit des Verbandes, der Gewerkschaft oder einer sonstigen Kollektivorganisation dient, ist die Nutzung mit einem Gebrauch im betriebs- oder behördeninternen Bereich vergleichbar. Gerade die beratende und unterstützende Funktion, sowie vor allem auch lobbyistische Tätigkeiten übergeordneter Organisationen basieren auf der Auswertung und Reaktion der Presse. Erst wenn eine Verbreitung von Presseinformationen an die Verbands- oder Gewerkschaftsangehörigen oder die Mitglieder sonstiger Organisationen i.S. eines Informations- bzw. Tätigkeitsberichts o.ä. vorgenommen wird, ist der Bereich der Erfüllung rein interner erforderlicher inhaltlicher Aufgaben überschritten und ein unüberschaubarer Nutzerkreis betroffen, der nicht mehr von § 49 UrhG gedeckt ist.

Festhalten lässt sich daher, dass mit den vom BGH vorgegebenen Bedingungen die Pressespiegelnutzung auf den internen Bereich zu begrenzen, einen sicheren Schutz vor der Dritt- oder Weiterverwertung mit Außenwirkung bietet.
Den Vorteilen mit der elektronischen Verbreitungsmöglichkeit eine schnellere, einfachere, komfortablere und kostengünstigere Übermittlung der Pressespiegel innerhalb eines einzelnen Betriebes und insbesondere auch zwischen Betriebs- oder Behördenniederlassungen mit örtlich entfernten Standorten zu erreichen, kann mit der Begrenzung des Nutzerkreises auf den internen Bereich nicht in der Weise begegnet werden, dass eine Gleichstellung mit den Möglichkeiten bei der Ausgabe von Print-Pressespiegeln erzielt wird.

3. Zusammenfassung

Die vorliegenden Ausführungen lassen die Schlussfolgerung zu, dass von einer strengen Anwendung des Grundsatzes, das Verständnis einer privilegierenden Vorschrift von den technischen Gegebenheiten zum Zeitpunkt der Einführung der Privilegierung abhängig zu machen, Abstand genommen werden kann, wenn ein elektronisch verbreiteter Pressespiegel in Funktion und Nutzungspotential einem herkömmlichen Pressespiegel entspricht. Die grobe Abgrenzung, ob ein elektronischer Pressespiegel bloß eine neue Form oder aber eine völlig eigenständige Nutzung darstellt, klärt hierbei aber allenfalls nur die Vorfrage, inwieweit überhaupt die Möglichkeit der analogen Anwendung des § 49 UrhG auf den Pressespiegelsachverhalt besteht. Die tatsächliche Gleichstellung ist unter Beachtung der vom BGH vorgegebenen zusätzlichen Bedingungen zu beurteilen.
Dabei hat sich ergeben, dass die Vorgabe ausschließlich Pressespiegel im Grafikformat zu verwenden, im Hinblick auf die Begrenzung der zusätzlichen

Nutzungs- und Missbrauchsmöglichkeiten nur bedingt zweckmäßig ist, da der Zeitvorteil der mit der digitalen Übermittlung einhergeht, nicht ausgeglichen werden kann. Zudem haben die Ausführungen gezeigt, dass es insbesondere auch aus Gründen der Rechtssicherheit abzulehnen ist, die Schrankenbestimmung von technischen Vorgaben abhängig zu machen.
Das weitere Kriterium der Beschränkung des Nutzerkreises auf den betriebs- und behördeninternen Bereich zeigt, dass das Privileg der Erstellung und Nutzung von Pressespiegeln als Form der Zweitverwertung keine Rechtfertigung für eine weitere Dritt- bzw. Folgeverwertung im Außenverhältnis zulässt. Eine Einschränkung des Nutzerkreises anhand der Größe oder Organisationsstruktur von Betrieben und Behörden oder auch eine Ausklammerung überbetrieblicher Zusammenschlüsse kann der Bedingung, ausschließlich die interne Nutzung zu privilegieren, nicht entnommen werden. Vor allem können durch die Begrenzung der Nutzung auf den internen Bereich die zeitlichen, finanziellen und logistischen Vorteile einer elektronischen Übermittlung nicht ausgeglichen werden, so dass auch keine Anpassung an die Möglichkeiten eines Print-Pressespiegels vorgenommen wird.
Insgesamt wird daher das Ziel der Gleichstellung eines elektronisch übermittelten Pressespiegels mit einem Herkömmlichen nicht vollständig erreicht. Zudem kann die Bestimmung der zusätzlichen Bedingungen im Rahmen des § 49 UrhG, insbesondere auf Grund der Vorgaben in technischer Hinsicht, nicht als rechtssichere Dauerlösung angesehen werden, die den Bereich der Pressespiegelnutzung einer Schrankenregelung zuführt, die der elektronischen Situation gerecht wird.

II. Abkehr vom Grundsatz der engen Auslegung der Schranken

Als weitere Auslegungsregel, die der BGH als Grundlage heranzieht, um eine Leitlinie zur Möglichkeit der extensiven Anwendung einer Privilegierung zu entwickeln, ist der Grundsatz zu nennen, die Schrankenregelungen wegen ihres Ausnahmecharakters, vor allem aber auf Grund der Überlegung, dass der Urheber tunlichst angemessen an der wirtschaftlichen Verwertung seines Werkes beteiligt werden muss, eng auszulegen.[612] In seiner Entscheidung zum elektronischen Pressespiegel räumt der BGH aber ein, dass dem Gebot der restriktiven Schrankenanwendung keine generelle Bedeutung zukomme. Der

612 BGH, AfP 2002, S. 437, 440 - Elektronischer Pressespiegel; BGH, GRUR 2002, S. 1050, 1051 - Zeitungsartikel als Tagesereignis; BGH, GRUR 2002, S. 605 – Verhüllter Reichstag; BGH, GRUR 2001, S. 51 - Parfumflakon; *Melichar*, in: Schricker, Urheberrecht, Vor §§ 45 Rdnr. 16; *Nicolini*, in: Möhring/Nicolini, Urheberrechtsgesetz, § 45 UrhG, Rdnr. 2, § 46 UrhG, Rdnr. 3; *Lüft*, in: Wandtke/Bullinger, Praxiskommentar zum Urheberrecht, § 45 UrhG, Rdnr. 1; *v. Gamm*, Urheberrecht, § 45 UrhG Rdnr. 4, § 51 UrhG Rdnr. 2.

Grund für die möglichst uneingeschränkte Geltung der Verbotsrechte sei vielmehr darin zu sehen, dem Urheber eine angemessene Beteiligung an der wirtschaftlichen Verwertung zu sichern.[613] Nicht außer Acht gelassen werden dürfe dabei aber, dass die Schrankenregelungen den verfassungsrechtlich geschützten Positionen der Allgemeinheit Rechnung tragen. Daher sei es erforderlich, neben den Interessen der Urheber an der wirtschaftlichen Verwertung ihrer Werke auch die durch die Schrankenregelung geschützten Belange der Allgemeinheit entsprechend ihrem Gewicht zu berücksichtigen.[614] Damit knüpft der erste Zivilsenat an seine Entscheidung „Verhüllter Reichstag" an. Schon hier hat sich der Senat dafür ausgesprochen, bei der Anwendung einer Schrankenregelung nicht zwingend restriktiv vorzugehen, sondern im Wege der Abwägung der widerstreitenden Interessen eine Einzelfalllösung zu finden.[615] Darüber hinaus macht der BGH nun in seiner „Pressespiegel-Entscheidung" deutlich, dass im Rahmen der Überprüfung der Auswirkungen der Geltung der Schranke auf die Interessen des Urhebers insbesondere zu beachten sei, ob der Gesetzgeber einen ersatzlosen Eingriff in die Urheberrechte ermögliche oder ob er dem Urheber einen Vergütungsanspruch für die Duldung des Eingriffs zuerkenne. Ausschlaggebend für eine erweiterte Schrankenauslegung könne es danach sein, ob die Anwendung der Schrankenregelung den Urheber günstiger stelle als bei der Geltung des Ausschließlichkeitsrechts.[616]

1. Erweiterte Schrankenauslegung im Wege einer Interessenabwägung

Uneingeschränkt beizupflichten ist dem BGH zunächst darin, sich nicht starr von dem Grundsatz der engen Auslegung einer Schrankenreglung leiten zu lassen, sondern die Möglichkeit eröffnet zu sehen, über die Abwägung der Interessen der Urheber mit den durch die Schrankenregelung privilegierten Interessen zu einer erweiterten Anwendung zu gelangen.

Begründet werden kann dies damit, dass schon der Grundsatz, dass der Charakter der Schrankenregelung als Ausnahmevorschrift zwingend zu einer engen Auslegung führen muss, aus formalen Gründen nicht haltbar ist. Insoweit wird dargestellt, dass es nicht von der Qualifizierung einer Regelung als Ausnahmevorschrift abhängig gemacht werden könne, welche Anwendungs- und Auslegungsmöglichkeiten bestehen.[617] Zudem sei zu berücksichtigen, dass auch Ausnahmevorschriften den anerkannten Kriterien der Auslegungstechnik zu-

---

613 BGH, AfP 2002, S. 47, 440 - Elektronischer Pressespiegel; BGH, GRUR 2001, S. 51 – Parfumflakon.

614 BGH, AfP 2002, S. 47, 440 - Elektronischer Pressespiegel.

615 BGH, GRUR 2002, S. 605, 606 - Verhüllter Reichstag.

616 BGH, AfP 2002, S. 437, 441 - Elektronischer Pressespiegel.

617 *Kröger;* Informationsfreiheit und Urheberrecht, S. 244.

gänglich seien.[618] Weiterhin bilde auch das systematische Argument, dass nach dem Aufbau des Urheberrechtsgesetzes prinzipiell ein unbegrenztes Urheberrecht gewährleistet werde und nur die Schrankenregelungen gemäß §§ 45 ff. UrhG dieses Recht beeinträchtigen, keinen Grund, der dazu führe, generell eine enge Auslegung der Schrankenregelung vornehmen zu müssen. Vielmehr sei die Information als Gemeingut frei zugänglich. Erst das Urheberrecht stelle dazu eine Ausnahme dar und biete für einige dieser Inhalte bei Erkennbarkeit einer persönlichen geistigen Schöpfung urheberrechtlichen Schutz. Von dieser Ausnahme erfolgt durch die Schrankenregelung nun eine erneute Ausnahme. Nur diene diese letztlich gerade wieder dem Grundsatz der Gemeinfreiheit der Information. Diese Überlegung verstärke daher eher den Ansatz eines extensiven Schrankenverständnisses, als auf Grund der systematischen Stellung als Schrankenregelungen auf ein restriktives Verständnis zu schließen.[619]
Neben diesen formalen Aspekten resultiere - wie ausdrücklich nun auch in der Entscheidung „Verhüllter Reichstag" herausgestellt wurde[620]- aus dem einer Schrankenregelung zu Grunde liegenden Ausgleich widerstreitender verfassungsrechtlicher Interessen, gerade die Aufgabe nicht nur starr an dem im abschließend normierten Schrankensystem fixierten Interessenausgleich festzuhalten, sondern im Rahmen einer verfassungskonformen Auslegung die Einzelfallumstände einer neuen Situation zu berücksichtigen. Nur auf diese Weise sei es möglich, den verfassungsrechtlich geschützten Positionen der Allgemeinheit Rechnung zu tragen.[621] Dieser Ansatz lässt sich schließlich auch durch das Argument stützen, dass es sich bei der Ausgestaltung der Schrankenregelung gemäß Art. 14 Abs. 1 S. 1 GG um einen Verfassungsauftrag an den Gesetzgeber handelt. Mit der Entscheidung, den Eigentumsbegriff nicht absolut zu bestimmen, sondern einem ständigen Entwicklungsprozess zu unterziehen, wird gerade der Situation Rechnung getragen, dass der Inhalt und die Funktion des Eigentums der Anpassung an die gesellschaftlichen Verhältnisse bedürfen.[622] Soweit nun der Gesetzgeber dieser Aufgabe nicht oder noch nicht nachgekommen ist,

---

618 *Larenz/Canaris*, Methode der Rechtswissenschaft, S. 243; *Pahud*, Die Sozialbindung des Urheberrechts, S. 111; *Dreier*, in: Dreier/Schulze, Urheberrechtsgesetz, Vor §§ 44 a ff. UrhG Rdnr. 7; *Dreier*, JZ 2003, S. 477, 478 - Anmerkung zum Urteil des BGH vom 11.7.2002.

619 *Hoeren*, in: Möhring/Nicolini, Urheberrechtsgesetz, § 69 d UrhG Rdnr. 2; *Kröger*, Informationsfreiheit und Urheberrecht, S. 244; *ders.*, MMR 2000, S. 18, 20; *Rogge*, Elektronischer Pressespiegel in urheber- und wettbewerbsrechtlicher Beurteilung, S. 219.

620 Vgl. BGH, GRUR 2002, S. 605, 606 - Verhüllter Reichstag.

621 Vgl. *Schricker*, in: Schricker, Urheberrecht, § 51 UrhG Rdnr. 8; *Löffler*, in: Löffler (Hrsg.), Presserecht, UrhGBT Rdnr. 3; *Bornkamm*, Ungeschriebene Schranken des Urheberrechts, in: FS Pieper, S. 641, 650; *Löffler*, NJW 1980, S. 201, 204; *Wild*, in: Schricker, Urheberrecht, § 97 UrhG Rdnr. 23.

622 BVerfGE 31, S. 229, 244 - Kirchen- und Schulbuchgebrauch.

muss dies dazu führen, dass für die Rechtsanwendung bzw. für die Rechtsprechung das Gebot erwächst, rechtsfortbildend zu wirken und gegebenenfalls im Weg der analogen Anwendung der statischen Schrankennorm den Verfassungsauftrag fortzuführen. Auch ist bei dieser Unterstützungstätigkeit keine Gefahr im Hinblick auf die Abgrenzung zur legislativen Gewalt zu sehen, da die Exekutive und Judikative genau wie auch der Gesetzgeber den verfassungsrechtlich vorgegebenen Grenzen unterliegen. Damit sprechen die verfassungsrechtliche Verankerung des Urheberrechts und der damit verbundene Auftrag, das Eigentum entsprechend der fortschreitenden Gegebenheiten auszugestalten, nicht nur für die Möglichkeit der erweiterten Auslegung einer Schrankenregelung, sondern fordern diese sogar.

Über diese den Schrankenregelungen zu Grunde liegende Konfliktsituation zwischen der Informationsfreiheit und dem geistigen Eigentum hinaus, wird zudem auf Art. 10 EMRK als externe Vorschrift zurückgegriffen, um ein harmonisches Gleichgewicht zwischen Informationsfreiheit und Urheberrecht zu erreichen.[623] So enthält Art. 10 Abs. 1 EMRK gerade ein Recht der Öffentlichkeit auf Information.[624] Dennoch ist aber auch hierin kein Freibrief zu sehen, i.S.d. Informationsfreiheit eine erlaubnisfreie urheberrechtliche Eingriffsmöglichkeit durchzusetzen. So ist zu berücksichtigen, dass Art. 10 Abs. 2 EMRK Einschränkungen für die Informationsfreiheit normiert. Zu diesen zählt nach Art. 1 des Zusatzprotokolls zur Konvention zum Schutz der Menschen und Grundfreiheiten[625] das Eigentum und anerkanntermaßen auch das geistige Eigentum.[626] Dementsprechend wird auch Art. 10 EMRK von der Konfliktsituation zwischen Informationsfreiheit und Urheberrecht beherrscht. Auch auf konventionsrechtlicher Ebene kann die Informationsfreiheit daher immer nur bei einer verhältnismäßigen Interessenabwägung zu einer Privilegierung führen. Trotz dieser Überlegung wird aber angemahnt, dass mit der Anwendung des Art. 10 EMRK die Gefahr bestehe im Interesse der Informationsfreiheit der Allgemeinheit den urheberechtlichen Schutz auszuhöhlen.[627] Zuzustimmen ist diesen Bedenken insoweit, als dass Art. 10 EMRK nicht zu einer abstrakten Schrankenregelung umfunktioniert werden darf, um als externe

---

623 OGH, MR 2000, S. 373, 374 - Schlüssels Dornenkrone; OGH, MR 2001, S. 304, 306 – Medienprofessor; OGH, MR 2002, S. 30 - Wiener Landtagswahlkampf; OGH, MR 1/2003, S. 36, 38 - Meischi.at; Tribunal de grande instance de Paris, GRUR Int. 2001, S. 252, 253 - Utrillo; Cour d`appel de Paris, GRUR Int. 2002, S. 329 - Utrillo.

624 EGMR, EuGRZ 1979, S. 386, 387 - Sunday Times; *Kröger*, DuD 2003, S. 29, 32.

625 BGBl. 1956 II. S.1880 - in Kraft getreten in der Bundesrepublik gemäß der Bekanntmachung vom 13.4.1957 (BGBl. II S. 226).

626 *Frowein/Peukert*, EMRK-Kommentar, Art. 1 des 1. ZP. Rdnr. 5.

627 OGH, MMR 1/2003, S. 36, 38 bzw. 4 Ob 230/02f, Rechtssatz Abs. 13 - Meischi.at; *Walter*, MR 2001, S. 311, 312 - Anmerkung zu OGH vom 12.6.2001.

Auffangschranke eingesetzt zu werden, wenn die urheberrechtsinterne Einzelfallabwägung an ihre Grenzen stößt.[628] Letztlich muss es daher bei der verfassungskonformen Auslegung bei einer urheberrechtsinternen Lösung bleiben.[629] Der Verweis auf Art. 10 EMRK gibt aber in jedem Fall ein weiteres Argument für den Vorstoß, die Schrankenregelung zwar als abschließenden Regelungen zu verstehen, aber dennoch im Rahmen der Auslegung einen großzügigen Maßstab anzulegen, um den verfassungsrechtlich geschützten Positionen der Privilegierten im Wege der verfassungskonformen Interessenabwägung Rechnung zu tragen.

Hinzuzufügen ist, dass auch die Rechtsprechung schon mehrmals gezeigt hat, dass eine urheberrechtliche Erfassung geänderter und neuer Konstellationen überhaupt nur möglich ist, wenn unter Berücksichtigung berechtigter Interessen von der abschließenden Interessenabwägung der Schrankenregelung eine Ausnahme gemacht werden kann.[630] Insoweit wird deutlich, dass der BGH mit der Überlegung über die Abwägung der Belange der Urheber mit den Interessen der durch die Schrankenregelung Privilegierten eine analoge Anwendung der Schranke vorzunehmen, kein Neuland betreten hat. Vielmehr stellt die Entscheidung des BGH in dieser Hinsicht ein weiteres Element in der sich in der Rechtsprechung und Literatur vollziehenden Tendenz dar, vom Dogma der engen Schrankenauslegung Abstand zu nehmen.

2. Verbotsrecht vs. Vergütungsanspruch

Weitergehend ist allerdings der Ansatz, den der BGH unter dem Stichwort ausführt, „vor allem“ zu berücksichtigen, wie sich die Anwendung der Schranke auf die Interessen der Urheber auswirke. Hinter dieser Formulierung verbergen sich zwei Aspekte. So wird angeführt, dass es bei der Auslegung zum einen auf die Art der Schrankenregelung ankomme. Im Hinblick auf Schrankenregelungen, die mit einem Vergütungsanspruch abgesichert werden, sei dabei zum anderen von Bedeutung, ob ausnahmsweise die Anwendung der Schrankenregelung den Urheber besser stelle als die Geltung des Ausschließlichkeitsrechts.

Die Kritik an diesem Vorgehen des BGH setzt schon, ohne überhaupt eine Differenzierung nach der Art der Schrankenregelung vorzunehmen, in dem

---

628 Vgl. *Geiger*, GRUR Int. 2001, S. 252, 254 - Anmerkung zu Tribunal de grande instance de Paris vom 23.9.1999; *ders.*, GRUR, Int. 2002, S. 329, 333 - Anmerkung zu Cour d`appel de Paris vom 30.5.2001.

629 Vgl. BGH, GRUR 2003, S. 956, 957 – Gies-Adler; *Schricker*, JZ 2004, S. 311, 312 – Anmerkung zum Urteil des BGH vom 20.3.2003; *von Becker*, GRUR 2004, S. 104, 108.

630 BGH, GRUR 2002, S. 605, 606 - Verhüllter Reichstag; BGH, MMR 1999, S. 665, 668 – Kopienversanddienst; BGH, GRUR 1983, S. 562, 564 - Zoll- und Finanzschulen; BGH, GRUR 1983, S. 362, 363 - Filmzitat.

Punkt an, bei der Schrankenauslegung „vor allem“ auf die Urheberinteressen abzustellen. So wird angeführt, dass dieser Ansatz dem Gebot der verhältnismäßigen Abwägung der Güter widerspreche, da den Individualbelangen der Urheber auf diese Weise ein unbedingter Vorrang vor den Interessen der Allgemeinheit eingeräumt werde.[631] Weiterhin wird sogar behauptet, dass der BGH mit seinem Ansatz die Grundkonzeption der Schrankenregelung verfehle, da er die gebotene Interessenabwägung durch eine Vorteilsstellung zu Gunsten der Belange des Urhebers ersetze.[632]

Hiergegen ist aber einzuwenden, dass der Entscheidung des BGH nicht zu entnehmen ist, dass dieser sich gänzlich von einer Abwägung der Interessen lossagen will. Vielmehr zielt die Überlegung darauf ab, im Rahmen der erweiterten Auslegung, die naturgemäß ohnehin schon den Interessen der Allgemeinheit zu Gute kommt, ein besonderes Augenmerk auf die Aspekte zu legen, die bei der Interessenabwägung auf die Urheberbelange Einfluss haben können. In diesem Zusammenhang verweist der BGH dann weiterhin darauf, dass bei einer ersatzlosen Aufhebung des Verbotsrechts andere Kriterien als bei einer gesetzlichen Lizenz maßgeblich sein können. Gerade in diesem Punkt muss daher auch der Kritik der Gegenmeinung widersprochen werden. So ist es bei der Interessenabwägung im Rahmen der Auslegung der Schrankenbestimmung für die Position der Urheber von entscheidender Bedeutung, ob neben den Nutzungsrechten auch die wirtschaftliche Kompensation eingeschränkt wird. Eine ersatzlose Aufhebung des Verbotsrechts hat der Urheber nur bei gesteigertem öffentlichen Interesse zu dulden, während bei der Herabstufung des Ausschließlichkeitsrechts zum Vergütungsanspruch ein Allgemeinwohlinteresse ausreichend ist.[633] Insoweit greift der BGH mit der Überlegung, die Art der Schranke bei deren Auslegung zu berücksichtigen, nur auf allgemeine Grundsätze zurück, die der Gesetzgeber schon im Rahmen der Ausgestaltung der Schrankenbestimmung bei der Abwägung der widerstreitenden Interessen zu berücksichtigen hatte.

Neu ist dagegen, die sich an diese Überlegung anschließende Folgerung des BGH, bei einer, mit einem Vergütungsanspruch ausgestatteten Schrankenregelung zu berücksichtigen, ob der Urheber bei der Anwendung einer solchen Schranke ausnahmsweise günstiger steht als bei der Geltung seines Ausschließlichkeitsrechts. Fraglich ist, ob in diesem Ansatz ein neuer Auslegungsmaßstab zu sehen ist.

---

631 *Waldenberger*, MMR 2002, S. 743, 744 - Anmerkung zum Urteil des BGH vom 11.7.2002; *Niemann*, CR 2002, S. 817, 822.

632 *Niemann*, CR 2002, S. 817, 822.

633 Vgl. dazu oben Kap. 4 §1 B.

Kritisiert wird dabei schon die Tatsache, dass sich der BGH bei seiner Argumentation nur auf Schrankenregelungen beziehe, die einen Vergütungsanspruch enthalten. Insoweit sei zu befürchten, dass jeder vergütungsrechtlich abgesicherten Schrankenregelung ohne Beachtung der auszugleichenden Interessenabwägung pauschal zu einer sachwidrig weiten Auslegung verholfen werde.[634] Weiterhin werde das Urheberrecht durch den Verzicht auf das Ausschließlichkeitsrecht zu Gunsten eines durch die Schrankenregelung festgelegten nachträglichen Vergütungsanspruch, dem lediglich eine Ersatzfunktion zukomme, in seinen Grundfesten als werkbezogenes Schutzrecht fundamental missachtet.[635] Nicht unberücksichtigt bleiben dürfe auch, dass durch den Vergleich mit der Situation des Urhebers bei Geltung seines Ausschließlichkeitsrechtes zwangsläufig urhebervertragsrechtliche Aspekte mit in die Frage der Anwendung der Schrankenregelung einbezogen werden. Dies sei zunächst schon nicht erforderlich, da der Urheber auf Vertragsebene durch das Gesetz zur Stärkung der vertraglichen Stellung der Urheber und ausübenden Künstler ausreichend geschützt werde.[636] So sichere § 32 Abs. 1 UrhG eine angemessene Vergütung. § 63 a UrhG sorge dafür, dass ein gesetzlicher Vergütungsanspruch nicht im Voraus abgetreten werden könne. Gerade auch diese letztgenannte Norm komme dabei ausschließlich den Urhebern zu Gute, nicht dagegen den Werkverwertern.[637] Des Weiteren, und dies sei besonders problematisch, werde die erforderliche Abwägung der verfassungsrechtlich geschützten Interessen der Urheber mit den Allgemeinwohlbelangen durch eine Interessenabwägung zwischen den Urhebern und den Werkverwertern, also letztlich durch bloße Urhebervertragsrechtspolitik, ersetzt.[638]
Insgesamt ergibt sich mit diesen Überlegungen, dass im Vergleich der Stellung der Urheber bei Geltung des Ausschließlichkeitsrechts mit der Position bei der Anwendung einer Schrankenregelung, die mit einem Vergütungsanspruch ausgestattet ist, keine neue Auslegungslinie begründet wird. Vielmehr wird ein solches Vorgehen nach dogmatischen Gesichtspunkten als unhaltbar zurückgewiesen.

Dieser vorgebrachten Kritik ist zunächst auch insoweit zuzustimmen, dass eine analoge Anwendung einer Schrankenregelung nur durch die Abwägung der verfassungsrechtlich geschützten Interessen der Allgemeinheit mit den Belangen

---

634 *Berger/Degenhart,* AfP 2002, Beilage Heft 6, S. 557, 570; *Waldenberger*, MMR 2002, S. 743, 744 - Anmerkung zum Urteil des BGH vom 11.7.2002.

635 *Berger/Degenhart,* AfP 2002, Beilage Heft 6, S. 557, 570.

636 *Czychowski,* NJW 2003, S. 118, 120.

637 BT-Drucks. 146433, S. 14; *Lüft,* in: Wandtke/Bullinger, Praxiskommentar zum Urheberrecht, § 63 a UrhG Rdnr. 1.

638 *Niemann,* CR 2002, S. 817, 826.

der Urheber gerechtfertigt werden kann. Diese Abwägung auf die urhebervertragsrechtliche Situation, also auf die Beurteilung des Interessenverhältnisses zwischen den Urhebern und Verwertern zu reduzieren und darin einen Auslegungsmaßstab für vergütungsrechtlich untermauerte Schrankenreglungen zu sehen, kann somit in der Tat nicht vertreten werden - wird aber vom BGH auch nicht so dargestellt. Vielmehr spricht sich der BGH dafür aus, bei der vorzunehmenden Abwägung der widerstreitenden Interessen die gegebene Situation mit ihren tatsächlichen und potenziellen Wirkungen umfassend einzubeziehen.[639] Diese Pflicht, alle gegebenen Umstände mit in die Verhältnismäßigkeitsprüfung der Interessenabwägung aufzunehmen, ist nicht nur geboten, um die Verhältnismäßigkeit i.e.S. beurteilen zu können. Letztlich fordern sogar die Kritiker die Beachtung der urhebervertragsrechtlichen Gegebenheiten, indem sie anmahnen, dass der BGH eine einseitige Interessenpolitik verfolge, da die abgeleiteten, also eben gerade aus vertraglichen Vereinbarungen entstandenen Belange der Verwerter völlig unberücksichtigt geblieben seien.[640]

Auch ist zuzugeben, dass die Schrankenregelungen nicht zur Kompensation möglicher Mängel im Urhebervertragsrecht missbraucht werden dürfen. Verfolgt eine Schrankenregelung allein diesen Zweck, würde dies tatsächlich eine Einschränkung privatautonomer Entscheidungen mit sich bringen. Zudem ist zu berücksichtigen, dass den Urhebern ausreichender Schutz durch externe Vorschriften aus dem Vertrags- und Arbeitsrecht zukommt. Zu erwähnen ist hierbei insbesondere das Tarifrecht, dem die Überlegung des ausgeglichenen Kräfteverhältnisses der Gewerkschaften und Verbände zu Grunde liegt. Sofern daher die Sachgerechtigkeit von vertraglichen oder tarifvertraglichen Vereinbarungen zur Übertragung von urheberrechtlichen Nutzungsrechten angezweifelt wird, gehört es also nicht zum Regelungsziel der Rechtfertigungsnormen des Urheberrechts, die in diesen Vereinbarungen begründeten Ungerechtigkeiten über eine erweiterte Schrankenauslegung zu kurieren.
Trotz dieser Überlegungen darf aber nicht unberücksichtigt bleiben, dass bei der inhalts- und schrankenbestimmenden Ausgestaltung des Urheberrechts die Bezugspunkte zu anderen Gesetzen genauso wie die Berührungspunkte zwischen den Verbotsrechten und Schrankenbestimmungen selbst beachtet werden müssen, um eine zweckmäßige Regelung im Hinblick auf die Einbettung in den Gesamtnormkomplex des Urheberechts gestalten zu können. Dies deutet daher darauf hin, dass auch bei der Auslegung der Schranken eine

---

639 *Bacher*, EWiR 24/2002, S. 1107, 1108 - Kurzkommentar zum Urteil des BGH vom 11.7.2002.

640 Vgl. *Waldenberger*, MMR 2002, S. 743, 744 - Anmerkung zum Urteil des BGH vom 11.07.2002.

Wertung im einheitlichen Sinn des Urheberrechts nicht versäumt werden darf. In diesem Zusammenhang ist weiterhin zu berücksichtigen, dass sich Schrankenregelungen in ihrer eigentumsbeschränkenden Wirkung aus der Sozialpflichtigkeit des geistigen Eigentums erklären. Mit der im Rahmen der Schrankenauslegung vorzunehmenden Abwägung wird daher im weitesten Sinne ein verfassungsrechtliches Ziel verfolgt. Gerade ein solches Ziel bzw. die im Urheberrecht getroffene Interessenabwägung darf aber nicht durch einfache vertragliche Abreden ausgehebelt werden.[641] Um eine solche den Interessen der Schrankenregelung widersprechende vertragsrechtliche Situation zu vermeiden, muss es daher auch gerechtfertigt sein, im Rahmen der Auslegung der Schrankenregelung die tatsächlichen Umstände des Einzelfalles mit zu berücksichtigen. So macht es keinen Sinn, durch die Änderung des Urhebervertragsrechts die Position der Urheber und ausübenden Künstler zu stärken, diese Gedanken aber bei der Abwägung im Rahmen einer möglichen extensiven Schrankenregelung völlig unberücksichtigt zu lassen oder sogar zu einem gegenteiligen Ergebnis zu gelangen. Letztlich würde bei einem solchen Vorgehen sogar die Gefahr bestehen, dass die einzelnen Normenkomplexe eines Gesetzes konträr arbeiten. Diese Überlegungen ergeben daher, dass bei der Auslegung einer Schrankenregelung eine Berücksichtigung der Gesamtumstände erforderlich ist. Speziell im Hinblick auf eine Schrankenregelung, deren Rechtfertigung durch die Sicherung einer finanziellen Kompensation für die Duldung der erlaubnisfreien Werksnutzung geprägt ist, bedeutet dies, auch die hinter den Schrankenregelungen stehende Finanzierungsmodelle zu berücksichtigen.[642]

Weiterhin ist zu beachten, dass der Urheber im Rahmen der Schrankenregelung bei berechtigtem Allgemeinwohlbelang zwar den Zugang zu seinem Werk dulden muss. Nicht dagegen ist er aber verpflichtet, auch auf den wirtschaftlichen Nutzen zu verzichten.[643] Den Urheber tunlichst angemessen an der wirtschaftlichen Verwertung seines Werkes zu beteiligen, bildet vielmehr den Grund für das Gebot der engen Auslegung der Schrankenregelung. Dahinter steht demnach die Überlegung, dass der Urheber bei der Geltung des Ausschließlichkeitsrechts immer besser gestellt ist, als bei der Anwendung der Schrankenregelung und daher eine solche auch nur restriktiv zum Einsatz kommen soll. Die aktuelle Vertragspraxis zeichnet sich aber dadurch aus, dass

641 Vgl. *Dreier*, Konvergenz und das Unbehagen des Urheberrechts, in: FS Erdmann, S. 75, 78.

642 Vgl. *Dreier*, Primär- und Folgemärkte, in: Schricker/Dreier/Kur (Hrsg.), Geistiges Eigentum im Dienste der Innovation, S. 51, 78.

643 *Fechner*, Geistiges Eigentum und Verfassung, S. 349; *Schack*, AfP 2003, S. 1, 5; *ders.*, ZUM 2002, S. 499, 505.

die Verwerter ihre wirtschaftliche Stärke und Fachkompetenz ausnutzen und den Urhebern die Nutzungs- und Verwertungsrechte zu schlechten Konditionen entziehen.[644] Insbesondere im Hinblick auf die elektronischen Rechte versuchen sich die Verwerter, die digitalen Nutzungsrechte pauschal gegen eine einmalige Vergütung einräumen zu lassen. Vor diesem Hintergrund zeigt sich daher, dass der Grundsatz, eine enge Schrankenauslegung sichere dem Urheber die Beteiligung an der wirtschaftlichen Verwertung seines Werkes, nicht mehr aufrecht erhalten werden kann. Vielmehr kommt den Verwertern eine enge Schrankenauslegung zu Gute, da diese im vertraglichen Bereich außerhalb der gesetzlichen Eingriffsermächtigungen die Möglichkeit haben, ihre Machtposition frei auszuschöpfen.[645] Zwar kann aus dieser veränderten Situation nicht der Schluss gezogen werden, unabhängig von jeder Interessenabwägung auf Grund der durch die Schrankenregelung gesicherten Beteiligungsposition der Urheber nun generell eine weite Auslegung der vergütungsrechtlich abgesicherten Schrankenregelungen vorzunehmen. Der Ansatz des BGH ist jedoch in der Weise zu verstehen, dass die Maßgabe einer grundsätzlich engen Auslegung der Schranken ihre Berechtigung verloren hat und bei Abwägung der widerstreitenden Belange im Interesse der Allgemeinheit eine weite Auslegung der Schranke gerechtfertigt sein kann, ohne dass dabei gerade die wirtschaftlichen Beteiligungsinteressen der Urheber missachtet werden.
Die Überlegung, dass durch eine erweiterte Anwendung der Schrankenregelung ein interessengerechteres Ergebnis erzielt werden kann als bei der Ausübung der Ausschließlichkeitsrechte, findet zudem auch in der Rechtsprechung Unterstützung. So hat der BGH auch in seiner Entscheidung zum Kopienversand gerade ein Verbotsrecht verneint und dem Urheber durch die Schrankenregelung des § 53 Abs. 2 Nr. 4 a UrhG in rechtsanaloger Anwendung der §§ 27 Abs. 2 und 3, 49 Abs. 2, 54 a Abs. 2 i.V.m. 54 h Abs. 1 UrhG einen durch die VG Wort wahrzunehmenden Anspruch auf angemessene Vergütung gesichert.[646]

Diese Ausführungen verdeutlichen auch, dass die Argumentation der Gegenmeinung, in der weiten Auslegung der Schrankenregelungen eine Degradierung des werkbezogenen Ausschließlichkeitsrechtes zu einem bloßen Vergütungs- bzw. Teilhaberecht zu sehen, als Scheinargument an der Wirklichkeit vorbei geht. So ist zu berücksichtigen, dass der Grund für die umfassende Ausgestaltung der Ausschließlichkeitsrechte darin liegt, dem Urheber die

---

644 *Schulze*, Rechtsfortbildung im Urheberrecht, in: FS Erdmann, S. 173, 188; *ders.*, ZUM 2000, S. 432, 451.

645 *Hoeren*, GRUR 2002, S. 1022, 1025; *Schulze*, Rechtsfortbildung im Urheberrecht, in: FS Erdmann, S. 173, 188; *Dreier*, JZ 2003, S. 477, 479 – Anmerkung zum Urteil des BGH vom 11.7.2002.

646 BGH, MMR 1999, S. 665, 667 - Kopienversanddienst.

Kontrollmöglichkeit über jede Art der Nutzung seines Werkes zu geben.[647] Gestaltet sich die Rechtswirklichkeit aber nun in der Weise, dass dem Urheber diese Kontrollbefugnis nicht mehr zukommt, kann ein gesetzlich festgelegter Vergütungsanspruch dem eigentlichen Ziel des Urheberrechts, der Sicherung der angemessenen Beteiligung an der Verwertung der Werke, näher kommen als ein werksbezogenes Ausschließlichkeitsrecht. Gerade diese essentielle Bedeutung des Vergütungsanspruchs hat der Gesetzgeber auch mit der Änderung des Urheberrechtsgesetzes zur Stärkung der Stellung der Urheber und der ausübenden Künstler im Jahre 2002 durch Ausweitung des Schutzzwecks des Urheberrechts von der rein werksbezogenen Komponente gemäß § 11 S. 1 UrhG auf die Sicherung einer angemessenen Vergütung für den Urheber gemäß § 11 S. 2 UrhG explizit herausgestellt.
Soweit daher die Rechtsprechung die Möglichkeit schafft, in Ausnahmefällen unter Abwägung der widerstreitenden Interessenpositionen auf die geänderte Situation zu reagieren, und dem Urheber dabei eine angemessene Beteiligung an der Verwertung seines Werkes sichert, kann darin kein fundamentaler Verstoß gegen den Charakter des Urheberrechts als ausschließliches Recht gesehen werden. Vielmehr scheinen die Grundfesten des Urheberrechts eher dadurch erschüttert, dass die werksbezogenen Verbotsrechte zum Instrument der Verwerter mutieren.

Des Weiteren sind auch die Hinweise auf die stärkende Wirkung des Urhebervertragsrechts, die eine erweiterte Schrankenauslegung als unnötig erscheinen lassen, zu relativieren. So ist zu berücksichtigen, dass § 63 a UrhG seine Schutzwirkung nur bei einer mit einem Vergütungsanspruch versehenen Schrankenregelung entfaltet. Hiergegen kann zwar eingewendet werden, dass dies noch lange nicht für eine erweiterte Auslegung und damit verstärkte Anwendung der Schrankenregelung spreche, da auch auf vertraglicher Ebene durch § 32 UrhG für eine angemessene Vergütung gesorgt werde. Übersehen wird dabei aber, dass dieser Anspruch an die Einräumung von Nutzungsrechten anknüpft und sich nicht auf jede einzelne Nutzung bezieht.[648] Zudem scheidet gemäß § 32 Abs. 4 UrhG ein Anspruch auf eine angemessene Vergütung bei der tarifvertraglichen Einräumung von Nutzungsrechten von vornherein aus. Daraus kann geschlossen werden, dass der Gesetzgeber davon ausgeht, dass gerade bei typischen Massennutzungen von Werken, die kollektive Regelungen erfordern, gesetzliche Vergütungsansprüche existieren. Nur bei diesen rechtfertigt sich ein Verzicht auf eine zusätzliche Stärkung in vertraglicher Hinsicht durch § 32 UrhG. Denn nur den gesetzlichen Vergütungsansprüchen kommt sowohl

---

647 Amtl. Begründung des Regierungsentwurfes zum UrhG, UFITA 45 (1965), S. 240, 242, vgl. *Schricker,* in: Schricker, Urheberrecht, Ein. Rdnr.16.

648 *Dreier,* JZ 2003, S. 477, 480 - Anmerkung zum Urteil des BGH vom 11.7.2002.

der Schutz vor Vorausabtretungen gemäß § 63 a UrhG als auch der Schutz des dem Tarifrecht zu Grunde liegenden ausgeglichenen Kräfteverhältnisses zu. Der Hinweis auf den gestärkten Schutz der Urheber nach dem Urhebervertragsrecht kann daher nicht in der Weise verstanden werden, dass nach Meinung des Gesetzgebers den vertraglichen Regelungen, also den Verbotsrechten, immer der Vorzug vor einer Schrankenregelung zu geben ist. Vielmehr zeigt die Tatsache, dass die Urheber als Inhaber der gesetzlichen Vergütungsansprüche, gemäß § 63 a UrhG einen zusätzlichen Schutz erhalten, der zu einer Stärkung der Bedeutung der mit einem Vergütungsanspruch ausgestatteten Schrankenregelung führt. Dies kann letztlich sogar als Akzeptanz des Gesetzgebers für die Möglichkeit der erweiterten Anwendung von Schrankenregelungen verstanden werden, da bei einer streng restriktiven Handhabung ein zusätzlicher Schutz durch § 63 a UrhG nicht hätte eingeführt werden müssen.

Im Ergebnis lässt sich daher festhalten, dass mit der Einbeziehung der Überlegung, ob die Anwendung der Schrankenregelung den Urheber günstiger stellt als bei Geltung des Ausschließlichkeitsrechts, keine Auslegungslinie für vergütungsrechtlich abgesicherte Schrankenregelungen aufgestellt worden ist, die einen Anspruch auf Grundsätzlichkeit erhebt. Vielmehr ist der Gedanke, dass die Ausgestaltung der Schrankenregelung als ersatzlose Aufhebung des Ausschließlichkeitsrechts oder als gesetzliche Lizenz für die Begründung der Schrankenregelung und dementsprechend auch für deren Auslegung eine wesentliche Bedeutung zukommt, im Hinblick auf die Schrankenregelungen, die einen Vergütungsanspruch enthalten, weitergeführt worden. Dies geschieht in der Weise, dass die Sicherstellung der tunlichst angemessenen Beteiligung des Urhebers an der Verwertung seines Werkes als Leitlinie des Urheberrechts nicht nur bei der Anwendung der Schranken, sondern auch bei Geltung des Verbotsrechtes überprüft wird. Sofern sich bei Beachtung der Beteiligungsmöglichkeiten ergibt, dass eine Stärkung des Ausschließlichkeitsrechts nicht für die Urheber wirkt, sondern ihr Interesse an einer angemessenen Verwertungsbeteiligung durch gesetzlich festgelegte Vergütungsansprüche besser gewährleistet wird, so ist der Grundsatz der engen Auslegung der Schranken, der gerade aus der Überlegung resultiert, dem Urheber eine angemessene Beteiligung zu sichern, nicht mehr begründbar. Damit eröffnet sich die Möglichkeit, bei Abwägung der Interessen der Urheber mit den Belangen der Allgemeinheit unter Berücksichtigung der gegebenen Gesamtumstände des Einzelfalls eine erweiterte Anwendung der Schrankenregelung vorzunehmen. Dabei bleibt die analoge Anwendung einer mit einem Vergütungsanspruch ausgestatteten Schrankenregelung aber eine von der Abwägung der verfassungsrechtlich abgesicherten Interessen abhängende Ausnahme. Nicht allein die Tatsache, dass dem Urheber bei Anwendung der Schrankenregelung der Anspruch auf angemessene Vergütung gesichert ist, kann zur Begründung einer analogen Anwendung der Schrankenregelung ausreichen.

3. Interessenkonflikt bei digitalem Pressespiegel

Im Folgenden ist daher zu untersuchen, inwieweit bei Beachtung der Geltung des Ausschließlichkeitsrechtes im Vergleich zur Anwendung des § 49 UrhG und unter Berücksichtigung der unterschiedlichen Interessenpositionen für den Pressespiegelsachverhalt eine analoge Anwendung des § 49 UrhG in Betracht kommt.

a) Auswirkung auf die Eigentumsinteressen der Urheber

Als zu beachtende Individualbelange der Autoren gilt es, dem gemäß Art. 14 Abs. 1 S. 1 GG verfassungsrechtlich abgesicherten Anspruch auf eine angemessene Beteiligung an der wirtschaftlichen Verwertung ihrer Werke Rechung zu tragen.

aa) Geltung der Verbotsrechte

Der Urheber realisiert seinen Beteiligungsanspruch, indem ihm die Entscheidungsgewalt über die Verwertung seines Werkes oder die Einräumung der Verfügungsbefugnis an Dritte zukommt. Bei einer typischen Massennutzung, wie der Pressespiegelnutzung, fehlt dem Urheber aber gerade diese Kontrollmöglichkeit. Die Ausübung des Verbotsrechtes ist in diesen Fällen daher nur über eine zentrale Stelle zur Vergabe der Nutzungsrechte möglich. In den USA besteht zu diesem Zweck seit 2002 die Nonprofit Organisation Creative Commons, die eine Online-Plattform abbietet, über die die Urheber ihre Nutzungsrechte und Nutzungsbedingungen für ihre Werke der Allgemeinheit anbieten können.[649] Im Hinblick auf die Situation in Deutschland ist zwar die Clearingstelle Multimedia (CMMV) zu nennen. Nach diesem Modell sollen die Verwertungsgesellschaften in einer gemeinsamen Organisation Ansprechpartner für die Nutzer in der ersten Phase als „one-stop-shop" werden. Eine Rechteverteilung durch ein Clearinghouse, wie Creative Commons, erfolgt dadurch aber noch nicht.
Zu berücksichtigen ist allerdings, dass die Autoren die Möglichkeit haben, die VG Wort vertraglich mit der Wahrnehmung ihrer Rechte zur Nutzung ihrer Artikel in elektronischen Pressespiegeln zu betrauen. Zu diesem Zweck hat die VG Wort im Mai 2001 den Wahrnehmungsvertrag geändert und in § 1 Nr. 4 a ihres Wahrnehmungsvertrages die elektronischen Pressespiegelrechte aufge-

---

649 Vgl. www.creativecommons.org; *New York Times*, A new direction for intellectual Property, vom 13.05.2002, S. 18.

nommen.[650] Soweit daher die Autoren in vertraglicher Beziehung zur VG Wort stehen und ihre Rechte zur Pressespiegelnutzung nicht anderweitig vergeben haben, kann auch die kollektive Wahrnehmung der Rechte durch die VG Wort auf vertraglicher Basis ohne einen Rückgriff auf den gesetzlichen Vergütungsanspruch vorgenommen werden. Nachteilig ist hierbei allerdings, dass Lücken im Bereich der Wahrnehmung bestehen. So führt eine Änderung des Wahrnehmungsvertrages nur dazu, dass die Nutzungsrechte der Urheber von der VG Wort wahrgenommen werden können, die auch mit der VG Wort einen Wahrnehmungsvertrag geschlossen haben.[651] Abgesehen davon ist gerade im Hinblick auf die Nutzungsrechte zur Erstellung elektronischer Pressespiegel die schon beschriebene Vertragspraxis zu beobachten, dass die Verlage unter Ausübung ihrer wirtschaftlichen Stärke versuchen, den Autoren mit Hilfe von Pauschalabreden oder gezielten Einzelabreden die digitalen Pressespiegelrechte abzunötigen, ohne dabei eine Beteiligung an der Verwertung vorzusehen.[652]
Insgesamt zeigt sich daher, dass sich ein Urheber zwar auch bei Ausübung seiner Verbotsrechte durch die kollektive Rechtewahrnehmung auf vertraglicher Basis eine angemessene Beteiligung an der Pressespiegelnutzung sichern kann. Da in der Praxis die Verlage aber dieser Möglichkeit häufig zuvorgekommen sind und vor allem auch bei der Ergreifung der Pressespiegelrechte keine Beteiligung für die Urheber vorsehen, ist bei Ausübung der Verbotsrechte die Beteiligung der Urheber an der Nutzung ihrer Artikel in Pressespiegeln nicht gesichert.

bb) Anwendung der Schrankenregelung gemäß § 49 UrhG

Wird dagegen aber eine erlaubnisfreie Nutzung der Artikel in Pressespiegeln gemäß § 49 Abs. 1 S. 1 UrhG zugelassen, ist eine angemessene Beteiligung der Urheber an der wirtschaftlichen Verwertung über den gesetzlichen Vergütungsanspruch, der durch die VG Wort wahrgenommen wird, gewährleistet. So erhalten die Autoren gemäß § 12 Abs. 1 Nr. 1 a.E. des MTV für Redakteure an Zeitschriften und gemäß § 18 Abs. 1 Nr. 1 a.E. des MTV für Redakteure an Tageszeitungen den vollständigen Beteiligungsbetrag. Eine analoge Anwendung des § 49 UrhG scheint daher im Unterschied zum geltenden Verbotsrecht geeignet, die verfassungsrechtlich abgesicherten Individualbelange der Urheber i.S. einer angemessenen Verwertungsbeteiligung zu sichern.
Zu beachten ist in diesem Zusammenhang aber, ob den Urhebern bei einer analogen Anwendung gemäß § 49 UrhG gegebenenfalls mittelbare Nachteile auf

650 Vgl. Geschäftsbericht der VG Wort von 2001 unter Punkt II. 2., abgerufen unter: www.vgwort.de/bilanz2001.php.

651 Vgl. *Schulze*, Rechtsfortbildung im Urheberrecht, in: FS Erdmann, S. 171, 187.

652 Vgl. dazu *Schulze*, Rechtsfortbildung im Urheberrecht, in: FS Erdmann, S. 173, 188; *ders.*, ZUM 2000, S. 432, 451; *Lühr*, Menschen machen Medien, 1-2/2001 S. 15, 16.

Grund ihrer Angestelltenposition zum Verlag drohen. Zu denken ist hierbei an Gefahren der Änderung der bestehenden Manteltarifverträge in der Weise, dass die Pressespiegelvergütung nicht mehr oder nicht mehr in vollem Umfang den Urhebern zu Gute kommt. Hiergegen ist aber einzuwenden, dass gemäß § 63 a UrhG und auch auf Grund des dem Tarifrecht zu Grunde liegenden ausgeglichenen Kräfteverhältnisses zwischen den Gewerkschaften und Verbänden für die Urheber ausreichender Schutz besteht. Zudem kann auch die Schiedsstelle beim Patentamt als Aufsichtsbehörde über Verwertungsgesellschaften gemäß § 14 Abs. 1 Nr. 1 UrhWG zur Kontrolle der gerechten Tantiemenverteilung angerufen werden. Die Urheber sind daher nicht schutzlos einer Veränderung der Beteiligungsgrundsätze durch eine Einwirkung der Verlage ausgesetzt. Weiterhin wird durch die Verlage darauf hingewiesen, dass eine erlaubnisfreie Nutzung der Artikel in Pressespiegeln auf Grund einer Bedrohung für die Erstverwertung und des damit verbundenen Anzeigengeschäfts zu einem Rückgang der Umsätze führt, so dass sich diese Tatsache auch im Verhältnis zum einzelnen Angestellten oder freien Mitarbeiter durch Honorarkürzungen, Einstellungsstopps oder im Extremfall auch durch Kündigungen bemerkbar macht. Im Hinblick auf dieses Argument ist aber zu berücksichtigen, dass die Aktivität der Verlage, ein eigenes Pressespiegelangebot am Markt zu etablieren, zeigt, dass auch in einer elektronischen Pressespiegelnutzung keine Gefahr für den Primärmarkt zu sehen ist. Andernfalls hätten sich die Verlage darauf beschränken müssen, die Rechte durch bloße Einzelabreden einzuräumen.[653] Zudem wird eine mittelbare nachteilige Auswirkung der analogen Anwendung des § 49 UrhG darin gesehen, dass eine Schrankenregelung die Nutzungsrechte belastet und dies zwangsläufig zur Verringerung einer angemessenen Vergütung führt.[654] Anzumerken ist hiergegen aber, dass sich die Urheber gegenüber den Verlagen in einer besseren Verhandlungsposition befinden, wenn es darum geht, die bestehenden z.B. tariflich ausgehandelten Vergütungsregelungen aufrechtzuerhalten, als für eine weitere Folgenutzung eine zusätzliche Vergütung zu erstreiten.

Zu beachten ist im Hinblick auf die Auswirkungen der Anwendung des § 49 UrhG auf die Urheberbelange aber weiterhin, dass der BGH zwar eindeutig die VG Wort mit der Wahrnehmung der elektronischen Pressespiegelrechte betraut hat. Insoweit ist das Vorhaben der Verlage gescheitert, über die PMG das elektronische Pressespiegelgeschäft gänzlich an sich zu binden. Vollständig entzogen ist der PMG ihr Betätigungsbereich damit aber nicht. So ist zu berücksichtigen, dass der PMG auf Grund der Festlegung der strengen Nutzungsbedingungen durch den BGH ein eigenständiges Tätigkeitsfeld für den Bereich bleibt, der die vom BGH privilegierten Nutzungsmöglichkeiten überschreitet.

---

653 *Schulze*, Rechtsfortbildung im Urheberrecht, in: FS Erdmann, S. 173, 190.

654 *Berger/Degenhart*, AfP 2002, Beilage Heft 6, S. 557, 570.

Der PMG kommt daher vor allem im Servicebereich, wie etwa bei der elektronischen Suche oder der Lieferung digitaler Artikel im editierbaren Volltextformat, eine Existenzberechtigung zu.[655] Dies gilt erst einmal auch unabhängig von ihrer Rechtsstellung. So war der PMG zwar zunächst auf Grund der ungeklärten Frage nach der möglichen Verwertungsgesellschaftspflichtigkeit ihrer Tätigkeit gemäß § 1 Abs 4 UrhWG durch eine einstweilige Verfügung des DPMA vom 4.3.2002 der Geschäftsbetrieb untersagt worden. Nachdem aber das Bayrische Verwaltungsgericht München am 17.05 2002[656] dem Widerspruch der PMG und der gleichzeitigen Beantragung der Wiederherstellung der aufschiebenden Wirkung gemäß § 80 Abs. 5 S. 1 Alt. 2 VwGO stattgab und der Bayrische Verwaltungsgerichtshof die gegen diesen Beschluss gerichtete Beschwerde des DPMA am 13.08.2002[657] als unbegründet zurückwies, hat das DPMA mit dem Abhilfebescheid vom 23.10.2002 die Untersagungsverfügung ersatzlos aufgehoben. Im Laufe des Gesetzgebungsverfahrens zur Umsetzung der Urheberrechtsrichtlinie wurde dem DPMA allerdings mit der Änderung des § 19 Abs. 2 UrhWG die Befugnis zum Erlass einer Untersagungsverfügung zuerkannt.[658] Mittlerweile bildet daher jedenfalls die Frage der Reichweite der Aufsichtskompetenz des DPMA keinen Grund mehr für die Aufhebung der Untersagung.

Zu berücksichtigen ist nun, dass die Betätigungsmöglichkeit der PMG letztlich zu einem zweigeteilten Pressespiegelangebot führt. Einerseits besteht die gesetzliche Möglichkeit zur erlaubnisfreien Nutzung der Presseartikel nach den vom BGH vorgegebenen strengen Bedingungen. Andererseits existiert ein darüber hinausgehendes Angebot mit zusätzlichen Dienstleistungen auf vertraglicher Basis. Gerade diese Mischlösung könnte aber zu einer Gefährdung oder Beeinflussung der durch den BGH im Wege der analogen Anwendung des § 49 UrhG angestrebten Beteiligung der Urheber an der wirtschaftlichen Verwertung ihrer Werke führen. Besonders bedeutsam ist es daher die Frage, ob mit der Schrankenlösung des BGH Nutzungsmöglichkeiten gewährt werden, die in zweckmäßiger Weise das Informationsinteresse der Allgemeinheit befriedigen. Eine erlaubnisfreie Nutzung dient jedenfalls dann den Beteiligungsinteressen der Urheber nicht mehr, wenn die Allgemeinheit ihr Informationsbedürfnis parallel und zudem mit weitergehenden Nutzungsmöglichkeiten über vertragliche

---

655 Vgl. *Stögmüller*, K&R 2002, S. 605, 607; *Waldenberger*, MMR 2002, S. 743, 744 – Anmerkung zum Urteil des BGH vom 11.7.2002; *de Paoli*, Verlage verlieren Streit um Urheberrecht, in: FTD vom 15.07.2002; *Eck*, Password 12/2002, S. 34.

656 VG München, Beschluss der 16. Kammer vom 17.5.2002, Az.: M 16 S 02.1186.

657 BayVGH, Beschluss vom 13.8.2002, JurPC Web-Dok. 284/2002, Abs. 1-15.

658 Vgl. dazu die Begründung des Beschlussempfehlung des Rechtsausschusses vom 9.4.2003, BT-Drucks. 15/837, S. 85, 86; *Schulze*, in: Dreier/Schulze, Urheberrechtsgesetz, § 19 UrhWG Rdnr. 13; *Czychowski*, NJW 2003, S. 2409, 2412.

Angebote sicherstellen kann. Der gesetzliche Anspruch der Urheber auf eine angemessene Beteiligung ist daher nur dann gesichert, wenn die Schrankenlösung auch in der vertraglichen Regelung aufgeht und dementsprechend die Nutzung des Angebotes der PMG in Teilbereichen vergütungspflichtig wird. Sofern daher die PMG den Standpunkt vertreten würde, völlig außerhalb des Anwendungsbereiches des § 49 UrhG auf rein vertraglicher Basis tätig zu werden, und daher über die üblichen Geräteabgaben an die VG Wort hinaus keine zusätzliche Zahlung für ihre Leistung in Betracht komme[659], könnte dies beim pressespiegelerstellenden Unternehmen den Eindruck erwecken, dass die Nutzung des vertraglichen Angebotes der PMG keine Abgabenzahlung an die VG Wort erforderlich mache. Leittragender wäre in dieser Situation der Urheber. Wird andernfalls eine Vergütungsverpflichtung auch für Pressespiegel, die unter zu Hilfenahme des Angebotes der PMG erstellt werden, anerkannt, ergeben sich dennoch Unsicherheiten im Hinblick auf das zu schützende Beteiligungsinteresse der Urheber, da die Vergütungsfrage ohne eine klare Abgrenzung der gesetzlichen von den vertraglich möglichen Nutzungshandlungen für den Nutzer undurchsichtig bleibt. Nur durch ein kooperatives Vorgehen zwischen der VG Wort und der PMG wäre es daher möglich, die Grenzen der erlaubnisfreien von der erlaubnispflichtigen Pressespiegelnutzung so abzustecken und offen zulegen, dass die Beteiligungsinteressen der Urheber nicht geschmälert werden. Ein Schritt in diese Richtung ist nun durch den am 23.09.2003 zwischen der VG Wort und der PMG geschlossenen Gesamtvertrag gemäß § 12 UrhWG vorgenommen worden.[660] Die Kooperation sieht vor, dass die PMG für die VG Wort das Inkasso aller elektronischen Pressespiegel i.S.d. § 49 UrhG übernimmt. Die VG Wort soll im Gegenzug an dem Gesamterlös der PMG, also auch hinsichtlich der über die engen Voraussetzungen des BGH hinausgehenden Pressespiegel, beteiligt werden.[661] Soweit es daher gelingt diesen Kooperationsvertrag auch in der Praxis, insbesondere mit den wichtigsten Vertragspartnern der VG Wort wie dem BDI, dem Bundesverband deutscher

---

659 Vgl. wohl *Stögmüller,* K&R 2002, S. 605, 607; *Waldenberger,* MMR 2002, S. 743, 745 - Anmerkung zum Urteil des BHG vom 11.07.2002.

660 Vgl. FAZ vom 24.09.2003, S. 17, Elektrogeschäft; FAZ vom 25.9.2003, VG Wort und PMG einigen sich; sowie die Pressemeldung der PMG vom 23.9.2003 „VG Wort und PMG erreichen einen Durchbruch bei der Behandlung elektronischer Pressespiegel“, abgerufen unter: www.pressemonitor.de/index_news.html.

661 Vgl. Geschäftsbericht der VG Wort über das Geschäftsjahr 2003 S. 3 unter Punkt 2., abgerufen unter: www.vgwort.de/files/geschaeftsbericht_2003.pdf; Pressemeldung der PMG vom 23.9.2003 „VG Wort und PMG erreichen einen Durchbruch bei der Behandlung elektronischer Pressespiegel“, abgerufen unter: www.pressemonitor.de/indx_news.-html.

Banken und dem DGB umzusetzen, wären jedenfalls die Beteiligungsrechte der Urheber sichergestellt.[662]
Schließlich kann neben diesen Abgrenzungsfragen im Zusammenhang mit Angeboten vertraglicher und gesetzlicher Pressespiegel der Hinweis des BGH, dass die Verleger von der Möglichkeit des Rechtevorbehalts Gebrauch machen können, eine Gefahr für die Sicherung des Beteiligungsinteresses der Urheber begründen. Zwar ist der Rechtevorbehalt weiterhin als Ausnahmevorschrift zu sehen, der an jeden Artikel einzeln anzubringen ist. Dies schließt es aber nicht aus, den Rechtevorbehalt in der Weise auszugestalten, dass die Verlage die Artikel der erlaubnisfreien Pressespiegelnutzung entheben und gleichzeitig versuchen, die Nutzungsrechte auf vertraglicher Basis anzubieten.[663] Spätestens bei einem solchen Vorgehen können die Verlage daher auch die Verpflichtung umgehen, für Teilbereiche ihres Pressespiegelangebots Abgaben an die VG Wort zu zahlen.
Insgesamt ergibt sich daher, dass eine analoge Anwendung des § 49 UrhG den Urheber zwar durchaus günstiger stellt als bei Geltung der Verbotsrechte. Unberücksichtigt geblieben ist dabei aber vom BGH die spezielle Konstellation, dass die über § 49 Abs. 1 UrhG eingeräumte erlaubnisfreie Nutzung mit vertraglichen Angeboten in Teilbereichen kollidiert und sich damit ohne ein kooperatives Vorgehen seitens der VG Wort und der PMG negative Auswirkungen auf das Beteiligungsinteresse der Urheber ergeben können.

b) Auswirkungen auf die Eigentumsinteressen der Verleger

Insbesondere in Bezug auf die Berücksichtigung der Interessenpositionen der Verleger wird die Entscheidung des BGH kritisiert und auf die Eigentumsrechte der Verleger sowie auch auf den Schutz des Grundrechts gemäß Art. 5 Abs. 1 S. 2 GG verwiesen.[664] Vorausgeschickt sei daher, dass durch die erlaubnisfreie Möglichkeit der Nutzung von Artikeln in elektronischen Pressespiegeln allein die aus den vertraglich eingeräumten Nutzungsrechte abgeleiteten vermögensrechtlichen Positionen der Verlage betroffen sind. Nicht dagegen sind originäre Eigentumspositionen aus § 87 a UrhG durch die Übernahme einzelner Artikel in Pressespiegel berührt. Ebenso wenig ist der Kernbereich der Pressefreiheit auf

662 Hinsichtlich der Bedenken, dass das sich aus der Schrankenregelung des § 49 UrhG ergebende Informationsinteresse der Privilegierten durch dieses kooperative Vorgehen schon ausreichend gewährleistet ist vgl. Kap. 3 § 3 II. 3. c) und d)cc).

663 *Berger/Degenhart*, AfP 2002, Beilage Heft 6, S. 557, 568, 582; *Niemann*, CR 2002, S. 817, 822.

664 *Waldenberger*, MMR 2002, S. 743, 745 - Anmerkung zum Urteil des BGH vom 11.7.2002; *Niemann*, CR 2002, S. 817, 822; *Berger/Degenhart*, AfP 2002, Beilage Heft 6, S. 557, 561, 563, 566.

Grund der Möglichkeit der Pressespiegelerstellung durch Unternehmen oder Behörden etc. verletzt.[665]
Im Hinblick auf die eigentumsrechtlich geschützte Position der Verleger wird vor allem bemängelt, dass das Argument des BGH, die Verleger auf die Möglichkeit der Ausübung des Rechtevorbehalts verweisen zu können, ein bloßes Scheinargument sei, das in keiner Weise die Duldung der Nutzung der Artikel rechtfertige.[666] Dieser Überlegung ist auch zuzustimmen, da dem Rechtevorbehalt nur der Charakter einer Ausnahmeregelung zukommt, der es erforderlich macht, jeden Artikel einzeln mit einem Rechtevorbehalt zu versehen.[667] Würde sich nun das Interesse der Verlage ausschließlich nur in diesem Punkt niederschlagen, müsste der hier angeführten Kritik, dass die Belange der Verlage nicht ausreichend Berücksichtigung gefunden haben, zugestimmt werden.
Nicht außer Acht gelassen werden darf aber, dass die vom BGH vorgegebenen Bedingungen im Rahmen der Pressespiegelerstellung nicht nur den Interessen der Urheber als Schutz vor zusätzlichen Nutzungs- und Missbrauchsmöglichkeiten dienen, sondern diese genauso auch für die vermögensrechtlichen Belange der Verlage wirken. So begegnet nicht nur die explizite Absage, die Artikel im Volltext recherchierbar zu machen, sondern vor allem auch die Vorgabe, die Artikel nur im Grafikformat zu verwenden, dem Argument der Verlage, dass elektronische Pressespiegel auf sekundärer Nutzungsebene in direktem Wettbewerb zur Auswertung ihrer eigenen Archivbestände in digitaler Form stehen. Zudem reagiert der BGH mit der Vorgabe, die Ausgabe von Pressespiegeln an jedermann vom Privileg auszuschließen, auch auf den Einwand, mit dem Vertrieb elektronischer Pressespiegel etabliere sich ein den Primärmarkt bedrohendes substituierendes Produkt. Letztlich führen die restriktiven Bedingungen des BGH sogar zu der Möglichkeit der Verleger, sich exklusiv mit einem darüber hinaus gehenden Produkt- und Serviceangebot der PMG am Pressespiegelmarkt zu beteiligen. Daher ist die Feststellung, dass der BGH die Verwerterbelange mit dem Verweis auf die Möglichkeit des Rechtevorbehaltes nur unzureichend Rechnung trägt, insoweit zu relativieren, als das auch den Verlagen die vorgegebenen Nutzungsbedingungen zu Gute kommen.

---

665 Vgl. dazu Kap. 4 §1 B I 2.

666 *Bohne/Müller*, Aktuelle Herausforderungen für das Informationsrecht vor dem Hintergrund technischer Entwicklungen, in: Verhandlungen des 64. Deutschen Juristentages, S. U23, U 30; *Waldenberger*, MMR 2002, S. 743, 745 - Anmerkung zum Urteil des BGH vom 11.7.2002; *Niemann*, CR 2002, S. 817, 822; *Czychowski*, NJW 2003, S. 118, 120.

667 Vgl. dazu Kap. 4 §2 A. IV. 2.

c) Auswirkung auf die Informationsfreiheit der Privilegierten

Den beschriebenen vermögensrechtlichen Interessen der Urheber und Verleger steht das Informationsinteresse der Allgemeinheit gemäß Art. 5 Abs. 1 S. 1 Alt. 2 GG als Ausprägung der Sozialbindung des geistigen Eigentums gegenüber.

Insbesondere im Hinblick auf elektronische Pressespiegel im betriebs- und behördeninternen Bereich wird aber die Verwirklichung einer sozialen Aufgabe angezweifelt. Ein elektronischer Pressespiegel diene im Wege der Produktions- und Vertriebsrationalisierung lediglich den finanziellen Eigeninteressen der Unternehmen. Gerade aber solche Belange, die lediglich eine Förderung unternehmerischer Interessen bewirken, können keine das Gemeinwohlinteresse schützende, soziale Aufgabe darstellen.[668] In diesem Zusammenhang ist aber schon für den Bereich der Print-Pressespiegel herausgestellt worden, dass ein solcher nicht nur dem Zweck dienen, der Allgemeinheit die Durchführung einer Aufgabe zu erleichtern. Vielmehr geht es, auch wenn Pressespiegel im Rahmen der beruflichen Tätigkeit genutzt werden, um das Informationsinteresse der Allgemeinheit. Dass über die Pressespiegelinformation auch überlegte Entscheidungen in beruflicher Hinsicht gefördert werden, verwandelt den Informationsanspruch als Allgemeinwohlbelang nicht zu einer reinen unternehmerischen Rationalisierungsmaßnahme. Auch die Überlegung, dass jedenfalls die elektronische Version eine reine Kostenersparnis bewirke, überzeugt nicht. So ist zu berücksichtigen, dass der Bereich der allgemein zugänglichen Quellen sich sehr stark diversifiziert, vervielfältigt und elektronisiert hat. Auch zur Bewältigung und ungehinderten Unterrichtung ist es daher zwingend erforderlich, elektronische Nutzungs- und Verarbeitungsprozesse einzusetzen. Damit dient die digitale Beschaffung, Aufarbeitung und Weitergabe von Informationen, wie in einem elektronischen Pressespiegel, der Gewährleistung des Allgemeinwohlbelangs der ungehinderten und umfassenden Unterrichtung und eben nicht dem einfachen, wirtschaftlichen Eigeninteresse der Unternehmen.

Die Überlegung, dass die Erweiterung des § 49 UrhG auf die erlaubnisfreie Nutzungsmöglichkeit im digitalen Bereich unfraglich den Informationsinteressen der Allgemeinheit zu Gute kommt, scheint auch der BGH seiner Entscheidung zu Grunde zu legen, da die Auswirkungen der analogen Anwendung des § 49 UrhG auf die Interessen der Allgemeinheit nicht beleuchtet werden. Dem ist auch insoweit zuzustimmen, als dass durch die erlaubnisfreie Übernahmemöglichkeit zum ungehinderten und umfassenden Informationsinteresses der Allgemeinheit beigetragen wird. Auch die vom BGH vorgegebenen Beschränkungen für die Ausgabeform und die Verbreitung eines Pressespiegels ändert daran nichts. So ist es gerade richtig, dass der Allgemeinheit im

---

668 *Niemann*, CR 2002 S. 817, 826; *Berger/Degenhart*, AfP 2002, Beilage Heft 6, S. 557, 561.

Wege der Schrankenregelung keine bedingungslose Eingriffsermächtigung erwachsen kann. Vielmehr ist eine Nutzungserlaubnis immer an die Abwägung mit den Belangen der Urheber gebunden, so dass bei einer analogen Anwendung neben den bestehenden gesetzlichen Voraussetzungen auch zusätzliche Bedingungen an eine Privilegierung geknüpft werden können. Dennoch kann der BGH mit dem pauschalen Ansatz durch die Ausweitung des § 49 Abs. 1 UrhG dem Sozialauftrag des geistigen Eigentums zu dienen, dem von ihm selbst bekräftigten Anspruch „die durch die Schrankenbestimmung geschützten Interessen zu beachten und ihrem Gewicht entsprechend für die Auslegung heranzuziehen“[669] keineswegs gerecht werden. Vielmehr hätte der BGH die von ihm aufgestellten zusätzlichen Rechtfertigungserfordernisse gerade auch im Hinblick auf ihre Zweckmäßigkeit am Privilegierungsziel der Gewährleistung der Informationsfreiheit messen müssen.[670]

So muss jedenfalls bedacht werden, dass bei unklaren oder praxisfernen Erlaubnisvoraussetzungen die Gefahr besteht, dass sich die Schrankenprivilegierung faktisch ausschließt. Diese Frage betreffend kann zunächst auf die Ausführungen zu den technischen Vorgaben Bezug genommen werden. So ist herausgestellt worden, dass die Beschränkung der Ausgabe auf grafische Formate nicht nur in ihrer Wirkung fraglich ist, sondern vor allem auch zu Rechtsunsicherheiten führt. Daher schmälert es das Rechtfertigungsziel, im Interesse der Meinungsbildung den freien Informationsfluss zu fördern, wenn die Pressespiegelnutzung zwar erlaubnisfrei besteht, aber dennoch solch unklaren Restriktionen unterworfen wird, dass für die Allgemeinheit Anwendungsschwierigkeiten bestehen. Wenig erleichternd wirkt in diesem Zusammenhang auch die Tatsache, dass sich die erlaubte Nutzung gleichzeitig in vertraglichen Angeboten wiederfindet. Zwar kann durch das vertraglich Zusammenwirken von VG Wort und PMG der Gefahr der Doppelzahlung von vertraglich ausgehandelten und auf § 49 Abs. 1 S. 2 UrhG basierenden Abgaben weitgehend begegnet werden. Dennoch bleiben aber auch bei Durchführung der „one-stop-shop“-Lösung zwischen VG Wort und PMG die unklaren Abgrenzungsfragen bestehen, an welchem Punkt der Nutzung die erlaubnisfreie Verwendung überschritten ist und die vertragliche -extra zu vergütende- Rechtseinräumung begonnen hat. Diese Unklarheiten könnten die Allgemeinheit bzw. den potentiellen Pressespiegelhersteller dazu veranlassen, direkt auf das weiterreichende vertragliche Angebot der PMG auszuweichen. Gerade eine

---

669 BGH, Afp 2002, S. 437, 440, rechte Spalte, 3. Absatz, letzter Satz unter bb) – elektronischer Pressespiegel.

670 Vgl. *Bohne/Müller,* Aktuelle Herausforderungen für das Informationsrecht vor dem Hintergrund technischer Entwicklungen, in: Verhandlungen des 64. Deutschen Juristentages, U 23, U 30; *Dreier,* JZ 2003, S. 477, 479 - Anmerkung zum Urteil des BGH vom 11.7.2002.

solche Folge aber widerspricht dem Charakter der Schrankennormen durch gesetzlich fixierte und klare Voraussetzungen eine Nutzungshandlung, ohne das Erfordernis individueller Absprachen zuzulassen.
Schließlich muss bei der Untersuchung der Auswirkungen auf die Gemeinwohlinteressen der Hinweis des BGH an die Verleger, vom Rechtsvorbehalt Gebrauch machen zu können, genannt werden. Falls diese Möglichkeit in der Weise genutzt wird, eine flächendeckende Vorbehaltslösung zu setzen, ist der Allgemeinwohlbelang auf einen freien Informationsfluss auf Grund der Kollisionslage zu Art. 14 GG nicht verhältnismäßig eingeschränkt, sondern vollständig zu Gunsten der Verwerterinteressen verdrängt.
Insgesamt ist daher die vom BGH rechtsfortbildend gestaltete Pressespiegellösung auch in Bezug auf die privilegierten Informationsinteressen der Allgemeinheit nicht unkritisch zu sehen. So ergeben sich von Rechtsunsicherheiten bei der Anwendung der Schrankenregelung, über Abgrenzungsfragen zu vertraglichen Angeboten, bis hin zu einem völligen Verlust der Rechtfertigungsmöglichkeit Probleme bei der Realisierung des Privilegierungsziels i.S.d. § 49 UrhG.

d) Interessenausgleich

Herausgestellt worden sind die bei der Beurteilung elektronischer Pressespiegel kollidierenden Interessenpositionen aus dem Lager der Urheber und denen der Allgemeinheit. Fraglich ist nun, ob die diesen Belangen zu Grunde liegenden Verfassungsgüter durch das Lösungsmodell des BGH in praktische Konkordanz gesetzt worden sind. Die Verfassungskonformität der Abwägung ist gewahrt, wenn die Mittel, durch die die Verfassungsgüter des Schutzes des geistigen Eigentums gemäß Art. 14 Abs. 1 GG und der Informationsfreiheit gemäß Art. 5 Abs. 1 S. 1 Alt. 2 GG in einen schonenden Ausgleich gebracht werden sollen, dem Verhältnismäßigkeitsgrundsatz standhalten. Im gegebenen Zusammenhang sind als regulierende Elemente für einen möglichst schonenden Eingriff in die Ausschließlichkeitsrechte der Urheber und Verwerter die Vorgaben des BGH, einen Pressespiegel ausschließlich nur betriebs- und behördenintern als grafische Datei zu verbreiten, zu nennen. Schließlich muss diese im Wege der Rechtsfortbildung mit zusätzlichen Kriterien ausgestattete Schrankenregelung gemäß § 49 UrhG dem Drei-Stufen-Test gemäß Art. 9 Abs. 2 RBÜ, Art. 13 TRIPs, Art. 10 Abs. 1 WCT bzw. Art. 5 Abs. 5 UrhRL standhalten. Soweit danach der Sonderfall der Pressespiegelprivilegierung die normale Werkverwertung nicht beeinträchtigt und zu keiner unzumutbaren Verletzung der berechtigten Interessen der Urheber führt, handelt es sich um eine ausgeglichene Schrankenregelung.

aa) Normale Werkverwertung

Im gegebenen Zusammenhang könnten Zweifel an der Erforderlichkeit der vom BGH vorgenommen erweiterte Anwendung des § 49 UrhG erhoben werden. Unabhängig von der Frage, ob die Pressespiegelerstellung mit der herkömmlichen Nutzung von Presseartikeln in unmittelbare Konkurrenz[671] tritt, ist jedenfalls an eine Beeinträchtigung der normalen Verwertung zu denken, wenn auf vertraglicher Basis eine der Schrankenregelung entsprechende Werknutzungsmöglichkeit gesichert werden kann.

Im Hinblick auf diese Frage muss es zunächst abgelehnt werden, auf Grund des freien Zugangs zu Primärpublikationen das Informationsbedürfnis der Allgemeinheit als befriedigt anzusehen. Ebenso ist es aus Gründen der Diversifizierung und der Elektronisierung des Primärmarktes abzulehnen, in einem herkömmlichen Pressespiegel als schwächeren Eingriff in die Ausschließlichkeitsrechte eine gleichwertige Möglichkeit zu sehen, die tägliche Informationsversorgung im betriebs- und behördeninternen Bereich umfassend vorzunehmen.[672]

Zu überlegen bleibt aber, ob das Angebot der PMG, Artikel in elektronischer Form für die Pressespiegelerstellung anzubieten oder die Rechte zur Digitalisierung zu vergeben, das Erfordernis einer gesetzlichen Legitimierung gemäß § 49 UrhG entbehrlich macht.[673]

Hierzu ist anzumerken, dass gerade das Pressespiegelangebot der Verleger ein Beispiel der im Rahmen des BGH Urteils angemahnten Entwicklung darstellt, dass die Verleger versuchen, die Verbotsrechte vollständig an sich zu ziehen, ohne dabei aber für die Folgenutzung der Presseartikel eine wirtschaftliche Beteiligung der Urheber vorzusehen. Schon diese negativen Auswirkungen auf die Beteiligungsinteressen der Urheber machen deutlich, dass das verlegerische Angebot auf vertraglicher Basis keine adäquate Alternativlösung bietet.

Daneben wirken aber auch auf Seiten der Allgemeinwohlbelange gewichtige Gründe, die zeigen, dass das Angebot der PMG keine die normale Auswertung weniger beeinträchtigende, aber ebenso geeignete Möglichkeit bietet, auf vertraglichem Wege das Privilegierungsziel des § 49 UrhG zu erreichen. Hierzu kann vor allem auf die Grundgedanken Bezug genommen werden, die der

---

671 Vgl. *Bornkamm*, Der Dreistufentest als urheberrechtliche Schrankenbestimmung, in: FS Erdmann, S. 29, 46; *Niemann*, CR 2003, S. 119, 120; *Dreier*, JZ 2003, S. 477, 479 – Anmerkung zum Urteil des BGH vom 11.7.2002.

672 Vgl. dazu auch Kap. 4 §3 B. II. 3. c).

673 Vgl. *Niemann*, CR 2002, S. 817, 826; *Berger/Degenhart*, AfP 2002, Beilage Heft 6, S. 557, 566, 567.

Gesetzgeber[674] schon 1985 im Hinblick auf den Vorschlag des Börsenvereins des deutschen Buchhandels, eine zentrale Verlegerinkassostelle zum Kopienversand aufzubauen, ausgeführt hat und die durch den BGH in der Entscheidung zum Kopienversand[675] im Jahre 1999 bestätigt wurden. Nach diesen Stellungnahmen wird es vor allem auf Grund der Monopolisierung von Informationen, die den freien und ungehinderten Zugang gefährden, abgelehnt, Oligopole der Verwerter zuzulassen. Dies muss verstärkt im Hinblick auf den Aufbau einer zentralen Rechtevergabestelle für den Sekundärmarkt gelten. So ist zu bedenken, dass in einem solchen Fall die Verleger nicht nur die Erstellung ihrer Primärpublikationen vornehmen, sondern aus gleicher Hand, wenn auch mit einer neu gebildeten Rechtsform, die Folgeverwertung durchführen. Hierbei besteht nicht nur die Gefahr, dass die Verleger die Möglichkeit haben, die Inhalte, die zur Weiterverwertung bereitstehen, nachträglich zu kanalisieren. Genauso ist auch zu berücksichtigen, dass noch stärker als beim Anzeigengeschäft durch den Geschäftszweig der Zweitverwertung die Tätigkeit auf dem Primärmarkt beeinflusst werden kann. So ist die journalistische Unabhängigkeit zumindest in Mitleidenschaft gezogen, wenn die Autoren mit dem Bewusstsein arbeiten, dass ihre Produkte nicht nur auf dem freien Primärmarkt eingesetzt werden, sondern ebenso auch der Auswertungstätigkeit ihrer Arbeitgeber, z.B. im Auftrag großer Anzeigenkunden, genügen müssen.

Weiterhin hat der Gesetzgeber im Hinblick auf den Vorschlag des Börsenvereins des deutschen Buchhandels darauf hingewiesen, dass eine Verlegerinkassostelle, sofern sie nicht als Verwertungsgesellschaft betrieben wird, weder dem Wahrnehmungs- und Kontrahierungszwang noch einer Preisbindung unterliegt.[676] Auch diese Überlegung kann auf die Situation des verlagseigenen Pressespiegelangebots übertragen werden. So kann die PMG eine flexible und gewinnorientierte Preisgestaltung betreiben.[677] Gerade in der profitgesteuerten Ausrichtung begründen sich aber Risiken im Hinblick auf die Gewährleistung eines umfassenden und allgemeinen Informationsangebotes. So wird der Aufwand, kleine und für den Auswertungsbereich unbedeutende Zeitungen in den Angebotspanel aufzunehmen, nicht mehr als lukrativ angesehen werden können. Dies führt dazu, dass kein umfassendes, freies und objektives Informationsangebot für die Auswertung zur Verfügung steht. Hierbei kann

---

674 Regierungsentwurf vom 17.9.1982, UFITA 96 (1983), S. 107, 138; vgl. auch Begründung zum Regierungsentwurf zu § 54 UrhG, UFITA 102 (1986), S. 133; *Möller*, Die Urheberrechtsnovelle 1985, S. 37, 38.

675 BGH, MMR 1999, S. 665, 667 - Kopienversanddienst.

676 Vgl. Begründung des Regierungsentwurfes vom 17.9.1982, UFITA 96 (1983), S. 107, 138, bzw. BT-Drucks. 10/837, S. 20; *Schack*, JZ 1999, S. 1007, 1008 - Anmerkung zum Urteil des BGH vom 25.2.1999.

677 *Dreier*, JZ 2003, S. 477, 480 - Anmerkung zum Urteil des BGH vom 11.7.2002.

auch die Argumentation nicht weiterhelfen, dass das Interesse an solch unbedeutenden Informationen ohnehin nur bei einem Bruchteil der Allgemeinheit gegeben sei und daher vernachlässigt werden könne.[678] Es kann nicht in der Entscheidungsmacht der Verleger stehen, zu bestimmen, welche der erstveröffentlichten Publikationen es wert sind, im Interesse der Allgemeinheit am freien Informationsfluss teilzunehmen.
Neben der Überlegung, aus wirtschaftlichen Gründen die Aufnahme einer Publikation gar nicht erst anzustreben, kann das Inhaltsangebot der PMG vor allem auch auf Grund fehlender Nutzungsrechte in seiner Vollumfänglichkeit und Freiheit beeinträchtigt sein. So ist zu berücksichtigen, dass insbesondere aus dem Bereich der regionalen Tagespresse wichtige Publikationstitel nicht im Panel der PMG enthalten sind. Allein die Titel der WAZ Mediengruppe, die jedenfalls bis dato[679] nicht in der PMG vertreten sind, erreichen eine Gesamtauflage wie Süddeutsche Zeitung, Frankfurter Allgemeine Zeitung, Handelsblatt und Die Welt zusammen.[680]
Die Zweifel an der Rechtsunsicherheit des Angebotes der PMG werden zudem auch bei Berücksichtigung der Haftungsfragen deutlich. So scheinen sogar die Verlage mit möglichen entgegenstehenden urheberrechtlichen Ansprüchen der Autoren zu rechnen, da die PMG gemäß § 7 ihrer AGB vorsehen, die Nutzer im Wege einer „Legitimationskette" von diesen Ansprüchen freizustellen. Im Haftungsfall soll letztlich der jeweilige Verlag verpflichtet sein. Dieser übernimmt dazu die Verantwortung der PMG, die wiederum zuvor den Nutzer von Ansprüchen befreit hat. Bedenklich ist bei dieser Konstruktion vor allem, dass es für die Autoren eine weitaus größere Hemmschwelle bedeutet, sich mit urheberrechtlichen Ansprüchen gegen ihre Arbeitgeber wenden zu müssen, als gegen „neutrale" Pressespiegelhersteller.
Insgesamt lässt sich daher festhalten, dass die Lösung der PMG, auf vertraglichem Wege die Möglichkeit zur Pressespiegelnutzung zu geben, kein gleichwertiges Mittel darstellt, den auf Grund der Sozialpflichtigkeit des geistigen Eigentums in § 49 UrhG verankerten Allgemeinwohlbelang auf einen ungehinderten und umfassenden Informationsfluss zu sichern.

bb) Keine unzumutbare Interessenbeeinträchtigung

Letztlich entscheidend ist daher, ob die Pressespiegellösung des BGH eine angemessene Abwägung bietet, die eine unzumutbare Beeinträchtigung der

---

678 *Niemann*, CR 2002, S. 817, 826.

679 Vgl. Titelliste der PMG abgerufen am 20. März 2004 unter: www.pressemonitor.de/index_quellen.html.

680 Vgl. zu den entsprechenden Mediendaten IVW (Informationsgemeinschaft zur Feststellung der Verbreitung von Werbeträgern e.V.) Tageszeitungen II/2002, abzurufen unter: www.ivw.de.

Interessen der Urheber ausschließt. Hierzu ergibt sich zunächst einmal, dass bei genauer Einhaltung der Vorgaben des BGH der Pressespiegelsachverhalt einer ausgewogenen Lösung zugeführt wird. So ist das Interesse der Urheber, an der Verwertung ihrer Artikel beteiligt zu werden, durch den in der Regelung des § 49 UrhG festgelegten Vergütungsanspruch i.V.m. den geltenden Manteltarifverträgen für Redakteure an Tageszeitungen bzw. Zeitschriften gesichert. Gleichzeitig wird dem Allgemeinwohlbelang der Informationsfreiheit durch die zwar bedingungsgebundene aber dennoch erlaubnisfreie Nutzung der Artikel in Pressespiegeln Rechnung getragen. Den Verlagen bleibt auf Grund der strengen Privilegierungsvorgaben des BGH neben der Möglichkeit der Ausübung ihres Rechtevorbehalts ein eigenes Betätigungsfeld in Anlehnung an die restriktiven gesetzlichen Pressespiegelmöglichkeiten.
Die Untersuchung der Wirksamkeit und Zweckmäßigkeit der Vorgaben des BGH in technischer Hinsicht und in Bezug auf die Beschränkung des Nutzerkreises, sowie auch die anschließende Untersuchung der Auswirkung auf die Positionen der beteiligten Interessengruppen haben jedoch gezeigt, dass die Realisierung der Pressespiegellösung des BGH von praktischen und rechtlichen Unsicherheiten begleitet wird, die die unterschiedlichen Belange vor allem auf Urheberseite aber auch im Lager der privilegierten Allgemeinheit stark beeinträchtigen können. Nur durch eine weniger einseitige Interessenprüfung nicht nur allein anhand der Urheberbelange wären diese Nachteile, die sogar die Urheber selbst treffen können, zu vermeiden. So aber gehen mit den vom BGH vorgegebenen Bedingungen Schwierigkeiten bei der praktischen Umsetzung zur Erreichung eines angemessenen Interessenausgleichs einher.
Auch wenn die Einbeziehung elektronischer Pressespiegel in den Anwendungsbereich des § 49 UrhG zu befürworten ist und bei exakter Einhaltung der Bedingung die widerstreitenden Belange auch in einen Ausgleich gebracht werden, kann in der Pressespiegellösung des BGH daher keine Dauerlösung gesehen werden, die den Bereich der Pressespiegelnutzung einer Schrankenregelung zuführt, die eine ausgeglichene Abwägung der Interessen sichert. So liegt es vor allem in der Hand der VG Wort und der PMG im Wege ihres kooperativen Vorgehens, die Vorgaben des BGH zu einer langfristigeren und rechtssichereren Pressespiegellösung zu formen. Bisher zeigt sich, dass die Vergütungsfrage durch die Kooperation insoweit als geklärt angesehen werden kann, als dass die VG Wort an dem Gesamtaufkommen der PMG, also einschließlich der dem Verlagsangebot zu Grunde liegenden Basispressespiegel beteiligt wird. Für den Nutzer weiterhin unklar ist allerdings die genaue Abgrenzung zwischen einer erlaubnisfreien lediglich der gesetzlichen Vergütungspflicht gemäß § 49 Abs. 1 S. 2 UrhG unterfallenden und einer darüber hinausgehenden zusätzlich lizenzpflichtigen Pressespiegelnutzung. Zudem fungiert die PMG nunmehr auf Grund der vereinbarten „one-stop-shop“-Lösung als Ansprechpartner für den potentiellen Pressespiegelnutzer. Proble-

matisch ist hierbei nicht nur, dass die PMG ein eigenes wirtschaftliches Interesse an der Vermarktung ihrer vertraglichen Pressespiegel hat. Vielmehr hat der Pressespiegelnutzer auch nur soweit er sich des Angebotes der PMG bedient die Gewähr, sich hinsichtlich der anfallenden Vergütungspflicht rechtssicher zu verhalten. Denn nur im Fall der Bindung an den Pressespiegeldienst der PMG, bei der das Inkasso der gesetzlichen und der Vertrieb der vertraglichen Pressespiegel zusammenlaufen, entfällt für den Nutzer die schwierige Überprüfung, ob seine Nutzung den gesetzlichen Rahmen des § 49 UrhG überschreitet und gegebenenfalls weitere Nutzungsrechte auf vertraglichem Wege einzuholen sind.

Festhalten läst sich daher, dass die Frage, ob die Vorgaben des BGH bei Anwendung der Schrankenregelung im Rahmen der Verhältnismäßigkeit der Abwägung der Interessenpositionen der Urheber und der Allgemeinheit dem Erfordernis der Angemessenheit standhält, zu stark von der tatsächlichen Ausgestaltung und Entwicklung des kooperativen Verhaltens der beteiligten Interessenkreise abhängt, um darin eine umfassende ausgeglichene Dauerlösung für schrankenrechtliche Behandlung elektronischer Pressespiegel zu sehen.

III. Ergebnis

Insgesamt haben die Ausführungen zweierlei gezeigt. Zunächst hat der BGH neue Grundlagen für das Verständnis der Auslegung der Schrankenregelungen geschaffen. Diesen ist nicht nur allgemein, sondern auch im Hinblick auf die hier in Rede stehende Vorschrift des § 49 UrhG zuzustimmen. Problematisch wirkt sich allerdings aus, dass der BGH Entscheidung keine umfassende Prüfung der kontroversen Interessenbelange zu Grunde liegt. So ist deutlich geworden, dass das Lösungsmodell des BGH insbesondere auf Grund der strengen und technologiegebundenen Vorgaben zu viele Risiken in sich trägt, um bei der Anwendung der Privilegierung einen angemessenen Ausgleich zwischen Individual- und Sozialbelangen weitgehend sicherstellen zu können. Vor allem hängt es auch stark vom weiteren Verhalten der an der Pressespiegelerstellung beteiligten Interessengruppen ab, die Möglichkeit, die der BGH für eine elektronische Pressspiegellösung gibt, einer rechtssicheren Dauerlösung zuzuführen.

C. Beurteilung für kommerzielle Pressespiegel

Die im Rahmen der Untersuchung interner Pressespiegel festgestellte unzureichende Berücksichtigung der durch § 49 UrhG privilegierten Informationsinteressen der Allgemeinheit offenbart sich des Weiteren bei der urheberrechtlichen Beurteilung kommerzieller Pressespiegel. So ist der BGH in seiner Entscheidung zu elektronischen Pressespiegeln, die die Beurteilung eines internen Pressespiegels zum Gegenstand hatte, auch auf entgeltliche Angebote eingegangen und hat sich gegen deren Zulässigkeit ausgesprochen. Zwar liegt der BGH damit auf der Linie der Literaturmeinungen und der Instanzrechtsprechung,[681] dennoch wird aber die nachfolgende Untersuchung zeigen, dass diese klare Absage bei einer umfassenden Interessenabwägung unter Berücksichtigung der gemäß § 49 UrhG privilegierten Informationsfreiheit der Allgemeinheit nicht sachgerecht ist.

I. Kommerzielle digitale Pressespiegel gemäß § 49 UrhG

Hierzu werden im Folgenden zunächst die nach der Literaturauffassung und der Rechtsprechung bestehenden Bedenken gegen die Zulässigkeit extern erstellter digitaler Pressespiegel dargestellt.

1. Literaturmeinung zum kommerziellen digitalen Pressespiegel

Nur vereinzelte Stimmen aus der Literatur sprechen sich für die Zulässigkeit kommerzieller Pressespiegeldienste aus. Zur Begründung wird angeführt, dass sich an einer Privilegierung nichts ändere, da auch bei kommerziellen Angeboten die Vergütungspflicht bestehen bleibe.[682] Eventuelle Bedenken, dass durch die Angebote dem primären Pressemarkt Kunden entzogen werden könnten, beeinflusse als rein wirtschaftlicher Aspekt die urheberrechtliche Beurteilung nicht.[683] Dagegen wird zu Recht angeführt, dass urheberrechtliche Schrankenregelungen sehr wohl auf besondere Marktsituationen reagieren und spezielle Marktsituationen sich sogar weniger allein auf Grund neuer technischer Entwicklungen ergeben, als vielmehr gerade aus den wirtschaftlichen Veränderungen, die mit der Digitalisierung einhergehen.[684] Daher müsse auch in Bezug auf kommerzielle Pressespiegel auf den Beschleunigungseffekt und die

---

681 LG Berlin, AfP 2001, S. 329, 331 - E-Mail Pressespiegel; KG Berlin vom 23.11.2001, Az.: 5 U 188/01, S. 16 - E-Mail Pressespiegel; LG Berlin vom 26.03.2002, Az.: 16 O 367/01, S. 36, 37; LG Frankfurt/Main, AfP 2001, S. 526, 527 - Pressespiegelversand; LG Frankfurt/Main von 25.04.2002, Az: 2/03 419/01, S. 10, 11 - Pressespiegelversand; LG Frankfurt/Main vom 3.6.2002, Az.: 2/03 102/01; im Anschluss an die Pressespiegel-Entscheidung des BGH: OLG Hamburg, AfP 2003, S. 356, 359 - Kommerzieller Pressespiegel; Appellationshof des Kantons Bern, MMR 2002, S. 30 ff. - Media Clipping Service mit Anmerkung von Hilty; OGH, MR 6/2001, S. 385 388 - Internet-Nachrichtenagentur II; Rechtbank Amsterdam vom 4.9.2002, AE7317, H 01.3513, Punkt 7 - Clippingdienst.

682 *Fischer*, ZUM 1997, S. 117, 121; *Eidenmüller*, CR 1992, S.321, 323.

683 *Kleinke*, Pressedatenbanken und Urheberrecht, S. 138.

684 Vgl. *Dreier*, Konvergenz und Unbehagen des Urheberrechts, in: FS Erdmann S. 73, 81; *Dreier*, Primär- und Folgemärkte, in: Schricker/Dreier/Kur (Hrsg,), Geistiges Eigentum im Dienste der Innovation, S. 51, 61.

Kostenersparnis verwiesen werden.[685] Zudem sei es im Wege der elektronischen Übermittlung unproblematisch möglich, einen beliebigen und unbegrenzten Personenkreis zu erreichen.[686] Nicht zu übersehen sei außerdem, dass im kommerziellen Bereich häufig nicht nur einzelne Artikel verwendet werden, sondern ganze Zeitungspublikationen auf Vorrat eingescannt und erst bei der Nachfrage eines Kunden einzelne Artikel zu Pressespiegeln zusammengestellt oder zum selektiven Abruf angeboten werden.[687] Weiterhin wird auf die Auswirkungen des kommerziellen Angebotes auf den Absatz der Primärpublikationen eingegangen. So sei zu berücksichtigen, dass es mit der Digitalisierung der Artikel für ein externes Unternehmen möglich wird, mit jeweils nur einem Exemplar der auszuwertenden Zeitungen oder Zeitschriften alle seine Kunden zu bedienen.[688] Schließlich könne ein Verlag seine Zeitung inklusive der dort abgedruckten Werbung nicht mehr an die Unternehmen verkaufen, die sonst ihre Pressespiegel in Eigenarbeit erstellen.[689] Letztlich gehe es also bei einem kommerziellen Pressespiegelangebot ausschließlich nur um die wirtschaftliche Nutzung der Leistung der Verlage. Dies könne aber nur im Wege der vertraglichen Einräumung der entsprechenden Nutzungsrechte erfolgen, keinesfalls jedoch durch eine Schrankenregelung gewährleistet werden.[690] Insgesamt werde daher bei einem kommerziellen Angebot durch den Vergütungsanspruch kein angemessener Ausgleich der Interessenpositionen der Urheber und vor allem der Verwerter zu dem Interesse der Allgemeinheit erreicht.[691]

---

685 *Lehmann/Katzenberger*, Elektronischer Pressespiegel und Urheberrecht, S. 46; *Katenzberger*, Elektronisches Publizieren und Urheberrecht, S. 62; *Löwenheim*, GRUR 1996, S. 636, 640; *Will*, MMR 2000, S. 368, 370 - Anmerkung zu OLG Köln vom 30.12.1999.

686 *Kröger*, Informationsfreiheit und Urheberrecht, S. 347.

687 *Freitag*; in: Kröger/Gimmy, Handbuch des Internetrechts, S. 362; *Schippan*, Die Harmonisierung des Urheberrechts in Europa, S. 108; *Mayer-Schönberger/Wittmann*, Rechtsfragen der Nutzung von Zeitungen und Zeitschriften für Zwecke der Medienbeobachtung, S. 40; *Krejci*, Urheberrechtliches zur Medienbeobachtung, in: FS: Dittrich, S. 201, 205.

688 *Rogge*, Elektronischer Pressespiegel in urheber- und wettbewerbsrechtlicher Beurteilung, S. 238.

689 *Stopper*, in: Ensthaler/Bosch/Völker, Handbuch Urheberrecht im Internet, S. 224; *Rogge*, Elektronischer Pressespiegel in urheber- und wettbewerbsrechtlicher Beurteilung, S. 238; *Niemann*, CR 2002, S. 817, 827.

690 *Stopper*, in: Ensthaler/Bosch/Völker (Hrsg.), Handbuch Urheberrecht im Internet S. 224; *Zahrt*, Urheberrechtlicher Schutz elektronischer Publikationen, S. 117; *Schippan*, Die Harmonisierung des Urheberrechts in Europa, S. 108.

691 *Dreier*, in: Schricker (Hrsg.), Urheberrecht auf dem Weg in die Informationsgesellschaft, S. 16; *Raue/Hegemann*, in: Hoeren/Sieber (Hrsg.), Handbuch Multimedia Recht, Kap. 7.5, Rdnr. 80; *Kröger*, Informationsfreiheit und Urheberrecht, S. 349.

2. Rechtsprechung zum kommerziellen digitalen Pressespiegel

Diese ablehnende Meinung in der Literatur ist auch von der Rechtsprechung bestätigt worden. Neben der Auffassung des BGH sind in Deutschland im Bereich der elektronischen Print-Presseauswertung die Entscheidungen des LG Berlin und der Berufungsinstanz des KG Berlin zu nennen, die den Vertrieb eines kommerziell erstellten Pressespiegels per E-Mail für unzulässig erklären.[692] Das LG Frankfurt hat die Privilegierung des Angebotes eines täglich erstellten Pressespiegels im Internet abgelehnt, bei dem Recherche- und Abrufmöglichkeiten aus einer Datenbank mit Artikeln ausgewerteter nationaler und internationaler Zeitungen und Fachzeitschriften ermöglicht wurden.[693] Als erstes Gericht infolge der höchstrichterlichen Entscheidung ist mittlerweile das OLG Hamburg dem BGH gefolgt und hat – allerdings ohne eine Begründung vorzunehmen – die Privilegierung kommerzieller Pressespiegel abgelehnt. Es wird insoweit nur nahezu wortgleich der entscheidungserhebliche Satz aus den Entscheidungsgründen des BGH-Urteils zitiert.[694] Insgesamt liegt damit die deutsche Rechtsprechung im Einklang mit weiteren Entscheidungen im europäischen Raum.

a) Entscheidung des OGH

In Österreich hat der OGH einer Nachrichtenagentur untersagt, tagesaktuelle Nachrichtenmeldungen und Artikel anderer Nachrichten- und Informationsdienste für ihre Online-Leser in ihre Homepage einzustellen oder nur zum Abruf in eine Datenbank aufzunehmen. Zur Begründung wird angegeben, dass eine solche Zusammenstellung von Artikeln keinesfalls als Zeitung gemäß § 44 Abs. 1 UrhG-Österreich betrachtet werden könne. Eine Aufnahme in Informationsblätter sehe die österreichische Regelung nicht vor, so dass die Frage der möglichen Einbeziehung einer Datenbank mit Presseartikeln in den Privilegierungsrahmen von vornherein ausscheide.[695]

b) Entscheidung der Rechtbank Amsterdam

Auch in den Niederlanden liegt eine Entscheidung gegen die urheberrechtliche Zulässigkeit kommerzieller Pressespiegel vor. Die Rechtbank Amsterdam hat der Klage von 17 niederländischen Verlagen stattgegeben, die in der Auswertungstätigkeit von vier Internet-Pressespiegeldiensten eine Verletzung der

---

692 KG Berlin vom 23.11.2001, Az.: 5 U 188/01, S. 16 - E-Mail Pressespiegel; LG Berlin, AfP 2001, S. 329, 331.

693 LG Frankfurt/Main, AfP 2001, S. 526, 527 - Pressespiegelversand; LG Frankfurt/Main von 25.04.2002, Az.: 2/03 419/01, S. 10, 11 - Pressespiegelversand.

694 OLG Hamburg, AfP 2003, S. 356, 359 - Kommerzieller Pressespiegel.

695 OGH, MR 6/2001, S. 385, 388 - Internet-Nachrichtenagentur II.

Urheberrechte an den Artikeln sahen.[696] Die Berufung auf einen Investitionsschutz als Datenbankhersteller wurde den Verlagen dagegen versagt.[697] Die Clippingdienste liefern Angebote, für die täglich ungefähr 600 verschiedene Publikationen der regionalen und überregionalen Tagespresse in toto eingescannt und anschließend nach Datum und Titel geordnet auf einem Server abgelegt werden. Zum Teil werden diese digitalisierten Artikel auch anderen Clippingdienstleistern angeboten. Nachdem die Artikel anschließend in ein Textformat überführt und recherchierbar gemacht worden sind, wird anhand von Kundenaufträgen ein Pressespiegel zusammengestellt und per E-Mail oder Fax übermittelt. Eine Anwendung des Art. 15 Abs. 1 Nr. 1 UrhG-Niederlande als Parallelvorschrift zu § 49 UrhG hat die Rechtbank ausdrücklich auf Grund der Kommerzialität des Angebotes abgelehnt. Ein Vergleich mit der Entscheidung des Hoge Raad, der sich für die Zulässigkeit von Pressespiegeln ausgesprochen hat, schließe sich aus. Bei dieser höchstrichterlichen Entscheidung gestaltete sich der Sachverhalt gerade in der Weise, dass die von dem niederländischen Bibliotheks- und Kulturzentrum und der Provinz Nordbrabant hergestellten Pressespiegel ausschließlich zum Zweck der Information von Personen hergestellt wurden, die zu ihrer Organisation gehören oder Bezug zu ihrer Tätigkeit haben. Im zu Grunde liegenden Fall werden die Pressespiegel dagegen ausschließlich gewinnorientiert vertrieben, so dass sie nicht mehr als Publikationen angesehen werden können, die dem allgemeinen Informationsbedürfnis dienen und die Belange der Urheber sichern.[698] Eine Rechtfertigung gemäß Art. 16 b UrhG-Niederlande komme nicht in Betracht, da die Clippingdienste die Pressespiegel gerade nicht für den Eigengebrauch produzieren. Auch Art. 17 Abs. 1 UrhG-Niederlande, der die Vervielfältigung zur betriebsinternen Nutzung im Auftrag eines Unternehmens, einer Behörde oder einer Organisation privilegiere, müsse abgelehnt werden, da die Auswerter zunächst alle Artikel ohne eine Beauftragung der Kunden einscannen und erst anschließend in ihren Datenbanken recherchieren. Zudem erlaube Art. 16 bzw. Art. 17 UrhG-Niederlande nur die Vervielfältigung einzelner Artikel, nicht aber die kompletten Publikationen, so dass auch aus diesem Grund eine Privilegierung ausscheide.[699] Schließlich müsse auch die von den Beklagten geforderte gesonderte Abwägung der gesellschaftlichen und ökonomischen Belange und der Informationsinteressen der Allgemeinheit mit den Urheberrechten der Verleger nach Redlichkeit und Billigkeit zurückgewiesen werden. Die Überlegung, dass die allgemeinen Belange des „free flow of information“ und die kommerziellen Interessen der Beklagten die Urheberinteressen nicht überwiegen, sei schon im Rahmen der

---

696 Rechtbank Amsterdam vom 4.9.2002, Az.: H 01.3513 – Clippingdienst.

697 Vgl. dazu Kap. 2 §2 B. II.

698 Rechtbank Amsterdam vom 4.9.2002, AE7317, H 01.3513, Punkt. 6.5. - Clippingdienst.

699 Rechtbank Amsterdam vom 4.9.2002, AE7317, H 01.3513, Punkt. 7. - Clippingdienst.

Überprüfung des Art. 15 Abs. 1 Nr. 1 UrhG-Niederlande vorgenommen worden.[700]

c) Entscheidung der Schweizer Gerichte

In der Schweiz haben sich bisher der Appellationshof des Kanton Bern und ein Jahr später auch das Zivilgericht Basel Stadt mit der Beurteilung elektronischer Pressespiegel durch kommerzielle Anbieter beschäftigt.

aa) Appellationshof des Kanton Bern

Der Appellationshof des Kanton Bern hat am 21.5.2001 einem Schweizer Unternehmen verboten, seinen Media-Clipping-Service zu betreiben.[701] Bei diesem Angebot wird anhand einer Stichwortliste in der aktuellen Tagespresse nach Artikeln, die für den Kunden relevant sind, gesucht. Die Rechercheresultate werden anschließend eingescannt und im Originalformat an den Kunden per E-Mail oder Fax geliefert. Größtenteils werden die tagesaktuellen Artikel aber auch schon im Voraus, ohne eine konkrete Bestellung des Kunden digitalisiert und in einer Datenbank abgelegt. Nach Ansicht des Appellationshofes scheidet eine Rechtfertigung nach der Schrankenregelung zur Verwendung zum Eigengebrauch gemäß Art. 19 UrhG-Schweiz aus. Auf Art. 19 Abs. 1 lit. a UrhG-Schweiz könne ohnehin nicht zurückgegriffen werden, da der Auswertungsdienst als Aktiengesellschaft sich nicht auf einen persönlichen Gebrauch berufen könne. In Erwägung zu ziehen sei daher nur Art. 19 Abs. 1 lit. c i.V.m. Abs. 2 UrhG-Schweiz, der es zulasse, dass ein Unternehmen für den internen Gebrauch Vervielfältigungen von Artikeln in Eigenarbeit vornehme oder durch die Beauftragung eines Dritten durchführe. Aber auch solche Privilegierung müsse verneint werden, da der Auswertungsdienst nicht erst beim konkreten Kundenauftrag tätig werde, sondern unabhängig davon Artikel eingescannt. Schließlich könne sich der Auswertungsdienst selbst auch nicht auf Art. 19 Abs. 1 lit. c UrhG-Schweiz berufen, da der Pressespiegel nicht der eigenen, sondern ausschließlich nur der Information der betriebsexternen Kunden diene. Da mit der Urheberrechtsnovelle im Jahre 1992 der Art. 25 Abs. 2 a UrhG-Schweiz als weitere Rechtfertigungsmöglichkeit für den Abdruck ganzer Artikel und damit die eigentliche Parallelvorschrift zum deutschen § 49 UrhG abgeschafft und die Übernahmemöglichkeit in die Vorschriften zur Verwendung zum Eigengebrauch verlagert wurde, sind daher die Privilegierungsmöglichkeiten erschöpft, so dass eine Legalisierung kommerzieller Pressespiegeldienste ausscheidet.

---

[700] Rechtbank Amsterdam vom 4.9.2002, AE7317, H 01.3513, Punkt. 8.2. - Clippingdienst.

[701] Appellationshof des Kantons Bern, MMR 2002, S. 30, 33 - Media Clipping Service mit Anmerkung von Hilty.

bb) Zivilgericht Basel Stadt

Zu einem anderen Ergebnis gelangt dagegen das ZG Basel Stadt. Der Entscheidung vom 19.6.2002 lag der Sachverhalt zu Grunde, dass ein Pressespiegeldienst seine Kunden zunächst frühmorgens eine Nachweisliste mit den in den tagesaktuellen Zeitung enthaltenen Artikel überliefert und im Anschluss die von den Kunden ausgewählten Beiträge oder die Zeitungsseiten insgesamt einscannt und im Bildformat online übermittelt. Das Baseler Gericht hat seine Entscheidung im Hinblick auf die Frage der Beurteilung der urheberrechtlichen Rechtfertigung des Pressespiegelangebotes auf Art. 19 Abs. 1 lit. c i.V.m. Abs. 2 UrhG-Schweiz gestützt. Der Tatsache, dass der beklagte Pressespiegeldienst die Artikel für seine Kunden auswählt bzw. schon mit der Nachweisliste eine Vorauswahl trifft, wird dabei keine urheberrechtliche Relevanz zugesprochen.[702] Beachtung schenken die Schweizer Richter aber der Einschränkung gemäß Art. 19 Abs. 3 lit. a UrhG-Schweiz. Nach dieser Vorschrift scheidet eine gemäß Art. 19 Abs. 1 lit. c i.V.m. Abs. 2 UrhG-Schweiz privilegierte Vervielfältigung aus, wenn eine vollständige oder weitgehend vollständige Vervielfältigung der im Handel erhältlichen Werkexemplare vorgenommen wird. Die Richter führen zu dieser Frage aus, dass eine Zeitung typischerweise selektiv gelesen werde und daher von der Beklagten alle Artikel, die für eine bestimmte Zielgruppe von Interesse sein könnten, vervielfältigt werden. Daher müsse auch von einer unzulässigen, weitgehend vollständigen Vervielfältigung der Artikel in eine Zeitung ausgegangen werden.[703] Daraus folge aber nicht, so die Baseler Richter, dass das elektronische Pressespiegelangebot vollständig als unzulässig anzusehen sei. Vielmehr geben die Richter vor, dass eine Unzulässigkeit gemäß Art. 19 Abs. 3 lit. a UrhG-Schweiz erst dann einsetze, wenn mehr als drei Viertel der redaktionellen Artikel einer Rubrik digital eingelesen werden.[704]

Daran knüpfe sich allerdings die Frage an, wie es zu behandeln sei, dass der beklagte Pressespiegeldienst aus Praktikabilitätsgründen nicht nur die von den Kunden ausgewählten Artikel separat einscanne, sondern die kompletten Zeitungsseiten digitalisiere und erst anschließend auf elektronischem Wege die gewünschten Artikel ausschneide. Auch dieses Vorgehen sei als eine von den Mitarbeitern des Pressespiegeldienstes vorgenommene Vervielfältigungshandlung zum privaten Eigengebrauch gemäß Art. 19 Abs. 1 lit. a UrhG-Schweiz als privilegiert anzusehen. So umfasse diese Rechtfertigungsmöglichkeit nicht nur private Handlungen, sondern auch Handlungen im beruflichen Umfeld. Dies ergebe sich, da urheberrechtliche Schrankenregelungen nicht zwingend eng ausgelegt werden müssen. Jedenfalls soweit die Mitarbeiter des Pressespiegel-

---

702 ZG Basel Stadt, sic! 3/2003, S.217, 222 – Elektronischer Pressespiegel II.

703 ZG Basel Stadt, sic! 3/2003, S. 217, 223 – Elektronsicher Pressespiegel II.

704 ZG Basel Stadt, sic! 3/2003, S. 217, 223 – Elektronsicher Pressespiegel II.

dienstes die Artikel, die nicht an die Kunden weitergeleitet werden, nur an ihrem Arbeitsplatz für sich wahrnehmen, handele es sich um einen Fall des Eigengebrauchs. Erst wenn die Artikel auf einem Server oder einer Datenbank allen oder mehreren Mitarbeitern zugänglich gemacht werden, sei Art. 19 Abs. 1 lit. a UrhG-Schweiz überschritten.[705] Mit dieser Entscheidung des ZG Basel Stadt werden daher kommerzielle Pressespiegelangebote bei einer Übernahme von nicht mehr als drei Viertel der in einer Rubrik derselben Ausgabe enthaltenen Artikel als zulässig angesehen. Einbezogen in den Rechtfertigungsbereich wird zudem auch das Einscannen der überflüssigen nicht von den Kunden gewünschten Beiträge, soweit diese nur von dem jeweiligen Mitarbeiter, der die Digitalisierung auch durchgeführt hat, wahrgenommen werden können.

Zu Recht kann diese Entscheidung aber nicht als neuer Maßstab und Vorstoß für die Beurteilung eines kommerziellen Pressespiegels als urheberrechtlich privilegierte Handlung angesehen werden.[706] Genau wie bei der Entscheidung des Appellationshofs des Kantons Bern wurde die Möglichkeit des Eingreifens der Privilegierung gemäß Art. 19 Abs. 1 lit. c i.V.m. Abs. 2 UrhG-Schweiz von der Frage abhängig gemacht, ob es sich bei der Erstellung eines Pressespiegels um eine vollständige oder weitgehend vollständige Vervielfältigung i.S.d Art. 19 Abs. 3 lit. a UrhG-Schweiz handelt. Anders, als die Berner Entscheidung, nach der die Grenze bei 90 Prozent des Zeitungsinhalts festgelegt wurde, eine Rechtfertigung aber dennoch ausschied, da die Vervielfältigungen nicht nur anhand der Auswahl der Kunden vorgenommen, sondern vollständig auf Vorrat einscannt wurden,[707] urteilen aber die Baseler Richter. Nach ihrer Auffassung ist ein Fall des Art. 19 Abs. 3 lit. a UrhG zwar sogar immer dann gegeben, wenn weniger als die Hälfte des Zeitungsumfangs erfasst wird. Berücksichtigt wird aber, wie soeben dargestellt, dass der Pressespiegeldienst die Auswahl auf einzelne Artikel beschränkt und daher bei der Übernahme von Beiträgen gestattet sein muss, wenn nicht mehr als drei Viertel der redaktionellen Artikel einer Rubrik digitalisiert werden.[708] Die Tatsache, dass auch bei einem solchen selektiven Auswahlvorgang die ganze Seite einer Zeitung zunächst vollständig digitalisiert wird und erst im Anschluss daran die interessanten Artikel ausgeschnitten werden, ändert dabei, nach Meinung der Baseler Richter, nichts an der Einordnung als erlaubnisfreie Vervielfältigung zum privaten Eigenge-

[705] ZG Basel Stadt, sic! 3/2003, S. 217, 223, 224 – Elektronische Pressespiegel II.

[706] Vgl. dazu kritische Anmerkung von *Hilty*, sic ! 3/2003, S. 266 – Anmerkung zum ZG Basel Stadt vom 19.6.2002.

[707] Siehe Appellationshof des Kanton Bern, MMR 2002, S. 30, 32, 33 - Media-Clipping-Service mit Anmerkung von Hilty bzw. Kap. 4 §3 C. I. 2. b).

[708] ZG Basel Stadt, sic! 3/2003, S. 217, 223, 224 - Elektronische Pressespiegel II.

brauch gemäß Art. 19 Abs. 1 lit. a UrhG.[709] Gerade diese Beurteilung überzeugt aber keineswegs.[710] Art. 19 Abs. 1 lit. a UrhG-Schweiz bezieht sich ausschließlich nur auf den privaten Gebrauch.[711] Eine Erweiterung kann allenfalls dann angenommen werden, wenn der Arbeitnehmer an seinem Arbeitsplatz die Vervielfältigung ausschließlich zu privaten Zwecken vornimmt.[712] Im gegebenen Zusammenhang erfolgt die Vervielfältigung aber immer, auch wenn die Artikel letztlich nicht in den Pressespiegel eingefügt werden, zum Zweck der Erstellung eines Pressespiegels und insoweit auch indirekt zur Förderung der kommerziellen Interessen des Pressespiegelanbieters. Schließlich bietet auch Art. 5 UrhRL im Hinblick auf die nicht für die Kunden verwendeten Artikel keine Rechtfertigung. Auch wenn eine bloße vorübergehende Vervielfältigung vorliegt, so handelt es sich nicht um einen integralen Bestandteil eines technischen Verfahrens und zudem auch nicht um einen wirtschaftlich bedeutungslosen Vorgang.[713]
Im Ergebnis ergibt sich daher für den dem ZG Basel Stadt vorliegenden Sachverhalt, dass sich im Hinblick auf Artikel, die für einen potentiellen Kundenauftrag eingescannt und vorgehalten werden, keine andere Bewertung als bei der Beurteilung des Appellationshofes des Kanton Bern rechtfertigt. Auch hier ist eine unzulässige Vervielfältigung auf Vorrat anzunehmen.[714] Allein für den Fall der konkreten Vervielfältigung erst im Anschluss an eine individualisierte Beauftragung durch den Kunden, kann eine Privilegierung des Pressespiegels nach Sinn und Zweck des Art. 19 Abs. 1 lit. c i.V.m. Abs. 2 UrhG-Schweiz als gerechtfertigt angesehen werden.[715]

d) Zusammenfassung

Insgesamt lässt sich daher festhalten, dass sich nicht nur die Literaturmeinungen, sondern auch die Rechtsprechung, bis auf das zuletzt genannte, aber kritisch zu betrachtende Urteil des ZG Basel Stadt einheitlich gegen die urheberrechtliche Zulässigkeit kommerzieller Pressespiegel aussprechen. Zu berücksichtigen ist aber, dass mit Ausnahme der Entscheidung der Rechtbank Amsterdam nicht

---

709 ZG Basel Stadt, sic! 3/2003, S. 217, 223, 224 - Elektronische Pressespiegel II.

710 Vgl. dazu *Hilty*, sic! 3/2003, S. 266, 272 - Anmerkung zum Urteil des ZG Basel Stadt vom 19.6.2002; *Stauffacher*, sic! 5/2003, S. 458, 459.

711 *Barrelet/Egloff*, Das neue Urheberrecht, Art. 19 Rdnr. 8; *Hausheer*, Der Eigengebrauch im Urheberrecht, S. 50, 53.

712 *Hilty*, sic! 3/2003, S. 266, 273 - Anmerkung zum Urteil des ZG Basel Stadt vom 19.06.2002.

713 Vgl. dazu Kap. 3 §1 A. II. 1.; Kap. 4 §4 A. I. 2. b) bb).

714 *Hilty*, sic! 3/2003, S. 266, 273 - Anmerkung zum Urteil des ZG Basel Stadt vom 19.06.2002; *Stauffacher*, sic! 5/2003, S. 458,460.

715 Vgl. *Hilty*, sic! 3/2003, S. 266, 272 - Anmerkung zum Urteil des ZG Basel Stadt vom 19.06.2002.

konkret auf die Frage der Gewinnerzielungsabsicht der Angebote eingegangen wurde. So wird nach der Entscheidung des OHG eine Privilegierung schon auf Grund der elektronischen Form des Pressespiegelangebotes, die sich nicht als Zeitung einordnen lässt, abgelehnt. Nach der Schweizer Rechtslage fließt die Frage der Kommerzialität eines Pressespiegelangebotes nur indirekt im Rahmen der Einordnung als Vervielfältigung zum Eigengebrauch gemäß Art. 19 Abs. 1 lit. c UrhG-Schweiz und gemäß Art. 19 Abs. 1 lit. c i.V.m. Abs. 2 UrhG in die Beurteilung mit ein, soweit zu entscheiden ist, ob die Pressespiegelerstellung eine vollständige oder weitgehend vollständige Vervielfältigung der im Handel erhältlichen Werkexemplare darstellt. Die Entscheidung des BGH behandelt nur interne Pressespiegel, so dass die Zulässigkeit entgeltlicher Angebote an jedermann ohne Sachverhaltsbezug als Abgrenzungskriterium zu internen Angeboten abgelehnt wurde. Die Entscheidung des OLG Hamburg belässt es dabei, sich ohne eine Problematisierung der Beurteilung kommerzieller Pressespiegel auf den BGH zu berufen. Insgesamt ist es daher geboten, die Sachgerechtigkeit des Ausschlusses von kommerziellen Pressespiegeln anhand der vom BGH aufgestellten zusätzlichen Privilegierungsvoraussetzung unter Abwägung aller zu berücksichtigenden Interessen zu überprüfen.

II. Sachgerechtigkeit des Ausschlusses kommerzieller Pressespiegelangebote

Insgesamt scheitert nach Ansicht des BGH eine mögliche Zulässigkeit entgeltlicher Angebote gemäß § 49 UrhG aus, da anders als bei einem intern genutzten Produkt die Verwendung nach Funktion und Nutzungspotential auf Grund der Möglichkeit der ungehinderten Verbreitung an jedermann nicht mehr den eines herkömmlichen Pressespiegels entsprechen. Im Folgenden geht es also darum, zunächst eine genauere Bestimmung kommerzieller Pressespiegelangebote vorzunehmen, um anschließend nach den zusätzlichen die Belange des Urhebers beeinträchtigenden Missbrauchs- und Nutzungsmöglichkeiten zu fragen und die Auswirkungen auf die beteiligten Interessenpositionen zu überprüfen.

1. Arten externer Pressespiegelangebote

Der BGH definiert kommerzielle Pressespiegel pauschal als entgeltliche Angebote an jedermann. Die Praxis und die den hier erwähnten Entscheidungen zu Grunde liegenden Sachverhalte zeigen aber, dass unterschiedliche Formen externer Angebote zu unterscheiden sind.

a) Publikumspressespiegel

Eindeutig als ein käufliches Angebot an jedermann sind Dienste zu verstehen, die Pressespiegel aus aktuellem Anlass zu selbst ausgesuchten Themen erstellen und diese der Öffentlichkeit, sei es in gedruckter Form oder digital, anbieten. Zu denken ist hierbei an Zusammenstellungen von Pressematerial zu Großveranstaltungen wie Konzerten, Messen, Kongressen oder auch zu politischen Ereignissen und aktuellen fachspezifischen Themen. Auch Branchenbriefe oder Zusammenstellungen von Artikeln als Information und Referenzzweck zu bestimmten Produkten, unternehmerischen Angeboten, Strategien etc. sind als Publikumsangebote aufzufassen. Dies gilt genauso auch, wenn Unternehmen, Behörden oder sonstige Organisationen solche Informationen auf ihre Homepage einstellen. Weiterhin muss vor allem auch eine Datenbank mit Artikeln aus den tagesaktuellen Publikationen, die der Öffentlichkeit entgeltlich zum Abruf angeboten werden, als ein Pressespiegelangebot eingestuft werden, das sich an die Öffentlichkeit richtet.

b) Individualpressespiegel

Neben diesen Publikumsangeboten bestehen weiterhin Dienste, die für ihre Kunden im konkreten Auftrag nach Artikeln recherchieren und individualisierte Pressespiegel anbieten. Es handelt es sich dabei um spezifizierte und auf die genauen Bedürfnisse des Kunden abgestellte Produkte. Diese sind daher auch nur für den auftraggebenden Nutzer interessant, so dass ein Vertrieb an jedermann ausscheidet.

Insgesamt zeigt sich somit, dass im Rahmen der Untersuchung der möglichen Missbrauchs- und Nutzungspotentiale, die von einem externen Angebot ausgehen, sowie auch im Hinblick auf die Auswirkungen auf die Interessen der Urheber die unterschiedlichen Ausprägungsformen kommerzieller Angebote berücksichtigt werden müssen.

2. Funktionale Gleichstellung

Nach Ansicht des BGH scheidet in Bezug auf kommerzielle Angebote eine Abweichung vom Grundsatz, dass für das Verständnis des § 49 UrhG auf die technischen Gegebenheiten abzustellen ist, die zum Zeitpunkt der Einführung der Privilegierung relevant waren, aus.

a) Gefahren der ungehinderten elektronischen Verbreitung

Zur Begründung wird angeführt, dass mit der Möglichkeit der ungehinderten elektronischen Verbreitung zusätzliche Nutzungs- und Missbrauchsmöglichkeiten verbunden sind, die eine funktionale Gleichstellung mit herkömmlichen Produkten nicht zulassen.

Verwiesen wird damit zunächst auf Gefahren, die aus der Möglichkeit erwachsen, einen Pressespiegel digital ohne Qualitätsverlust und mit großer Kostenersparnis an eine unbegrenzte Anzahl von Personen zeitgleich übermitteln zu können. Damit wird das Angebot kommerzieller Dienstleister wesentlich attraktiver, da das Auswertungsresultat das auftraggebende Unternehmen nicht mehr zeitlich nachrangig erreicht, sondern sogar gleichzeitig mit den Primärpublikationen angeboten werden kann. Dies gilt für Publikums- und Individual-

pressespiegel gleichermaßen. Zu berücksichtigen ist allerdings, dass speziell im Auftrag des Kunden erstellte Pressespiegel nicht ungehindert an eine beliebige Anzahl von Nutzern verbreitet werden, sondern lediglich eine individualisierte Übermittlung vorgenommen wird. Ein besonderes Gefahrenpotential ist aber trotzdem auch bei individualisierten Pressespiegeln vorhanden, da auch hier jeweils schon die Digitalisierung nur eines Artikels für die Produktionen mehrerer Individualangebote ausreichend ist. Weiterhin besteht besonders bei Anbietern, die täglich die gesamten Publikationen einscannen, die Gefahr, dass dieser Datenpool recherchefähig gemacht und für jedermann zum Abruf von Informationen bereit gestellt wird. Schließlich ergeben sich auch bei Kunden auf zentraler Ebene auf Grund der elektronischen Überlieferung erleichterte Möglichkeiten, die Artikel zu archivieren, da das Einscannen wie etwa bei der Erstellung eines Pressespiegels in Eigenarbeit nicht mehr erforderlich ist.
Festhalten lässt sich, dass ein Artikel bei externen Angeboten nicht nur intensiver als bei Print-Pressespiegeln, sondern auch stärker als bei der rein internen Verwertung genutzt wird.

b) Einschränkungsmöglichkeiten

Trotz der im Verhältnis zu Inhouse-Pressespiegeln verstärkten Missbrauchsmöglichkeiten externer Angebote scheidet eine analoge Anwendung des § 49 UrhG letztlich aber nur aus, wenn eine Gleichstellung auch mit Hilfe einschränkender Kriterien nicht erreicht werden kann. Insoweit ist daher auch für den Fall externer Pressespiegel zu untersuchen, wie sich die Vorgaben des BGH, dass ausschließlich nur Pressespiegel im Grafikformat zur internen Nutzung verwendet werden dürfen, auswirken.

aa) Publikumspressespiegel

Im Hinblick auf Publikumspressespiegel führen diese Bedingungen jedenfalls dazu, dass der Aufbau einer recherchefähigen Volltextdatenbank aus allen eingescannten Artikeln nicht erlaubnisfrei durchgeführt werden kann. An der Möglichkeit, einmalig erstellte Pauschalpressespiegel zu aktuellen Themen, Anlässen oder Geschehnissen ungehindert weiter zu verbreiten, ändert der Einsatz eines Grafikformats dagegen nichts.

bb) Individualpressespiegel

Bei Individualpressespiegeln kann mit der Auflage, ausschließlich Faksimile der Artikel zu verwenden, verhindert werden, dass sich die Auswerter täglich einen Pool von recherchefähigen Daten aufbauen, um die Artikelsuche elektronisch anhand von Suchbegriffen vorzunehmen. Vielmehr bleibt hier nur die Möglichkeit, mit den eingescannten und bezeichneten Bilddateien zu arbeiten. Auf die Option, einen Artikel mehrmals nutzen zu können, hat die Vorgabe der Verwendung einer Grafikdatei dagegen keinen Einfluss. Anders als bei öffentlichen

Angeboten, die sich an jedermann richten, lassen sich Individualpressespiegel aber konkret zuordnen und sind nur auf den beschränkten Nutzerkreis des beauftragenden Unternehmens zugeschnitten. Auf Grund dieser Zuordnungsmöglichkeit stellt sich daher auch die Frage, ob anders als bei einem Publikumspressespiegel der mehrmalige Gebrauch eines Artikels verhindert werden kann, um auf diese Weise genau wie bei einem internen Pressespiegel die Möglichkeit der Gleichstellung mit einem herkömmlichen Angebot zu erreichen.
Die Überlegung zu diesem Zweck, trotz der Digitalisierungsmöglichkeit der im Kundenauftrag recherchierten Artikel zusätzlich das übliche Kontingent von Print-Publikationen zu bestellen, muss aber schon auf Grund praktischer und ökonomischer Erwägungen abgelehnt werden.
Auch muss der Versuch scheitern, dass sich ein kommerzieller Anbieter in den Server der Kunden einloggt, um dass eingescannte Image des Artikels direkt dort, also intern, abzulegen. So ist zu berücksichtigen, dass eine Zwischenspeicherung in der Sphäre des externen Dienstleisters nicht vermieden werden kann und in Anbetracht der Tatsache, dass einer solchen Zwischenspeicherung für das auszuwertende Unternehmen eine eigenständige wirtschaftliche Bedeutung i.S.d. § 44 a UrhG zukommt, auch nicht als zulässig angesehen werden kann.[716]
In Erwägung gezogen werden könnte allerdings die Möglichkeit, die angeforderten Pressespiegel auf herkömmliche Weise herzustellen, um erst anschließend jeweils das gesamte Pressespiegelprodukt zu digitalisieren und elektronisch an den auftraggebenden Kunden zu übermitteln. Auf diese Weise könnte gewährleistet werden, dass ein Artikel nicht mehrmals zur Produktion unterschiedlicher Pressespiegel eingesetzt wird. Gleichzeitig ist dabei in der Sphäre des Kunden die Möglichkeit der Weiterverwertung und -nutzung genauso ausgeschlossen wie bei der internen Eigenerstellung eines Pressespiegels. Die Gefahr, dass schon in digitalisierter Form vorliegende Artikel einfacher und schneller archivierbar gemacht werden können als ein Print-Produkt, bleibt dagegen bestehen.
Auch wenn daher im Ergebnis vollständige Gleichstellung kommerzieller Dienste mit internen Pressespiegeln nicht erreicht werden kann, ist aber dennoch deutlich geworden, dass Pressespiegel, die individualisiert erstellt werden, eine wesentlich geringere Missbrauchsmöglichkeit aufweisen als Publikumsangebote. So kann zwar auch der Zeitvorteil einer elektronischen Übermittlung nicht ausgeglichen werden. Zu berücksichtigen ist aber, dass ein Individualpressespiegel lediglich der Befriedigung des Informationsinteresses der Mitarbeiter dient, während Publikumspressespiegel mit Blick auf aktuelle Ereignisse

716 A.A. ZG Basel Stadt, sic! 3/2003, S. 217, 223 – Elektronischer Pressespiegel II; Vgl. auch *Stauffacher*, sic! 5/2003, S. 458, 459; *Hilty*, sic! 3/2003, S. 266, 273 – Anmerkung zum Urteil des ZG Basel Stadt vom 19.6.2002.

oder in Bezug auf „In-Themen", die eine möglichst breite Öffentlichkeit ansprechen, ausschließlich gewinnorientiert auf den Markt gebracht werden. Hierbei steht daher weniger die Auswertung der aktuellen Tagespresse zu Zwecken der Förderung der Meinungsbildung im Vordergrund, sondern vielmehr die Nutzung der Primärmedien zur Schaffung eines möglichst gut verkäuflichen Produktes an jedermann. Es stellt sich daher die Frage, ob unter Berücksichtigung der unterschiedlichen Missbrauchspotentiale ein Individualpressespiegel anders behandelt werden kann als ein Publikumspressespiegel und gegebenenfalls eine Aufnahme in den Privilegierungsrahmen des § 49 UrhG in Betracht zu ziehen ist.

3. Abwägung der Interessenpositionen

Inwieweit letztlich eine analoge Anwendung möglich ist, lässt sich durch die Untersuchung der Auswirkungen auf die Interessenpositionen der Urheber, der Verwerter und der Allgemeinheit ermitteln.

a) Eigentumsinteressen der Urheber

Im Hinblick auf die Beeinträchtigung der verfassungsrechtlich geschützten Eigentumsposition der Urheber zeigen sich deutliche Unterschiede zwischen individualisierten Angeboten und informationellen Mehrwertdienstleistern, die sich an die breite Öffentlichkeit richten.

So ist bei Letzteren schon fraglich, ob überhaupt die allgemeinen Rechtfertigungsvoraussetzungen eingehalten werden. Soweit sämtliche Artikel einer Publikation eingescannt werden, ist schon das Merkmal, nur einige wenige Artikel zu verwenden, verletzt. Schließlich werden dabei auch häufig die Aktualitätsvoraussetzung und die inhaltliche Beschränkung auf politische, religiöse oder wirtschaftliche Themen missachtet sein. Vor allem ist aber auf Grund der unkontrollierten Verbreitung gegenüber jedermann nicht nachvollziehbar, ob der gesetzliche Vergütungsanspruch eingehalten wird. Besonders auch bei einem einmaligen Kauf eines Publikumspressespiegels wird es den Kunden häufig nicht bewusst sein, dass neben der Zahlung an den externen Dienstleister auch eine Abgabe an die VG Wort erforderlich ist.

Werden dagegen kommerzielle Individualpressespiegel in das Privileg mit aufgenommen, ist das Beteiligungsinteresse der Urheber über den gesetzlichen Vergütungsanspruch genauso gesichert wie bei betriebsintern erstellten und genutzten Pressespiegeln. Vielmehr wird durch die vertragliche Beziehung der beauftragenden Unternehmen zu den Medienauswertern sogar für zusätzliche Transparenz gesorgt. So könnten kommerziellen Pressespiegeldiensten die Pflicht auferlegt werden, in bestimmten zeitlichen Abständen die Namen der Kunden und die Anzahl der genutzten Publikationen der VG Wort

mitzuteilen.[717] Bei diesem Vorgehen könnte die Dunkelziffer, die trotz des Auskunftsanspruchs der VG Wort besteht, eingeschränkt werden.
Schließlich darf nicht unberücksichtigt bleiben, dass sich ein Verbot kommerzieller Dienstleister im Hinblick auf die Interessen der Urheber, eine angemessene Beteiligung an der wirtschaftlichen Verwertung ihrer Artikel zu erhalten, sogar nachhaltig negativ auswirken kann. So haben die Unternehmen in einem solchen Fall nur die Möglichkeit, bei der Suche nach externer Hilfe bei der Erstellung der Pressespiegel das Angebot der PMG in Anspruch zu nehmen. Dabei sind die Unternehmen dann auch nur auf die Publikationen angewiesen, die in den Panel der PMG aufgenommen sind. Dies bedeutet, dass die Autoren der Verlage, die nicht mit der PMG kooperieren, keine Möglichkeit haben, über die umfassende Auswertungstätigkeit der kommerziellen Anbieter an der Zweitverwertung ihrer Artikel zu partizipieren.
Insgesamt ergibt sich daher, dass bei Publikumspressespiegeln auf Grund der willkürlichen Distributionsmöglichkeiten jedenfalls eine umfassende Beteiligung an der wirtschaftlichen Verwertung der Artikel beeinträchtigt ist. Die kommerzielle Erstellung und der Vertrieb individualisierter Pressespiegel wirkt sich dagegen fördernd auf die Beteiligungsinteressen aus.

b) Eigentumsinteressen der Verwerter

Wie die Darstellung der Gefahren der zusätzlichen Missbrauchsmöglichkeiten gezeigt hat, erweisen sich kommerzielle Angebote besonders im Verhältnis zu den Interessen der Verwerter als problematisch. So ist zu berücksichtigen, dass Publikumsangebote nicht als unterstützende Tätigkeit angesehen werden können, sondern ausschließlich der gewinnorientierten Nutzung der Artikel aus anderen Publikationen dienen. Zudem handelt es sich bei diesen Angeboten nicht um eine Auswertung der aktuellen Tagespresse nach bestimmten Kriterien, sondern um eine Zusammenstellung eines eigenständig nutzbaren Medienprodukts zu einem von dem Auswertungsdienst favorisierten Thema. Publikumspressespiegel kommen daher einem alternativen Informationsangebot für den Primärmarkt näher als einer bloß sekundären Auswertungsinformation. Damit bedienen die Anbieter dieser Dienste den identischen Abnehmermarkt wie Zeitungen und treten zu diesen in direkte Konkurrenz, ohne dabei aber eigene Redaktions- und Recherchekosten aufzubringen.[718] Bei den von externen Dienstleistern zu allgemein interessierenden Themen zusammengestellten Pressespiegeln handelt es sich daher um die Nutzung der Primärpresse, die nicht mehr als normale Auswertung bezeichnet werden kann. Eine Abwägung mit den

---

717 In Frankreich besteht für die Medienauswerter gegenüber der dortigen Verwertungsgesellschaft CFC (Le Centre Francais d`exploitation du droit de copie) diese Offenlegungspflicht, vgl. www.cfcopies.com/presse_elec/index.html.

718 *Niemann*, CR 2002, S. 817, 827.

Interessen der Allgemeinheit auf Informationsfreiheit muss hier daher zu Gunsten der Interessen der Rechteinhaber entschieden werden.
Anders wirkt sich dagegen die mögliche Einbeziehung kommerzieller Individualpressespiegel in den Privilegierungsrahmen des § 49 UrhG auf die Verwerterinteressen aus. So ist zunächst vor allem zu berücksichtigen, dass mit der auftragsgenauen Auswertung und Zusammenstellung von Artikeln der Tagespresse nicht der Primärmarkt bedient wird.[719] So wird gerade keine umfassende Information über tagesaktuelle Geschehnisse vermittelt, sondern nur ein Zusammenschnitt zu genau vorgegebenen Suchprofilen. Aus diesem Grund kann sich auch der aus elektronischer Übermittlung resultierende Beschleunigungseffekt nicht substituierend auf den Zeitungsmarkt auswirken. Die Leistung, die bei einem nutzerspezifischen Pressespiegel verkauft wird, ist damit allein die Auswertungstätigkeit, nicht dagegen der bloße Artikel als verlagseigenes Produkt. Der Angriff auf den Primärmarkt der Verleger äußert sich erst dadurch, dass ein Artikel ausreicht, um mehrere Kunden zu bedienen und es sich zudem durch die Beauftragung eines externen Dienstleisters für die Unternehmen erübrigt, selbst Primärmedien zu Auswertungszwecken zu beziehen. Zu berücksichtigen ist hierbei aber, dass auch im internen Bereich nur mit einem einmalig digitalisierten Artikel die Mitarbeiter des gesamten Unternehmens versorgt werden. Je nach Größe und Nutzerzahl ist die Nutzungsintensität eines intern erstellten Pressespiegels daher durchaus mit der eines kommerzielle angebotenen Individualpressespiegels zu vergleichen.[720] Nicht zu übersehen ist weiterhin, dass auch der Absatz von Zeitungen in einem Unternehmen bei Auslagerung der Medienauswertung sich nur auf die speziell dafür erforderliche Anzahl von Publikationen auswirkt, nicht dagegen aber auf den üblichen sonstigen Bedarf an Zeitungen und Zeitschriften für die einzelnen Abteilungen, Mitarbeiter etc. Weiterhin bleibt den Verlagen auch bei der Erlaubnis kommerzieller Individualpressespiegel nicht nur die generelle Möglichkeit eröffnet, sich am Pressespiegelgeschäft zu beteiligen, vielmehr können sie dabei auch von ihrer wesentlich besseren Infrastruktur profitieren. Vor allen Dingen bleibt den Verlagen sogar ein eigenes Betätigungsfeld vorbehalten, da nur die Verlage die Möglichkeit haben, ein über den gesetzlich erlaubten Pressespiegel gemäß § 49 UrhG hinausgehendes Angebot zu gestalten.
Neben den urheberrechtlichen Voraussetzungen gemäß § 49 UrhG im Bereich der kommerziellen Nutzung von Presseartikeln zu Gunsten der Verlage wirkt zudem auch wettbewerbsrechtlicher Schutz. In Betracht kommt hierbei vor allem der Schutz vor der sittenwidrigen Übernahme aus den in Zeitungen und Informationsblättern abgedruckten Artikeln gemäß §§ 3 i.V.m. 4 UWG oder auch ein möglicher Verstoß gegen das Irreführungsverbot gemäß § 5 UWG.

---

[719] Vgl. *Hilty,* ZUM Sonderheft 2003, S. 983, 998.

[720] *Berger/Degenhart,* AfP 2002, Beilage Heft 6, S. 557, 565.

Für Individualpressespiegel lässt sich daher im Unterschied zu Publikumsangeboten festhalten, dass nutzerspezifische Zusammenstellungen weder in direkter Konkurrenz zu den erstveröffentlichten Medien stehen noch ungehindert an die Öffentlichkeit verbreitet werden und daher die Interessen der Verwerter nicht über ein normales Maß hinaus beeinträchtigen.

c) Informationsfreiheit der Nutzer

Neben den Auswirkungen, die sich aus einer möglichen Einbeziehung kommerzieller Pressespiegeldienste auf die aus der Eigentumsposition erwachsenden Belange der Urheber und Verwerter ergeben, kommt der vom BGH außer Acht gelassenen Frage, ob sich aus der verfassungsrechtlich geschützten Informationsfreiheit der Allgemeinheit ein schutzwürdiges Interesse an kommerziellen Auswertungsdiensten als Ausprägung der Sozialpflichtigkeit des Eigentums herleiten lässt, entscheidende Bedeutung zu.

aa) Erforderlichkeit eines kommerziellen Pressespiegelangebotes

Hierbei ist zunächst zu untersuchen, ob im Interesse der Informationsfreiheit überhaupt ein Bedürfnis nach einem externen Pressespiegelservice besteht. Sollte dies der Fall sein, ist weiterhin zu klären, ob die PMG mit ihrem vertraglichen Angebot diesem Bedürfnis ausreichend gerecht wird.

Die Erforderlichkeit kommerzieller Dienstleister im Auswertungsbereich könnte für entbehrlich gehalten werden, da es den Unternehmen und Behörden intern erlaubnisfrei möglich ist, auf alle veröffentlichten Publikationen zuzugreifen und bedarfsorientiert eine Auswertung vorzunehmen. Zu berücksichtigen ist allerdings, dass die enorme Zunahme und Diversifizierung von Informationen es den Unternehmen oder Behörden unmöglich macht, in Eigenproduktion eine umfassende Auswertung der tagesaktuellen Primärmedien zu gewährleisten.[721] So können nur externe Anbieter den personellen und technischen Aufwand erbringen, um täglich mehrere hundert Publikationen in kürzester Zeit zu durchforsten. Insoweit sind Unternehmen und Behörden auf die Leistung professioneller Auswerter gerade zu angewiesen.[722] Zudem kann die gebotene Objektivität der Auswertung der Meinungen in der Presse nur durch externe Anbieter sichergestellt werden.[723] Besonders aus diesen Gründen erklärt es sich auch, dass die überwiegende Anzahl großer Unternehmen, die sogar ihre Medienauswertung intern durchführen, zusätzlich einen kommerziellen Anbieter

---

721 *Dittrich/Öhlinger*, ÖJZ 2002, S. 361, 366.

722 *Krejci*, Urheberrechtliches zur Medienbeobachtung, in: FS Dittrich, S. 201; *Dittrich/-Öhlinger*, ÖJZ 2002, S. 361, 366; *Dittrich/Öhlinger*, UFITA (135) 1997, S. 5, 59; *Schöhl/Vocke-Schöhl*, Public Relations Forum 1/2000, S. 36; vgl. auch *Niemann*, CR 2002, S. 817, 827.

723 *Brockmann*, Politik & Kommunikation, Dez 02/Jan 03, S. 52, 54.

beauftragen, um ein umfassendes und vollständiges Auswertungsresultat zu erreichen.[724]
In diesem Zusammenhang wird vor allem deutlich, dass gerade auch kleine bis mittelständische Unternehmen nicht in der Lage sind, die Masse an Publikationen zu bewältigen.[725] Der erforderliche Aufwand steht hierbei in keinerlei Verhältnis zum Informationszweck.[726] Während es sich für Großunternehmen oder Konzerne noch lohnt, die erforderliche technische Ausrüstung anzuschaffen und geschultes Personal zu rekrutieren, da ein so erstellter Pressespiegel unternehmensweit an mehrere hundert Mitarbeiter übersendet werden kann, ist dies bei kleineren Unternehmen keineswegs der Fall. Der Aufwand zur Durchführung der Medienauswertung ist hier zwar ebenso intensiv, ohne dass aber die Nutzbarkeit der Informationen entsprechend groß ist, wenn ein Unternehmen nur aus zehn, zwanzig oder fünfzig Mitarbeitern besteht. Somit gilt zwar die Privilegierung des § 49 UrhG für alle Unternehmen und Behörden unabhängig von ihrer Größe gleichermaßen, nur unterliegen dabei kleine Unternehmen ganz anderen finanziellen, personellen und arbeitstechnischen Voraussetzungen als Großkonzerne etc. Damit führt die Bedingung, ausschließlich nur eine interne Pressespiegelerstellung gemäß § 49 Abs. 1 UrhG als zulässig anzusehen, letztlich zu einer unzulässigen Gleichbehandlung wesentlich ungleicher Situationen bzw. Sachverhalten. Schon dies spricht dafür, es als sachgerecht anzusehen, jedenfalls kommerzielle Pressespiegeldienste, die im konkreten Auftrag eines Unternehmens tätig werden, in den Privilegierungsrahmen des § 49 UrhG einzubeziehen.
Zu berücksichtigen ist weiterhin, dass die Erstellung eines Pressespiegels im internen Bereich als ein schutzwürdiges Interesse der Allgemeinheit i.S.d. Informationsfreiheit gemäß Art. 5 Abs. 1 S. 1 Alt. 2 GG anzusehen ist, das als Ausprägung der Sozialbindung des Eigentums privilegiert ist. Der Schutzbereich des Grundrechts der Informationsfreiheit schließt auch die Beschaffung und Nutzung von technischen Anlagen mit ein, wenn erst durch diese der Zugang zu Informationen erreicht wird.[727] Andernfalls wäre der Grundrechtsschutz wertlos.[728] Zwar ist hier den Unternehmen der Zugang zu den Zeitungen als Primärmedien ungehindert und auch ohne die zu Hilfenahme technischer Mittel möglich. Da aber auch die Erstellung von Pressespiegeln der Informationsfreiheit dient, muss es den Unternehmen und Behörden ebenso möglich sein, die Presseauswertung durchzuführen. Bedeutet es nun aber für ein Unternehmen einen unverhältnismäßigen Aufwand, die für eine solche Auswertungstätigkeit

---

[724] *Schöhl/Vocke-Schöhl*, Public Relations Forum 1/2000, S. 36.
[725] *Dreyer*, in: Heidelberger Kommentar zum Urheberrecht, § 49 UrhG Rdnr. 10.
[726] Vgl. *Dittrich/Öhlinger*, ÖJZ 2002, S. 361, 366.
[727] BVerfGE 90, S. 27, 32 - Parabolantenne I.
[728] BVerfGE 90, S. 27, 32 - Parabolantenne I.

notwendigen technischen und personellen Mittel zur Verfügung zu stellen, wird auch die Privilegierung des § 49 UrhG zu Zwecken der Informationsfreiheit wertlos.[729] Zwar ist zuzugeben, dass der Grundrechtsschutz gemäß Art. 5 Abs. 1 S. 1 Alt. 2 GG keinen kostenlosen oder möglichst günstigen Zugang von Informationen gewährleistet.[730] Es könnte daher behauptet werden, dass die zur Erstellung eines Pressespiegels erforderliche Ausstattung durchaus angeschafft und daher auch die Privilegierung, anders als im Fall der gänzlichen Untersagung der Nutzung eines technischen Gerätes zur Informationsbeschaffung, erreicht werden könne. Tatsache ist aber, dass genauso wie das Fehlen technischer Mittel den Grundrechtsschutz praktisch wertlos macht, ein unverhältnismäßiger Aufwand bei der Durchführung der Auswertungstätigkeit trotz theoretischer Möglichkeit den Grundrechtschutz bzw. den Privilegierungszweck gemäß § 49 UrhG faktisch wertlos macht. Sowie im Fall der praktischen Wertlosigkeit eine Anschaffung und Benutzung der erforderlichen technischen Mittel durch Art. 5 Abs. 1 S. 1 Alt. 2 GG gewährleistet wird, muss es also auch im Fall der faktischen Wertlosigkeit gestattet werden, mit der Einbeziehung des Knowhow sowie der personellen und technischen Ausstattung eines Dritten das Rechtfertigungsziel gemäß § 49 UrhG zu sichern. Auch der Blick auf den Schutzumfang des Art. 5 Abs. 1 S. 1 Alt. 2 GG als verfassungsrechtliche Verankerung des § 49 UrhG zeigt daher, dass eine Einbeziehung kommerzieller Dienste, die im konkreten Auftrag von Unternehmen, Behörden, Verbänden und sonstigen Organisationen die Pressespiegel erstellen, nicht nur sachgerecht, sondern zur umfassenden Gewährleistung des schutzwürdigen Allgemeinwohlinteresses sogar geboten ist.

bb) Lösungsmöglichkeit auf vertraglicher Basis

Zu überlegen ist allerdings, ob das Angebot der PMG ausreicht, um den Unternehmen eine Unterstützungsleistung oder ein über die gesetzlich erlaubte Pressespiegelerstellung hinausgehendes Angebot zu bieten, so dass von einer Ausweitung des § 49 UrhG auf externe Dienstleister abgesehen werden kann. In diesem Zusammenhang könnte zunächst schon fraglich sein, ob das Angebot der PMG nicht ohnehin wie andere gewerbliche Auswertungsdienste einzustufen und daher als unzulässig i.S.d. BGH anzusehen ist. So nimmt die PMG jedenfalls auch eine Verbreitung der Artikel an jedermann vor. Insoweit ist aber schon dargestellt worden, dass die PMG mit ihren Leistungen, die von den gesetzlichen Privilegierungsvoraussetzungen unabhängig sind oder darüber

---

729 *Bohne/Müller,* Aktuelle Herauforderungen für das Informationsrecht vor dem Hintergrund aktueller technischer Entwicklungen, in: Verhandlungen des 64. Deutschen Juristentages, S. U23, U31.

730 BVerfGE 29, S. 214, 218; *Starck,* in: v. Mangoldt/Klein/Strack, Das Bonner Grundgesetz, Art. 5 Abs. 1, 2 Rdnr. 52.

hinausgehen, ein Angebot geschaffen hat, das neben der reinen Pressespiegelerstellung besteht. Die PMG hat die Möglichkeit, als bloßer Lieferant von digitalen Presseartikeln aufzutreten oder aber Pressespiegel auszugeben, die nicht mehr den Voraussetzung gemäß § 49 UrhG und den Bedingungen des BGH entsprechen. Zu denken ist dabei an Pressespiegel im Textformat oder auch Pressespiegel, die Artikel enthalten, die sich nicht nur mit tagesaktuellen Inhalten beziehen, sondern auch Themen aus dem kulturellen, sozialen oder sportlichen Bereich zum Inhalt haben. Der PMG kommt daher neben klassischen kommerziellen Anbietern eine eigenständige Bedeutung zu. Dennoch reicht ihr Angebot aber nicht aus, das Erfordernis nach professioneller und objektiver Medienauswertung zu decken. Schon in praktischer Hinsicht kann die PMG diesem Bedürfnis nicht gerecht werden, da sie den Unternehmen nicht die gesamte Produktionsleistung abnimmt, sondern nur die Artikel liefern kann. Ein weitaus wichtigeres Argument, das gegen die Möglichkeit spricht, der PMG den gesamten freien Markt der Zweitverwertung der Artikel in Pressespiegeln zu überlassen, ist die Gefahr der publizistischen Monopolisierung auf Grund der Konzentration der Pressemedien für den Sekundärmarkt bei einem Anbieter.[731] So enthält das Angebot der PMG jedenfalls nahezu alle großen Publikationen des deutschen Zeitungsmarktes. Mit dieser Bündelung der Verlagsangebote hat die PMG nicht nur die Möglichkeit, die Informationsangebote für die Zweitverwertung zu kanalisieren und zu kontrollieren.[732] Vielmehr scheidet gleichzeitig auch die Möglichkeit des Aufbaus eines konkurrierenden verlegerischen Angebotes aus, da ohne die wichtigsten überregionalen Publikationen der sekundäre Auswertungsmarkt nicht bedient werden kann. Ein Unternehmen, das auf externe Dienstleister bei der Erstellung von Pressespiegeln zurückgreifen will, ist daher alternativlos auf das Leistungsspektrum und die Preisvorgaben der PMG angewiesen.

Trotz der Machtkonzentration im Angebot der PMG ist es ihr aber gleichzeitig nicht möglich, für die Gewährleistung ausreichender Meinungsvielfalt zu sorgen, da ihr Angebot zwar die Wichtigsten, aber dennoch, gerade im Hinblick auf den regionalen Pressemarkt, nur ein beschränktes Portofolio enthält, das keinen umfassenden ungehinderten Zugang zu Informationen ermöglicht.[733] Mithin stellt das Angebot der PMG nicht nur im Verhältnis zu Inhouse-Pressespiegeln keine Alternative dar. Vielmehr ist es auch nicht möglich, darin ein ausreichendes kommerzielles Angebot zu sehen, das der Gewährleistung des

---

731 Zur Gefahr der Monopolisierung von Folgemärkten vgl. *Dreier*, Primär- und Folgemärkte, in: Schricker/Dreier/Kur (Hrsg.), Geistiges Eigentum im Dienste der Innovation, S. 51, 67.

732 Vgl. dazu und im Hinblick auf die sich anschließenden kartellrechtlichen Problem *Dreier*, JZ 2003, S. 477, 480 - Anmerkung zu Urteil des BGH vom 11.7.2002.

733 Vgl. dazu Kap. 4 §3 B. II. 3. c) d).

umfassenden und freien Informationsflusses zum Zwecke der Pressespiegelerstellung gerecht wird. Anzumerken bleibt an dieser Stelle zudem, dass an diesem Ergebnis auch der mit der VG Wort geschlossene Gesamtvertrag nichts ändert. Hiernach übernimmt die PMG hinsichtlich der gemäß § 49 UrhG legitimierten elektronischen Pressespiegel lediglich das Inkasso für die VG Wort. Eine Hilfestellung bei der Produktion von Pressespiegeln wird, jedenfalls hinsichtlich der Publikationen die nicht im Panel der PMG enthalten sind, nicht durchgeführt.

Diese Situation eröffnet aber die Frage, ob der Informationskonzentration und der Möglichkeit der PMG, den Pressespiegelmarkt allein zu bestimmen, ausreichend dadurch entgegengewirkt wird, wenn verlagsunabhängige kommerzielle Auswertungsdienstleister die Möglichkeit erhalten, mit der PMG zu kooperieren und anstatt über die gesetzliche Schiene des § 49 UrhG auf vertraglicher Basis das Recht erhalten, elektronische Pressespiegel zu erstellen. Jedenfalls ist von einer solchen Kooperationsbereitschaft der PMG auszugehen, da sie auf diese Weise nicht nur kartellrechtlichen Bedenken entgegenwirken, sondern zudem auch über die Medienauswerter und deren bestehenden Kundenstamm auf einfache Weise indirekt einen großen Nutzerkreis erschließen kann.
Aber auch diese vertragliche Möglichkeit kann nicht als ausreichend angesehen werden, die Gewährleistung der schutzwürdigen Interessen der Allgemeinheit an einer umfassenden und freien Medienauswertung durch einen externen Dienstleister zu sichern. So ist auch hierbei zunächst anzuführen, dass die Medienauswerter auf den Panel der PMG angewiesen sind und daher keine freie, umfassende und regionsspezifische Auswertung durchführen können. Die kommerziellen Anbieter haben hier lediglich die Möglichkeit, sich die Nutzungsrechte von den Verlagen individualvertraglich einräumen zu lassen. Aber auch dieses vertragliche Vorgehen gestaltet sich schwierig, da sich die Verlage häufig auf Grund der unklaren Situation im Verhältnis zur PMG und vor allem auch auf Grund fehlender Nutzungsrechte weigern, die Rechte zur Nutzung der Artikel in elektronischen Pressespiegeln zu übertragen.
Neben den Problemen, über eine Kooperation mit der PMG eine umfassende Medienauswertung gewährleisten zu können, ist weiterhin zu bedenken, dass die PMG, soweit sie nicht als Verwertungsgesellschaft eingestuft wird[734], keinem Kontrahierungszwang unterliegt. Damit hat die PMG nicht nur die Möglichkeit, einseitig die Vertragsbedingungen vorzugeben, sondern vielmehr auch die

[734] So jedenfalls *Berger/Degenhart*, AfP 2003, S. 105-109; *Müller*, in: Hoeren/Sieber (Hrsg.), Handbuch Multimedia Recht, Kap.7.12., Rdnr. 97; die Verwertungsgesellschaftspflichtigkeit bejahend dagegen *Haedicke* im unveröffentlichten Rechtsgutachten zur „Einstufbarkeit der PMG als Verwertungsgesellschaft i.S.d. WahrnG“, München 2002.

Option, gezielt einzelnen Medienauswertern die Zusammenarbeit zu versagen und vom Pressespiegelgeschäft auszuschließen. Die PMG hat es also letztlich in der Hand, darüber zu bestimmen, welche der verlagsunabhängigen Auswertungsunternehmen sie als Konkurrenz akzeptiert und welche eben nicht. Zusätzlich zu dieser Entscheidung über die Frage des „Ob“ hat die PMG sogar noch die Möglichkeit, aus ihrer Exklusivitätsstellung heraus die Bedingungen eines Kooperationsvertrages mit einzelnen Medienauswertern weitgehend einseitig vorzugeben. Dies betrifft nicht nur die Bestimmung von Preisvorgaben,[735] sondern reicht bis in das Verhältnis der verlagsunabhängigen Dienstleister zu ihren Kunden. So richtete sich die Möglichkeit der Einräumung der Pressespiegelrechte, wie auch das Pressedokumentationsnutzungs-Lizenzsystem (PDN-Lizenzierung) des Verbandes österreichischer Zeitungen (VÖZ) zeigt, nicht an professionelle Medienbeobachter, sondern lediglich an deren Kunden, also an die einzelnen Unternehmen, Behörden etc.[736] Dies hat zur Folge, dass die Pressespiegeldienste soweit sie mit der PMG kooperieren wollen, ihren Kundenstamm offen legen und in Kontakt mit der Konkurrenz bringen müssen. Auch auf Grund dieses drohenden Abhängigkeitsverhältnisses zur PMG kann eine vertragliche Lösung nicht als Alternative zur gesetzlich gewählten Auswertungstätigkeit angesehen werden. Dies gilt nicht nur im Interesse der Medienauswerter, sondern auch in dem der auftraggebenden Unternehmen, die sich zwar an einen verlagsunabhängigen Auswertungsdienst wenden, letztlich aber doch wieder an die Vorgaben der PMG gebunden sind.

Festhalten lässt sich damit nicht nur, dass das Angebot kommerzieller Auswertungsdienstleister im Interesse der Gleichberechtigung der Informationsfreiheit der Mitarbeiter kleiner Unternehmen geboten ist. Weiterhin ist auch deutlich geworden, dass allein das PMG-Angebot oder gegebenenfalls auch ein kooperatives Zusammenarbeiten mit verlagsunabhängigen Medienauswertern besonders auf Grund der unausgeglichenen Verhandlungsposition keine sachgerechte Alternative zu der gesetzlichen Lösung über die Schrankenregelung des § 49 UrhG bilden. Es scheint daher geboten, zumindest kommerzielle Anbieter, die im Auftrag eines Unternehmens handeln, in die Regelung gemäß § 49 UrhG aufzunehmen.

d) Einbeziehung kommerzieller Individualpressespiegel in die Privilegierung

Anhand dieser Überlegungen zu den Auswirkungen auf die Interessenpositionen der Urheber, Verwerter und der Allgemeinwohlbelange bei einer möglichen Anwendung des § 49 UrhG auf kommerzielle Pressespiegelangebote ist nun im Folgenden herauszustellen, inwieweit tatsächlich eine Privilegierung dieser

---

735 *Dreier*, JZ 2003, S. 477, 480 - Anmerkung zum Urteil des BGH vom 11.7.2002.

736 Vgl. dazu www.voez.de bzw. www.voez.at/download/PDN_Lizenzvertrag.pdf.

Dienste in Frage kommt. Hierbei ist zu beachten, dass auch, wenn mit den schutzwürdigen Allgemeinwohlinteressen am freien Informationsfluss eine möglichst weitgehende Nutzungsmöglichkeit der Artikel zu Zwecken der Medienbeobachtung gefordert werden kann, dies aber noch lange nicht dafür spricht, jede nur mögliche Auswertungstätigkeit als privilegierungswürdig einzustufen. Vielmehr ist bei der Abwägung der unterschiedlichen Interessenpositionen streng auf den Verhältnismäßigkeitsgrundsatz zu achten und vor allem auch nur die Nutzungs- bzw. Auswertungsmöglichkeiten in Betracht zu ziehen, die i.S.d. Privilegierungszwecks des § 49 UrhG erforderlich sind. Dass dieser mögliche Anwendungsrahmen nicht überschritten wird, sichert schließlich auch der Drei-Stufen-Test gemäß Art. 9 Abs. 2 RBÜ, Art 13 TRIPS und Art. 10 WCT.

aa) Sonderfall

Unter Berücksichtigung dieses Korrektivs lässt sich zunächst erkennen, dass es sich in Abgrenzung zu Informationsdiensten, bei denen pauschal nahezu die gesamte Tagespresse aus rein kommerziellem Interesse gegenüber jedermann verbreitet oder zugänglich gemacht wird, bei individuellen Auftragsdienstleistungen um Sonderfälle handelt, die sich auf den Nutzungszweck der internen, nutzerspezifischen Information beschränken.

bb) Normale Werkverwertung

Auch im Hinblick auf die Frage, ob die zu privilegierende Nutzung zu der herkömmlichen Werknutzung in unmittelbare Konkurrenz tritt, nahezu der üblichen Erstverwertung entspricht und damit die normale Auswertung überschreitet,[737] muss berücksichtigt werden, dass nicht jede Art der Auswertung der Print-Presse die gleichen beeinträchtigenden Auswirkungen aufweist. Auch hierbei ergeben sich auf Grund der Nutzungsintensität Unterschiede zwischen Publikumsangeboten und Individualpressespiegeln.

So ist herausgestellt worden, dass Folgeprodukte, die keinen eigenen informativen Mehrwert aufweisen, sondern lediglich die redaktionellen Leistungen der Verlage in Gänze oder nach eigenen ausgewählten Themen übernehmen, bündeln und jedermann entgeltlich anbieten, nicht mehr als normale Auswertungstätigkeit angesehen werden können. Aus diesem Grund ist auch eine Privilegierung des Aufbaus von Pressedatenbanken aus den täglich eingescannten Artikeln und deren allgemeine Zugänglichmachung gegenüber jedermann nicht über § 49 UrhG zu rechtfertigen. Genauso ist muss auf Grund der Intensität der Nutzung auch die Möglichkeit versagt werden, dass auf Vorrat

---

737 Vgl. *Bornkamm,* Der Dreistufentest als urheberrechtliche Schrankenbestimmung, in: FS Erdmann, S. 29, 45; ähnlich *Schulze,* Rechtsfortbildung im Urheberrecht, in: FS Erdmann, S. 177, 184.

eingescannte Artikel zwar nicht durch jedermann, aber doch von mehreren Medienauswertern genutzt werden.[738] Schließlich kann auch die Tätigkeit eines externen Dienstleisters, der ohne einen konkreten Auftrag nach selbst ausgewählten möglichst publikumswirksamen Themen eigene Medienprodukte ausschließlich durch die Übernahme fremder Inhalte erstellt und als Konkurrenzprodukte in gedruckter Form oder als Online-Angebote auf dem freien Markt anbietet, nicht in den Privilegierungsrahmen des § 49 UrhG einbezogen werden.

Anders dagegen sind externe Dienste einzustufen, die ausschließlich auftragsgemäß die tagesaktuellen Print-Medien durchforsten und anhand von Kundenvorgaben individualisierte Pressespiegel erstellen. Hierbei zeichnet sich das Angebot durch einen eigenen verkäuflichen Mehrwert, nämlich der Gewährleistung einer umfassenden und objektiven Auswertung aus. Es handelt sich nicht um ein Produkt, bei dem ausschließlich die Leistungen Dritter ohne einen Eigenbeitrag genutzt und als Alternativangebot zur Befriedigung des primären Informationsinteresses eingesetzt werden. Insoweit handelt sich bei einem kommerziellen Pressespiegelangebot nur um eine individualisierte Auftragsdienstleistung, durch die die Erstverwertung nicht in einem die normale Nutzung übersteigenden Maß beeinträchtigt wird. Zudem ist mit einer tagesaktuellen Informationszusammenstellung von einzelnen Artikeln auch dem Privilegierungsziel i.S.d. § 49 UrhG ausreichend Rechnung getragen, so dass eine Zugriffsmöglichkeit auf umfassende Pressedatenbanken nicht erforderlich ist.

cc) Keine unzumutbare Interessenbeeinträchtigung

Im Wesentlichen hängt damit die Entscheidung, ob extern erstellte Individualpressespiegel als privilegiert i.S.d. § 49 UrhG anzusehen sind, von der Abwägung der beteiligten Interessenpositionen unter Beachtung der Vermeidung einer unzumutbaren Beeinträchtigung für die Belange der Urheber ab. In diesem Kontext sind vor allem auch die wirtschaftlichen Nachteile zu berücksichtigen, die aus einer möglichen Privilegierung für die Primärverwertung folgt.[739]

Hierzu hat die separate Betrachtung der Auswirkungen der Einbeziehung kommerzieller Pressespiegeldienste auf die einzelnen Interessenpositionen ergeben, dass jedenfalls die Beteiligungsinteressen der Urheber keineswegs beeinträchtigt werden. Vielmehr kann eine Privilegierung externer Pressespiegeldienste sogar dazu beitragen, mehr Transparenz in die sonst ausschließlich im unkontrollierbaren internen Bereich stattfindende vergütungspflichtige Pressespiegelnutzung zu bringen.

---

738 Vgl. Rechtbank Amsterdam vom 4.9.2002, AE7317, H 01.3513, Punkt 7. – Clippingdienst.

739 BGH, MMR 1999, S. 665, 668, 669 - Kopienversanddienst; *Bornkamm*, Der Dreistufentest als urheberrechtliche Schrankenbestimmung; in: FS Erdmann, S. 29, 47.

Ausschlaggebend ist daher die Intensität der Beeinträchtigung für die Verwerterinteressen. In diesem Zusammenhang ist herausgestellt worden, dass ein auftragsgemäß erstellter Individualpressespiegel zwar nur der sekundären Information dient, das Erstverwertungsinteresse der Verleger aber dennoch durch die Ersparnisse, die im Hinblick auf die Beschaffung der Primärmedien möglich sind, beeinträchtigt wird. Aus diesem Grund wird auch die Frage relevant, wie dieser Beeinträchtigung Rechnung getragen werden kann, um im Ergebnis eine sachgerechte Abwägung aller Interessen beizubehalten.

Eine vollständige Ablehnung der Privilegierung kommerzieller Pressespiegel kann insoweit auf Grund der entgegenstehenden gewichtigen Interessen der Urheber und der Allgemeinheit jedenfalls keine ausgeglichene Interessenabwägung herbeiführen. Dies zeigt vor allem auch die Situation, dass es im Interesse der Allgemeinheit nicht um die Durchsetzung der Erlaubnis von Dienstleistungen geht, die die Primärmedien ohne Eigenleistung ausschließlich aus kommerziellem Eigeninteresse durch allgemeine Angebote gegenüber jedermann ausschlachten, sondern lediglich um die Erlaubnis der Möglichkeit, einen externen Dienstleister durch konkreten Auftrag mit der Aufgabe der Erstellung individualisierter nur nutzerspezifischer Pressespiegel zu betrauen.

In Erwägung zu ziehen ist daher die Überlegung, eine Privilegierung individualisierter Pressespiegeldienste gegebenenfalls nur in Verbindung mit der Festlegung einer Vergütungsbeteiligung der Verlage zu gestatten.[740] So ist zu berücksichtigen, dass auch beim Kopienversanddienst die teilweise Erweiterung auf den digitalen Bereich über eine Beteiligung der Verlage begründet wurde.[741] Zwar kann hiergegen in Bezug auf § 49 Abs. 1 UrhG natürlich eingewandt werden, dass eine Pressespiegelnutzung schon mit einem gesetzlichen Vergütungsanspruch ausgestattet ist und es daher nur eine Frage der vertraglichen bzw. tarifvertraglichen Ausgestaltung ist, ob und in welchem Umfang auch die Verlage daran partizipieren. Andererseits ist aber zu beachten, dass sich ein solcher Vorstoß der Verlage auf Grund der gesetzlichen Konzeption eines Vergütungsanspruchs schwierig gestaltet und darüber hinaus auch § 63 a UrhG ausschließlich zu Gunsten der Urheber wirkt und nur diese in ihrem Verhältnis zu den Werkverwertern stärkt. Eine explizite Festlegung der Beteiligung der Verlage an der Nutzung der Artikel durch kommerzielle Pressespiegelhersteller wäre daher durchaus in Betracht zu ziehen.

Anders kann allerdings entschieden werden, wenn auch über § 49 UrhG und die speziellen Vorgaben des BGH eine angemessene Berücksichtigung der Interessen der Verwerter zu erreichen ist. In diesem Zusammenhang ist zu beachten,

---

740 Vgl. *Schulze*, Rechtsfortbildung im Urheberrecht, in: FS Erdmann, S. 173, 191.

741 Vgl. BGH, MMR 1999, S. 665, 669 - Kopienversanddienst; *Bornkamm*, Der Dreistufentest als urheberrechtliche Schrankenregelung, in: FS Erdmann, S. 29, 37; *Schulze*, Rechtsfortbildung im Urheberrecht, in: FS Erdmann, S. 173, 189.

dass die Privilegierung eines auftragsgemäß arbeitenden Pressespiegeldienstes dem Zweck dient, den durch die Schrankenregelung des § 49 UrhG Berechtigten die Möglichkeit zur Wahrnehmung der Privilegierung unter angemessenen Bedingungen zu gewährleisten. Im Interesse der Allgemeinheit an einem freien Informationsfluss ist es daher nicht erforderlich, einem externen Pressespiegeldienst eine eigenständige Privilegierung gemäß § 49 UrhG zukommen zu lassen. Vielmehr erscheint es ausreichend, die Handlungen der kommerziellen Auswerter über eine Einbeziehung in den Privilegierungsrahmen der durch die Schranke berechtigten Unternehmen, Behörden etc. zu rechtfertigen. Damit kann zugleich auch sichergestellt werden, dass ein externer Anbieter nur bei Vorliegen eines Auftrags erlaubnisfrei tätig wird und eben nicht bei freigestalteten Angeboten an jedermann. Zudem ist der Medienauswerter damit nicht nur den Weisungen des Auftraggebers unterworfen, sondern ebenso an die restriktiven Voraussetzungen des BGH gebunden. Dies hat zur Folge, dass auch kommerzielle Pressespiegeldienste ausschließlich nur mit Grafikdateien arbeiten können und somit im Rahmen der Herstellung der Kundenpressespiegel die Möglichkeit der Durchführung der Artikelsuche im Wege der elektronischen Volltextrecherche ausscheidet. Auch ergeben sich auf dezentraler Ebene, also nach der Übermittlung der nutzerspezifisch zusammengestellten Pressespiegel an den Kunden, keine weitreichenderen Nutzungsmöglichkeiten, die nicht auch bei der internen Erstellung möglich wären. Zu nennen sind hierbei die zeitlichen Vorteile, die entstehen, wenn ein schon in digitalisierter Form vorliegender Artikel im Unterschied zu einem Printexemplar archiviert wird. Des Weiteren ist zu berücksichtigen, dass die Verlage neben der den strengen Bedingungen des BGH unterworfenen Auftragstätigkeit kommerzieller Dienste nicht nur generell die Möglichkeit behalten, den Sekundärmarkt zu bedienen, sondern ihnen darüber hinaus auch die Option offen steht, Leistungen anzubieten, die über die gesetzlichen Vorgaben des § 49 UrhG hinausgehen. Begünstigend wirkt die Einbeziehung kommerzieller Dienstleister für das Angebot der PMG auch deshalb, da die PMG damit die Möglichkeit erhält, Publikationen von Verlagen heranzuziehen, mit denen keine vertragliche Bindung existiert. Gleichzeitig erreicht das Angebot der PMG auch ein größeres Maß an Rechtssicherheit, da die Frage, inwieweit die Verlage tatsächlich die Nutzungsrechte zur Zweitauswertung von den Autoren erhalten haben, entbehrlich wird. Zudem steht den Verlagen auch weiterhin die Möglichkeit offen, mit den Medienauswertern zu kooperieren bzw. ihnen Nutzungsrechte zu verkaufen, die über die gesetzliche Privilegierung hinausgehen.

Schließlich ist anzuführen, dass es auch der gesetzlichen Konzeption des § 49 UrhG nicht widerspricht, die Beauftragung eines Dritten als vom Privilegierungsrahmen mitumfasst anzusehen. Zwar eröffnet der Wortlaut des § 49 Abs. 1 UrhG anders als § 53 Abs. 1, 2 UrhG nicht explizit die Möglichkeit des „Herstellen Lassens“. Dies könnt dafür sprechen, dass § 49 Abs. 1 UrhG aus-

schließlich nur eine Privilegierung der durch die Schranke Berechtigten zulässt. Gleichzeitig wird durch den Wortlaut des § 49 UrhG die Möglichkeit der Einbeziehung eines Dritten aber auch nicht ausgeschlossen. Auf Grund dieses offenen Wortlautes bleibt es daher möglich, zur Begründung einer solchen Erweiterung unter Berücksichtigung eines Vergleichs mit § 53 UrhG auf den Sinn und Zweck des § 49 Abs. 1 UrhG abzustellen. Auch § 53 Abs. 2 UrhG lässt jedenfalls ein Handeln durch einen Dritten nur dann zu, wenn ein Schrankenprivilegierter die Beauftragung eines Dritten vornimmt. Genau wie bei den Überlegungen zu § 49 UrhG besteht keine Möglichkeit, dass sich der Dritte selbstständig auf die Schrankenregelung beruft.
Zu berücksichtigen ist allerdings, dass § 53 UrhG bei digitalen Vervielfältigungen die Beauftragungen eines Dritten nur zulässt, soweit der Beauftragte gemäß § 53 Abs. 1 UrhG unentgeltlich handelt oder gemäß § 53 Abs. 2 S. 1 Nr. 2, S. 2 Nr. 3 UrhG keine unmittelbaren oder mittelbaren erwerbswirtschaftlichen Zwecke verfolgt. Dieser Vergleich mit § 53 UrhG führt aber nicht dazu, für den digitalen Bereich die Möglichkeit der Einbeziehung der Tätigkeit eines Dritten in den Schrankenbereich des § 49 UrhG als unzulässig anzusehen und damit jede Form des kommerziellen Vertriebs von Pressespiegeln vom Schrankenprivileg auszuschließen. So ist zu berücksichtigen, dass die Ausgangslage des § 49 UrhG im Verhältnis zu § 53 UrhG gerade in Bezug auf die Situation des digitalen Nutzungsbereichs eine andere ist. § 53 UrhG dient ausschließlich dem reinen Eigengebrauch. Gerade aus diesem Grund ist auch im Rahmen des Gesetzgebungsverfahrens zur Umsetzung des § 53 UrhG durch den Bundesrat angeregt worden, von der Möglichkeit des „Herstellen Lassens" gänzlich abzusehen.[742] Zur Begründung wurde angeführt, dass die Digitalisierung eine Vervielfältigung in Eigenregie gerade unproblematisch für jedermann ermöglicht. Trotz dieses Einwandes hat die Bundesregierung aber an der Möglichkeit, auch die Tätigkeit eines beauftragten Dritten zu privilegieren, festgehalten.[743] Daneben spricht für die Privilegierung der Verwertungshandlung eines Dritten im Rahmen der hier zu untersuchenden Situation der Erstellung von elektronischen Pressespiegeln aber vor allem, dass sich dieser Fall von der Vervielfältigung zum Eigengebrauch gerade im Hinblick auf die Durchführung der Vervielfältigung stark unterscheidet. So erleichtert die Digitalisierung zwar

---

742 Stellungnahme des Bundesrates zur Regelung des Urheberrechts in der Informationsgesellschaft, vom 27.9.2002, BR-Drucks. 648/02, zu § 53 UrhG Punkt 3., d), cc); *Schack*, ZUM 2002, S. 497, 501; *ders.* AfP 2003, S. 1, 5.

743 Amtl. Begründung des Regierungsentwurfs eines Gesetzes zur Regelung des Urheberrechts in der Informationsgesellschaft vom 6.11.2002 zu § 53 UrhG, BT-Drucks. 15/38, S. 48 und vgl. Gegenäußerung der Bundesregierung zur Stellungnahme des Bundesrates vom 27.9.2002 zur Regelung des Urheberrechts in der Informationsgesellschaft vom 6.11.2002, zu Nr. 3, d), S. 7, abrufbar unter: www.urheberrecht.org/topic/Info-RiLi/11523.pdf.

sicherlich die Vervielfältigung eines Artikels, doch ist ein Unternehmen, insbesondere eine Klein- oder Mittelstandunternehmen, gerade im Rahmen der Auswertung der aktuellen Tagespresse zwingend auf die technische Unterstützung und das dazu erforderliche Know-How externer Dienstleister angewiesen.[744] Damit ist der Ausschluss der Möglichkeit des Herstellen Lassens auf Grund der Entgeltlichkeit oder der Erwerbswirtschaftlichkeit des Angebotes, wie es gemäß § 53 UrhG vorgesehen wird, gerade nicht auf die Situation des § 49 UrhG zu übertragen. Die Gewinnerzielungsabsicht stellt daher kein Differenzierungskriterium für die Anwendung der Schrankenreglung gemäß § 49 UrhG dar.[745]

Einschränkend ist aber dennoch zu berücksichtigen, dass i.S.d. § 53 UrhG ein „Herstellen Lassen" nur privilegiert ist, wenn sich die Tätigkeit des Dritten auf den technisch maschinellen Vorgang beschränkt. Sobald der Dritte daher diesen funktionalen Bereich überschreitet und auch weitergehende Aufgaben wie eine auftragsgemäße Recherche durchführt, ist der Rahmen eines erlaubnisfreien Handelns verlassen.[746] Ähnlich könnte daher auch in Bezug auf § 49 UrhG argumentiert werden, da hierbei die Verwertungsrechte wie die Vervielfältigung, die Verbreitung oder die öffentliche Wiedergabe zwingend mit der Recherche bzw. Auswahl der Artikel zusammenfallen. Aber auch hiergegen ist einzuwenden, dass schon die Unterschiede im Wesen der Schrankenregelung des § 53 UrhG im Verhältnis zu § 49 UrhG dazu führen, dass eine Erweiterung des § 49 UrhG auf ein „Herstellen Lassen" nicht auf Grund der Recherchetätigkeiten scheitert. So privilegiert § 53 UrhG die Vervielfältigung zum privaten und sonstigen Eigengebrauch, was gerade impliziert, dass das zu vervielfältigende Werkstück schon individualisiert ist. § 49 UrhG rechtfertigt dagegen nicht nur die Information zum Eigengebrauch, sondern die Information zum tagesaktuellen Geschehen. Damit wird nicht nur klar, dass die zu nutzenden Inhalte nicht wie bei § 53 UrhG alle vorhandenen Informationen, also neben Zeitungen auch Fachzeitschriften, Bücher etc. in Betracht kommen, sondern nur tagesaktuelle und inhaltlich auf den religiösen, wirtschaftlichen und politischen Bereich beschränkte Artikel aus den Pressemedien herangezogen werden und somit schon eine gesetzliche Vorauswahl getroffen worden ist. Darüber hinaus zeigt sich auch, dass die privilegierte Handlung i.S.d. § 49 UrhG nicht mit der bloßen Vervielfältigung erschöpft ist, sondern sich durch das Erstellen und Übermitteln der Pressespiegel auszeichnet. Die Auswahl der zu übernehmenden

---

744 Vgl. dazu oben Kap. 4 §3 C. II. c).

745 Vgl. i.d.S. *Bohne/Müller,* Aktuelle Herausforderungen für das Informationsrecht vor dem Hintergrund technischer Entwicklungen, in: Verhandlungen des 64. Deutschen Juristentages, U 23, U 31; *Niemann,* CR 2002, S. 817, 827.

746 BGH, AfP 1997, S. 624, 627 - CB Infobank I; BGH, AfP 1997, S. 629, 631 - CB Infobank II.

Artikel gehört daher, gerade anders als bei § 53 UrhG, unmittelbar mit zum gerechtfertigten Bereich.
Weiterhin wird deutlich, dass für ein auftragsgemäßes Handeln eines Dritten im Rahmen des § 53 UrhG eine bloße Themenvorgabe des Kunden nicht ausreicht. In Bezug auf § 49 UrhG genügt dagegen die Angabe eines Suchprofils, da die Artikelauswahl, auch wenn sie kein Ausschließlichkeitsrecht berührt, zum Bereich der privilegierten Handlung gehört. Anders wäre dagegen allerdings bei Publikumspressespiegeln zu entscheiden, bei denen der Dienstleister die Kundenwünsche bzw. Themenkreise nur vermutet.
Hauptsächlich für die Möglichkeit der Einbeziehung der Berufung eines kommerziellen Pressespiegelherstellers im Rahmen des § 49 UrhG spricht aber letztlich der Blick auf die Gründe, die den Gesetzgeber bei § 53 UrhG bewogen haben, den Privilegierungsrahmen des § 53 UrhG um die Möglichkeit des „Herstellen Lassens" zu erweitern. So ging es hier gerade darum, die Benachteiligung der Privilegierten, die sich die Durchführung der privilegierten Handlung nicht leisten können, zu verhindern und damit eine sachgerechte Anwendungsmöglichkeit der Schrankenregelung zu geben.[747] Genauso verfolgt auch die Einbeziehung eines Dritten in den Rahmen des § 49 UrhG das Ziel der sachgerechten Anwendung der Schrankenregelung. Eine solche kann allerdings nur erreicht werden, wenn von dem Dritten die privilegierte Handlung umfassend vorgenommen wird, d.h. also mit der Übernahme und Zusammenstellung der Artikel bei vorheriger Recherche so wie auch der Übermittlung in elektronischer Form.
Insgesamt ist daher deutlich geworden, dass mit der Einbeziehung der Tätigkeit der kommerziellen Pressespiegeldienste in den Privilegierungsrahmen der Schrankenberechtigung gemäß § 49 UrhG eine interessengerechte Lösung gegeben wird, die es auch entbehrlich macht, eine spezielle Vergütung für Verlage zu bestimmen.

4. Zusammenfassung

Zusammenfassend lässt sich daher festhalten, dass im Rahmen der Überprüfung der analogen Anwendung des § 49 UrhG die pauschale Ablehnung einer Privilegierung externer Pressespiegelangebote durch den BGH bei der Vornahme einer umfassenden Interessenabwägung im Hinblick auf die Informationsfreiheit der Allgemeinheit nicht sachgerecht ist. Dem BGH ist zwar insoweit zuzustimmen, dass die Möglichkeit einer erweiterten Schrankenauslegung keinesfalls in der Weise verstanden werden darf, mit dem Hinweis auf die Informationsfreiheit jede beliebige Ausformung der Pressespiegelnutzung zu rechtfertigen. Aus diesem Grund sind auch Publikumsangebote, die ihre Aus-

---

747 Amt. Begründung des Regierungsentwurfes zum UrhG 1965 zu § 55 UrhG, UFITA 45 (1965), S. 240, 291.

wertung an jedermann richten, von der Privilegierung auszuschließen. Dennoch kann im Rahmen der Interessenabwägung aber nicht bei der einseitigen Berücksichtigung der Eigentumsbelange der Urheber stehen geblieben werden. Vielmehr ist deutlich geworden, dass die Einbeziehung individualisierte und im konkreten Auftrag eines Unternehmens, einer Behörde etc. erstellte kommerzielle Pressespiegel in das Privileg der Schrankenberechtigten i.S.d. § 49 UrhG nicht nur im Hinblick auf den Gemeinwohlbelang der Informationsfreiheit zu fordern ist, sondern auch als interessengerechte Lösung angesehen werden kann. Das Merkmal der Gewinnerzielungsabsicht bzw. der Entgeltlichkeit der Pressespiegelherstellung stellt insoweit kein geeignetes Differenzierungskriterium dar, um über die Anwendung der urheberrechtlichen Privilegierungsvorschrift gemäß § 49 UrhG entscheiden zu können.

D. Internet-Pressespiegel

In den bisherigen Ausführungen wurde die Frage einer Privilegierungsmöglichkeit gemäß § 49 Abs. 1 UrhG ausschließlich auf die Situation der Auswertung von Print-Medien bezogen. Lediglich im Hinblick auf die Bestimmung zulässiger Übernahmemedien sind Pressespiegel im elektronischen Format diskutiert worden. Zu untersuchen ist nun, welche Rechtfertigungsmöglichkeiten § 49 UrhG im Hinblick auf die elektronische Auswertung von Online-Medien bietet.[748] In der Literatur wird zu dieser Frage, sicher auch angesichts der Tatsache, dass schon bei der Heranziehung von gedruckten Medien die urheberrechtliche Zulässigkeit von Pressespiegeln unklar ist, kaum Stellung genommen. Ein weiterer Grund liegt darin, dass in der Praxis zu Zwecken der Internetauswertung weniger die ganzen Artikel im Volltext übernommen werden, als vielmehr Übersichten mit Deep Links zu den online publizierten Originalartikeln angeboten werden und dementsprechend auch keine Rechtfertigung gemäß § 49 UrhG, sondern vielmehr die Frage der Zulässigkeit von Deep Links im Vordergrund steht. Soweit diese Auswertungsform zum Gegenstand gerichtlicher Verfahren wurde, ist daher eine Überprüfung nach datenbankschutzrechtlichen Gesichtspunkten gemäß § 87 a ff. UrhG[749] oder auch eine Rechtfertigung privater oder betrieblicher Einzelhandlungen gemäß § 53 Abs. 1

---

748 Vgl. Kap. 4 §2 A. II. 2. (zur Zulässigkeit von Online-Publikationen als Primärmedien).

749 BGH vom 17.2.2003, Az.: I ZR 259/00, S. 21 ff. – Paperboy, sowie die Vorinstanz OLG Köln, AfP 2001, S. 81, 85 - Paperboy; LG München I, K&R 2002, S. 258, 260 - Online-Pressespiegel; LG München I, K&R 2002, S. 261, 263 - Schlagzeilensammlung; LG Berlin, JurPC Web-Doc. 185/2001, Abs.1, 26 – Schlagzeilensammlung; Rechtbank Rotterdam, vom 22.8.2000, Az.: 1396069/KG ZA 00-846, Punkt 4.7, 4.8.,4.9. - Kranten.com; Copenhagen Bailiff's Court, vom 5.7.2002- FSF1- 8703/2002, unter Punkt 6 - Newsboosters.com, vgl. Kap. 2 §2 A.; Kap. 3 §2 C.

UrhG[750] bzw. § 53 Abs. 2 Nr. 4 a UrhG[751] vorgenommen worden. Eine mögliche Privilegierung gemäß § 49 Abs. 1 UrhG blieb dagegen außen vor. Lediglich das LG München I hat in seiner Entscheidung vom 1.3.2002 auf die Regelung des § 49 Abs. 1 UrhG Bezug genommen.[752] Der District Court in Rotterdam hat Art. 5 Nr. 1 UrhG-Niederlande, die niederländische Parallelvorschrift zu § 49 UrhG, angewandt und sich für eine urheberrechtliche Zulässigkeit ausgesprochen.[753]
Im Folgenden ist daher die Anwendungsmöglichkeit des § 49 Abs. 1 UrhG sowohl im Hinblick auf eine mittelbare Verantwortlichkeit der Onlineauswerter auf Grund der Erstellung von Internet-Pressespiegeln mit Deep Link-Verweisen, als auch in Bezug auf die Möglichkeit der Integration ganzer online publizierter Artikel in Pressespiegeln zu klären.

I. Internet-Pressespiegel mit Deep Link- Verweisen

Zu berücksichtigen ist nun, dass es bei der Entscheidung des LG München I vom 1.3.2002 bei einem bloßen Hinweis auf den § 49 Abs. 1 UrhG blieb und zudem auf die zeitlich erst nachfolgend ergangenen Grundsätze aus dem Pressespiegel-Urteil des BGH vom 11.7.2002 kein Bezug genommen werden konnte. Gerade bei Beachtung dieser höchstrichterlichen Vorgaben zeigt sich aber, dass Internet-Pressespiegel mit Deep Link-Verweisen den Anforderungen, die der BGH in Bezug auf § 49 UrhG herausgearbeitet hat, nicht gerecht werden.
Zur Begründung kann angeführt werden, dass zwar die vorangegangenen Ausführungen deutlich gemacht haben, dass es bei der Wortlautanalyse des Begriffs des Informationsblattes letztlich nicht auf die Art des Trägermediums ankommt.[754] Dieser Gedanke lässt sich aber nicht auf Internet-Pressespiegel in Form von Deep Link-Übersichten übertragen. Zwar wird darauf verwiesen, dass auch eine Deep Link-Zusammenstellung periodisch erscheint und genau wie andere Medien der Pressespiegelschranke der Information über tagesaktuelle Geschehnisse dient.[755] Dennoch ist aber zu berücksichtigen, dass die Allgemeinheit durch Deep Link-Übersichten nicht, wie es für Sekundärmedien i.S.d. § 49 UrhG gerade typisch ist, direkt und ungehindert informiert wird. Vielmehr wird durch die Zusammenstellung von Deep Link-Verweisen die eigentliche

750 OLG Hamburg, CR 2001, S. 704, 706 – Medizinlexikon; LG Hamburg, CR 2000, S. 776, 777 – Medizinlexikon; LG München I, CR 2003, S. 526, 527 – Framing III.

751 OLG Köln, AfP 2001, S. 81, 85 - Paperboy.

752 LG München I, K&R 2002, S. 258, 261 - Online-Pressespiegel.

753 Rechtbank Rotterdam, vom 22.8.2000, Az.: 1396069/KG ZA 00-846, Punkt 4.6. - Kranten.com.

754 Vgl. dazu Kap. 4 §3 B. I.

755 Rechtbank Rotterdam, vom 22.8.2000, Az.: 1396069/KG ZA 00-846, Punkt 4.6. - Kranten.com; *Koelman,* Informatierecht/AMI 2000/10, S. 207, 208.

Information bzw. der Artikel nur auf mittelbarem Wege erreicht. Damit scheidet es schon nach rein formaler, aber auch nach inhaltlicher Wortlautauslegung aus, eine Deep Link Übersicht als Informationsblatt aufzufassen.[756] Im hochaktuellen Bereich der Tagespresse kommt weiterhin die Gefahr hinzu, dass ein Nutzer, soweit er den Deep Link nicht unverzüglich betätigt, ggf. gar nicht zur Information gelangt, da seitens des Verlages längst eine Aktualisierung und Umstellung der Beiträge vorgenommen worden ist. Vor allem aber ist zu beachten, dass die Artikel und Beiträge, von einigen Ausnahmen abgesehen, im Textformat in die Internet-Version einer Tageszeitung eingestellt werden. Ein Deep Link führt daher nicht, wie vom BGH gefordert, zu einer reinen Grafikdatei, die vor einer möglichen Weiterbearbeitung oder Archivierung schützt. Vielmehr ergibt sich gerade im dezentralen betrieblichen oder behördlichen Bereich für die Endnutzer die einfache und schnelle Möglichkeit, die Artikel direkt im recherchefähigen Volltextformat zu übernehmen. Soweit daher die Kriterien des BGH zu Grunde gelegt werden, wird deutlich, dass es Internet-Pressespiegel nicht von der Privilegierung gemäß § 49 UrhG erfasst werden.

Dieses Ergebnis ist zwar eindeutig. Dennoch sei aber darauf hingewiesen, dass durchaus wichtige Argumente, die für eine Anwendung des § 49 Abs. 1 UrhG sprechen, anzuführen sind. So muss gerade im Interesse des Allgemeinwohls berücksichtigt werden, dass online publizierten Informationen keineswegs eine geringere Bedeutung im Sinne eines freien und ungehinderten Informationsflusses zukommt als der gedruckten Tagespresse.[757] Darüber hinaus zeigt sich, dass auf Grund der Verstreutheit, der Fülle und der Komplexität der Nachrichteninhalte im Internet Navigationshilfen, wie eben auch Übersichten mit Deep Link-Verweisen, im Interesse der Informationsfreiheit von erheblicher Bedeutung sind.[758] Vor allem aus diesem Grund wird auch in der Übernahme von Deep Links nach datenbankschutzrechtlichen Aspekten keine unzumutbare Beeinträchtigung der Interessen der Verwerter gesehen.[759] Zu diesem Abwägungsergebnis steht die soeben in Bezug auf § 49 UrhG dargestellte Rechtslage im Widerspruch und beeinträchtigt das Interesse der Allgemeinheit

---

756 Ähnlich auch *Kröger*; Informationsfreiheit und Urheberrecht, S. 342; *Kleinke*, Pressedatenbanken und Urheberrecht, S. 138; *Bohne/Müller*, Aktuelle Herausforderungen für das Informationsrecht vor dem Hintergrund technischer Entwicklungen, in: Verhandlungen des 64. Deutschen Juristentages, U 23, U 32.

757 Vgl. dazu Kap. 4 §2 A. II. 2.

758 BGH, WRP 2003, S. 1341, 1346, 1347 – Paperboy; OLG Köln, AfP 2001, S. 81, 85 - Paperboy; LG München I, K&R 2002, S. 258, 260 - Online-Pressespiegel; LG Berlin, JurPC Web-Doc. 185/2001, Abs. 1, 26 - Schlagzeilensammlung; LG Köln, JurPC Web-Dok. 138/2001, Abs. 24 - Zulässigkeit von Deep Link; Rechtbank Rotterdam vom 22.8.2000, Az.: 1396069/KG ZA 00-846, Punkt 4.6. - Kranten.com, vgl. *Thum*, in: Wandtke/Bullinger, Praxiskommentar zum Urheberrecht, § 87 b UrhG Rdnr. 43.

759 BGH, WRP 2003, 1341, 1346 – Paperboy; vgl. ausführlich dazu Kap. 3 §2 C. II. 1. b).

an einem freien und ungehinderten Informationsfluss. So läuft jedenfalls eine Zulässigkeit von Internet-Pressespiegeln mit Deep Link-Verweisen nach datenbankschutzrechtlichen Gesichtspunkten leer, wenn die entsprechende Nutzung im Hinblick auf den Urheberrechtsschutz an den einzelnen Artikeln keine Privilegierung erfährt.
Neben dieser Widersprüchlichkeit ist zu beachten, dass sogar den Belangen der Urheber die Versagung der Privilegierung von Internet-Pressespiegeln mit Deep Link-Verweisen nicht dienlich ist. Genau wie bei der Auswertung von Print-Publikationen erhalten die Autoren bei Geltung der Verbotsrechte keine Beteiligung an der wirtschaftlichen Verwertung, während bei einer Anwendung des § 49 Abs. 1 UrhG auf Internet-Pressespiegel eine Partizipation gesichert wäre. Nicht unberücksichtigt bleiben darf bei alledem allerdings das Interesse der Verlage. Zwar haben die Verlage die Artikel im Unterschied zu gedruckten Medien frei zugänglich ins Internet eingestellt. Allein auf Grund dieses Umstandes auch von einer freien Nutzungsmöglichkeit auszugehen, geht aber fehl. Im Unterschied zu digitalisierten Artikeln aus der Print-Presse besteht bei Online-Medien allerdings nicht die Gefahr, dass externe Pressespiegelanbieter nur noch einen Artikel benötigen, um ihren gesamten Kundenstamm zu bedienen. Vielmehr wird den Endnutzern nur der elektronische Fundstellennachweis in Form des Deep Link geliefert, so dass die Nutzer nicht nur auf die Angebote der Verlage geleitet werden, sondern es den Verlagen sogar frei steht, den Online-Abruf nur entgeltlich zu gestatten oder den Deep Link-Zugriff durch technische Schutzmechanismen zu verhindern.[760]
Insgesamt zeigt sich, dass der Ausschluss von Internet-Pressespiegeln vom Privilegierungsrahmen des § 49 UrhG sich jedenfalls nicht auf Grund der Interessenlage der beteiligten Kreise ergibt. Auch insoweit bieten die neuen Grundsätze zur Beurteilung von elektronischen Pressespiegeln keine umfassende und zufriedenstellende Lösung.

II. Internet-Pressespiegel aus Volltexten

Zu überlegen bleibt aber, ob sich die Übernahme vollständiger online publizierter Artikel in einen Pressespiegel gemäß § 49 Abs. 1 UrhG rechtfertigen lässt. Hierfür könnte jedenfalls die Tatsache sprechen, dass auf Grund der Einbeziehung elektronischer Publikationen in den Bereich der auszuwertenden Primärmedien i.S.d. § 49 Abs. 1 UrhG auch eine Erlaubnis der Übernahme dieser Artikel in einen elektronischen Pressespiegel nahe liegt. Zu berücksichtigen ist allerdings, dass online-abrufbare Beiträge stets in Textform verfügbar sind. Werden nun einzelne Artikel übernommen, liegt den Unternehmen bzw. den externen Dienstleistern der Artikel daher auch nur im Textformat vor. Um dennoch den Vorgaben des BGH zu entsprechen, besteht zwar

760 Vgl. BGH, WRP 2003, S. 1341, 1345 – Paperboy.

die Möglichkeit, eine Umwandlung in eine Grafikdatei vorzunehmen. So ist es ohne weiteres möglich, den Artikel zu markieren, in ein Grafikprogramm zu übernehmen und im Bildformat abzulegen. Soll eine noch nähere Anknüpfung an die durch den BGH aufgestellten Kriterien erreicht werden, kann auch der Zwischenschritt vorgenommen werden, den heruntergeladenen Artikel auszudrucken und anschließend einzuscannen. Zu berücksichtigen ist hierbei allerdings, dass auf diese Weise zwar die Situation der Auswertung von Print-Medien nachgestellt wird, den Pressespiegelherstellern aber dennoch, wenn auch nur zwischenzeitlich, eine Textversion der Artikel vorliegt. Gerade dies will der BGH aber durch die Vorgabe, nur mit Bilddateien zu arbeiten und jegliche Umwandlung in Textformate zu unterlassen, vermieden wissen. Zudem kann jedenfalls auch die Gefahr der Archivierung auf zentraler Ebene nicht ausgeschlossen werden, wenn die Unternehmen die Artikel zunächst im Textformat erhalten. Hinzu kommt weiterhin, dass auch in der Phase der Pressespiegelherstellung wesentlich einfacher und unkomplizierter mit Artikeln gearbeitet werden kann, die im Textformat vorliegen, als mit gedruckten Publikationen. So kann beispielsweise innerhalb der Volltexte eine automatische Suche nach Stichworten vorgenommen werden. Die Möglichkeit, die Übernahme ganzer Artikel aus Online-Publikationen über § 49 Abs. 1 UrhG zu rechtfertigen scheidet daher aus.

Aber auch an diesem Ergebnis zeigt sich, genau wie auch bei der Frage nach einer möglichen Privilegierung der Internet-Pressespiegel mit Deep Link-Verweisen, dass mit den restriktiven Vorgaben des BGH keine zukunftsorientierte praxisgerechte Lösung erreicht wird. So ergibt sich hier zwar kein Widerspruch zur datenbankschutzrechtlichen Einordnung,[761] dennoch stellt sich aber, besonders auf Grund der stetig wachsenden Bedeutung der Auswertung von Online-Medien, der Ausschluss der Privilegierungsmöglichkeit gemäß § 49 UrhG im Interesse der Informationsfreiheit der Allgemeinheit als besonders problematisch dar. Trotz der erheblichen Bedeutung von Navigations- und Recherchehilfen im unüberschaubaren Online-Bereich eröffnet § 49 Abs. 1 UrhG weder die Zulässigkeit der Erstellung von Deep Link-Übersichten noch die Integration ganzer Artikel in Pressespiegeln. Vielmehr ist es nicht einmal möglich, entgeltlich erworbene Online-Artikel, ähnlich wie bei den früheren klassischen Ausschnittdiensten, zusammenzustellen und weiterzugeben, da im Hinblick auf online übermittelte Werke keine Erschöpfungswirkung eintritt.[762]

Auch auf die Beteiligungsbelange der Urheber wirkt sich der Ausschluss einer Privilegierung von Internet-Pressespiegeln nachteilig aus. So lassen sich die Bedenken, die im Rahmen der Printauswertung gegen eine Geltung des Verbotsrechts sprechen, auf die Situation der Onlineauswertung übertragen. Eine

---

761 Vgl. dazu Kap. 3 §2 C. II. 1.a.

762 Vgl. in Bezug auf Pressespiegelsituation *Grubler,* MediaLex 2/2001, S. 91, 94.

Partizipation an der wirtschaftlichen Verwertung von elektronischen Pressespiegeln aus Print-Medien hilft den Urhebern nicht, ihre Beteiligungsrechte dauerhaft zu sichern, da sich schon jetzt eine Verlagerung der Auswertungstätigkeit auf den Bereich der Internetinhalte abzeichnet.
Weiterhin zu berücksichtigen ist, dass von Verlegerseite auf vertraglicher Basis derzeit noch keine Angebote zur Auswertung der Online-Medien bestehen, bzw. sich erst im Aufbaustadium befinden. Da es aber weder einem verlagsunabhängigen Internetauswertungsdienst, noch einem Unternehmen zur Erstellung von Inhouse-Pressespiegeln möglich ist, sich die Rechte an den Artikeln jeweils einzeln einzuholen, bedeutet der Ausschluss der Privilegierung von Internet-Pressespiegeln eine Gefahr für die Interessen der Allgemeinheit an einem freien Informationsfluss.
Trotz dieser Bedenken muss im Ergebnis aber festgehalten werden, dass eine Übernahme von Artikeln einer Online-Zeitungsversion nur in einen anderen Internetauftritt einer Tageszeitungen, nicht dagegen aber in einen Pressespiegel möglich ist.

E. § 49 UrhG als Rechtfertigung bei Gesamtwerkschutz

In Bezug auf die Anwendung der Schrankenregelungen bei Werken, die einem Gesamtwerkschutz unterliegen, sieht § 49 UrhG anders als § 53 Abs. 5 UrhG keine Beschränkung vor. So spielt es für die Privilegierung der Übernahme einzelner Artikel keine Rolle, dass eine Zeitung den Schutz als Sammelwerk gemäß § 4 UrhG genießt.
Dies gilt auch für Online-Versionen von Zeitungen, die als Datenbanken gemäß § 87 a ff. UrhG geschützt sind. Zwar ist hierbei zu berücksichtigen, dass im Hinblick auf den Eingriff in den Investitionsschutz § 87 c UrhG eine eigenständige Schrankenregelung bildet. Dies schließt es aber nicht aus, im Hinblick auf den Urheberschutz an einem einzelnen Artikel eine mögliche Rechtfertigung der Übernahme von Online-Artikeln oder der Erstellung von Deep Link-Übersichten gemäß § 49 UrhG, in Betracht zu ziehen. Nur scheidet dieser, wie soeben erörtert, aus.

F. Zusammenfassung

Festhalten lässt sich, dass § 49 Abs. 1 UrhG eine Privilegierung für herkömmliche Pressespiegel sowohl im betriebsinternen als auch im kommerziellen Bereich bildet. Darüber hinaus ist unter Beachtung der zusätzlichen Vorgaben des BGH eine Erweiterung der Anwendung der Schrankenreglung auf elektronisch übermittelte Pressespiegel möglich. Die Ausklammerung kommerzieller Pressespiegel ist hierbei nicht sachgerecht. Vielmehr ist eine Einbeziehung auftragsgemäß arbeitender externer Pressespiegeldienste in den Privilegierungsrahmen der Schrankenberechtigten vorzunehmen. Im Hinblick auf die Auswertung elektronischer Medien bietet § 49 Abs. 1 UrhG weder für die

Übernahme einzelner Artikel noch für die Erstellung von Internet-Pressespiegeln mit Deep Link-Verweisen eine Rechtfertigungsmöglichkeit.

§ 4 Schrankenregelung zur Vervielfältigung zum eigenen Gebrauch

Neben § 49 Abs. 1 UrhG bietet auch § 53 UrhG einen Privilegierungsrahmen, der zur Begründung der urheberrechtlichen Rechtfertigung von Pressespiegeln herangezogen werden kann. In Betracht kommen dabei die Vorschriften zur Vervielfältigung zum eigenen Gebrauch gemäß Abs. 2. Zwar bleiben auch diese Rechtfertigungsmöglichkeiten auf den internen Bereich beschränkt, so dass jede Nutzung durch Dritte ausgeschlossen ist.[763] Dennoch geht der Privilegierungsrahmen aber über die in § 53 Abs. 1 UrhG normierte Vervielfältigungsregelung zum reinen privaten Gebrauch durch natürliche Personen hinaus und bezieht gerade auch Unternehmen, Behörden oder juristische Personen, die Vervielfältigung zu beruflichen oder erwerbswirtschaftlichen Zwecken vornehmen, mit ein.[764] Des Weiteren enthält die geänderte Fassung eine Klarstellung, dass sich die Schrankenregelung des § 53 UrhG auch auf digitale Vervielfältigungen bezieht.[765] Für eine Privilegierung gerade auch elektronischer Pressespiegel könnte daher das Vervielfältigungsrecht gemäß § 53 Abs. 2 S. 1 Nr. 4a, S. 2 Nr. 1/Nr. 2, S. 3 UrhG, sowie die Archivregelung gemäß § 53 Abs. 2 S. 1 Nr. 2, S. 2 UrhG eine Möglichkeit bieten. Vorteilhaft ist hierbei zudem, dass der Kreis der verwertbaren Medien gemäß § 53 UrhG anders als bei § 49 UrhG nicht auf Zeitungen und Informationsblätter beschränkt ist. Einzig § 53 Abs. 2 S. 1 Nr. 4a UrhG sieht eine Begrenzung vor. Aber auch gemäß dieser Vorschrift sind immer noch Zeitungen und vor allem auch Zeitschriften, Bilder und Grafiken in die Privilegierung eingeschlossen.

---

763 BGH, AfP 1997, S. 624, 626 - CB-Infobank I; BGH, AfP 1997, S. 629, 631 - CB-Infobank II; *Loeweheim,* in: Schricker, Urheberrecht, § 53 UrhG Abs. 17; *Decker,* in: Möhring/Nicolini, Urheberrechtsgesetz, § 53 UrhG, Rdnr. 17, 18; *Dreier,* in: Dreier/-Schulze, Urheberrechtsgesetz, § 53 UrhG Rdnr. 18; *Lüft,* in: Wandtke/Bullinger, Praxiskommentar zum Urheberrecht, § 53 UrhG Rdnr. 16; *Nordemann,* in: Fromm/-Nordemann, Urheberrechtsgesetz-Kommentar, § 53 UrhG Rdnr. 2; *Loewenheim,* in: Hoeren/Sieber, Handbuch Multimedia Recht, Kap. 7.4., Rdnr. 15; vgl. bzgl. § 53 des Regierungsentwurfes zur Änderung des Urheberrechts in der Informationsgesellschaft (BR-Drucks. 271/03), *Mayer,* CR 2003, S. 274, 277.

764 BGH, AfP 1997, S. 624, 626 - CB-Infobank I; *Dreier,* in: Dreier/Schulze, Urheberrechtsgesetz, § 53 UrhG Rdnr. 18; *Decker,* in: Möhring/Nicolini, Urheberrechtsgesetz, § 53 UrhG, Rdnr. 17, 18; *Lüft,* in: Wandtke/Bullinger, Praxiskommentar zum Urheberrecht, § 53 UrhG Rdnr. 16; *Nordemann,* in: Fromm/Nordemann, Urheberrechtsgesetz, § 53 UrhG Rdnr. 2; *Loewenheim,* in: Hoeren/Sieber (Hrsg.), Handbuch Multimedia Recht, Kap. 7.4., Rdnr. 15.

765 Vgl. amtl. Begründung des Regierungsentwurfes eines Gesetzes zur Regelung des Urheberrechts in der Informationsgesellschaft vom 6.11.2002, BT-Drucks. 15/38, S. 47, *Dreier,* in: Dreier/Schulze, Urheberrechtsgesetz, § 53 UrhG, Rdnr. 3..

Einschränkend wirkt allerdings, dass gemäß § 53 UrhG lediglich Vervielfältigungen erlaubnisfrei gestellt sind. Eine Verbreitung oder öffentliche Wiedergabe eines angefertigten Vervielfältigungsstücks wird, anders als bei § 49 UrhG, dessen Rechtfertigungsbereich sich auch auf die Verwertungsformen der Verbreitung und öffentlichen Wiedergabe bezieht, gemäß § 53 Abs. 6 UrhG ausdrücklich ausgeschlossen. Hieraus resultieren nicht nur für externe Dienstleister Probleme, soweit die Zustellung des Pressespiegels das Verbreitungsrecht betrifft. Auch im Rahmen einer betrieblichen Intranetnutzung kann der Bereich der Nichtöffentlichkeit überschritten sein.[766] Übersehen werden darf weiterhin nicht, dass die Privilegierung gemäß § 53 UrhG streng auf einzelne Vervielfältigungsstücke beschränkt ist. Als Richtwert ist hierbei die Anzahl von sieben Exemplaren zu nennen.[767] Darüber hinaus enthält der in den § 53 Abs. 2 UrhG neu eingefügte Satz 2 mit seinen Voraussetzungen in den Nr. 1 bis Nr. 3 weitere Restriktionen. Gerade die Auswirkungen der einschränkenden Kriterien gilt es daher, im Hinblick auf die Einordnung elektronischer Pressespiegel zu überprüfen. Grundlegend für deren Verständnis sind dabei die europäischen Vorgaben gemäß Art. 5 Abs. 2 UrhRL.

Im Rahmen der folgenden Darstellung bilden daher die Richtlinienvorgaben den Ausgangspunkt für die Untersuchung der Schrankenregelung zum eigenen Gebrauch. Anschließend wird ausgehend von der bisherigen Rechtsprechung zu § 53 UrhG a.F. und den dazu entwickelten Grundsätzen, die entsprechend der Gesetzesbegründung auch für die geänderte Fassung des § 53 UrhG heranzuziehen sind,[768] eine mögliche Privilegierung elektronischer Pressespiegel geprüft.

A. Vervielfältigungsprivileg

Zunächst bietet die Möglichkeit der Vervielfältigung von kleinen Teilen eines Werkes oder von einzelnen Beiträgen aus Zeitungen oder Zeitschriften gemäß § 53 Abs. 2 S. 1 Nr. 4 a, S. 2 Nr. 1/Nr. 2, S. 3 UrhG eine Privilegierungsoption für Pressespiegel. Diese Regelung ist im Unterschied zu dem nachstehend zu untersuchenden Archivprivileg keinem speziellen Nutzungszweck unterworfen. Einen Anwendungsvorteil bildet es zudem, dass die Vervielfältigungsmöglichkeit gemäß § 53 Abs. 2 S. 1 Nr. 4 a, S. 2 Nr. 1/Nr. 2, S. 3 UrhG nicht an die Voraussetzung gebunden ist, dass ausschließlich nur eigene Werkstücke zu benutzen sind.[769]

---

766 Vgl. dazu Kap. 2 §1 B. I. 2. a) aa).

767 BGH, GRUR 1978, S, 474, 476 - Vervielfältigungsstücke; amtl. Begründung zum Regierungsentwurf des UrhG von 1965, UFITA 45 (1965), S. 241, 290.

768 Vgl. amtl. Begründung des Regierungsentwurfes eines Gesetzes zur Regelung des Urheberrechts in der Informationsgesellschaft vom 6.11.2002, BT-Drucks. 15/38, S. 48.

769 BGH, AfP 1997, S. 624, 627 - CB-Infobank I.

Bevor sich allerdings der genaue Maßstab und vor allem auch der Umfang der möglichen Privilegierung von Pressespiegeln bestimmen lässt, sind die, der Änderung des § 53 Abs. 2 UrhG zum Zwecke der Anpassung an die Bedürfnisse der Informationsgesellschaft zu Grunde liegenden Richtlinienvorgaben zu untersuchen.

I. Europäische Harmonisierungsvorgaben

Im Bereich der Rechtfertigung dauerhafter Vervielfältigungen zu eigenen Zwecken gibt Art. 5 Abs. 2 UrhRL Anhaltspunkte für die Anwendung und das Verständnis des § 53 UrhG. Mögliche Auswirkungen auf die zu beurteilende Pressespiegelsituation finden sich dabei in der Vervielfältigungsregelung gemäß Art 5. Abs. 2 lit. a UrhRL. Eine Heranziehung der Schrankenregelung zur Privilegierung der digitalen Kopie gemäß Art. 5 Abs. 2 lit. b UrhRL scheidet dagegen, genau wie auch die auf dieser Vorgabe basierenden Vorschrift des § 53 Abs. 1 UrhG von vornherein aus, da die Schrankenregelung eine klare Beschränkung auf natürliche Personen zur ausschließlich privaten Verwendung vornimmt. Auch eine erlaubnisfreie digitale Vervielfältigung im betriebs- oder behördeninternen Intranet wird daher gerade nicht legitimiert.[770]

1. Art. 5 Abs. 1 UrhRL

Vorausgeschickt sei, dass neben den Vorgaben des Art. 5 Abs. 2 lit. a UrhRL im Hinblick auf einen möglichen Pressespiegelprivilegierung, sogar die zwingende Rechtfertigungsvorschrift zu vorübergehenden Vervielfältigungen bemüht wird. So wird vertreten, dass Art. 5 Abs. 1 UrhRL es privilegiere, einen Artikel einzuscannen und unverzüglich ohne eine vorherige dauerhafte Speicherung an die einzelnen Mitarbeiter oder einen Pressespiegelkunden per E-Mail zu versenden.[771] Hiergegen ist aber einzuwenden, dass es sich beim Einscannen von Artikeln schon nicht um eine vorübergehende Vervielfältigung handelt, die ausschließlich nur dazu dient, die Artikel auf Abruf zu übertragen oder per E-Mail zu versenden.[772] Vor allem aber kommt dem Einscannen eine wirtschaftliche Bedeutung zu, da es gerade erst durch diesen Vorgang möglich wird, im unternehmensinternen Bereich oder auch zu kommerziellen Zwecken einen Pressespiegel auf elektronischem Wege herzustellen. Daher muss sogar unabhängig von der Berücksichtigung des Drei-Stufen-Tests gemäß Art. 5 Abs. 5 UrhRL eine Privilegierung des Einscannens von Artikeln zu Zwecken der

---

770 *Wittmann*, MR 3/2001, S. 143, 145; *Walter*, MR 4/2002, S. 217, 221; vgl. *Mayer*, CR 2003, S. 274, 277.

771 *Haupt*, ZUM 2002, S. 797, 799.

772 Vgl. *Lehmann/Katzenberger*, Elektronische Pressespiegel und Urheberrecht, S. 63, vgl. oben Kap. 3 §1 B. I. 2. b).

Pressespiegelerstellung gemäß Art. 5 Abs. 1 UrhRL abgelehnt werden.[773] Gleiches gilt auch für einen erlaubnisfreien E-Mail Versand von eingescannten Artikeln. Bei richtlinienkonformem Verständnis bietet der auf Art. 5 Abs. 1 UrhRL beruhende § 44 a UrhG daher keinen Ansatzpunkt zur Rechtfertigung elektronischer Pressespiegel.

2. Art. 5 Abs. 2 lit. a UrhRL

Art. 5 Abs. 2 lit. a UrhRL eröffnet einen weiten Privilegierungsrahmen. Erlaubnisfrei ermöglicht wird danach jede Vervielfältigung auf Papier oder einem ähnlichen Träger mittels fotomechanischer Verfahren oder Verfahren mit ähnlicher Wirkung, soweit die Rechteinhaber einen gerechten Ausgleich erhalten. Vorgegeben wird also lediglich die Art des Trägermediums sowie die mögliche Verfahrensart. Einer gezielten Zweckbestimmung oder auch einer zahlenmäßigen Beschränkung, wie sie die nationale Vorschrift gemäß § 53 Abs. 2 UrhG auch in ihrer geänderten Fassung weiterhin vorsieht, unterliegt die Richtlinienvorgabe nicht. Nicht einmal eine Begrenzung auf den betriebs- oder behördeninternen Bereich ergibt sich, so dass jedenfalls nach den europäischen Vorgaben Art. 5 Abs. 2 lit. a UrhRL auch für die Vervielfältigungshandlungen kommerzieller Medienbeobachter einen Rechtfertigungsrahmen bieten könnte.

a) Fotomechanische Vervielfältigungsverfahren auf Papier oder ähnlichen Trägern

Explizit gestattet wird gemäß Art. 5 Abs. 2 lit. a UrhRL die Möglichkeit der Vervielfältigung auf Papier mittels fotomechanischer Verfahren. Unzweifelhaft kann daher der Fall herkömmlicher Pressespiegel, die mechanisch durch das Ausschneiden, Aufkleben und Fotokopieren der recherchierten Artikel erstellt werden, auch nach europäischen Vorgaben privilegiert werden.[774]

b) Vervielfältigungsverfahren mit ähnlicher Wirkung

Offen dagegen ist die Frage, ob Art. 5 Abs. 2 lit. a UrhRL auch für digitale Pressespiegel eine Privilegierungsmöglichkeit bietet, die in § 53 Abs. 2 UrhG Eingang gefunden haben könnte. Eine Option wird darin gesehen, dass Art. 5 Abs. 2 lit. a UrhRL das zu verwendende Trägermedium und die einzusetzende

---

773 *Lehmann/Katzenberger*, Elektronische Pressespiegel und Urheberrecht, S. 63; *Maaß*, Elektronischer Pressespiegel im Lichte des Urheberrechts, in: FS Söllner, S. 726, 727; *Niemann*, CR 2003, S. 119, 125; *Hilty*, Sic! 3/2003, S. 266, 270 - Anmerkung zum ZG Basel Stadt vom 19.06.2002; *Kaessner*, AJP/PJA 10/1999, S. 1276, 1278.

774 *Hoeren*, Pressespiegelschranke im Urheberrecht - eine Anfrage an die Informationsfreiheit, in: FS Druey, S. 773, 787; *Niemann*, CR 2003, S. 119, 124; *Lehmann/-Katzenberger*, Elektronischer Pressespiegel und Urheberrecht, S. 65; *Rogge*, Elektronische Pressespiegel in urheber- und wettbewerbsrechtlicher Beurteilung, S. 384.

Verfahrensart nicht abschließend vorgibt, sondern Ausgestaltungsmöglichkeiten zulässt. Aus diesem Grund könne sich auch eine Anwendung auf digitale Speichermedien ergeben. So sei zu berücksichtigen, dass neben einer Vervielfältigung auf Papier als weiteres Trägermedium ähnlicher Art nur an digitale Dateiformate zu denken sei. Zudem sei das Verfahren des Einscannens, des Generierens eines Textes oder auch der Erzeugung einer PDF-Datei einem fotomechanischen Vervielfältigungsvorgang ähnlich. Art. 5 Abs. 2 lit. a UrhRL könne daher auf digitale Speicherungen bezogen werden, soweit diese - wie in den genannten Fällen - einer fotomechanischen Reproduktion gleichkommen.[775] Nach diesem Verständnis eröffnet somit Art. 5 Abs. 2 lit. a UrhRL eine Option, die Erstellung elektronischer Pressespiegel im Wege des Einscannens der recherchierten Texte, der Umwandlung in ein Textformat und der Einbindung des Volltextes in ein PDF-Format als erlaubnisfreie Nutzung einzuordnen.

aa) Ähnliche Träger

Eine solche Privilegierungsmöglichkeit lässt sich Art. 5 Abs. 2 lit. a UrhRL aber gerade nicht entnehmen. Schon der Wortlaut des Art. 5 Abs. 2 lit. a UrhRL kann nicht in der Weise interpretiert werden, dass „ähnliche Träger" eine Anwendung auf digitale Speichermedien gestatten. Diese Ausweitung dient lediglich dazu, auf eine umständliche enumerative Aufzählung möglicher Trägermedien verzichten zu können. Die Verwendung des Begriffs „Papier" ist daher nicht als beliebiges und auf den digitalen Bereich erweiterbares Beispiel zu verstehen, sondern gibt vor, dass auch die ähnlichen Trägermedien, genau wie das Papier, den Charakter der Körperlichkeit erfüllen müssen.[776] Zu denken ist dabei an die Möglichkeit der Verwendung unterschiedlicher Arten von Folien, sonstigen Kunst-, Textil-, Holz-, Glas- und Metallstoffen[777] oder auch Vervielfältigungsvorlagen, die sich aus Mischsubstanzen zusammensetzen und nicht eindeutig als Papierträger definiert werden können. Somit stellt sicherlich das Papier das im Rahmen der Vervielfältigungstätigkeit am häufigsten zum Einsatz kommende Trägermedium dar. Dennoch wird aber deutlich, dass für die Erweiterung auf ähnliche Träger auch ohne eine Ausdehnung auf unkörperliche Speichermedien ein sinnvoller Anwendungsbereich besteht.

---

775 *Hoeren*, Pressespiegelschranke im Urheberrecht - eine Anfrage an die Informationsfreiheit, in: FS Druey, S. 773, 786, 787.

776 *Niemann*, CR 2003, S. 119, 124, vgl. auch *Maaß*, Elektronische Pressespiegel im Lichte des Urheberrechts, in: FS Söllner, S. 727, 731; *Lehmann/Katzenberger*, Elektronische Pressespiegel und Urheberrecht, S. 65, *Lehmann*, Rechtsgeschäfte im Netz - Electronic Commerce, in: Lehmann (Hrsg.), Cyberlaw, S. 109, 113; *Rogge*, Elektronische Pressespiegel aus urheber- und wettbewerbsrechtlicher Beurteilung, S. 384.

777 Vgl. *Sedelmeier*, in: Löffler (Hrsg.), Presserecht, § 7 LPG, Rdnr. 18.

bb) Ähnliche Vervielfältigungsverfahren

Aber nicht nur die Art des Trägermediums spricht gegen eine Anwendung des Art. 5 Abs. 2 lit. a UrhRL auf digitale Speicherungen. Mit ähnlichen Überlegungen zeigt sich dies auch im Hinblick auf die Verfahren, die zu Zwecken der Vervielfältigung eingesetzt werden können. So privilegiert die Richtlinie ausdrücklich alle fotomechanischen Vorgänge. Umfasst von Art. 5 Abs. 2 lit. a UrhRL ist demnach der gesamte Bereich der Reprographietechnik.[778] Diese Technik wird dadurch charakterisiert, dass auf optischem Weg dauerhafte und materielle Bilder auf einem strahlenempfindlichen Material erzeugt werden.[779] Den Grundfall bildet dabei die direkte fotomechanische Übertragung auf ein Papier oder papierähnliches Material. Möglich ist es aber auch, wie bei der Xerographie, dass vor der Fixierung auf einem dauerhaften Träger eine unkörperliche Zwischenablage erfolgt. Auch Laserkopiersysteme oder die Fernkopie zählen zu diesen indirekten Reprographieverfahren. Wesentliches Merkmal eines Vervielfältigungsverfahrens mit ähnlicher Wirkung i.S.d. Art. 5 Abs. 2 lit. a UrhRL ist daher die Reproduktion von Bildern oder grafischen Elementen auf optischem Wege.

Auch ein Scannvorgang zielt gerade auf die Erzeugung einer grafischen Darstellung ab. Zudem ist ein Scanner im nationalen Bereich sogar auch als Gerät eingestuft worden, das ein mit der Ablichtung vergleichbares Verfahren i.S.d. § 54 a UrhG darstellt.[780] Diese Argumente könnten also durchaus dafür sprechen, auch im Rahmen der Schrankenregelung das Einscannen mit dem Ablichten gleichzustellen und als privilegiert anzusehen. Zugestimmt werden kann dieser Überlegung auch insoweit, als der Vorgang des Scannens wie bei der Laserkopie ein rein verfahrenstechnisches Element bleibt, ohne dass dadurch die Festlegung des Wiedergaberesultates auf einem körperlichen Trägermedium in Frage gestellt wird. Ein Scannvorgang ist zwar ein optisches Verfahren, bei dem Ergebnis handelt es sich aber immer um eine Grafikdatei und dementsprechend auch um eine digitale Kopie.[781] Auch wenn diese ohne den Einsatz eines Zeichenerkennungsprogramms nicht weiterbearbeitet werden kann, so ist es aber dennoch unproblematisch möglich, das angefertigte Abbild digital zu versenden. Jedenfalls auf Grund dieser Möglichkeit kann es sich bei

---

[778] Erwägungsgrund 37 der Richtlinie 2001/29/EG, weiterhin z.B.: *v. Lewinski/Walter*, Urheberrecht in der Informationsgesellschaft, in: Walter (Hrsg.), Europäisches Urheberrecht, Rdnr. 117; *v. Lewinski*, Europäisches Urheberrecht und neue Technologien, in: Schwarz/Peuschel-Mehner (Hrsg.), Recht im Internet, Kap. 9.3. Rdnr. 54, *Kröger*, CR 2001, S. 317, 320; *Spindler*, GRUR 2002, S. 105, 112; *Flechsig*, ZUM 1998, S. 139, 148; *Dietz*, ZUM 1998, S. 438, 447.

[779] Vgl. *Thiele*, Reprographie und Drucktechnik: Verfahren und Geräte, S. 354, 355.

[780] BGH, CR 2002, S. 176, 177 – Scanner.

[781] *Fallenböck/Nitzl*, MR 2/2003, S. 102, 108.

dem Scannvorgang nicht mehr um ein mit der reprografischen Vervielfältigung ähnliches Verfahren mittels ähnlicher Wirkung handeln. Darüber hinaus kann auch von der Vergleichbarkeit der Geräte, die zu Zwecken der Vervielfältigung eingesetzt werden, nicht auch auf die Gleichbehandlung der urheberrechtlichen Einordnung der Vervielfältigungshandlung im Rahmen der Schrankenregelung geschlossen werden.[782] Somit lässt sich das Einscannen von Texten zwar als ein Verfahren ähnlicher Wirkung einstufen, eine Privilegierung i.S.d. Art. 5 Abs. 2 lit. a UrhRL ergibt sich daraus allerdings nur, wenn die Fixierung der Reproduktion auf einem körperlichen Träger erfolgt.
Auch bei der Generierung von Texten handelt es sich um ein Erkennungsverfahren, das auf optischem Wege erfolgt. Dennoch geht es aber hierbei nicht um ein reprografisches bzw. ein dem reprografischen Verfahren ähnliches Wiedergabeverfahren, sondern vielmehr darum, Bildpunkte in einem Zeichencode auszudrücken, um einen Text darzustellen. Zudem zeigt sich, dass auch der Wirkungszweck völlig unterschiedlich ist. Die Texterkennung dient gerade nicht dem Ziel der Reproduktion. Es handelt sich dabei vielmehr um ein reines Umwandlungsverfahren, das eine elektronische Weiterverarbeitung, Indizierung etc. von Texten ermöglicht und Nutzungsoptionen eröffnet, die weit über die im Wege der fotomechanischen Verfahren zu erreichenden Wirkungen hinausgeht. Ein Texterkennungsvorgang kann daher nicht als ein Verfahren i.S.d. Art. 5 Abs. 2 lit. a UrhRL eingestuft werden, das dem fotomechanischen Verfahren wirkungsähnlich ist.
Schließlich kommt auch ein PDF-Format der fotomechanischen Reproduktion nicht gleich. Zwar installiert sich bei der Erzeugung einer PDF-Datei, der PDF-Writer gerade als eine Art Druckertreiber in das System ein. Im Unterschied zum Druckprozess erfolgt nur eben keine Ausgabe auf Papier, sondern eine unkörperliche Abspeicherung als nachträglich nicht veränderbare PDF-Datei auf der Festplatte. Parallelen zu fotomechanischen Verfahren und auch zu deren Wirkungen lassen sich daher jedenfalls erkennen, soweit ausschließlich Grafikdateien in ein PDF-Format eingebunden werden. Bei der Verwendung einer Vorlage im Textformat ist die Vergleichbarkeit der Wirkung dagegen nicht gewährleistet.[783] Nun könnte zwar angeführt werden, dass sich diese Nutzungsbeschränkung auf Grafikdateien ohnehin schon aus dem Begriff des „fotomechanischen Verfahrens" ergebe und daher auch die Gefahren des Einsatzes von Textdateien im PDF-Format ausgeschlossen seien. Zu berücksichtigen ist aber trotz allem auch in dieser Konstellation, dass die Erzeugung von PDF-Formaten nicht zu Reproduktionszwecken erfolgt, sondern vielmehr der Konvertierung in ein plattformunabhängiges unkörperliches Format dient.

---

782 Vgl. BGH, CR 2002, S. 176, 177 - Scanner; *Poll* CR 2002, S. 178, 179 - Anmerkung zum Urteil des BGH vom 5.6.2001.

783 Vgl. dazu Kap.4 §3 B I. 2.a) bb) (1); ähnlich *Niemann,* CR 2003, S. 119, 124.

Insgesamt zeigt sich daher, dass digitale Vervielfältigungsvorgänge trotz des offenen und ausfüllungsbedürftigen Verständnisses nicht unter den Wortlaut gemäß Art. 5 Abs. 2 lit. a UrhRL subsumiert werden können.
Verdeutlicht wird dieses Ergebnis zudem durch die Entstehung des Art. 5 Abs. 2 lit. a UrhRL im Verhältnis zur korrespondierenden Vorschrift des Art. 5 Abs. 2 lit. b UrhRL. So enthielt der Vorschlag der Kommission vom 10.12.1997 keine Abgrenzung zwischen digitalen und analogen Vervielfältigungsmöglichkeiten. In Bezug auf Art. 5 Abs. 2 lit. a UrhRL waren nur analoge reprografische Möglichkeiten vorgesehen.[784] Bei der Vervielfältigung auf Ton-, Bild- oder audiovisuellen Trägern gemäß Art. 5 Abs. 2 lit. b UrhRL wurde zwar an digitale Möglichkeiten gedacht, diesen aber mangels Verbreitung im privaten Bereich keine Bedeutung zugemessen.[785] Der Änderungsvorschlag der ersten Lesung vom 10.2.1999 galt der Stärkung des Schutzes der Rechteinhaber im Bereich der privaten Kopie. Aus diesem Grund wurde die digitale Vervielfältigungsmöglichkeit auf den eingeschränkten Bereich des Art. 5 Abs. 2 lit. ba UrhRL ausgelagert.[786] Art. 5 Abs. 2 lit. a und b UrhRL bezogen sich nunmehr ausschließlich auf den analogen Bereich. Erst in der Fassung nach dem gemeinsamen Standpunkt des Rats vom 28.09.2000 wurden die Fälle der analogen und digitalen Vervielfältigungsverfahren im Rahmen des Art. 5 Abs. 2 lit. b UrhRL zusammengefasst, so dass im Rahmen der privaten Kopie nicht mehr unterschieden werden muss, welche Technologien bei urheberrechtlich relevanten Nutzungshandlungen Anwendung finden.[787] Unberücksichtigt von dieser Verschmelzung analoger und digitaler Vervielfältigungsweisen bleibt dagegen der Bereich der Vervielfältigung auf körperlichen Trägern gemäß Art. 5 Abs. 2

---

784 KOM (97) 628 endg., S. 33, Rdnr. 5 zu Art. 5; *Maaß*, Elektronische Pressespiegel im Lichte des Urheberrechts, in: FS Söllner, S. 727, 731; *Lehmann/Katzenberger*, Elektronische Pressespiegel und Urheberrecht, S. 65; *Lehmann*, Rechtsgeschäfte im Netz-Electronic Commerce, in: Lehmann (Hrsg.), Cyberlaw, S. 109, 113; *Rogge*, Elektronische Pressespiegel in urheber- und wettbewerbsrechtlicher Beurteilung, S. 384.

785 Erwägungsgrund 28 des Vorschlags der Richtlinie des Europäischen Parlaments und des Rats zur Harmonisierung des Urheberrechts in der Informationsgesellschaft vom 10.12. 1997, KOM (97) 628 ebdg. ABl C 108, vgl. auch *v. Lewinski*, MMR 1998, S. 115, 117; *Schippan*, Harmonisierung des Urheberrechts in Europa, S. 162; *ders.* ZUM 2001, S. 116, 119; *Flechsig*, ZUM 1998, S. 145, 148, *Haller*, MR 2/1998, S. 61, 63.

786 Erwägungsgrund 36 und 37 der Stellungnahme des Europäischen Parlamentes vom 10. Februar (erste Lesung) 1999 R 4-6/1999 ABl C 150/179.

787 Gemeinsamer Standpunkt des Rates vom 28. September 2000, 2000/C 344/01, hier C 344/16; *v. Lewinski*, Europäisches Urheberrecht und neue Technologien, in: Schwarz/-Peuschel-Mehner (Hrsg.), Recht im Internet, Kap. 9.3. Rdnr. 55; *Kröger*, Informationsfreiheit und Urheberrecht, S. 251; *ders.*, CR 2001, S. 317, 320; *Linnenborn*, K&R 2001, S. 394, 396; *Spindler*, GRUR 2002, S. 105, 112; *Reinbothe*, GRUR Int. 2001, S. 733, 739; *Rosen*, GRUR Int. 2002, S. 195, 201.

lit. a UrhRL. Dieser bezieht sich genau, wie auch die spätere Endfassung der Schrankenvorgabe vom 22.05.2001 nur auf analoge reprografische Verfahren.[788] Schließlich ergibt sich auch nach Sinn und Zweck des Art. 5 Abs. 2 lit. a UrhRL im Verhältnis zu Art. 5 Abs. 2 lit. b UrhRL, dass eine klare Abgrenzung zwischen analogen und digitalen Nutzungen vorgesehen ist. So werden in ErwG 38 die Mitgliedstaaten aufgefordert, den unterschiedlichen Möglichkeiten der analogen und digitalen Vervielfältigung gebührend Rechnung zu tragen. Dieser Erwägungsgrund bezieht sich aber eindeutig nur auf die private Vervielfältigung gemäß Art. 5 Abs. 2 lit. b UrhRL, nicht dagegen auf die Reprografie.[789] ErwG 37 erwähnt diese Unterscheidung dagegen in keiner Weise, sondern stellt klar, dass Art. 5 Abs. 2 lit. a UrhRL nur zu Reprografiezwecken gelte, die ohnehin keine ins Gewicht fallenden Beschränkungen des Binnenmarktes hervorrufen. Gerade bei digitalen Speichermedien ist aber auf Grund der ubiquitären und unbeschränkten Nutzbarkeit die hindernisfreie Funktion des Binnenmarktes nicht sichergestellt.[790] Weiterhin kann auch Art. 5 Abs. 2 lit. a UrhRL im Verhältnis zu Art. 5 Abs. 3 lit. o UrhRL nicht als überflüssig angesehen werden, da die Festsetzung der Verpflichtung zur Zahlung eines gerechten Ausgleichs im Reprografiebereich besonders der Stärkung der Stellung der Rechteinhaber dient. Insoweit geht daher Art. 5 Abs. 2 lit. a UrhRL über den bloßen Auffangtatbestand des Art. 5 Abs. 3 lit. o UrhRL hinaus. Schließlich lässt sich auch die sehr weite Fassung der Reprografieschranken ohne eine Begrenzung auf den privaten, nichtkommerziellen Bereich und auch ohne den Verweis auf technische Schutzmaßnahmen gerade im Hinblick auf den Drei-Stufen-Test nur als angemessene Lösung rechtfertigen, soweit ausschließlich der analoge Anwendungsbereich gemeint ist.

Festhalten lässt sich daher, dass Art. 5 Abs. 2 lit. a UrhRL trotz des offenen und ausfüllungsbedürftigen Wortlauts weder auf elektronische Trägermedien noch auf elektronische Vervielfältigungsverfahren bezogen werden kann. Es bleibt daher bei dem Ergebnis, dass Art. 5 Abs. 2 lit. a UrhRL nur eine Privilegierung für einen mechanisch erstellten Print-Pressespiegel beinhaltet.

---

788 *Lüft*, in: Wandtke/Bullinger, Praxiskommentar zum Urheberrecht, § 53 UrhG Rdnr. 40, *Loewenheim*, in: Schricker, Urheberrecht, § 53UrhG Rdnr. 8; *Schippan*, ZUM 2003, S. 378, 385; *Schack*, AfP 2003, S. 1, 4; *Bayreuther*, ZUM 2001, S. 828, 831; *Rosen*, GRUR Int. 2002, S. 195, 201; *Niemann*, CR 2003, S. 119, 124.

789 Vgl. auch *Reinbothe*, GRUR Int. 2001, S. 733, 739, *ders.* ZUM 2002, S. 43, 50.

790 *Niemann*, CR 2003, S. 119, 124; *Rosen*, GRUR Int. 2002, S.195, 201; *Fallenböck/Nitzl*, MR 2/2003, S. 102, 108.

II. Pressespiegel gemäß § 53 Abs. 2 S. 1 Nr. 4 a, S. 2 Nr. 1 und Nr. 2, S. 3 UrhG

Auf nationaler Ebene hat der Gesetzgeber auf die europäischen Vorgaben zum Recht der dauerhaften Vervielfältigung zum eigenen Gebrauch mit der Änderung des § 53 UrhG reagiert.
Hierbei ist zunächst der, für die Beurteilung der Pressespiegelsituation unbedeutende Fall des Privilegs der digitalen Privatkopie zu nennen. So bietet § 53 Abs. 1 S. 1 UrhG natürlichen Personen ausschließlich zum privaten Gebrauch das Vervielfältigungsprivileg, soweit dabei weder unmittelbar noch mittelbar erwerbswirtschaftliche Zwecke berührt werden. Erst kurz vor Abschluss des Gesetzgebungsverfahrens wurde durch eine Beschlussempfehlung des Vermittlungsausschusses dem Satz 1 des § 53 Abs. 1 UrhG der Zusatz angefügt, dass sich die Erlaubnis nur auf Vervielfältigungen bezieht, für die keine offensichtlich rechtswidrig hergestellte Vorlage verwendet wird.[791] In Satz 2 ist der Fall des „Herstellen Lassens" aufgenommen, wenn dies unentgeltlich geschieht oder entsprechend der Richtlinienvorgabe gemäß Art. 5 Abs. 2 lit. a UrhRL es sich um eine fotomechanische Vervielfältigung auf Papier bzw. einem ähnlichen Träger oder einem anderen Verfahren mit ähnlicher Wirkung handelt.
Von Bedeutung für den Pressespiegelsachverhalt ist dagegen der in § 53 Abs. 2 UrhG hinzugefügte Satz 2. So wird in Nr. 1 nahezu wortgleich die Richtlinienvorgabe zum Reprografieprivileg gemäß Art. 5 Abs. 2 lit. a UrhRL aufgenommen. Gemäß Nr. 2 wird die Privilegierung zum eigenen Gebrauch auf eine ausschließlich analoge Nutzung beschränkt. Insgesamt schöpft der Gesetzgeber aber innerhalb des analogen Bereiches die Richtlinienoptionen gemäß Art. 5 Abs. 2 lit. a UrhRL nicht voll aus, da in der geänderten Fassung des § 53 Abs. 2 UrhG an der zahlenmäßigen Begrenzung der Vervielfältigung auf einzelne Stücke, sowie auch an den Bedingungen, die an die Möglichkeit des „Herstellen Lassens" durch Dritte geknüpft sind, festgehalten wird.

1. Interne Pressespiegel

Im Hinblick auf interne Pressespiegel lässt sich vorab festhalten, dass bei einer Nutzung ausschließlich durch Betriebs- oder Behördenangehörige die Voraussetzung des Eigengebrauchs i.S.d. § 53 Abs. 2 UrhG erfüllt ist.

a) Analoge Nutzung

Eine Erstellung von herkömmlichen Pressespiegeln aus Artikeln der tagesaktuellen Print-Presse lässt sich daher über § 53 Abs. 2 S. 1 Nr. 4 a, S. 2 Nr. 1/Nr. 2 UrhG rechtfertigen.[792] So handelt es sich gerade bei den in Presse-

---

791 BT-Drucks. 15/1353 vom 2.7.2003.

792 Vgl. LG Frankfurt/Main vom 25.4.2002, Az.: 2/03 419/01, S. 11 - Pressespiegelversand; *Kruse*, Elektronische Pressespiegel, in: Haupt (Hrsg.), Electronic Publishing, S. 113,

spiegeln zusammengestellten Artikeln um einzelne Beiträge eines erschienenen Werkes wie Zeitungen oder Zeitschriften. Möglich ist hierbei sogar die Aufnahme von Bildern, Grafiken, Aufsätzen aus wissenschaftlichen Fachzeitschriften oder die Übernahme von einzelnen Abschnitten aus Büchern, soweit es sich dabei nur um einen Ausschnitt handelt, der im Verhältnis zum Ganzen noch geringfügig ist.
Einschränkend wirkt es sich allerdings aus, dass die Vervielfältigungsmöglichkeit auf eine Anzahl von nur einigen wenigen Exemplaren begrenzt ist. Daher ist es letztlich nur möglich, einen kleinen Personenkreis wie beispielsweise den Vorstand oder die Beteiligten der Geschäftsführung eines Unternehmens mit einem Pressespiegel zu versorgen. Dem gesamten Stamm der Mitarbeiter und Angestellten eine betriebsspezifische Auswertung der tagesaktuellen Presse zu liefern, muss scheitern.

b) Digitale Nutzung

Obwohl die zahlenmäßige Begrenzung den Einsatzbereich eines Pressespiegels stark einschränkt und jedenfalls eine massenhafte Nutzung ausscheidet,[793] bleibt aber zu überlegen, ob sich dennoch in dem vorgeschriebenen begrenzten Umfang auch eine elektronische Nutzung von Artikeln und Beiträgen gemäß § 53 Abs. 2 S. 1 Nr. 4 a, S. 2 Nr. 1/Nr. 2, S. 3 UrhG privilegieren lässt. Auf Grund der mit der Änderung des § 53 UrhG einhergehenden klarstellenden Wirkung im Hinblick auf digitale Sachverhalte, scheitert eine Pressespiegelprivilegierung jedenfalls nicht mehr daran, dass, wie es noch bei der alten Fassung der Fall war, die Anwendung auf digitale Vervielfältigungen bezweifelt wurde.[794]

aa) Print-Publikationen als Auswertungsgrundlage

In Betracht kommt daher zunächst die Alternative, auf gedruckte Publikationen zuzugreifen, die recherchierten Beiträge einzuscannen, digital aufzuarbeiten und betriebsintern den Mitarbeitern durch E-Mail Versand oder auch im Intranet bereit zu stellen.
Trotz der klaren Ausweitung des Vervielfältigungsprivilegs auf den digitalen Bereich lassen die Voraussetzungen der Nr. 1 und Nr. 2 gemäß des neu eingefügten S. 2 keinen Anwendungsspielraum zur Rechtfertigung elektro-

---

Rdnr. 30; *Berger/Degenhart*, AfP 2002, Beilage Heft 6, S. 557, 574; *Niemann*, CR 2002, S. 817, 825; *Wild*, AfP 1989, S. 701, 707.

793 *Rogge*, Elektronische Pressespiegel aus urheber- und wettbewerbsrechtlicher Beurteilung, S. 274, 286; *Kruse*, Elektronische Pressespiegel, in: Haupt (Hrsg.), Electronic Publishing, S. 113, Rdnr. 28, 29; *Kleinke*, Pressedatenbanken und Urheberrecht, S. 164; *Eidenmüller*, CR 1992, S. 321, 324; *Beiner*, MMR 1999, S. 691, 697; *Berger/Degenhart*, AfP 2002, Beilage Heft 6, S. 557, 574; *Niemann*, CR 2002, S. 817, 825.

794 Vgl. LG Hamburg, AfP 1999, S. 383, 392 - Elektronische Pressespiegel; *Lehmann/-Katzenberger*, Elektronische Pressespiegel und Urheberrecht, S. 49, 52, 53.

nischer Pressespiegel zu. Insoweit haben die Ausführungen zu den Harmonisierungsvorgaben ergeben, dass eine konforme Umsetzung nur gegeben ist, soweit die Voraussetzungen des Satz 2 Nr. 1 und Nr. 2 des § 53 Abs. 2 UrhG lediglich eine rein analoge Vervielfältigung von kleinen Teilen oder einzelne Beiträgen aus Zeitungen oder Zeitschriften ermöglicht.[795] Insbesondere auch das im Rahmen der Pressespiegelerstellung erforderliche Einscannen oder Generieren von Texten zu PDF-Dateien wird gemäß der Richtlinienvorgaben nicht mehr als Vervielfältigungsverfahren mittels ähnlicher Wirkung aufgefasst. Auf Grund der abschließenden Wirkung der Richtlinie scheitert daher eine Anwendung des § 53 Abs. 2 S. 1 Nr. 4a, S. 2 Nr. 1 UrhG auf den Fall elektronischer Pressespiegel aus.
Eine Ausweitung auf digitale Vervielfältigungsmöglichkeiten kann zudem auch nicht mit der Überlegung begründet werden, in § 53 Abs. 2 S. 2 Nr. 2 UrhG die Möglichkeit zu sehen, auf digitalem Wege Pressespiegel zu erstellen oder gegebenenfalls auch eine elektronische Volltextarchivierung von Artikeln vorzunehmen und die Rechtfertigung allein damit zu begründen, dass die Pressespiegel nur in ausgedruckter Form verteilt werden und dementsprechend auch nur eine analoge Nutzung i.S.d. § 53 Abs. 2 S. 2 Nr. 2 UrhG stattfindet. Gegen diese Interpretationsmöglichkeit spricht schon, dass sich die Schrankenregelung des § 53 UrhG auf die Vervielfältigungshandlung bezieht und daher auch die in § 53 Abs. 2 S. 2 Nr. 2 UrhG genannte analoge Nutzung zu Zwecken einer möglichen Privilegierung nur an die Verwertungshandlung und nicht an eine mögliche nachrangige Gebrauchshandlung anknüpft. Vor allem ist aber zu berücksichtigen, dass § 53 Abs. 2 S. 2 Nr. 2 UrhG auf Art. 5 Abs. 3 lit. o UrhRL zurückzuführen ist. Gerade diese Vorgabe bezieht sich aber, völlig unabhängig davon, ob es um eine direkte Verwertungshandlung oder den reinen Gebrauch geht, ausschließlich nur auf den analogen Bereich. Insgesamt kann daher § 53 Abs. 2 S. 2 Nr. 2 UrhG nicht mehr zukommen als die bloße Funktion eines absichernden Auffangtatbestands für mögliche Ausnahmefälle einer analogen Reproduktion, die nicht dem Reprografiebereich zugeordnet werden kann.

bb) Online-Publikationen als Auswertungsgrundlage

Neben der Heranziehung von Print-Medien als Grundlage für die Erstellung von Vervielfältigungsstücken kommt weiterhin auch der Zugriff auf Online-Medien in Betracht. In diesem Kontext erhält § 53 UrhG sogar eine besondere Relevanz, da § 49 UrhG bei zu Grunde legen der Vorgaben des BGH keine Privilegierungsmöglichkeit bietet, dagegen aber sogar schon bei § 53 Abs. 2 Nr. 4 a UrhG a.F. nicht auf die Art des Trägermediums abgestellt wurde und auch

---

[795] Vgl. *Nolte*, ZUM 2003, S. 540, 546.

elektronische Medien in den Bereich von § 53 Abs. 2 Nr. 4 a UrhG a.F. einbezogen worden sind.[796]

(1) Übernahme von Volltexten

Jede Privilegierungsmöglichkeit der Übernahme online veröffentlichter Artikel in Pressespiegeln scheitert aber auch in diesem Zusammenhang an den neu eingeführten Restriktionen gemäß § 53 Abs. 2 S. 1 Nr. 4a, S. 2 Nr. 1/Nr. 2, S. 3 UrhG. So ist schon das Einscannen von Zeitungsartikeln in gedruckter Form nicht mehr als ein, dem fotomechanischen Vervielfältigungsverfahren wirkungsähnliches Verfahren zu betrachten.[797] Dieses Ergebnis gilt daher erst recht auch im Hinblick auf das Herunterladen eines Beitrages zwecks Verwendung in einem elektronischen Pressespiegel.

(2) Deep Link-Verweise auf Volltexte

Zu beachten ist allerdings, dass die Auswertung und Nutzung von online publizierten Artikeln durch die Übernahme der vollständigen Artikel nicht der Regelfall ist. In der Praxis ist es weitaus üblicher, dass unternehmensinterne Presseabteilungen eigene oder extern bereitgestellte Suchmaschinen, die speziell auf die Auswertung tagesaktueller Pressemedien ausgerichtet sind nutzen und die Rechercheergebnisse den Mitarbeitern in einer Übersicht mit Deep Links zu den Volltexten zur Verfügung stellen.

(a) § 53 Abs. 2 S. 1 Nr. 4 a, S. 2 Nr. 1/Nr. 2, S. 3 UrhG

Währende sich der BGH in einem solchen Fall der internetspezifischen Recherche schon auf Eingriffsebene gegen eine Urheberrechtsverletzung in mittelbarer Verantwortlichkeit ausgesprochen hat,[798] hat das OLG Köln als Berufungsinstanz eine Anwendung der Schrankenregelung zur Vervielfältigung zum sonstigen eigenen Gebrauch gemäß § 53 Abs. 2 Nr. 4 a Alt. 2 UrhG a.F. angenommen.[799] In dieser Entscheidung hat das OLG Köln, sicher auch in Anbetracht der Tatsache, dass der Suchdienstbetreiber sein Angebot auch für

---

[796] *Loewenheim*, in: Hoeren/Sieber (Hrsg.), Handbuch Multimedia Recht, Kap. 7.4., Rdnr. 35; *Lüft*, in: Wandtke/Bullinger, Praxiskommentar zum Urheberrecht, § 53 UrhG, Rdnr. 26; *Decker*, in: Möhring/Nicolini, Urheberrechtsgesetz, § 53 UrhG Rdnr. 31; *Loewenheim*, Urheberrechtliche Grenzen geschützter Dokumente in Datenbanken, S. 54; *Rogge*, Elektronische Pressespiegel in urheber- und wettbewerbsrechtlicher Beurteilung, S. 281.

[797] Vgl. dazu Kap. 4 §4 A. I. 2. b) bb).

[798] BGH, WRP 2003, S. 1341, 1344, 1345 - Paperboy und vgl. dazu Kap. 3 §1 B. II. 2.

[799] OLG Köln, AfP 2001, S. 81, 84 - Paperboy; zustimmend *Beckmann*, MMR 2002, S. 763 – Anmerkung zum Urteil des LG München I vom 1.3. 2002; vgl. auch OGH, K&R 2003, S. 420, 422 - metodata.3.

eine Nutzung im betrieblichen Gebrauch ausgerichtet hat, nicht nur auf eine erlaubnisfreie Vervielfältigungsmöglichkeit durch natürliche Personen zum privaten Gebrauch abgestellt, sondern die darüber hinausgehende Privilegierungsmöglichkeit zu betriebsinternen und erwerbswirtschaftlichen Zwecken gewählt. In anderen Konstellationen, in denen im Hinblick auf eine internetspezifische Recherche eine Rechtfertigung gemäß § 53 UrhG a.F. in Betracht kam, wurde dagegen nur die Privilegierung zum privaten Gebrauch gemäß § 53 Abs. 1 UrhG a.F. herangezogen.[800]

Diese klare Anwendung des Vervielfältigungsprivilegs zum eigenen Gebrauch auf die Situation einer digitalen Vervielfältigung von Online-Artikeln über einen Deep Link-Zugriff musste aber schon im Hinblick auf die Rechtslage vor Umsetzung der Richtlinie zur Harmonisierung des Urheberrechts als zweifelhaft angesehen werden. Zum einen war es schon nicht völlig unstreitig, ob § 53 Abs. 2 UrhG a.F. auf digitale Sachverhalte bezogen werden konnte.[801] Zum anderen wurde jedenfalls durch die Regelung des § 53 Abs. 5 UrhG die Anwendung der Schrankenreglung zur Vervielfältigung zum eigenen Gebrauch auf die Nutzung von Online-Medien erschwert. Insoweit schied bei einem Webangebot, dem ein urheberrechtlicher Schutz als Gesamtwerk gemäß § 4 Abs. 2 UrhG zukam, schon nach alter Rechtslage gemäß § 53 Abs. 5 UrhG die Möglichkeit aus, eine Linknutzung über § 53 Abs. 2 S. 1 Nr. 4 a UrhG a.F. zu rechtfertigen, wenn das Datenbankwerk selbst oder ein schutzfähiger Teil davon übernommen wurde.[802] Falls die Datenbankwerkseigenschaft fehlte, bestand immer noch die Möglichkeit, dass sich die Unzulässigkeit einer Deep Link-Nutzung nach datenbankschutzrechtlichen Gesichtspunkten gemäß § 87 b Abs. 1 S. 2 UrhG ergab.
Unabhängig von diesen Überlegungen, führt mittlerweile die im Rahmen der Umsetzung der Urheberrechtsrichtlinie eingeführte Restriktion des § 53 Abs. 2 S. 2 Nr. 1 und Nr. 2 UrhG auf analoge Vervielfältigungen für den Bereich der Internetauswertung mittels Deep Link-Pressespiegeln zu gravierenden Auswirkungen. Ohne Frage bietet nun § 53 Abs. 2 S. 1 Nr. 4 a, S. 2 Nr. 1/Nr. 2, S. 3 UrhG keine urheberrechtliche Legitimation der Deep Link-Nutzung mehr.

---

800 OLG Hamburg, CR 2001, S. 704, 705 – Medizinlexikon; LG München I, CR 2003, S. 526, 527 – Framing III; vgl. auch *Niemann*, CR 2003, S. 5528, 529 – Anmerkung zum Urteil des LG München I vom 14.11.2002; *Maslaton*, MMR 2003, S. 198, 199 – Anmerkung zum Urteil des LG München I vom 14.11.2002; *Dieselhorst*, CR 2001, S. 706, 707 - Anmerkung zum Urteil des OLG Hamburg von 22.2.2001; *Metzger*, CR 2000, S. 778, 779 - Anmerkung zum Urteil des LG Hamburg vom 12.6.2000.

801 Vgl. dazu Fn. 793.

802 OLG Hamburg, CR 2001, S. 704, 705 - Medizinlexikon; vgl. auch *Dieselhorst*, CR 2001, S. 706, 707 - Anmerkung zum Urteil des OLG Hamburg von 22.2.2001.

Damit entfällt auch jede Möglichkeit der Verantwortungsfreistellung für den Linksetzer über die Schrankenregelung des § 53 Abs. 2 S. 1 Nr. 4 a UrhG, so dass ein Unternehmen, das die Internetauswertung selbst durchführt, als Störer für die Urheberrechtsverletzung mit verantwortlich ist. Auch ein Ausweichen auf § 53 Abs. 1 UrhG als digitale Privilegierungsmöglichkeit der Mitarbeiter, die als Endnutzer den Deep Link betätigen, führt im Rahmen der Pressespiegelnutzung nicht weiter. So nutzt nicht nur das Unternehmen, sondern auch jeder einzelne Mitarbeiter den Deep Link nicht im Privaten, sondern vorwiegend nur im beruflichen Bereich.[803]

(b) Rechtfertigendes Einverständnis

Im Hinblick auf diese neue Rechtssituation lässt sich daher, soweit nicht schon mit dem BGH eine Eingriffshandlung abgelehnt wird,[804] nur durch ein konkludentes Einverständnis unter Berücksichtigung der beteiligten Interessen die Internetauswertung mittels Deep Link Lösungen rechtfertigen. In diesem Zusammenhang kann für die urheberrechtliche Beurteilung auf die getätigten Ausführungen zum Einverständnis in die Deep Link-Nutzung nach datenbankschutzrechtlichen Aspekten zurückgegriffen werden.[805] Zu berücksichtigen ist lediglich zusätzlich die Frage, ob auf Grund urheberpersönlichkeitsrechtlicher Gesichtspunkte eine abweichende Beurteilung geboten ist. In diesem Zusammenhang wird vorwiegend auf das Recht des Entstellungsverbotes gemäß § 14 UrhG und die Gefahren in Bezug auf die Anerkennung der Urheberschaft gemäß § 13 S. 2 UrhG hingewiesen. So besteht bei Linkformen, die von allgemeinen Verweisen auf die Homepage abweichen, immer die Gefahr, dass der gelinkte Inhalt in einen anderen Zusammenhang gebracht oder, besonders bei Frames und Inline-Links, nur in Ausrissen übernommen oder mit Werbeinhalten kombiniert wird.[806] Nicht übersehen werden darf allerdings, dass bei der Nutzung eines Deep Links der Nutzer immer auf die vollständige Seite des gelinkten Angebotes einschließlich der dazugehörigen URL gelangt. Auf diese Weise erfährt der Linknutzer auch bei einer unzutreffenden Inhaltsangabe im Internet-Pressespiegel den vollständigen und richtigen Inhalt, der hinter dem Link steht. Für den gegebenen Zusammenhang ist zusätzlich darauf hinzuweisen, dass als Link jeweils die Überschrift der gelinkten Artikel nebst zusätzlicher Quellenangaben genutzt werden. Gerade im Rahmen der Aus-

---

803 Vgl. *Niemann,* CR 2003, S. 526, 529 - Anmerkung zum Urteil des LG München I vom 14.11.2002; *Maslaton*, MMR 2003, S. 197, 199 - Anmerkung zum Urteil des LG München I vom 14.11.2002; a.A. *Beiner,* MMR 1999, S. 691, 695.

804 Vgl. dazu Kap. 3 §1 B. II. 2.; Kap. 4 §4 A. II 1. b) bb) (2) (b).

805 Vgl. dazu Kap. 2 §2 C. II. 1. b).

806 *Plaß*, WRP 2000, S. 599, 604; *Sosnitza,* CR 2001, S. 693, 700, 701; *Boddin,* Mitt.1999, S. 401, 407; *Dittrich*, JurPC Web-Dok. 72/2002, Abs. 1, 17.

wertung von Pressemedien kommt der Bezeichnung der Urheberschaft und der Fundstelle entscheidende Bedeutung zu, so dass mit einer Verletzung des § 13 S. 2 UrhG daher nicht zu rechnen ist. Auch bei rein urheberrechtlicher Betrachtung kann daher ein Einverständnis in einen Deep Link angenommen werden.[807] Offen bleibt dem Urheber aber immer die Möglichkeit, einen Deep Link-Zugriff technisch zu verhindern oder durch einen Hinweis vertraglich auszuschließen.[808] Soweit allerdings bei einem Internet-Angebot eine freie Zugriffsmöglichkeit mittels Deep Link besteht, kann davon ausgegangen werden, dass der Urheber in einen einmaligen, individuellen Abruf inklusive der Speicherung der Information einwilligt. Dagegen ist für jede sich daran anschließende Nutzungsmöglichkeit, wie bspw. der Ablage in einem recherchefähigen Archiv, der Veröffentlichung der gelinkten Beiträge auf der eigene Homepage oder der Nutzung außerhalb des privaten oder betriebsinternen Bereichs keine Einwilligung mehr anzunehmen. Insgesamt führt daher der Einsatz einer Suchmaschine zur Eigenrecherche damit lediglich zur technischen Möglichkeit eines gebündelten Suchvorgangs, der andernfalls mühsam durch die Anwahl jedes einzelnen Webangebotes ausgeführt werden müsste. Eine wesentlich intensivere Nutzung in der Sphäre des Nutzers ergibt sich damit aber nicht.[809] Diese Überlegungen werden letztlich auch durch die Entscheidung des BGH zum Paperboy-Urteil bestätigt. Dieser hat, wenn auch an anderer Stelle auf Eingriffsebene, dargestellt, dass die Deep Link-Betätigung als einfache technische Zugriffserleichterung gerade die Nutzungshandlung nicht qualitativ verändert, sondern erst eine sinnvolle Nutzung der unübersehbaren Informationsfülle im Internet ermöglicht.[810]

c) Zusammenfassung

Zusammenfassend lässt sich daher festhalten, dass auch nach der neuen Rechtslage die betriebsinterne Erstellung herkömmliche Pressespiegel unter Berücksichtigung der Einschränkung, dass es sich dabei lediglich um einzelne

---

807 Rechtbank Amsterdam, vom 22.08.2000, Az.: 139609/KG ZA 00-846 unter Punkt 4.6. - Kranten.com; *Heerma,* in: Wandtke/Bullinger, Praxiskommentar zum Urheberrecht, § 16 UrhG Rdnr. 16; *Nolte*, ZUM 2003, S. 540, 545, 546; *Sosnitza,* CR 2001, S. 693, 700, 701; *Dittrich,* JurPC Web-Dok. 72/2002, Abs. 1, 19; *Beckmann,* MMR 2002, S. 763 – Anmerkumg zum Urteil des LG München I vom 1.3.2002; *Stopper,* ÖBL 2002/44, S. 212, 215, 217; offen gelassen dagegen: OLG Köln, AfP 2001, S. 81, 84 - Paperboy; OGH, K&R 2003, S. 420, 422 - metodata.3.

808 Vgl. dazu Kap. 3 §2 C. II. 1. b).

809 Vgl. in diesem Zusammenhang *Dreier,* Konvergenz und Unbehagen des Urheberrechts, in: FS Erdmann, S.73, 87; bzgl. Hyperlinks *Schulze,* Rechtsfortbildung im Urheberrecht, in: FS Erdmann, S. 173, 194.

810 BGH, WRP 2003, S. 1341, 1345, 1347 - Paperboy.

Exemplare handelt, gemäß § 53 Abs. 2 S. 2 Nr. 4 a, S. 2 Nr. 1/Nr. 2, S. 3 UrhG urheberrechtlich zulässig sind.
Elektronische Pressespiegel, sowie auch die Onlineauswertung mittels Deep Link-Verweisen lassen sich nicht mehr durch die Schrankenregelung zur Vervielfältigung zum sonstigen eigenen Gebrauch rechtfertigen. Unabhängig vom Vorliegen einer urheberrechtlichen Schrankenregelung kann aber für die betriebsinterne internetspezifische Recherche von Artikeln und die Erstellung von Internet-Pressespiegeln mit Deep Link-Verweisen ein legitimierendes Einverständnis des Verlinkten angenommen werden.

2. Kommerzielle Pressespiegel

Im Hinblick auf die Frage, ob sich ein externer Dienstleister zum Zwecke der Erstellung von Pressespiegeln auf die Schrankenregelung zur Vervielfältigung zum eigenen Gebrauch gemäß § 53 Abs. 2 UrhG berufen kann, kommt allenfalls nur eine Einbeziehung in den Rechtfertigungsbereich der durch die schrankenberechtigten Unternehmen, Behörden etc. gemäß § 53 Abs. 2 Nr. 4 a UrhG in Betracht. Die urheberrechtliche Zulässigkeit hängt daher im Wesentlichen vom Verständnis des „Herstellen Lassens" ab. In diesem Zusammenhang wird aber schon anhand der Entstehungsgeschichte des § 53 UrhG deutlich, dass zwar durchaus auch kommerzielle Dienste unter die Variante des „Herstellen Lassens" subsumiert werden können. Der Sinn und Zweck der Ermöglichung der Beauftragung eines Dritten liegt allerdings darin, zu verhindern, dass einzelnen Personen oder Unternehmen wegen des Fehlens eigener technischer Mittel die Wahrnehmung der Privilegierungsmöglichkeit verschlossen bleibt.[811] Die Hilfestellung des Dritten bezieht sich ausschließlich nur auf die durch § 53 UrhG privilegierte Vervielfältigungshandlung, nicht dagegen aber auf Leistungen, die über die technisch-mechanischen Vervielfältigungsdienste hinausgehen.[812] Bestätigt und klargestellt worden ist diese Bedeutung durch den BGH, der in seiner Entscheidung zur CB-Infobank I deutlich gemacht hat, dass bei einem Zusammenfallen von Recherche- und Kopiertätigkeit durch den beauftragten Dritten keine einfache technische Hilfestellung i.S.d. § 53 Abs. 2

---

811 Amtl. Begründung des Regierungsentwurfs zum Urheberrechtsgesetz von 1965, UFITA 45 (1965), S. 240, 291.

812 *Loewenheim*, in: Schricker, Urheberrecht, § 53 UrhG Rdnr. 15; *Dreier*, in: Dreier/-Schricker, Urheberrechtsgesetz, § 53 UrhG Rdnr. 14; *Fromm*, in: Fromm/Nordemann, Urheberrechtsgesetz-Kommentar, § 53 UrhG Rdnr. 2; *Loewenheim*, in: Hoeren/Sieber (Hrsg.), Handbuch Multimedia Recht, Kap. 7.4. Rdnr. 18; *Lüft*, in: Wandtke/Bullinger, Praxiskommentar zum Urheberrecht, § 53 UrhG, Rdnr. 10; *Decker*, in: Möhring/-Nicolini, Urheberrechtsgesetz, § 53 UrhG Rdnr. 11; *Loewenheim*, Urheberrechtliche Grenzen geschützter Dokumente in Datenbanken, S. 57; *Kleinke*, Pressedatenbanken und Urheberrecht, S. 157.

Nr. 4 a UrhG geleistet wird, sondern es sich vielmehr um eine vollständige Übertragung der Organisationshoheit auf den Dritten handelt.[813]

a) Herkömmliche Pressespiegeldienste

Anhand der voranstehend aufgezeigten Grundsätze wird deutlich, dass auch ein externer Pressespiegeldienst, dessen Tätigkeit sich gerade aus der Recherche und Vervielfältigung der Artikel zusammensetzt, nicht über § 53 Abs. 2 S. 1 Nr. 4 a UrhG gerechtfertigt werden kann.[814]

Auch das Urteil zum Kopienversanddienst durch öffentliche Bibliotheken, das die Möglichkeit der Online-Recherche und anschließende Bestellung der gefundenen Suchergebnisse als Kopie gemäß §§ 53 Abs. 2 Nr. 4 a i.V.m. 27 Abs. 2, 3, 49; 54 a Abs. 2 i.V.m. 54 h Abs. 1 UrhG privilegiert, lässt keine andere Schlussfolgerung zu. Zwar wird teilweise die Überlegung angestellt, ob diese Grundsätze zum Kopienversanddienst auch auf privatwirtschaftliche Dokumentenlieferungsdienste übertragen werden können.[815] Letztlich muss dies aber abgelehnt werden, da eine Bibliothek, anders als ein privater Dienstleister, eine öffentliche Aufgabe erfüllt. Darüber hinaus ist zu berücksichtigen, dass mit der Privilegierung des Kopienversands speziell im Bibliothekenwesen die Möglichkeit eröffnet werden sollte, einzelne Bibliotheksangebote zu bündeln.

Ein Ansatzpunkt für die Privilegierung von Recherche- und Kopierdiensten ergibt sich schließlich auch nicht durch die vom BGH in der Entscheidung zur CB-Infobank II eröffnete Option, dass es „der Öffentlichkeit unbenommen (sei), lediglich einen Recherchedienst in Anspruch zu nehmen, sich die Quelle zu erschließen und die Kopie durch Dritte fertigen zu lassen".[816] So begründet dieser Hinweis keine Möglichkeit, durch eine Aufspaltung von Recherche- und Vervielfältigungstätigkeit in zwei separate Dienstleistungsangebote eines Unternehmens oder gar durch die Bildung zweier selbstständiger Unternehmen, wovon durch das eine der Angebotsbereich der Recherche und durch das andere

---

813 Vgl. BGH, AfP 1997, S. 624, 628 - CB-Infobank I, BGH, AfP 1997, S. 629, 630 - CB-Infobank II.

814 KG Berlin vom 23.11.2001, Az.: 5 U 188/01, S. 20 - E-Mail Pressespiegel; LG Berlin, AfP 2001, S. 338, 340 - E-Mail Pressespiegel; LG Berlin vom 26.3.2002, Az.: 16 O 367/01, S. 37 - Fax und E-Mail Versand eines Pressespiegels; LG Frankfurt, AfP 2001, S. 526, 528 -Pressespiegelversand; LG Frankfurt vom 25.4.2002, Az.: 2/03 419/01, S. 11 - Pressespiegelversand, *Lüft*, in: Wandtke/Bullinger, Praxiskommentar zum Urheberrecht, § 53 UrhG, Rdnr. 11; *Loewenheim*, Urheberrechtliche Grenzen geschützter Dokumente in Datenbanken, S. 62; *Kruse*, Elektronische Pressespiegel, in: Haupt (Hrsg.), Electronic Publishing, S. 113, Rdnr. 30; *Rogge*, Elektronische Pressespiegel in urheber- und wettbewerbsrechtlicher Beurteilung, S. 257; *Raczinski/Rademacher*, GRUR 1989, S. 324, 328; *Katzenberger*, GRUR 1990, S. 94, 97.

815 *Loewenheim*, ZUM 1999 S. 574, 575 - Anmerkung zum Urteil des BGH vom 25.2.1999.

816 BGH, AfP 1997, S. 629, 631 l. Sp., letzter Satz - CB-Infobank II.

die Produktion von Vervielfältigungen abgedeckt wird, ein Privileg gemäß § 53 Abs. 2 Nr. 4 a UrhG zu erreichen.[817] Es handelt sich insoweit nur um eine künstliche Aufspaltung, die zu keiner vollständig wirtschaftlichen und organisatorischen Trennung von Recherche- und Vervielfältigungstätigkeit führt. Zudem hat eine unternehmensstrategische Aufsplittung keinen Einfluss auf die urheberrechtliche Einordnung eines Nutzungsvorgangs.

Der soeben genannte Hinweis stellt allerdings eine Legitimation für Recherchedienste dar, die dem Nutzer lediglich die Suchtätigkeit abnehmen und einen komfortablen Service zur Erschließung der recherchierten Quelle bieten. Im Hinblick auf die Pressespiegelsituation hilft diese Möglichkeit aber nicht weiter, da jedenfalls im analogen Bereich die Durchsicht der Zeitungen, das Ausschneiden der durch den Dritten recherchierten Artikel und die Erstellung der Pressespiegel weiterhin betriebsintern vorgenommen werden müsste.

b) Internet-Pressespiegeldienste

Anders als im Rahmen der Auswertung der Print-Medien gestaltet sich die Situation allerdings im Bereich der Onlineauswertung durch Internet-Pressespiegel mit Deep Link-Verweisen. Zwar nimmt der Dienstleister auch hierbei lediglich die Recherche ohne eine Vervielfältigungshandlung vor. Dennoch erhält der Pressespiegelnutzer über die Deep Link-Verweise aber eine Auswertungsleistung, die mit einem Pressespiegel aus Volltexten vergleichbar ist.

Die urheberrechtliche Zulässigkeit eines solchen kommerziellen Internet-Suchsystem hängt davon ab, ob das Setzen des Links zu einer mittelbaren Verantwortlichkeit an der Vervielfältigungshandlung des Linknutzers führt. Auch in diesem Zusammenhang ist die Paperboy-Entscheidung zu nennen. Nach dieser verneint der BGH schon auf Eingriffsebene die Störereigenschaft des Deep Link-Setzers ohne überhaupt zu der Frage einer Rechtfertigung durch eine Schrankenreglung oder ein mögliches Einverständnis zu gelangen.[818] Im Unterschied dazu wurde noch durch das Berufungsgericht auf die Rechtfertigungsproblematik eingegangen und die Betätigung eines Deep Link zur Nutzung der Volltexte zu betriebsinternen Zwecken als eine gerechtfertigte Vervielfältigungshandlung gemäß § 53 Abs. 2 Nr. 4 a Alt. 2 UrhG a.F. angesehen. Es lag daher schon keine rechtswidrige Handlung des Endnutzers vor, an welcher der Suchmaschinenbetreiber beteiligt sein konnte.[819]

---

817 BGH, AfP 1997, S. 624, 628 - CB-Infobank I; BGH, AfP 1997, S. 629, 630 - CB-Infobank II; OLG Köln, CR 2001, S. 14, 16 - GRUR, GRUR Int.

818 Vgl. dazu Kap. 4 §1 B. II. 2.

819 OLG Köln, AfP 2001, S. 81, 84 - Paperboy; vgl. auch KG Berlin vom 23.11.2001, Az.: 5 U 188/01, S. 14 - E-Mail Pressespiegel; (hier wird beim E-Mail Versand durch den Pressespiegeldienst eine Teilnahme an der Vervielfältigungshandlung des Kunden abge-

Im Hinblick auf die urheberrechtliche Beurteilung eins kommerziellen Angebotes, bei dem die Deep Link-Verweise professionell recherchiert und den Nutzern in Form von Internet-Pressespiegeln zur Verfügung gestellt werden, überzeugen beide Vorgehensweisen aber nicht.

aa) § 53 Abs. 2 S. 1 Nr. 4 a, S. 2 Nr. 1/Nr. 2, S. 3 UrhG

Mittlerweile scheidet zwar in Folge der Umsetzung der Urheberrechtsrichtlinie die vom OLG Köln angenommene Privilegierung von vornherein aus, da sich § 53 Abs. 2 S. 1 Nr. 4 a, S. 2 Nr. 1/Nr. 2, S. 3 UrhG nicht auf digitale Vervielfältigungen anwenden lässt. Unabhängig davon müssen aber schon im Hinblick auf die alte Rechtslage Zweifel an dem Vorgehen des Berufungsgerichtes angemeldet werden. So sehen die Kölner Richter lediglich in der Handlung der Nutzer den alleinigen Anknüpfungspunkt für die urheberrechtliche Beurteilung von Internetrecherche-Angeboten mit Deep Link-Verweisen. Zwar ist zuzugeben, dass auch allein die Nutzer die urheberrechtlich bedeutsame Vervielfältigungshandlung vornehmen. Einem kommerzielle tätigen Dritten kommt aber anders, als bei der Erstellung von Internet-Pressespiegeln im betriebsinternen Bereich durch unternehmenseigene Suchmaschinen eine entscheidende und selbstständige Mitwirkungshandlung zu. Schon bei der Untersuchung der Schrankenregelung gemäß § 53 Abs. 2 Nr. 4 a Alt. 2 UrhG a.F. sollte daher eine mögliche Privilegierung nicht lediglich anhand der Nutzerhandlung beurteilt werden. Eine wichtige Bedeutung hätte vielmehr der Frage zukommen sollen, ob die Erstellung einer Deep Link-Übersicht tatsächlich nur als reine Rechercheleistung einzustufen war oder ob es sich nicht eher um eine Beauftragung eines Dritten i.S.d. „Herstellen Lassens" gemäß § 53 Abs. 2 Nr. 4 a Alt. 2 UrhG a.F. gehandelt hat, die nur über die Einbeziehung in die Privilegierung des Linknutzers gerechtfertigt werden konnte.

Wird diese Überlegung angestellt, ergibt sich, dass ein professioneller Internetauswerter auftragsgemäß die vollständige Recherche nebst Optimierung des Suchprofils, die anschließende Qualitätskontrolle der recherchierten Resultate und die Aufbereitung der Deep Link-Verweise in Internet-Pressespiegeln mit Übersichten, Quellenangaben und Textausrissen durchführt. Auch wenn mit diesen Handlungen keine urheberrechtlich relevanten Vervielfältigungen verbunden sind, wird aber dennoch deutlich, dass ein solches Angebot weit über eine bloße mechanische, internetspezifische Rechercheleistung hinaus geht. Weiterhin lässt sich anführen, dass die Rechercheleistung eines Internetauswerters genau wie ein analoger Recherche- und Kopierservice unmittelbar mit der Vervielfältigungshandlung verbunden ist. Die Online-Pressespiegel haben für den Kunden gerade keinen Wert mehr, wenn nicht unmittelbar durch den Deep Link der Originaltext des gewünschten Artikels erreicht wird. Zwar ist

---

lehnt, da allein der Nutzer die Vervielfältigungshandlung vornimmt und diese gemäß § 53 Abs. 2 Nr. 4a UrhG gerechtfertigt ist); OGH, K&R 2003, S. 420, 422 - metodata.3.

zuzugeben, dass erst der Nutzung des Deep Link urheberrechtliche Relevanz zukommt. Diese Link-Betätigung wird aber gerade durch den Hersteller des Internet-Pressespiegels bezweckt und soweit nutzergerecht vorbereitet, dass ein einziger „Click" dafür ausreicht. Auch eine auftragsgemäß angefertigte Deep Link-Zusammenstellung kann daher als Servicepaket aus themenbezogener Recherche- und Vervielfältigungsmöglichkeit angesehen werden. Die Tatsache, dass diese Leistung wie bei einem analogen Recherche- und Kopierservice nicht tatsächlich in die Vervielfältigung mündet, findet ihren Grund allein in der technischen Lösungsmöglichkeit des Deep Link. An dem zu Grunde liegenden Geschäftszweck ändert sich nichts. Vielmehr wird ein professionelles Leistungspaket von der Ausgestaltung der Suchprofile über die Recherche bis hin zur Ausgabe der Internet-Pressespiegel in Deep Link-Form geboten. Auf Grund der untrennbaren Verbindung dieser Rechercheleistung mit der Vervielfältigungshandlung, auch wenn letztere vom Nutzer durchgeführt wird, handelt es sich dabei aber nicht mehr um eine einfache technisch-mechanische Unterstützungsleistung i.S.d. § 53 Abs. 2 Nr. 4 a Alt. 2 UrhG a.F.[820]

Festhalten lässt sich daher, dass schon nach Rechtslage vor Umsetzung der Urheberrechtsrichtlinie ein kommerzieller Internet-Pressespiegeldienst nicht gemäß § 53 Abs. 2 Nr. 4a Alt. 2 UrhG a.F. gerechtfertigt werden konnte. Dies musste sich zwar, soweit die Vervielfältigungshandlung des Linknutzers als gerechtfertigt angesehen wurde, nicht auf Grund einer mittelbaren Verantwortlichkeit durch das Setzen des Links ergeben. Auf Grund der Abhängigkeit und Nähe zur Vervielfältigungshandlung konnte in einem Internet-Pressespiegel aber kein funktionaler Unterschied mehr zu einem klassischen Recherche- und Kopierservice gesehen werden. Eine Privilegierung musste scheitern, da es sich um keinen Fall des „Herstellen Lassens" i.S.d. § 53 Abs. 2 Nr. 4 a UrhG a.F. mehr gehandelt hat.

bb) Rechtfertigendes Einverständnis

Gerade diese Überlegungen dürfen aber auch nicht auf Grund einer vorgezogenen, pauschalisierenden Überprüfung auf Eingriffsebene übergangen werden. Vielmehr wird erst auf Rechtfertigungsebene unter Berücksichtigung der Einzelfallumstände und der beteiligten Interessen die Besonderheit eines kommerziellen Internet-Pressespiegeldienstes im Vergleich zu einem allgemeinen internetspezifischen Suchservice deutlich. So kann auf Grund der allgemeinen Entscheindung des Anbieters, seine Werke ohne den Einsatz technischer Schutzmaßnahmen im Internet zur Verfügung zustellen, nicht

820 Anders aber wohl KG Berlin vom 23.11.2001, Az.: 5 U 188/01, S. 14 - E-Mail Pressespiegel (hier wird gerade auf die Zäsur zwischen Recherche und der anschließenden Vervielfältigungshandlung durch den Kunden -in diesem Fall beim E-Mail Versand des Pressespiegels- abgestellt, so dass kein Fall des „Herstellen Lassens" gegeben ist).

automatisch gefolgert werden, dass für jede Form der Deep Link-Nutzung ein Urheberrechtseingriff abgelehnt werden kann. Vielmehr ist es gerade möglich, dass der Anbieter von der Entscheindung, sein Werke frei im Internet anzubieten abgesehen hätte, wenn er in Kenntnis darüber gewesen wäre, dass seine Werke nicht nur der Verlinkung durch allgemeine Suchmaschinen unterzogen werden, sondern auch der Deep Link-Nutzung durch kommerzielle Internet-Pressespiegeldienste.

Insoweit ist jedenfalls zu berücksichtigen, dass professionelle Internet-Pressespiegeldienste von dem vom BGH für zulässig erklärten reinen Suchservice, der eine reine technische Hilfestellung zur sinnvollen Nutzung der Informationsfülle im WWW bietet, abweicht. In Internet-Pressespiegeln werden Deep Links nicht nur als einfache Suchergebnisse präsentiert, sondern unter Anreicherung von weiteren Angaben zu den Volltexten und unter Einbettung in ein spezielles Lay-Out als komfortables Online-Angebot mit umfangreichen Nutzungsoptionen, wie einer eigenen Browsereinstellung,[821] aufbereitet. Zudem wird der recherchierte Deep Link häufig schon vorab durch die Internet-Pressespiegeldienste betätigt, um die Artikel zum Zwecke der Qualitätskontrolle herunterzuladen. Schließlich kann ein Deep Link in einem Internet-Pressespiegelangebot auch nicht als einfache technische Abruferleichterung, die lediglich die Eingabe der URL ersetzt, angesehen werden. So ist die Qualität und der wertbildende Faktor eines Internet-Pressespiegelangebotes gerade von den gut recherchierten Deep Links abhängig. Müssten die Kunden eines Pressespiegeldienstes jeweils die gesamte URL eingeben, um den gesuchten Artikel ausfindig zu machen, würde ein Internet-Pressespiegelangebot auf Grund des großen Zeitaufwandes und der hohen Fehlerquote bei der Eingabe und der Artikelsuche über die URL eines Verlages, insbesondere unter Aktualitäts- und Praktikabilitätserwägungen bedeutungslos werden. Den Deep Link-Verweisen in einem Internet-Pressespiegel kommt daher nicht nur die Funktion einer Navigations- und Orientierungshilfe im WWW zu. Vielmehr hat der Deep Link eine eigenständige wirtschaftliche Bedeutung. Festhalten lässt sich daher, dass ein Internet-Pressespiegel gerade kein direktes Ergebnis einer internettypischen Recherche ist, für das ein Einverständnis des Urhebers angenommen werden kann, sondern ein weitergehendes Angebot.

c) Zusammenfassung

Insgesamt bietet sich für das Pressespiegelangebot eines kommerziellen Dienstleisters sowohl bei einer analogen als auch bei einer digitalen Zusammenstellung der Artikel keine Privilegierungsmöglichkeit über die Schrankenregelung zur Vervielfältigung zum eigenen Gebrauch. Auch eine davon unabhängige Rechtfertigung durch die Annahme eines Einverständnisses des Verlinkten ist

[821] Vgl. dazu Kap. 3 §1 B. II. 1. a).

auf Grund der eigenständigen und qualifizierenden Nutzungsmöglichkeit der Deep Links in Internet-Pressespiegelangeboten nicht mehr möglich.

B. Archivprivileg

Neben der Privilegierung reprografischer Vervielfältigungshandlungen ist weiterhin auf die Schrankenregelung der erlaubnisfreien Archivierungsmöglichkeit einzugehen.

I. Europäische Harmonisierungsvorgaben

Zur genauen Beurteilung der Reichweite der Archivfreiheit und der Anwendungsmöglichkeit auf die Pressespiegelsituation sind die Richtlinienvorgaben maßgeblich.

1. Art. 5 Abs. 2 lit. a UrhRL

Für die Erstellung eines analogen Archivs aus Presseartikeln gibt Privilegierung der Anfertigung reprografischer Vervielfältigungen gemäß Art. 5 Abs. 2 lit. a UrhRL eine Rechtfertigungsgrundlage. In dieser Schrankenvorgabe hat der Richtliniengeber auch keine Anzahlbegrenzung im Hinblick auf Vervielfältigungsstücke vorgenommen, so dass Art. 5 Abs. 2 lit. a UrhRL mit der Archivierungsmöglichkeit von Artikeln zu Medienbeobachtungszwecken sogar weitergehende Möglichkeiten als die nationale Regelung eröffnet.

2. Art. 5 Abs. 2 lit. c UrhRL

Die eigentliche Vorgabe für eine Archivprivilegierung enthält Art. 5 Abs. 2 lit. c UrhRL. Hiernach können öffentlich zugängliche Bibliotheken, Bildungseinrichtungen, Museen oder Archive Vervielfältigungshandlungen vornehmen. Von dem Erfordernis der Zweckbindung hat der Richtliniengeber mit der Fassung der Richtlinie nach dem gemeinsamen Standpunkt des Rates vom 28.09.2000 Abstand genommen. Eine Vervielfältigung muss danach nicht mehr archivarischen Zwecken oder der Bestandssicherung dienen.[822] Schon in diesem Punkt geht die Richtlinie daher über die nationalen Möglichkeiten des § 53 Abs. 2 S. 1 Nr. 2 UrhG hinaus. Zu berücksichtigen ist weiterhin, dass sich die Schrankenregelung gemäß Art. 5 Abs. 2 lit. c UrhRL nicht nur auf öffentlich zugängliche Einrichtungen beschränkt, sondern sich auch auf Archive bezieht, die nur zur internen Nutzung aufgebaut worden sind.[823] Aus diesen Gründen

---

822 Gemeinsamer Standpunkt des Rates vom 28.September 2000, 2000/C 344/01, hier C 344/17, Punkt 25; *v. Lewinski/Walter*, Urheberrecht in der Informationsgesellschaft, in: Walter (Hrsg.), Europäisches Urheberrecht, Rdnr. 119; *Kröger*, CR 2001, S. 317, 320; *Bayreuther;* ZUM 2001, S. 828, 833; *Spindler*, GRUR 2002, S. 105, 113; *Reinbothe*, GRUR Int. 2001, S. 733, 739.

823 *Reinbothe*, GRUR Int. 2001, S. 733, 739; *Spindler*, GRUR 2002, S. 105, 112.

könnte daher zunächst auch an einen Einsatz der Schrankenvorgabe zur Rechtfertigung behörden- oder betriebsinterner Pressespiegelarchive gedacht werden. Zu berücksichtigen ist aber, dass Art. 5 Abs. 2 lit. c UrhRL ausdrücklich jede Vervielfältigungshandlung vom Privilegierungszweck ausschließt, durch die direkt oder indirekt kommerzielle Zwecke verfolgt werden. Für kommerzielle Pressespiegeldienste, aber genauso auch im Bereich der unternehmensinternen Verwendung, scheidet daher eine Berufung auf Art. 5 Abs. 2 lit. c UrhRL aus, da mit der Nutzung elektronischer Pressespiegelarchive für ein Unternehmen jedenfalls immer mittelbare wirtschaftliche Vorteile verbunden sind.[824]
Hieran schließt sich allerdings die Frage an, ob außerhalb des privatwirtschaftlichen Bereichs, also für öffentliche Institutionen oder auch gemeinnützige Organisationen, Art. 5 Abs. 2 lit. c UrhRL eine Privilegierungsmöglichkeit für den Aufbau öffentlich oder auch intern genutzter digitaler Pressespiegelarchive bietet. Da aber ErwG 40 ausdrücklich vorsieht, dass Online-Lieferungen von Werken nicht unter Art. 5 Abs. 2 lit. c UrhRL fallen, und zudem hervorgehoben wird, dass die Möglichkeit der Vervielfältigungsprivilegierung auf Sonderfälle beschränkt bleiben soll, und schließlich im Bereich der Online-Nutzung an vertragliche Lösungen zu denken sei, kann es nicht als gerechtfertigt angesehen werden, den Aufbau von internen Kommunikationssystemen in sozialen-, karitativen- oder sonstigen gemeinnützigen Bereichen gemäß Art. 5 Abs. 2 lit. c UrhRL als legitimiert anzusehen. Für dieses Ergebnis spricht auch, dass es sich bei den in Art. 5 Abs. 2 lit. c UrhRL genannten privilegierten Einrichtungen um eine restriktive und abschließende Aufzählung handelt.[825] Dies bedeutet, dass jedenfalls auch für den Aufbau von Pressespiegeldatenbanken durch öffentliche oder gemeinnützige Einrichtungen, die ihren Mitarbeitern einen Online-Abruf von Artikeln bieten, Art. 5 Abs. 2 lit. c UrhRL für eine nationale Regelung keine Grundlage bietet.

3. Art. 5 Abs. 3 lit. c Alt. 2 UrhRL

Schließlich lässt sich die Frage aufwerfen, ob über Art. 5 Abs. 3 lit. c Alt. 2 UrhRL eine Erstellung von elektronischen Pressespiegeln oder ggf. auch die Einspeisung von Artikeln in eine Datenbank gerechtfertigt werden kann, da gemäß dieser Vorschrift ganz allgemein die Verwertung von Werken und sonstigen Schutzgegenständen erlaubnisfrei zugelassen wird.[826] Zu berücksichtigen ist aber, dass diese Verwertungsberechtigung nur in Verbindung mit der Berichterstattung über ein Tagesereignis und zudem nur im Rahmen des

---

824 Vgl. *Schack*, AfP 2003, S. 1, 4, 5.

825 Gemeinsamer Standpunkt des Rates vom 28. September 2000, 2000/C 344/01, hier C 344/17, Punkt 26; *Kröger*, CR 2001, S. 317, 320.

826 Vgl. *Kröger*, Informationsfreiheit und Urheberrecht, S. 260; *ders.*, in: Kröger/Gimmy (Hrsg.), Handbuch zum Internetrecht, S. 382, 402; *Bayreuther*, ZUM 2001, S. 828, 835.

dafür erforderlichen Informationszwecks gestattet ist. Genau wie bei den mit dem Art. 5 Abs. 3 lit. c Alt. 2 UrhRL korrespondierenden, konventionsrechtlichen Vorschriften des Art. 10bis Abs. 2 RBÜ ist es daher auch im Hinblick auf Art. 5 Abs. 3 lit. c Alt. 2 UrhRL erforderlich, das Werk oder den sonstigen Schutzgegenstand in die Berichterstattung mit einzubeziehen. Richtig ist zwar, dass die in Art. 10bis Abs. 2 RBÜ vorgegebene Voraussetzung, dass nur die Wiedergabe der Werke als privilegiert anzusehen ist, die im Verlauf bestimmter Vorgänge, über die berichtet werden soll, wahrnehmbar werden, nicht in die Endfassung der Urheberrechtsrichtlinie übernommen wurde. Dies kann aber nicht dazu führen, dass eine zusammenhangslose Übernahme und Zusammenstellung von beliebigen Artikeln aus dem tagesaktuellen Bereich für eine Privilegierung als ausreichend angesehen werden kann.[827] Zudem ist herausgestellt worden, dass die elektronische Erstellung von Pressespiegeln bzw. Pressearchiven im unternehmensinternen und externen Bereich auf Grund entgegenstehender kommerzieller Zwecke ausscheidet. Gerade aber dieser Regelungszweck würde unterlaufen, wenn Art. 5 Abs. 3 lit. c Alt. 2 UrhRL zu einer Privilegierung elektronischer Pressespiegel oder Pressearchive führen würde.[828] Somit gibt Art. 5 Abs. 3 lit. c Alt. 2 UrhRL keine Vorgabe, die zur Regelung der Pressespiegelsituation herangezogen werden könnte.

II. Pressespiegel gemäß § 53 Abs. 2 S. 1 Nr. 2, S. 2 UrhG

Im Hinblick auf die Bestimmung der Reichweite des Archivprivilegs und der möglichen Anwendung auf den Pressespiegelsachverhalt sind nun die, durch die in abschließender Form ausgestalteten Richtlinienvorgaben gegeben Grenzen zu beachten. Diese Restriktionen finden sich § 53 Abs. 2 S. 2 UrhG wieder. Insbesondere die Voraussetzungen der § 53 Abs. 2 S. 2 Nr. 3 UrhG ist hierbei zu nennen, da sich diese gerade auf § Art. 5 Abs. 2 lit. c UrhRL bezieht. Daneben hat der nationale Gesetzgeber bei der Umsetzung an strengen schon nach der alten Rechtslage bestehenden Voraussetzungen, wie dem Vorliegen eines Archivzwecks und der Tatsache, dass es sich um ein eigenes Archiv mit eigen Werkstücken handeln muss, festgehalten.

1. Kommerzielle Pressespiegel

Daher ergibt sich, wie schon nach der nach der Rechtslage vor Umsetzung der Richtlinie und ohne Beachtung der neu eingeführten Voraussetzungen gemäß § 53 Abs. 2 S. 2 Nr. 1 - Nr. 3 UrhG, dass kommerzielle Pressespiegeldienste

---

827 *Niemann*, CR 2003, S. 119, 124; vgl.auch *v. Lewinski/Walter*, Urheberrecht in der Informationsgesellschaft, in: Walter (Hrsg.), Europäisches Urheberrecht, Rdnr. 126.

828 *Hoeren*, Die Pressespiegelschranke im Urheberrecht - eine Anfrage an die Informationsfreiheit, in: FS: Druey, S. 773, 785, wohl auch *Spindler*, GRUR 2002, S. 105, 114.

nicht über das Archivprivileg gerechtfertigt werden können. Diese erstellen die Pressespiegel gerade nicht für ihre eigenen Zwecke, sondern für Dritte.
Unabhängig davon führt nun aber auch die neu eingeführte Nr. 3 in § 53 Abs. 2 S. 2 UrhG zu diesem Ergebnis. In dieser Voraussetzung ist das europäische Privileg zur digitalen Archivierung gemäß Art. 5 Abs. 2 lit. c UrhRL eingeflossen und explizit herausgestellt worden, dass ein Archiv weder unmittelbar noch mittelbar einen wirtschaftlichen oder einen Erwerbszweck verfolgen darf. Jeglicher Versuch, ein kommerzielles Pressespiegelangebot über das Archivprivileg rechtfertigen zu wollen, scheitert daher.

2. Interne Pressespiegel
Bei einem internen Pressespiegel handelt es sich dagegen um ein Archiv zum Eigengebrauch und ohne Drittbeteiligung, soweit die Zugriffsrechte allein den Mitarbeitern gewährt werden. Die Herstellung einzelner Vervielfältigungsstücke zur Aufnahme in ein Archiv ist gemäß § 53 Abs. 2 Nr. 2, S. 2 UrhG durchaus erlaubnisfrei möglich, wenn die Vervielfältigung genau zu diesem Zweck erfolgt und als Vorlage ein eigenes Werkstück verwendet wird.

a) Analoge Archive
Soweit daher tagesaktuelle Artikel aus Zeitungen und anderen Medien entnommen und vervielfältigt werden, um anschließend in Ordnern, Zettelkästen oder ähnliche bestandsichernd in der Weise anzulegen, dass eine betriebsinterne Nutzung durch die Mitarbeiter möglich ist, sind die zusätzlichen Restriktionen gemäß § 53 Abs. 2 S. 2 Nr.1/Nr.2 UrhG erfüllt. Die Erstellung eines analogen Archivs aus Artikel zur betriebsinternen Nutzung ist daher erlaubnisfrei möglich. Nicht dagegen zum privilegierten Bereich zählt die Möglichkeit, die Artikel und Beiträge zwar digital zu archivieren, die Nutzung aber analog vorzunehmen.[829]
Trotz der Zulässigkeit eines analogen Archivs aus Zeitungsartikeln ist im Hinblick auf die Pressespiegelsituation allerdings zu berücksichtigen, dass durch dieses Privileg eine tagesaktuelle Information wie durch Pressespiegelexemplare, die jedem einzelnen Mitarbeiter am Arbeitsplatz zur Verfügung gestellt werden, nicht erreicht werden kann.

b) Digitale Archive
Weitaus relevanter ist daher die Möglichkeit, die einzelnen recherchierten Artikel einzuscannen oder online publizierte Beiträge herunterzuladen, anschließend als Volltexte in eine Datenbank einzuspeichern und den Mitarbeitern eine Zugriffsmöglichkeit mit Recherchefunktionen einzurichten. Auf diese Weise kann nicht nur komfortabel der Bedarf der Mitarbeiter an tagesaktuellen

---

[829] Vgl. dazu Kap. 4 §4 A. II. 1. b) aa).

Informationen erreicht werden, vielmehr wird damit auch ein langfristig nutzbarer Bestand mit betriebsspezifischen Informationen geschaffen.
Die Zulässigkeit eines elektronischen Archivs muss aber schon, wie auch nach der ehemaligen Rechtslage scheitern, da die mit der Digitalisierung eröffneten Nutzungsmöglichkeiten nicht mehr dem privilegierten Zweck der bloßen Bestandssicherung ohne zusätzliche Nutzungsoptionen entsprechen. Vielmehr ergeben sich hierbei neben verbesserten Recherche-, Systematisierungs- und Ordnungsfunktionen auch Bearbeitungs- und Umgestaltungsoptionen sowie die Möglichkeiten der Weiterverarbeitung der Werke in anderen Zusammenhängen. Des Weiteren kann auf die Inhalte eines innerbetrieblichen Kommunikationssystems unbeschränkt und zeitgleich durch jeden Mitarbeiter auch ohne räumlichen Bezug zum Datenbestand zugegriffen werden.[830] Insbesondere wird auch bei der Speicherung von Artikeln in elektronischen Systemen als tagesaktuelle Pressespiegelnutzung der Archivierungszweck verfehlt.[831] Hinzu kommt schließlich, dass auch die Voraussetzung der Nutzung eigener Vervielfältigungsstücke jedenfalls immer dann nicht gewahrt ist, wenn ein Artikel mehrmals auf Grundlage einer Vervielfältigung genutzt wird, ohne dass eine der Anzahl der Vervielfältigungen entsprechende Menge an Werkstücken angeschafft worden ist. Dies gilt vor allem auch, soweit online publizierte Beiträge aus Internet-Versionen von Tageszeitungen etc. heruntergeladen und als Vorlage zur Weiterverwendung genutzt werden.[832]
Darüber hinaus ergibt sich nun auch eindeutig bei zu Grunde legen der neu eingefügten restriktiven Voraussetzung gemäß § 53 Abs. 2 S. 2 Nr. 3 UrhG die Unzulässigkeit, die Mitarbeiter über den Zugriff auf ein intern angelegtes elektronisches Archiv mit tagesaktuellen und betriebsspezifischen Informationen zu versorgen. Zwar hat der deutsche Gesetzgeber hierbei nicht den gesamten Wortlaut des Art. 5 Abs. 2 lit. c UrhRL übernommen, sondern sich nur darauf

---

830 BGH, MMR 1999, S 409, 412 - Elektronische Pressearchive; *Decker,* in: Möhring/-Nicolini, Urheberrechtsgesetz, § 53 UrhG Rdnr. 24; *Lüft,* in: Wandtke/Bullinger, Praxiskommentar zum Urheberrecht, § 53 UrhG Rdnr. 22; *Nordemann,* in: Fromm/-Nordemann, Urheberrechtsgesetz-Kommentar, § 53 UrhG Rdnr. 7; *Loewenheim,* in: Hoeren/Sieber (Hrsg.), Handbuch Multimedia Recht, Kap. 7.4., Rdnr. 26; *Schricker,* JZ 1999, S. 635, 636 - Anmerkung zum Urteil des BGH vom 10.12.1998; *Lütje,* CR 1999, S. 216, 217 - Anmerkung zum Urteil des BGH vom 10.12.1998.

831 *Rogge,* Elektronische Pressespiegel in urheber- und wettbewerbsrechtlicher Beurteilung, S. 265; *Beiner,* MMR 1999, S. 691, 696; *Eidenmüller,* CR 1992, S. 321, 324.

832 Vgl. BGH, AfP 1997, S. 626 - CB-Infobank I; *Loewenheim,* in: Schricker, Urheberrecht, § 53 UrhG, Rdnr. 28; *Decker,* in: Möhring/Nicolini, Urheberrechtsgesetz, § 53 UrhG Rdnr. 25; *Lüft,* in: Wandtke/Bullinger, Praxiskommentar zum Urheberrecht, § 53 UrhG, Rdnr. 20; *Loenwenheim,* in: Hoeren/Sieber (Hrsg.), Handbuch Multimedia Recht, Kap. 7.4., Rdnr. 27; *Loewenheim;* Urheberrechtliche Grenzen geschützter Dokumente in Datenbanken, S. 65, Fn. 293.

beschränkt, festzulegen, dass eine Vervielfältigung erlaubt ist, wenn das Archiv keine unmittelbaren oder mittelbaren wirtschaftlichen Erwerbszwecke verfolgt. Dennoch ergeben sich aber auch hierdurch keine Ausweitungsmöglichkeiten in dem Sinne, den Aufbau interner Kommunikationssysteme durch öffentliche Einrichtungen und gemeinnützige Organisationen beliebiger Art als privilegiert anzusehen. Auch gemäß § 53 Abs. 2 S. 1 Nr. 2 i.V.m. S. 2 Nr. 3 UrhG ermöglicht daher nur eine erlaubnisfreie Vervielfältigungsmöglichkeit für Bibliotheken, Bildungseinrichtungen, Museen oder Archiven in eben diesem Sinn.[833]

Schließlich bietet auch die geänderte Fassung des § 50 UrhG, genau wie im Rahmen des Art. 5 Abs. 3 lit. c Alt. 2 UrhRL herausgestellt, keine Möglichkeit für die Privilegierung einer elektronischen Pressespiegelnutzung.

C. § 53 UrhG als Rechtfertigung beim Gesamtwerkschutz

Während § 49 UrhG ohne Einschränkung auch dann anwendbar ist, wenn es sich bei dem auszuwertenden Primärmedium um ein Sammelwerk handelt, ist zu berücksichtigen, dass § 53 Abs. 5 UrhG im Hinblick auf eine Rechtfertigung der Vervielfältigung zum sonstigen eigenen Gebrauch gemäß § 53 Abs. 2 UrhG einen Ausschluss der Privilegierungsmöglichkeit für die Auswertung von elektronisch zugänglichen Datenbankwerken vorsieht. Dies bedeutet aber nicht, dass der gesamte Inhalt einer Datenbank der Anwendung des § 53 Abs. 1 und 2 UrhG entzogen ist, sondern eben nur der Teil, der die Datenbankwerkseigenschaft begründet. Die Privilegierung der Vervielfältigung einzelner Werke als einzelne Elemente einer Datenbank wird auch hiernach nicht verhindert.[834] Insoweit ist aber § 87 b UrhG zu berücksichtigen, nach dessen Regelungsgehalt sich gerade der Ausschluss einer erlaubnisfreien Nutzungsmöglichkeit an einzelnen Artikeln ergeben kann.[835]

---

833 Vgl. *Schack*, AfP 2003, S. 1, 4, 8.

834 *Loewenheim*, in: Schricker, Urheberrecht, § 53 UrhG Rdnr. 51; *Nicolini*, in: Möhring/-Nicolini, Urheberrechtsgesetz, § 53 UrhG Rd 51; *Nordemann*, in: Fromm/Nordemann, Urheberrechtsgesetz-Kommentar, § 53 UrhG Rdnr. 13; *Loewenheim*, in: Hoeren/Sieber (Hrsg.), Handbuch Multimedia Recht, Kap. 7.4., Rdnr. 40; *Lüft*, in: Wandtke/Bullinger, Praxiskommentar zum Urheberrecht, § 53 UrhG, Rdnr. 35.

835 Vgl. dazu Kap. 3 §2 C. II.

Fünftes Kapitel: Pressespiegelprivileg unter Beachtung europäischer Harmonisierungsvorgaben

Im voranstehenden Kapitel ist die Situation herkömmlicher und insbesondere elektronischer Pressespiegel anhand des erst kürzlich in Kraft getretenen Gesetzes zur Änderung des Urheberrechts in der Informationsgesellschaft untersucht worden. Zu berücksichtigen ist aber, dass es sich bei den in der Urheberrechtsrichtlinie aufgenommenen Schrankenregelungen gemäß Art. 5 UrhRL bis auf den Abs. 1 zwar um fakultative Vorschriften handelt,[836] der Schrankenkatalog aber dennoch abschließend ausgestaltet ist.[837] Lediglich im Hinblick auf analoge Nutzungen lässt Art. 5 Abs. 3 lit. o UrhRL den Mitgliedstaaten die Möglichkeit, die Schrankenregelungen beizubehalten, die einen Regelungsbereich betreffen, der nicht in der Richtlinie Eingang gefunden hat. Dies bedeutet, dass alle anderen den Vorgaben der Richtlinie widersprechenden Regelungen, trotz optionaler Ausgestaltung des Schrankenkataloges, mit Ablauf der Umsetzungsfrist am 22.12.2002 als europarechtswidrig eingestuft und abgeschafft werden müssen.

Für die geänderte Vorschrift des Vervielfältigungsprivilegs zum Eigengebrauch gemäß § 53 Abs. 2 UrhG ist die Untersuchung des Anwendungsbereichs und der Reichweite anhand der Richtlinienvorgaben hergeleitet worden. Insoweit konnte daher auch ausgehend von der ehemaligen Rechtslage gemäß § 53 UrhG a.F. die Konformität mit den europäischen Vorgaben festgestellt werden.

Anders zu beurteilen ist die Situation im Hinblick auf § 49 UrhG. Hier existiert kein an der Richtlinie zu messender nationaler Umsetzungsvorschlag. Dennoch kann aber erst anhand der Richtlinienüberprüfung der im Wege der Rechtsfortbildung durch den BGH entwickelten erweiterten Anwendungsmöglichkeit auf digitale Pressespiegel entschieden werden, ob in der Lösungsvorgabe des BGH überhaupt eine rechtmäßige Möglichkeit zur erlaubnisfreien Erstellung elektronischer Pressespiegel zu sehen ist. Im Weiteren wird daher dieser Frage nachgegangen.

Unabhängig davon hat die bisherige Untersuchung aber gezeigt, dass die Pressespiegellösung des BGH im Hinblick auf die Bestrebung der Anpassung

---

[836] *v. Lewinski/Walter*, Urheberrecht in der Informationsgesellschaft, in: Walter (Hrsg.), Europäisches Urheberrecht, Rdnr. 115; *Spindler*, GRUR 2002, S. 105, 110; *Reinbothe*, GRUR Int. 2001, S. 733, 737; *ders.*, ZUM 2002, S. 43, 48; *Dreier*, ZUM 2002, S. 28, 33; *Flechsig*, ZUM 2002, S. 1, 9; *Rosen*, GRUR Int. 2002, S. 195, 200; *Mayer*, EuZW 2002, S. 325, 327.

[837] Erwägungsgrund 32 der Richtlinie 2001/29/EG; vgl. *v. Lewinski/Walter*, Urheberrecht in der Informationsgesellschaft, in: Walter (Hrsg.), Europäisches Urheberrecht, Rdnr. 99; *Reinbothe*, Europäisches Urheberrecht und Electronic Commerce, in: Lehmann(Hrsg.), Electronic Business in Europa, Rdnr. 60.

der Pressespiegelsituation gemäß § 49 UrhG an die digitalen Möglichkeiten zwar einen wesentlichen Fortschritt darstellt, aber dennoch auf Grund der restriktiven Bedingungen zu Rechtsunsicherheiten und Abgrenzungsproblemen in der Anwendung führt und zudem keine sachgerechte Lösung für externe Pressespiegelhersteller bietet. Insoweit besteht das Bedürfnis nach einer Gesetzesänderung ungebrochen, wenn nicht sogar mehr denn je.[838] Dies erfordert daher, soweit die Pressespiegelregelung des BGH als richtlinienkonform beurteilt wird, in einem letzten Schritt, die Vorgaben der Urheberrechtsrichtlinie, sowie auch die internationalen Konventionen, auf eine mögliche klarere, umfassendere und rechtssicherere Pressespiegellösung zu durchleuchten. Dienlich ist hierbei die Hinzuziehung der Regelungsvorschläge anderer Mitgliedstaaten.

§ 1 Rechtsgrundlagen

Für die Beurteilung der Richtlinienkonformität der bestehenden bzw. einer Pressespiegelregelung de lege ferenda sind aus dem Bereich des Konventionsrechts, die revidierte Berner Übereinkunft in der Pariser Fassung von 1971 sowie das TRIPs-Übereinkommen und der WIPO-Urheberrechtsvertrag zu nennen. Ausschlaggebend ist hier vor allem die RBÜ 67/71, die konkrete Schrankenvorgaben enthält. Insbesondere auch die hier primär zu untersuchende Richtlinienvorgabe gemäß Art. 5 Abs. 3 lit. c Alt. 1 UrhRL ist dem Art. 10bis Abs. 1 RBÜ 67/71 nachgebildet. Die TRIPs und der WCT beinhalten dagegen keinen Schrankenkatalog. Zu berücksichtigen ist jedoch, dass Art. 9 Abs. 1 S. 1 TRIPs auf die Befolgung der Vorgaben der Art. 1-21 RBÜ 67/71 verweist. Auch die Bestimmungen des auf der RBÜ 67/71 aufbauenden WCT, der nach Art. 1 Abs. 1 WCT als Sonderabkommen i.S.d. Art. 20 S. 1 RBÜ 67/71 einzustufen ist, finden gemäß Art. 20 Abs. 1 S. 2

---

838 *Niemann,* CR 2003, S. 119; *Stögmüller,* K&R 2002, S. 605, 608; *Bacher,* EWiR 24/2002, S. 1107, 1108 - Kurzkommentar zum Urteil des BGH vom 11.7.2002; *Beckmann,* MMR 2002, S. 763, 764 - Anmerkung zum Urteil des LG München I vom 1.3.2002; *Zecher,* ZUM 2002, S. 451, 452, 453; *Zypries,* ZUM Sonderheft 2003, S. 981, 982; vgl. Pressemitteilung des BMJ zum Startschuss des zweiten Korb der Urheberrechtsreform vom 16.09.2003, Nr. 74/03 sowie auch den Fragebogen des BMJ zur weiteren Reform des Urheberrechts in der Informationsgesellschaft (zweiter Korb) unter Punkt B. I., S. 3; *Deutscher Kulturrat,* Stellungnahme zur Vorbereitung eines Zweiten Korbes zur Regelung des Urheberrechts in der Informationsgesellschaft vom 11.12.2003, unter Punkt II. 9,abgerufen unter: www.kulturrat.de/aktuell/stellungnahmen/korb2.html; *VG Wort,* Stellunganhme zu den Fragen des BMJ zur weiteren Reform des Urheberrechts in der Informationsgesellschaft, S. 11, Punkt B. I.; *BDI,* Stellungnahme zum Referentenentwurf für ein Umsetzungsgesetz zur Richtlinie des Urheberrechts in der Informationsgesellschaft vom 17.07.2002, S. 3, abgerufen unter: www.bdi-online.de..

RBÜ 67/71 bzw. Art. 1 Abs. 2 WCT auf die Vorgaben der RBÜ 67/71 Anwendung.[839]
Relevant werden die TRIPS und der WCT neben der RBÜ 67/71 aber nicht nur in Bezug auf einzelne Schrankenbestimmungen, sondern vor allem für den Drei-Stufen-Test. Dieser hat in die Richtlinie gemäß Art. 5 Abs. 5 UrhRL Eingang gefunden hat und bildet im Hinblick auf die Anwendung bzw. Umsetzung der Schrankenregelungen ein ultimatives Korrektiv. Hier existieren mit Art. 9 Abs. 2 RBÜ 67/71, Art. 13 TRIPs und Art. 10 Abs. 1, 2 WCT nahezu[840] wortgleiche Regelungen. Der Drei-Stufen-Test des WCT gilt gemäß Art. 10 Abs. 2 WCT ausdrücklich auch für die Schranken der RBÜ 67/71. Genauso ist aber auch für das TRIPs-Abkommen die Kohärenz mit der RBÜ 67/71 sichergestellt.[841]
Insgesamt sind daher im Rahmen der nachfolgenden Untersuchung der einschlägigen Richtlinienvorgaben deren zu Grunde liegende Konventionen zu beachten. Dies gilt im Hinblick auf den Drei-Stufen-Test für jede Schrankenregelung. Speziell im Rahmen der Untersuchung des § 49 UrhG ist eine richtlinienkonforme Lösung an Art. 10bis Abs. 1 RBÜ 67/71 bzw. Art. 10bis Abs. 1 RBÜ 67/71 i.V.m. Art. 10 Abs. 2 WCT zu messen.

§ 2 Richtlinienkonformität der Pressespiegelregelung de lege lata

Wie die Ausführungen gezeigt haben, bietet für den digitalen Bereich allein der in Rechtsfortbildung durch den BGH weiterentwickelte § 49 UrhG eine Rechtfertigungsoption. Im Rahmen der Harmonisierung des Urheberrechts kann an dieser Pressespiegelregelung de lege lata aber nur festgehalten werden, soweit es sich dabei um eine richtlinienkonforme Lösung handelt. Im Zentrum der folgenden Untersuchung steht daher die Vereinbarkeit des § 49 UrhG mit Art. 5 Abs. 3 lit. c Alt. 1 UrhRL. Hierbei geht es darum festzustellen, ob die Richtlinienvorgabe gemäß Art. 5 Abs. 3 lit. c Alt. 1 UrhRL überhaupt eine Pressespiegelprivilegierung zulässt.
Art. 5 Abs. 3 lit. c Alt. 1 UrhRL gibt den Mitgliedstaaten die Möglichkeit, eine Schrankenregelung vorzusehen,

„für die Vervielfältigung durch die Presse, die öffentliche Wiedergabe oder die Zugänglichmachung von veröffentlichten Artikeln zu Tagesfragen wirtschaftlicher, politischer oder religiöser Natur oder von gesendeten Werken oder sonstigen Schutzgegenständen dieser Art, sofern eine solche Nutzung nicht

---

[839] Vgl. *Reinbothe/v. Lewinski,* The WIPO Treaties, Art. 10 WCT Rdnr.28; *Reinbothe,* Beschränkungen und Ausnahmen von Rechten im WCT, in: FS Dittrich, S. 251, 263.

[840] Art. 9 Abs. 2 RBÜ 67/71 bezieht sich nur auf das Vervielfältigungsrecht; Art. 10 Abs. 1 i.V.m. Abs. 2 WCT und Art. 13 TRIPS enthalten keine solche Einschränkung mehr.

[841] *Reinbothe/v. Lewinski,* The WIPO Treaties, Art. 10 WCT Rdnr.13.

ausdrücklich vorbehalten ist und sofern die Quelle, einschließlich des Namens des Urhebers angegeben wird,..".

In diesem Wortlaut besteht Art. 5 Abs. 3 lit. c lit. 1 UrhRL erst seit der Fassung des Richtlinienentwurfes nach dem gemeinsamen Standpunkt des Rates vom 28.9.2000.[842] Der ursprüngliche Vorschlag vom 10.12.1997 gestattete den Mitgliedstaaten zunächst nur, eine Ausnahme vorzusehen für die Verwendung von Auszügen in Verbindung mit der Berichterstattung über Tagesinteressen, sofern die Quellen angegeben wurden und soweit es der Informationszweck rechtfertigte.[843] In dieser ersten Form war der Wortlaut lediglich an Art. 10bis Abs. 2 RBÜ 67/71 angelehnt.[844] Die Möglichkeit, darin unproblematisch eine Vorgabe zur Privilegierung von Pressespiegeln zu sehen, war damit jedenfalls nicht gegeben. So zielte diese Ausnahme nur auf die Übernahme von Auszügen, nicht aber von ganzen Artikeln ab. An eine Pressespiegelfreistellung war allenfalls dann zu denken, wenn Art. 5 Abs. 3 lit. c UrhRL in der damaligen Fassung auch unter Bezugnahme auf Art. 10bis Abs. 1 RBÜ 67/71, der gerade die Übernahme vollständiger Artikel vorsieht, gedeutet wurde.[845] Dass in diese Richtung auch gedacht wurde, zeigte sich, als die Kommission auf den Vorschlag aus der ersten Lesung von 10.2.1999, mit Art. 5 Abs. 2 lit. cb UrhRL eine eigenständige Regelung zur erlaubnisfreien Nutzung von Artikeln in Print-Pressspiegeln zu schaffen[846], nicht reagiert hat. Vielmehr wurde für eine solche Privilegierung gerade auf Art. 5 Abs. 3 lit. c UrhRL verwiesen.[847] Aber auch in der nunmehr geänderten Form wich Art. 5 Abs. 3 lit. c UrhRL nicht von der Formulierung ab, nur die Übernahme von Auszügen zu gestatten. Dies führte dazu, dass unabhängig von dieser Wortlauteinschränkung eine Anwendung des Art. 5 Abs. 3 lit. c UrhRL auf Herkömmliche und elektronische Pressespiegel angenommen

---

842 Gemeinsamer Standpunkt des Rates vom 28.September 2000, ABl. C 344/01, hier C 344/16

843 KOM (97) 628 endg ABl. C 108, S. 35 f., Rdnr. 7 zu Art. 5.

844 KOM (97) 628 endg. ABl. C 108, S. 36, Rdnr. 9 zu Art. 5; *v.Lewiski/Walter,* Urheberrecht und die Informationsgesellschaft, in: Walter (Hrsg.), Europäisches Urheberrecht, Rdnr. 126; *Lehmann/Katzenberger*, Elektronische Pressespiegel und Urheberrecht, S. 66.

845 Vgl. *Lehmann/Katzenberger,* Elektronischer Pressespiegel und Urheberrecht, S. 65, *Schippan,* Harmonisierung des Urheberrechts in Europa, S. 167; *ders.*, ZUM 2001, S. 118, 121; *Maaß*, Elektronischer Pressespiegel im Lichte des Urheberrechts, in: FS Söllner, S. 727.

846 Stellungnahme des europäischen Parlamentes vom 10.2.1999, ABl. C 150/155, hier S. 179.

847 Geänderter Vorschlag für eine Richtlinie zur Harmonisierung bestimmter Aspekte des Urheberrechts und der verwandten Schutzrechte in der Informationsgesellschaft, KOM (1999)250 endg. ABl. C 180 unter I.4.3.

wurde.[848] Zu Recht wurde dabei kritisiert, dass mit dem Vorschlag in dieser Wortlautfassung keine Anlehnung an Art. 10bis Abs. 1 RBÜ 67/71 zu erkennen sei. Weder eine Übernahmeeinschränkung auf Artikel, die sich auf wirtschaftliche, politische oder religiöse Themen beziehen, sei im Richtlinienvorschlag enthalten, noch werde die Möglichkeit gegeben, einen Artikel unter Vorbehalt zu stellen.[849] Es musste daher als fraglich angesehen werden, ob Art. 5 Abs. 3 lit. c UrhRL in dieser geänderten Fassung vom 21.5.1999 überhaupt zur Ausgestaltung einer nationalen Schrankenregelung i.S.d. Art. 10bis Abs. 1 RBÜ 67/71 herangezogen werden kann. Um diesen Bedenken Rechnung zu tragen, führt der Rat daraufhin in seinem gemeinsamen Standpunkt aus, Art. 5 Abs. 3 lit. c UrhRL nunmehr nicht nur auf Art. 10bis Abs. 2 RBÜ 67/71 stützen zu wollen, sondern zusätzlich auch Art. 10bis Abs. 1 RBÜ 67/71 in die Fassung des Art. 5 Abs. 3 lit. c UrhRL aufzunehmen.[850] Durch diesen Schritt wurden damit zwar strengere Bedingungen an die Möglichkeit der freien Übernahmeerlaubnis geknüpft. Dennoch kann diese Anlehnung des Art. 5 Abs. 3 lit. c UrhRL an Art. 10bis Abs. 1 RBÜ 67/71 aber nicht als eine Kehrtwendung zu einer völligen Beschränkung der Nutzung von Artikeln in Pressespiegeln verstanden werden.[851] Vielmehr gibt diese Änderung der Wortlautfassung im Grunde erstmals die Möglichkeit, in Art. 5 Abs. 3 lit. c Alt. 1 UrhRL überhaupt eine Schrankenregelung zu sehen, die zur Rechtfertigung der Übernahme ganzer Artikel und nicht nur im Hinblick auf eine Zusammenstellung von Auszügen aus Presseartikeln herangezogen werden kann.

A. Richtlinienkonforme Elemente

Sogar bei näherer Betrachtung scheint zumindest auf den ersten Blick mit § 49 UrhG unproblematisch eine Schrankenregelung gegeben zu sein, die in richtlinienkonformer Weise eine urheberrechtliche Rechtfertigung für elektronische Pressespiegel bietet. So sieht auch der BGH in Art. 5 Abs. 3 lit. c Alt. 1 UrhRL gerade eine Vorgabe, die eindeutig nicht nur die Privilegierung herkömmlicher, sondern auch elektronisch übermittelter Pressespiegel erfasst.[852]

---

848 *Schippan,* Harmonisierung des Urheberrechts in Europa, S. 167; *ders.* ZUM 2001, S. 118, 121; *Maaß,* Elektronischer Pressespiegel im Lichte des Urheberrechts, in: FS Söllner, S. 727, 731.

849 *Schippan,* Harmonisierung des Urheberrechts in Europa, S. 167; *ders.,* ZUM 2001, S. 118, 121; *Maaß,* Elektronischer Pressespiegel im Lichte des Urheberrechts, in: FS Söllner, S. 727, 731.

850 Gemeinsamer Standpunkt des Rates vom 28.09.2000, ABl. C 344/1 ff., hier S. 18, Rdnr. 32.

851 So aber *Spindler,* GRUR 2002, S. 105, 114.

852 BGH, AfP 2002, S. 437, 442 - Elektronische Pressespiegel; folgend auch: *Stögmüller,* K&R 2002, S. 605, 608; *Dreier,* JZ 2003, S. 477, 478 - Anmerkung zum Urteil des BGH

Diesem Richtlinienverständnis ist auch zunächst einmal zuzustimmen. Die Entnahmemedien i.S.d. Art. 5 Abs. 3 lit. c Alt. 1 UrhRL beziehen sich nicht nur auf veröffentlichte Artikel zu Tagesfragen wirtschaftlicher, politischer oder religiöser Art, sondern auch auf gesendete Werke und sonstige Schutzgegenstände. Auch § 49 UrhG sieht die inhaltliche Beschränkung auf Tagesfragen vor, die sich mit Themen aus dem Bereich von Wirtschaft, Politik und Religion beschäftigen. Sofern darüber hinaus gemäß § 49 UrhG sogar ein Erscheinen der Artikel i.S.d. § 6 Abs. 2 UrhG gefordert wird,[853] handelt es sich auch unproblematisch um veröffentlichte Werke. So beinhaltet jedes Erscheinen immer auch eine Veröffentlichung.[854] Zudem lässt sich die Richtlinienkonformität der Pressespiegelschranke für die hier vertretene Auffassung bejahen, sowohl Zeitschriften als auch die den gedruckten Primärmedien entsprechenden Online-Versionen als von § 49 UrhG erfasst anzusehen. In diesem Zusammenhang gibt Art. 5 Abs. 3 lit. c Alt. 1 UrhRL eindeutig die Möglichkeit, auch aus gesendeten Werken Artikel oder auch Rundfunkkommentare zu entnehmen. Gerade in diesem Punkt geht die Richtlinie sogar über die nationale Fassung hinaus, da mit der Ausdehnung auf sonstige Schutzgegenstände auch Bilder, Grafiken oder andere Werke aus leistungsschutzrechtlichem Bereich als Auswertungsgrundlage herangezogen werden können. Auch sieht § 49 UrhG genau wie Art. 5 Abs. 3 lit. c Alt. 1 UrhRL die Möglichkeit der Erklärung eines Rechtevorbehaltes vor. Gleiches gilt im Hinblick auf die Pflicht, im Sekundärmedium eine Quellenangabe vorzunehmen. Weiterhin ist die zusätzliche Beschränkung der Übernahme auf einzelne Artikel, die Beschränkung auf grafische Ausgabeformate und die Übermittlung im betriebs- oder behördeninternen Bereich im Rahmen der nationalen Vorschriften unproblematisch möglich, da der Schrankenkatalog der Richtlinie die Option lässt, strengere Ausformulierung der Privilegierungsvoraussetzungen vorzunehmen. Auch für die Verknüpfung der Übernahmeerlaubnis mit einer Verpflichtung zur Zahlung einer angemessenen Vergütung, wie es in § 49 Abs. 1 S. 2 UrhG vorgesehen wird, lässt sich nicht nur der Drei-Stufen-Test gemäß Art. 5 Abs. 5 UrhRL als Begründung anführen.[855] Vielmehr wird den Mitgliedstaaten ausdrücklich die Möglichkeit gegeben, auch in Fällen, in denen es nach der Richtlinie nicht vorgesehen ist, den Rechte-

---

vom 11.07.2002; *Hilty,* sic! 3/2003, S. 266, 272 - Anmerkung zum Urteil des ZG Basel Stadt vom 19.06.2002; *Stauffacher,* sic! 5 /2003, S. 458, 460; zuvor schon: *Melichar,* Die Umsetzung der EU-Urheberrechtsrichtlinie in deutsches Recht, in: Becker/Schwarz (Hrsg.), Regulierung im Bereich von Medien und Kultur, S. 43, 52; *Flechsig,* ZUM 2002, S. 1, 11; *Dreier,* ZUM 2002, S. 28, 35; *Bayreuther;* ZUM 2001, S. 828, 835.

853 *Melichar,* in: Schricker, Urheberrecht § 49 UrhG Rdnr. 6; *Nordemann,* in: Fromm/-Nordemann, Urheberrechtsgesetz-Kommentar, § 49 UrhG Rdnr. 3; a.A. *v. Gamm,* Urheberrecht, § 49 UrhG Rdnr. 4.

854 *Ahlberg,* in: Möhring/Nicolini, Urheberrechtsgesetz, § 6 UrhG, Rd 4.

855 BGH, AfP 2002, S. 437, 442 - Elektronischer Pressespiegel.

inhabern einen gerechten Ausgleich zuzuerkennen.[856] Schließlich ist auch der Folgerung des BGH zuzustimmen, dass die Einbeziehung der öffentlichen Zugänglichmachung in den Bereich der durch die Schrankenreglung gerechtfertigten Verwertungshandlung gerade auch die Anwendung des Art. 5 Abs. 3 lit. c Alt. 1 UrhRL auf einen digitalen Sachverhalt klarstellt.[857]

B. Vervielfältigung durch die Presse

Diese „Leichtigkeit" des Nachweises der Richtlinienkonformität der Pressespiegellösung des BGH stockt aber bei dem genauen Blick auf die bisher unberücksichtigte Vorgabe, dass nur die Vervielfältigung durch die Presse gestattet ist. Während sich also auf die Möglichkeit der öffentlichen Wiedergabe oder Zugänglichmachung nach dem Wortlaut des Art. 5 Abs. 3 lit. c Alt. 1 UrhRL jedermann berufen kann, ist die Vervielfältigung der Presse vorbehalten. Da aber jede Pressespiegelerstellung das Vervielfältigungsrecht tangiert,[858] ist es unabhängig von der Frage, ob nicht auf Grund des Gesamtzusammenhangs, auch die öffentliche Wiedergabe und Zugänglichmachung auf die Presse zu beziehen sind,[859] in jedem Fall zu klären, ob die Erstellung von Pressespiegeln eine Tätigkeit i.S.d. Presse gemäß Art. 5 Abs. 3 lit. c Alt. 1 UrhRL darstellt. Zwar lässt sich anführen, dass auch § 49 UrhG, der gerade eine Pressespiegelprivilegierung enthält, genau wie Art. 5 Abs. 3 lit. c Alt. 1 UrhRL auf Art. 10bis Abs. 1 RBÜ 67/71 zurückzuführen ist. Dies entbehrt aber keiner Überprüfung. So begründet die RBÜ innerstaatlich kein übergeordnetes internationales Gemeinschaftsrecht. Ihr kommt vielmehr der Rang eines einfachen Gesetzes im Sinn einer Auslegungshilfe zu.[860] Eine direkte Überprüfung des § 49 UrhG am Wortlaut „durch die Presse" i.S.d. Art. 10bis Abs. 1 RBÜ 67/71 käme daher insoweit nur in Betracht, wenn sich eine ausländische Person, auf die die RBÜ anwendbar ist, darauf beruft. Anders liegt die Situation im hier gegebenen Zusammenhang. Die Feststellung, ob in § 49 UrhG eine richtlinienkonforme Regelung zu sehen ist, erfordert gerade eine unmittelbare Bezugnahme auf den

---

856 Erwägungsgrund 36 der RL 2001/29/EG.

857 BGH, AfP 2002, S. 437, 442 - Elektronischer Pressespiegel.

858 Vgl. dazu Kap. 3 §1 A.

859 *Hoeren,* Die urheberrechtliche Pressespiegelschranke - eine Anfrage an die Informationsfreiheit, in: FS Druey, S. 773, 783; *Niemann,* CR 2003, S. 119, 122.

860 Vgl. BGH, MMR 1999, S. 665, 667 - Kopienversanddienst, LG Stuttgart, CR 2001, S. 581, 583 - Vergütungspflicht für CD-Brenner; *Nordemann/Vinck/Hertin,* International copyright and neigboring rights law, Einl. Rand. 15; *Möhring, Nicolini/Hartmann*, Urheberrechtsgesetz Kommentar, Vor §§ 120 ff. UrhG Rdnr.116,117; *Schack,* Urheber- und Urhebervertragsrecht, Rdnr. 832; *Kröger,* Informationsfreiheit und Urheberrecht, S. 58, 59; *Walter,* MR 4/2002, S. 217, 219; a.A. *Riesenhuber*, ZUM 2003, S. 333, 339, 340.

Wortlaut des Art. 5 Abs. 3 lit. c Alt. 1 UrhRL.[861] Die Untersuchung der genauen Bedeutung des Pressebegriffs im Sinne der Richtlinie ist daher unumgänglich. Zur Konkretisierung ist es möglich, den Spielraum, den die Richtlinie durch die Verwendung des weiten Pressebegriffes eröffnet, als eine Option für die Mitgliedstaaten zu verstehen, im Rahmen der innerstaatlichen Umsetzung nach nationalem Verständnis eine entsprechende Umschreibung des Pressebegriffs vorzunehmen. So hat das Unterhaus des niederländischen Parlamentes in seiner dritten Zusatzerklärung zur Umsetzung der Urheberrechtsrichtlinie nicht nur gerade eben diese Möglichkeit herausgestellt, sondern darüber hinaus auch ausdrücklich betont, dass weiterhin auch Pressespiegel in diese Privilegierung einzubeziehen seien.[862] Deutlich gemacht wird damit zugleich aber auch, dass die Legitimation für eine innerstaatliche Interpretation des Pressebegriffs nicht nur auf den Wortlaut der Richtlinienvorgabe gestützt werde, sondern vor allem auch Art. 10bis Abs. 1 RBÜ 67/71 gerade diesen Spielraum eröffne. Eine nationale Auslegung gehe daher nicht über die konventionsrechtlichen Vorgaben hinaus, sondern richte sich nach dem Sinn und Zweck, den Art. 10bis Abs. 1 RBÜ 67/71 für die Übernahmeprivilegierung belasse.[863] Für ein nationales Verständnis spreche weiterhin, dass vor allem im Bereich der Schrankenregelungen die nationalen Standards häufig auseinanderlaufen, so dass im Rahmen der Umsetzung die Besonderheit des Inhalts von Produkten und Dienstleistungen zu beachten seien.[864] Schließlich wird für ein weites, nationales Verständnis des Pressebegriffs, der nicht zwingend eine redaktionelle Tätigkeit erfordere, angeführt, dass es den Mitgliedstaaten gemäß Art. 5 Abs. 3 lit. c Alt. 1 UrhRL ohnehin frei stehe, das Recht der öffentlichen Wiedergabe und der öffentlichen

---

861 EuGH, Slg. I 1990, 4135 Tz. 8 - Marleasing.

862 Erklärung für das Ratsprotokoll vom 15.09.2000 (Rat der EU 11375/00, Nr. 12); vgl. auch Lower House of Dutch Parliament; Meeting year 2001-2002 (28 482) (OJ EC L 167) (Act relating to the implementation of the EC Directive on copyright and related rights in the information society), Explanatory Memorandum Nr. 3, S. 32, im Wortlaut: "*...Article 5, third paragraph, under c, of the Directive not only leaves the Member States the room to leave intact a certain degree of freedom in taking over reports, but also offers the room to formulate the provision in the Copyright Act in a technology-neutral manner. In addition, Member States have the scope to use their own definition of the term "press", which, after all, is not a narrowly delineated term.......*", abgerufen unter: http://www.justitie.nl/themas/wetgeving/dossiers/auteurecht/Consultationprocess.asp?ComponentID=7834&SourcePageID=647; weiterhin auch Begründung des Ministerialentwurfes zur Änderung des Urheberrechts in der Informationsgesellschaft vom 22.7.2002, Tweede Kamer, vergaderjaar 2001-2002, 28482, nrs. 3, S. 39, 40, abgerufen unter: http://www.justitie.nl.themas/wetgeving/dossiers/auteursrecht/concept/wetsvoorstel/wetsvoorstel.asp?Component=6461&SourcePageID=7845.

863 Hooge Raad, GRUR Int. 1996, S. 1231, 1232 - Knipselkranten; *Verkade*, GRUR Int. 1996, 1233 - Anmerkung zum Urteil des Hooge Raad vom 10.11.1995.

864 Erwägungsgrund 8 der RL 2001/29/EG.

Zugänglichmachung zu gestatten, ohne dass dabei als Privilegierte zwingend nur die Presse[865] in Betracht komme.[866]
Andererseits wird zur Ausfüllung dieses unbestimmten Rechtsbegriffes ausschließlich auf eine europarechtlich autonome Auslegung abgestellt.[867] Zur Begründung einer Umsetzung des Art. 5 Abs. 3 lit. c Alt. 1 UrhRL im Sinne einer völkerrechtlich einheitlichen Interpretation wird angeführt, dass ein innerstaatliches Verständnis dem Harmonisierungszweck zuwiderlaufe und vor allem auch der Pflicht der kohärenten Anwendung der Schrankenregelungen[868] entgegenstehe.[869]

I. Begriff der Presse nach europäischem Verständnis

Zur Konkretisierung des Pressebegriffs nach einem europarechtlich autonomen Ansatz bieten sich im Wesentlichen zwei Anhaltspunkte. So kann zunächst nach einem allgemeinen europäischen Verständnis von „Presse" gefragt werden. Mit Art. 10bis Abs. 1 RBÜ 67/71 besteht weiterhin die Möglichkeit, eine völkerrechtliche Interpretation aus urheberrechtlicher Sicht vorzunehmen.

1. Allgemeiner europäischer Pressebegriff

Durch den EuGH selbst wurde bisher noch keine Bestimmung des Pressebegriffs vorgenommen. Auch eine gesetzliche Normierung, die eine Definition oder Anhaltspunkte über die Ausgestaltung des Pressebegriffs enthält, wie es auf nationaler Ebene mit Art. 5 Abs. 1 GG vorgenommen wird, existieren nicht. Zwar wird aus dem europäischen Gemeinschaftsrecht Art. 10 EMRK zur Begründung einer möglichen erweiterten Anwendung der nationalen Schrankenregelungen zur Übernahme von Presseartikeln und Bildern bemüht.[870] Eine

---

865 So aber *Hoeren*, Die urheberrechtliche Pressespiegelschranke - eine Anfrage an die Informationsfreiheit, in: FS Druey, S. 773, 783; *Niemann*, CR 2003, S. 119, 122, vgl. hierzu Kap. 5 §2 A.

866 *Dreier*, JZ 2003, S. 477, 478 – Anmerkung zum Urteil des BGH vom 11.7.2002.

867 *Hoeren*, Die urheberrechtliche Pressespiegelschranke - eine Anfrage an die Informationsfreiheit, S. 773, 784; *Niemann*, CR 2003, S. 119, 123; *Waldenberger*, MMR 2002, 743, 744 - Anmerkung zum Urteil des BGH vom 11.7.2003.

868 Erwägungsgrund 31 und 32 der RL 2001/29/EG (in Bezug auf die Schrankenregelungen gemäß Art. 5 UrhRL), vgl. auch allgemein Erwägungsgrund 6 und 7 RL 29/2002/EG.

869 *Niemann*, CR 2003, S. 119, 122; *Berger/Degenhart*, AfP 2002, Beilage Heft 6, S. 557, 580, *Waldenberger*, MMR 2002, S. 743, 744 - Anmerkung zum Urteil des BGH vom 11.7.2002.

870 EGMR, MR 2/2002, S. 82, 83 - Kronen Verlag; EGMR, MR 2/2002, S. 84, 87 - Dichand; vgl. auch *Dittrich/Öhlinger*, ÖJZ, 2002, S. 361, 363, 364; Holoubek, AfP 2003, S. 193, 194,199; aus der Rechtsprechung auf nationaler Ebene in Bezug auf Art. 10 EMRK: Cour d`appel de Paris, GRUR Int. 2002, S. 329, 329 - Urtillo; OGH,

Bestimmung des Pressebegriffs erfolgt aber auch hierbei nicht. Herangezogen werden können daher nur allgemeine angestellte Definitionsversuche. Hierbei wird vorwiegend auf das Vorhandensein einer redaktionellen Tätigkeit und die Ausgabe durch körperliche Massenvervielfältigungen an die Öffentlichkeit abgestellt.[871]

2. Pressebegriff nach urheberrechtlichem Konventionsrecht
Im Hinblick auf die Untersuchung des Pressebegriffes im Sinne einer europarechtlich autonomen Auslegung bleibt aber die Möglichkeit, das konventionsrechtliche Verständnis gemäß Art. 10bis Abs. 1 RBÜ 67/71 zu untersuchen und für eine Ausgestaltung des Pressebegriffs i.S.d. Art. 5 Abs. 3 lit. c UrhRL heranzuziehen.

a) Art. 10bis RBÜ 67/71, Art. 10 II WCT i.V.m. Art. 10bis RBÜ 67/71
Hierbei gehen die Auffassungen über den Pressebegriff weit auseinander. So wird Presse im Anschluss an die RBÜ 67/71 als Zeitungen, Zeitschriften und andere vergleichbare Druckschriften wie gerade auch Pressespiegel verstanden.[872] Weiterhin wird auch hervorgehoben, dass nicht nur Zeitungen und Zeitschriften gemeint seien, sondern es vor allem auf den Sinn und Zweck des Art. 10bis Abs. 1 RBÜ 67/71, nämlich das „free flow of information", ankomme.[873] Gerade auch ein Pressespiegel könne daher als Presse i.S.d. Art. 10bis Abs. 1 RBÜ 67/71 verstanden werden.[874] Zum Teil wird sogar vertreten, dass Art. 10bis Abs. 1 RBÜ 67/71 dazu diene, der Informationsindustrie schlechthin eine Möglichkeit zur Übernahme von Artikeln zu gestatten.[875]
Nach anderer Ansicht wird aber herausgestellt, dass Presse i.S.d. Art. 10bis Abs.1 RBÜ 67/71 nur als publizistisches Medium verstanden werden könne, dass

MR 2001, S. 304 ff.- Medienprofessor; OGH, MR 2000, S. 373 ff. - Schlüssels Dornenkrone; OGH, MR 2002, S. 30 ff. – Wiener Landtagswahlkampf.

871 *Rübenach,* Europäisches Presserecht, S. 27, 28.

872 *Krejci,* Urheberrechtliches zur Medienbeobachtung, in: FS Dittrich, S. 201, 212; *Rehbinder,* Die Beschränkungen des Urheberrechts zu Gunsten der Allgemeinheit, in: FS 100 Jahre UrhG, S. 353, 367.

873 Hooge Raad, GRUR Int. 1996, S. 1231, 1232 - Knipselkranten; *Ricketson,* The Berne Convention, S. 505; *Ficsor,* The copyright law and the Internet, S. 270, Kap. 5 Rdnr. 29.

874 Hooge Raad, GRUR Int. 1996, S. 1231, 1232 - Knipselkranten; *Melichar,* Die Umsetzung der EU-Richtlinie in deutsches Recht, in: Becker/Schwarz (Hrsg.), Regulierung im Bereich Medien und Kultur, S. 43, 53; *Verkade,* GRUR Int. 1996, S. 1233 – Anmerkung zum Urteil des Hooge Raad vom 10.1.1995.

875 *Proter,* Copyright and Information - Limits in the memberstates of the European Communities, S. 112.

redaktionelle Beiträge enthalte.[876] Charakteristisch für die Presse sei weiterhin, dass es sich um Massennutzungen handele.[877] Von Art. 10bis Abs. 1 RBÜ 67/71 werden daher letztlich nur Zeitungen, Zeitschriften sowie allenfalls andere vergleichbare Medien erfasst, solange diese einen eigenen redaktionellen Teil aufweisen. Nicht dagegen sei eine Erweiterung auf die ausschließlich zur unternehmensinternen Nutzung erstellten Pressespiegel möglich.[878]
Deutlich wird somit, dass sich diese sehr unterschiedlichen Auslegungslinien ergeben, je nachdem, ob streng formal anhand der Merkmale der redaktionellen Tätigkeit und der Verpflichtung zur Ausgabe von Massenmedien vorgegangen oder ob mehr auf eine inhaltlich teleologische Interpretation des Pressebegriffs abgestellt wird. Insgesamt kann daher mit Hilfe der isolierten Betrachtung des Wortlauts des Art. 10bis Abs. 1 RBÜ 67/71 keine eindeutigen Anhaltspunkte für das Verständnis des Pressebegriffs erzielt werden.

b) Entstehungsgeschichte

Weiterhelfen kann daher nur eine Untersuchung anhand der Entstehungsgeschichte des Art. 10bis Abs. 1 RBÜ 67/71. Dabei lassen sich im Wesentlichen drei große Entwicklungsstufen erkennen.

---

876 *Mayer-Schönfelder/Wittmann*, Rechtsfragen der Nutzung von Artikeln aus Zeitungen und Zeitschriften zum Zwecke der Medienbeobachtung, S. 36; *Lehmann/Katzenberger*, Elektronische Pressespiegel und Urheberrecht, S. 67; *Berger/Degenhart*, AfP 2002, Beilage Heft 6, S. 557, 574, 580; *Niemann*, CR 2003, S. 119, 120.

877 *Hoeren*, Pressespiegelschranke des Urheberrechts - eine Anfrage an die Informationsfreiheit, in: FS Druey, S. 773, 784; *Niemann*, CR 2003, S. 119, 120; *Berger/Degenhart*, AfP 2002, Beilage Heft 6, S. 557, 574, 580; *Waldenberger*, MMR 2002, 743, 744 – Anmerkung zum Urteil des BGH vom 11.7.2002.

878 *Hoeren*, Pressespiegelschranke des Urheberrechts - eine Anfrage an die Informationsfreiheit, in: FS Druey S. 773, 784; *Niemann*, CR 2003, S. 119, 120; *Berger/Degenhart*, AfP 2002, Beilage Heft 6, S. 557, 574, 580; *Waldenberger*, MMR 2002, 743, 744 – Anmerkung zum Urteil des BGH vom 11.7.2002; *Spindler*, GRUR 2002, S. 105, 114; *ders.*, Im Urheberrecht steht Streit ins Haus, in: FAZ vom 10.11.2001; *VDZ*, Stellungnahme zur Umsetzung der Richtlinie zur Harmonisierung bestimmter Aspekte des Urheberrechts und der verwandten Schutzrechte, vom 24.09.2001, S. 10, abgerufen unter: www.vdz.de/mediabase/documents/Ums-Richtl-Harm.pdf. und *VDZ*, Stellungnahme zum Referentenentwurf für ein Gesetz zur Regelung des Urheberrechts in der Informationsgesellschaft, vom 18.4.2002, S. 2, abgerufen unter: www.vdz.de/mediabase/documents/Stellungnahme_VDZ_180302.pdf.; *BDZV*, Anmerkung des BDZV zur Umsetzung der Richtlinie zur Harmonisierung bestimmter Aspekte des Urheberrechts und der verwandten Schutzrechte, vom 28.8.2001, S. 2 und *BDZV*, Stellungnahme zum Referentenentwurf für ein Gesetz zur Regelung des Urheberrechts in der Informationsgesellschaft, vom 18.4.2002, S.1, beide abgerufen unter: www.urheberrecht.org/topic/Info-RiLi/.

Zunächst bestand mit Art. 7 RBÜ 1886 in der Ursprungsfassung der Berner Übereinkunft vom 9. September 1886 eine völlig freie Übernahmemöglichkeit von Artikeln, solange diese nicht mit einem Rechtevorbehalt versehen waren. Bei Artikeln zu politischen oder sonstigen tagesaktuellen Geschehnissen war selbst die Anbringung eines Rechtevorbehaltes nicht gestattet.[879] Zudem war Art. 7 RBÜ 1886 als Maximalschutz ausgestaltet, so dass für die Mitgliedstaaten keine Möglichkeit bestand, eine für die Urheber günstigere Regelung auszugestalten.[880]
Mit dem Zusatzprotokoll von Paris vom 6. Mai 1896 wurde die Berner Fassung vervollständigt, ohne dabei aber etwas an dem Charakter des Art. 7 RBÜ 1886 als Regelung einer völlig freien Übernahmemöglichkeit zu ändern.[881] Lediglich aus den Materialen wird deutlich, dass auch trotz der unbegrenzten Übernahmeerlaubnis schon damals nur an eine gelegentliche Übernahme von Artikeln gedacht wurde. Art. 7 RBÜ 1896 sollte jedenfalls keinen Freibrief geben, eine Zeitung regelmäßig und umfassend als Quelle für eigene Publikationen zu nutzen.[882]

Besonders auf Grund dieser Gefahren wurde mit der Revision der Berner Übereinkunft in Berlin vom 13. November 1908 die zweite Phase in der Entwicklung der Schrankenregelung zur Übernahme von Presseartikeln eingeläutet. Diese enthält vor allem im Hinblick auf die hier in Rede stehende Frage des Verständnisses des Begriffs der Presse wesentliche Restriktionen. So ist nicht nur anzumerken, dass der Bereich der urheberrechtlich geschützten Werke ausgeweitet, gestärkt und nun gemäß Art. 9 Abs. 1 RBÜ 1908 ausdrücklich fixiert wurde. Vor allem wurde es durch die Überzeugungskraft der belgischen Regierung, die besonders für das Interesse ihrer Autoren und Journalisten eintrat, erreicht, dass nur noch der Abdruck aus einer Zeitung in eine andere Zeitung möglich war. Damit vollzog sich ein Wandel von der Möglichkeit der erlaubnisfreien Nutzung von Artikeln durch jedermann gemäß Art. 7 RBÜ 1886 bzw. 1896 zu einer absoluten Beschränkung auf eine Übernahme ausschließlich nur in Zeitungen gemäß Art. 9 Abs. 2 RBÜ 1908. Den Befürchtungen, dass die Schrankenregelung zum Zwecke der kontinuierlichen Ausbeutung von publizistischen Ressourcen missbraucht werden könnte, wurde

---

879 *Ficsor,* The copyright law and the Internet, S. 269, Kap. 5 Rdnr. 28; *Ricketson,* The Berne Convention, S. 502; *Briggs,* The law of international copyright (1906), S. 364, 376.

880 *Ficsor,* The copyright law and the Internet, S. 269, Kap. 5 Rdnr. 28; vgl. *Hoffmann,* Kommentar zur RBÜ 1928, S. 25; *Bappert,* in: Bappert/Wagner (Hrsg.), Internationales Urheberrecht Kommentar (1956), Art. 9 RBÜ Rdnr. 3.

881 *Ficsor,* The copyright law and the Internet, S. 269, Kap. 5 Rdnr. 28; *Ricketson,* The Berne Convention, S. 502.

882 *Briggs,* The Law of International Copyright (1906), S. 371, 372.

also nicht mit einem ausgeglichenen Kompromissvorschlag begegnet, sondern mit einer strengen Restriktion auf Zeitungen, sowohl im Hinblick auf die Ent- als auch die Übernahmemedien.

Obwohl diese Vorgehensweise durchaus kritisch betrachtet wurde, konnte mit dem Zusatzprotokoll von Bern vom 20. April 1914 keine Veränderung erreicht werden. Erst in der Folgezeit wurde die Kontroverse um die Begrenzung der Privilegierung auf Zeitungen wieder angestoßen. So wurde es als problematisch angesehen, dass viele Artikel nicht nur in Zeitungen, sondern eben auch in anderen Medien wie Zeitschriften, Wochenblättern oder Magazinen genutzt werden. Gleichzeitig wurde darauf hingewiesen, dass gerade auch Artikel aus dem Zeitschriftenbereich für eine Übernahme in Zeitungen informationsbringend seien. Um diesem Informationsverlust und den Hindernissen beim Zugang zu Informationen entgegenzuwirken, wurde mit der Revision der Berner Übereinkunft in Rom vom 2. August 1928 eine Liberalisierung der Freiheit zur Übernahme von Presseartikeln erreicht. Privilegiert zur Übernahme von Artikeln waren von nun an nicht mehr nur Zeitungen, sondern ganz allgemein die Presse. Gleichzeitig wurde der Bereich der Entnahmemedien auf Artikel zu wirtschaftlichen, politischen oder religiösen Tagesfragen begrenzt. Damit vollzog sich mit dieser Revision in Rom nicht nur ein wesentlicher Schritt in Richtung auf die bestehende Fassung des Art. 10bis Abs. 1 RBÜ 67/71. Vor allem wurde aber zu diesem Zeitpunkt erstmals der Begriff der „Presse" verwendet. Eine eindeutige Ausgestaltung des Verständnisses war damit aber nicht verbunden. Vielmehr liefen die Meinungen auch damals schon weit auseinander. So wurde argumentiert, dass die Vorfassung nur die Privilegierung von Zeitungen vorsah. Die Erweiterung auf den Begriff der Presse könne daher ausschließlich nur dazu führen, auch Zeitschriften mit in den Kreis der Schrankenberechtigten aufzunehmen, nicht dagegen aber auch sonstige Druckwerke.[883] Zudem sprach man sich dafür aus, dass diesem restriktiven Verständnis des Pressebegriffs eine einheitliche Gültigkeit für alle Verbandsstaaten zukomme.[884] Dieser Meinung folgend scheidet daher nicht nur die Möglichkeit aus, einen Pressespiegel anhand der konventionsrechtlichen Vorgaben als Presse zu verstehen. Vielmehr besteht hiernach auch keine Möglichkeit, auf nationaler Ebene eine Eigendefinition zu finden.
Nach anderer Ansicht wurde zwar zugestimmt, dass der Entstehungsgeschichte eindeutig zu entnehmen sei, dass Presse sich auch auf Zeitschriften beziehe. Dabei bleibe das Verständnis des Pressebegriffs aber nicht stehen. So seien als Presse nicht nur Zeitungen und Zeitschriften zu verstehen, sondern auch jedes

---

883 *Bappert*, in: Bappert/Wagner (Hrsg.), Internationales Urheberrecht Kommentar (1956), Art. 9 RBÜ Rdnr. 8.

884 *Raestad*, Le convention de Berne, S. 184.

andere periodisch erscheinende Druckwerk.[885] Die genaue Bestimmung des Pressebegriffs stehe dabei den Verbandsstaaten zu, die deren Bedeutung durch Rechtsnormen oder durch richterliche Bestimmung festlegen können.[886] Nach dieser letztgenannten Ansicht ist es daher sogar ohne eine nationale Begriffsbestimmung möglich, einen Pressespiegel als sonstiges periodisches Druckwerk i.S.d. Art. 9 Abs. 2 RBÜ 1928 zu subsumieren. Insgesamt wird daher jedenfalls deutlich, dass mit der Einführung des Begriffs der Presse keine klare Linie in Bezug auf dessen Deutung einhergeht.

Nachdem die Brüsseler Revision vom 26. Mai 1948 keine Veränderung mit sich brachte, entbrannte der Streit um die Schrankenregelung zur Übernahme von Artikeln aber im Rahmen der Revision der Berner Übereinkunft in Stockholm vom 11. Juli 1967 erneut. So wurde vor allem von französischer Seite kritisiert, dass die Übernahme von Artikeln größtenteils ohne die Angabe von Quellen vorgenommen worden sei und zudem auch bestehende Rechtevorbehalte häufig nicht geachtet worden sei.[887] Erwogen wurde daher eine ersatzlose Streichung der Schrankenregelung.[888] Zu diesem Schritt kam es aber nicht. Vielmehr besann man sich auf die besondere Bedeutung der Möglichkeit der Übernahme von Artikeln im Hinblick auf eine freie Nutzungs- und Verbreitungsmöglichkeit von Informationen.[889] In diesem Zusammenhang wurde deutlich gemacht, dass durch die Möglichkeit der Erstellung von Zusammenfassungen oder auch durch das Zitatrecht gerade das Ziel des umfassenden Informationszugangs nicht erreicht werden könne.[890] Aus diesen Gründen wurde darauf hin unter besonderer Berücksichtigung der Ermöglichung eines freien Informationsflusses mit Art. 10bis Abs. 1 RBÜ 1967 ein Kompromisslösung vorgenommen. Dieser Kompromiss wurde vor allem dadurch erreicht, dass einerseits im Interesse der Informationsfreiheit der Bereich der privilegierten Medien auf moderne Kommunikationsmöglichkeiten wie Rundfunk oder sonstige Übertragungsmöglichkeiten mittels Draht ausgeweitet wurde. Andererseits wurde aber gleichzeitig an der inhaltlichen Beschränkung der Entnahmedien auf wirtschaftliche, politische und religiöse Themen, genauso wie auch an der Verpflichtung zur

---

885 *Hoffmann,* Kommentar zur RBÜ 1928, S. 150, *Plaisant/Pichot,* La conference de Rome, S. 61.

886 *Hoffmann,* Kommentar zur RBÜ 1928, S. 150, *Plaisant/Pichot,* La conference de Rome, S. 61.

887 Vgl. *Ricketson,* The Berne Convention, S. 505.

888 *Ricketson*, The Berne Convention, S. 505, *Dillenz*, Die Stockholmer Revision der Berner Übereinkunft, S. 25.

889 *Ricketson*, The Berne Convention, S. 505, *Ficsor*, The copyright law and the Internet, S. 270, Kap. 5 Rdnr. 29.

890 *Ricketson*, The Berne Convention, S. 505.

Angabe der Quelle und der Möglichkeit zur Gestaltung eines Rechtevorbehalts festgehalten. Auch im Hinblick auf die Bestimmung des Pressebegriffs bietet diese dritte Entwicklungsstufe daher weitere Anhaltspunkte. Schon bei der Fassung von 1928 wurde für ein nationales Verständnis des Pressebegriffs plädiert, obwohl Art. 9 Abs. 2 RBÜ 1928 keine Bestimmung der Primärmedien vorsah. Der Wortlaut sprach insoweit nur ganz allgemein von „Artikeln". Dem Begriff der Presse kam damit nicht nur Bedeutung für die sekundären Übernahmemedien zu, sondern genauso für die Entnahmemedien. Bei einer rein nationalen Bestimmung des Pressebegriffs ergab sich daher für die einzelnen Verbandsstaaten die Option, nicht nur den Kreis der Privilegierten näher auszugestalten, sondern auch den Kreis der durch die Schrankenregelung belasteten Medien. Damit bestand die Gefahr, die im Maximalschutz ausgestaltete Rechtfertigungsmöglichkeit nahezu vollständig zur nationalen Disposition zu stellen. Art. 10bis Abs. 1 RBÜ nimmt dagegen aber eine klare Trennung von Primär- und Sekundärmedien vor. Nur die Entnahmemöglichkeit explizit auf Artikel aus Zeitungen und Zeitschriften beschränkt. Im Hinblick auf die Übernahmemedien wird dagegen auf den weiten Begriff der Presse abgestellt. Die Gefahr, den Charakter der Schrankenreglung sowohl auf der Ebene der Sekundär- als auch der Primärmedien zur nationalen Option frei zu geben, besteht daher nicht mehr. Vielmehr spricht sogar die Tatsache, dass die Entnahmemedien einer strengen Konkretisierung unterstellt worden sind und im Gegensatz dazu aber der Kreis der Privilegierten sogar über die Presse hinaus eine Ausweitung auch auf andere Medien erfahren hat, dafür, die Presse nicht nur auf typische Pressemedien wie Zeitungen und Zeitschriften zu begrenzen, sondern auch auf weitere Publikationen zu beziehen, die ebenso dem Informationszweck dienen. Hätte der Gedanke des Gleichlaufs von Primär- und Sekundärmedien im Vordergrund stehen sollen, wäre eine unterschiedliche Ausgestaltung von Primär- und Sekundärmedien sicherlich nicht nötig gewesen. Weiterhin ist hervorzuheben, dass in Bezug auf die Primärmedien ausdrücklich eine Veröffentlichung der Artikel gefordert wird. Für die Übernahme durch die Presse wird aber keine Veröffentlichung mehr verlangt, obwohl gerade beim wesentlich unbestimmteren Begriff der Presse eine solche Angabe im Wortlaut eher erforderlich gewesen wäre als im Hinblick auf Zeitungen und Zeitschriften, denen der Charakter einer Veröffentlichung ohnehin nahezu immanent ist. Auch dies lässt sich daher als Argument dafür anführen, dass die Presse nicht nur auf veröffentlichte Massenmedien wie Zeitungen und Zeitschriften beschränkt sein muss.

Insgesamt wird deutlich, dass sich hinter Art. 10bis Abs. 1 RBÜ 1967 keine nähere Ausgestaltung des Pressebegriffs verbringt. Vielmehr ist der besondere Schwerpunkt vor allem in der Verwirklichung des Privilegierungszwecks des „free flow of Information" zu sehen. Auch die Umgestaltung des Art. 10bis RBÜ

1967 zu einer fakultativen Schrankenregelung,[891] die Mindestschutz begründet, spricht hierfür. Damit wurde gerade darauf reagiert, dass Art. 10bis Abs. 1 RBÜ 1967 im nationalen Rahmen unterschiedliche Bedeutung zukam. So sahen Dänemark und Frankreich für die Einführung der Übernahmeprivilegierung keinerlei Verwendung. Anderen Verbandsstaaten sollte dagegen mit Art. 10bis Abs. 1 RBÜ 1967 weiterhin die Rechtfertigungsmöglichkeit an die Hand gegeben werden. Gerade auch über die Verwendung des weiten Begriffs der Presse besteht hier die Möglichkeit, unter Beachtung des Sinns und Zwecks der Schrankenregelung über die Bestimmung des Kreises der Privilegierten auf nationale Gepflogenheiten zu reagieren, ohne dabei den Charakter und Zweck der konventionsrechtlichen Schrankenvorgabe in Frage zu stellen.

In dieser Fassung von 1967 besteht die Schrankenregelung des Art. 10bis Abs. 1 RBÜ auch heute noch. In der letzten Revision von Paris am 24. Juli 1971 wurde keine Änderung mehr vorgenommen. Seit mehr als einem Vierteljahrhundert ist daher keine Anpassung an die neuen Entwicklungen mehr erfolgt. Vor allem auch der WCT, der den Entwicklungen der Informationsgesellschaft und als Sonderabkommen zur RBÜ quasi die erforderliche erneute inhaltliche Revision der RBÜ vornimmt[892], beinhaltet keine Anpassung der Schrankenregelung an den neuesten Stand. Vielmehr wird gemäß Art. 10 Abs. 2 WCT gerade auf die Schrankenregelung der RBÜ Bezug genommen. Dennoch kann aber als Anhaltspunkt für eine aktuelle Auslegung und Ausgestaltung der Schrankenregelungen der RBÜ auf Satz 5 der Präambel des WCT verwiesen werden. Nach dieser wird gerade die Anerkennung und Aufrechterhaltung des gerechten Ausgleichs der Interessen der Rechteinhaber mit dem Bedürfnis nach freiem Zugang zu Informationen als Wunsch der Vertragsparteien formuliert. Damit zeigt sich, dass jedenfalls auch unter Berücksichtigung der fortgeschrittenen Entwicklung der Kommunikations- und Informationstechnologie bei der Anwendung der Schrankenregelung des Art. 10bis Abs. 1 RBÜ 67/71 der freie Zugang von Informationen den Zweck der Privilegierung bestimmt und auch im Hinblick auf das Verständnis des Pressebegriffes entscheidungsrelevant bleibt.

c) Folgen für den Pressebegriff i.S.d. Art. 5 Abs. 3 lit. c Alt. 1 UrhRL

Im Hinblick auf Art. 5 Abs. 3 lit. c Alt. 1 UrhRL ergibt sich somit, dass die Schrankenregelung des Art. 10bis Abs. 1 RBÜ 67/71 keine definierte Vorgabe zur Bestimmung des Pressebegriffs enthält. Vielmehr hat die Entwicklungsgeschichte und vor allem die letzte Änderung der konventionsrechtlichen Vor-

---

891 *Masouye*, Kommentar zur Berner Übereinkunft, Art. 10bis. Abs.1 Punkt 1; *Riketson*, The Berne Konvention, S. 506.

892 *Reinbothe*, ZEuP 2000, S. 5, 25, *ders.* Beschränkungen und Ausnahmen von Rechten im WCT, in: FS Dittrich, S. 251, 260.

gabe gezeigt, dass auch auf internationaler Ebene ein weiter und durch den Zweck der Schrankenregelung geprägter Pressebegriff besteht. Auf diese Weise wird den Mitgliedstaaten die Möglichkeit gegeben, im Rahmen der konventionsrechtlichen Vorgaben auf die nationalen Gegebenheiten zu reagieren und über den Pressebegriff eine staatenspezifische Modifikation der Schrankenregelung vorzunehmen.

Insgesamt kann somit zwar nicht behauptet werden, dass der Begriff Presse i.S.d. Art. 5 Abs. 3 lit. c Alt. 1 UrhRL sich über die völkerrechtliche Verankerung in Art. 10bis Abs. 1 RBÜ 67/71 auch auf Pressespiegel bezieht. Behaupten lässt sich aber, dass eine Interpretation in diesem Sinne möglich ist, soweit dabei die Grenzen, die Art. 10bis Abs. 1 RBÜ 67/71 durch seine teleologische Intention vorgibt, beachtet werden und ein solches Verständnis mit den nationalen Vorgaben zur Bestimmung des Pressebegriffs in Einklang zu bringen ist.

II. Begriff der Presse nach nationalem Verständnis

Zu überprüfen bleibt daher, ob es nach nationalem Begriffsverständnis möglich ist, einen Pressespiegel als Pressetätigkeit aufzufassen.

1. Verfassungsrechtlicher Pressebegriff gemäß Art. 5 Abs. 1 S. 2 GG

Ausschlaggebend ist dabei der grundrechtlich verankerte Pressebegriff gemäß Art. 5 Abs. 1 S. 2 GG. Für diesen ergibt sich, wie der Vergleich mit dem Presseverständnis nach allgemeinem Sprachgebrauch zeigt, ein weiter Auslegungsmaßstab. Während nach allgemeinem Ansatz nur periodisch erscheinende Publikationen wie Zeitungen oder Zeitschriften als Presse aufgefasst werden,[893] umfasst der verfassungsrechtliche Pressebegriff jegliche zur Verbreitung geeigneten und bestimmten Druckerzeugnisse.[894]

Die einfache Subsumtion eines Pressespiegels als Druckerzeugnis bereitet keine Schwierigkeiten. Zu beachten ist allerdings, dass nach der verfassungsrechtlichen Definition auch der Herstellungsweise und der Art der Verbreitung eine wesentliche Bedeutung zukommt. So impliziert der Begriff des Druckerzeugnisses, dass es sich um ein zur Massenherstellung geeignetes Vervielfältigungsverfahren handeln muss.[895] Als klassisches Beispiel für die massenhafte Herstellung von Publikationen sind Buch- und Zeitungsdruckpressen zu

---

893 *Bullinger*, in: Löffler (Hrsg.), Presserecht, § 1 Rdnr. 68.

894 *Degenhart*, in: Bonner Kommentar, Art. 5 Abs. 1 und 2 GG Rdnr. 397; *Wendt*, in: v. Münch/Kunig, Art. 5 GG Rdnr. 30; *Starck*, in: v.Mangoldt/Klein/Starck, Das Bonner Grundgesetz, Art. 5 GG Rdnr. 38; *Bethge*, in: Sachs, GG-Kommentar, Art. 5 GG Rdnr. 68; *Jarass/Pieroth*, Art. 5 Rdnr. 25.

895 *Degenhart*, in: Bonner Kommentar, Art. 5 Abs. 1 und 2 GG Rdnr. 397; *Wendt*, in: v. Münch/Kunig, Art. 5 GG, Rdnr. 30.

nennen. Entscheidend ist aber nicht, dass das Ergebnis des Herstellungsverfahrens auch immer die Erzeugung einer massenhaften Auflage ist. Vielmehr muss es sich lediglich um eine Vervielfältigungstechnik handeln, die abstrakt zur Produktion von Massenvervielfältigungen geeignet ist. Unerheblich ist auch die im Einzelfall angewandte Vervielfältigungstechnik, so dass neben klassischen Druckverfahren auch alle weiteren fotomechanischen und reprografischen Verfahren in Betracht kommen.[896] Herkömmliche Pressespiegel erfüllen somit auch die gemäß Art. 5 Abs. 1 S. 2 GG vorgegebenen Voraussetzungen hinsichtlich der Herstellungsweise. Einordnungsschwierigkeiten ergeben sich vielmehr in Bezug auf die digitalen Vervielfältigungstechniken bei der Pressespiegelerstellung. Hier ist die Abgrenzung zwischen Presse und Rundfunk unklar. So charakterisiert sich die Presse durch die Ausgabe ihrer Inhalte in verkörperter Form.[897] Wird dagegen eine Information gegenstandslos, also durch Rundfunk, Fernsehen oder rundfunkähnliche Kommunikationstechniken, wie die Mediendienste[898] oder Informations- und Kommunikationsdienste[899] übermittelt, kann keine Zuordnung zur Presse erfolgen.[900] Dies soll sogar dann gelten, wenn die unkörperlich übermittelten Inhalte beim Empfänger wie bei einer Faksimile-Zeitung oder einem ausgedruckten News-Letter in papierener Form rezipiert werden.[901] Mit dieser Abgrenzung ergibt sich daher, dass ein auf herkömmliche Weise hergestellter und übermittelter Pressespiegel den Anforderungen, die Art. 5 Abs. 1 S. 2 GG an die Produktionsform stellt, gerecht wird. Bei einem elektronisch übermittelten Pressespiegel muss dagegen eine Subsumtion unter den verfassungsrechtlichen Pressebegriff scheitern. Zu überlegen ist allerdings, ob es sachgerecht ist, den Charakter einer Publikation völlig zu verändern, nur weil eine die herkömmliche körperliche Zustellung ersetzende elektronische Übermittlung vorgenommen wird. So könnte auch nach funktionaler Betrachtungsweise entschieden werden.[902] Jedenfalls soweit die verwendeten Inhalte nicht ausschließlich nur in unkörperlicher Form genutzt werden, sondern die elektronische Übermittlung als Rationalisierungsmaßnahme

---

896 Vgl. *Wendt,* in: v. Münch/Kunig, Art. 5 GG, Rdnr. 30; *Löffler/Ricker,* Handbuch des Presserechts, Kap.1, S. 4 Rdnr. 15.

897 *Bethge,* in: Sachs, GG-Kommentar, Art. 5 GG Rdnr. 73 a; *Wendt,* in: v. Münch/Kunig, Art. 5 GG Rdnr. 30; *Degenhart,* in: Bonner Kommentar, Art. 5 Abs. 1 und 2 GG Rdnr. 441; *Löffler/Ricker,* Handbuch des Presserechts, Kap. 1 S. 3 Rdnr. 9.

898 Vgl. § 2 MDStV.

899 Vgl. Art. 1 § 2 IuKDG.

900 *Bethge,* in: Sachs, GG-Kommentar, Art. 5 GG Rdnr. 73 a; *Schulze-Flielitz,* in: Dreier, Grundgesetz Kommentar, Art 5 GG Rdnr. 91; *Löffler/Ricker,* Handbuch des Presserechts, Kap. 1 S. 3 Rdnr. 9.

901 *Bethge,* in: Sachs, GG-Kommentar, Art. 5 GG Rdnr. 73 a; *Brand,* Rundfunk i.S.d. Art. 5 Abs.1 S.2 GG, S. 53, 60.

902 Vgl. *Gersdorf,* Rundfunkbegriff, S. 147; *Berger/Degenhart,* AfP 2003, S. 105, 110, 111.

an die Stelle einer körperlichen Ausgabe tritt, können auch Faksimile-Zeitungen, die am Bildschirm wahrgenommen werden, als ein Surrogat i.S.d. Presse gemäß Art. 5 Abs. 1 S. 2 GG verstanden werden.[903] Im Ergebnis ist somit auch die digitale Zustellung der aus eingescannten Print-Artikeln erstellten Pressespiegeln dem Pressebegriff gemäß Art. 5 Abs. 1 S. 2 GG zuzuordnen.[904]
Bei einem reinen Internet-Pressespiegel, der sich nur aus Deep Link-Verweisen zu online publizierten Artikeln zusammensetzt, handelt es sich dagegen um eine Kommunikationsform, die sich ausschließlich im gegenstandslosen Bereich abspielt, so dass eine Subsumtion unter den verfassungsrechtlichen Pressebegriff schon am Merkmal der Herstellungsform scheitern muss.

Neben der Voraussetzung hinsichtlich der Produktionsweise muss der Pressespiegel, um dem Pressebegriff gemäß Art. 5 Abs. 1 S. 2 GG zu unterfallen, zur Verbreitung bestimmt sein. Zu überprüfen ist daher, ob ein Pressespiegel, der sich nur an einen individuellen Nutzerkreis wendet, noch mit den verfassungsrechtlichen Vorgaben der Bestimmung für die Allgemeinheit übereinstimmt. Zunächst erfüllen jedenfalls Publikationen, die gegenüber jedermann allgemein zum Kauf oder zur freien Nutzung angeboten werden, diese Voraussetzungen. Aus diesem Grund fällt es auch nicht schwer, themenspezifische Publikumspressespiegel bzw. Kioskpressespiegel, die der Allgemeinheit zum käuflichen Erwerb präsentiert werden, als verbreitete Pressemedien anzusehen. Anders liegt der Fall bei betriebsintern genutzten Pressespiegeln. Um ein Angebot an jedermann handelt es sich hierbei nicht. Bedeutung kommt in diesem Zusammenhang aber der Entscheidung des BVerfG vom 8.10.1996 zu.[905] Der erste Senat hatte hier gerade über die Frage zu entscheiden, ob auch ausschließlich betriebsintern verbreitete Publikationen als Presse gemäß Art. 5 Abs. 1 S. 2 GG verstanden werden können - und diese Frage auch bejaht.[906] Zur Begründung führt das BVerfG aus, dass im Bereich der Pressemedien zwar zwischen Publikumsangeboten und rein gruppenintern genutzten Medien unterschieden werden müsse. Auf die Pressequalität der Publikation habe dieser Umstand aber keinen Einfluss. Ausdrücklich wird hierbei auf die Funktion von Art. 5 Abs. 1 GG abgestellt, der dazu dient, eine offene Kommunikation zu gewährleisten. Zu dieser freien individuellen Meinungsbildung trage aber eine intern genutzte Publikation genauso bei wie eine allgemein zugängliche. Damit

---

903 *Degenhart,* in: Bonner Kommentar, Art. 5 Abs. 1 und 2 GG Rdnr. 441; *Gersdorf,* Rundfunkbegriff, S. 147; *Kleinke,* Pressedatenbanken und Urheberrecht, S. 62.

904 *Schulze/Filietz,* in: Dreier, Grundgesetz Kommentar, Art 5 GG Rdnr. 91, 96; *Berger/-Degenhart,* AfP 2002, Beilage Heft 6, S. 557, 566 unter Verweis auf *Bethge,* in: Sachs, GG-Kommentar, Art. 5 GG Rdnr. 75; *Berger/Degenhart,* AfP 2003, S. 105, 110, 111.

905 BVerfGE 95, S. 28 ff. - Werkszeitung.

906 BVerfGE 95, S. 28, 35 - Werkszeitung.

wird also die Bedeutung des Vertriebsweges und des Empfängerkreises bei der Beurteilung und Einordnung von Publikationen als Presse eindeutig zu Gunsten einer funktionellen Betrachtung als Kommunikations- und Informationsmedium zurückgedrängt.[907] Auch ein Pressespiegel dient genau wie eine Werkszeitung der Information der Mitarbeiter. Unschädlich ist es dabei auch, dass die Zusammenstellung der Inhalte entsprechend der Bedürfnisse und Themenschwerpunkte des Unternehmens erfolgt. So enthält auch eine Werkszeitung ausschließlich nur Themen, die das Unternehmen, die Mitarbeiter oder branchenspezifische Probleme betreffen.

Zu überlegen bleibt allerdings, inwieweit ein redaktionelles Tätigwerden für den verfassungsrechtlichen Schutz eines Pressemediums von Bedeutung ist. So wird auch im Hinblick auf die urheberrechtliche Begriffsdefinition der Pressecharakter mit dem Argument des Fehlens redaktioneller Beiträge abgelehnt. Hierzu lässt sich aber anführen, dass es, wie auch die Einbeziehung einfacher Anzeigenblätter in den Schutzbereich des Art. 5 Abs. 1 S. 2 GG zeigt, für die Eröffnung des grundrechtlichen Schutzbereiches nicht auf das Vorhandensein redaktioneller Elemente ankommt.[908]

Insgesamt lässt sich daher ein unternehmensinterner Pressespiegel als Presse i.S.d. Art. 5 Abs. 1 S. 2 GG subsumieren.[909] Aber auch bei der auftragsgemäßen kundenspezifischen Erstellung eines Pressespiegels kann sich trotz des individualisierten Adressatenkreises nichts anderes ergeben. Insoweit handelt es sich bei der externen Produktion eines Pressespiegels lediglich um ein funktionales Äquivalent zur unternehmensinternen Erstellung.[910]

---

907 *Degenhart*, in: Bonner Kommentar, Art. 5 Abs. 1 und 2 GG Rdnr. 397; *Wendt*, in: v. Münch/Kunig, Art. 5 GG, Rdnr. 30; *Starck*, in: v. Mangoldt/Klein/Strack, Das Bonner Grundgesetz, Art. 5 GG Rdnr. 59; *Bethge*, in: Sachs, GG-Kommentar, Art. 5 GG Rdnr. 68a, *Jarass/Pieroth*, Art. 5 Rdnr. 25.

908 OLG Köln, NJW 1984, S. 1121; *Degenhart*, in: Bonner Kommentar, Art 5 Abs.1 und 2 GG Rdnr. 397; *Wendt*, in: v. Münch/Kunig, Art. 5 GG, Rdnr. 32.

909 *Melichar*, Die Umsetzung der EU-Urheberrechtsrichtlinie in deutsches Recht, in: Becker/Schwarz (Hrsg.), Regulierung im Bereich Medien und Kultur, S. 43, 52; *Hoeren*, GRUR 2002, S. 1022, 1026; i.E. auch *Dreier*, JZ 2003, S. 477, 478; *Hilty*, sic! 3/2003, S. 266, 272 – Anmerkung zum Urteil des ZG Basel Stadt vom 19.06.2002; *Stauffaucher*, sic! 5/2003, S. 458, 460; vgl. auch *Deutscher Kulturrat*, Stellungnahme zum Gesetzesentwurf der Bundesregierung für ein Gesetz zur Regelung des Urheberrechts in der Informationsgesellschaft vom 19.10.2002, S. 10, unter Punkt VII., abgerufen unter: www.kulturrat.de/aktuell/stellungnahmen/urheberrecht-infogesellschaft-2htm.

910 Vgl. hierzu aber mit anderer Intention, *Hoeren*, Pressespiegelschranke im Urheberrecht - eine Anfrage an die Informationsfreiheit, in: FS Druey, S. 773, 784.

2. Landespressegesetze

Neben der grundrechtlichen Ausgestaltung besteht auf Bundesebene für den Gesetzgeber zudem die Möglichkeit, gemäß Art. 75 Abs. 1 S. 1 Ziff. 2 GG Rahmenvorschriften für die Länder im Bereich der Presse zu erlassen. Hiervon hat der Bundesgesetzgeber aber keinen Gebrauch gemacht. Vielmehr haben die Länder mit ihren Landespressegesetzen Vollregelungen geschaffen. Es ist daher zu klären, ob auch eine Einbeziehung in das Verständnis des Pressebegriffs nach den Landespressegesetzen möglich ist. Anhaltspunkte für eine Definition ergeben sich hierbei aus den in den Ländern nahezu gleichlautenden Vorschriften[911], die eine Begriffsbestimmung vornehmen. Die Analyse des Wortlauts ergibt, dass sich auch die Länder entsprechend des verfassungsrechtlichen Verständnisses auf die Massenvervielfältigung und Verbreitung als wesentliche Elemente zur Bestimmung der Presse gestützt haben.[912] Zu überprüfen ist daher, ob auch nach rein presserechtlichem Verständnis diese Erfordernisse so weitgehend verstanden werden können, wie bei der Bestimmung des Schutzbereichs von Art. 5 Abs. 1 S. 2 GG. In Bezug auf die Herstellungsweise ergibt sich auch nach den Landesvorschriften, dass eine einmalige Vervielfältigung nicht ausreichend ist. Jedes Vervielfältigungsverfahren aber, das unabhängig von der Art der verwendeten Technik geeignet ist, auch eine zahlenmäßig große Reproduktion vorzunehmen, erfüllt die presserechtlichen Anforderungen.[913]

Als Verbreitung im presserechtlichen Sinn wird vor allem die körperliche Zugänglichmachung an einen großen Personenkreis verstanden.[914] Ausschließlich zum persönlichen Gebrauch erstellten Publikationen und Druckwerke werden daher nicht als verbreitetes Pressemedium angesehen.[915] Diese Auffassung schließt es aber dennoch nicht aus, auch auf Landesebene die für einen individuellen und abgrenzbaren Personenkreis angefertigten Publikationen als Presse i. S. d Presserechts anzusehen.[916] Auch nach den presserechtlichen Rechtsvorgaben der Landespressegesetze schließt eine betriebsinterne Nutzung die Subsumtion eines Pressespiegels unter den Pressebegriff nicht aus. Schließlich wird auch auf Landesebene dargestellt, dass Publikationen ohne

---

911 Vgl. beispielsweise: § 7 Abs.1 LPG Schleswig-Holstein; § 7 Abs.1 LPG Hessen, § 7 Abs.1 LPG Baden-Württemberg, §7 LPG Rheinland- Pfalz; § 7 Abs.1 LPG Nordrhein-Westfalen; § 7 Abs.1 LPG Niedersachsen; § 6 Abs. 1 LPG Thüringen; § 6 Abs. 1 LPG Sachsen-Anhalt; § 6 Abs.1 LPG Mecklenburg-Vorpommern.

912 Vgl. § 7 Abs.1 LPG NRW.

913 *Bullinger*, in: Löffler (Hrsg.), Presserecht, Einl. Rdnr. 21,22; *Löffer/Ricker*, Handbuch des Presserechts Kap. 1, S. 6 Rdnr. 21, 22.

914 *Löffler/Ricker*, Handbuch des Presserechts, Kap.1, S.6 Rdnr.24.

915 *Sedelmeier*, in: Löffler (Hrsg.), Presserecht, § 7 LPG Rdnr. 20.

916 *Bullinger*, in: Löffler (Hrsg.), Presserecht, Einl. Rdnr. 31; *Sedelmeier*, in: Löffler (Hrsg.), Presserecht, § 7 LPG Rdnr.82; *Löffler/Ricker*, Handbuch des Presserechts, Kap. 1, S. 7 Rdnr. 84.

redaktionelle Elemente zwar nicht als Zeitung oder Zeitschrift zu verstehen sind, dennoch aber der Information der Leser dienen und daher als Presse einzuordnen sind.[917]

Insgesamt führt daher auch die Untersuchung nach dem presserechtlichen Verständnis genau wie die verfassungsrechtliche Einordnung zu dem Ergebnis, dass Pressespiegel als Pressetätigkeit zu subsumieren sind.

III. Presse i.S.d. Art. 5 Abs. 3 lit. c Alt 1. UrhRL

Ergeben hat sich, dass für ein europarechtlich autonomes Verständnis des Pressebegriffs allein Art. 10bis Abs. 1 RBÜ einen Begriffsdefinitionsansatz bietet. Danach fallen unproblematisch Zeitungen und Zeitschriften unter den Pressebegriff. Darüber hinaus wurde außerdem deutlich, dass mit der Verwendung des Ausdrucks „durch die Presse“ den Mitgliedstaaten ein Spielraum bei der Ausgestaltung und Normierung des Pressebegriffs gelassen wurde. Dieser bietet zwar keine Legitimation, den weiten im Verfassungsrecht gefundenen Pressebegriff „eins zu eins“ auf die Richtlinie zu übertragen und so jede Art von Pressespiegel als von Art. 5 Abs. 3 lit. c Alt. 1 UrhRL erfasst anzusehen. Dennoch haben die Mitgliedstaaten aber die Möglichkeit, im Rahmen des Sinns und Zwecks des Art. 5 Abs. 3 lit. c Alt. 1 UrhRL die staatenspezifischen Gegebenheiten über die Präzisierung des Pressebegriffs in kohärenter Weise in die Umsetzung einfließen zu lassen. Insoweit stehen der nationale verfassungsrechtlich geprägte Pressebegriff und der Pressebegriff gemäß Art. 5 Abs. 3 lit. c Alt. 1 UrhRL in einer Art Wechselwirkung zueinander. Die Umsetzung des Pressebegriffs nach nationalem Verständnis kann daher nur unter besonderer Beachtung der Bedeutung des Art. 5 Abs. 3 lit. c Alt. 1 UrhRL für die Ermöglichung des „free flow of information“ und die Harmonisierungswirkung erfolgen.

Hierbei ergibt sich, dass jedenfalls interne Pressespiegel diesen Maßstäben gerecht werden. Gleiches gilt auch für extern aber kundenindividuell angefertigte Pressespiegel. Zwar treten hier kommerzielle Gesichtspunkte neben die Informationsabsicht. Letztlich entscheidend bleibt aber auch in dieser Variante der Zweck, der Förderung des freien und umfassenden Informationsfluss an die Mitarbeiter. Daran ändert auch die Tatsache nichts, dass die Erstellung des Pressespiegels ausgelagert wurde. Anders ist dagegen im Fall der Publikumspressespiegel zu entscheiden. Diese lassen sich zwar problemlos mit dem nationalen Pressebegriff in Einklang bringen. Hier muss aber beachtet werden, dass gerade in diesem Kontext bei der Zusammenstellung der Inhalte nicht mehr der Gedanke der Information der Allgemeinheit im Vordergrund steht. Gehandelt wird hierbei vielmehr allein aus Gründen der Gewinnerzielung. Unter diesem Gesichtspunkt würde die Privilegierung einer solchen Dienstleistung

---

917 *Sedelmeier*, in: Löffler (Hrsg.), Presserecht, § 7 LPG Rdnr. 14.

auch den Harmonisierungsgedanken verfehlen. Für den Fall der Publikumspressespiegel gibt daher zwar nicht Art. 5 Abs. 1 S. 2 GG, aber Art. 5 Abs. 3 lit. c Alt. 1 UrhRL eine Grenze bei der Ausgestaltung des Pressebegriffs nach nationalem Verständnis vor.

Schwierigkeiten ergeben sich bei der Anwendung des Pressebegriffs auf ausschließlich unkörperlich genutzte Medien wie im Bereich der Internetauswertung. Nach nationalem verfassungsrechtlich geprägtem Verständnis scheidet hier eine Einordnung als Presse aus. Gerade in diesem Punkt wird deutlich, dass der Pressebegriff i.S.d. Art. 5 Abs. 3 lit. c Alt. 1 UrhRL auch weitergehen kann als der nationale Pressebegriff. So ist Art. 5 Abs. 3 lit. c Alt. 1 UrhRL eindeutig darauf ausgelegt, auch die im Rundfunk gesendeten oder in Internet-Publikationen öffentlich zugänglich gemachten Beiträge zu übernehmen und durch öffentliche Wiedergabe oder Zugänglichmachung auch sekundär zu nutzen. Dies zeigt sich nicht nur anhand des klaren Wortlauts, sondern findet eine weitere Begründung auch in der konventionsrechtlichen Verankerung durch Art. 10bis Abs. 1 RBÜ. Anders als nach nationalem Verständnis schließt der Pressebegriff i.S.d. Art. 5 Abs. 3 lit. c Alt. 1 UrhRL daher auch den Bereich der Internetauswertung ein. Es kann daher für das Richtlinienverständnis des Pressebegriffs keine Rolle spielen, ob die übernommenen Artikel körperlich oder unkörperlich genutzt werden.

Insgesamt können daher vom Pressebegriff i.S.d. Richtlinie durch die Präzisierung nach nationalem Verständnis unternehmensinterne Pressespiegel, genauso wie auch auftragsgemäß angefertigte Individualpressespiegel, erfasst werden. Zudem ergibt die Auslegung des Art. 5 Abs. 3 lit. c Alt. 1 UrhRL, dass der Pressebegriff i.S.d. Richtlinie nicht zwingend das Merkmal der Körperlichkeit voraussetzt, sondern auch online zugänglich gemachte Artikel, Zeitungsversionen und Internet-Pressespiegel mit einbezieht.

C. Bedeutung für die bestehende Pressespiegelregelung

Die Ausführungen haben gezeigt, dass die einzelnen Merkmale des § 49 Abs. 1 UrhG mit den entsprechenden Vorgaben der Richtlinie konform gehen. Dies gilt auch für die Anwendung des § 49 Abs. 1 UrhG auf herkömmliche Pressespiegel, aber ebenso auch für die in Rechtsfortbildung durch den BGH entwickelte extensive Interpretation bezüglich elektronisch übermittelter Pressespiegel.

Abschließend kann die Richtlinienkonformität aber nur bestätigt werden, soweit die Pressespiegellösung neben der Subsumierbarkeit unter die Vorgaben des Art. 5 Abs. 3 lit. c Alt. 1 UrhRL auch dem Drei-Stufen-Test gemäß Art. 5 Abs. 5 UrhRL standhält. Hierzu kann auf die Ausführungen verwiesen werden, die im Rahmen der Beurteilung der urheberrechtlichen Zulässigkeit von intern und kommerziell erstellten Pressespiegeln gemacht werden. Dabei mussten zwar die Wirksamkeit der durch den BGH aufgestellten und neben § 49 UrhG zu beachtenden Bedingungen in Frage gestellt, sowie auch der Anschluss der

Privilegierung kommerzieller Pressespiegeldienste nicht als sachgerecht angesehen werden. Insgesamt wurde aber festgestellt, dass die Privilegierung elektronischer Pressespiegel i.S.d. BGH weder durch direkten Wettbewerb zum Markt der Primärmedien die normale Auswertung überschreitet, noch die verfassungsrechtlich geschützten Interessen der Urheber unzumutbar beeinträchtigt.[918]

Zudem kann es auf Grund des Harmonisierungsgedankens im Rahmen der dritten Stufe auch nicht verwehrt werden, nationale Eigentümlichkeiten zu berücksichtigen. So kann es nicht einerseits den Mitgliedstaaten aufgegeben werden, im Rahmen der Ausgestaltung der Schrankenregelung in Eigenregie über das Erfordernis der Vergütung als Ausgleich zur erlaubnisfreien Werknutzung zu entscheiden, andererseits aber die Abwägung der Interessen an „allgemeinen" europäischen Kriterien zu messen. Demnach ist es bei der Überprüfung der Richtlinienkonformität, genau wie bei der Auslegung der nationalen Schrankenregelung möglich, die staatenspezifischen Gegebenheiten, wie eben auch die Vergütungsfrage, mit in die Interessenabwägung des Drei-Stufen-Tests einzubeziehen. Festgehalten werden kann daher, dass die auf nationaler Ebene gefundenen Abwägungsergebnisse auch bei der Anwendung des Drei-Stufen-Test zur Überprüfung der Richtlinienkonformität gelten. Bei dem in richterlicher Rechtsfortbildung weiterentwickelten § 49 UrhG handelt es sich daher um eine richtlinienkonforme Pressespiegellösung.

§ 3 Pressespiegelregelung de lege ferenda

Die Ausführungen haben gezeigt, dass der BGH mit der in richtlinienkonformer Weise erweiterten Anwendung des § 49 Abs. 1 UrhG zwar eine höchstrichterliche und richtungsweisende Leitlinie für die urheberrechtliche Beurteilung elektronischer Pressespiegel gegeben hat. Dennoch bleibt der BGH aber im Rahmen seiner rechtsfortbildenden Tätigkeit an die Rechtsvorgaben de lege lata gebunden. Bei der Pressespiegellösung des BGH handelt es sich somit um einen Kompromiss zwischen einer im Rahmen des geltenden Rechts möglichen innovativen Ausweitung des § 49 Abs. 1 UrhG und einer gleichzeitig erforderlichen Anpassung der digitalen Möglichkeiten an die Bedingungen der analogen Schrankenregelung. Die Kompetenz einer gänzlichen Umgestaltung der traditionellen Rechtfertigungsnorm zu einer „digitalen Schrankenregelung" kommt der Rechtsprechung dagegen nicht zu.

A. Anpassungsbedürfnis

Hier ist allein der Gesetzgeber gefragt. Schon der Harmonisierungsgedanke spricht dafür, der innerstaatlichen Ausweitung des Anwendungsbereiches des § 49 Abs. 1 UrhG auch im Wortlaut der Schrankenregelung Transparenz zu

---

918 Vgl. dazu Kap. 4 §3 B II 3. d) und Kap. 4 §3 C II 3. c), d).

verschaffen. Vor allem aber sollte der Gesetzgeber die Möglichkeit nutzen, die durch den BGH aufgezeigte weichenstellende Lösungsmöglichkeit aufzugreifen und unter Ausschöpfung der Richtlinienvorgaben des Art. 5 Abs. 3 lit. c Alt. 1 UrhRL einer umfassenden und bereinigenden Anpassung an die digitalen Gegebenheiten zuzuführen. So lässt die Pressespiegellösung des BGH schon de lege lata Rechtsunsicherheiten offen. In diesem Zusammenhang ist es als problematisch herausgestellt worden, dass die Privilegierung vom Ausgabeformat des Pressespiegels abhängig gemacht wird. Hindernd wirkt sich diese technische Vorgabe auch auf den Bereich der Onlineauswertung aus, was letztlich zum Widerspruch mit der datenbankschutzrechtlichen Bewertung führt. Auf Grund der Konvergenz der Medien kann es nicht mehr als ausreichend angesehen werden, die Schrankenregelung gemäß § 49 UrhG völlig isoliert von §§ 87 a ff. UrhG zu betrachten. Weiterhin sind korrekturbedürftige Unklarheiten im Zusammenhang mit der Möglichkeit der Beauftragung eines externen Pressespiegeldienstleisters zu nennen.
Die nachfolgenden Ausführungen widmen sich daher der Frage, welche Möglichkeiten Art. 5 Abs. 3 lit. c Alt. 1 UrhRL bietet, im Rahmen einer Änderung des § 49 UrhG auf die genannten Rechtsunsicherheiten zu reagieren.

B. Harmonisierung der Pressespiegelfreiheit in den europäischen Staaten

Im Hinblick auf einen harmonischen Lösungsansatz ist hierbei zu berücksichtigen, dass sich die Pressespiegelsituation im europäischen Umfeld uneinheitlich gestaltet. So ist festzustellen, dass acht der EU-Mitgliedstaaten die Möglichkeit genutzt haben, in Anlehnung an Art. 10bis Abs. 1 RBÜ 67/71 eine Vorschrift zur erlaubnisfreien Nutzung von Presseartikeln zu schaffen.[919] England, Frankreich, Dänemark und Irland haben ihre Regelung zur Nutzung von Inhalten aus Pressemedien dagegen auf Art. 10 Abs. 1 RBÜ 67/71 gestützt. Hiernach bestimmt sich der Umfang der Nutzung in Form von Übersichten im Wesentlichen nach den Gepflogenheiten und dem gebotenen Informationszweck. Diese Ausgestaltung bedarf daher jeweils der Ausfüllung durch die Rechtsprechung und kann somit allenfalls tendenzielle Hinweise für eine deutsche Normierung geben.
Auch im französischen Code de la Propriété Intellectuelle ist gemäß Art. L 122-5-3 lit. b lediglich fixiert worden, dass die Möglichkeit zur Erstellung von „revues de presse“ besteht.[920] Eine detaillierte, an gesetzliche Voraussetzungen

---

[919] Vgl. Art. 4 Abs. 2, 3 UrhG- Luxemburg; Art. 13 UrhG- Griechenland, Art. 65 UrhG-Italien, Art. 14 Abs. 1 UrhG-Belgien, Art. 15 Abs.1 Nr.1 UrhG-Niederlande, Art. 75 i UrhG-Portugal, Art. 33 Abs. 1 UrhG- Spanien.

[920] *Art. 122-5-3lit.b CPI:* «....Sous réserve que soient indiqués clairement le nom de l'auteur et la source: a)...b) Les revues de presse....».

gebundene Pressespiegelschranke wie nach dem deutschen Urheberrecht ergibt sich hierdurch nicht.

In England gestattet § 30 Abs. 2 CDPA in Anlehnung an Art. 10 Abs. 1 RBÜ als „fair dealing–Ausnahme" die Nutzung von Artikeln zur Berichterstattung über aktuelle Geschehnisse.[921] In diesem Zusammenhang ist zu erwähnen, dass zwar das House of Lords entschieden hat, dass das mehrfache Fotokopieren und die Verbreitung von Pressespiegeln im betriebsinternen Bereich die „typografische" Zusammenstellung einer Zeitung nicht verletzt.[922] Im Hinblick auf den urheberrechtlichen Schutz an den Artikeln als Einzelwerke hat der Court of Appeal aber zuvor klargestellt, dass die Nutzung der Artikel nicht durch § 30 Abs. 2 CDPA gerechtfertigt werden kann.[923] Anhaltspunkte für die Ausgestaltung einer deutschen Regelung ergeben sich daher nicht, dies zumal auch der englische Umsetzungsvorschlag keine Änderung des § 30 Abs. 2 CDPA vorsieht.[924]

Unabhängig von diesen landesspezifischen Eigenarten lässt sich aber erkennen, dass sich im Zuge der Digitalisierung verstärkt die Tendenz einer kollektiven Vergabe der Rechte zur elektronischen Nutzung von Artikeln im betriebsinternen Bereich herausgebildet hat. So bietet die Verwertungsgesellschaft CFC in Frankreich seit Ende 2002 die Möglichkeit an, für eine elektronische Nutzung der „panorama de presse" im betriebsinternen Bereich die erforderlichen Nutzungsrechte zu erwerben.[925] Auch die englische CLA hat im Oktober 2002 mit der „new business license" einen vergleichbaren Tarif geschaffen.[926] In der Schweiz verhandelt die Verwertungsgesellschaft Pro Litteris mit den Nutzerverbänden seit 2002 über den Gemeinsamen Tarif 9 (GT 9). Nach dem Entwurf vom 6. Februar 2003 regelt dieser nicht nur die Abrechnung der auf Art. 19 Abs. 1 lit. c UrhG-Schweiz gestützte Verwertung von Zeitungsartikeln in betriebsinternen digitalen Pressespiegeln, sondern auch die Vergütung für

---

921 *§ 30 Abs. 2 CDPA:* "Fair dealing with a work (other than a photograph) for the purpose of reporting current events does not infringe any copyright in the work provided that (subject to subsection (3)) it is accompanied by a sufficient acknowledgement."

922 House of Lords, [2001] UKHL 38, (12 July 2001) [2001] IP & T 1116-Newspaper Licensing Agency Ltd v. Marks and Spencer Plc.

923 Court of Appeal, (1999)E.W.J:No. 7366, CH 1997 T 4106, Ch 1998 T 6004- Newspaper Licensing Agency Ltd v. Marks and Spencer Plc, *Derclaye*, Copyright World, 10/2001, S. 19, 22.

924 Vgl. *Beard/Budd/Haller/Schuler/Silver/Wimmers,* CRi, 2004, S. 33, 39, 40; dazu den Umsetzungsvorschlag vom 22.10.2002, abrufbar unter: www.patent.gov.uk/about/consultations/eccopyright/iindex.html.

925 Vgl. www.cfcopies.com/presse_elec/index.html.

926 Vgl. www.cla.uk.

Verwertung von Beiträgen durch Pressespiegeldienste für die zum Eigengebrauch Berechtigten.[927]
Parallel zu diesem Vorgehen der Verwertungsgesellschaften sind aber auch durch die Verlage Angebote zur Vermarktung der elektronischen Pressespiegelrechte geschaffen worden. So bietet die schon seit 1996 bestehende NLA[928] neben der CLA für ca. 70 Publikationen aus dem regionalen und nationalen Bereich die Möglichkeit zur elektronischen betriebsinternen Nutzung von Presseinhalten an. Ähnlich wie in Deutschland mit der PMG, in Österreich mit dem Angebot des Pressedokumentations- und Lizenzierungsmodells des VÖZ sind kürzlich auch in Norwegen und Dänemark von den Verlagen Gesellschaften gegründet worden, die die Rechte zur digitalen Nutzung von Presseartikeln vergeben. In anderen Ländern wie in Spanien ist die Gründung verlegerischer Lizenzierungsangebote im Aufbau. Diese Entwicklung macht deutlich, dass sich im Bereich der digitalen Nutzung von Artikeln in Pressespiegeln eine praktische Handhabung herausgebildet hat, die den richterlichen bzw. den aktuellen gesetzgeberischen Überlegungen über die Frage, ob auch elektronische Pressespiegel einer urheberrechtlichen Privilegierung zu unterstellen sind, vorauseilt. Interessant ist daher, wie die Gesetzgeber in Österreich, in den Niederlanden und in der Schweiz auf diese Entwicklungen reagieren. So ist gerade in diesen Ländern nicht nur die praktische und wirtschaftliche Bedeutung von Pressespiegeln mit der in Deutschland vergleichbar. Vielmehr hat sich - von der Entscheidung des BGH abgesehen - auch eine recht einheitliche urheberrechtliche Beurteilung und Rechtsprechung herausgebildet.[929]

I. Schweiz

Ein gesetzgeberisches Ziel bei der Einführung des de lege lata bestehenden Art. 19 Abs. 1 lit. c UrhG-Schweiz war es, die interne Nutzung von Werken und somit auch die Nutzung von Zeitungsartikeln in betriebsinternen Pressespiegeln zu legalisieren.[930] Über den als Ausgestaltung der Vervielfältigungsregelung für den Eigengebrauch gemäß Art. 20 Abs. 2 und Abs. 4 UrhG-Schweiz in Kraft getretenen Gemeinsamen Tarif 8 (GT 8) werden seit 1995 nicht nur interne, sondern auch herkömmliche Pressespiegeldienste abgerechnet.[931] Analoge

---

927 Vgl. Entwurf vom 6.2.2003 für einen „Gemeinsamen Tarif 9 betreffend die Nutzung von geschützten Werken und geschützten Leistungen in elektronischer Form zum Eigengebrauch mittels betriebsinternen Netzwerken"; vgl. www.prolitteris.ch.

928 Vgl. www.nal.co.uk.

929 Siehe dazu Kap. 4 §2 C III 1. b).

930 Vgl. BBl. 1989 III, S. 538; *Hilty*, sic! 3/2003, S. 266, 272 – Anmerkung zum Urteil des ZG Basel Stadt vom 19.06.2002.

931 *Stauffacher*, sic! 5/2003, S. 458, 459.

Pressespiegel sind daher nach bestehender Rechtslage urheberrechtlich zulässig.[932]
Im elektronischen Bereich werden interne Pressespiegel gemäß Art. 19 Abs. 1 lit. c UrhG-Schweiz als privilegierte Handlung eingeordnet.[933] Unabhängig von der in der Rechtsprechung und der Literatur bestehenden ablehnenden Auffassung wird darüber hinaus die Anwendung des Art. 19 Abs. 1 lit. c i.V.m. Abs. 2 UrhG-Schweiz unter Berücksichtigung des für digitale Vervielfältigungen neu einzuführenden GT 9 auch im Hinblick auf kommerzielle Pressespiegeldienste angenommen.[934] Von Seiten der Schweizer Verleger wird dieser Vorstoß zum Abschluss eines neuen Tarifes allerdings als präjudizielle Maßnahme eingestuft, die es entgegen der bestehenden Rechtslage suggeriere, dass kommerzielle Presseausschnittdienste als Dritte i.S.d. Art. 19 Abs. 2 UrhG-Schweiz anzusehen seien.[935]

Im Hinblick auf eine Entwicklung de lege ferenda ist die Schweiz zwar nicht an die Vorgaben der Urheberrechtsrichtlinie gebunden. Dennoch wird aber auch dort seit dem Jahre 2000 an der Ratifizierung der WIPO Verträge gearbeitet. In einem ersten Vorentwurf zur Änderung des Schweizerischen Urheberrechts betrifft der neu einzuführende Art. 19 Abs. 3 lit. e VE-UrhG-Schweiz die digitale Vervielfältigung von Werken und beschränkt diese Fälle ausschließlich auf die Nutzung in privaten Kreisen.[936] Nicht nur eine Privilegierung digitaler externer Medienbeobachtung, sondern auch eine betriebsinterne Nutzung von Presseartikeln soll demnach in Zukunft entfallen.[937] Zur Bestätigung dieses Vorschlages wird allein an die Schrankenvorgaben zum Vervielfältigungsrecht gemäß Art. 5 Abs. 2 lit. b UrhRL angeknüpft und darauf hingewiesen, dass diese

---

932 Vgl. *Hausheer*, Der Eigengebrauch im Urheberrecht, S. 99, 100; *Hilty*, MMR 2002, S. 30, 37 - Anmerkung zum Urteil des Appellationshofs des Kanton Bern vom 21.5.2001; *Grubler*, MediaLex 2/2001, S. 91, 95; *Kaessner*, AJP/PJA 1999, S. 1276, 1277.

933 *Hausheer*, Der Eigengebrauch im Urheberrecht, S. 98; *Stauffacher*, MediaLex 2/1998, S. 64; *ders.*, sic! 5/2003, S. 458, 459; *Hilty*, sic! 3/2003, S. 266, 272; vgl. auch für Zulässigkeit ausschließlich intern genutzter Pressespiegeldatenbanken Appellationshof des Kanton Bern, MMR 2002, S. 31, 33 - Media-Clipping-Service; a.A. *Brühler*, Schweizerisches und internationales Urheberrecht, S. 260; *Grubler*, MediaLex 2/2001, S. 91, 95.

934 *Stauffacher*, sic! 5/2003, S. 458, 459.

935 Stellungnahme des Verbandes der Schweizer Presse zum Entwurf der ProLitteris für einen neuen Gemeinsamen Tarif 9 (GT 9) vom 6.02.2003, S. 2, 13, abgerufen unter: www.schweizerpresse.ch/de/downlaod/recht/Stellungnahme_GT9.pdf.

936 Vorentwurfes zur Änderung des Bundesgesetzes über das Urheberrecht und der verwandten Schutzrechte vom 14.7.2002, S. 2, abrufbar unter: www.ige.ch/D/jurinfo/j103.htm.

937 Begründung des Vorentwurfes zur Änderung des Bundesgesetzes über das Urheberrecht und der verwandten Schutzrechte vom 14.7. 2000, S. 9.

Regelung keine erlaubnisfreie Zulässigkeit zu Medienbeobachtungszwecken belässt.[938] Im Weiteren bleibt es daher abzuwarten, welche Ergebnisse, die im Anschluss an die informelle Konsultation von Juli 2000 verwaltungsintern geführte Diskussion im Hinblick auf eine Änderung des Art. 19 UrhG-Schweiz erzielen wird.[939] Die aktuelle Situation dagegen zeigt lediglich, dass auch in der Schweiz die Entwicklung der praktischen Ausgestaltung der Vergütung elektronischer Pressespiegel den gesetzgeberischen Überlegungen zur Änderung des Urheberrechtsgesetzes vorauseilen bzw. von diesen abweichen. Zudem wird nach dem Schweizer Vorentwurf Art. 5 Abs. 3 lit. c Alt. 1 UrhRL auf Grund der systematischen Eingliederung der Pressespiegelregelung als Schrankenregelungen zum Eigengebrauch gar nicht in Betracht gezogen. Für eine eigenständige Privilegierung, wie sie nach deutschem Recht vorgesehen wird, kann der Schweizerische Vorschlag daher keine Anhaltspunkte geben.

II. Österreich

Auch in Österreich lag der am 1. Juli 2003 in Kraft getretenen Fassung des Bundesgesetzes, mit dem das Urheberrecht geändert wird,[940] ein heftig diskutiertes und mit zahlreichen Änderungen verbundenes Umsetzungsverfahren zu Grunde.

1. Ministerialentwurf

Zunächst wurde in dem Ministerialentwurf von September 2002 mit § 42 d UrhG-Nov 2002 ein neuer „Medienbeobachtungsparagraph" vorgesehen.[941] Hiernach war es gemäß § 42 d Abs. 1 S. 1 UrhG-Nov 2002 gestattet, zur Berichterstattung über Tagesfragen zu eigenen Zwecken veröffentlichte Werke auf analogen Trägern zu vervielfältigen. Satz 2 sah die Möglichkeit vor, dass die Herstellung von Vervielfältigungsstücken auch auf Bestellung erfolgen darf. Ob diese Regelung allerdings eine Anwendung auf herkömmliche Pressespiegel einschloss, war fraglich. Zwar wurde in der Begründung eine Definition der Medienbeobachtung vorgenommen und darunter jedes regelmäßige Konsumieren von bestimmten Medien nach eigenen Interessen, sei es durch Einzel-

---

938 *Egloff*, sic! 11/2002, S. 731, 746.

939 Der Abschluss der Vorarbeiten für eine Revision des Bundesgesetzes über das Urheberrecht und verwandte Schutzrechte werden für das letzte Quartal des Jahres 2003 angenommen, vgl. www.ige.ch.

940 Bundesgesetzblatt für die Republik Österreich ausgegeben am 6. Juni 2003, Teil 1, 32. Bundesgesetz: Urheberrechtsgesetz-Novelle 2003, abgerufen unter: http://BGBl.wzv.at/pdf/2003a032.pdf.

941 Entwurf eines Bundesgesetzes mit dem das Urheberrecht geändert wird, UrhG-Nov 2002, S. 7, abrufbar unter: www.bmj.gv.at/gesetz/download/urheberrecht2002.pdf (mit der Auflösung des Nationalrates Ende September 2002 aber vorerst gegenstandslos geworden).

personen, im betriebsinternen Bereich durch Presseabteilungen oder durch extern tätige kommerzielle Dienstleister verstanden.[942] Dennoch sah § 42 d Abs. 1 UrhG-Nov 2002 weder eine thematische oder zahlenmäßige Beschränkung bei den Vervielfältigungen vor, noch bestand die Möglichkeit eines Rechtevorbehalts.[943]

§ 42 d Abs. 2 UrhG-Nov 2002 bezog sich auf die digitalen Verwertungsmöglichkeiten. Danach wurde die beliebige Nutzung der Artikel, einschließlich der Möglichkeit der öffentlichen Zurverfügungstellung im Internet, als zulässig angesehen. Voraussetzung war es insoweit nur, dass der Gebrauch im Rahmen der Freiheit der Meinungsäußerung dem Zweck der freien geistigen Auseinandersetzung diente oder zur Sammlung von Beweisstücken in gerichtlichen oder behördlichen Verfahren erforderlich war. Da gerade auch Pressespiegel der Information über aktuelle Themen dienen, konnte mit der großzügigen und offenen Formulierung des Abs. 2 eine Privilegierung zu Gunsten interner und kommerzieller Pressespiegel gesehen werden.[944] Zweifelhaft war aber dennoch auch hier, ob sich diesem Regelungsvorschlag Anhaltspunkte für eine deutsche Umsetzungslösung in Anlehnung an Art. 5 Abs. 3 lit. c Alt. 1 UrhRL entnehmen ließen. Zwar war es zu begrüßen, dass der österreichische Gesetzgeber der besonderen Relevanz des Grundrechts bzw. der Grundfreiheit der Meinungsäußerung gemäß Art. 10 Abs. 1 EMRK als abzuwägenden Allgemeinwohlbelang im Rahmen der Schrankenregelungen explizit Ausdruck verlieh. Dennoch war aber fraglich, ob eine Privilegierung elektronischer Pressespiegel dem Drei-Stufen-Test standhalten konnte, da auch Abs. 2 keinerlei weitere inhaltliche Beschränkung und auch keine Möglichkeit für einen Rechtevorbehalt enthielt.[945] Zudem deuteten besonders die näheren Erläuterungen in der Begründung an, dass § 42 Abs. 2 d UrhG-Nov 2002 nicht die Medienbeobachtung im Sinn der Erstellung von tagesaktuellen Pressespiegel zur Mitarbeiterinformation meinte. So bezogen sich die genannten Beispiele genau wie auch die in der Begründung zitierten höchstrichterlichen Entscheidungen jeweils auf die

---

942 Begründung eines Bundesgesetzes mit dem das Urheberrecht geändert wird, UrhG-Nov 2002, S. 16.

943 Vgl. *Walter,* MR 4/2002, S. 217, 223, der daraus auf die Richtlinienwidrigkeit schließt.

944 *Österreichische Vereinigung für gewerblichen Rechtsschutz und Urheberrecht*, Begutachtung des Bundesgesetzes zur Änderung des Urheberrechts, vom 16.09.2002, S. 10 Punkt. 7, abgerufen unter: http://www.parlinkom.gv.at/pd/pm/XXI/ME/his/003/ME0036316.html.

945 *Walter,* MR 4/2002, S. 217, 223; *VÖZ*, Stellungnahme zum Entwurf eines Bundesgesetzes, mit dem das Urheberrecht geändert wird vom 19.9.2002, S. 5, abgerufen unter: http://www.parlinkom.gv.at/pd/pm/XXI/ME/his/003/ME0036307.html; *Literar Mechana,* Stellungnahme zum Entwurf eines Bundesgesetzes, mit dem das Urheberrecht geändert wird vom 20.9.2002, S. 5, http://www.parlinkom.gv.at/pd/pm/XXI/ME/his/003/ME0036310.html.

erlaubnisfreie Nutzung von Presseartikeln oder Bildern zu Zwecken der eigenen Entlastung bei ehrrühriger oder unsachgemäßer Berichterstattung über Personen, öffentliche Stellen und Unternehmen. Festhalten lässt sich daher, dass in § 42 d Abs. 2 UrhG Nov-2002 kein Regelungsvorschlag zu sehen war, der Hinweise oder eine Hilfestellung für eine Änderung des § 49 UrhG geben konnte.

2. Regierungsvorschlag/UrhG-Nov 2003

Nach der Wiederaufnahme des Verfahrens zur Umsetzung der Urheberrechtsrichtlinie im Frühjahr 2003 wird nun mit dem am 1.7.2003 in Kraft getretenen Bundesgesetz mit dem das Urheberrecht geändert wird, auf die Möglichkeit der freien Werknutzung zu Gunsten der Medienbeobachtung, wie sie noch in § 42 d Abs. 2 und 3 UrhG-Nov 2002 vorgesehen war, vollständig verzichtet. § 42 d Abs. 1 UrhG-Nov 2002 wird auf Grund der dargestellten Unklarheiten und Bedenken in geänderter Fassung in den § 42 Abs. 3 UrhG-Nov 2003 übernommen.[946] Zu nennen ist in diesem Zusammenhang des Weiteren § 42 a Nr. 3 UrhG-Nov 2003, der sich exklusiv auf § 42 Abs. 3 UrhG-Nov 2003 bezieht und die Herstellung von Vervielfältigungen zum Eigengebrauch eines anderen rechtfertigt.

In der vorübergehenden Wortlautfassung des Regierungsvorschlages wurde es gemäß § 42 Abs. 3 RV-UrhG-Nov 2003 jedermann gestattet, von Werke, die im Rahmen der Berichterstattung über Tagesinteressen veröffentlicht werden, einzelne Vervielfältigungsstücke auf analogen Trägern zum eigenen Gebrauch herzustellen.[947] Bemerkenswert an diesem Vorschlag ist vor allem, dass in den entsprechenden Erläuterungen angeführt wird, dass der Begriff des analogen Trägers nach dem Zweck der Regelung nicht zu eng gesehen werden dürfe. Vielmehr müsse es erlaubt sein, auch das Einscannen von Papiervorlagen vorzunehmen, soweit dabei wie bei Ablichten nur das Abbild der Vorlage aufbewahrt und wiedergegeben werden könne.[948] Zudem wurde mit durch die Einbettung des Regelungsgehaltes des ehemaligen § 42 d Abs. 1 UrhG-Nov 2002, in die Vorschriften der Vervielfältigungsprivilegierung zum Eigengebrauch, den Bedenken entgegen getreten, dass die Vervielfältigung keine thematische und zahlenmäßige Beschränkung enthalte. Dementsprechend ist die Folgerung naheliegend, in § 42 Abs. 3 RV-UrhG-Nov 2003 eine Vorschrift zu sehen, die unter Beachtung der gegebenen Voraussetzungen eine Privilegierung elektronischer Pressespiegel ermöglicht. Dieser Rechtfertigungsrahmen ist darüber

---

946 Materialien zur Regierungsvorlage zu Ziffer 10 (RV 40 Blg.Nr.22.GP), Beilagen XXII, S. 31, abgerufen unter: www.parlinkom.gv.at/pd/pm/XXII/I/his/000/1000-.html .

947 Vgl. dazu den Regierungsvorschlag zur UrhG Novelle 2003, RV 40 Blg.Nr.22.GP, abgerufen unter: www.parlinkom.gv.at .

948 Materialien zur Regierungsvorlage zu Ziffer 10 (RV 40 Blg.Nr.22.GP), Beilagen XXII, S. 32, abgerufen unter: www.parlinkom.gv.at/pd/pm/XXII/I/his/000/1000-.html .

hinaus sogar auf kommerzielle Pressespiegel ausdehnbar. Insoweit ist die Möglichkeit der Vervielfältigung zum eigenen Gebaruch eines anderen gemäß § 42 a Nr. 3 RV-UrhG-Nov 2003 ausweislich der Materialen gerade zur Erleichterung der Medienbeobachtung eingeführt worden.[949] Zu berücksichtigen ist allerdings, dass auf Grund der Beschränkung der Vervielfältigungsmöglichkeit auf einzelne Stücke die Praxisrelevanz im Hinblick auf auflagenstarke Pressespiegel gering ist. Darüber hinaus sind zudem Bedenken an der Richtlinienkonformität der Umsetzung zu äußern. So wurde schon im Rahmen der Untersuchung der Richtlinienvorgabe gemäß Art. 5 Abs. 2 lit. a UrhRL herausgestellt, dass eine Ausweitung der Vervielfältigung auf analogen Träger bzw. mittels Verfahren ähnlicher Wirkung auf die Möglichkeiten des Scannens nicht von der Richtlinie gedeckt ist.[950] Des Weiteren stellt Art. 5 Abs. 2 lit. b UrhRL die Privilegierung unter das Gebot, die digitale Vervielfältigung weder zu direkten noch indirekten kommerziellen Zwecken zu nutzen. Wird nun aber wie in § 42 Abs. 3 i.V.m § 42 a Nr. 3 RV-UrhG-Nov 2003 nicht nur die sehr zweifelhafte Ausweitung der analogen Vervielfältigungshandlungen vorgenommen, sondern darüber hinaus auch die entgeltliche Herstellung dieser Vervielfältigungsstücke durch Dritte für zulässig erklärt, spricht dies gegen eine richtlinienkonforme Umsetzung der Schrankenregelung zur Vervielfältigung zu Eigengebrauch. Aus diesem Grund erklärt sich auch die durch den Nationalrat anlässlich der Beschlussfassung des § 42 Abs. 3 RV-UrhG-Nov 2003 vorgenommene Abänderung dieser Regelung.[951] Die neue Formulierung gemäß § 42 Abs. 3 UrhG-Nov 2003[952] gestattet die Herstellung einzelner Vervielfältigungsstücke zum eigenen Gebrauch von Werken, die im Rahmen der Berichterstattung über Tagesereignisse veröffentlicht werden, nur noch, soweit es sich um eine analoge Nutzung handelt. Mit dieser Änderung wird nun, auch ausweislich der Erläuterungen, der Anwendungsbereich des § 42 Abs. 3 UrhG-Nov 2003 ausschließlich auf analoge Nutzungsarten beschränkt.[953] Entsprechend der Ergebnisse der Untersuchung des geänderten Vervielfältigungsprivilegs nach deutschem Recht ergibt sich daher, dass mit einer richtlinienkonformen Um-

---

949 Materialien zur Regierungsvorlage zu Ziffer 11 (RV 40 Blg.Nr.22.GP), Beilagen XXII, S. 33, abgerufen unter: www.parlinkom.gv.at/pd/pm/XXII/I/his/000/1000-.html .

950 Vgl. dazu Kap. 4 §4 A. I. 2. b) aa); in Bezug auf § 42 Abs. 3 RV-UrhG-Nov 2003 auch *Fallenböck/Nitzl*, MR 2/2003 S. 102, 108.

951 Vgl. dazu die Abänderungen zum Regierungsentwurf in: 6777 BlgBR, abgerufen unter: www.parlinkom.gv.at/pd/pm/BR/i-BR/texte/067/I-BR06777-.doc .

952 Bundesgesetz vom 1.7.2003 mit dem das Urheberrecht geändert wird, abgedruckt im: Bundesgesetzblatt für die Republik Österreich, ausgegeben am 6.6.2003, Teil 1, 32. Bundesgesetz: Urheberrechtsgesetz - Novelle 2003, S. 10.

953 Vgl. dazu die Abänderungen zum Regierungsentwurf in: 6777 BlgBR, abgerufen unter: www.parlinkom.gv.at/pd/pm/BR/i-BR/texte/067/I-BR06777-.doc; *Fallenböck/Nitzl*, MR 2/2003, S. 102, 106.

setzung der Vorgaben gemäß Art. 5 Abs. 2 lit. a, b UrhRL eine Anwendung dieser Regelung auf elektronische Pressespiegel ausscheidet.
Im Hinblick auf eine mögliche Pressespiegelregelung de lege ferenda ist des Weiteren § 44 UrhG-Österreich zu erwähnen. Nachdem die Urheberrechtsgesetznovelle 2002 und auch der Regierungsvorschlag zur Urheberrechtsgesetznovelle 2003 keine Änderung vorgesehen haben, enthält nun die entgültige Fassung einen auf Grund eines Änderungsantrag im Justizausschluss einen neu eingefügten § 44 Abs. 2 UrhG-Nov 2003.[954] Hiernach dürfen die gemäß § 44 Abs. 1 UrhG-Nov 2003 erstellten Vervielfältigungen von Aufsätzen aus Zeitungen und Zeitschriften, die wirtschaftliche, politische und religiöse Tagesfragen betreffen in anderen Zeitungen und Zeitschriften auch öffentlich vorgetragen, durch Rundfunk gesendet und öffentlich zur Verfügung gestellt werden. Auf Grund der Möglichkeit der Online Zurverfügungstellung der vervielfältigten Aufsätze aus Zeitungen und Zeitschriften sind daher jedenfalls die Übernahmemedien auf den elektronischen Bereich erweitert worden. Auf Grund dieser Änderung reicht es daher zur Ablehnung der Möglichkeit der Privilegierung elektronischer Pressespiegel über § 44 UrhG-Nov 2003 nicht mehr aus, lediglich damit zu argumentieren, dass eine Zeitung oder eine Zeitschrift nicht digital sein könne.[955] Insoweit ist anzuführen, dass es vom OGH angedacht wird, auch im Hinblick auf die Primärmedien den Begriff Zeitung und Zeitschrift über ihren Wortlaut hinaus auch auf elektronische Publikationsmedien anzuwenden, soweit eine bloße Substitution eines auf dem papierenen Trägermaterial veröffentlichten Zeitungsartikel handelt.[956] Damit verlagert sich die Frage der Privilegierung elektronischer Pressespiegel gemäß § 44 UrhG-Nov 2003 auf die grundlegende Frage, ob ein Pressespiegel überhaupt als Zeitung oder Zeitschrift qualifiziert werden kann. Ohne diese Frage abschließend zu klären, deutet aber das gesetzgeberische Vorgehen darauf hin, die Schrankenregelung gemäß § 44 UrhG-Nov 2003 wortlautgemäß zu verstehen und nicht auf Pressespiegel anzuwenden.[957] Insoweit ist zu berücksichtigen, dass österreichische Gesetzgeber im Rahmen der Umsetzung den Begriff der „Presse" gemäß Art. 5 Abs. 3 lit. c Alt. 1 UrhRL gerade nicht ausgeschöpft hat, sondern seiner Tradition, bei der Bestimmung des Rechtfertigungsumfangs der Regelung zur publizistischen Übernahmefreiheit restriktiv vorzugehen,[958] treu geblieben ist.

---

954 Vgl. zum Änderungsantrag 51 Blg. Nr.22. GP.

955 Vgl. OGH, MR 2001, S. 385, 388 – Internet- Nachrichtenagentur II; *Walter*, MR 2001, S. 388, 389 – Anmerkung zum Urteil des OGH vom 12.06.2001; *Fallenböck/Nitzl*, MR 2/2003, S. 102, 105.

956 OGH, MR 1/2003, S. 36, 38 – Meischi.at.

957 So jedenfalls *Fallenböck/Nitzl*, MR 2/2003, S. 102, 105; *Wiebe*, MR 2003, S. 309, 311.

958 So hat der Gesetzgeber im Hinblick auf die Gestaltung des ehemaligen § 44 UrhG-Österreich schon die Ermächtigung gemäß Art. 10bis RBÜ 76/77 nicht vollständig aus-

Im Hinblick auf Anhaltspunkte für eine Änderung der Regelung des § 49 UrhG ist daher festzuhalten, dass der österreichische Gesetzgeber sich gegen eine Privilegierung von Pressespiegeln ausgesprochen hat. Insoweit geben die Richtlinienvorgaben zum Vervielfältigungsprivileg gemäß Art. 5 Abs. 2 lit. a, b UrhRL keinen Spielraum. Im Hinblick auf § 44 UrhG-Nov 2003 hat sich der österreichische Gesetzgeber zwar entschieden, mit § 44 Abs. 2 UrhG-Nov 2003 eine Ausweitung auf den digitalen Bereich vorzunehmen. Dieses Vorgehen kann aber nicht für die deutsche Umsetzung nutzbar werden, da § 44 UrhG-Nov 2003 genau wie seine Vorgänger im Unterschied zur deutschen Regelung des § 49 UrhG schon immer restriktiv konzipiert wurde und sich dementsprechend nur auf Medien wie Zeitungen und Zeitschriften beschränkt.

III. Niederlande

Interessanter ist der Vorschlag des niederländischen Gesetzgebers, der mit der Änderung des Art. 15 Abs. 1 AW (Auteurswet) und Art. 10 a WN (Wet Naburige Rechten) eine Umsetzung der optionalen Schrankenregelung des Art. 5 Abs. 3 lit. c Alt. 1 UrhRL vorsieht.[959] Als entscheidende Änderung ist zu nennen, dass sowohl in Bezug auf die Entnahmemedien, als auch im Hinblick auf die Übernahmemedien, die Aufzählung von Tages- und Wochenzeitungen, sowie wöchentlichen und sonstigen Zeitschriften oder Werken derselben Art, die im Radio oder Fernsehen übertragen wurden, um andere Medien, die dieselbe Funktion erfüllen, erweitert worden ist. Mit dieser technologieneutralen Formulierung hat der niederländische Gesetzgeber daher die angekündigte Ausgestaltung des Pressebegriffs vorgenommen. Möglich ist es danach nicht nur, in den auszuwertenden Bereich digitale Medien einzubeziehen, vielmehr kann auch gerade die Übernahme der Inhalte in digitale Publikationen erfolgen. Gleichzeitig gibt der Ausdruck „dieselbe Funktion“ aber auch vor, dass eine Aufnahme in zeitlose Medien oder eine Archivierung der Presseinhalte keinesfalls zum privilegierten Bereich gezählt wird.[960] Schließlich erfolgt mit der Aufnahme des Regelungsbereiches des Art. 15 Abs. 1 AW in Art. 10 a WN eine Erweiterung der Privilegierung auf den Bereich der leistungsschutzrechtlich erfassten Schutzgegenstände.

---

geschöpft und die durch Rundfunk gesendeten Werke nicht in die Privilegierung mit einbezogen.

959 Gesetzesvorschlag vom 22.6.2002, Tweede Kamer der Staten-Generaal, 28482, nr. 1-2, S. 2; abrufbar unter: www.justice.nl/themas/wetgeving/dossiers/auteursrecht/index.sap; dieser wurde nun nach weiteren Diskussionen im parlamentarischen Komitee im Mai und September 2003 am 19.02.2004 bestätigt, vgl. dazu Gesetzesvorschlag vom 19.02.2004, Eerste Kamer der Staten-Generaal, 28482 AS. 2, abgerufen unter: www.ivir.nl/wetten/nl/KST28482A.pdf.

960 Begründung des Gesetzesvorschlages vom 22.6.2002, Tweede Kamer der Staten-Generaal, 28482, nr. 3, S. 9.

Nach dem Wortlaut des Art. 15 Abs. 1 Nr. 1 AW sind daher der Möglichkeit der digitalen Erstellung von Pressespiegeln im betriebsinternen Bereich oder zu kommerziellen Zwecken keine Grenzen gesteckt. In der Gesetzesbegründung wird aber klargestellt, dass die Privilegierungsergebnisse im Rahmen der analogen Nutzung nicht eins zu eins auf den digitalen Bereich übertragen werden können. Es wird darauf hingewiesen, dass mit Hilfe der digitalen Technologien neue Märkte im Bereich der Informationsversorgung wie durch Datenbanken, Nachrichtensuchdiensten oder elektronischen Presseserviceangeboten entstehen können. Im Hinblick auf eine Privilegierung der digitalen Nutzung von Presseartikeln wird daher dem Drei-Stufen-Test eine besondere Bedeutung zugeschrieben.[961]

Ausweislich der Begründung sieht der niederländische Gesetzgeber die Gefahren der elektronischen Nutzung von Presseartikeln daher im kommerziellen Bereich bzw. in der Etablierung neuer Folgemärkte. Für den internen Bereich wird aber an der Entscheidung des Hooge Raad, der sich für die Zulässigkeit der „Inhouse– Nutzung" ausgesprochen hat, festgehalten. Mit der Umsetzung des Art. 5 Abs. 3 lit. c Alt. 1 UrhRL sieht der niederländische Gesetzgeber daher jedenfalls eine Privilegierung interner elektronischer Pressespiegel vor.

Insgesamt gibt der niederländische Änderungsvorschlag daher wichtige Anhaltspunkte, die auch im Hinblick auf eine nationale Ausgestaltung dienlich sein können. So wird nicht nur auf die Tatsache reagiert, dass online publizierten Inhalten im Bereich der primären Informationsmedien eine wesentliche Bedeutung zukommt. Entsprechend wird auch die digitale Übernahme gestattet. Die Ausgestaltung des Pressebegriffs wird nicht von technischen Nutzungsbeschränkungen abhängig gemacht. Es wird eine Formulierung gewählt, die unabhängig davon, ob die Nutzung analog oder digital erfolgt, auf den Sinn und Zweck der Sekundärmedien abstellt. Ausschlaggebend ist, dass es sich um eine Publikation handelt, die wie Zeitungen oder Zeitschriften der Information über tagesaktuelle Geschehnisse dient. Dies hat den Vorteil, dass auf weitere Entwicklungen im Bereich der Informationsmedien flexibel reagiert werden kann. Gleichzeitig bleibt aber viel Raum für Einzelabwägungen. Schließlich ist es zu begrüßen, dass der niederländische Gesetzgeber auch der Möglichkeit gefolgt ist, eine Ausweitung auf den leistungsschutzrechtlichen Bereich vorzunehmen. Der niederländische Gesetzgeber gibt daher einen kohärenten Umsetzungsvorschlag, ohne dabei landesspezifischer Gegebenheiten unberücksichtigt zu lassen.

---

961 Begründung des Gesetzesvorschlages vom 22.6.2002, Tweede Kamer der Staten-Generaal, 28482, nr. 3, S. 9.

C. Folgerung für eine nationale Pressespiegelregelung

Für eine nationale Ausgestaltung einer Pressespiegelregelung bietet der niederländische Vorschlag daher durchaus Anhaltspunkte. Zu berücksichtigen ist zudem, dass der deutsche Gesetzgeber zwar bisher im Rahmen der Umsetzung der Urheberrechtsrichtlinie eine Änderung des § 49 UrhG ausgespart hat, dennoch aber schon zuvor Anpassungsmöglichkeiten diskutiert wurden. Im Rahmen der Gesetzgebungsüberlegungen erstmals angesprochen wurde das Problem der urheberrechtlichen Einordnung elektronischer Pressespiegel durch die Enquete -Kommission „Zukunft der Medien in Wirtschaft und Gesellschaft - Deutschlands Weg in die Informationsgesellschaft" im Juni 1997. Hier wurden sowohl die Substitutionsgefahren für die Primärmedien, als auch die Tatsache herausgestellt, dass dem elektronischen Pressespiegel eine wirtschaftlich wichtige Zweitverwertung für die Verlage selbst zukommt. Aus diesem Grund wurde die Möglichkeit der vertraglichen Ausgestaltung der Nutzung von Presseartikeln in Erwägung gezogen und mit Interessen der Allgemeinheit an einem erlaubnisfreien Zugang verglichen. Letztlich favorisiert wurde die Einbeziehung elektronischer Pressespiegel in den Privilegierungsrahmen gemäß § 49 UrhG.[962] Unterstützt und geprägt worden ist diese Einschätzung durch Vorschläge, die in dem vom BMJ in Auftrag gegebenen Gutachten zur Anpassung des Urheberrechts an die Informationsgesellschaft zu § 49 UrhG gemacht wurden.[963] Ergebnis dieser Begutachtung war es, nicht nur eine Erweiterung der Primärmedien auf den Bereich der Online-Medien vorzunehmen. Empfohlen wurde vielmehr auch, zu Zwecken der internen Nutzung eine Privilegierung elektronischer Pressespiegel zuzulassen.[964] Eingeflossen sind diese Überlegungen in eine Änderung des § 49 Abs. 1 UrhG im Rahmen des Diskussionsentwurfes für ein Fünftes Gesetz zur Änderung des Urheberrechtsgesetzes von Juli 1998.[965] Auch dieser Vorschlag ist geprägt durch die Ausweitung der Entnahmemöglichkeit auf Online-Medien und die Übernahmeoption in intern genutzte elektronische Pressespiegel. Insgesamt sind zwar all diese Anpassungsüberlegungen nicht an dem erst zeitlich später in Kraft getretenen Art. 5 Abs. 3 lit. c Alt. 1 UrhRL ausgerichtet, dennoch geben sie aber Abwägungsansätze vor,

---

962 Zweiter Zwischenbericht der Enquete Kommission „Zukunft der Medien in Wirtschaft und Gesellschaft - Deutschlands Weg in die Informationsgesellschaft" vom 23.07.1997, BT-Drucks. 13/8110 vom 30.7.1997, UFITA 135 (1997), S. 271, 283.

963 *Dreier*, in: Schricker (Hrsg.), Urheberrecht auf dem Weg in die Informationsgesellschaft, S. 159, 282.

964 *Dreier*, in: Schricker (Hrsg.), Urheberrecht auf dem Weg in die Informationsgesellschaft, S. 159.

965 Diskussionsentwurf eines Fünften Gesetzes zur Änderung des Urheberrechtsgesetzes vom 7. Juli 1998, S. 5, abgerufen unter: http://141.3.20.23/datis/data/5Gesetz zur aenderung d Urheberrechtsges-Begruendung 747.pdf .

die für die folgenden Überlegungen zur Umsetzungsmöglichkeit der Richtlinienvorgabe genutzt werden können.

I. Primärmedien

Im Hinblick auf die Primärmedien gibt Art. 5 Abs. 3 lit. c Alt. 1 UrhRL einen weiten Umsetzungsspielraum. In Betracht kommt neben veröffentlichten Artikeln auch die Entnahme von gesendeten Werken oder sonstigen Schutzgegenständen.

1. Zeitungen

Zunächst sollte daher im Anschluss an die Überlegungen in der Literatur und der sich nun abzeichnenden Entwicklung in der Rechtsprechung[966] die Möglichkeit ergriffen werden, auch im Wortlaut den Auswertungsbereich auf Zeitschriften zu erweitern. Gefahren der unzulässigen Ausweitung dieses Begriffs auf Fachzeitschriften oder Magazine aus dem Bereich Kultur, Sport, Unterhaltung oder Soziales bestehen insoweit nicht, da durch das Kriterium der Tagesaktualität und der thematischen Beschränkung auf politische, wirtschaftliche und religiöse Artikel eine klare Grenze auf Nachrichtenmagazine besteht.[967]

2. Sonstige Schutzgegenstände

Während die Einbeziehung von Zeitschriften ohnehin schon gemäß Art. 10bis Abs. 1 RBÜ eröffnet war, gibt Art. 5 Abs. 3 lit. c Alt. 1 UrhRL erstmals auch die Option der Nutzung sonstiger Schutzgegenstände. Mit dieser Ausweitung auf den leistungsschutzrechtlichen Bereich können neben Grafiken, Tabellen, Statistiken oder anderen Darstellungen vor allem auch Fotos, unabhängig davon ob sie als Lichtbildwerke urheberrechtlichen oder als Lichtbilder nur leistungsrechtlichen Schutz genießen, mit in die Auswertung einbezogen werden. Die Anpassung des § 49 UrhG in dieser Hinsicht ist auch geboten. Gerade Fotos und sonstige Grafiken sind für das Verständnis eines Textes häufig unerlässlich und machen genau wie der Text einen wesentlichen Bestandteil eines Artikels aus.[968] Zu berücksichtigen ist zudem, dass dieser Praxisbedeutung zwar schon Rechnung getragen wurde, indem auch für die Pressespiegelübernahme von Fotos und Abbildungen aller Art die Rechte in Absprache mit der VG Bild-Kunst über die VG Wort wahrgenommen werden.[969] Eine Einbeziehung in den Privile-

---

966 Vgl. dazu oben Kap. 4 § 2 A. II. 1.

967 Vgl. dazu oben Kap. 4 § 2 A. II. 1.

968 *Rogge*, Elektronische Pressespiegel in urheber- und wettbewerbsrechtlicher Beurteilung, S. 391; *Hoeren*, GRUR 2002, S. 102, 1024; *Flechsig*, Elektronische Pressespiegel - Ein Beitrag zur Reform zukünftiger Pressespiegelausnahmen, in: Becker (Hrsg.), Die Wahrnehmung von Urheberrechten an Sprachwerken, S. 62; *ders.*, ZUM 2002, S. 1, 11.

969 Siehe dazu Kap. 4 §2 A. I. 1.

gierungsrahmen begründet sich aber dennoch auf Grund der Tatsache, dass nur auf diesem Weg die Urheber oder Leistungsschutzberechtigten an Bildern oder sonstigen Darstellungen die Möglichkeit erhalten, die Nutzung zu verbieten.

3. Online-Publikationen

Hauptaugenmerk im Bereich der Entnahmemedien kommt aber der durch die Richtlinie eröffneten Option zu, eine Ausweitung auf Online-Medien vorzunehmen. Verschiedene Gründe sprechen dafür, diese Möglichkeit wahrzunehmen. So ist herausgestellt worden, dass im Internet veröffentlichte Publikationen gerade im Bereich der aktuellen Tagespresse ein i.S.d. Informationsfreiheit unverzichtbares Medium darstellen. Aus diesem Grund ist auch schon in den weit vor der endgültigen Fassung der Richtlinie angestellten, gesetzgeberischen Überlegungen eine Einbeziehung von Online-Medien in den Kreis der auszuwertenden Primärpublikationen angestrebt worden.[970] Zudem sollte gerade auch im Hinblick auf eine harmonische Lösung im Verhältnis zur datenbankschutzrechtlichen Bewertung der Nutzung von online publizierten Nachrichten- und Presseinhalten eine Ausweitung auf digitale Medien mit tagesaktuellem Inhalt vorgenommen werden. Schließlich bietet die Einbeziehung in den Regelungsbereich des § 49 UrhG jedenfalls den Vorteil, auch für Online-Inhalte einen Beteiligungsanspruch in Form einer angemessenen Vergütung zu sichern.

II. Privilegierte Sekundärmedien

Ausschlaggebend für die Lösungsfindung einer Pressespiegelprivilegierung bleibt aber der Bereich der Sekundärmedien, der durch die Ausgestaltung des Pressebegriffs zu konkretisieren ist.

1. Umsetzungsmöglichkeit des Begriffs „Presse“

Im Hinblick auf gedruckte Publikationen ist genau wie bei den Entnahmemedien an eine Erweiterung auf Zeitschriften zu denken. Zur Gewährleistung einer umfassenden Zirkulation aktueller Presseinhalte dürfen auch wöchentlich erscheinende Periodika wie Nachrichtenmagazine oder Wirtschaftszeitschriften von der Möglichkeit der Aufnahme einzelner Artikel nicht ausgeschlossen werden. Zudem ist i.S.d. Klarstellung der Privilegierung von Print-Pressespiegel an Stelle des Begriffs des „Informationsblatts“, eine offenere Formulierung zu wählen. Dabei muss gleichzeitig aber auch deutlich werden, dass eine Übernahme nur für Medien in Betracht kommt, die mit Zeitungen und Zeitschriften funktionsgleich sind und nur der aktuellen Information dienen. Hier bietet der Ausdruck in der Entwurfsfassung des fünften Urheberrechtsänderungsgesetzes

---

[970] Begründung zum Diskussionsentwurf eines Fünften Gesetzes zur Änderung des Urheberrechtsgesetzes vom 7. Juli 1998, S. 10; *Dreier*, in: Schricker (Hrsg.), Urheberrecht auf dem Weg in die Informationsgesellschaft, S. 159.

„andere Druckschriften, die lediglich Tagesinteressen Rechnung tragen“ einen Vorschlag.[971] Diese Formulierung gibt die Möglichkeit der genauen Bestimmung des Sekundärmediums nach funktionalen Aspekten und orientiert sich nicht an streng formalen Gesichtspunkten. Zudem impliziert die Beschränkung auf Tagesinteressen, dass eine Aufnahme in zeitlos nutzbaren Medien, eine Archivierung oder sonstige Dauernutzungsmöglichkeiten nicht mehr vom Sinn und Zweck der Privilegierung erfasst sind.

Schwieriger ist die Ausgestaltung des Pressebegriffs in Bezug auf digitale Sekundärmedien. Wie sich herausgestellt hat, führt das nationale verfassungsrechtlich geprägte Verständnis zu keinerlei Beschränkungen. Erst die Einbeziehung des Privilegierungsziels i.S.d. Art. 10bis Abs. 1 RBÜ 67/71 ergibt eine Begrenzung i.S.d. Ermöglichung eines freien Informationsaustausches. Aber auch bei Beachtung dieser Einschränkung sind unproblematisch auch für Onlineableger von gedruckten Zeitungen und Zeitschriften sowie reine Netzzeitungen oder -zeitschriften als privilegierte Sekundärmedien einzuordnen.[972] Zudem hat sich dabei aber auch gezeigt, dass Zusammenstellungen von Online-Artikeln zu branchenspezifischen Spezialthemen oder zu Themen von allgemeinem Interesse zum entgeltlichen Angebot an Jedermann nicht mehr vom Informationszweck getragen werden. Dies gilt genauso, wenn solche Themenzusammenstellungen zum freien Download mit dem Zweck der indirekten Förderung kommerzieller Interessen wie der Attraktivitätssteigerung der Internetpräsenz genutzt werden.
Soweit Artikel in reinen digitalen Sekundärmedien, die selbst nicht zur Entnahme von Informationen taugen, übernommen werden, kommt daher, wie es der BGH im Hinblick auf elektronische Pressespiegel vorgesehen hat, nur eine Privilegierung für den internen Gebrauch in Betracht. Diese Begrenzung sollte dementsprechend auch im Wortlaut der Schrankenregelung zum Ausdruck kommen. Die komplizierte Formulierung[973], die der Vorschlag im Diskussionsentwurf von 1998 enthält, ist dabei allerdings zu vermeiden.[974] Zu denken ist hier vielmehr daran, die Formulierung „zur Nutzung zum internen Gebrauch“

---

[971] Diskussionsentwurf eines Fünften Gesetzes zur Änderung des Urheberrechtsgesetzes vom 7. Juli 1998, S. 5.

[972] I.d.S. auch OGH, MR 1/2003, S. 36, 38 - Meischi.at.

[973] Diskussionsentwurf eines Fünften Gesetzes zur Änderung des Urheberrechtsgesetzes vom 7. Juli 1998, S.5, *§ 49 Abs. 1 S. 2 UrhÄndG*: *„Zulässig ist ferner die öffentliche Wiedergabe mit Ausnahme der nicht lediglich für einen bestimmt abgegrenzten Kreis von Angehörigen der Öffentlichkeit erfolgenden Übertragung.*“.

[974] Vgl. *Rogge,* Elektronische Pressespiegel in urheber- und wettbewerbsrechtlicher Beurteilung, S. 390; *Flechsig,* Elektronische Pressespiegel. Ein Beitrag zur Reform zukünftiger Pressespiegelausnahmen, in: Becker (Hrsg.), Die Wahrnehmung von Urheberrechten an Sprachwerken, S. 60; *ders.*, ZUM 2002, S. 1, 11.

in den Wortlaut aufzunehmen. Eine nähere Festlegung auf den betrieblichen oder behördlichen Bereich scheint hier allerdings nicht nötig, da es nur darauf ankommt, dass der Nutzerkreis beschränkt und zum Außenverhältnis abgegrenzt wird.[975] Zudem kann über eine solche Formulierung auch die Möglichkeit der Einbeziehung externer im individuellen Auftrag tätiger Medienbeobachter sichergestellt werden.
Abzusehen ist dagegen aber von einer Normierung der durch den BGH vorgegebenen Bedingung der Beschränkung des Ausgabeformats auf Grafikdateien. So ist nicht nur die Wirksamkeit dieser Rechtsprechungsvorgabe zweifelhaft, vielmehr birgt auch diese technologiegebundene Voraussetzung Rechtsunsicherheiten in sich, die keine vollständige Anpassung an die Bedingungen einer Pressespiegelregelung in der Informationsgesellschaft erfüllen.[976] Zudem wird auch erst mit der Abkehr von der Beschränkung auf Grafikdateien die Übernahme von Artikeln aus Online-Medien in Pressespiegeln möglich. Diese Möglichkeit ist nicht nur im Hinblick auf die Gewährleistung eines freien Informationsflusses unverzichtbar.[977] Weiterhin spricht das Verhältnis zur datenbankschutzrechtlichen Beurteilung für eine Einbeziehung von Online-Inhalten in Pressespiegeln. So ist es widersprüchlich, die Verlinkung oder Übernahme einzelner Artikel nicht als unzumutbare Interessenbeeinträchtigung i.S.d. § 87 b Abs. 1 S. 2 UrhG einzustufen, im Hinblick auf den Urheberrechtsschutz an den einzelnen Artikeln aber jegliche Rechtfertigungsmöglichkeit zu versagen.
Als Vorbild für eine technologieneutrale Lösung könnte insoweit der niederländische Umsetzungsvorschlag in Betracht kommen, der zur Bestimmung digitaler Sekundärmedien eine funktionale Anknüpfung an die der tagesaktuellen Information dienenden Publikationen wie Zeitungen und Zeitschriften etc. vornimmt.[978] Kritisch bemerkt wurde zu dieser Formulierungswahl aber, dass ihr zwar der Vorzug zukommt, eine teleologische und technisch unabhängige Subsumtionsmöglichkeit zu bieten, gleichzeitig aber einen sehr weiten Tatbestandsbereich eröffnet, so dass letztlich nur über den Drei-Stufen-Test der Privilegierungsbereich bestimmt werden kann. In diesem Zusammenhang verweist der niederländische Gesetzgeber darauf, dass sich aus der funktionalen Bestimmung ohnehin ergebe, dass eine dauerhafte Aufnahme von Presseartikeln ausscheide. Dieser Überlegung ist zuzustimmen und könnte im Rahmen einer deutschen Regelung auch an der schon de lege lata verwendeten Formulierung festgemacht werden, dass auch die Sekundärmedien „lediglich Tagesinteressen"

---

975 Vgl. dazu Kap. 4 §3 B I 2 b).

976 Vgl. dazu Kap. 4 §3 B I 2. a) cc).

977 Vgl. *Beckmann,* MMR 2002, S. 763, 764 - Anmerkung zum Urteil des LG München vom 1.3.2002.

978 Vgl. dazu Kap. 5 §3 B. II. 3.

dienen müssen. Zu beachten ist aber, dass sich bei der digitalen Nutzung, unabhängig von einer möglichen Langzeitspeicherung, schon die Möglichkeit ergibt, die Artikel auch zu Zwecken des tagesaktuellen Gebrauchs als recherchefähige Volltextzusammenstellung anzubieten. Wenn von einer Beschränkung auf Grafikdateien abgesehen wird, scheint es daher erforderlich, auch im Wortlaut der Schrankenbestimmung den Ausschluss der recherchierbaren Volltextnutzung zu normieren. Darüber hinaus bietet die Zweckbindung als tagesaktuelle Informationsmedien sowie die Abgrenzung zur Archivprivilegierung gemäß § 53 Abs. 2 UrhG genügend Missbrauchsschutz.

2. Verwertungsrechte

Im Hinblick auf die privilegierten Verwertungsmöglichkeiten ist nicht an der Aufsplittung zwischen der Vervielfältigung, die der Presse vorbehalten ist, und der öffentlichen Zugänglichmachung und Wiedergabe durch jedermann festzuhalten. Weiterhin bietet Art. 5 Abs. 4 UrhRL die Option, eine Einbeziehung des Verbreitungsrechts in den Kreis der gerechtfertigten Nutzungsrechte gemäß Art. 5 Abs. 4 UrhRL vorzunehmen.

III. Sonstige Privilegierungsvoraussetzungen

An den weiteren Privilegierungsvoraussetzungen der inhaltlichen Beschränkung auf wirtschaftliche, politische oder religiöse Tagesfragen ist festzuhalten. Eine Erweiterung auf soziale, kulturelle oder unterhaltende Themen ist weder durch die Richtlinie, noch durch die konventionsrechtliche Verankerung gedeckt und zudem auch durch das Informationsbedürfnis nicht geboten. Die Beschränkung auf einzelne Artikel ist mit Blick auf den Drei-Stufen-Test zwingend erforderlich. Gleiches ergibt sich nach den Richtlinievorgaben für die Verpflichtung zur Quellenangabe und der Ermöglichung der Erklärung eines Nutzungsverbotes.

IV. Drei-Stufen-Test gemäß Art. 5 Abs. 5 UrhRL

Abschließendes Korrektiv bildet der Drei-Stufen-Test gemäß Art. 5 Abs. 5 UrhRL. Zu überprüfen sind im gegebenen Zusammenhang nur die zweite und dritte Stufenregelung. So ist Art. 5 Abs. 3 lit. c Alt. 1 UrhRL als Schrankenregelung des enummerativen Kataloges gemäß Art. 5 UrhRL unproblematisch als Sonderfall i.S.d. Drei-Stufen-Tests zu betrachten.[979] Zu klären ist daher, ob die Umsetzung des Art. 5 Abs. 3 lit. c Alt. 1 UrhRL nach den hier aufgestellten Kriterien nur Nutzungen privilegiert, die die normale Verwertung des Werkes

---

979 Vgl. *Reinbothe,* Beschränkungen und Ausnahmen von den Rechten im WCT, in: FS Dittrich, S. 251, 258; *Bornkamm,* Der Dreistufentest als urheberrechtliche Schrankenbestimmung, in: FS Erdmann S. 29, 46; *Schack,* AfP 2003, S. 1, 7.

nicht beeinträchtigen und die Interessen des Rechteinhabers nicht ungebührlich verletzen.

1. Normale Werkverwertung

Das Maß der normalen Verwertung orientiert sich an der Bestimmung der wirtschaftlichen Nutzung des Werkes auf dem Markt des Landes, das die Beschränkung vornimmt.[980] Im Hinblick auf die Nutzung von Presseartikeln stellt die Verwertung durch Verlage in gedruckten Zeitungen oder Zeitschriften die normale Auswertungsform dar. Auch die Verwendung in entsprechenden Online-Versionen ist zur üblichen Nutzung zu zählen. Hierfür spricht, dass auch im Archivbereich die digitale Nutzung von analogem Archivmaterial zur normalen Auswertungsform gerechnet wird.[981]

Für die Verwertung von Artikeln aus Print-Publikationen in elektronischen Pressespiegeln ist schon herausgestellt worden, dass im Unterschied zu Publikumsangeboten an jedermann ein nutzerspezifischer Pressespiegel zum internen Gebrauch die normale Auswertung nicht beeinträchtigt. Zu berücksichtigen ist allerdings, dass bei einer Nutzung von Artikeln im reinen Textformat die Gefahr einer dauerhaften Ablage oder einer Zusammenstellung im recherchefähigen Volltextformat besteht und es im Hinblick auf die Archivtätigkeit der Verlage zu einer beeinträchtigenden Konkurrenz kommen kann. Soweit aber dieser Gefahr schon im Wortlaut der Privilegierung mit einem expliziten Ausschluss der Volltextspeicherung begegnet wird und bezüglich der Archivnutzung auf die Abgrenzung zu § 53 Abs. 2 UrhG verwiesen werden kann, greift der Einwand der beeinträchtigenden Auswertung nicht mehr.

In gleicher Weise kann für den Bereich der Internetauswertung argumentiert werden. Auch wenn Presseartikel aus Online-Zeitungen in Pressespiegel übernommen werden oder Deep Link unmittelbar auf die Artikel verweisen, entstehen im Verhältnis zur Nutzung von Print-Publikationen keine zusätzlichen Gründe, die für eine Beeinträchtigung der normalen Auswertung sprechen, wenn von einer Nutzung im Außenverhältnis oder der Eingabe in Datenbanken abgesehen wird.

Darüber hinaus zeigt die Frage nach der normalen Auswertung aber weiterhin, dass nicht nur ein entgeltlicher Vertrieb an „Jedermann" ausscheidet, sondern auch unentgeltliche Pressespiegelangebote zu gemeinnützigen oder sozialen Informationszwecken eine unmittelbare Beeinträchtigung der normalen Nutzung

---

980 *Reinbothe*, Beschränkungen und Ausnahmen von den Rechten im WCT, in: FS Dittrich, S. 251, 258.

981 *Dreier*, in: Schricker (Dreier), Urheberrecht auf dem Weg in die Informationsgesellschaft, S. 160, vgl. *ders.* Konvergenz und das Unbehagen des Urheberrechts, in: FS Erdmann, S. 73, 81; Zweiter Zwischenbericht der Enquete Kommission „Zukunft der Medien in Wirtschaft und Gesellschaft - Deutschlands Weg in die Informationsgesellschaft" vom 23.07.1997, BT-Drucks. 13/8110 vom 30.7.1997, UFITA 135 (1997), S. 271, 283.

in Zeitungen und Zeitschriften darstellen. So tritt eine konkurrierende Beeinträchtigung unabhängig davon ein, ob die Pressespiegel der Allgemeinheit aus reiner Gewinnerzielungsabsicht, aus indirekten wirtschaftlichen Gründen oder auch nur aus bloßem Informationszweck angeboten werden.
Festhalten lässt sich daher, dass die Bildung einer Schrankenregelung zur erlaubnisfreien Nutzung von Presseinhalten aus Print- oder Online-Medien in elektronischen Pressespiegeln nicht an der zweiten Bedingung des Drei-Stufen-Tests scheitert, soweit sichergestellt ist, dass diese privilegierte Nutzung nicht als entgeltliches oder auch unentgeltliches Angebot an „Jedermann" in substituierende Konkurrenz zu den verlegerischen Primärprodukten tritt. Des Weiteren ist dafür Sorge zu tragen, dass der im digitalen Bereich potenzierten Gefahr der Umgestaltung rein informativer Pressespiegelnutzung in qualifizierte Recherche und Archivfunktionen entgegengewirkt wird.

2. Keine unzumutbare Interessenbeeinträchtigung

Letztlich entscheidend für die Qualifizierung digitaler Pressespiegel als erlaubnisfreie Schrankenbestimmung ist die Frage, ob eine unzumutbare Beeinträchtigung der Interessen vorliegt. Ausschlaggebend ist daher eine Abwägung der Interessen. Berücksichtigt werden können dazu die wirtschaftlichen Nachteile, die aus der privilegierten Nutzung für die Primärverwertung folgen.[982] Zu bedenken ist dabei, dass eine mögliche Unzumutbarkeit der Interessenbeeinträchtigung mit entgegenstehenden Allgemeinwohlbelangen aufgewogen oder durch die Gewährleistung einer angemessenen wirtschaftlichen Beteiligung abgewendet werden kann.[983]

a) Interessenpositionen

Im Hinblick auf die Erstellung von Pressespiegeln aus Print-Publikationen kann auf die Abwägung der unterschiedlichen Interessenpositionen im Rahmen der Untersuchung der internen und kommerziellen Pressespiegel de lege lata verwiesen werden. Eine unzumutbare Interessenbeeinträchtigung ergibt sich auch nicht aus der Tatsache, dass von einer Begrenzung des Ausgabeformates als Grafikdatei abgesehen wird, soweit durch eine entsprechende Normierung und die Abgrenzung zur Archivprivilegierung eine dauerhafte Nutzung ausgeschlossen werden kann.

---

982 *Reinbothe*, Beschränkungen und Ausnahmen von den Rechten im WCT, in: FS Dittrich, S. 251, 259; *Bornkamm*, Der Dreistufentest als urheberrechtliche Schrankenbestimmung, in: FS Erdmann S. 29, 47.

983 Vgl. *Bornkamm*, Der Dreistufentest als urheberrechtliche Schrankenbestimmung, in: FS Erdmann S. 29, 47; *Dreier*, Auswirkungen des § 63 a UrhG auf die Verteilungspraxis der VG Wort, S. 24; *Schack*, AfP 2003, S. 1, 8.

Im Raum steht vielmehr die Frage, ob die Ausweitung der Privilegierung auf die Möglichkeit der Erstellung von Pressespiegeln mit Inhalten aus Online-Medien zu einer unzumutbaren Beeinträchtigung der wirtschaftlichen Interessen der Autoren und Verwerter führt.

§ 49 UrhG bot bisher für die Onlineauswertung keine Rechtfertigungsmöglichkeit. Soweit daher auch Internet-Pressespiegel in Form der Übernahme ganzer Artikel oder der Ausgestaltung von Deep Link-Zusammenstellungen als Pressespiegel i.S.d. § 49 UrhG und dementsprechend auch i.S.d Manteltarifverträge der Zeitungs- (§ 12 Abs. 1 a.E. MTV-Tageszeitungen) und Zeitschriftenverleger (§ 18 Abs. 1 a.E. MTV-Zeitschriften) angesehen werden, erhalten die Autoren eine wirtschaftliche Beteiligung an der Verwertung, an der sie zuvor nicht partizipierten und die zudem auch ihrer Kontrolle entzogen war.

Anders gestaltet sich dagegen die Situation für die Verlage. Mit der Pressespiegellösung des BGH verbleibt diesen jedenfalls die Option, die Nutzung von Online-Inhalten als eigene vertragliche Angebote auszugestalten. Eine für die Verlage wirtschaftlich wichtige Möglichkeit des Aufbaus einer sekundären Folgenutzung ihrer Presseerzeugnisse wird daher durch die erlaubnisfreie Nutzungsmöglichkeit von Internetinhalten verhindert. In dieser Erweiterung auf den Online-Bereich ist daher im Verhältnis zur Nutzung von Pressespiegeln aus Print-Artikeln, eine unzumutbare Beeinträchtigung der Interessen der Verwerter zu sehen.

Im Sinn der Gemeinwohlbelange ist allerdings zu berücksichtigen, dass sich Internetinhalte als ein wesentlicher Bestandteil im Bereich der tagesaktuellen Informationsmedien etabliert haben. Ein Pressespiegel wird daher nur unter Einbeziehung der Online-Inhalte in den Bereich der auszuwertenden Medien den Informationsinteressen der Allgemeinheit gerecht. Hinzu kommt, dass auch verlagseigene Selektions- und Recherchemöglichkeiten nicht ausreichen, um einen aus der Vielzahl von Informationen zusammengestellten Pressespiegel zu ersetzen.[984] Entscheidend für das Erfordernis der Privilegierung von Internet-Pressespiegeln spricht schließlich, dass es auf Grund der Vielzahl von Netzinhalten ohnehin schwierig ist, auf vertraglicher Ebene die entsprechenden Nutzungsrechte einzuräumen. Darüber hinaus ist zu bedenken, dass von Seiten der Verleger ein solches Angebot der Internetauswertung auch gar nicht besteht.[985] Gerade aber diese Nachteile für die Allgemeinwohlbelange könnten

984 *Dreier*, in: Schricker (Hrsg.), Urheberrecht auf dem Weg in die Informationsgesellschaft, S. 160, Diskussionsentwurf eines Fünften Gesetzes zur Änderung des Urheberrechtsgesetzes vom 7. Juli 1998, S.5.

985 Vgl. Kap. 4 §2 C III. 2.c) cc).

eine Herabstufung der Verfügungs- und Verwertungsbefugnis auf einen einfachen Vergütungsanspruch rechtfertigen.[986]
Aber auch mit diesem Argument kann die mit der Ausweitung der Privilegierungsmöglichkeit auf den Bereich der Onlineauswertung hervorgerufene unzumutbare Beeinträchtigung der Interessen der Verlage nicht ausgeglichen werden. So gestaltet sich jedenfalls die deutsche Rechtstatsächlichkeit in der Weise, dass die Vergütungsbeteiligung für die Verwertung von Artikeln in Pressespiegeln vollständig den Autoren zukommt. Grund dafür sind zwar nur die derzeitigen tarifvertraglichen Abreden, die im Hinblick auf die Umsetzung des Art. 5 Abs. 3 lit. c Alt. 1 UrhRL nicht entscheidungsrelevant sind. Dennoch ist es aber nicht möglich, mit einem einfachen Verweis auf die de lege lata vorgesehene Vergütungsbeteiligung den hier gegebenen Interessenkonflikt auszugleichen. Dies lässt sich insbesondere auch damit begründen, dass im Rahmen der richtlinienkonformen Umsetzung der Beachtung der Interessen der Verwerter eine besondere Bedeutung zukommt.

b) Konfliktsituation zu Art. 6 Abs. 4 Unterabs. 1 bzw. 2 UrhRL; § 95 b UrhG
So ist im Hinblick auf die Nutzung von Online-Inhalten die Möglichkeit des Einsatzes technischer Schutzmaßnahmen gemäß Art. 6 UrhRL von großer Relevanz. Über diese Systeme können mit Zugangs- oder Kopiersperren die Durchsetzung der Urheber- und Leistungsschutzrechte gesichert werden. Daraus folgt, dass es letztlich den Verlegern zukommt, über den Zugriff und die Nutzung der im Internet publizierten Inhalte zu entscheiden. Jedenfalls ist für den gesamten Bereich der Auswertung von tagesaktuellen Online-Medien aus Religion, Wirtschaft und Politik die Schrankenregelung des Art. 5 Abs. 3 lit. c Alt. 1 UrhRL zur Gewährleistung des „free flow of Information" der vollständigen Disposition der Verwerter ausgesetzt.
Unter Berücksichtigung dieses Konfliktverhältnisses weist Art. 6 Abs. 4 Unterabs. 1 UrhRL darauf hin, dass zur Sicherung des Zugangs zu Netzinhalten freiwillige Selbstbeschränkungsmaßnahmen zu treffen sind. Daneben nennt die Richtlinie auf Grund der besonderen Bedeutung für das Allgemeininteresse und die öffentliche Sicherheit gemäß Art. 6 Abs. 4 Unterabs. 1 UrhRL sieben der in Art. 5 Abs. 2 und 3 UrhRL normierten Schrankentatbestände, die nicht durch technische Schutzmaßnahmen beeinträchtigt werden dürfen. Über diese zwingenden Pflicht hinaus besteht gemäß Art. 6 Abs. 4 Unterabs. 2 UrhRL die optionale Möglichkeit, die Privatkopie dem Einsatz technischer Schutzmaßnahmen zu entziehen. Art. 5 Abs. 3 lit. c Alt. 1 UrhRL ist in keiner der Vorschriften genannt. Insbesondere der Verzicht der Aufnahme in den Katalog

[986] Vgl. *Reinbothe,* Beschränkungen und Ausnahmen von den Rechten im WCT, in: FS Dittrich, S. 251, 259; *Bornkamm,* Der Dreistufentest als urheberrechtliche Schrankenbestimmung, in: FS Erdmann S. 29, 47.

der auf Grund der Gemeinwohlbelange zwingend zu schützenden Schrankenregelungen ist unverständlich. So dient Art. 5 Abs. 3 lit. c Alt. 1 UrhRL doch gerade mit der Privilegierung der Nutzung tagesaktueller Informationen der Informationsfreiheit der Allgemeinheit.[987] Ein Grund dafür kann jedenfalls auch nicht darin gesehen werden, dass Art. 5 Abs. 3 lit. c Alt. 1 UrhRL die Möglichkeit des Rechtevorbehalts vorsieht. So ist die Vorbehaltsmöglichkeit lediglich als Ausnahmetatbestand ausgestaltet und gibt nur die Möglichkeit, durch explizite Kennzeichnung einen Artikel von der Nutzung auszuschließen. Keinesfalls gemeint ist damit die Möglichkeit, das gesamte Informationsangebot pauschal mit einer Kopier- oder Zugriffssperre zu versehen.
Der Gefahr der Aushebelung des Schrankenzwecks gemäß Art. 5 Abs. 3 lit. c Alt. 1 UrhRL könnte daher nur begegnet werden, wenn die Richtlinie die Möglichkeit offen lässt, die zwingende Regelung des Art. 6 Abs. 4 Unterabs. 1 UrhRL oder auch die Option gemäß Art. 6 Abs. 4 Unterabs. 2 UrhRL auf andere als die dort benannten Schrankenregelungen anzuwenden. Hiergegen spricht aber schon die enummerative und detaillierte Aufzählung der zu berücksichtigenden Rechtfertigungsnormen gemäß Art. 6 Abs. 4 Unterabs. 1 UrhRL. Auch für den freiwilligen Bereich ist der Verweis auf Art. 5 Abs. 2 lit. c UrhRL nicht beispielhaft anzusehen. Vielmehr handelt es sich hierbei um eine Sonderregelung für das Verhältnis zwischen Art. 6 Abs. 4 Unterabs. 2 UrhRL und dem Schutz der Privatkopie.[988] Es zeigt sich daher, dass die Mitgliedstaaten keine Möglichkeit haben, auch bei anderen Schrankenregelungen gesetzlich für die Durchsetzung der Privilegierung zu sorgen.[989] Dieses Ergebnis spiegelt sich nun auch mit § 95 b UrhG in der nationalen Umsetzung wieder.
Für die Lösung der die Konfliktsituation des Art. 5 Abs. 3 lit. c Alt. 1 UrhRL bzw. des § 49 UrhG zu Art. 6 Abs. 4 Unterabs. 1 bzw. 2 UrhRL bzw. § 95 b UrhG bleibt daher nur die unvertretbar erscheinende Vorgabe, dass dem nationalen Gesetzgeber im Zuge der Umsetzung des Art. 5 Abs. 3 lit. c Alt. 1 UrhRL lediglich die Möglichkeit zukommt, einen Rechtsrahmen zu schaffen, der i.S.d. Art. 6 Abs. 4 Unterabs. 1 S. 1 UrhRL die Freiheit zur Ergreifung freiwilliger Maßnahmen und Vereinbarungen zwischen den Rechteinhabern und der Allgemeinheit bzw. den Pressespiegelherstellern einräumt.

c) Herbeiführung eines gerechten Ausgleichs

Einen Ansatzpunkt für die Bildung freiwilliger Maßnahmen oder Vereinbarungen i.S.d. Art. 6 Abs. 4 Unterabs. 1 S. 1 UrhRL bildet die Möglichkeit der

---

987 *Kröger*, Informationsfreiheit und Urheberrecht, S. 269; *ders.* CR 2001, S. 316, 322; *Spindler*, GRUR 2002, S. 105, 117.

988 *Reinbothe*, GRUR Int. 2001, S. 733, 742.

989 *Dreier*, ZUM 2002, S. 28, 37.

Ausgestaltung eines gerechten Ausgleichs. Zwar ist in diesem Zusammenhang zu berücksichtigen, dass schon die Pressespiegelregelung de lege lata mit dem Anspruch auf angemessene Vergütung kompensiert wird und damit sogar über den i.S.d. Richtlinie geforderten, gerechten Ausgleich hinausgeht.[990] Dennoch ist aber festzustellen, dass im Hinblick auf eine umfassende Anpassung des § 49 UrhG die nationale Vergütungslösung, auch unabhängig von den dahinterstehenden vertraglichen bzw. tarifvertraglichen Ausgestaltungen, keinen richtlinienkonformen Ausgleich herbeiführt. So unterliegt der angemessene Vergütungsausgleich de lege lata einer sehr urheberzentristischen Ausgestaltung. Deutlich kommt dieses Verständnis auch in der Argumentation des BGH zum Ausdruck. Zusätzlich betont wird diese Sichtweise auch durch urhebervertragsrechtliche Regelungen wie § 63 a UrhG, der ausschließlich die Urheber in ihrem Vergütungsanspruch stärkt. Nach dem Richtlinienverständnis ist dagegen dieser Schwerpunkt verlagert. Im Hinblick auf die Ausgestaltung des gerechten Ausgleichs wird ausdrücklich darauf hingewiesen, dass der Grad des Einsatzes technischer Schutzmaßnahmen in vollem Umfang berücksichtigt werden muss.[991] Gerade diese besondere Bedeutung der Verwerterinteressen im Rahmen der Bestimmung des gerechten Ausgleichs ist auch anhand der Darstellung des Spannungsverhältnisses des Art. 5 Abs. 3 lit. c Alt. 1 UrhRL bzw. § 49 UrhG zu Art. 6 Abs. 4 Unterabs. 1 UrhRL bzw. § 95 UrhG deutlich geworden. Die Verpflichtung, bei der Festlegung des gerechten Ausgleichs die Interessen der Verwerter zu beachten, wird zudem auch in ErwG 10 festgelegt. Gemäß dieser Erwägung wird dem umsetzenden Mitgliedstaat ausdrücklich aufgegeben zu gewährleisten, dass sowohl die Urheber als auch die Verwerter, denen keine originären Urheber- oder Leistungsschutzrechte zukommen, eine angemessene Vergütung erhalten. Ein solcher Ausgleich i.S.d. Richtlinie kann daher nur gegeben sein, wenn die unterschiedlichen Ebenen der Rechteinhaber nicht nur im Verhältnis zu den Nutzern, sondern auch untereinander in einer Gesamtansicht aller der im Zuge der Werkverwertung betroffenen Interessen berücksichtigt werden.[992]

Dies bedeutet daher auch, dass es für die Umsetzung des Art. 5 Abs. 3 lit. c Alt. 1 UrhRL nicht ausreicht, pauschal auf die gemäß § 49 UrhG de lege lata relevante Vergütungsregelung hinzuweisen. Vielmehr ist der Rahmen des gerechten Ausgleichs zu präzisieren. Nähere Interpretationshinweise gibt ErwG 35 vor. Neben der Tatsache, dass der Möglichkeit des Einsatzes technischer Schutzmaßnahmen Rechnung zu tragen ist, wird vorgegeben, auf den Einzelfall

---

[990] Vgl. *Reinbothe*, ZUM 2002, S. 43, 49.

[991] Vgl. Erwägungsgrund 35 der Richtlinie 2001/29/EG.

[992] Vgl. Erwägungsgrund 31 der Richtlinie 2001/29/EG; *Dreier*, Auswirkungen des § 63 a UrhG auf die Verteilungspraxis der VG Wort, S. 26; *ders.*, Konvergenz und das Unbehagen des Urheberrechts, in: FS Erdmann, S. 73, 76.

abzustellen und den Ausgleich anhand des für den Rechteinhaber entstandenen Schadens zu bemessen. In diesem Zusammenhang ist herausgestellt worden, dass die Verlage bei der Ausweitung des Privilegs auf Internet-Pressespiegel die Möglichkeit verlieren, die Nutzung ihrer Internet-Inhalte in vertraglicher Eigenverwertung vorzunehmen. Dieser „Schaden" korrespondiert mit der Möglichkeit, den gesamten Bereich der im Internet publizierten Inhalte durch technische Schutzmaßnahmen zu sichern. Deutlich wird daher, dass im Unterschied zur Pressespiegelregelung des BGH, die auf die Ausweitung von Print-Medien in grafischen Formaten beschränkt ist, für die hier vorgeschlagene Einbeziehung der Online-Medien ein gerechter Ausgleich nur bei Beteiligung der Verlage zu erreichen ist. Schon im Interesse einer richtlinienkonformen Anwendung des gerechten Ausgleichs im Rahmen der Umsetzung der Art. 5 Abs. 3 lit. c Alt. 1 UrhRL hat daher eine Präzisierung i.d.S. zu erfolgen. Hierfür spricht darüber hinaus auch, dass nur auf diese Weise ein Rechtsrahmen geschaffen werden kann, der direkten Anstoß gibt, dass die Verwerter sich auf eine freiwillige Selbstbeschränkung i.S.d. Art. 6 Abs. 4 Unterabs. 1 UrhRL einlassen. Es sollte also versucht werden, die Belange des geistigen Eigentums über die Vergütungsmöglichkeit soweit zu sichern, so dass von den eigentumsberechtigten Verlagen zur Kompensation nicht auf technische Schutzmaßnahmen zurückgegriffen wird.[993] Im Wortlaut des § 49 UrhG könnte dieser Ansatz dadurch zum Ausdruck gebracht werden, dass die angemessene Vergütung anstatt für die „Urheber" für die „Rechteinhaber" bzw. die „Urheber und Verwerter" vorgesehen wird. Vorzuziehen ist hier der Begriff des Rechteinhabers, da dieser nicht nur die originäre und derative Rechteinhaberschaft zum Ausdruck bringt,[994] sondern auch ein prägender Begriff der Richtlinie ist. Über eine solche Ausgestaltung des § 49 UrhG wäre daher ein flexibler Rechtsrahmen vorgegeben, der es mit der Gesetzesumsetzung erforderlich macht - im Anschluss an die schon vorgenommene Anpassung der Tarife an die digitalen Nutzungsmöglichkeiten[995] -, über die Beteiligung an der Vergütung erneut zu verhandeln und Vereinbarungen für freiwillige Maßnahmen zur Durchsetzung des § 49 UrhG zu schaffen. So könnte zu überlegen sein, umfassend privilegierte Pressespiegel nicht als völlig verlagsungebunden Werke i.S.d. § 2 des Verteilungsplan der VG anzusehen, sondern auch diese den verlagsgebundenen

---

993 Zur Überlegung, dass jedenfalls § 63 a UrhG nicht gegen eine mögliche Verlagsbeteiligung spricht vgl. *Dreier*, Auswirkungen des § 63 a UrhG auf die Verteilungspraxis der VG Wort, besonders S. 9-11, 23, 32.

994 *Zecher*, ZUM 2002, S. 52, 54.

995 Vgl. dazu Kap. 4 §2 V I.

Werken zuzuordnen.[996] Möglich wäre es, insoweit die Kopier- oder Zugangssperren entsprechend der Grundsätze des Rechtevorbehaltes zu behandeln.

3. Ergebnis

Insgesamt zeigt sich daher, dass mit der Präzisierung der Ausgestaltung der Vergütungsbeteiligung i.S.d. § 49 UrhG ein gerechter Ausgleich geschaffen werden kann, der nicht nur einen Rahmen vorgibt, die Schrankenregelung gemäß Art. 5 Abs. 3 lit. c Alt. 1 UrhRL bzw. § 49 UrhG durchsetzungsfähig zu halten, sondern auch zu einem ausgewogenen Interessenausgleich führt.

Soweit die Rechteinhaber einen angemessenen Vergütungsanspruch erhalten, besteht die Möglichkeit, dass die Verlage auf den Einsatz technischer Schutzmaßnahmen verzichten und dem Informationsinteresse der Allgemeinheit an der Nutzung von tagesaktuellen Inhalten nicht nur aus dem Print-, sondern auch aus dem Online-Bereich Rechnung getragen werden kann. Gleichzeitig entfällt damit auch die komplizierte Mischlösung zwischen gesetzlichen und vertraglichen Nutzungsrechten im Rahmen der Pressespiegelerstellung. So ermöglicht die Schrankenregelung de lege ferenda auf gesetzlichem Weg die erlaubnisfreie Übernahme von Artikeln aus Print- und Online-Medien, ohne an das Erfordernis des Grafikformats anzuknüpfen. Damit ist eine umfassende gesetzliche Pressespiegellösung geschaffen. Erst für Nutzungsrechte, die darüber hinausgehen, wie die Dauernutzung oder Aufnahme der Artikel in eine recherchefähige Volltextdatenbank, sind vertragliche Vereinbarungen mit den Verlegern nötig. Zudem werden über die Einbeziehung externer, ausschließlich kundenspezifisch arbeitender Pressespiegeldienste in den Privilegierungsrahmen der Schrankenberechtigten ungerechtfertigte Ungleichbehandlungen im Kreis der privilegierten Unternehmen vermieden.

Den Autoren als originäre Urheber ist eine Beteiligung an der Pressespiegelverwertung durch die Wahrnehmung der VG Wort gesichert. Auch eine mögliche Verlagsbeteiligung wirkt sich für die Autoren nicht nachteilig aus, soweit ihnen eine Partizipation an den im Internet publizierten Artikeln zu Gute kommt.

Soweit zudem die Verlage für die Nutzungsfreistellung der Artikel im Rahmen der Voraussetzungen gemäß § 49 UrhG eine angemessene Vergütungsbeteiligung erhalten, kann dies auch als angemessener Ausgleich im Hinblick auf die derativen Eigentumspositionen angesehen werden. So bleibt den Verlagen neben der Möglichkeit, sich am Pressespiegelgeschäft zu beteiligen, zusätzlich der Bereich der Sekundärnutzung von Artikeln vorbehalten, der nicht mehr vom gesetzlichen Rahmen des § 49 UrhG erfasst wird. Zu nennen ist hierbei jegliche

---

996 Wie bei den Sparten Schulbuch, kleines Senderecht oder Presse-Repro könnte beispielsweise eine Aufteilung der Zweitverwertung mit einem 70 prozentigen Autoren- und 30 prozentigen Verlegeranteil in Betracht gezogen werden.

Nutzung, die den tagesaktuellen Informationsbedarf oder die Nutzung im internen Bereich überschreitet, wie es bei der Einstellung auf Homepages oder der Erstellung von themenspezifischen Brachendiensten der Fall ist.

Sechstes Kapitel: Fazit

In dieser Arbeit wurde am Beispiel des Pressespiegels eines der urheberrechtlichen Probleme behandelt, die im Rahmen der Entwicklung von der Industrie- zur Informationsgesellschaft entstanden sind. Es ging um die Situation, dass sich eine Werkverwertung, die ursprünglich im analogen Bereich stattfand, mit dem technologischen Fortschritt und der damit einhergehenden intensiveren Nutzungsmöglichkeit zu einem wirtschaftlich relevanten Folgemarkt entwickelt hat. Aus der einfachen Möglichkeit des Abdrucks und der Nutzung von vervielfältigten Presseartikeln ist im digitalen Bereich ein Informationsmarkt erwachsen, der sich neben dem Pressespiegelgeschäft auch in Informations- und Pressedatenbanken, Nachrichten- und Pressesuchdiensten und anderen Informationsmehrwertdienstleistungen etabliert.

Während im analogen Bereich die Zuordnung der Weiternutzungsmöglichkeiten weitgehend durch die bestehenden Schrankenregelungen geklärt ist - lediglich bei Pressespiegeln wurde bis zuletzt die erlaubnisfreie Sekundärnutzung angezweifelt-, steht im Hinblick auf die digitale Zweitverwertung von Presseinhalten die Frage der Marktzuteilung noch offen. Für diesen Bereich muss erneut überlegt werden, ob am Ausschließlichkeitsrecht der Urheber festgehalten oder ob für Dritte eine Freistellung sekundärer Nutzungsoptionen ermöglicht werden soll.

Dies erfordert zunächst, den Primärmarkt genau zu definieren. Zu berücksichtigen ist hierbei, dass am Primärmarkt der tagesaktuellen Pressemedien nicht nur eigentumsrechtlich verankerte Urheberrechte und abgeleitete Nutzungsrechte der Autoren und Verwerter bestehen, sondern den verwertenden Verlagen vor allem auch im Rahmen der elektronischen Aufbereitung der Primärmedien ein Investitionsschutz erwächst. Hierdurch potenziert sich für die Nutzer die Gefahr, mit einer Verwertungshandlung einen oder ggf. auch gleichzeitig beide Schutzbereiche zu verletzen. Diese Situation zeigt, dass es i.S. einer harmonischen Lösung erforderlich ist, auch auf Rechtfertigungsebene nicht isoliert auf die Schutzbereiche zu reagieren. Zudem gilt es zu berücksichtigen, dass schon im Hinblick auf den Primärmarkt die Interessen auseinanderlaufen. So profitieren die Verwerter häufig von der Zuordnung der Ausschließlichkeitsrechte an die Urheber, während für die Urheber aber die Zuteilung der Nutzung an Dritte gegen einen Anspruch auf angemessene Vergütung durchaus vorteilhaft sein kann.

Unter Berücksichtigung dieser Überlegungen setzt eine Regulierung des Pressespiegelmarktes nicht erst de lege ferenda ein. Vielmehr hat der BGH schon de lege lata richtungsweisende Marktzuordnungskriterien entwickelt. Dazu wurden elektronische Pressespiegel als Teilbereich des Sekundärmarktes unter der Auflage von Bedingungen der freien Nutzung durch Dritte zugeteilt.

Trotz dieser Öffnung des Sekundärmarktes handelt es sich bei der Entscheidung des BGH aber weniger um eine Hommage an die Informationsfreiheit, als hauptsächlich um eine Entscheidung zu Gunsten der Eigentumsbelange, da mit der Zuordnung des Pressespiegelmarktes eine angemessene Verwertungsbeteiligung für die Urheber gesichert werden soll. Die Interessen der Verwerter kommen dabei indirekt über die Vorgabe der zusätzlichen Nutzungsbedingungen zum Tragen. Eine zufriedenstellende Zuordnung des Folgemarktes i.S.d. Anpassung der Schrankenreglungen des § 49 UrhG an die Erfordernisse der Informationsgesellschaft wird mit dieser Aufteilung des Pressespiegelmarktes aber noch nicht erreicht. So beziehen sich die Regulierungskriterien des BGH von vornherein nur auf einen Teil des digitalen Sekundärmarktes, nämlich nur auf die elektronische Nutzung der auf Erstverwertungsebene in Printform angebotenen Presseinhalte. Der gesamte für das Informationsinteresse der Allgemeinheit unverzichtbare Bereich der Online-Medien ist unberücksichtigt geblieben. Zudem führt die an Bedingungen geknüpfte Zuordnung des Pressespiegelmarktes zu einer ungerechtfertigen Selektionswirkung. So kommen nur denjenigen die Privilegierung i.S.d. Informationsfreiheit zu, die die finanziellen, personellen und technischen Mittel aufbringen können, um die Sekundärnutzung in vollständiger Eigenregie durchzuführen.

Eine umfassende, ausgeglichene und von den „analogen" Rechtsvorgaben de lege lata unabhängige Zuordnung des Pressespiegelmarktes bieten daher erst die Überlegungen de lege ferenda. In diesem Zusammenhang ist deutlich geworden, dass für die Zuordnung des Folgemarktes durch urheberrechtliche Schrankenregelungen ausschließlich § 49 UrhG eine Regulierungsmöglichkeit bietet. Ein Ausweichen auf andere urheberrechtsbeschränkende Normen wie dem § 53 UrhG besteht im digitalen Bereich nicht mehr. Eine größere Bedeutung im Rahmen der Regulierung der elektronischen Sekundärnutzung von Presseinhalten kommt dafür aber dem Zuordnungskorrektiv des Drei-Stufen-Tests zu. Zudem gewinnen auch urheberrechtsexterne Zuteilungsmechanismen wie die §§ 3, 4 und 5 UWG an Bedeutung.
Konkret für die Zuordnung des Pressespiegelmarktes ist in Anlehnung an die Pressespiegellösung des BGH i.S.d Informationsfreiheit und zum Zwecke der vollständigen Anpassung an die Bedürfnisse der Informationsgesellschaft vorgeschlagen worden, den Bereich der Online-Medien mit in den zu regulierenden Bereich aufzunehmen. Zudem wurde im Interesse einer flexiblen und technologieneutralen Regelung dafür plädiert, die Zuordnung der Nutzungsrechte nicht von bestimmten Formatanforderungen abhängig zu machen. Ausschlaggebend für eine Pressespiegelregelung de lege ferenda war vor allem Art. 5 Abs. 3 lit. c Alt. 1 UrhRL und die weiteren in der Richtlinie verankerten Harmonisierungsvorgaben. So musste neben der Beachtung des Drei-Stufen-Tests besonders der Situation Rechnung getragen werden, dass Art. 5 Abs. 3

lit. c Alt. 1 UrhRL bzw. § 49 UrhG zu den Schrankenregelungen gehören, für die kein gesetzlicher Schutz gegen eine mögliche Aushebelung der Privilegierung durch technische Schutzmaßnahmen vorgesehen ist. Nach alledem hat sich unter stärkerer Beachtung der Informationsfreiheit der Allgemeinheit eine ausdifferenzierte Zuordnung des Marktes der sekundären Nutzung von Presseinhalten und sonstigen Nachrichteninformationen ergeben. Unterschieden wurde dabei zunächst zwischen den Bereichen der mittelbareren und direkteren Folgenutzung. Soweit es daher um die Entnahme von Presseinhalten aus Primärmedien zur digitalen Weiterverwertung in Medien geht, die wiederum ausschließlich dem Primärmarkt dienen, kann diese indirekte Sekundärnutzung ohne zusätzliche Regulierungsmechanismen auch allein nach den Voraussetzungen gemäß § 49 UrhG zugeordnet werden. Auch in dieser Konstellation bietet sich die Verknüpfung der Nutzungsmöglichkeiten mit dem Vergütungsanspruch an, da gerade im digitalen Bereich in unterschiedlicher Intensität auf die Inhalte in anderen Primärmedien zur Veröffentlichung in eigenen Primärmedien zurückgegriffen wird.

Handelt es sich dagegen um eine direkte Folgenutzung, die neben dem Primärmarkt einen sekundären Informationsmarkt bedient, der sich aus weiterverwerteten und mit einem Mehrwert versehenen Presseinhalten rekrutiert, besteht die Gefahr der Substitution der erstveröffentlichten Inhalte. Eine erlaubnisfreie Nutzung kann daher nur in begrenztem Umfang in Frage kommen. Dabei ist neben der Substitutionsbedrohung weiterhin zu berücksichtigen, dass bedingt durch die digitalen Möglichkeiten auch auf Seiten der Inhaber des Primärmarktes ein Interesse an der Eigennutzung des Folgemarktes entstanden ist. Für die Zuordnung des Sekundärmarktes müssen daher auch die dahinterstehenden Finanzierungsmodelle als entscheidungserheblich angesehen werden. Eine Zuordnung der Pressespiegelnutzung an die Allgemeinheit kann danach nur dann als gerechtfertigt angesehen werden, wenn damit unmittelbar dem Informationszweck gedient wird. Von daher kommt eine Zuordnung des Folgemarktes nur im Hinblick auf eine Nutzung, die den internen Bereich nicht überschreitet, in Betracht. Jede darüber hinausgehende Verwertung, die das Außenverhältnis berührt, bleibt unabhängig von der Frage, ob die Nutzung mit Gewinnerzielungsabsichten oder aus gemeinnützigen Zwecken angeboten wird, den Inhabern des Primärmarktes zugeordnet. Im kommerziellen Bereich gilt dies nicht nur im Hinblick auf direkte wirtschaftliche Vorteile, wie beispielsweise bei dem Angebot von Publikumspressespiegeln, sondern genauso auch bei möglichen indirekten, finanziellen Vorteilen wie der Nutzung von Werbeangeboten. Eine Ausweitung des Bereiches des Sekundärmarktes, der ausschließlich zur internen Nutzung Dritter gedacht ist, auf kommerzielle Pressespiegelangebote kommt nur ausnahmsweise in Betracht, wenn erst dadurch eine gerechte bzw. gleiche Versorgung und Verbreitung mit Informationen aller privilegierten Dritten sichergestellt werden kann. Dies ergibt sich besonders

auch unter dem Aspekt, dass durch die Anbieter der Primärleistung, also durch die Verlage, diese Leistung nicht ausreichend gewährleistet werden kann.
Insgesamt konnte anhand dieser Grundsätze eine Regulierung des elektronischen Pressespiegelmarktes gefunden werden, die eine Ausweitung auf den Bereich der Online-Medien enthält. Darüber hinaus handelt es sich unter Einbeziehung der Überlegungen nach dem Drei-Stufen-Test auch um eine Lösung, die sich genau wie die datenbankschutzrechtliche Bewertung gemäß § 87 b Abs. 1 S. 2 UrhG an einer abschließenden Interessenbewertung orientiert und damit auch eine einheitliche Zuordnung des Folgemarktes nach § 49 UrhG und datenbankschutzrechtlichen Aspekten ermöglicht.

Literaturverzeichnis

***Arquint**, Caspar;* Der Schutz des Slogans, Basel 1958; zitiert: *Arquint,* Der Schutz des Slogans.

Arras, Gerth; Die Rechtsstellung der Tagespresse nach dem Referenten Entwurf eines Urheberrechtsgesetzes, in: GRUR 1955, S. 231-238.

***Bacher**, Klaus;* Kurzkommentar zu BGH, Urt. vom 11.7.2002- I ZR 255/00, in: EWiR 24/2002, S. 1107-1108.

Bappert, Walter/Wagner, Wolfgang; Internationales Urheberrecht, München 1956, zitiert: Bearbeiter; in: *Bappert/Wagner*, Internationales Urheberrecht.

Barrelet, Denis/Egloff, Willi; Das neue Urheberrecht, Kommentar zum Bundesgesetz über das Urheberrecht und verwandte Schutzrechte, Bern 1994; zitiert: *Barrelet/Egloff,* Das neue Urheberrecht.

Bayreuther, Frank; Beschränkungen des Urheberrechts nach der neuen EU-Richtlinie, in: ZUM 2001, S. 828-835.

Beard, Lucy/ Budd, Valerie/Haller,Arnd/ Schuler,Marc/Silver, Ingrid/Wimmer, Jörg; Harmonization of copyright law in the European Community, in: CRi, 2004, S. 33-41.

Beckmann, Markus; Anmerkung zum Urteil des LG München I vom 1.03.2002, (AZ.: 21 O 9997/01), in: MMR 2002, S. 763-764.

Bechthold, Stefan; Der Schutz des Anbieters von Informationen – Urheberrecht und Gewerblicher Rechtsschutz im Internet, in: ZUM 1997, S. 427-450.

Beiner, Thorsten; Der urheberrechtliche Schutz digitalisierter Presseartikel in unternehmenseigenen Datenbanken, in: MMR 1999, S. 691-697.

Berger, Christian; Der Schutz elektronischer Datenbanken nach der EG Richtlinie vom 11.03.1996, in: GRUR 1997, S. 169-179.

Berger, Christian/Degenhart, Christoph; Rechtsfragen Elektronischer Pressespiegel, in: AfP 2002, Beilage Heft 6, S. 557-583.

Berger, Christian/Degenhart, Christoph; Urheberrechtliche Aspekte eines Unternehmens zum Vertrieb elektronischer Pressespiegel, in: AfP 2003, S. 105-113.

Boddien, Thomas; Links und Recht - Eigene und die Zurechung fremder Rechtsverletzungen im Gewerblichen Rechtsschutz und Urheberrecht bei der Verwendung von Links im Internet, in: Mitt. 1999, S. 402-411.

Boehme-Neßler, Volker; CyberLaw, Lehrbuch zum Internet Recht, München 2001; zitiert: Boehme-Neßler, CyberLaw.

Bohne, Michael/Müller, Ulf; Aktuelle Herausforderungen für das Informationsrecht vor dem Hintergrund technischer Entwicklungen, in: Ständige Deputation des deutschen Juristentages (Hrsg.), Verhandlungen des vierundsechzigsten deutschen Juristentages (Berlin 2002), Band II/1 München 2002, S. U23-U47; zitiert: *Bohne/Müller,* Aktuelle Herausforderungen für das Informationsrecht vor dem Hintergrund technischer Entwicklungen, in: Verhandlungen des 64. deutschen Juristentages.

B*ornkamm, Joachim;* Der Dreistufentest als urheberrechtliche Schrankenbestimmung - Karriere eines Begriffes; in: Ahrens, Hans-Jürgen/Bornkamm, Joachim (Hrsg.), Festschrift für Willi Erdmann zum 65. Geburtstag, Köln 2002, S. 29-49; zitiert: *Bornkamm,* Der Dreistufentest als urheberrechtliche Schrankenbestimmung, in: FS Erdmann.

Brand, Thorsten; Rundfunk i.S.d. Art. 5 Abs.1 S. 2 GG: eine Analyse des verfassungsrechtlichen Rundfunkbegriffs unter besonderer Berücksichtigung neuerer medialer Angebotsformen, Dissertation Passau, Berlin 2002; zitiert: *Brand,* Rundfunk i.S.d. Art 5 Abs.1 S. 2 GG.

Briggs, William; The law of international Copyright, London 1996; zitiert: *Briggs*, The law of international Copyright, 1906.

Büchele, Manfred; Das Recht im WWW, Innsbruck 2001; zitiert: *Büchele,* Das Recht im WWW.

Brockmann, Nadine; Pressespiegel - die tägliche Info-Infusion, in: Politik & Kommunikation, Ausgabe 2, Dez 2002/Jan 2003, S. 52-55.

Buchner, Benedikt; Suchdienste im Internet – grenzenlose Freiheit oder urheberrechtliche Grenzen?, zugleich Anmerkung zum Urteil des BGH vom 17.7.2003 (Az.: I ZR 259/00), in: AfP 2003, S. 510-514.

Bühler, Lukas; Schweizerisches und internationales Urheberrecht im Internet, Dissertation Freiburg (Schweiz), Freiburg 1999; zitiert: *Bühler,* Schweizerisches und internationales Urheberrecht im Internet.

***Cichon**, Caroline;* Urheberrecht an Webseiten, in: ZUM 1998, S. 897-902.

Comtesse, Nicole; Pressespiegel: Der Kampf um die rechtliche Zulässigkeit, in: iBusiness Executive Summary September 2001, Heft 17, S. 14-18.

Czychowski, Christian; Karlsruhe locuta, causa finita: Elektronische Pressespiegel nunmehr erlaubt?!, in: NJW 2003, S.118-120.

ders.; Das Gesetz zur Regelung des Urheberrechts in der Informationsgesellschaft, in: NJW, 2003, S. 2409-2412.

***Dambach**, Otto;* Die Gesetzgebung des Norddeutschen Bundes betreffend das Urheberrecht, Berlin 1871; zitiert: *Dambach,* Die Gesetzgebung des Norddeutschen Bundes betreffend das Urheberrecht.

de Paoli; Verlage verlieren Streit um Urheberrechte, in: FTD vom 15.7.2002.

Delp, Ludwig; Das künftige Urheberrecht, Referentenentwurf des Bundesministers der Justiz vom 15. März 1954 mit amtlicher Begründung. Berlin 1955; zitiert: *Delp,* Das künftige Urheberrecht.

Derclaye, Estelle; The Copyright Directive, in: Copyright World, October 2001, S. 19-23.

Deutscher Bundestag; Zweiter Zwischenbericht der Enquete Kommission „Zukunft der Medien in Wirtschaft und Gesellschaft - Deutschlands Weg in die Informationsgesellschaft“ vom 23.07.1997, BT-Drucks. 13/8110 vom 30.7.1997, UFITA 135 (1997), S. 271-292.

Dieselhorst, Jochen; Anmerkung zum Urteil des OLG Hamburg vom 6.4.2000 (Az.: 3 U 211/99), in: K&R 2000, S. 510-512.

ders.; Anmerkung zum Urteil des OLG Hamburg vom 22. 2. 2001 (3 U 247/00), in: CR 2001, S. 704-708.

Dietz, Adolf; Die EU-Richtlinie zum Urheberrecht und zu den Leistungsschutzrechten in der Informationsgesellschaft, in: ZUM 1998, S. 438-451.

Dittrich, Robert; Die Stockholmer Fassung der Berner Übereinkunft, in: Schriftenreihe Gesellschaft für Urheberrecht, Band 40, Berlin 1968; zitiert: *Dittrich,* Die Stockholmer Fassung der Berner Übereinkunft.

Dittrich, Robert/Öhlinger, Theo; Passive Informationsfreiheit und Medienbeobachtung, in: ÖJZ 2002, S. 361-373.

Dittrich, Robert/Öhlinger, Theo; Verfassungsrechtlicher Schutz von geistigem Eigentum und passiver Informationsfreiheit, in: UFITA 135 (1997), S. 5-81.

Dittrich, Jörg; Zur Frage der urheber- und wettbewerbsrechtlichen Zulässigkeit von Hyperlinks, in: JurPC Web-Dok. 72/2002, Abs. 1-34.

Dolzer, Rudolf/ Vogel, Klaus/ Graßhof, Karin; Bonner Kommentar zum Grundgesetz, Loseblattsammlung, Stand: 103. Lieferung, Dezember 2002, Heidelberg; zitiert: *Bearbeiter,* in: Bonner Kommentar.

Dreier, Horst; Grundgesetz Kommentar, Band I, Präambel, Art. 1-19, 2. Auflage, Tübingen 2004; zitiert: *Bearbeiter*, in: Dreier, Grundgesetz-Kommentar.

Dreier, Thomas; Konvergenz und das Unbehagen des Urheberrechts; in: Ahrens, Hans-Jürgen/Bornkamm, Joachim (Hrsg.), Festschrift für Willi Erdmann zum 65. Geburtstag; Köln 2002, S. 73-89; zitiert: *Dreier,* Konvergenz und das Unbehagen des Urheberrechts, in: FS Erdmann.

ders.; Anmerkung zum Urteil des BGH vom 11.7.2002, (Az.: I ZR 255/00), in: JZ 2003, S. 477-480.

ders.; Digitaltechnik und Urheberrecht, in: *Fiedler/Ullrich* (Hrsg.), Information als Wirtschaftsgut, S. 155-181.

ders.; Die Umsetzung der EU-Richtlinie in deutsches Recht, in: ZUM 2002, S. 43-51.

ders.; Die Auswirkungen des § 63a UrhG auf die Verteilungspraxis der Verwertungsgesellschaften, Gutachten im Auftrag des Börsenvereins des Deutschen Buchhandels, e.V., Karlsruhe März 2003, abgerufen unter: www.urheberrecht.org/topic/Info-RiLi/st/Dreier-63a.pdf; zitiert: *Dreier,* Auswirkung des § 63 a UrhG auf die Verteilungspraxis der VG Wort.

ders.; Primär- und Folgemärkte, in: Schricker/Dreier/Kur (Hrsg.), Geistiges Eigentum im Dienste der Innovation, Baden-Baden 2001, S. 51, 81; zitiert: *Dreier,* Primär- und Folgemärkte, in: Schricker/Dreier/Kur (Hrsg.), Geistiges Eigentum im Dienste der Innovation.

Dreier, Thomas/Schulze, Gernot; Urheberrechtsgesetz, München 2004; zitiert: *Bearbeiter*, in: Dreier/Schulze, Urheberrechtsgesetz.

Dreyer, Gunda/Kotthoff, Jost/ Meckel, Astrid/Zeisberg, Hans-Joachim; Heidelberger Kommentar zum Urheberrecht, Heidelberg 2004; zitiert: *Bearbeiter,* in: Heidelberger Kommentar zum UrhG.

Eck; PMG Vergleich zu § 49 UrhG, in: Password 12/2002, S. 34.

Egloff, Willi; Die EU-Richtlinie zur Harmonisierung und das Schweizer UrhG, in: sic! 2002, Heft 11, S. 739-751.

Eidenmüller, Horst; Elektronische Pressespiegel; urheberrechtlicher Schutz von Zeitungen und Fachzeitschriften, in: CR 1992, S. 321-325.

Ekrutt, Joachim W.; Vergütungspflicht für Pressespiegel, in: GRUR 1975, S. 358-364.

Elster, Alexander; Der Schutz des Geisteswerk als Ausgleich zwischen Urheber und Allgemeinheit, in: UFITA 4 (1931), S. 216-283.

Ensthaler, Jürgen/Bosch, Wolfgang/ Völker, Stefan; Handbuch des Urheberrechts im Internet, Heidelberg 2002, zitiert: *Bearbeiter,* in: Ensthaler/-Bosch/Völker (Hrsg.), Handbuch des Urheberrechts im Internet

Erdmann, Willi; Möglichkeiten und Grenzen des Urheberrechts, in: CuR 1986, S. 249-254.

ders.; Urheberrechtliche Grenzen der Informationsvermittlung in Form von Abstracts, in: Keller, Erhard/Plassmann, Clemens (Hrsg.), Festschrift für Winfried Tilmann zum 60. Geburtstag, Köln 2003, S. 21-36; zitiert: *Erdmann,* Urheberrechtliche Grenzen der Informationsvermittlung in Form von Abstracts, in: FS Tilmann.

Ernst, Stefan; Rechtliche Fragen bei der Verwendung von Hyperlinks im Internet, in: NJW-CoR 1997, S. 224-228.

ders.; Rechtsprobleme im Internet: urheber-, wettbewerbs- und markenrechtliche Sicht, in: K&R 1998, S. 536-540.

ders.; Anmerkung zum Urteil des BGH vom 17.7.2003 (Az: I ZR 259/00), in: ZUM 2003, S. 860-861.

Ernst, Stefan/Wiebe, Andreas; Immaterialgüterrechtliche Haftung für das Setzen von Links und vertragliche Gestaltungsmöglichkeiten, in: MMR 2001, Beilage Heft 8, S. 20-25.

Fallenböck, *Markus/Nitzl, Stefan*; Urheberrechtliche Rahmenbedingungen für elektronische Pressespiegel, in: MR 2003, S. 102-108.

Fechner, Frank; Geistiges Eigentum und Verfassung: Schöpferische Leistung und der Schutz des Grundgesetzes, Tübingen 1999; zitiert: *Fechner,* Geistiges Eigentum und Verfassung,

Fiedler, Herbert/Ullrich, Hann; Information als Wirtschaftsgut: Management und Rechtsgestaltung, Köln 1997; zitiert: *Bearbeiter,* in: Fiedler/Ullrich (Hrsg.), Information als Wirtschaftgut.

Flechsig, Norbert/Fischer, Martin; Speicherung von Printmedien in betriebseigenen Datenbankarchiven und die Grenze der betriebseigenen Nutzung, in: ZUM 1996, S. 833-846.

Flechsig, Norbert; Grundlagen des europäischen Urheberrechts, in: ZUM 2002, S. 1-21.

ders.; Urheberrecht und verwandte Schutzrechte in der Informationsgesellschaft, in: CR 1998, S. 225-232.

ders.; EU-Harmonisierung des Urheberrechts und der verwandten Schutzrechte in der Informationsgesellschaft, in: ZUM 1998, S. 139-154.

ders.; Elektronische Pressespiegel, Ein Beitrag zur Reform künftiger Pressespiegelausnahmen, in: Becker (Hrsg.), Die Wahrnehmung von Urheberrechten an Sprachwerken, Baden- Baden 1998, S. 57-63; zitiert: *Flechsig,* Elektronische Pressespiegel, Ein Beitrag zur Reform künftiger Pressespiegelausnahmen, in: Becker (Hrsg.), Die Wahrnehmung von Urheberrechten an Sprachwerken.

Fischer, Florian; Zur Zulässigkeit des Vertriebs traditioneller und elektronischer Pressespiegel durch kommerzielle Anbieter, in: ZUM 1995, S. 117-122.

Fiscor, Mihaly; The law of copyright and the internet: The 1996 WIPO Treaties and their implementation, Oxford, 2002; zitiert: *Fiscor,* The law of copyright and the internet.

Fromm, Friedrich Karl/Nordemann, Wilhelm; Kommentar zum Urheberrecht, 9. Auflage, Stuttgart 1998; zitiert: *Bearbeiter,* in: Fromm/Nordemann, Urheberrechtsgesetz-Kommentar.

Frowein, Jochen/ Peukert, Wolfgang; Europäische Menschenrechtskonvention (EMRK-Kommentar), 2. vollständig neu bearbeitete Auflage unter Berücksichtigung des 11. Zusatzprotokolls zur Gründung eines ständigen Gerichtshofes, Kehl 1996; zitiert: *Frowein/Peukert,* EMRK-Kommentar.

Fuhrt, Ernst. W./Rudolf, Walter/ Wasserburg, Rudolf; Recht der neuen Medien, Heidelberg 1992, zitiert: Bearbeiter, in: Fuhr/Rudolf/Wasserburg (Hrsg.), Recht der neuen Medien.

***Gamm,** Otto Freiherr v.;* Urheberrechtsgesetz, München 1968, zitiert: *v. Gamm,* Urheberrecht.

Gasser, Urs; Der Eigengebrauch im Urheberrecht, in: Schriftreihen zum schweizerischen Recht, Bern 1997; zitiert: *Gasser,* Der Eigengebrauch im Urheberrecht.

Gaster, Jens; Anmerkung zum Urteil des OLG Düsseldorf vom 29.7.1999 (Az.: 20 U 85/98), in: MMR 1999, S. 733-734.

Garrote, Ignacio Javier; Linking and Framing: A Comparative Law Approach, in: E.I.R.P. 2002, S. 184-198.

Geiger, Christophe; Anmerkung zum Urteil des Cour d`Appel de Paris vom 30.05.2001-Utrillo, in: GRUR Int. 2002, S. 330-333.

ders.; Anmerkung zum Urteil des Tribunal de grande instance de Paris vom 23.2.1999-Utrillo, in: GRUR Int. 2001, S. 252-255.

Geisenhanslücke, Ralf; Lesen und Lesen lassen, in: Die Zeit, 19. Ausgabe 2001 vom 3.5.2001.

Gersdorf, Hubertus; Der verfassungsrechtliche Rundfunkbegriff im Lichte der Digitalisierung der Telekommunikation, Ein Rechtsgutachten im Auftrag der Hamburgischen Anstalt für neue Medien, Berlin 1995; zitiert: *Gersdorf,* Rundfunkbegriff.

Ginsburg, Jane C.; Die Rolle des nationalen Urheberrechts im Zeitalter internationaler Urheberrechtsnormen, in: GRUR Int. 2000, S. 97-110.

Goebel, Jürgen/Hackemann, Martin/ Scheller, Jürgen; Zum Begriff des Erscheinens beim Elektronischen Publizieren, in: GRUR 1986, S. 355-361.

Grunert, Eike Wilhelm/Ohst, Claudia; Grundprobleme der kommerziellen und privaten Nutzung künstlerischer Leistungen im Internet, Teil 1, in: KUR 1/2001, S. 8-20; Teil 2, in: KUR 2/2001, S. 25-31.

Grubler, Bettina; Elektronische Pressespiegel: Grenzen des Eigengebrauchs, in: MediaLex 2/2001, Heft 2, 91-98.

Haberstumpf, *Helmut;* Der Schutz elektronischer Datenbanken nach dem Urheberrechtsgesetz, in: GRUR 2003, S. 14-31.

Hackemann, Martin; Information und Dokumentation aus urheberrechtlicher Sicht - Einige Anmerkungen zur gegenwärtigen und künftigen Rechtslage, in: GRUR 1982, S. 262-273.

Haller, Albrecht; Zum EG-Richtlinienvorschlag betreffend Urheberrecht in der Informationsgesellschaft, in: MR 1998, S. 61-66.

Hart, Michael; The Copyright in the Information Society Directive: An Overview, in: E.I.R.P. 2002, S. 58-64.

Hartmann, Matthias/Koch, Philip; Datenbankschutz gegen Deep-Linking, zugleich Anmerkung zum Urteil des LG München I v. 1.3.2002 (Az.: 21 O 9997/01), in: CR 2002, S. 441-444.

Haupt, Stefan; Electronic Publishing, München 2002; zitiert: Bearbeiter, Beitrag, in: *Haupt* (Hrsg.), Electronic Publishing.

ders.; „E-Mail Versand" eine neue Nutzungsart im urheberrechtlichen Sinn?; in: ZUM 2002, S.797-803.

Hausherr, Heinz; Der Eigengebrauch im Urheberrecht, Bern 1997, zitiert: *Hausherr*, Der Eigengebrauch im Urheberrecht.

Heermann, Peter W.; Urheberechtliche Probleme bei der Nutzung von E-Mail, in: MMR 1999, S. 3-6.

ders.; Rechtlicher Schutz von Slogans, in: WRP 2004, S. 263-271.

ders.; Der Schutzumfang von Sprachwerken der Wissenschaft und die urheberrechtliche Stellung von Hochschulangehörigen, in: GRUR 1999, S. 468-476.

Hecker, Harald G.; Rechtsfragen der elektronischen Textkommunikation, in: ZUM 1993, S. 400-405.

Hilty, Reto; Anmerkung zum Urteil des Appellationshofes des Kantons Bern vom 21.05. 2001 (Az.: I 0299/1/00), in: MMR 2002, S. 35-38.

ders.; Elektronische Pressespiegel: iura novit curia?, Eine kritische Anmerkung zum Entscheid des Zivilgerichts Basel-Stadt vom 19. Juni 2003, in: sic! 3/2003, S. 266-273.

ders.; Anmerkung zum Urteil des Appellationshofes des Kantons Bern vom 21.05. 2001 (Az.: I 0299/1/00), in: sic! 7/2001, S. 623-628.

ders.; Urheberrecht in der Informationsgesellschaft: "Wer will was von wem woraus?" – Ein Auftakt zum „zweiten Korb", in: ZUM Sonderheft 2003, S. 983-1006.

Hoebbel, Christoph; EG-Richtlinienentwurf über den Rechtsschutz von Datenbanken, in: CR 1993, S. 12-18.

Hoeren, Thomas; Entwurf einer EU-Richtlinie zum Urheberrecht in der Informationsgesellschaft, in: MMR 2000, S. 515-521.

ders.; Pressespiegelschranken im Urheberrecht - eine Anfrage an die Informationsfreiheit, in: Schweizer/Burkert/Gasser (Hrsg.), Festschrift für Jean Nicolas Druey zum 65. Geburtstag, Zürich 2002, S. 773-789; zitiert: *Hoeren,* Pressespiegelschranken im Urheberrecht - eine Anfrage an die Informationsfreiheit, in: FS Druey.

ders.; Pressespiegel und das Urheberrecht, in: GRUR 2002, S. 1022-1028.

ders.; Anmerkung zum Urteil des BGH vom 11.7.2002 (Az.: I ZR 255/00),in: MMR 2002, S. 742-743.

ders.; Urheberrecht 2000 - Thesen für eine Reform des Urheberrechts, in: MMR 2000, S. 3-7.

ders.; Anmerkung zum Urteil des BGH vom 10.12.1998, (Az.: I ZR 100/ 96), in: MMR 1999, S. 412-414.

ders.; Anmerkung zum Urteil des BGH vom 25.02.1999, (Az.: I ZR 118/96), in: MMR 1999, S. 672-673.

ders.; Überlegungen zur urheberrechtlichen Qualifizierung des elektronischen Abrufs, in: CR 1996, S. 517-521.

ders.; Rundfunk- und Fernsehanstalten im Internet – urheberrechtliche Grundlagen und Einzelaspekte, in: WiVerw, 4/1999, S. 230-260.

ders.; Die Reichweite der gesetzlichen Schranken, in: Lehmann (Hrsg.), Internet- und Multimediarecht (Cyberlaw), Stuttgart 1997, S. 95-111; zitiert: *Hoeren,* Die Reichweite der gesetzlichen Schranken, in: Lehmann (Hrsg.), Cyberlaw.

ders.; Das Problem des Multimediaentwicklers: der Schutz vorbestehender Werke, in: Lehmann (Hrsg.), Internet- und Multimediarecht (Cyberlaw), Stuttgart 1997; zitiert: *Hoeren,* Das Problem des Multimediaentwicklers: der Schutz vorbestehender Werke, in: Lehmann (Hrsg.), Cyberlaw.

Hoeren, Thomas/Decker, Ute; Electronic; Archives and the Press: Copyright Problems of Mass Media in the Digital Age, in: E.I.P.R. 1998, S. 256-266.

Hoeren, Thomas/Sieber, Ulrich; Handbuch; Multimedia Recht, Rechtsfragen des elektronischen Geschäftsverkehrs, München Loseblattsammlung, 8. Ergänzungslieferung, Stand: Februar 2004; zitiert: *Bearbeiter,* in: Hoeren/Sieber (Hrsg.) Handbuch Multimedia Recht.

Hoeren, Thomas/Schuhmacher, Dirk; Verwendungsbeschränkungen im Softwarevertrag, in: CR 2000, S. 137-146.

Höhne, Thomas; Von Hyperlinks und Metatags, in: MR 2001 S. 109-110.

Hoffmann, Willy; Die Berner Übereinkunft zum Schutz von Werken der Literatur und Kunst, Berlin 1935, zitiert: *Hoffmann,* RBÜ von 1928.

Horvath, Peter; PMG macht elektronische Pressespiegel möglich, in: nfd 52, 2001, S. 411-413.

Holoubek, Michael; Medienfreiheit in der Europäischen Menschenrechtskonvention, in: AfP 2003, S. 193-201.

***Jarass,** Hans.D./ Pieroth, Bodo;* Grundgesetz für die Bundesrepublik Deutschland, 6. Auflage, München 2002; zitiert: *Jarass/Pieroth.*

Joppich, Brigitte; Das Internet als Informationsnetz?, in: CR 2003, S. 504-509.

***Kaessner,** Jens;* Elektronische Archive und Pressespiegel, in: AJP/PJA 1999, Heft 10, S. 1276-1280.

Katzenberger, Paul; Elektronische Printmedien und Urheberrecht, in: AfP 1987, S. 434-442.

ders.; Elektronische Printmedien und Urheberrecht, Stuttgart 1996; zitiert: *Katzenberger,* Elektronische Printmedien und Urheberrecht.

ders.; Urheberrecht und Datenbanken, in: GRUR 1990, S. 48-54.

ders.; Urheberrecht und Dokumentation, Abstracts -Fotokopien – elektronische Datenbanken, in: GRUR 1973, S. 629-640.

ders.; Urheberrechtsfragen der elektronischen Textkommunikation, in: GRUR Int. 1983, S. 895-919.

Kleinke, Yvonne; Pressedatenbanken und Urheberrecht; Zur urheberrechtlichen Bewertung der Nutzung von Zeitungsartikeln in Pressedatenbanken, Dissertation Würzburg, Berlin 1999; zitiert: *Kleinke,* Pressedatenbanken und Urheberrecht.

Klett, Alexander; Urheberrecht im Internet aus deutscher und amerikanischer Sicht, Dissertation Freiburg, Baden-Baden 1999, zitiert: *Klett,* Urheberrecht im Internet aus deutscher und amerikanischer Sicht.

ders.; Anmerkung zum Urteil des BGH vom 17.7.2003 (Az.: I ZR 259/00), in: K&R 2003, S. 561-562.

Kochinke, Clemens/Tröndle, Rüdiger; Links, Frames und Mega-Tags, in: CR 1999, S. 190-197.

Koch, Frank A.; Grundlagen des Urheberrechtsschutz im Internet und Online Diensten, in: GRUR 1997, S. 417-430.

Köhler, Markus R.; Der Schutz von Websites gemäß §§ 87 a ff. UrhG, in: ZUM 1999, S. 548-555.

Koelman, K.J.; Noot bij Rb.Rotterdam 22.augustus 2000 (kranten.com), in: Informatierecht/AMI 2000/10, S. 207-210.

Korn, Gottfried; Die Zeitung als Sammelwerk, in: Helmut Tades, Danzl, Karl Heinz; Graninger, Gernot (Hrsg.), Ein Leben für Rechtskultur, Festschrift für Robert Dittrich zum 75. Geburtstag, Wien 2000, S. 182-201; zitiert: *Korn,* Die Zeitung als Sammelwerk, in: FS Dittrich.

Kotthoff, Jost; Zum Schutz von Datenbanken beim Einsatz von CD-ROMs in Netzwerken, in: GRUR 1997, S. 597-603,

Kracht, Jan; Der Öffentlichkeitsbegriff des § 15 Abs. 2 und 3 UrhG im Kontext neuer Mediendienste - unter Berücksichtigung Telekommunikationsrechtlicher und internationaler Regelungen, Dissertation Münster, Aachen 2001; zitiert: *Kracht,* Der Öffentlichkeitsbegriff.

Krejci, Heinz; Urheberrechtliches zur Medienbeobachtung, in: Tades, Helmut; Danzl, Karl-Heinz; Graninger, Gernot (Hrsg.), Ein Leben für Rechtskultur, Festschrift für Robert Dittrich zum 75. Geburtstag, Wien 2000, S. 201-218; zitiert: *Krejci,* Urheberrechtliches zur Medienbeobachtung, in: FS Dittrich.

Kröger, Detlef; Die Urheberrechtsrichtlinie für die Informationsgesellschaft – Bestandsaufnahme und kritische Bewertung, in: CR 2001, S. 316-324.

ders.; Informationsfreiheit im Gemeinschaftsrecht, in: DuD 2003, S. 29-35.

ders.; Enge Auslegung von Schrankenbestimmungen - wie lange noch?, in: MMR 2002, S. 18-21.

ders.; Informationsfreiheit und Urheberrecht, Dissertation Chemnitz, München 2002; zitiert: *Kröger,* Informationsfreiheit und Urheberrecht.

ders.; Anmerkung zum OLG Hamburg vom 6.4.2000 (Az.: 3 U 211/99, in: CR 2000, S. 662-663.

Kröger, Detlef/Gimmy, Marc A.; Handbuch zum Internetrecht, 2. Auflage Berlin 2002; zitiert: *Bearbeiter,* in: Kröger/Gimmy (Hrsg.), Handbuch zum Internet Recht.

Kruse, Klemens; Elektronische Pressespiegel, in: Haupt (Hrsg.), Electronic Publishing, München 2002, S. 103-143; zitiert: *Kruse,* Elektronische Pressespiegel, in: Haupt (Hrsg.), Electronic Publishing.

Kur, Annette; Metatags- Pauschale Verurteilung oder differenzierte Betrachtung?, in: CR 2000, S. 448-454.

***Lachmann,** Jens-Peter;* Ausgewählte Probleme aus dem Recht des Bildschirmtextes, in: NJW 1984, S. 405-408.

Larenz, Karl/ Canaris, Claus-Wilhelm; Methodenlehre der Rechtswissenschaft, 5. Auflage Berlin 2003, *Larenz/Canaris*, Methodenlehre der Rechtswissenschaft.

Lehmann, Michael; Digitalisierung und Urheberrecht, in: Lehmann (Hrsg.), Internet- und Multimediarecht (Cyberlaw), Stuttgart 1997, S. 25-35; zitiert: *Lehmann*, Digitalisierung und Urheberrecht, in: Lehmann (Hrsg.), Cyberlaw.

ders.; Electronic Business in Europa, Internationales, europäisches und deutsches Online-Recht, München 2002, zitiert: *Bearbeiter*, Beitrag, in: Lehmann (Hrsg.), Electronic Business in Europa.

ders.; Anmerkung zum Urteil des LG Stuttgart vom 21. Juni 2001 (Az.: 17 O 519/00), in: CR 2001, S. 584-585.

ders.; Die IT-relevante Umsetzung der Richtlinie Urheberrecht in der Informationsgesellschaft, in: CR 2003, S. 553- 557.

Lehmann, Michael/Katzenberger, Paul; Elektronische Pressespiegel und Urheberrecht, Stuttgart 1999; zitiert: *Lehmann/Katzenberger*, Elektronische Pressespiegel und Urheberrecht.

Lehmann, Michael/v.Tucher, Tobias; Urheberrechtlicher Schutz von multimedialen Webseiten, in: CR 1999, S. 700-706.

Leinveber, Gerhard; Urheberrechtsreform und das Verlagswesen nach dem Regierungsentwurf 1962, Band 3 der Schriftenreihe Zeitungs-Verlag und Zeitschriftenverlag, Bad Godesberg 1963; zitiert: *Leinveber,* Urheberrechtsreform und das Verlagswesen nach dem Regierungsentwurf 1962.

Leistner, Matthias; Der neue Rechtsschutz des Datenbankherstellers, in: GRUR 1999, S. 819-839.

ders.; Der Rechtsschutz an Datenbanken nach deutschem und europäischem Recht, Eine Untersuchung zur Richtlinie 96/9/EG und zu ihrer Umsetzung in das deutsche Urheberrechtsgesetz, Dissertation München, München 2000, zitiert: *Leistner*, Der Rechtsschutz an Datenbanken nach deutschem und europäischem Recht.

ders.; E-Commerce und der Rechtsschutz von Datenbanken, in: Lehmann (Hrsg.), Electronic Business in Europa, München 2002, S. 408-436; zitiert: *Leistner,* E-Commerce und der Rechtsschutz von Datenbanken, in: Lehmann (Hrsg.), Electronic Business in Europa.

ders.; Anmerkung zum Urteil des OLG Düsseldorf vom 29.6.1999 – Zulässigkeit von Frames (Az.: 20 U 85/98), in: CR 2000, S. 187-189.

Leistner, Matthias/Bettinger, Thorsten; Creating Cyberspace, in: CR Beilage 12, 1999, S. 1-31.

Linnenborn, Oliver; Update: Europäisches Urheberrecht in der Informationsgesellschaft, in: K&R 2001, S. 394-402.

Loewenheim, Ulrich/Koch, Frank A.; Praxis des Online-Rechts, Weinheim 1998; zitiert: *Bearbeiter,* in: Loenwenheim/Koch, (Hrsg.), Praxis des Online-Rechts.

Loewenheim, Ulrich; Die urheberrechtliche und wettbewerbsrechtliche Beurteilung der Herstellung und Verbreitung elektronischer Pressespiegel, in: GRUR 1996, S. 636-643.

ders.; Handbuch des Urheberrechts, München 2003; zitiert: *Bearbeiter*, in: Loewenheim (Hrsg.), Handbuch des Urheberrechts.

ders.; Anmerkung zum Urteil des BGH vom 25.02.1999, (Az.: I ZR 118/96), in: ZUM 1999, S. 574-575.

ders.; Urheberrechtliche Grenzen der Verwendung geschützter Dokumente in Datenbanken, Stuttgart 1994; zitiert: *Loewenheim,* Urheberrechtliche Grenzen der Verwendung geschützter Dokumente in Datenbanken.

ders.; Urheberrechtliche Probleme bei Multimediaanwendung, in: GRUR 1996, S. 831-836.

Löffler, Marin/Ricker,Reinhard; Handbuch des Presserechts, 4. Auflage, München 2002, zitiert: *Löffler/Ricker*, Handbuch des Presserechts.

Löffler, Martin; Kommentar zu den Landespressegesetzen der Bundesrepublik Deutschland mit einem besonderen Teil und einem Textanhang, 4. Auflage, München 1997; zitiert: *Bearbeiter,* in: Löffler (Hrsg.), Presserecht.

ders.; Presse- und Urheberrechtsreform, in: Löffler (Hrsg.), Die Urheberrechtsreform, München 1963, S. 15-24; zitiert: *Löffler*, Presse- und Urheberrechtsreform.

ders.; Das Grundrecht der Informationsfreiheit als Schranke des Urheberrechts, in: NJW 1980, S. 201-208.

Lühr, Rüdiger; Methoden einer Drückerkolonne, Online-Rechte abgepresst – Verlagskonzerne wollen Freie zu „Total Buy-out" zwingen, in: Menschen machen Medien, Januar/Februar 2001, S. 14-15.

Lührig, Nicolas; Anmerkung zum Urteil des LG München I vom 18.09.2001, (Az: 7 O 6991/01), in: K&R 2002, S. 266-268.

Lütje, Stefan; Anmerkung zum Urteil des BGH vom 10.12.1998, (Az.: I ZR 100/96), in: CR 1999, S. 216-217.

***Maaß**, Wolfgang;* Elektronische Pressespiegel im Lichte des Urheberrechts, in: Köbler, Gerhard; Heinze, Meinhard; Hromadka, Wolfgang (Hrsg.), Festschrift für Alfred Söllner, Europas universale rechtspolitische Aufgabe im Recht des dritten Jahrtausend, München 2000; zitiert: *Maaß,* Elektronische Pressespiegel im Lichte des Urheberrechts, in: FS Söllner.

Maslaton, Matthias; Anmerkung zum Urteil des LG München I vom 14.11.2002 (Az.: 7 O 4002/02), in: MMR 2003, S. 197-199.

Masouye, Claude; Kommentar zur Berner Übereinkunft zum Schutz von Werken der Literatur und Kunst (Pariser Fassung vom 24. Juli 1971), München 1981; zitiert: *Masouye,* Kommentar zur Berner Übereinkunft.

Mauz, Theodor/ Dürig, Günter; Grundgesetz Kommentar, Band 2, Art. 12-21, Loseblattsammlung 40. Ergänzungslieferung mit dem Stand von Juni 2002, München; zitiert: B*earbeiter*, in: Mauz/Düring/Herzog, GG-Kommentar.

Mayer, Hans-Peter; Richtlinie 2001/29/EG zur Harmonisierung bestimmter Aspekte des Urheberrechts und der verwandten Schutzrechte in der Informationsgesellschaft, in: EuZW 11/2002, S. 325-329.

Mayer, Christoph; Die Privatkopie nach der Umsetzung des Regierungsentwurfes zur Regelung des Urheberrechts in der Informationsgesellschaft, in: CR 2003, S. 274-281.

Mayer-Schönberger, Viktor/Wittmann, Heinz; Rechtsfragen der Nutzung von Zeitungen und Zeitschriften für die Zwecke der Medienbeobachtung, Wien-Cambridge 1999; zitiert: *Mayer-Schönberg/Wittmann*, Rechtsfragen der Nutzung von Zeitungen und Zeitschriften für die Zwecke der Medienbeobachtung.

Melichar, Ferdinand; Die Umsetzung der EU-Urheberrechtsrichtlinie in deutsches Recht, in: Becker/Schwarz (Hrsg), Regulierung im Bereich von Medien und Kultur, Baden-Baden 2002, S. 43-55; zitiert: *Melichar,* Die Umsetzung der EU-Urheberrechtsrichtlinie in deutsches Recht, in: Becker/Schwarze, Regulierung im Bereich von Medien und Kultur.

ders.; Vom P-Pressespiegel zum E-Pressespiegel, in: Hanuschek, Sven; Ort, Nina; Steffen, Kirsten; Triyandafilidis, Rea (Hrsg.), Die Struktur medialer Revolution, Festschrift für Georg Jäger, S. 60-66, Frankfurt am Main 2000; zitiert: *Melichar*, Vom P-Pressespiegel zum E-Pressespiegel, in FS Jäger.

ders.; Die digitale Verwertung von Sprachwerken, in: Becker, Jürgen/Dreier, Thomas (Hrsg.), Urheberrecht und digitale Technologie, Baden-Baden 1994, S. 85-91; zitiert: *Melichar,* Die digitale Verwertung von Sprachwerken, in: Becker/ Dreier (Hrsg.), Urheberrecht und digitale Technologie.

ders.; Der Begriff „Zeitung" und „Zeitschrift" im Urheberrecht, in: Melichar (Hrsg.), Urheberrecht in Theorie und Praxis, Beiträge zum Urheberrecht 1975-1998, Tübingen 2000, S. 35-46; zitiert: Melichar, Der Begriff „Zeitung" und „Zeitschrift" im Urheberrecht, in: Melichar (Hrsg.), Urheberrecht in Theorie und Praxis.

ders.; Notwendige Maßnahmen auf dem Gebiet der Reprographieregelung, in: Melichar (Hrsg.), Urheberrecht in Theorie und Praxis, Beiträge zum Urheberrecht 1975-1998, Tübingen 2000, S. 87-98; zitiert: *Melichar,* Notwendige Maßnahmen auf dem Gebiet der Reprographieregelung, in: Melichar (Hrsg.), Urheberrecht in Theorie und Praxis.

Mehrings, Josef; Information und Dokumentation (IuD) – Ein Stiefkind der Urheberrechtsnovelle?, in: GRUR 1983, S. 275-290.

Metzger, Axel; Anmerkung zum Urteil vom LG Hamburg vom 12. 7.2000, (Az.: 308 O 205/ 00), in: CR 2000, S. 776-779.

Milbrandt, Claudia; Urheberrechtsschutz von Datenbanken, in: CR 2002, S. 710-715.

Möller, Margret; Die Urheberrechtsnovelle `85, Heidelberg 1986, zitiert: *Möller,* Urheberrechtsnovelle 1985.

Müller, Ernst; Das deutsche Urheber- und Verlagsrecht, München 1909; zitiert: *Müller,* Das deutsche Urheber- und Verlagsrecht (1909).

Möhring, Philipp/Nicolini, Käte; Kommentar zum Urheberrechtsgesetz, 2. Auflage, München 2000; zitiert: *Bearbeiter,* in: Möhring,/Nicolini, Urheberrechtsgesetz.

Neuberger, *Christoph;* Journalismus im Internet, Auf dem Weg zur Eigenständigkeit?, in: Media Perspektiven 7/2000, S. 310-318.

New York Times; A new direction for intellectual Property, in: NYT vom 13.05.2002.

Niemann, Fabian; Urheberrecht und elektronisches Publizieren in Deutschland und Großbritannien, Dissertation Bonn, Bonn 1998; zitiert: *Niemann,* Urheberrecht und elektronisches Publizieren in Deutschland und Großbritannien.

ders.; Pressespiegel de lege lata; in: CR 2002, S. 817-827.

ders.; Pressespiegel de lege ferenda, in: CR 2003, S. 119-126.

ders.; Anmerkung zum Urteil des LG München I vom 14.11.2002 (Az.: 7 O 4002/02), in: CR 2003, S. 326-530.

Nippe, Wolfgang; Urheberrecht und Datenbanken, Dissertation Frankfurt, München 2000, zitiert: *Nippe,* Urheberrecht und Datenbanken.

Nolte, Georg; Paperboy oder die Kunst des Informationsflusses zur Regulierung von Datenbanken, Links und Suchmaschinen, in: ZUM 2003, S. 540-550.

ders.; Anmerkung zum Urteil des BGH vom 17.7.2003 (Az: I ZR 259/00), in: CR 2003, S. 924-926.

Nordemann, Wilhelm/Vinck, Kai/ Hertin, Paul; International Copyright and Neighboring Rights Law, Commentary with special emphasis on the European Community, Weinheim 1990; zitiert: *Nordemann/Vinck/Hertin,* International Copyright.

Nordemann, Axel/Nordemann, Jan Bernd/ Czychowski, Christian; Die Entwicklung der Gesetzgebung und der Rechtsprechung im Urheberrecht in den Jahren 2000-2001, in: NJW 2002, S. 562-574.

Neue Züricher Zeitung; Online Lesen wie gedruckt, Zeitungen im Original-Layout im Internet, in: NZZ – Internationale Ausgabe vom 5./6. April 2003, Nr. 80, S. 57.

***Obergfell**, Eva Ines*; Anmerkung zum Urteil des BGH vom 17.7.2003 (Az.: I ZR 259/00), in: KUR 2004, S. 26-27.

Osterrieth, Albert; Der gewerbliche Rechtsschutz im Zeitungswesen, in: GRUR 1897, S. 37-53.

Ott, Stephan; Linking und Framing - Ein Überblick über die Entwicklung im Jahre 2002, JurPC Web-Dok. 14/2003, Abs. 1-35.

ders.; To link or not to link- This was (or still is?) the question – Anmerkung zum Urteil des BGH vom 17.7.2003, (Az.: I ZR 259/00), in: WRP 2004, S. 52-58.

Pahud, *Eric;* Die Sozialbindung des Urheberrechts, Zürich Dissertation, Bern 2000; zitiert: *Pahud,* Die Sozialbindung des Urheberrechts.

Panhaleux, Loic ; Anmerkung zum Urteil des Court d\` Appel de Paris, 4. Kammer, Abteilung B vom 18. Juni 1999, in: GRUR Int. 2000, S. 800, 801.

Plaß, Gunda; Hyperlinks im Spannungsfeld von Urheber-, Wettbewerbs- und Haftungsrecht, in: WRP 2000, S. 599-610.

Plaisant, Marcel/ Pichot, Olivie ; La conference de Rome: Commentaire pratique de la nouvelle convention pour la protection internationale de la propriete litteraire et artistique, Paris 1934, zitiert: *Plaisant/Pichot,* La conference de Rome.

PMG; Auf legalem Weg zum elektronischen Pressespiegel, in: FAZ vom 25.3.2001, S. 25.

Poll, Günter; Anmerkung zum Urteil des BGH vom 5.7.2001 (Az.: I ZR 355/98), in: CR 2002, S. 178-180.

Prantl, Heribert; Die journalistische Information zwischen Ausschlussrecht und Gemeinfreiheit, Dissertation Bielefeld, Bielefeld 1983; zitiert: *Prantl,* Die journalistische Information zwischen Ausschlussrecht und Gemeinfreiheit.

Proter, Vincent; Copyright and Information - limits to the protection of literary and pseudo literary works in the memberstats of the European Communities, Arbeitspapier für die Kommission, London 1991; zitiert: *Proter,* Copyright and Information.

Raczinski, *Bernd/Rademacher, Ulrich;* Urheberrechtliche Probleme beim Aufbau und Betrieb einer juristischen Datenbank; in: GRUR 1989, S. 324-331.

Raestad, Arnold ; La Convention de Berne, La Convention de Berne, révisée à Rome 1928 pour la protection de la littérature, de la musique, des arts figuratifs, de l'architecture, de l'art appliqué à l'industrie et des uvres de photographie et de cinématographie, contenant des dispositions relatives à la reproduction mécanique des sons, à la radiodiffusion et au droit de réimpression de la presse, Paris 1931; zitiert: *Raestad,* La Convention de Bern.

Raue, Peter/Bensinger, Viola; Umsetzung des sui-generis Rechts an Datenbanken gemäß §§ 87 a ff. UrhG, in: MMR 1998, S. 507-512.

Rauschhofer, Hajo; Unsichere Rechtlage für Clippingdienste, in: IBusiness Executive Summary September 2001, Heft 17, S. 17.

Rehbinder, Manfred/Rohner, Christian; Zum rechtlichen Schutz der Nachrichtenagenturen am Beispiel der schweizerischen Depeschenagentur, in: UFITA 139 (2000), S. 123-231.

Rehbinder, Manfred; Nachrichten als Sprachwerke, in: ZUM 2000, S. 1-5.

ders.; Urheberrecht, 11. Auflage München 2001, zitiert: *Rehbinder*, Urheberrecht.

ders.; Beschränkungen des UrhG zu Gunsten der Allgemeinheit, in: 100 Jahr UrhG, Festschrift zum einhundertjährigen Bestehen eines eidgenössischen UrhG, Bern 1983; zitiert: *Rehbinder,* Beschränkungen des UrhG zu Gunsten der Allgemeinheit, in: FS 100 Jahre UrhG.

Reinbothe, Jörg; Die EG-Richtlinie zum Urheberrecht in der Informationsgesellschaft, in: GRUR Int. 2001, S. 733-745.

ders.; Europäisches Urheberrecht und Electronic Commerce, in: Lehmann (Hrsg.), Electronic Business in Europa, München 2002, S. 367-407; zitiert: *Reinbothe,* Europäisches Urheberrecht und Electronic Commerce, in: Lehmann (Hrsg.), Electronic Business in Europa.

ders.; Die Umsetzung der EU-Richtlinie in deutsches Recht, in: ZUM 2002, S. 43-51.

ders.; Beschränkungen und Ausnahmen von Rechten im WIPO Urheberrechtsvertrag, in: Tades,Helmut; Danzl, Karl-Heinz; Graninger, Gernot (Hrsg.), Ein Leben für Rechtskultur, Festschrift Robert Dittrich zum 75. Geburtstag, Wien 2000, S. 251-269; zitiert: *Reinbothe,* Beschränkungen und Ausnahmen von Rechten im WIPO-Urheberrechtsvertrag, in: FS Dittrich.

ders.; Der EU-Richtlinienentwurf zum Urheberrecht und zu den Leistungsschutzrechten in der Informationsgesellschaft, in: ZUM 1998, S. 429-437.

ders.; Geistiges Eigentum und die europäische Gemeinschaft, in: ZEuP 2000, S. 5-28.

Reinbothe, Jörg/ v. Lewinski, Silke; The WIPO Treaties 1996, Commentary and Legal Analysis, Chippenham, Wilts 2002; zitiert: *Reinbothe/v. Lewiski,* The WIPO Treaties 1996.

Ricketson, Sam; The Berne Covention for the Protection of Literary and Artistic Works: 1886-1986, London 1987; zitiert: *Ricketson,* The Berne Convention.

Rintelen, Max; Urheberrecht und Urhebervertragsrecht; Wien 1958; zitiert: *Rintelen*, Urheber- und Urheberverlagsrecht.

Riesenhuber, Karl; Der Einfluss der RBÜ auf die Auslegung des deutschen Urheberrechtsgesetzes, in: ZUM 2003, S. 333- 342.

Rogge, Tonia; Elektronische Pressespiegel in urheber- und wettbewerbsrechtlicher Beurteilung, Hamburg Dissertation, Hamburg 2000; zitiert: *Rogge,* Elektronische Pressespiegel in urheber- und wettbewerbsrechtlicher Beurteilung.

Rosen, Jan; Urheberrecht und verwandte Schutzrechte in der Informationsgesellschaft - Zur Umsetzung der EG-Richtlinie 2001/29/EG, in: GRUR Int. 2002, S. 195-209.

Runge, Kurt; Urheber- und Verlagsrecht, Bonn 1953, zitiert: *Runge,* Urheber- und Verlagsrecht, 1953.

Rübenach, Heinz-Uwe; Presse Monitor - Elektronische Pressespiegel aus einer Hand, in: Zeitungen 99 (Hrsg. BDZV), Bonn 1999, S. 208-211.

ders.; Europäisches Presserecht, Stuttgart 2000; zitiert: *Rübenach*, Europäisches Presserecht.

ders.; Presse Monitor- Elektronischer Pressespiegel aus einer Hand, in: Zeitungen 99, S. 208-209.

***Sachs**, Michael;* Grundgesetz Kommentar, 3. Auflage, München 2003; zitiert: Bearbeiter, in: Sachs, GG-Kommentar.

Schack, Haimo; Urheberrechtliche Gestaltung von Webseiten unter Einsatz von Links und Frames, in: MMR 2001, S. 9-17.

ders.; Dürfen öffentliche Einrichtungen elektronische Archive anlegen?, in: AfP 2003, S. 1-8.

ders.; Anmerkung zum Urteil des BGH vom 25.2.1999, JZ 1999, (Az.: I ZR 118/96), S. 1007-1009.

ders.; Urheber- und Urhebervertragsrecht, 2. Auflage, Tübingen 2001; zitiert: *Schack,* Urheber- und Urhebervertragsrecht.

ders.; Schutz digitaler Werke vor privater Vervielfältigung - zu den Auswirkungen der Digitalisierung auf § 53 UrhG, ZUM 2002, S. 497-511.

Schardt, Andreas/Lehment, Cornelius/ Peukert, Alexander; Haftung für Hyperlinks im Internet, in: UFITA 2001, Band 3, S. 841-891.

Schippan, Martin; Die Harmonisierung des Urheberrechts in Europa im Zeitalter von Internet und digitaler Technologie, Eine Betrachtung aus deutscher Sicht, Freiburg Dissertation, Baden-Baden 1999; zitiert: *Schippan,* Die Harmonisierung des Urheberrechts in Europa.

ders.; Harmonisierung oder Wahrung der nationalen Kulturhoheit? Die wundersame Vermehrung der Schrankenbestimmung in Art. 5 der Multimedia Richtlinie, in: ZUM 2001, S. 116-128.

ders.; Urheberrecht goes digital - Das Gesetz zur Regelung des Urheberrechts in der Informationsgesellschaft, in: ZUM 2003, S. 378-389.

Schmid, Beate; Der Information Highway als Infrastruktur der Informationsgesellschaft, in: Hilty (Hrsg.), Information Highway, Bern und München 1996, S. 66-86; zitiert: *Schmid,* Der Information Highway als Infrastruktur der Informationsgesellschaft, in: Hilty (Hrsg.), Information Highway.

Schöhl, Wolfgang/Vocke-Schöhl; Katharina; Elektronische Pressespiegel, Mediendatenbanken und Wissensmanagement im Intranet, in: PR-Magazin, November 1998, S. 31-38.

ders./dies.; Electronic Press-Clipping und Medienauswertung, in: Public Relations Forum, 1/2000, S. 36-43.

Schöhl, Wolfgang; Elektronische Presseausschnitte, Intranet und das moderne Management von Presseabteilungen mit Unterstützung von Datenbanken, in: PR-Magazin, Juni 1996, S. 47-58.

Schmid, Christian/Stolz, Ekkehard; Ausbeutung von Datenbanken im Internet, insbesondere durch Recherchedienste, Suchmaschinen und Hyperlinks, in: AfP 1999, S. 146-150.

Schricker, Gerhard; Urheberrecht, 2. Auflage, München 1999; zitiert: *Bearbeiter*, in: Schricker, Urheberrecht.

ders.; Anmerkung zum Urteil des BGH vom 20.03.2003 (Az.: I ZR 117/00), in: JZ 2004, S. 311-312.

ders.; Urheberrecht auf dem Weg in die Informationsgesellschaft, Baden Baden 1997; zitiert: *Bearbeiter,* in: Schricker (Hrsg.), Urheberrecht auf dem Weg in die Informationsgesellschaft.

ders.; Anmerkung zum Urteil des BGH vom 10.12.1998 (Az.: I ZR 100/96), in: JZ 1999, S. 635-636.

ders.; Rechtsfragen von Printmedien im Internet, in: ZUM 2000, S. 432-454.

ders.; Spielraum und Grenzen richterlicher Rechtsfortbildung im Urheberrecht; in: Ahrens, Hans-Jürgen/Bornkamm, Joachim (Hrsg.), Festschrift für Willi Erdmann zum 65. Geburtstag, Köln 2002, S. 173-195, Köln 2002; zitiert: *Schulze,* Spielraum und Grenzen richterlicher Rechtsfortbildung; in: FS Erdmann.

Schulze, Erich/ Möhring, Philipp; Quellen des Urheberrechts, Gesetzestexte aller Länder und Tabellen über internationale Verträge mit systematischen Einführungen, Band I, Loseblattsammlung mit dem Stand vom 2000, Frankfurt am Main; zitiert: *Schulze*, Materialien zum UrhG.

Schwarz, Mathias/Peuschel-Mehner, Andreas; Recht im Internet, Der große Rechtsberater für die Online-Praxis, Loseblattsammlung, Stand März 2003, Augsburg; zitiert: *Bearbeiter*, in: Schwarze/ Peuschel-Mehner (Hrsg.), Recht im Internet.

Schwerdtfeger, Armin; Cyberlaw: Grundlagen, Checklisten und Fallbeispiele Online-Recht, Wiesbaden 1999; zitiert: *Bearbeiter,* in: Schwerdtfeger (Hrsg.), Cyberlaw.

Semar, Gerhard; Eine gemeinsame Lösung für den digitalen Pressespiegel wird angestrebt, in: Password, 1998, Nr.7/8, S. 29-31.

Soehring, Jörg; Presserecht, 3. Auflage Stuttgart 2000, zitiert: *Soehring,* Presserecht.

Sosnitza, Olaf; Das Internet im Gravitationsfeld des Rechts: Zur rechtlichen Beurteilung so genannter Deep Links; in: CR 2001, S. 693-704.

Spindler, Gerald; Im Urheberrecht steht Streit ins Haus, in: FAZ am 10. 11. 2001.

ders.; Europäisches Urheberrecht in der Informationsgesellschaft, in: GRUR 2002, S. 105-120.

ders.; Anmerkung zum Urteil des BGH vom 17.07.2003 (Az.: I ZR 259/00), in: JZ 2004, S. 150-156.

Starck, Christian; Das Bonner Grundgesetz, Band 1: Präambel, Art. 1-19, 4. Auflage, München 2001, zitiert: *Bearbeiter,* in: v. Mangolt/Klein/Starck, Das Bonner Grundgesetz.

Stauffacher, Walter; Der neue gemeinsame Tarif 9, in: MediaLex 2/1998, S. 64-67.

ders.; Elektronische Pressespiegel und keine Ende?, Weiterführende Anmerkung zu den Ausführungen von Prof. Dr. R. M. Hilty, sic! 3/2003, S. 266 ff., in: sic! 5/2003, S. 458-460.

Stögmüller, Thomas; Anmerkung zum Urteil des BGH vom 11.7.2002, (I ZR 255/00); in: K&R 2002, S. 608-611.

Störmer, Tobias H.; Online-Recht, Rechtsfragen im Internet, 2. Auflage, Heidelberg 1999, zitiert: *Strömer,* Online-Recht.

Stopper, Bettina; Urheberrechtliche Aspekte von Links, in: ÖBL 2002/44, S. 212-221.

***Thiele,** Georg;* Reprographie und Drucktechnik: Verfahren und Geräte; in: Zur Theorie und Praxis des Bibliothekswesens, Bd. 2, München 1976, S. 354-382; zitiert: *Thiele,* Reprographie und Drucktechnik.

Thormann, Jens; Links und Frames und ihr Rechtsschutz im Internet, in: Mitt. 2002, S. 311-315.

Ulmer, *Eugen;* Einspeicherung und Wiedergewinnung urheberrechtlich geschützter Werke durch Computeranlagen, in: GRUR 1971, S. 297-303.

ders.; Elektronische Datenbanken und Urheberrecht, München 1971, zitiert: *Ulmer,* Elektronische Datenbanken und Urheberrecht.

van *Look, Frank;* Urheberrechtliche Fragen des Kopierversands durch Informationsdienste, in: ZIP 1998, S. 454-462.

Verkade, F.; Anmerkung zum Urteil des Hooge Raad vom 10.11.1995 (Knipselkranten), in: GRUR Int. 1996, S. 1231-1233.

Völker, Stefan/Lührig, Nicolas; Abwehr unerwünschter Inline-Links, in: K&R 2000, S. 20-27.

Vogtmeier, Julia; Electronic Publishing bei der Vermarktung in elektronischen Pressespiegeln, in: MMR Beilage 9/2001, S. 20-22.

von Becker, Bernhard; Parodiefreiheit und Güterabwägung, „Das Gies-Adler" Urteil des BGH, in: GRUR 2004, S. 104-109.

von Lewinski, Silke; Europäisches Urheberrecht in der Informationsgesellschaft, in: Drexl/Kreuzer/ Scheuing/Sieber (Hrsg.), Europarecht im Informationszeitalter, München 2000, S. 56-74; zitiert: *von Lewinski,* Europäisches Urheberrecht in der Informationsgesellschaft in: Drexl/Kreuzer/ Scheuing/Sieber (Hrsg.), Europarecht im Informationszeitalter.

dies.; Die Multimedia-Richtlinie, in: MMR 1998, S. 115-119.

von Münch, Ingo/ Kunig, Philip; Grundgesetz-Kommentar, Band 1 (Präambel bis Art.19 GG), 5. Auflage, München 2000; zitiert: *Bearbeiter*, in: v. Münch/Kunig.

Voigtländer, Robert/Elster,Alexander/ Kleine, Heinz; Die Gesetze, betreffend das Urheberrecht an Werken der Literatur und der Tonkunst sowie an Werken der bildenden Kunst und der Photographie, Kommentar, 4. Auflage Berlin 1952, zitiert: *Voigtländer/Elster/Kleine*, UrhG Kommentar, 1952.

Voigtländer, Robert/Elster, Alexander; Gesetz über das Urheberrecht vom 19. Juni 1901 in der Fassung vom 22.5.1910, Erläuterungsbuch, 3. Auflage, Berlin 1942; zitiert: *Voigtländer/Elster,* UrhG Kommentar (1942).

Voss, Andreas; Das große PC und Internet Lexikon 2001/2002, Düsseldorf 2001; zitiert: *Voss,* Das große PC und Internet Lexikon 2002.

***Waldenberger**, Arthur;* Anmerkung zum Urteil des BGH vom 11.7.2002 (I ZR 255/00), in: MMR 2002, S. 743-745.

ders.; Zur zivilrechtlichen Verantwortlichkeit für Urheberrechtsverletzungen im Internet, in: ZUM 1997, S. 176-181.

Wallraf, Georg; Elektronische Pressespiegel aus der Sicht der Verlage, in: AfP 2000, S. 23-29.

Walter, Michel M.; Öffentliche Wiedergabe und Online-Übertragung – Berner Übereinkunft, WiPO-Verträge, künftige Inforichtlinie und deren Umsetzung in österreichisches Recht, in: Tades, Helmut; Danzl, Karl-Heinz; Graninger, Gernot (Hrsg.), Ein Leben für Rechtskultur, Festschrift Robert Dittrich zum 75. Geburtstag, Wien 2000, S. 363-389, zitiert: *Walter,* Öffentliche Wiedergabe und Online-Übertragung, in: FS Dittrich.

ders.; Ministerialentwurf einer UrhG-Novelle 2002-Ausgewählte Aspekte, in: MR 4/2002, S. 217-228.

ders.; Anmerkung zu OGH, vom 4.10.2000 (Az.: 4 Ob 244/00w – Schüssels Dornenkrone), in: MR 2000, S. 373-377.

ders.; Anmerkung zum Urteil des OGH vom 12.06.2001, (4 Ob 127/01g – Medienprofessor), in: MR 2001, S. 304-311.

ders.; Anmerkung zum Urteil des OGH vom 12.06.2001 (4 Ob 140/01v – Internet-Nachrichtenagentur II), in: MR 4/2001, S. 388-389.

Walter, Michael M./v. Levinski, Silke/ Blocher, Walter/Dreier, Thomas/Daum, Felix; Europäisches Urheberrecht, Wien 2001; zitiert: *Bearbeiter,* Beitrag, in: Walter (Hrsg.), Europäisches Urheberrecht.

Wandtke, Artur-Axel/Bullinger, Winfried; Praxiskommentar zum Urheberrecht, München 2002, zitiert: *Bearbeiter,* in: Wandtke/Bullinger, Praxiskommentar zum Urheberrecht.

Wandtke, Artur-Axel; Copyright und virtueller Markt in der Informationsgesellschaft oder das Verschwinden des Urhebers in der Postmoderne?, in: GRUR 2002, S. 1-18.

Wiebe, Andreas; Das neue „digitale“ Urheberrecht – Eine erste Bewertung, in: MR 2003, S. 309- 314.

ders.; Anmerkung zum Urteil des BGH vom 17.7.2003 (Az.: I ZR 259/00), in: MMR 2003, S. 724-725.

ders.; Anmerkung zum Urteil des BGH vom 17.7.2003 (Az.: I ZR 259/00), in: LMK 2003, S. 211-212.

Wiebe, Andreas/Funkat, Dörte; Multimedia Anwendungen als urheberrechtlicher Schutzgegenstand, in: MMR 1998, S. 69-75.

Will, Annegret; Anmerkung zum Urteil des OLG Köln vom 30.12.1999 (Az.: 6 U 151/99), in: MMR 2000, S. 368-370.

Wild, Gisela; Die zulässige Wiedergabe von Presseberichten und –artikeln in Pressespiegeln, in: AfP 1989, S. 701-708.

Wittmann, Heinz; Die EU-Urheberrechts-Richtlinie - ein Überblick, in: MR 3/2001, S. 143-147.

Wittweiler, Bernhard; Die kollektive Verwertung im Zeitalter des Information Highway, in: Hilty (Hrsg.), Information Highway, Bern und München 1996, S. 281-328, zitiert: *Wittweiler,* Die kollektive Verwertung im Zeitalter des Information Highway, in: Hilty (Hrsg.), Information Highway.

***Zahrt,** Michael*; Der urheberrechtliche Schutz elektronischer Printmedien, Dissertation Marburg, Frankfurt am Main 1999; zit.: *Zahrt,* Der urheberrechtliche Schutz elektronischer Printmedien.

ders.; Cyberbusiness, Urheber- und Wettbewerbsrecht- Bestandsaufnahme und Praxisüberblick, in: K&R 2001, S. 65-82.

Zechner, Jan; Die Umsetzung der EU-Urheberrechtsrichtlinie in deutsches Recht I, in: ZUM 2002, S. 52-54.

ders.; Die Umsetzung der EU-Urheberrechtsrichtlinie in deutsches Recht II, in: ZUM 2002, S. 451-457.

Zscherpe, Kerstin; Urheberrechtsschutz digitalisierter Werke im Internet, in: MMR 1998, S.404-411.

Zypries, Brigitte; Das Urheberrecht in der Informationsgesellschaft – Bestandsaufnahme und Überlegungen zum weitern Regelungsbedarf, ZUM Sonderheft 2003, S. 981-983.

FSC
www.fsc.org
MIX
Papier | Fördert gute Waldnutzung
FSC® C083411

Kolibri 360 GmbH
Ferdinand-Jühlke-Straße 7
99095 Erfurt, Deutschland
produktsicherheit@kolibri360.de

Druck:
CPI Druckdienstleistungen GmbH
im Auftrag der
Kolibri 360 GmbH
Ferdinand-Jühlke-Str. 7
99095 Erfurt